教育部人文社会科学重点研究基地重大项目
"人口老龄化与养老服务体系建设研究"（16JJD840009）最终成果

教育部人文社会科学研究规划基金项目"基于反事实分析的长期护理保险
试点政策的效应评估与优化路径研究"（22YJA630101）阶段性成果

教育部人文社会科学重点研究基地自设项目
"长期护理保险政策效应研究"阶段性成果

教育部人文社会科学重点研究基地

武汉大学社会保障研究中心

杨红燕 ◎ 著

RENKOU LAOLINGHUA QUSHI XIA DE
YANGLAO FUWU TIXI JIANSHE YANJIU

人口老龄化趋势下的养老服务体系建设研究

人民出版社

序

加速向深度老龄化迈进是我国现阶段的基本国情。《中华人民共和国国民经济和社会发展第十四个五年规划和2035年远景目标纲要》提出,"实施积极应对人口老龄化国家战略"要"健全基本养老服务体系"。这是促进老有所养的重要基础工程,对于满足老年人的美好生活需求和促进国家经济社会健康发展具有极其重要的意义。

学术界围绕人口老龄化的应对与养老服务体系建设产出了大量的研究成果。实践中,我国社会保障事业快速发展,包括社会保险制度覆盖面扩大、保障水平提高与社会福利、社会救助体系不断完善。不过,当前养老服务供给尚无法满足老龄化趋势下老年人日益增长的美好生活需要,亟须从理论上把握相关规律并指导养老服务体系建设实践。

杨红燕教授是武汉大学社会保障研究中心的学科学术骨干,从事社会保障领域研究已逾20年,学风严谨、认真踏实。本书是杨红燕教授所主持的教育部人文社会科学重点研究基地重大项目"人口老龄化与养老服务体系建设研究"、教育部规划基金项目"基于反事实分析的长期护理保险试点政策的效应评估与优化路径研究"等的研究成果。本书针对人口老龄化趋势下的养老服务体系建设这一国家高度重视的重大民生问题展开探讨,具有以下特点:

第一,内容全面、系统。本书从理论研究、国际比较、宏观预测、中观政策到微观实施,从人口老龄化趋势到养老服务的筹资与递送体系,从老有所养、老有所依、老有所为到老有所乐,从养老事业到养老产业等,整体把握养老服务体系建设的全貌,研究内容全面。而且,作者将养老服务内部体系与外部环境统筹考虑,从宏观上将养老服务体系划分为筹资、内容、结构、层次四大体系，并运用系统论从包括人口老龄化在内的政治、经济、社会、文化、技术等层面全面把握影响养老服务体系建设的环境因素，做到既见树木，又见森林。

第二，研究视角多元化、多维度。本书汲取经济学、管理学、社会学、人口学等多学科理论精华，将公共管理领域利益相关者理论与经济学委托代理理论相结合，将经济学供求理论与社会需求理论相融通，将访谈法等质性研究与保险精算、结构方程模型、分类变量回归、空间计量经济学、地理加权回归、工具变量法等量化研究相结合，集思广益，博采众长，在多学科交叉的基础上更好地拓展了研究的视域与深度，增加了研究结果的可信度与说服力。

第三，理论与方法科学，具有创新性。本书针对著名学者艾斯平·安德森关于福利国家体制划分的三个世界的理论框架并不完全适用于养老服务领域的问题，结合"去家庭化"理论，运用类型学的方法对于典型国家老年照护服务体制进行国际比较，丰富了养老服务体制类型等理论研究的内容，有助于探索形成中国特色的养老服务体系理论。同时，本书认为由于各国国情和养老服务筹资来源的不同，养老服务在实践中由医疗保险、长期护理保险或社会救助等不同保障制度（或个人自费）筹资，从而呈现出与这些制度并行或结合的多样化形态，并由此把养老服务体系划分为筹资、内容、结构、层次四大体系的观点较为新颖。

此外，本书运用了规范的精算、计量等科学方法，问题分析和研究结论以大样本微观调查与统计数据为基础，以典型事实为准绳，对老龄化趋势及其对养老服务的影响规律、作用机制等研究深入、透彻。本书将地理空间溢出效应理论和标尺竞争理论引入养老福利供给领域，在充分考虑空间异质性的基础上，采用县级尺度数据和空间计量的方法进行检验，得出地方政府间"标尺竞争"与"参照学习"引发的财政支出结构偏向是导致我国大部分地区养老服务资源供给低下的关键原因、财政固定资产投资挤出了养老服务机构床位资源供给等观点颇有创见。

总之，本书立足国情，借鉴外国，瞄准国家重大战略需求以及学术研究和实践层面的薄弱环节进行深入探索。内容系统、方法科学，是研究人口老龄化趋势下养老服务体系建设的力作。书中不乏新颖性观点,为养老服务理论体系的完善、实践问题的解决与养老服务体系建设贡献了不少真知灼见,对于理论界与实务界都有着重要的参考价值。

邓大松

2022 年 8 月

目　录

引　言 ………………………………………………………………（ 1 ）

上篇　人口老龄化趋势下的养老
服务体系建设概述

第一章　人口老龄化与养老服务体系建设的基础理论 ………（ 15 ）

　　第一节　老龄化与老年学相关理论 ……………………（ 15 ）

　　　　一、老龄化发展理念：健康老龄化与积极老龄化 ……（ 15 ）

　　　　二、老年学理论 …………………………………………（ 19 ）

　　　　三、心理社会发展理论 …………………………………（ 23 ）

　　第二节　养老服务体系各主体互动与协同治理相关理论 …（ 24 ）

　　　　一、福利多元主义理论与协同治理理论 ………………（ 24 ）

　　　　二、利益相关者理论与委托代理理论 …………………（ 34 ）

　　第三节　养老服务需要、需求与供给理论 ……………（ 41 ）

　　　　一、养老服务需要理论 …………………………………（ 41 ）

　　　　二、养老服务需求与供给理论 …………………………（ 44 ）

第二章　人口老龄化趋势下养老服务体系建设的国际经验与

　　　　启示 ………………………………………………………（ 50 ）

　　第一节　去商品化与去家庭化：老年照护服务体制的国际

　　　　比较 ……………………………………………………（ 51 ）

一、引言 ……………………………………………（ 51 ）

二、福利国家的老年照护服务体制 ………………（ 54 ）

三、典型福利国家"去商品化"的老年照护服务

模式 ………………………………………………（ 56 ）

四、典型福利国家"去家庭化"的老年照护服务

模式 ………………………………………………（ 61 ）

五、对中国老年照护服务体制选择的启示 ………（ 66 ）

第二节 美国老年长期护理服务和支持"体系" ……（ 68 ）

一、概述 ……………………………………………（ 68 ）

二、多元化的照护服务筹资主体 …………………（ 70 ）

三、多样化的照护服务供给内容 …………………（ 73 ）

四、社区创新下的代际共融养老 …………………（ 77 ）

五、对中国的启示 …………………………………（ 80 ）

第三章 中国人口老龄化及其对养老服务体系的影响 ………（ 83 ）

第一节 中国人口老龄化现状与发展趋势 …………（ 83 ）

一、老龄人口总量 …………………………………（ 83 ）

二、失能、半失能老人比例持续增加 ……………（ 87 ）

三、人口老龄化发展趋势 …………………………（ 88 ）

第二节 中国人口老龄化的空间分布状况 …………（ 91 ）

一、研究区域与数据来源 …………………………（ 91 ）

二、人口老龄化空间格局演化 ……………………（ 91 ）

第三节 中国人口老龄化对于养老服务保障的影响 ………（ 95 ）

一、人口老龄化对养老服务筹资的影响 …………（ 95 ）

二、人口老龄化对养老服务供给的影响 …………（ 98 ）

第四章 中国养老服务的需求现状与影响因素实证分析 ……（ 103 ）

第一节 城乡居民长期护理保险需求与财政负担预测 ……（ 103 ）

一、研究背景 ………………………………………（ 103 ）

二、城乡居民长期护理保险需求指标确定与分析 ……（ 104 ）

三、城乡居民长期护理保险需求测算 ……………………（113）

四、城乡居民长期护理保险财政负担测算 …………（115）

五、结论与启示 ……………………………………（126）

第二节　老年人社区养老服务需求的识别、趋势把握及其

影响因素研究 ……………………………………（127）

一、文献回顾 ………………………………………（128）

二、研究设计 ………………………………………（130）

三、结果分析 ………………………………………（136）

四、结论与讨论 ……………………………………（142）

第三节　老年人机构养老意愿及其影响因素研究 …………（143）

一、老年人机构养老意愿概况 ……………………（144）

二、老年人机构养老意愿的影响因素 ……………（145）

三、结论与建议 ……………………………………（150）

第五章　中国养老服务的供给现状与影响因素实证分析 ……（153）

第一节　独生子女居住距离对老年父母代际支持的影响

研究 ………………………………………………（153）

一、理论基础与研究假设 …………………………（155）

二、研究设计 ………………………………………（157）

三、结果分析 ………………………………………（159）

四、结论与讨论 ……………………………………（165）

第二节　机构养老床位供给及影响因素研究 ………………（167）

一、养老机构床位的供给现状 ……………………（167）

二、机构养老床位分布的理论分析 ………………（172）

三、养老机构床位空间分布的影响因素 …………（175）

四、研究方法与变量选取 …………………………（178）

五、影响养老机构床位空间分布的实证结果 ………（182）

六、结论与建议 ……………………………………（186）

第三节　机构养老与代际项目的融合 ………………………（187）

一、文献综述 ………………………………………（188）

二、机构养老与代际项目融合的理论基础 ……………（191）

三、机构养老与代际项目融合的典型实践——童心

苑和绿康阳光家园 ……………………（193）

四、结论与讨论 ……………………………………（197）

下篇　人口老龄化趋势下的中国养老服务体系建设研究

第六章　中国养老服务体系的架构与建设现状 …………（203）

第一节　养老服务体系的内涵、基本框架与发展历程 ………（203）

一、养老服务体系的内涵 ……………………………（203）

二、养老服务体系的基本框架 ………………………（205）

三、养老服务体系建设的发展历程 …………………（214）

第二节　养老服务的筹资体系 ………………………（222）

一、社会保险 …………………………………………（223）

二、社会救助 …………………………………………（241）

三、政府补助 …………………………………………（245）

四、社会支持 …………………………………………（256）

五、个人付费 …………………………………………（258）

第三节　养老服务的内容体系 ………………………（259）

一、家庭养老服务 ……………………………………（260）

二、社区居家养老服务 ………………………………（261）

三、机构养老服务 ……………………………………（270）

四、新型养老服务 ……………………………………（276）

第四节　养老服务的层次体系 ………………………（276）

一、养老服务体系中的政府责任 ……………………（277）

二、养老服务体系中的社会责任 ……………………（283）

三、养老服务体系中的家庭与个人责任 ……………（288）

第五节　养老服务的结构体系 ………………………（290）

　　一、养老服务体系的城乡结构 ……………………………（291）

　　二、养老服务体系的人群结构 ……………………………（299）

第七章　中等收入地区养老服务体系建设评估

　　——以荆门市为例 …………………………………………（320）

第一节　荆门市人口老龄化特征与养老服务体系基本

　　　　框架 ………………………………………………（321）

　　一、荆门市人口老龄化特征 ………………………………（321）

　　二、荆门市养老服务体系的基本框架 ……………………（324）

第二节　荆门市养老服务的筹资体系 …………………………（329）

　　一、社会保险 ………………………………………………（330）

　　二、社会救助 ………………………………………………（332）

　　三、政府补助 ………………………………………………（335）

　　四、社会支持 ………………………………………………（338）

　　五、家庭与个人付费 ………………………………………（339）

第三节　荆门市养老服务的内容体系 …………………………（339）

　　一、家庭养老服务 …………………………………………（339）

　　二、社区居家养老服务 ……………………………………（340）

　　三、机构养老服务实践现状 ………………………………（344）

　　四、新型养老服务方式 ……………………………………（347）

第四节　荆门市养老服务的层次体系 …………………………（348）

　　一、养老服务体系中的政府责任 …………………………（348）

　　二、养老服务体系中的社会责任 …………………………（351）

　　三、养老服务体系中的家庭与个人责任 …………………（354）

第五节　荆门市养老服务的结构体系 …………………………（355）

　　一、养老服务体系的城乡结构 ……………………………（355）

　　二、养老服务体系的人群结构 ……………………………（361）

第八章　高收入地区养老服务体系建设评估

　　——以上海市为例 ……………………………………（372）

　第一节　上海市人口老龄化特征与养老服务体系基本

　　　　　框架 ……………………………………………（372）

　　一、上海市人口老龄化特征 …………………………（372）

　　二、上海市养老服务体系的基本框架 ………………（374）

　第二节　上海市养老服务的筹资体系 …………………（378）

　　一、社会保险 …………………………………………（379）

　　二、社会救助 …………………………………………（382）

　　三、政府补助 …………………………………………（383）

　　四、社会支持 …………………………………………（386）

　　五、家庭和个人付费 …………………………………（387）

　第三节　上海市养老服务的内容体系 …………………（387）

　　一、家庭养老服务 ……………………………………（387）

　　二、社区居家养老服务 ………………………………（388）

　　三、机构养老服务 ……………………………………（392）

　　四、新型养老服务 ……………………………………（396）

　第四节　上海市养老服务的层次体系 …………………（397）

　　一、养老服务体系中的政府责任 ……………………（398）

　　二、养老服务体系中的社会责任 ……………………（400）

　　三、养老服务体系中的家庭与个人责任 ……………（403）

　第五节　上海市养老服务的结构体系 …………………（404）

　　一、养老服务体系的城乡结构 ………………………（405）

　　二、养老服务体系的人群结构 ………………………（416）

第九章　人口老龄化趋势下中国养老服务体系完善的政策

　　选择 ……………………………………………………（432）

　第一节　养老服务筹资体系存在的问题和建议 ………（432）

　　一、养老服务筹资体系存在的问题 …………………（432）

　　二、养老服务筹资体系完善的政策选择 ……………（436）

第二节　养老服务内容体系存在的问题和建议 …………（441）

　　一、养老服务内容体系存在的问题 ………………（441）

　　二、养老服务内容体系完善的政策选择 …………（447）

第三节　养老服务层次体系存在的问题和建议 …………（453）

　　一、养老服务层次体系存在的问题 ………………（453）

　　二、养老服务层次体系完善的政策选择 …………（461）

第四节　养老服务结构体系存在的问题和建议 …………（470）

　　一、养老服务结构体系存在的问题 ………………（470）

　　二、养老服务结构体系完善的政策选择 …………（479）

参考文献 ………………………………………………（490）

图表索引 ………………………………………………（510）

后　记 …………………………………………………（517）

引　言

一、研究背景与意义

当前,人口老龄化浪潮席卷全球,人类社会正在步入老龄化与高龄化并存的长寿时代。中国也以前所未有的速度即将迈入"中度老龄化"社会,20 年左右的时间里 65 岁以上老人比重从 7% 上升到 14%。在未来的几十年,中国的老龄化程度会进一步加深,到 2050 年,中国 65 岁及以上老年人口的比例将达到 26%。构建与人口加速老龄化和老龄社会新形态相适应的养老服务体系关乎经济社会发展大局和老年人福祉,重要性和紧迫性凸显。党的十九届五中全会通过的《中共中央关于制定国民经济和社会发展第十四个五年规划和二〇三五年远景目标的建议》中提出,"实施积极应对人口老龄化国家战略"要"健全基本养老服务体系,发展普惠型养老服务和互助性养老","构建居家社区机构相协调、医养康养相结合的养老服务体系",为顺利应对人口老龄化和下阶段养老服务体系建设提出了战略要求。

养老服务是与养老保险、老年救助和老年福利等社会保险、社会救助、社会福利形式的收入和实物保障项目并行或结合的保障形式,是以服务形式直接满足老年人的基本生活和发展型需求的保障项目,是实现老有所养、老有所依、老有所为、老有所乐等养老保障目标的重要途径。养老服务涉及失能和非失能老年人的生活照顾、医疗保健、康复护理、精神慰藉、心理咨询等多项内容,居家养老、社区养老、机构养老、智慧养老等不同形式,并由于各国国情和养老服务筹资来源的不同,在实践中由医疗保险、长期护理保险或社会救助等不同保障制度(或个人自费)筹资,从而呈现出与这些制度并行或结合的多样化形态。养老服务体系是养老保障体系的重要组成部分。在我国进入老龄化社会后得到了国家和社会的普遍重视。2000年,中共中央、国务院发布的《关于加强老龄工作的决定》中指出,要构建以老年福利、生活照料、医疗保健、体育健身、文化教育和法律服务为主要内容的老年服务体系。2006年在政策层面明确提出加快建立以居家养老服务为基础、社区养老服务为依托、机构养老服务为补充的社会养老服务体系总体框架。中间经历了2013年提出"以机构养老服务为支撑",再到"十三五"期间提出的"居家为基础、社区为依托、机构为补充、医养相结合的养老服务体系",反映了政府及社会对于养老服务体系总体架构以及机构养老角色作用认识的调整过程。在党和国家重大规划和政策意见引领下,我国养老服务体系建设的实践不断谱写出新篇章。养老服务政策法规不断完善,体系建设取得长足的进步,各类养老服务机构和设施数量大大增加,老年人优待项目更加丰富,老年人的获得感和幸福感明显增强。

然而,与人口老龄化进程相适应的养老服务体系的建设是一项社会系统工程,任务艰巨繁重。当前我国养老服务体系还存在供给与需求不匹配、需求评估不到位、发展不平衡不充分、社会化程度不够、资源短缺与过剩并存、建设与管理之间不协调、缺乏综合性应对战略等问题,亟待进一步发展完善。

二、文献综述

自世纪之交我国进入老龄化社会以来,养老服务相关的研究成果逐步增加,内容涉及机构、社区、居家、医养结合、智慧养老、银发经济、长期护理保险、政府购买养老服务等诸多领域,规模庞大。现有研究主要集中于以下几个方面:

(一)人口老龄化与养老服务体系建设的基础理论研究

首先,老龄化与老年学相关理论。世界卫生组织将"健康老龄化"定义为发展和维持能够使老年人健康的功能能力的过程。邬沧萍和姜向群(1996)[①]在此基础上进行了延伸,认为健康老龄化应更加关注老人的健

———————————

① 邬沧萍、姜向群:《"健康老龄化"战略刍议》,《中国社会科学》1996年第5期。

康受到社会因素的影响,强调健康老年人的总量和健康老年人的比重。而郭爱妹和石盈(2006)①则进一步从"积极老龄化"视角丰富了老龄化理论,其认为"老龄化"并非人的内在本质,而是社会生活中人际互动的结果,是话语建构的产物,是社会的建构。老年学及其相关的理论主要为活动理论(Havighurst,1953)②、角色理论(Mead,1934)③和心理社会发展理论(Erikson,1950)④。其次,养老服务体系各主体互动与协同治理相关理论。该部分理论包括福利多元主义理论(Rose,1986)⑤、协同治理理论(Ansoff,1965)⑥、利益相关者理论(Freeman,1983)⑦与委托代理理论(Ross,1973)⑧。

(二)养老服务体系建设的国际经验与启示研究

艾斯平-安德森(1990)以劳动力"去商品化"程度为依据,把资本主义福利国家划分为"三个世界",其划分成为比较社会政策研究与典型社会保障体制划分的基准类型。由于安德森的划分对女性角色和其提供的家庭养老照护服务关注不够,后来学者们提出了"去家庭化"的社会照护理论,指出"去家庭化"的社会护理服务是降低护理依赖的方式之一(Anttonen,1996;O'connor,1993)⑨⑩。戴卫东(2011)⑪、张盈华(2015)⑫、

①　郭爱妹、石盈:《"积极老龄化":一种社会建构论观》,《江海学刊》2006 年第 5 期。

②　Havighurst,R.J.,and R.E.Albrecht,*Older people*,Longmans,Green,1953,pp.1-100.

③　Mead,George Herbert,and Cornelius Schubert,*Mind,self and society*,Vol.111,Chicago：University of Chicago Press,1934,pp.15-121.

④　Erikson,Erik H.,*Childhood and Society*,New York：Norton,1950,pp.12-150.

⑤　Rose,Richard,*Common Goals but Different Roles：The State's Contribution to the Welfare Mix*,New York：Oxford University Press,1986,pp.13-14.

⑥　Ansoff,H.Igor,Corporate Strategy：An Analytic Approach to Business Policy for Growth and Expansion,New York：McGraw-Hill Companies,1965.pp.11-241.

⑦　Freeman,R.Edward,and David L.Reed,"Stockholders and Stakeholders：A New Perspective on Corporate Governance",*California Management Review*,25(3),1983.

⑧　Ross,Stephen A,"The Economic Theory of Agency：The Principal's Problem",*The American economic review*,63(2),1973.

⑨　Anttonen,Anneli,and Jorma Sipilä,"European Social Care Services：Is It Possible to Identify Models?",*Journal of European Social Policy*,6(2),1996.

⑩　O'connor,Julia S.,"Gender,Class and Citizenship in the Comparative Analysis of Welfare State Regimes：Theoretical and Methodological Issues",*British journal of Sociology*,1993.

⑪　戴卫东:《国外长期护理保险制度:分析、评价及启示》,《人口与发展》2011 年第 5 期。

⑫　张盈华:《老年长期照护:制度选择与国际比较》,经济管理出版社 2015 年版。

陈诚诚(2016)[①]、高春兰(2019)[②]等总结了以色列、德国、日本、韩国等国家长期护理保险的经验:如以色列的独立险种和以家庭服务为主,德国"长护险跟从医疗保险"原则,雇主和雇员共同缴费,或参保者和国家财政负担等。由此得出建立企业、职工缴费和国家财政补贴的筹资机制,实行接受护理服务的甄别和等级制度等启示。

(三)人口老龄化的发展趋势及其对于养老服务的影响研究

人口学和老年学领域学者对于老龄化趋势做了概括。杨菊华(2019)[③]认为新中国成立以来,中国人口老龄化经历了"孕育—稳升—速升"三个发展阶段;高龄化,尤其是女性老年人口高龄化的趋势愈加明显;城乡倒置经历了"缩—扩"的变动模式;东北地区在"东部领跑、中西加速"模式中后来居上;多数省份的老龄化进程为"低起点—高增长"模式。王广州(2019)[④]测算发现,中国未来呈现出老年人口总量持续快速增加、绝对规模庞大、比例持续上升并长期维持在高位等特征。人口老龄化使长期照护和保险需求增加。预计2015—2050年失能老人长期护理筹资规模呈现逐年上升的趋势,成本会居高不下(李元,2018)[⑤]。预计2030年中国60岁及以上人口的长期护理保险基金需求规模约为2021年的2.14倍,基金负担将日益加重(陈璐和时晓爽,2021)[⑥]。然而,人口老龄化凸显出强势主导的地方政府影响社会力量发挥作用,社会力量参与服务供给的"软件"匮乏,医养结合养老服务模式区域发展不均衡,智慧养老数据库建设属地性明显等问题(韩烨,沈彤,2021)[⑦]。

---

① 陈诚诚:《德日韩长期护理保险制度比较研究》,中国劳动出版社2016年版。
② 高春兰:《老年长期护理保险制度》,社会科学文献出版社2019年版。
③ 杨菊华、王苏苏、刘轶锋:《新中国70年:人口老龄化发展趋势分析》,《中国人口科学》2019年第4期。
④ 王广州:《新中国70年:人口年龄结构变化与老龄化发展趋势》,《中国人口科学》2019年第3期。
⑤ 李元:《我国失能老人长期照护资金规模的测算分析》,《人口学刊》2018年第5期。
⑥ 陈璐、时晓爽:《中国长期护理保险基金需求规模预测》,《中国人口科学》2021年第6期。
⑦ 韩烨、沈彤:《中国特色养老服务体系建设的逻辑起点与规划远景——从"积极老龄化"到"积极应对人口老龄化"国家战略》,《学习与探索》2021年第3期。

（四）养老服务的供需现状与影响因素研究

大部分学者认为老年人的社区养老服务需求随着时间推移日趋增加且多元化，并向较高层次的精神慰藉和法律援助方面发展（林卡、朱浩，2014；郭丽娜、郝勇，2018）[1][2]。养老服务需求主要受到个人层面健康状况影响（田北海、王彩云，2014）[3]，也会受到家庭层面子女和配偶照料的影响（Bonsang，2009）[4]。较高的社会保障水平有利于提高老年人的心理安全程度，从而激发社区养老服务需求（石园等，2019）[5]。从养老服务供给来看，需求不确定、合约不完全、市场风险是社会组织参与养老服务供给实施困境的客观诱因（何寿奎，2016）[6]。而家庭养老供给能力不足、养老服务供给内容滞后也是影响农村养老服务发展的主要因素（于书伟，2018）[7]。城乡养老服务差距明显，农村养老服务普遍面临财政资金缺乏、社会组织发育不足的问题，养老服务设施建设落后，专业服务机构少，服务水平不高（叶响裙，2017）[8]。

（五）养老服务的筹资体系研究

中国全覆盖的社会保险制度、兜底性的社会救助制度以及高龄补贴等各种老年福利制度为养老服务提供了关键的筹资来源。中国养老服务筹资责任应当以政府筹资为主，要加大政府财政和彩票公益金等对社会养老服务事业的投入力度，也可以建立长期护理补贴制度的养老服务筹

---

①　林卡、朱浩：《应对老龄化社会的挑战：中国养老服务政策目标定位的演化》，《山东社会科学》2014 年第 2 期。

②　郭丽娜、郝勇：《居家养老服务供需失衡：多维数据的验证》，《社会保障研究》2018 年第 5 期。

③　田北海、王彩云：《城乡老年人社会养老服务需求特征及其影响因素——基于对家庭养老替代机制的分析》，《中国农村观察》2014 年第 4 期。

④　Bonsang, E., "Does Informal Care from Children to Their Elderly Parents Substitute for Formal Care in Europe?", *Journal of Health Economics*, 28(1), 2009.

⑤　石园、纪伟、张智勇、赵俊：《基于差异化服务内容的社区养老服务需求与供给协调机制研究》，《人口与发展》2019 年第 3 期。

⑥　何寿奎：《社会组织参与养老服务供给困境成因与治理对策研究》，《现代经济探讨》2016 年第 8 期。

⑦　于书伟：《农村养老服务供给侧结构性改革的困境及对策研究》，《求实》2018 年第 4 期。

⑧　叶响裙：《基于城乡社会养老服务发展实践的思考》，《中国行政管理》2017 年第 9 期。

资模式(林闽钢、梁誉,2016)①。而对于长护险应当开辟个人、单位、财政、社会捐赠等多元筹资渠道,将各省份民政部门出台的养老服务津贴、护理津贴、高龄津贴等来源于公共财政支出且用途相同的资金加以整合(戴卫东、余洋,2021)②。

(六)养老服务的内容、结构与层次研究

养老服务内容方面,学者指出政府应该通过购买服务或补贴方式直接支持,并鼓励和扶持市场、社会力量参与提供社区居家养老服务(李长远,2014)③;加强不同养老方式之间的衔接(王杰秀、安超,2019)④;整合养老服务与养老保障制度,推进老年福利制度与养老服务体系的整合与完善(丁建定,2019)⑤;完善养老服务高质量发展的软硬件建设和拓展供给主体和途径(白维军,2019)⑥。

养老服务结构方面,葛蔼灵和冯占联(2018)⑦认为最有效且可持续的办法是利用公共和民营部门的资源和补充力量,建立完善的覆盖不同收入群体和城乡地区的养老服务市场。杜鹏和王永梅(2019)⑧认为农村应建立"整合式—网格化"养老服务模式,这种模式是将家庭养老和自我养老纳入社会养老体系,实现专业养老资源的下移服务。农村互助型社会养老的核心是老年人之间的自助与互助(刘妮娜,2017)⑨。就养老服

---

① 林闽钢、梁誉:《准市场视角下社会养老服务多元化筹资研究》,《中国行政管理》2016年第7期。

② 戴卫东、余洋:《中国长期护理保险试点政策"碎片化"与整合路径》,《江西财经大学学报》2021年第2期。

③ 李长远:《社区居家养老服务的国际经验借鉴》,《重庆社会科学》2014年第11期。

④ 王杰秀、安超:《我国大城市养老服务的特点和发展策略》,《社会政策研究》2019年第4期。

⑤ 丁建定:《论中国养老保障制度与服务整合——基于"四力协调"的分析框架》,《西北大学学报(哲学社会科学版)》2019年第2期。

⑥ 白维军:《养老服务高质量发展:何以可能? 何以可为?》,《社会科学战线》2019年第7期。

⑦ 葛蔼灵、冯占联:《中国养老服务的政策选择:建设高效可持续的中国养老服务体系》,中国财政经济出版社2019年版。

⑧ 杜鹏、王永梅:《乡村振兴战略背景下农村养老服务体系建设的机遇、挑战及应对》,《河北学刊》2019年4期。

⑨ 刘妮娜:《互助与合作:中国农村互助型社会养老模式研究》,《人口研究》2017年第4期。

务各方责任和层次而言,侯慧丽(2018)①认为在养老服务中政府"保基本"的责任应从保特殊人群的基本转变为保服务项目的基本。要深入推进养老服务供给侧改革,保障兜底性、福利性养老服务供给,同时壮大养老服务供给主体,营造公平的市场竞争环境(王延中等,2020)②。

现有研究在为本书提供宝贵经验和启发的同时,也存在养老服务研究对象聚焦局部多而整体少、实践多而理论少、静态视角多而动态研究少等问题。国际经验集中于针对失能人群的长期护理领域,且更多是关于德日韩等以长护险形式为长期护理服务筹资的国家,而对于更广泛的非失能群体的精神慰藉、权益保护等养老服务体系的研究不足。聚焦于宏观养老服务体系的研究不足,理论体系的规律总结不够系统,实践体系探索中新问题不断涌现,整体供给尚不能很好地满足需求。如何完善顶层设计,基于多样化需求构建筹资多元、内容多样、结构合理、层次科学并与需求契合的养老服务体系是亟待解决的重要问题。基于此,本研究聚焦人口老龄化趋势下的养老服务体系的建设问题,希望围绕理论基础、国际经验、筹资、内容、结构、层次等层面展开分析并提出相应的解决思路,为人口老龄化、高龄化趋势下制定养老服务体系建设战略、明确发展路径提供参考。

二、研究内容与研究方法

(一)研究内容

本书分为上篇和下篇两大部分共九章内容,基本框架如图 0−1 所示。

上篇为人口老龄化趋势下的养老服务体系建设概述。从基础理论出发,基于人口老龄化与养老服务体系建设的全局视角,系统梳理了人口老龄化与养老服务体系建设的基础理论、国际经验,在此基础上总结了养老服务与人口老龄化、经济发展等变量之间的基本规律,以及国际经验对于

---

① 侯慧丽:《社会养老服务类型化特征与福利提供者的责任定位》,《中国人口科学》2018年第5期。
② 王延中、龙玉其、宁亚芳:《"十四五"时期中国社会保障建设的目标任务与政策建议》《社会保障评论》2020年第4期。

```
┌─────────┐   ┌──────────────────────────────────────────┐
│ 上篇：   │──▶│   人口老龄化与养老服务体系建设的基础理论    │
│ 人口老   │   └──────────────────────────────────────────┘
│ 龄化趋   │                        │
│ 势下的   │   ┌──────────────────────────────────────────┐
│ 养老服   │──▶│ 人口老龄化趋势下养老服务体系建设的国际经验与启示 │
│ 务体系   │   └──────────────────────────────────────────┘
│ 建设     │                        │
│ 概述     │   ┌──────────────────────────────────────────┐
│         │──▶│  中国人口老龄化及其对养老服务体系的影响     │
│         │   └──────────────────────────────────────────┘
│         │                        │
│         │   ┌──────────────────────────────────────────┐
│         │──▶│ 中国养老服务的需求现状与影响因素实证分析    │
│         │   └──────────────────────────────────────────┘
│         │                        │
│         │   ┌──────────────────────────────────────────┐
│         │──▶│ 中国养老服务的供给现状与影响因素实证分析    │
└─────────┘   └──────────────────────────────────────────┘

┌─────────┐   ┌──────────────────────────────────────────┐
│ 下篇：   │──▶│   中国养老服务体系的架构与建设现状         │
│ 人口老   │   └──────────────────────────────────────────┘
│ 龄化趋   │          ┌─────────────┴─────────────┐
│ 势下的   │   ┌──────────────┐      ┌──────────────┐
│ 中国养   │──▶│ 中等收入地区养老服务体系 │      │ 高收入地区养老服务体系建设 │
│ 老服务   │   │ 建设评估——以荆门市为例 │      │ 评估——以上海市为例    │
│ 体系建   │   └──────────────┘      └──────────────┘
│ 设研究   │          └─────────────┬─────────────┘
│         │   ┌──────────────────────────────────────────┐
│         │──▶│ 人口老龄化趋势下中国养老服务体系完善的政策选择 │
└─────────┘   └──────────────────────────────────────────┘
```

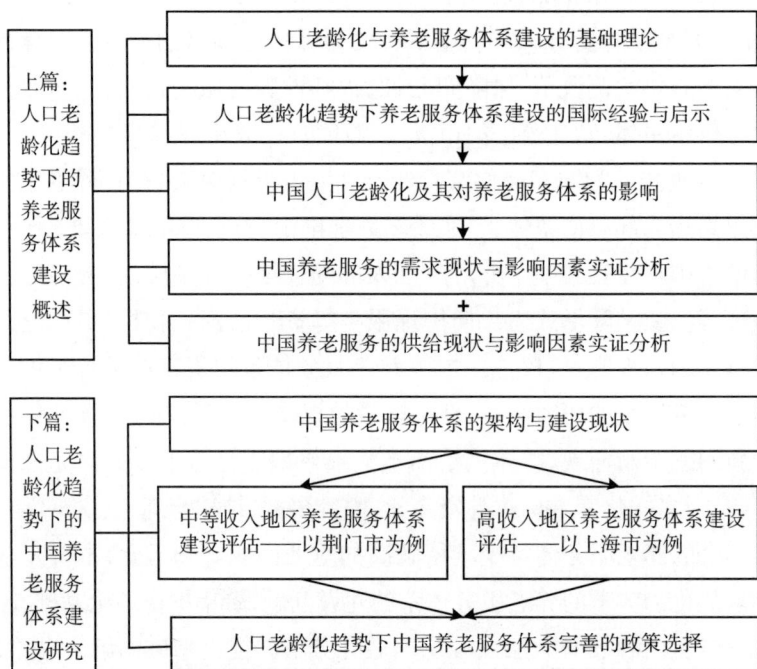

人口老龄化趋势下的养老服务体系建设研究框架

中国的借鉴意义。并从时空层面全面刻画老龄化的态势及其对于养老服务体系带来的挑战和机遇。具体而言共包含五章：

第一章是人口老龄化与养老服务体系建设的基础理论。对于养老服务相关的积极老龄化、健康老龄化、福利多元主义、协同治理、利益相关者、委托代理、需求层次、社会心理发展等理论进行了阐述。

第二章是人口老龄化趋势下养老服务体系建设的国际经验与启示。鉴于经典的去商品化理论仅仅聚焦于劳动力市场,本部分结合前人研究,纳入了与去商品化同等重要的"去家庭化"视角,以欧洲14国为例在劳动力市场之外考察家庭和性别因素对于老年照护服务供给的体制划分的影响,以弥补现有理论研究的不足,夯实照护服务供给的理论基础。并从历史背景、制度筹资、服务形式、专业护理设施等方面完整梳理和剖析了美国"不成体系的养老服务体系"的发展历程和内容。

第三章是中国人口老龄化及其对养老服务体系的影响。从过去、现在、未来的时间层面以及不同的空间层面较为全面地刻画了我国人口老龄化的严峻态势以及老龄化趋势给养老服务体系发展带来的挑战和发展机遇。

第四章、第五章分别是中国养老服务的需求/供给现状与影响因素实证分析。综合运用前沿实证方法来分析我国养老服务供需状况。如《城乡居民长期护理保险需求与财政负担预测》一节利用精算模型测算了长护险需求以及依托医疗保险的长期护理保险的建立对财政负担的影响，结果表明，制度初期农村失能老年人对长期护理的需求量大于城镇失能老年人需求。《机构养老床位供给及影响因素研究》一节克服养老机构、社区层面微观大型数据库缺乏的局限，运用全国县级民政统计数据，对全国的养老机构床位供给状况进行客观评估；并运用空间计量的方法创新性地从地方政府竞争与空间溢出效应等角度剖析了相关原因。

下篇为中国养老服务体系建设的现状、成就、问题与政策建议。从供给侧的角度，研究人口老龄化趋势下中国养老服务体系建设问题，相关内容共有四章：

第六章是中国养老服务体系的架构与建设现状。在界定养老服务体系概念、搭建体系框架的基础上，详细阐述了中国养老服务体系的发展历程、筹资体系、内容体系、层次体系和结构体系。

第七章和第八章分别是中等收入/高收入地区养老服务体系建设评估。充分考虑到我国区域间经济、社会、人口发展状况的差异，区分中等收入和高收入地区并分别以荆门市和上海市为例，在准确刻画人口老龄化动态的基础上，详细评估了养老服务的筹资体系、内容体系、结构体系和层次体系。

第九章是人口老龄化趋势下中国养老服务体系完善的政策选择。基于对中国养老服务体系架构与建设现状的分析，阐述人口老龄化趋势下中国养老服务筹资体系、内容体系、结构体系和层次体系中存在的问题和对应的政策建议。

（二）研究方法

本书基于多学科交叉的视角，在实地调研、访谈、统计分析的基础上，采用质性研究与定量研究相结合的混合研究方法，探讨人口老龄化趋势下的养老服务体系建设问题。

一是田野调查与访谈法。项目组陆续赴湖北、河南等多个省民政、人社、财政、医保、卫健等政府部门，社区、养老机构、居民家庭等开展典型调研与半结构化访谈，得到了大量的一手资料。

二是比较分析法。对于欧洲 14 国以及美国等国老年照护服务、长期护理保险、长期照护支持体系等进行国际比较，总结了对于中国的经验借鉴。

三是定量分析法。采用空间计量经济学与地理加权回归、Logistic 回归、潜类别结构方程模型、工具变量法、保险精算等方法，希望能够全景呈现我国养老服务的供需现状、影响因素与发展预测。

四是文献分析法。本书使用的资料主要有两大类：一类是数据资料，包括国家层面以及上海、荆门等案例地区有关老龄化和养老服务的统计数据，并综合运用了 CLHLS、CHARLS、CLASS 等微观数据库；另一类文献资料，包括期刊和著作等，涵盖中国知网、万方、Web of science、Wiley 等多个中文、外文数据库以及图书馆馆藏书刊，系统收集、整理了养老服务相关文献。

三、研究价值

（一）理论价值

第一，基于福利类型学的视角，从劳动力市场、性别与家庭等不同视角划分了四种养老服务体制类型，丰富了养老服务体制类型等理论研究的内容，有助于探索具有中国特色的养老服务理论体系。

第二，将积极老龄化、需求层次等理论运用于养老服务体系的具体构建，通过对养老服务相关基本概念的提炼，形成了从筹资、内容、层次和结构四个角度阐释我国养老服务体系的分析框架，有利于深化对养老服务、社会福利的规律性认识，拓展研究的深度和广度。

（二）应用价值

第一，通过实证分析探讨具有不同社会经济特征老年人的社区与机构养老服务需求现状、趋势及相关影响因素，以及我国长期护理保险、社区居家、机构和家庭养老服务供给情况和存在的问题，以期适应人口老龄化、老年家庭空巢化的趋势,明确养老服务未来发展重点,为养老服务产业的健康发展提供决策参考。

第二,搭建完整的养老服务体系框架,并区分区域经济发展状况梳理我国养老服务体系建设的特征,有利于建立与经济发展水平相适应的多层次、多样化的养老服务体系,提高服务供需匹配度、质量和老年人的服务满意度,实现积极老龄化和健康老龄化目标。

第三,提出了养老服务体系完善的政策选择,如重视家庭主义的福利供给策略等建议,明晰了今后养老服务体系建设的发展方向,为推动建立与老龄化形势相适应的公平、合理、科学、有序的养老服务体系提供政策借鉴。

笔者也清醒地认识到,人口老龄化对养老服务体系建设的影响是一个长期、复杂的综合作用过程。由于人口老龄化、经济社会发展形势的快速变化及巨大的地区、城乡差异,难以制订整齐划一的养老服务体系建设方案。因此,相关研究结论仍需根据具体形势变化进行动态检验和及时调整。此外,全国范围内养老机构分类分级工作尚未完成,养老机构、社区养老服务中心等供给层面的大型公开数据库缺乏等客观条件的限制,也使得对于养老服务供给的评估有一定的局限性。希望今后能进一步完善相关研究。

上　篇

人口老龄化趋势下的养老
服务体系建设概述

第一章　人口老龄化与养老服务体系建设的基础理论

本章主要阐述了与养老服务体系建设相关的基础理论。第一节为老年学相关理论,包括健康老龄化与积极老龄化理念以及活动理论、相互作用理论、角色理论等老年学理论。第二节为养老服务体系各主体互动与协同治理相关理论,包括福利多元主义理论、协同治理理论、利益相关者理论与委托代理理论。第三节分别从社会学和经济学视角介绍了养老服务需要、需求与供给理论。

第一节　老龄化与老年学相关理论^①

一、老龄化发展理念:健康老龄化与积极老龄化

健康老龄化与积极老龄化是由世界卫生组织提出,在全球范围内被广泛认可并被大范围付诸实践的老龄化理念;是应对老龄化程度加深,促进老年健康生活的重要思想;是随着经济的发展、社会的进步、科技的创新、思想的提升以及人口老龄化进程的加快而逐步形成和完善的老龄化观念。健康老龄化强调的是老年人生活、心理和社会功能的健康状态,而积极老龄化的内容比健康老龄化更加广泛,强调的是老年人获得最佳健康、参与和保障机会的过程,既适用于个体又适用于整体。

---

① 本节作者为杨红燕、郭荣荣。

（一）健康老龄化

健康老龄化是一个多维度的概念，涉及身体、认知和社会因素。健康老龄化的概念引入始于 1987 年 5 月的世界卫生大会，此时健康老龄化蕴含延长寿命和提高生活满意度两层含义。世界卫生组织于 1990 年在哥本哈根世界老龄大会上提出了实现"健康老龄化"的目标，并将其上升为应对人口老龄化的发展战略。我国著名学者邬沧萍在世界卫生组织对于"健康老龄化"定义的基础上进行了延伸：健康老龄化不仅重视老人个人身心健康、社会功能的完善，也更加关注老人的健康受到社会因素的影响，并且更加强调健康老年人的总量和健康老年人的比重。①

2015 年，世界卫生组织发布了《关于老龄化与健康的全球报告》，报告将"健康老龄化"定义为发展和维护老年健康生活所需的功能发挥的过程。功能发挥是指使个体能够按照自身观念和偏好来生活和行动的健康相关因素。功能发挥的能力主要包括：一是满足自身基本需求；二是学习、发展和决策；三是行动力；四是建立和维持人际关系；五是为社会作贡献。功能发挥由个人内在能力与相关环境特征以及两者之间的相互作用构成。内在能力是指个体在任何时候都能动用的全部身体机能和脑力的组合，包括他们走路、思考、视觉、听觉和记忆的能力；内在能力的水平受许多因素的影响，例如疾病的存在、伤害和与年龄有关的变化。环境因素有很多，包括建筑环境、人际关系、态度和价值观、卫生和社会政策、支持系统及其提供的服务。

能够生活在支持和维护老年人的内在能力和功能能力的环境中是健康老龄化的关键。健康老龄化应考虑到老年人的多样性与老年人不公平的状况。多样性是指同一年龄的老年人可能需要更广泛的护理和支持，以进行基本的活动，例如穿衣和饮食。应制定政策以提高所有老年人的机能，无论他们是健壮的，依赖护理的，还是处于中间状况的。不公平是指老年人在内在能力和环境方面的差异很大程度上是人们生活中优势和劣势累积影响的结果。重要的是，我们与环境的关系是由我们出生的家庭、性别、种族、教育水平和财政资源等因素共同决定的。

---

① 邬沧萍：《老年学概论》，中国人民大学出版社 2015 年版，第 26 页。

根据老年人群特点和卫生系统现状,世界卫生组织提出了健康老龄化行动框架(见图 1.1),旨在为各国应对老龄化社会提供政策建议。

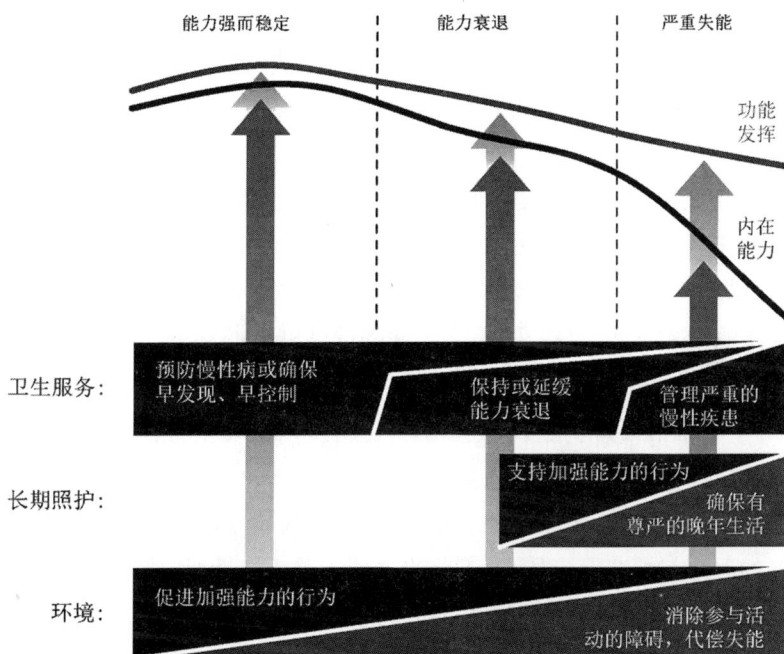

图 1.1　为实现健康老龄化而采取公共卫生措施的行动时点

资料来源:WHO, *World Report on Ageing and Health*, Geneva, Switzerland: Publications of the World Health Organization, 2015, p.33.

(二)积极老龄化

1. 积极老龄化的内涵

积极老龄化既包含了健康老龄化阐释的内容,又表达了更广泛的含义。根据世界卫生组织的定义,积极老龄化是指提高生活质量,消除年龄歧视的不利影响,尽可能地提供健康、参与和保障机会的过程。积极老龄化使老年人能够认识到自身一生体力、社会和精神的潜能,并根据自己的需要、愿望和能力参与社会活动。当老年人需要帮助时,他们可以得到充分的保护、保障和照顾。[①]"积极"强调的是公共事务,而并非仅指个人从

---

　　① 孙华清、孙华敏:《对推进我国健康老龄化和积极老龄化的思考》,《成都体育学院学报》2010 年第 7 期。

事体育活动和参与到劳动力市场当中。积极老龄化的理论基础是能力本位论,即年龄的增高并不必然带来能力的衰退;其基本内容是通过各种方式和措施为老年人参与社会创造条件,使老年人能更好地适应老龄化社会的发展变化;其目的在于使所有年龄组的人们,包括那些体弱者、残疾和需要照料者,延长健康预期寿命和提高生活质量。

2. 积极老龄化内涵的发展和延伸

"积极老龄化"发展战略于 2002 年在第二次老龄问题世界大会上提出,使积极老龄化的内涵更加充实,该战略内容包括:保障老年人的生活安全;提高老年人充分有效地参与社会、经济和政治生活的能力;为终身和晚年的个人发展、自我实现、人生幸福提供机会;保护老年人的经济、社会、文化权利和公民政治权利。同年,世界卫生组织公布了《积极老龄化:一个政策框架》的报告,其内容主要涵盖以下几个方面:一是保持老年人独立和积极状态;二是加强宣传和制定预防政策;三是在老年人寿命延长的情况下,改善老年生活质量;四是老年人口规模的扩大是否会破坏如今的医疗与社会保障体系;五是当老年人需要帮助时,协调家庭与政府关系的途径和对待老年人在关心照顾他人时的重要作用。

积极老龄化理论在中国得到了进一步拓展和延伸。积极老龄化是理念上的革新、是老年人继续社会参与的要求、是老年人终身价值的体现。积极老龄化理论克服了健康老龄化围绕老年人健康这一根本要素而构建起来的理论体系缺陷。积极老龄化不再简单地将老年人视为社会负担,而是当作社会财富的积极创造者和社会进步的积极贡献者。[①] 老年人不单单是过去社会发展的参与者和受益者,更是未来社会的参与者,老年人年老后的继续社会参与更加体现了自身价值的实现。[②] 基于健康本质的积极老龄化与效率老龄化主张,老年人参与教育和社会经济的活动都对家庭、社区和社会经济发展作出了巨大贡献。[③] 从社会治理的角度来看,

---

①　宋全成、崔瑞宁:《人口高速老龄化的理论应对——从健康老龄化到积极老龄化》,《山东社会科学》2013 年第 4 期。

②　杨福星:《"积极老龄化"的科学含义与内容》,《福建省老年学会积极老龄化研究之一——老龄问题研究论文集(九)》,2006 年。

③　陈社英、刘建义、马箭:《积极老龄化与中国:观点与问题透视》,《南方人口》2010 年第 4 期。

应当倡导年龄平等理念,优化和创新老年参与支持、老年消费需求体系,从而建立积极老龄化政策体系。[1] 2020 年,党的十九届五中全会明确提出"实施积极应对人口老龄化国家战略",这是首次将应对老龄化上升为国家战略的新提法,也是基于我国人口老龄化即将从轻度向中度演变的趋势而做出的重大战略决策。[2] "积极应对人口老龄化国家战略"应确保在"十四五"时期初步建立中国特色养老服务体系,而到 2035 年迈向基本成熟。[3]

二、老年学理论

(一)活动理论

活动理论在社会老年学领域中是一种占优势的理论,该理论源于美国学者罗伯特·哈维格斯特(R.J.Havighurst)对美国堪萨斯城的 300 个年龄在 50—90 岁的老年人定期谈话的分析。研究结果发表于哈维格斯特与艾玉白(R.Albrecht)合撰的巨著《老年人》(Old People)一书中。

该理论认为,老年人应积极参与社会,只有参与才能使老年人重新认识自我,保持生命的活力。要点可以归纳为:"进入老年时期,老年人所扮演的非强制性角色的来源越多,就越不会因为失去强制性的角色而情绪低落。在成年期,这种强制性角色通常置于首位。"这段话包含了三层意思:一是老年时期的角色与成年期不同,老年期的角色属于非强制性的,更加符合个人意愿;二是非强制性角色有助于改善老年人的精神状态;三是非强制性角色的数量与老年人精神状态呈正相关关系。[4]

活动理论的观点基于四个假设之上:第一,老年人的角色丧失越多,参与的活动就越少;第二,老年人的自我认识需要在社会活动中形成和证明;第三,自我认识的稳定性源于角色的稳定性;第四,自我认识越清楚,

---

① 李连友、李磊:《构建积极老龄化政策体系 释放中国老年人口红利》,《中国行政管理》2020 年第 8 期。

② 郑功成:《实施积极应对人口老龄化的国家战略》,《人民论坛·学术前沿》2020 年第 22 期。

③ 韩烨、沈彤:《中国特色养老服务体系建设的逻辑起点与规划远景——从"积极老龄化"到"积极应对人口老龄化"国家战略》,《学习与探索》2021 年第 3 期。

④ 邬沧萍:《老年学概论》,中国人民大学出版社 2015 年版,第 26 页。

生活满意度越高。上述四个假设阐明了一种逻辑关系,即生活满意度源于清晰的自我认识,自我认识源于新的角色,新的角色源于参与社会的程度。

从活动理论的要点和假设条件来看,活动理论主张通过新的参与、新的角色来改善老年人因为社会角色中断而引发的情绪低落,并让他们重新认识自我。自我认识是个体对自身能力以及社会反映的一种综合评价。一般来说,社会角色及其相应的权利、义务和社会责任,是自我认识的物化形态。扮演一种社会角色,就会获得一定的社会地位。角色更替、地位上升是中年期活力之所在。进入老年期后,角色中断、地位下降,这构成老年人的孤独与郁闷,加深了其老龄化的程度。因此,改进老年人精神状态的方法之一,是让老年人重新认识自我。虽然老年期的新角色多为非强制性的,但仍能体现人的价值和人生价值,也能获得社会的尊重与回报。中国很多老有所为的事例都说明了这一点。活动理论观点在很大程度上与我们社会的价值体系相一致,它强调参与、活动与社会认同。"老有所为"理论是活动理论在中国的具体运用和升华。

活动理论在现实世界中虽然得到了许多实证调查和社会现象的支持,但是也暴露出一些不足。该理论并没有考虑个性和社会经济地位、生活方式在老年人参与过程中的影响,比如,同样的社会活动,有些老年人参与得非常愉快,而有些老年人却无法从中获得乐趣。此外,活动理论也未能有效解释个人经历与老年人晚年活动需求的关系。一般来说,中年期的活跃性格应该是老年期积极参与社会活动的前提,但实际上有些中年期开朗活跃的人,步入老年阶段后却喜欢安静悠闲的家居生活,不愿意涉足社会活动。

(二)相互作用理论

相互作用理论主要探讨环境、个体及其相互作用对老龄化的影响。该理论包括标志理论和社会损害理论等部分。

从象征性相互作用理论衍生出来的标志理论认为,人们在与社会环境里的他人进行交往的过程中形成自我观念。标志理论认为,我们是根据他人如何评判自己来看待自己与他人的交往的。一旦其他人将我们放入一个类别,他们就会根据这些类别来与我们交往。结果是我们的自我观念和行为在变化。例如，当老年人忘记自己的车停在哪里时，亲友们很可能会认为他（她）出现老年痴呆症状；当年轻人忘记自己的车停在哪里时，人们会认为他太忙、精力不集中。

人们的自我认识源于交往模式，而交往模式的基本原则是，以最小的代价从相互联系中得到最大的报酬。只有当交往收益大于支出时，交往活动才会继续。交往模式实质上是以个体拥有的资源为基础的。中年人占有较多的资源，构成交往过程中的施予者角色，因而社会联系较广；老年人资源减少，成为交往过程中接受者角色，社会联系就相应减弱。交往的模式变化会直接影响到自我概念的形成。一旦社会把老年人归入不同的范围，老年人便依据这些划分做出相应的反应。在崇尚年轻和技术的社会中，老迈和无用是对老年人的基本评价，老年人则将自己置于"顺从"的角色，以此获得社会的容纳和支持。

社会损害理论和社会重建理论都是从标志理论派生而来的。社会损害综合征是指已有心理问题的个人所产生的消极反馈。在老龄化偏见充溢的环境中，老年人对外界的依赖，被认为是衰老、无能和过时而受到关注，为了进行交往，老年人往往不知不觉地屈从于社会暗示而接受社会赋予的消极特性标志，从而更深地陷于依赖状态，使独立自主的能力逐渐衰退，并进而固化成为对于自我无能的认知。上述循环一旦开始，便会强化无能意识，从而引起更多的问题。在盛行高生产率价值观念的社会中，老年期的社会损害综合征是一种普遍的现象。针对社会损害综合征，社会重建理论认为，通过向老年人提供机会，让他们生活在不受社会总价值观念影响和结构适当的环境中，增加其自信心和独立意识，可以干预这个恶性循环，中断进行性的损害。虽然重建环境并非易事，但是相互作用理论毕竟为我们指出了一个方向，使我们能够从更加广阔的角度审视老年人问题。

（三）角色理论

角色理论是社会学理论之一，也是社会老年学家解释个体如何适应衰老的最早努力之一。

该理论认为，每个人在一生中都有着不同的社会角色，例如学生、母亲、妻子、女儿、女商人、祖母等，角色是个人与社会相互接纳的一种形式。

社会通过角色赋予个人相应的权利、义务、责任和社会期望。这些角色给一个人确定和描绘了一种社会属性。这些角色通常连续性地排列着,每个角色都和一定的年龄或生命阶段相联系。在大多数社会中,日历年龄被用来当作进入各种位置的资格,用来评估不同角色的适应性以及不同社会环境下人们的期望。一些角色有其合理的与年龄相关的生物基础(如母亲),也有很多角色适合于更宽年龄段的人们(如志愿者)。年龄不仅改变人们期望的角色,也改变人们期望的扮演角色的方式。个人适应衰老的成功与否取决于这个人接受晚年角色变化的成功程度。年龄规范帮助人们启动或停止日历年龄可以扮演的角色。年龄规范是对与年龄相关的能力和限度的假设——认为一定年龄的人能够做什么或者应该做什么。社会政策和法律可以正式地表达规范,但这些规范的操作通常是非正式的。每个人都会遵从一些与特定年龄相适应的行为规范,这样,社会时钟就会内在化,年龄规范把人们控制在时间轨道上。每个社会通过社会化传播年龄规范,这种社会化是一个终身的过程,每个人都要学习扮演新的角色、适应角色的变化,学习与年龄相符的"社会时钟"。

老年人的角色变化与中年人不同,它不是角色的变换或连续,而是一种不可逆转的角色中断或丧失。因此,老年人不仅需要适应与老年相关的新角色,同时他们必须学会适应角色的丧失,例如因为丧偶而失去配偶的角色,因为退休而失去工作角色,这些角色的丢失会降低社会认可和自尊。老年人还会经历角色中断,例如在工作场所学习的高效率与退休后的悠闲相抵触。老年人经常缺少可以选择的期望对象。比如在公共传媒领域,人们期望年轻的面容和角色。角色中断或丧失意味着从"一个人物"变成了"什么都不是",连带着就是回报减少、地位下降、无人理睬和问津。这种变化自然会引起老年人心理失衡,使其郁郁寡欢,从而损害其健康状况。

因此,角色理论认为,从社会学角度来说,老年人适应衰老的途径之一是正确认识角色变换的客观必然性;二是积极参与社会,寻求新的次一级角色。当然,随着老年人口的显著增加,现在的老年人可以比以往老年人得到更多的模范角色,可以更好地适应老龄化。

三、心理社会发展理论

埃里克森提出的个体发展的心理社会发展理论是解答"人的个性是如何形成与发展起来的"经典理论之一,其对人类内在发展的阐释能帮助我们准确地预测人们将要面临的变化和他们的遇事反应。该理论将人的人格发展分为八个阶段(四个童年阶段、一个青春期阶段和三个成年阶段),每个阶段的个体发展中都有一个必须要解决的冲突矛盾:1.婴儿期(0—2岁):信任—怀疑;2.幼儿期(2—4岁):自主—羞怯;3.学前期或游戏期(4—7岁):主动感—内疚感;4.学龄期(7—12岁):勤奋感—自卑感;5.青年期(12—18岁):角色同一性—角色混乱;6.成年早期(18—25岁):友爱亲密—孤独;7.成年中期(25—65岁):繁殖—停滞;8.成年晚期(65岁至死亡):完美无憾—悲观失望。对于成长中的个体来说,每个阶段出现的危机是正常的现象,成功而合理地解决每个阶段的危机或冲突,人格将会顺利发展,获得较为完整的同一性,反之将会阻碍人格的发展,甚至对个体一生的发展造成深远影响。

根据心理社会发展理论,老年阶段的发展危机是完美无憾对悲观失望,老年人必须发展自我完整性,即对生命意义的满足感,认为自己生命充实而又成功。此时期,老年人主要是通过对过去人生经历的回顾来寻求一种满足感。强调生命回顾是老年期发展的任务,通过将生命各个片断整合在一起,重新赋予其意义,使人们感受到过去生活与现在生活的差异性与关联性。生命回顾包括唤醒过去经验中不堪回首的部分,特别是未解决的冲突、悲伤,期待再一次的审视,能以更宽广的角度来审视生命事件,为旧创赋予新的意义。因此,生命回顾的重点不是事件,而是老年人在回顾时是否能持开放、和谐、接纳自我的态度与观点,去正视生命中的阴影,体验走出阴影的力量,进而整合并接纳自己生命的历程。①

① 冯文来:《怀旧疗法对老年人主观幸福感的影响研究》,苏州大学教育学院硕士学位论文,2017年。

第二节 养老服务体系各主体互动与协同治理相关理论①

一、福利多元主义理论与协同治理理论

"积极老龄化"以"健康、参与、保障"作为基本内涵,表明人口老龄化问题实质是社会问题,即对整个社会而言,"积极老龄化"不仅是老年人比重逐渐增大的过程,还是一个老年群体生存发展权益逐步得到保障和实现整体性治理的过程。正如老龄化的影响已经渗透到社会的各个领域,养老服务体系的建设也是一套跨越功能边界的非结构化公共事务问题,行政驱动的传统政府管理模式难以实现为老年人提供多层次、全方位、宽领域的保障服务。在多元治理主体整合合作的背景下,福利多元主义理论和协同治理理论提出将政府以外的主体纳入治理进程中,通过多方主体的互动与协作提供最优水平的福利。下文将分别介绍福利多元主义理论和协同治理理论的核心观点、发展概况及对养老服务体系建设的启示意义,前者强调福利政策应是由不同社会部门构建的一种制度性安排,解决的是全社会面临的公共问题,以及按照福利三分法或四分法应如何划分多元主体;后者则强调在通过福利多元主义理论划分出多元主体后,如何形成主体间的协同机制并维持长效运转。

(一)福利多元主义理论

福利多元主义是继古典自由主义、凯恩斯—贝弗里奇范式之后为解决福利国家危机,于 20 世纪 80 年代新兴的理论范式。② 在西方社会政

---

① 本节作者为杨红燕、陈鑫、郭荣荣。
② 彭华民、黄叶青:《福利多元主义:福利提供从国家到多元部门的转型》,《南开学报》2006 年第 6 期。

策领域中,福利多元主义主要指福利的规则、筹资和提供由不同的部门共同完成,核心概念是分权和参与:分权指将福利服务的行政权从中央政府转移至地方政府和社区,从公共部门转移至民办组织或其他机构;参与则指个人、营利机构、民办组织等福利的提供者和福利消费者共同参与福利服务的制度制定和提供服务的过程。[①] 该理论起源于 1978 年英国沃尔芬德报告《志愿组织的未来》,报告中首次提出福利供给存在着多元体系。[②] 罗斯是对"福利多元主义"进行清晰界定的第一人,提出了福利多元组合的理论,内容包括:(1)社会的总体福利来源于家庭、市场、国家三个部门,这三者作为福利的提供方,任何一方对于其他两方都有所贡献,三者成为一个社会的福利多元组合。(2)市场、国家和家庭作为单独的福利提供者都存在一定的缺陷,三个部门联合起来,相互补充、扬长避短。(3)混合福利社会是指当国家提供社会福利的增长并未完全排除由家庭和市场提供的社会福利时,即三者共同提供社会福利时,这种混合社会就产生了。用公式表示罗斯的福利多元组合理论即:

$$TWS = H + M + S \qquad (1.1)$$

式中 TWS 表示社会总福利、H 是家庭提供的福利、M 是市场提供的福利、S 是国家提供的福利。社会福利是各种制度综合的产物。

伊瓦思发展了罗斯的多元福利组合理论,提出了福利三角的研究范式。他指出应将由家庭、市场和国家共同组成的福利整体研究框架嵌入文化、经济、社会和政治的背景中,并将福利三角中的三方具体化为对应的组织、价值和社会成员关系(见表 1.1)。市场对应的是正式组织,体现的价值是选择和自主,社会成员作为行动者建立的是与(市场)经济的关系;国家对应的是公共组织,体现的价值是平等和保障,社会成员作为行动者建立的是与国家的关系;家庭是非正式/私人的组织,体现的价值是团结和共有,社会成员作为行动者建立的是与社会的关系。在一定的文

---

① 李明、李士雪:《福利多元主义视角下老年长期照护服务体系的构建》,《东岳论丛》2013 年第 10 期。

② 韩央迪:《从福利多元主义到福利治理:福利改革的路径演化》,《国外社会科学》2012 年第 2 期。

化、经济、社会和政治背景中,市场提供着就业福利;国家通过正式的社会福利制度将社会资源进行再分配;家庭保障、邻里互助、非正式组织是提供非正式福利的核心;国家提供的社会福利和家庭等提供的非正式福利可以分担社会成员在遭遇市场失败时的风险。[①] 同时,三类主体提供的福利可以相互补充、相互支撑,家庭提供的福利是行动者最直接的福利来源,国家提供的公共福利是基础生存保证,市场提供的福利能够满足多元化的福利需求。

表 1.1　伊瓦思的福利三角:组织、价值与关系

福利三角	组织	价值	关系
市场	正式组织	选择、自主	行动者与(市场)经济的关系
国家	公共组织	平等、保障	行动者与国家的关系
家庭	非正式/私人组织	团结、共有	行动者与社会的关系

资料来源:Evers, A., *Shifts in the Welfare Mix:Introducing A New Approach for the Study of Transformations in Welfare and Social Policy*, Vienna:Eurosocial,1988,pp.7-30.

　　约翰逊主张采用福利四分法的方式,即在福利三角的国家、市场和家庭基础上加入了志愿组织,强调福利供给的非垄断性。吉尔伯特主张福利四分法的观点与约翰逊一致并进行了拓展,提出将四个部门嵌入福利国家市场的公共和私人领域,且与资本主义的经济市场相互重叠(见表1.2)。吉尔伯特由此将经济市场和社会市场区分开,认为二者在指导福利分配方面所遵循的原则和动机不同:福利国家的社会市场主要是根据人类需求、依赖性、利他情结、社会义务、慈善动机和对公共保障的渴望来分配商品和服务;资本主义社会的商品和服务则是通过经济市场来分配,理念上是以个人进取心、生产效率、消费者选择、支付能力和利润追逐为基础。[②]

---

① 彭华民:《福利三角:一个社会政策分析的范式》,《社会学研究》2006 年第 4 期。

② Gilbert, N., "Remodeling Social Welfare", *Society*,1998,pp.8-13.

表 1.2　吉尔伯特福利四分法对应的社会市场与经济市场

社会市场	经济市场			
公共领域	私人领域			
联邦、州及地方政府的直接转移支付 税收开支的间接转移支付 规则转移	由家庭和朋友提供的非正式支持	由志愿性非营利性组织提供的服务	营利部门提供的服务	由营利公司生产的产品和服务

资料来源：［美］Neil Gilbert，Paul Terrell：《社会福利政策导论》，黄晨熹等译，华东理工大学出版社 2003 年版。

　　福利多元主义的四分法是在三分法的基础上对福利来源的进一步细化，两大分类方法间没有绝对的划分界限，皆是对福利提供的反思。德诺贝格提出福利五边的观点，即在政府、市场、家庭外，加入了会员组织和社会网络。福利五边观点的主要内容为：任何家庭或居民都可以从多元渠道中获得社会福利，公权（国家）、市场、家庭、社会网络（如亲戚圈和熟人朋友圈）以及会员组织（如教会）都提供了福利产品的来源。[1] 具体表现为从工作市场获得收入以增进个人福利，从国家的福利制度中获得养老金或国家救济，从家庭、社会网络中获得财政转移支付的可能性，从会员组织中获得广泛的社会服务。

　　德国学者艾维斯和沃尔克等将福利多元主义的研究推向了理论的纵深层面，与上述强调福利多元角色的理论相比较，其核心思想基础在于：超越近现代以来西方深受黑格尔哲学影响所产生的对"国家"和"社会"的界限性区分，以及后来对"国家""市场"和"社会"的三元区分。[2] 两位学者认为，在后现代社会，各个福利组织者角色界限分明和相对独立的观点难以适应新时代的发展。由此区分了市场、国家、社群和公民社会四种机制，分别对应市场、国家、非正式和非营利领域，各自对应的核心价值基

---

　　① 刘涛：《福利多元主义视角下的德国长期照护保险制度研究》，《公共行政评论》2016 年第 4 期。

　　② 刘涛：《福利多元主义视角下的德国长期照护保险制度研究》，《公共行政评论》2016 年第 4 期。

础为自由、平等、互惠和团结,获取福利的条件分别为货币支付能力、作为合法公民的资格受益权利、预先赋予的角色和福利需求。

在建设养老保障体系的过程中,因养老风险来源复杂,便需要多元主体承担各自的福利责任。各主体之间分工合作,共同构建完善的养老保障体系网,使得任何一类覆盖人群都能获得自己所需的养老服务,并消除养老服务缺失带来的社会排斥。

从生命发展历程的角度来看,进入老龄阶段的个体对长期照护的需求具有普遍性,而个体在老年时出现的失能、失智等健康问题往往是非老年期各种问题累积的结果。[①] 因此长期照护政策不仅涉及老年群体,更涵盖了有劳动能力的中青年群体。在此背景下,以福利多元主义为指导的"社会取向"福利观要求长期护理政策应是由不同社会部门构建的一种制度性安排,解决的是全社会面临的公共问题。按照福利多元主义四分法,可将长期照护服务的责任主体分为政府、市场、家庭和民间社会,各主体的属性和功能定位如表1.3所示。各主体的职责分工具体表现为:(1)政府负责制定政策和法规,如长期照护服务体系中各构成要素的职能,主要筹资和支付方式,服务机构的准入资格、评估程序等;负责监督和管理,通过充当"仲裁人"的角色保证市场的效率与公平;负责购买服务。(2)市场是长期照护服务的直接提供者,核心职能是尊重价值规律,提供多层次的照护服务。(3)家庭承担筹资和提供服务的责任。(4)民间社会在传播知识、提供服务、舆论监督、协调沟通方面具有独特优势,可以弥补政府与市场的不足。

表1.3　长期照护服务各主体功能定位

	政府	市场	家庭	民间社会
福利生产部门	中央到地方各级政府	各类养老机构	亲戚圈、熟人网络等	非政府组织、慈善机构、志愿者等
运行机制	法律、制度	市场竞争	血缘、地缘	社会文化

---

① 原新、李志宏、党俊武、孙慧峰:《中国老龄政策体系框架研究》,《人口学刊》2009年第6期。

续表

	政府	市场	家庭	民间社会
需求方角色	公民	消费者	亲人、朋友	市民、协会成员等
职责定位	制定政策和服务标准;监督管理;购买服务;人员培训等	直接提供服务	直接提供服务	直接或间接提供服务

资料来源:李明、李士雪:《福利多元主义视角下老年长期照护服务体系的构建》,《东岳论丛》2013 年第 10 期。

(二)协同治理理论

1. 协同治理理论概述

协同治理(Collaborative Governance),也有"协力治理""合作治理"等不同的表述。最早在 1965 年由安索夫(Ansoff)提出了协同治理的理念与战略思想[①],随后西方兴起了协同治理的实践和学术探讨热潮,目前已经成为公共行政领域的热门词汇。不同学者对协同治理的定义不尽相同。例如,较多学者引用了 Ansell & Gash 将协同治理定义为一种治理安排,即单一或多个公共机构与非国家部门利害关系人在正式的、以达成共识为目的的、协商的集体决策过程中直接对话,以期制定或执行公共政策或者管理公共项目或财产的观点。[②] 而 Zadek 则突出了规则的重要性,认为协同治理指的是来自公共和私人机构的多方行动人一起制定、执行和管理规则,为共同面对的挑战提供长期解决方案的过程。[③] 同时,还有些学者特别突出了非政府组织、公民在决策过程的参与(Cooper 等,2006)。[④] 国内学

[①] [美]安索夫:《新公司战略》,曹德骏、范映红、袁松阳译,西南财经大学出版社 2009 年版。

[②] Ansell and Gash,"Collaborative Governance in Theory and Practice",*Journal of Public Administration Research and Theory*,(18),2007,pp.543-571.

[③] Zadek,S.,"The Logic of Collaborative Governance:Corporate Responsibility,Accountability, and the Social Contract",Corporate Social Responsibility Working Paper No.17,Cambridge,MA:John F.Kennedy School of Government,Harvard University,2006,pp.21-30.

[④] Cooper,et al.,"Public Administration Review",*Citizen-Centered Collaborative Public Management*,66(s1),2006,pp.76-88.

者主要在西方学者的定义上进行了部分总结,例如,李汉卿将协同归纳为治理主体多元化、子系统间的协同性、自组织间的协同和共同规则的制定四个特征。[①]

综上,尽管国外和国内学者对协同治理的定义在涵盖或者所强调的内容上不完全一致,但整体上达成了两个基本的共识:一是主体多元化,将政府以外的行动者主体纳入到治理中;二是为实现共同目标,需各行动主体共同协作。

2. 协同治理机制的构建

多元主体存在不同的利益诉求,追求利益最大化可能会激化多元主体间的矛盾和冲突,影响共同目标的实现。因此要实现协同治理的目标,必须搭建协同治理的机制,确保各类主体在协同治理中可能导致的相互冲突得以协调,保证各类主体在协同治理中的功能差异得到整合,最终实现多元参与主体的功能耦合。

(1)前提:厘清协同机制的构成要素

协同治理作用的发挥需要各构成要素充分发挥功能,形成整体效用。因此,要构建协同机制,首先要厘清协同机制的各构成要素。协同机制的构成要素主要包括主体、客体、程序、动力、目的等方面。[②] 协同治理的主体涉及政府、市场、社会、公众等;客体则是指协同治理的对象,即广义的社会;程序是指协同治理的"领导—负责—协同—参与"的决策和实施程序;动力则由三部分构成,涉及主体及其意向与能力、机制的自我协调与机制的基本完善能力及趋向"目的善"的能力;目的主要是指社会治理的良好协同,实现公共利益最大化。

(2)基础:掌握协同机制的关键要件

厘清协同治理的要素后,如何发挥这些要素的作用便凸显出来。国外学者们研究认为,影响协同治理的要件纷繁复杂,但可以总结为沟通、共识、信任、资源等关键方面。具体来说,审慎沟通是协同机制存在的基础。协同治理的主体针对治理的客体,通过广泛充分的沟通,以期达成共识,为

---

① 李汉卿:《协同治理理论探析》,《理论月刊》2014 年第 1 期。

② 刘卫平:《论社会治理协同机制的基本要素、实现形态与构建原则》,《邵阳学院学报(社会科学版)》2015 年第 3 期。

共同行动奠定基础;共识达成与信任缔结是机制建立的主观条件。在广泛的沟通过程中找到多元主体间的分歧,通过妥协与合作达成共识、建立信任,并采取集体行动。集体行动可能会产生新的更高的目标和选择,产生超越之前共识的结果。它是所有主体共同拥有的,与所有主体的利益相联系,辐射所有的主体,有效避免了"搭便车"行为。① 协同主体间如果出现信任缺失、关系紧张、制度失效等因素,一方面可能导致主体间信息交流的阻隔、谈判成本的增加、协同运行效率的低下,甚至协同机制的崩溃。另一方面也有可能形成主体间互斥与内耗,恶性竞争,使协同系统最终走向灭亡;资源分享是协同机制建立的客观条件。不同的主体间的社会资源、价值追求和利益诉求并不一致,导致它们在社会系统中既存在着竞争,同时也保持着合作关系,而只有通过资源共享的方式,集合各主体间的优势资源,才能发挥协同作用,实现利益最大化。与此同时,这些协同机制的关键要件之间并不是独立运转,而是紧密联系,共同促进协同机制的形成。②

（3）支撑:促进协同机制的高效运转

尽管要件的形成涉及协同机制的建立与存续,但是驱动具有复杂结构的协同机制运转却并非易事,需要富有针对性的运转策略。一是构建主体意识,突破多元参与的"主体困局"。社会治理需要政府、社会和公众的共同参与,而主体自觉参与为社会治理提供了动能。一方面,社会、公众主体自觉参与,在多渠道、高精度地传递诉求,消除社会震荡或混乱的同时,也能促进多元主体积极回应社会发展诉求,化解矛盾纠纷;另一方面,理念层面的自觉内容也能够及时转化为共同行动,为社会治理贡献更多动能。③ 二是获取阶段成果,实现协同机制从量变到质变的飞跃。协同治理的目标是在追求共同目标下,实现利益最大化,而要维持多个主体间的协同运转,就需要在行动中获得阶段性的成果,以激励参与主体持续行动。获得阶段性的成果能推动参与主体真正的发挥主体意识,自觉

---

① 王名、蔡志鸿、王春婷:《社会共治:多元主体共同治理的实践探索与制度创新》,《中国行政管理》2014 年第 12 期。

② 闫亭豫:《国外协同治理研究及对我国的启示》,《江西社会科学》2015 年第 7 期。

③ 徐顽强、王文彬:《从主体自觉到多元参与中国国家治理现代化的重要动力支撑》,《国家治理》2018 年第 28 期。

参与集体行动,实现从要我参与到我要参与的变化。三是制定正式规则,确保协同机制的顺利运转。作为一种集体行为,在某种程度上协同治理过程也就是各个行为体都认可的行动规则的制定过程。多元主体存在不同的利益诉求,追求各自利益最大化会导致多元主体间的矛盾和冲突,影响共同目标的实现,协同治理机制成败的关键在于是否具有制度或正式程序的保障,确保各类主体在协同治理中可能出现的相互冲突得以协调,实现整体效用最大化。[①]

(4)保障:维系协同机制的长效运作

协同治理机制的顺利运转有助于实现协同治理整体效用,但协同治理是一个长期的过程,需要持续运作才能最终达成共同目标。因此,协同机制的长效运作才是协同目标达成的保障。具体的做法有:一是发挥制度规约与政府引导作用。宏观政策与顶层设计是建构协同治理体系的必要条件,其中最为根本的是实现治理机制与具体实践机制融合互嵌,而这需要充分发挥政府主体的作用,引导制定具体实践机制,推进协同治理的运转。二是以社会性作为协同治理的出发点和落脚点。协同治理的社会性需要体现在,一方面,社会组织在提供社会支持与公共服务、提升社会张力与制度弹性等方面具有独特的优势和作用;[②]另一方面,网络成为公众个体建构与重塑的最重要力量。互联网使现代社会中社会个体的无缝沟通甚至无缝衔接成为可能。三是建构协同主体自我管理的保障机制。一方面要转变政府理念,要从权威政府向人本政府、透明政府的执政理念转变,同时要充分肯定市场、社会治理的重要作用,在目标导向、执政理念上接受、认可并践行协同合作的社会治理模式;另一方面要提升公民或社会组织的协商伦理,积极参与协商,关注组织的共同利益,避免协同治理陷入"有民主、无效率"的困境。[③]

养老服务的协同治理机制搭建也是如此,通过厘清养老服务协同治理的主体、客体、目标、程序、动力等要素,围绕沟通、达成共识、资源分享

---

① 夏志强:《公共危机治理多元主体的功能耦合机制探析》,《中国行政管理》2009 年第 5 期。

② 金太军、袁建军:《政府与企业的交换模式及其演变规律——观察腐败深层机制的微观视角》,《中国社会科学》2011 年第 1 期。

③ 张振波:《论协同治理的生成逻辑与建构路径》,《中国行政管理》2015 年第 1 期。

等构成要件,充分发挥多主体的自觉意识,不断取得养老服务的阶段性成果,并最终制定养老服务集体行动的正式规则。

3. 养老服务的协同治理

养老服务的协同治理,通过多元主体共同参与并集合优势资源协作的治理方式,可有效回应老年人养老服务需求的多样性和复杂性,以实现养老服务效益最大化,满足老年人的养老需求。具体来讲,养老服务协同治理的机制构建为:

其一,厘清养老服务的多元主体,共同参与治理。从养老服务来看,其治理主体包括政府、企业、基层自治组织、非营利性组织、志愿者及家庭个人等多个主体,而不同的社会组织和行为体具有不同的社会资源、价值追求和利益诉求。养老服务治理主体的多元化,可利用各个主体的优势资源,弥补单个主体的缺陷,更好地实现养老服务共同目标。

其二,搭建养老服务的沟通渠道,达成广泛共识。养老服务的体系建设是一项系统的工程,涉及诸多环节和程序,包括老年人需求、服务供给、服务使用、监督与评估等从需求到供给的全过程。在这个复杂的过程中,需要建立各式沟通平台,例如网络沟通平台、定期沟通会议、建议信箱等多种形式进行广泛交流,使得参与的多元主体不断消除分歧,达成广泛共识,结成合作、协商和伙伴关系,实现合作共建和资源的协同供给,从而更好地提供养老服务产品。

其三,制定养老服务的共同规则,促进有效运转。养老服务体系建设作为一种集体行为,需要通过共同规则促进养老服务各个组织行为体之间的协作,以实现整体大于部分之和的效果。在养老服务过程中,例如,政府主体通过广泛征求社会主体和家庭个人主体的意见建议,以完善养老服务机构服务质量标准和评价体系,社会主体则要切实遵守养老服务机构服务质量标准,保障养老服务质量,维护老年人的合法权益。在这个养老机构服务质量标准的制定过程中,各个主体都会基于自身的利益而竞争,但为了达成最终目标又不断进行协作,以促成规则的最后形成。

其四,维系养老服务的价值平衡,发挥保障作用。养老服务体系建设具有多重价值目标,为实现协同治理的持续作用,需要对多个目标进行平衡。例如养老服务体系的核心目标在于满足老年人养老服务需求,公共性与公平性是主导性原则,但收益和效率同样是养老服务的内在要求,养老服务协同治理只有促成多目标甚至是相冲突的目标达成共识,以平衡养老服务体系建设过程中公平与效率的矛盾,才能保障养老服务的协同治理持续、长效运作。

二、利益相关者理论与委托代理理论

以福利多元主义理论和协同治理理论指导下的养老服务保障多元主体间需要形成对相关公共事务的基本认同、信任和亲密无间的合作,以实现养老服务效益最大化。在具体实践中,各主体的行动逻辑和服务的供给方式也有理论可循。兴起于私营部门的利益相关者理论自被广泛运用到公共管理部门起,便拥有了在公共部门制定福利政策时将其作为指导原则的独有优势。下文通过介绍该理论的发展脉络、利益相关者分类及各主体行动逻辑分析框架,分析养老服务体系建设的合法性、紧迫性、权力性三类利益相关者,如何基于自身的动机因素,采取不同的策略并最终达成目标。其间嵌套复杂的层层委托代理关系需要补充委托代理理论加以说明。我国养老服务的供给方式经历了从直接委托代理模式向间接委托代理模式的变迁,在老年人、政府、民间组织间形成了若干层次的委托代理关系,多个行为主体间也形成了利益交叉与博弈,而该理论的核心是为了解决由于信息不对称和利益冲突而产生的代理问题。

(一)利益相关者理论

利益相关者理论(Stakeholder Theory)是 20 世纪 60 年代在企业管理从"以股东为中心"到"关注其他利益主体"的转化过程中逐步发展起来的。斯坦福研究院于 1963 年首次提出[①],后历经美国学者 Ansoff、Freeman 等人的发展,该理论逐渐完善并在经济学和管理学中广泛应用。1984 年,美国学者 Freeman 在其经典著作《战略管理:利益相关者方法》一书中对利益相关者给出了广义的定义:利益相关者是"那些能够影响企业目标实现,或者能够被企业实现目标的过程影响的任何个人和群

---

① 刘俊英:《项目制扶贫参与主体的行为逻辑与博弈关系——兼论政府的公共性与自利性》,《社会科学战线》2019 年第 11 期。

体"。该定义不仅将影响企业目标的个人和群体视为利益相关者,同时还将受企业为实现目标所采取的行动影响的个人和群体看作利益相关者,正式将当地社区、政府部门、环境保护主义者等实体纳入利益相关者管理的研究范畴,大大扩展了利益相关者的内涵。① 即利益相关者理论认为企业不只为股东所有,而是为所有利益相关者共有;企业在重视股东权益的同时,也要给予各方利益相关者足够的重视。Freeman(1984)从所有权、经济依赖性和社会利益三个不同角度对企业的利益相关者进行分类:所有持有公司股票者是对企业拥有所有权的利益相关者,对企业有经济依赖性的利益相关者包括经理人员、员工、债权人、供应商等,与公司在社会利益上有关系的则是政府、媒体、公众等。②

在利益相关者分类研究中,影响最大、使用最广泛的当属米切尔评分法。美国学者米切尔等人针对企业治理建构了利益相关者分类评分法,从合法性、权力性和紧迫性三项属性针对特定群体进行评分,根据分值将其划分为确定型利益相关者、预期型利益相关者和潜在型利益相关者,并根据利益相关者所占维度的不同,进一步细分为七种类型。合法性(Legitimacy)指特定群体被法律或道德规范认可,具有对企业的索取权;权力性(Power)指特定群体具有一定的地位或能力,能够影响企业的决策;紧迫性(Urgency)指特定群体的需求能够引起企业的关注。③ 确定型利益相关者需同时符合合法性、权力性和紧迫性三项属性,即图 1.2 中的 A 区域,企业必须尽力满足其需求;预期型利益相关者需符合三项属性中的任意两项,即图 1.2 中的 B 区域,企业需要与其保持密切的联系,监测他们的动向;潜在利益相关者仅需符合三项特性中的一项,即图 1.2 中的 C 区域,企业无须给予太多关注。④ 而进一步更细致的划分则分为七种类型:同时具备合法性、权力性和紧迫性三项属性的利益相关者属于决定型利益相关者;同时具有合法性和权力性两种属性的属于支配型利益相关

---

① 贾生华、陈宏辉:《利益相关者的界定方法述评》,《外国经济与管理》2002 年第 5 期。

② Freeman, R.E., *Strategic Management: The Stakeholder Approach*, Boston, MA: Pitman, 1984, pp.145-150.

③ 陈宏辉:《企业的利益相关者理论与实证研究》,浙江大学管理学院博士学位论文,2003 年。

④ 王家合:《政府购买社会工作服务的利益相关者分析——基于利益"要求—冲突—协调"的框架》,《求索》2019 年第 1 期。

者;同时具有合法性和紧迫性两种属性的属于依存型利益相关者;同时具有权力性和紧迫性两种属性的属于危险型利益相关者;仅具有合法性的属于静态型利益相关者;仅具有权力性的属于自主型利益相关者;仅具有紧迫性的属于苛求型利益相关者。①

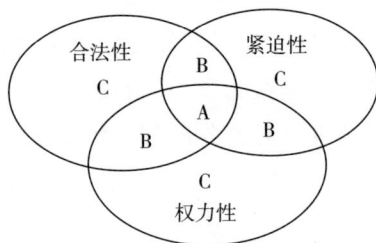

图 1.2 米切尔等的利益相关者分类

利益相关者理论认为"利益相关者能够影响一个组织目标的实现"②,并且利益相关者间存在利益冲突,各利益相关者试图优先满足自身利益,那些处于优势地位的利益主体往往占据着主导,优先考虑自身利益的实现并挤占其他主体的利益空间。③ 利益相关者的动机与行动过程等是影响组织活动目标或绩效的关键因素,各利益相关者、行动动机、行动过程和行动结果等构成了利益相关者行动逻辑分析的主要因素。其中利益相关者是行动逻辑分析的主体,主体的行动动机导向其行动过程并通过行动过程达成利益相关者的期望结果,最终构成"动机—过程—结果"的利益相关者行动逻辑,见图1.3。

随着"新公共管理运动"的兴起,出现了公私部门管理在理论和方式上的融合,主要用于私营部门的"利益相关者理论"也被广泛地运用到公共管理研究领域。公共管理作为一个全社会开放式管理体系,不仅强调政府部门发挥调节与控制的职能,还特别强调与社会其他群体间形成良

---

① 刘俊英:《项目制扶贫参与主体的行为逻辑与博弈关系——兼论政府的公共性与自利性》,《社会科学战线》2019 年第 11 期。

② Freeman,R.E.,*Strategic Management:The Stakeholder Approach*,Boston,MA:Pitman,1984,pp.145-150.

③ 姜晓萍、康健:《官僚式外包:政府购买公共服务中利益相关者的行动逻辑及其对绩效的影响》,《行政论坛》2019 年第 4 期。

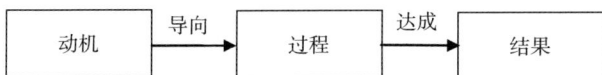

图 1.3　利益相关者行动逻辑分析框架

性互动及共同承担责任,从而通过提高绩效和服务品质,保障社会公共利益。同时,因公共管理比一般企业管理更具社会性与复杂性,用利益相关者理论研究公共管理问题时,更侧重利益主体间的相互影响,并注重挖掘表象背后更深层的原因。① 社会福利具有公共属性,福利政策的本质是对社会利益的分配或再分配。政策利益相关者是指"由于影响公共决定也被决定影响而与政策有利害关系的个人和群体"②,目标群体是指那些受政策作用影响而需要重新调试行为的群体。

老年福利政策作为公共政策的一种,主要应对老年群体的养老利益诉求,并解决公共问题,广泛意义上存在四大类利益主体:(1)政策制定及直接管理者:政府及社区管理机构;(2)资源与服务直接提供者:社会企业及社会组织;(3)政策直接受益者(目标群体):符合资质的老年群体;(4)其他受政策影响的主体:媒体、行业协会、老年群体家属等。根据米切尔评分分类法,因第一类主体同时满足合法性、权力性与紧迫性,属于确定型利益相关者;第二类主体满足合法性与紧迫性,属于预期型利益相关者中的依存型利益相关者;第三类主体满足权力性与紧迫性,属于预期型利益相关者中的危险型利益相关者;第四类主体仅满足其中一种属性,属于潜在型利益相关者。在老年福利相关政策的制定与实施过程中,四大类利益相关主体都存在基于"动机—过程—结果"的经济人行动逻辑,利益主体与政策制度间形成互构关系,主体可以建构或消解制度。③具体表现如下:

(1)动机要素:政府的动机是实现官僚目标,行政权力或地方政府

---

① 吴建南:《公共管理研究方法导论》,科学出版社 2006 年版,第 220—221 页。

② [美]威廉·N.邓恩:《公共政策分析导论》,谢明等译,中国人民大学出版社 2002 年版,第 50 页。

③ [英]安东尼·吉登斯:《社会学方法的新规则——一种对解释社会学的建设性批判》,田佑中、刘江涛译,社会科学文献出版社 2003 年版,第 78 页。

的动机往往决定了资源的分配。社会企业及社会组织则追求生存与利润，并依附行政权力参与政策实施。老年群体期望高质量的公共产品和服务，偏好具有异质性。（2）过程要素：政府是养老服务相关政策的主要制定者，通过行政权力影响其他类利益主体的行动；社区管理机构通过发挥地缘优势保障社区服务质量。社会企业与社会组织通过直接提供多元化、多层次的养老服务参与制度构建。老年群体则在制度建构过程中作为直接受益者从中获得福利。（3）结果要素：各类主体的行动过程直接影响政策的绩效水平，对结果的处理需要第三方评估与公众监督。

（二）委托代理理论

委托代理理论是 20 世纪 60 年代末由罗斯（Ross）等经济学家以深入研究企业内部信息不对称和激励问题发展起来，是现代企业制度与社会化发展的产物。理论的核心是为了解决委托人和代理人之间的利益冲突，在不完全信息条件下设计合理的契约，激励代理人为其进行有效的服务。[①] 该理论遵循的是以"经济人"假设为核心的新古典经济学研究范式，并以两个基本假设为前提：

（1）委托人和代理人之间利益相互冲突。在委托代理关系中，委托人和代理人都是经济人，行为目标都是为了实现自身效用最大化。委托人最关心的是结果，代理人却不感兴趣；代理人最关心付出的努力，委托人却没有直接的兴趣。委托人的收益直接取决于代理人的成本（付出的努力），而代理人的收益就是委托人的成本（支付的报酬）。[②] 二者的目标函数不相一致，甚至是相互冲突的，由于存在利益冲突，代理人便可能利用委托人委托的资源决策权谋取私人利益，即可能产生代理问题。

代理问题被分成两类：一是逆向选择问题，即契约的一方在订立契约时就已经掌握私人信息，只有他自己知道对方不知道的信息；二是道德风险问题，即立约一方是在订立契约之后才掌握私人信息。代理问题的要点在于，委托人如何通过设计一套激励机制促使代理人采取适当的行动，

---

① 王为民、何凯：《基于委托代理理论的高校设备资源内部共享研究》，《实验技术与管理》2017 年第 2 期。

② 刘有贵、蒋年云：《委托代理理论述评》，《学术界》2006 年第 1 期。

最大限度地增进委托人的利益。①

（2）委托人和代理人之间信息不对称。委托代理理论认为代理结果是与代理人努力水平直接相关的，且具有可观察性和可证实性。但委托人并不能直接观察到代理人的努力工作程度，而代理人自己却很清楚付出的努力水平，则代理人便可能利用自己拥有的信息优势，谋取自身效用最大化。代理人努力水平的不可观察性或不可证实性意味着代理人的付出成本不能被包含在契约条款中，因为契约即使包含了这一变量，如果出现违约，也没有第三者能知道代理人是否真的违约，从而无法实施。

满足基本假设后，建立委托代理关系需具备两个条件：（1）参与约束。委托人支付给代理人报酬带来的效用不得低于代理人从事其他事务所获得的效用（市场机会成本），若低于这一效用，代理人不会参与该契约，委托代理关系不成立。（2）激励相容约束。在信息不对称情况下，委托人要使契约可以执行，必须考虑代理人自身的利益。即委托人为实现自身效用最大化而要求的代理人努力程度也要使代理人自身实现效用最大化。

因此，委托代理理论遵循的基本分析逻辑是：委托人为了实现自身效用最大化，将其所拥有（控制）资源的部分决策权授予代理人，并要求代理人提供有利于增进委托人利益的服务或行为。基本路径是：委托人设计契约—代理人根据情况接受（或拒绝）契约—代理人提供努力与付出—随机因素决定现状态—委托人根据结果进行支付。而代理人也是追求自身效用最大化的经济人，二者在利益互相冲突和信息不对称的情况下，代理人在行使委托人授予的资源决策权时可能会受到诱惑，把自己的利益置于委托人利益之上，从而损害委托人的利益，即产生代理问题。由于存在代理问题，就要求在激励相容约束和参与约束两个条件下委托人设计出最优契约，让代理人的付出水平符合委托人的利益。

----

① 张春霖：《存在道德风险的委托代理关系：理论分析及其应用中的问题》，《经济研究》1995年第8期。

从委托代理视角看,中国的养老服务经历了从直接委托代理模式向间接委托代理模式的变迁。[①] 在福利制度改革以前,养老服务主要由官方包办的民政福利和单位包办的职工福利组成,该阶段的养老服务是典型的直接委托代理模式。即存在两个主体,老年人是委托人、政府或民营机构是代理人,后者直接生产并提供养老服务。随着"社会福利社会化"的推进,以及养老服务需求的多层次化、多元化与复杂化,政府、私营部门、社会组织、家庭、社区等不同养老服务载体间由封闭与分散状态逐渐向互动与合作式转变,形成了多重委托代理关系。民间组织参与社会养老服务是一种具有多层级特征的间接委托代理模式,形成了"老年人—政府—民间组织"的三级委托代理链。[②] 代理模式如图1.4所示,老年人是养老服务的需求者和初始委托人,其将养老服务委托给各级政府;民间组织是养老服务的具体提供者和最终代理人,政府部门将初始委托人的养老服务诉求委托给民间组织。同时,政府内部也存在着委托代理关系,即上级政府是下级政府的委托人、下级政府是上级政府的代理人。因此,在老年人、政府、民间组织间形成了若干层次的委托代理关系,多个行为主体间也形成了利益交叉与博弈,其中政治互依、资源共享、功能互补是主体间展开合作进而形成委托代理的基础。

综上,在过程导向的养老服务"老年人—政府—民间组织"委托代理关系行动逻辑中,委托代理视角重点分析嵌套复杂的间接委托代理链,以及解决由于信息不对称和利益冲突产生的代理问题;而利益相关者视角着重关注各类相关利益者基于"动机—过程—结果"的经济人行动逻辑及其对政策绩效产生的影响。在社会化养老的间接委托代理模式下,作为政策制定和直接管理者,政府是养老服务目标群体的直接代理方,也是第三方机构的间接委托者;作为服务的直接提供者,社会企业与社会组织是养老服务目标群体的最终代理人。现阶段该间接委托代理模式尚未发展成熟,社会组织看似独立却又派生于政府部门,委托

---

① 张超、吴春梅:《委托代理视角下杭州市民间组织参与居家养老服务的实践研究》,《西北人口》2012年第1期。

② 吉鹏:《社会养老服务供给主体间关系解析——基于委托代理理论的视角》,《社会科学战线》2013年第6期。

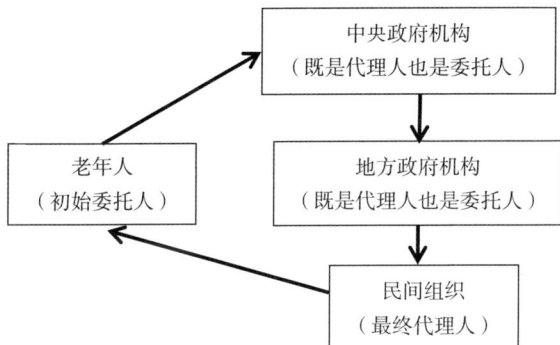

图 1.4　民间组织参与养老服务的间接委托代理模式

代理关系产生异化,各利益主体的行动逻辑也因此发生改变,并最终影响服务质量与政策绩效。

第三节　养老服务需要、需求与供给理论①

一、养老服务需要理论

(一)需要的内涵、层次与多元属性

需要(need)是有机体感到某种不平衡而力求获得满足的心理倾向,它表现为有机体对内部环境或外部生活条件的一种稳定的要求,并成为有机体活动的源泉,故需要是由个体对某种客观事物的要求引起的,而这种要求可能来自有机体的内部,也可能来自个体周围的环境。② 此种不平衡状态包括生理和心理的不平衡,需要提供了有机体活动的动力,是动机产生的基础之一。③ 人的需要既是由人的生物性决定的,也是由人的社会性决定的。

---

① 本节作者为杨红燕、李林。
② 彭聃龄:《普通心理学(修订版)》,北京师范大学出版社 2001 年版,第 321—324 页。
③ 张厚粲:《心理学》,南开大学出版社 2002 年版,第 36—40 页。

需要(need)不等同于需求(demand)、欲望(desire)。① 需求强调的是有支付能力的需要,而欲望则是由生物的本性驱使其想达到某种目的或某种东西的要求,是世界上所有动物最原始的、最基本的一种本能,是内生的,几乎不受外界影响。

亚伯拉罕·马斯洛(1987)从人类动机的角度提出需要层次理论(hierarchical theory of needs)。② 人是一种不断有需要的动物,绝大多数时候都难以达到完全满足的状态,人类的全部行为是由一定的需要所驱使的。需要具有客观性、社会普适性和个体性,需要的满足是在人的系统内部产生的,而满足需要的事物可以存在于外部。需要层次理论指出,人类的需要是分层次的,自身的各类需要是个体行为的动机,也是内在动力,即人的需要一般按照一定的顺序出现,从最基础的对食物、睡眠等生理的需要到发挥自己最大的能力、实现自身价值的需要。因此,将人类需要按照从低到高的层次分为生理需要、安全需要、情感需要、尊重需要和自我实现需要五类。只有当低层次的需要得到满足,才会产生更高层次的需要。

需要的多元属性具体可分为两个方面:一是需要具有普世性和客观性,需要的主体是作为人而存在的,需要是人的一种避免社会问题状态的客观要求。二是需要具有历史性和主观性,历史社会的不同而导致需要相异,个人意识到的需要就是他的需要。③

(二)社会需要的界定与理论阐释

马克思从历史唯物主义视角探讨了社会需要与需要的关系问题。马克思需要观念主要包括三重内涵:一是基本的生存需要。基本的生存需要是人类历史活动的起点。二是社会需要。在阶级社会中,人的关系表现为"一切人反对一切人的战争",人们利益需要的实现充满冲突。马克思认为这种社会需要的冲突是与社会设定的条件和提供的手段相联系的。三是人实现自我的需要。人有意识的创造活动使人与动物相区别开

---

① Flew A., "Wants or needs, choices or commands", *Human Needs and Politics*, 1977, pp. 213–228.

② 也被翻译为需求层次理论。

③ [东德]勒德雷尔主编:《人的需要》,邵晓光等译,辽宁大学出版社 1988 年版,第 21—40 页。

来,人的自我需要成为了人对于自然再生产的尺度。① 黑格尔和马克思都认为需要的满足具有社会性,马克思也承认需要是人的社会关系形成的基础,为了满足个体自身的需要,具体劳动必须转化为普遍的社会劳动。② 由此可知,马克思认为现代文明社会需要是满足个体自身需要而发生的劳动转化过程。其唯物主义社会需要出发点是在自由劳动的基础上,阐释个体需要的特殊性与社会需要的普遍性之间的张力融合。人的需要首先要超脱于自然必然性与社会必然性,回到自由自觉的劳动这一人的根本性需要。③

区别于马克思历史唯物主义劳动观视角下的社会需要,许多学者从社会福利视角下论述社会需要一般是指人类为了生存和福祉的生理、心理、经济、文化和社会要求,④当同一种文化背景下的个体需要积聚,便成为社会需要。⑤ 其实,两种视角下社会需要的界定内涵是相契合的,社会需要是由个体需要经由文化而形成的,而马克思认为是经由社会关系形成,契合点为文化正是由社会关系发展而来。

不同于马克思的历史唯物主义社会需要叙述,史蒂夫林克(Steverink,2006)更倾向于用实证主义解释社会需要的意义,认为需要是指一组有限的基本生理和社会需要,至少最低限度地满足一个人体验整体幸福。⑥ 其基于社会生产功能理论(the theory of social production functions)确定了三种基本的社会需要:情感、行为确认和地位。第一种需要,情感是通过给你一种感觉关系来满足的;第二种需要,行为确认是通过让你在相关的人和你自己的眼中都有做"正确"事情的感觉来实现的;第三种需要,地位是通过给你一种被尊重的感觉、被认真对待的感觉来实现

---

① 林帮钦:《论马克思的需要理论与分配正义的张力》,《山东社会科学》2020 年第 6 期。

② 岳杰勇:《论马克思对黑格尔需要思想的超越》,《马克思主义理论学科研究》2019 年第 3 期。

③ 袁富民:《马克思需要理论研究述评》,《重庆社会科学》2017 年第 8 期。

④ Macarov, D., *Social Welfare: Structure and Practice*, Thousand Oaks: Sage Publications, 1995, pp.17-28.

⑤ Flew, A., "Wants or Needs, Choices or Commands", *Human Needs and Politics*, 1977, pp. 213-228.

⑥ Steverink, N. and Lindenberg, S., "Which Social Needs are Important for Subjective Well-being? What Happens to Them with Aging?", *Psychology and Aging*, 21(2), 2006, p.281.

的。而 Buijs(2020)用实证研究验证了社会生产功能理论的三种社会需要解释力度,其结果表明:一般来说,无论年龄大小,人们在满足情感、行为确认和地位需求方面的能力都是不同的。[1]

社会需要理论是当代社会福利理论的重要组成部分。[2] 可根据社会福利服务提供者、社会政策制定者和社会调查人员获得的资料进行社会需要的评估,由此产生了三种需要类型:社会成员定义的需要、照顾者定义的需要、从事社会工作实务的人推断出的需要等。[3]

(三)养老服务社会需要

每个老年人都有养老服务需要。当家庭不能满足养老服务需要时,养老服务需要逐渐转向依靠政府、社会等供给主体,便产生养老服务社会需要。[4] 养老服务社会需要是老年人社会需要与多元福利的养老服务提供者相融合过程,此过程是为了满足老年社会成员的个体需要。从家庭、市场和国家三个主体来看,养老服务社会需要表现为三个责任:一是由政府部门提供满足所有老年人养老服务基本需要的国家责任;二是由市场生产把老年人作为消费者而提供的养老服务的市场责任;三是由家庭提供建立在一定家庭成员情感互动基础上的老年人照护的家庭责任。[5]

二、养老服务需求与供给理论

需求是与需要相联系的一个概念,是有支付能力的需要。根据微观经济学的定义,一种商品的需求是指消费者在一定时期内在各种可能的价格水平下愿意而且能够购买的该商品的数量;而一种商品的供给是指生产者在一定时期内在各种可能的价格下愿意而且能够提供出售的该种

---

① Buijs,V.L.,et al.,"Social Needs and Happiness:A Life Course Perspective",*Journal of Happiness Studies*,(22),2020,pp.1-26.

② 彭华民:《西方社会福利理论前沿》,中国社会出版社 2009 年版,第28—37 页。

③ Ife,J.,"The Determination of Social Need-A Model of Need Statements in Social Administration",*Australian Journal of Social Issues*,15(2),1980,pp.92-107.

④ 张娜:《社会养老服务需求研究综述及与需要的辨析》,《经济论坛》2018 年第 3 期。

⑤ 侯慧丽:《社会养老服务类型化特征与福利提供者的责任定位》,《中国人口科学》2018 年第 5 期。

商品的数量。[①] 养老服务需求是指老年人作为消费者,在某一种养老服务商品各种可能价格水平下,愿意而且能够购买养老服务或产品的数量;而养老服务的供给是指养老服务生产者在一定时期内在各种可能的价格下,愿意并且能够提供可供出售的养老服务或产品的数量。

(一)养老服务需求与供给函数

不同的养老方式下,养老服务需求与供给具有不同的特点,例如,需求与供给的主体差异。将养老服务的需求与供给近似看作个人行为,就可以利用需求和供给函数变动来分析养老服务需求与供给行为。

表 1.4　不同养老服务的需求方与供给方

	需求方	供给方
社区—居家养老模式	老年人	社区基层自治组织,营利、非营利性养老服务组织,志愿者、老年人家庭等
机构养老模式	老年人,尤其是失能、半失能老人	营利、非营利性养老服务机构、志愿者

养老保障是满足老年人老年时期养老服务或产品需要的保障,本质上是年轻劳动力出让劳动成果,即劳动向商品和服务转化的过程,故养老是一种消费行为。假设养老服务市场是一个完全竞争的,即其必须具备两个特征:一是可供销售的某种养老服务或者养老产品是完全相同的;二是老年人和劳动力人数众多,以至于没有任何一个老年人和劳动力可影响到市场价格。在此条件下,老人在养老产品或服务市场上对养老消费品的需求是一种遵循市场一般关系的正常物品需求。如图 1.5 所示,老人对养老服务或产品的需求曲线为 D,劳动力对养老服务或产品的供给曲线为 S。依据供求一般关系,养老产品或服务的价格越高,市场所能生产的产品也就越多,供给曲线 S 会向右上方倾斜;老年人消费的养老服务数量越多,从交易中得到的效用以及消费者剩余也就越少,所以,需求曲线 D 就会向右下方倾斜。需求曲线 D 与供给曲线 S 的交点决定了养老

[①]　高鸿业:《西方经济学:微观部分》,中国人民大学出版社 2004 年版,第 15 页。

市场的均衡价格与均衡产出量。[①]

社区居家养老服务由于处于老年人熟悉的环境中,且利用了家庭非正式照护的优势,成本较低,更适合大多数老年人。与社区—居家养老服务需求相比,机构养老服务由于价格较高、离开了家庭熟悉的环境等,并非多数老人的首选。机构养老服务对应的"刚需"主要是失能、半失能人群,按照以往设定的"9073""9064"等布局,只有3%—4%左右的人群会接受机构养老服务,剩下的老人会以"社区居家养老服务"的形式养老。

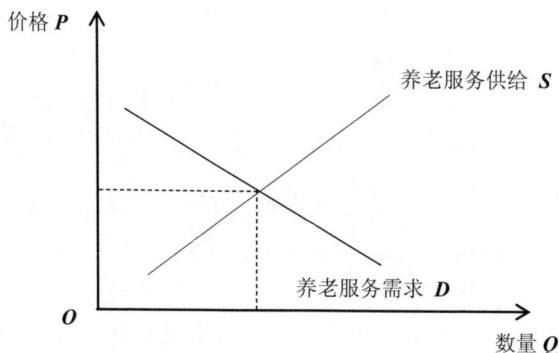

图1.5 养老服务需求与供给曲线

根据微观经济理论,养老服务个人需求函数和供给函数表现为:

$$Q_d = f(P, Y, G, O, H, F) \tag{1.2}$$

$$Q_s = f(P, C, F, V, A) \tag{1.3}$$

对微观经济中的老人而言,个体老人的需求与供给函数可以分别表现为(1.2)式和(1.3)式的形式。需求函数(1.2)式是在满足 $Q_d P \leqslant Y$ 的约束条件下,消费者个人效用达到最大情况下的解。其中,Q_d 为需求量,P 为养老服务产品或服务的价格,Y 为收入水平,G 为老年人性别,O 为老年人年龄,H 为老年人健康水平,F 是财政支出。供给函数(1.3)式中,Q_s 为供给量,C 是供给成本,V 是第三产业产值,A 是固定资产投资额。

---

① 李时华:《中国农村养老保障需求与供给研究》,湘潭大学博士学位论文,2008年。

（二）养老服务需求与供给的影响因素与供需均衡[①]

1. 养老服务需求的影响因素

根据个人需求函数(1.2)式，养老服务需求主要受到以下几个因素影响：

一是老年人收入状况（Y）。如图1.6所示，假设老年人个人消费支出主要包括物质资料的支出和养老服务的支出。由于老年人消费支出受到预算约束的影响，用公式表示为：

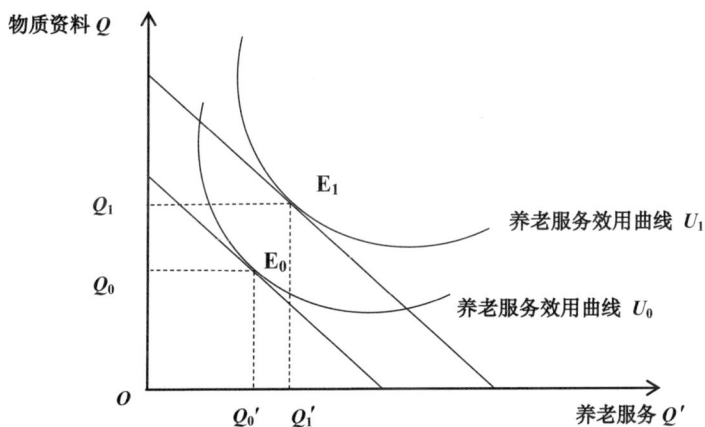

图1.6　养老服务需求影响因素

$$P_0Q_0 + P_0'Q_0' = Y \qquad (1.4)$$

其中，P_0 与 P_0' 分别为其他物质资料和养老服务的价格。当老年人收入水平增加时，效用曲线将由 U_0 向外平移到 U_1，同时达到新的效用最大化的均衡点 E_1。[②] 此时，老年人对于养老服务和其他物质资料的均衡成交量都上升了。

二是社区—居家养老服务的价格（P）。一方面，当养老服务或产品价格上升，由于收入效应和替代效应的发生，老年人会降低对其他物质资

---

① 本研究以收入水平和健康状况处于一般水平的老年人为例来进行养老服务需求与供给的影响因素分析。由于社区—居家养老服务与机构养老服务供需影响因素的分析机理大致相同，此处具体以社区—居家养老服务为例来分析养老服务供需的影响因素。

② 张国平：《农村老年人居家养老服务体系研究》，中国社会科学出版社2015年版，第61—69页。

料以及养老服务的需求总量,其中养老服务或产品均衡成交量 $Q_0{}'$ 下降更多。另一方面,养老服务或产品价格保持不变,而其他物质资料的价格上升。由于收入效应和替代效应的影响,老年人同样会降低对养老服务和其他物质资料的需求,对其他物质资料的需求降低更多。总之,在这两种情形下老年人的福利水平相对于原来的均衡点均显著下降了。

三是养老服务财政支出(F)。财政补贴力度越大,老年人购买养老服务的实际支出越少,老年人对养老服务的需求就会增加。

除了以上因素之外,性别、年龄、健康状况等个体因素也会影响养老服务的需求,本书第四章对此进行了实证研究,此处不再赘述。

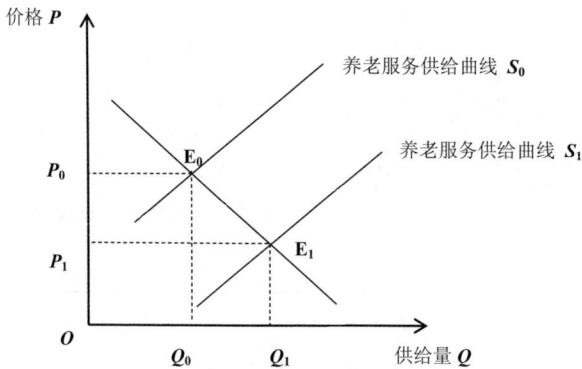

图 1.7　养老服务供给影响因素

2. 养老服务供给的影响因素

根据供给函数(1.3)式,养老服务供给主要受到以下几个因素影响:首先,养老服务价格(P)是影响社区—居家养老服务供给的重要因素,在老年人需求曲线不变的情况下,如图1.7所示,价格由 P_1 增加到 P_0 ,会使得供给曲线由 S_1 移动到 S_0 ,均衡点由 E_1 变动到 E_0 。养老服务供给量由 Q_0 增加到 Q_1 。其次,供给成本会影响养老服务供给量。当社会劳动力短缺、工资水平和物价水平较高时,社区—居家养老服务供给的成本会提高。供给成本小于成交价格时,供给量会增加;供给成本大于成交价格时,供给量会下降。再次,其他因素。在财政支出总额一定的情况下,养老服务外其他领域固定资产投资额(A)的增加会导致财政用于养老服务支出的减少,养老服务供给将会下降。由于养老服务属于第三产业

（V），第三产业产值增加会促使养老服务供给的增加，同样养老服务财政支出（F）增多会提高社区—居家养老服务供给量，有助于改善社区环境、加强基础设施建设。对于社区—居家养老服务而言，社区或者村落的基础设施与社区环境会降低个人、家庭或第三方组织为老年人提供养老服务的供给成本。同时，政府对养老服务财政补贴越多，养老服务供给成本就越低。二者都可以理解为供给曲线 S_0 向右下方移动到 S_1，进而导致养老服务供给量从 Q_0 增加至 Q_1。

3. 养老服务的供求均衡

如果假定经济中所有老人的需求行为是等同的，那么经济中老人的需求总量就可看成是所有老人需求量的加总，假定劳动力提供的养老服务相同，则有：

$$R_D = \sum f(P,Y,G,O,H,F) = aNf(P,Y,G,O,H,F) \tag{1.5}$$

$$R_S = \sum f(P,C,F,V,A) = Mf(P,C,F,V,A) \tag{1.6}$$

其中，R_D 为总需求量，a 为老龄化率，N 为总人口数，有 $L_R = aN$，R_s 为总供给量，M 为劳动力数。

由（1.5）式和上文的影响因素分析可知，在其他因素不变的情况下，老年人口系数 a 的上升将提高总需求量，需求曲线向右移动，导致均衡价格和均衡产出水平提高。同理，由（1.6）式上文的影响因素分析可知，当养老服务市场上劳动力 M 增加时，会提高养老服务供给量，供给曲线会向右移动，导致均衡价格下降而均衡产出水平提高。在供给不变的情况下，老龄化程度的提高导致经济中养老产品需求的增加，从而导致价格和产出水平的增加。价格水平提高意味着老人要支付更多费用。然而，若供给情况发生改变，即养老服务市场劳动力增加，将会降低养老服务价格，从而抵消老龄化带来价格上涨的情况，同时增加养老服务供给量和需求量，促进养老服务需求更好地得到满足。

第二章 人口老龄化趋势下养老服务 体系建设的国际经验与启示

本章以老年长期照护服务和支持体系为例对养老服务体系建设的国际经验加以介绍。主要选取了德国、瑞典等欧洲14国以及美国为典型来介绍。选取这些国家的原因一方面是由于其经济社会发展水平与人口老龄化程度高;另一方面,德国是包括长期护理保险制度在内的现代社会保险制度的发源地,另一些国家建立了长期护理保险、医疗保险或医疗救助制度来解决老年人长期护理筹资问题。此外,在服务递送体系方面,欧洲的福利国家建设水平更高,不论是机构照护还是家庭照护,正式照护还是非正式照护,都有着丰富的经验。美国是经济、科技水平最发达的国家,在福利制度建设方面与欧洲有着不同的取向,具有补缺式特点,并未建立起全面的制度化、高标准的福利体系,其选择性和分散化的养老服务供给方式,以及通过医疗救助制度为长期护理服务筹资、发达的商业长期护理保险等做法在各国养老服务体系的建设中有着独特的参考意义。[1]

---

[1] 需要说明的是,本书中的养老服务体系是实践层面的概念,除了包括老年照护服务体系之外,还包括照护服务之外的老年人权益保护、老年人的社会参与等内容。但是,老年照护服务体系是养老服务体系的核心,且有学者也指出,"国际上通用的'老年长期照护'与我国所提的'养老服务'在服务项目上是基本一致的"(张盈华,2015)。因此,这些国家的老年长期照护体系建设相关经验可以为中国养老服务体系建设提供有益借鉴。

第一节　去商品化与去家庭化：老年照护服务体制的国际比较[①]

一、引言

在工业社会里，老年人的照护主要由女性以非正式、完全无报酬的方式提供。20 世纪 90 年代以来，伴随老龄化日益加深以及女性进入劳动力市场的增加，老年人家庭照料不足问题成为继退休、失业等传统的保障风险之外，西方国家密切关注的"新社会风险"。而社会性老年照护服务也成为解决家庭照护依赖和老年人照料不足问题的重要途径。

每个国家的老年照护服务模式既是其社会保障模式的一部分，又有着自身的鲜明特色。自丹麦学者艾斯平-安德森（Esping-Andersen）在 1990 年发表《福利资本主义的三个世界》以来，有关"福利范式"就开始频繁进入福利国家和社会政策国际比较研究的讨论当中，并成为分析不同福利体制和制度类型时不断被借鉴的一个概念工具，也成为研究者验证不同福利模式实际表现的一种分析模型。[②][③]　1990 年，艾斯平-安德森以劳动力摆脱市场依赖、"去商品化"程度为依据，把资本主义福利国家划分为"三个世界"，按照去商品化程度由高到低依次为：社会民主主义福利国家、保守主义福利国家和自由主义福利国家三种类型。艾斯平-安德森的划分在学术界产生了广泛而深远的影响，成为比较社会政策研究与典型社会保障体制划分的基准类型。不过，"三个世界"的划分

[①]　本节内容以论文形式已发表。参见杨红燕：《去商品化与去家庭化：老年照护服务体制的国际比较——以欧洲 14 个典型国家为例》，《江淮论坛》2019 年第 2 期。

[②]　［丹麦］艾斯平-安德森：《福利资本主义的三个世界》，郑秉文译，法律出版社 2003 年版，第 158 页。

[③]　熊跃根：《国家力量、社会结构与文化传统——中国、日本和韩国福利范式的理论探索与比较分析》，《江苏社会科学》2007 年第 4 期。

法并不完全适用于老年照护服务模式。

因为经典福利国家理论关注的焦点是国家与劳动力市场、工作与福利的关系,照料及其所涉及的国家与家庭关系却没有得到应有的关注。在艾斯平-安德森对于福利国家的理论概念与实证分析中,去商品化仅仅聚焦于社会保险,比如养老保险、医疗保险、失业保险等工薪劳动者的收入保障项目,这些收入保障项目的对象多为男性,对于女性角色和其提供的家庭养老照护服务关注不够,①缺乏从性别的视角来对福利体制进行审视②。

学者们指出对于男性工资收入者的"去商品化"是建立在女性为家庭养老、育儿等照护服务提供非正式的无酬照护劳动的基础之上的。私人领域的家庭照护活动与公共领域的社会政策一样,都是劳动力去商品化的重要保障。③"去商品化"忽略了从事照护服务的群体的福利问题,及其照护工作具有的社会价值。④

在对经典福利国家研究的批判之上,学者们提出了"去家庭化"的社会照护理论。与艾斯平-安德森的劳动力"市场依赖性"的观念保持一致,"护理依赖性"的观点应运而生。即家庭内部提供照护服务的妇女与享受照护服务的老人都体现出了对于家庭的护理依赖性。而去家庭化的社会护理服务是降低护理依赖的方式之一。作为对相关批评的回应,艾斯平-安德森在 1999 年出版的《工业经济的社会基础》一书中,讨论了去家庭化与去商品化的关系。指出去家庭化是女性实现去商品化的前提,唯有如此才能使妇女的照料责任由国家或市场共同分担。这确立了"去

① Anttonen, A. and Sipila, J., "European Social Care Services: Is It Possible to Identify Models?", *Journal of European Social Policy*, 6(2), 1996, pp.87-100.

② Connor, J.S. and Gender, "Class and Citizenship in the Comparative Analysis of Welfare State Regimes: Theoretical and Methodological Issues", *British Journal of Sociology*, (44), 1993, pp.501-518.

③ [日]武川正吾:《福利国家的社会学:全球化、个体化与社会政策》,李莲花、李永晶、朱珉译,商务印书馆 2011 年版,第 31 页。

④ Leira, Arnlaug., "Families and Family Policies in Europe. Comparative Perspectives", *Acta Sociologica*, 45(3), 2002, pp.237-238.

家庭化"在福利国家研究中与"去商品化"相当的学术地位。①

《工业经济的社会基础》一书中还审视了建立在去商品化基础上的福利国家体制模式在解释不同国家多样化的照护服务和家庭政策路径方面的适用性。虽然艾斯平-安德森的结论是,以去商品化为基础的"三个世界"的划分对于大多数情况是适用的;但在讨论去家庭化程度时,艾斯平-安德森还是把原有的保守主义体制划分为欧洲大陆和南欧两个区域类型,②与社会民主主义体制、自由主义体制进行了比较。艾斯平-安德森发现,标准的三个福利体制的划分与去家庭化的程度是一致的。即在社会民主主义体制下,家庭政策强调一个强大的政府角色,强调性别平等的目标。由于这些慷慨的家庭政策,社民主义体制显示了最高程度的去家庭化。欧洲大陆区域的家庭政策与保守主义福利体制是一致的,显示了中等程度的去家庭化。以英美的家庭政策为标志的自由主义模式家庭政策,具有最低水平的通过公共福利干预去家庭化程度。南欧区域在去家庭化体制方面处于清单的底部,具有低于自由主义国家的去家庭化水平。③ 尽管如此,在传统福利国家划分的三个体制之外,将南欧作为第四种体制的分类法在欧洲学界的影响很大,④本研究也认同这一划分。

对于照护服务去家庭化的关注使得福利体制类型的研究更加适合后工业化社会的背景。事实上,对于老年照护服务体制的划分可以从资金筹集/费用保障与服务递送的角度分别考察。即:从筹资/费用的角度考察老年照护服务的去商品化,从服务递送的角度考察养老照护服务的去家庭化。目前,中国对于老年照护服务虽然有大量的比较研究成果,⑤⑥

---

① 韩央迪:《家庭主义、去家庭化和再家庭化:福利国家家庭政策的发展脉络与政策意涵》,《南京师大学报(社会科学版)》2014 年第 6 期。

② 从 2 个区域而非 2 个体制的层面来讨论欧洲大陆与南欧,即并未单独区分南欧体制。

③ Esping-Andersen, *Social Foundations of Postindustrial Economies*, Oxford: Oxford University Press, 1999, pp.93-95.

④ [丹麦]艾斯平-安德森:《福利资本主义的三个世界》,郑秉文译,法律出版社 2003 年版,第 158 页。

⑤ 陈诚诚:《长期护理服务领域的福利混合经济研究——基于瑞德日韩四国的比较分析》,《社会保障评论》2018 年第 2 期。

⑥ 张盈华:《老年长期照护:制度选择与国际比较》,经济管理出版社 2015 年版,第 70—125 页。

但是,理论研究和实践进程整体落后于养老保险、医疗保险等传统的社会保险项目。相关研究重照护保险、轻照护服务;鲜有从去家庭化和照护服务体制的层面开展讨论,且部分成果混淆了社会保险和社会服务的区别。在中国严峻的老龄化形势和 2016 年以来多个城市试点长期照护保险的背景下,借鉴国外经验,有利于夯实照护服务供给的理论基础。因此,本节结合传统的福利国家与社会照护体制理论,运用类型学的方法,以去商品化、去家庭化为标准,对典型国家老年照护服务体制进行国际比较。希望有助于明晰老年照护服务的体制划分、借鉴典型国家成功经验、推动中国老年照护理论研究与老人照护服务需求的满足。

二、福利国家的老年照护服务体制

如表 2.1 所示,本节研究选取了福利国家体制的 4 种典型的划分方法(艾斯平 - 安德森, 2003[①]; Anttonen 和 Sipila, 1996[②]; Francesca 和 Janneke, 2004[③]; Guo 和 Gilbert, 2007[④])。艾斯平 - 安德森因为只考虑去商品化,与 Sipila 的划分有所不同。Francesca 的划分与 Sipila 的划分类似,不同之处在于其将比利时与法国从中欧补助模式中独立出来成为 1 类。Guo 和 Gilbert 在艾斯平 - 安德森研究的基础上,以去商品化为主,辅以去家庭化标准,将全球福利国家体制划分为包括南欧在内的 4 种类型。剔除研究范围不一致的国家,其对于欧洲典型国家的归类与 Sipila 的划分也是一致的。由此可见,Sipila 的分类很有典型性和代表性,本节将对此做详细说明。

在 Sipila 的研究中,福利国家体制可以分为 4 类。最典型的是北欧斯堪的纳维亚公共服务模式。该模式下社会性老年照护服务提供遵循普遍

---

① [丹麦]艾斯平 - 安德森:《福利资本主义的三个世界》,郑秉文译,法律出版社 2003 年版,第 158 页。

② Anttonen, A. and Sipila, J., "European Social Care Services: Is It Possible to Identify Models?", *Journal of European Social Policy*, 6(2), 1996, 6(2), pp.87–100.

③ Francesca Bettio and Janneke Plantenga, "Comparing Care Regimes in Europe", *Feminist Economics*, (10), 2004, pp.85–113.

④ Guo, J. and Gilbert, N., "Welfare State Regimes and Family Policy: A Longitudinal Analysis", *International Journal of Social Welfare*, (16), 2007, pp.307–313.

主义原则,同时妇女在家庭之外有收入的劳动力市场的参与率比世界上任何地方都高。服务的生产方也涉及自愿性组织和家庭,商业服务实际上不存在。与北欧相反的是葡萄牙、西班牙、希腊和意大利的家庭照护模式。这些国家有一个非常有限的社会照护服务的供给。多数服务在非正式领域生产。更富裕的社会阶层使用私人商业服务,公司也为其职员提供服务。总之,公共当局扮演了相当不重要的角色,同时妇女在积极劳动力队伍中的比重低。其他的模式不太清晰。盎格鲁撒克逊收入调查模式以英国为代表,爱尔兰介于英国与南欧模式之间。在英国,公共社会服务是收入调查性质且集中地、特别为那些收入有限的人提供的,那些经济自足的人被期望独立地为自己提供服务。此外,还有一个中欧补助模式,荷兰和德国是最典型的代表,比利时和法国也归属此类。在这一模式下,公共部门承担主要的筹资责任,健康保险(德国和荷兰是护理保险)是服务筹资的一个主要的来源,但正式而言,照护老人的责任在于家庭。为老年人提供的社会护理服务的数量一般在中等水平,宗教和政治组织也是主要的服务提供者。

表2.1 福利国家社会照护体制的典型分类

划分方式	A	B	C	D
提出者及时间	Anderson (1990)	Sipila(1996)	Francesca (2004)	Guo & Gilbert (2007)
研究范围	全球福利国家	欧洲社会护理服务	欧洲照护服务、休假制度	全球福利国家
分类依据	去商品化	去家庭化	去家庭化	去商品化为主、辅以去家庭化
类别1及代表国家	社会民主主义体制:丹麦、挪威和瑞典、比利时、荷兰、澳大利亚、新西兰、加拿大	北欧斯堪的纳维亚模式:芬兰、瑞典、挪威、丹麦	丹麦、芬兰、瑞典	社会民主主义体制:丹麦、芬兰、挪威、瑞典
C中独有类别			比利时与法国	
类别2及代表国家	保守主义体制:芬兰、德国、法国、意大利、日本、瑞士	中欧补助模式:荷兰、德国、比利时、法国	奥地利和德国	欧洲大陆体制:奥地利、比利时、法国、德国、荷兰

续表

划分方式	A	B	C	D
类别3及代表国家	自由主义模式：美国、英国、爱尔兰、奥地利	盎格鲁撒克逊收入调查模式：英国、爱尔兰	英国与荷兰	自由主义体制：澳大利亚、加拿大、爱尔兰、英国、美国
类别4及代表国家	—	南欧家庭照护模式：葡萄牙、西班牙、希腊、意大利	意大利、希腊、西班牙、葡萄牙、爱尔兰	南欧体制：意大利、葡萄牙、西班牙

接下来,本研究以 Sipila 的分类为依据,从去家庭化与去商品化两个视角,对欧洲 14 个典型福利国家的老年照护服务体制进行考察。

三、典型福利国家"去商品化"的老年照护服务模式

去商品化指通过政府干预,利用税收或者强制性的社会保险制度筹资为人们提供福利,从而将劳动力从市场依赖中解放出来,使人们不依赖市场而能够维持其独立生活。

（一）劳动力的去商品化

劳动力去商品化的社会福利制度是西方国家实施的重要社会政策。第二次世界大战以后至 20 世纪 70 年代,西方国家纷纷通过建立、完善社会保障制度,增加保障项目、提高给付水平等措施保障劳动力的社会权利,导致去商品化福利国家的诞生,并逐步达到了发展的顶峰时期。不过,随着 20 世纪 70 年代以来西方国家的经济颓势、财政危机,以及人口老龄化、家庭结构小型化、经济全球化带来的冲击,福利国家也遭遇了席卷全球的改革浪潮,减少福利项目、削减福利水平乃至"社会保障私有化"等改革措施导致保障服务在"去商品化"的同时,也有着"再商品化"的特征。再商品化可以被看作是对"去商品化"过程的一个逆转,是通过严格资格条件和削减给付方式来促使工人参与劳动力市场的一个手段①。各典型国家的老年照护体制也是"去商品化"与"再商品化"相互

---

① 艾斯平-安德森:《福利资本主义的三个世界》,郑秉文译,法律出版社 2003 年版,第158 页。

作用、相互平衡的结果。

去商品化指标衡量了照护服务(LTC)服务的筹资慷慨性。假定一个国家用于照护服务(LTC)①的公共支出越多,服务可得性越高。具体而言,福利计划的去商品化程度取决于一系列量纲。一组量纲与保障水平和资格授权的范围有关。因为过低保障水平的结果就是迫使接受者重返市场。另一组量纲涉及决定人们"进入"权利的规则:资格标准和资格限制。对应于老年照护服务项目,我们采用长期照护公共支出占 GDP 的比重,以及 LTC 支出占社会总 LTC 支出的比重 2 个指标来定量地考察照护服务筹资的社会性,并进一步分析了筹资的具体形式、个人对于以强制保险形式筹资的态度;用收入或财产调查的可及性来定性地考察长期照护是否作为一种权益被公民享有,即去商品化程度。

(二)老年照护服务的去商品化程度

由于各国的老龄化水平会在很大程度上影响老年照护服务的公共支出水平,所以,本研究采用按照老龄化水平调整的指标来衡量去商品化程度。即:

$$老年照护服务的去商品化 = \frac{\dfrac{LTC\ 公共支出}{GDP}}{\dfrac{65\ 岁以上人口}{总人口}} \tag{2.1}$$

$$老年照护服务的去商品化 = \frac{\dfrac{LTC\ 公共支出}{GDP}}{\dfrac{65\ 岁以上老年人口}{总人口}}$$

如图 2.1,私人 LTC 支出占社会总 LTC 支出的比重(横轴)与老年照护服务的去商品化程度(纵轴)之间呈现负相关,相关系数为−0.6570。几乎在所有的欧洲国家,公共支出是 LTC 服务的最重要筹资来源。

北欧体制的国家处于图 2.1 的左上方,反映出在按照老龄化程度调整后更高的公共支出水平,以及更低的个人支出占总支出的比重。而南

---

① 由于统计资料限制,虽然 LTC 中存在少量的非老人照护支出,本研究中老年照护服务与 LTC 不做区分。

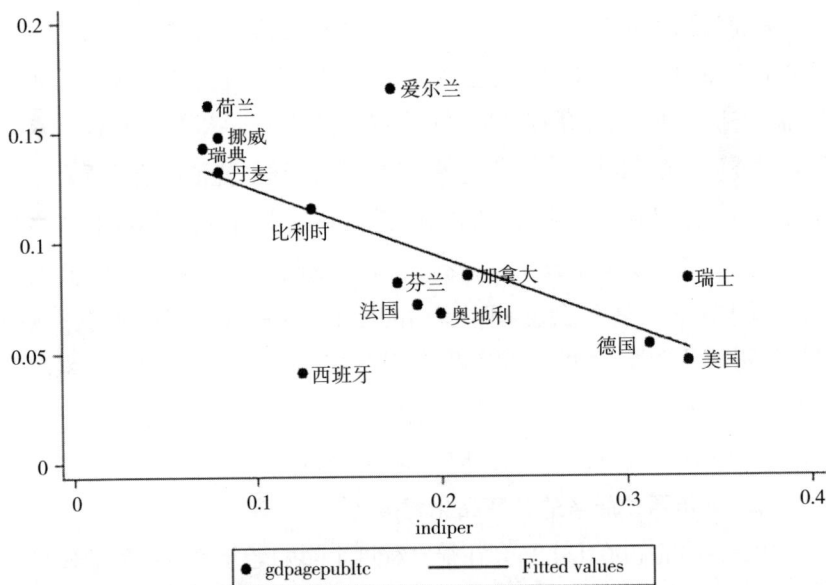

图 2.1　LTC 去商品化程度与私人 LTC 支出占社会 LTC 支出比重的关系

资料来源：OECD Health Data，2011，https://stats.oecd.org；United Nations，Department of Economic and Social Affairs，"World Population Prospects：The 2017 Revision"，2017，DVD Edition。笔者根据上述资料等相关内容绘制。

欧国家西班牙的公共支出比例在图中各国中是最低的。西班牙较低的个人支出比重可能与其较高的非正规家庭照料服务水平有关。从个人支出比重来看，南欧与北欧模式形成了支出比重的两极，而欧洲大陆模式的国家，个人支出比重不一。德国的比重较高，而法国、比利时、荷兰的支出比重较低。中欧补助模式与盎格鲁撒克逊模式的区分度不高，与国家的特色有关。如法国、比利时呈现出居中的公共支出水平、居中的个人支出比例，而德国、美国都呈现出较高的个人支出比重。前者与其保险制度供给与服务补助模式有关，后者与其照料服务上的选择主义路径有关。

（三）老年照护服务去商品化的筹资形式

各国老年照护的筹资形式多种多样。如图 2.2，每个国家都是社会保障与税收筹资的组合，除此之外，还有私人保险、家庭自费、非营利机构、企业等形式。

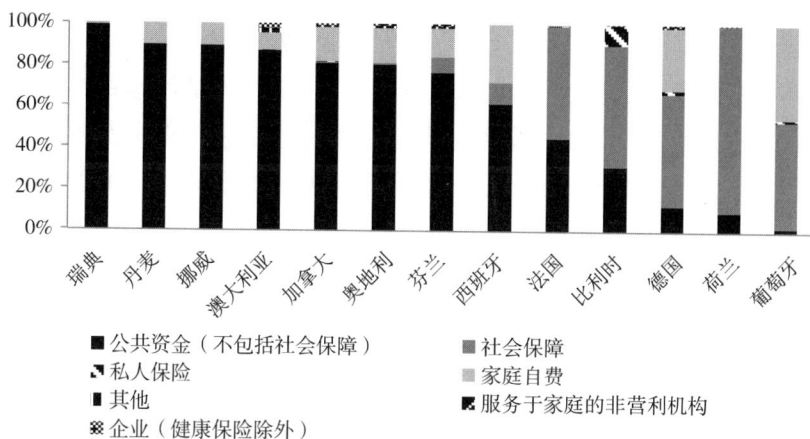

图 2.2　2007 年按照公共资金量降序排列的典型国家 LTC 支出筹资来源结构

资料来源：Colombo，F.，et al.，*Help Wanted? Providing and Paying for Long-Term Care*，OECD Health Policy Studies，OECD Publishing，2011，pp.213-242.

整体而言，典型国家 LTC 筹资呈现如下特征：(1)北欧模式的瑞典、丹麦、挪威、芬兰和自由主义模式的英国等国，主要采用税收融资为主的模式，尽管后者多数以收入调查为前提。而欧洲大陆模式主要采用的是社会保险融资模式，德国、荷兰是护理保险，法国、比利时是社会医疗保险。(2)各国都是税收和社会保障方式筹资的组合。采用专门的社会护理保险形式筹资的国家不多，只有德国、荷兰等国。各国私人护理保险所占比重也不高。(3)从个人支出比重来看，南欧与北欧模式形成了支出比重的两极，而欧洲大陆模式的国家，个人支出比重不一。德国的比重较高，而法国、比利时、荷兰的支出比重较低，尽管荷兰的比重可能被低估了。

（四）去商品化的社会照护服务筹资的主观态度

欧盟对照护服务筹资问题的调查结果表明，大部分人表示当需要的时候，每个公民应该向强制性的为照护服务筹资的社会保险制度缴费。在欧洲所有低收入国家，几乎所有人都同意强制性保险形式筹资 LTC 的介入。值得注意的是，这也许对中国来说也是对的。[1]　只是部分北欧模

---

[1]　Xu X.and Zweifel，P.，"Bilateral intergenerational moral hazard：empirical evidence from China"，*Geneva Papers on Risk and Insurance：Issues and Practice*，39(4)，2014，pp.651-667.

式的国家,如丹麦和芬兰倾向于同意的比重低于50%。且私人 LTC 保险覆盖的地方都不偏好以私人 LTC 保险的方法来解决。[①] 对于这一调查结果需要保持警惕。因为调查并未区分是针对单独的照护保险或其他社保制度内提供的照护服务而缴费。而且,调查同时发现,个人对于照护保险缴费水平的认可程度不一。另外,公共参与的照护服务(LTC)融资在长期上是不可持续的。因为当公共资产而非私人资产被用来支持 LTC 支出的时候,公共财政支撑下的 LTC 会挤出私人支出,如信用存款、私人LTC 保障等,道德风险也更为强烈。LTC 服务的需求持续增长的同时,非正式的护理服务将会继续减少。[②] 德国长期照护保险制度支出迅速增长的态势验证了这一假设。因此,对于公共照护支出责任的担心可能也是影响照护服务"去商品化"程度的重要原因。

(五)老年照护服务去商品化的给付普遍性与选择性

不同国家老年照护服务的保障对象与服务给付的条件是不同的(张盈华,2015[③];Colombo 等,2011[④];OECD,2013[⑤])。这些区别主要体现在收入/财产调查与身体状况审核等方面。收入调查与服务可及性变量刻画了获得公共筹资服务的难易程度。具体而言,各国可以分为三类:

第一类需要收入调查,主要是自由主义和家庭主义模式的国家,如英国、爱尔兰、西班牙等。英格兰对老年照护服务需求者进行严格的需求评估和家计调查,进入养老院既要收入调查又要资产调查,用户需要耗尽资产才有资格获得 LTC 护理中心的覆盖。西班牙和爱尔兰也需要进行严格的收入和资产调查。

第二类不需要收入调查,主要是北欧和欧洲大陆模式的国家,如瑞

---

① Costa-Font and Joan Courbage, "Christophe.Policy Dilemmas in Financing Long-term Care in Europe", *Global Policy*, (8), 2017, pp.38-45.

② Colombo, F., et al., *Help Wanted? Providing and Paying for Long-Term Care*, OECD Health Policy Studies, OECD Publishing, 2011, pp.213-242.

③ 张盈华:《老年长期照护:制度选择与国际比较》,经济管理出版社 2015 年版,第 70—125 页。

④ Colombo, F., et al., *Help Wanted? Providing and Paying for Long-Term Care*, OECD Health Policy Studies, OECD Publishing, 2011, pp.213-242.

⑤ OECD, *OECD Reviews of Health Care Quality：Sweden 2013：Raising Standards*, OECD Publishing, 2013, p.125.

典、丹麦、挪威、芬兰、荷兰、德国以及苏格兰等。但是，欧洲大陆的国家可能有缴费相关限制。在瑞典，所有公民，不论收入、保险或其他个人情况，都有权获得公共资助的医疗和社会护理服务。在德国，获得 LTC 受益资格至少需要在申请前的 10 年间有至少两年的缴费。

第三类少数国家结合长期照护需求评估，在特定情况下需要经济调查。如法国将照护需求分为 6 个等级，如果被评估为较高的四个需求等级，申请人可自动获得 APA 领取资格；如果被评估为较低的两个照护需求等级，需要对申请人进行家计调查。而澳大利亚、新西兰则是在接受机构照护服务时进行家计调查。

四、典型福利国家"去家庭化"的老年照护服务模式

由家庭提供的无酬照护服务被称为非正式照护。除了家庭之外，由国家和社会提供的正式机构、人力照护服务的使用程度，可以称为照护服务的正式化程度或者去家庭化程度。

（一）老年照护服务的去家庭化与家庭主义政策

工业社会的福利国家已经建立了仅仅与受雇人群的社会保障相联系的去商品化的社会权利，后工业社会的福利国家一方面为接受护理的老年人，另一方面为提供护理的家庭成员确立了去家庭化的社会权利。[①]

许多国家已经大量地发展了家庭主义政策，扩大了对于老年人护理领域的财务支持和公共提供。欧洲的福利国家支持了老年护理的正式化与去家庭化，以致于如今正式受雇的护理工作者为老人提供护理在很多国家达到了相当的规模。因此，长期照护部分地被正式化，用收入和社会保障的形式确认。[②]

不过，自 20 世纪 70 年代以来，福利国家的经济颓势限制了国家对家庭的介入。在资源约束、政策悖反及人口结构的挑战下，福利国家对"去家庭化"取向进行了反思。新的家庭政策在意识形态上纠正了原有国家

---

① Knijn, T. and Kremer, M., "Gender and the caring dimension of welfare states: Toward inclusive citizenship", *Social Politics*, 4(3), 1997, pp.328-361.

② Patricia Frericks, et al., "Social rights and employment rights related to family care: Family care regimes in Europe", *Journal of Aging Studies*, (29), 2014, pp.66-77.

的过度干预,通过引入或者强化照护市场和现金照护制度,增强了经济规则和该政策领域的选择的角色,推动了照护服务的家庭主义和再家庭化。

具体而言,各国纷纷出台一些强化家庭照护功能的积极性家庭主义政策,对家庭照护者进行支持。一是帮助照护者平衡有酬工作与照护责任,如带薪休假、灵活工作时间;二是改善照护者的身体和知识福利,如喘息假、咨询与培训服务、信息与协调服务;三是补偿与承认照护者,如照护者津贴、照护接受者的现金给付等。现金给付给予被照护者在正式与非正式照护等不同的护理类型下进行选择的机会,也给了非正式照护者在家庭照护服务与外部工作之间选择的机会。学者已经概念化这种多数情况下由女性配偶或者是成年子女对于他们的脆弱老年人的未付酬、非正式的照护转型成为用社会权利的形式由国家计划部分地筹资支持或者提供的"半正式化"的家庭照护。[1]

政府干预下的家庭主义政策减轻了家庭的福利供给负担,亦可赋予家庭中的照料者更多元的选择权,有利于接受补贴的家庭购买服务,促进照护服务的去家庭化。具体到各模式来看,各国在实践上表现出非常多元的家庭主义特征,如保守主义国家更多表现出显性的家庭主义政策体制特征,社会民主主义国家相对表现出更纯粹的去家庭化特征,而自由主义国家中既有表现为去家庭化特征的政策体制,亦有表现为隐性家庭主义的政策体制;同时,家庭政策并非"铁板一块",即使是同一国家,其内部不同的政策亦表现出不同的家庭主义取向。[2]

(二)老年照护服务的家庭化与家庭主义的力度

本研究通过非正式护理受益人占总护理受益人的比重,以及非正式护理提供者得到的支持为标准分别衡量家庭化程度与家庭主义政策的支持力度。

如图 2.3 所示,北欧模式的丹麦、芬兰、瑞典对于非正式照护的支持

---

① Geissler,B. and Pfau-Effinger B., "Change in European care arrangements", In *Care and Social Integration in European Societies*, B. Pfau-Effinger, & B. Geissler (Eds.), Bristol: Policy Press, 2005,pp.3-19.

② 韩央迪:《家庭主义、去家庭化和再家庭化:福利国家家庭政策的发展脉络与政策意涵》,《南京师范大学报(社会科学版)》2014 年第 6 期。

非正式照护支持与比重

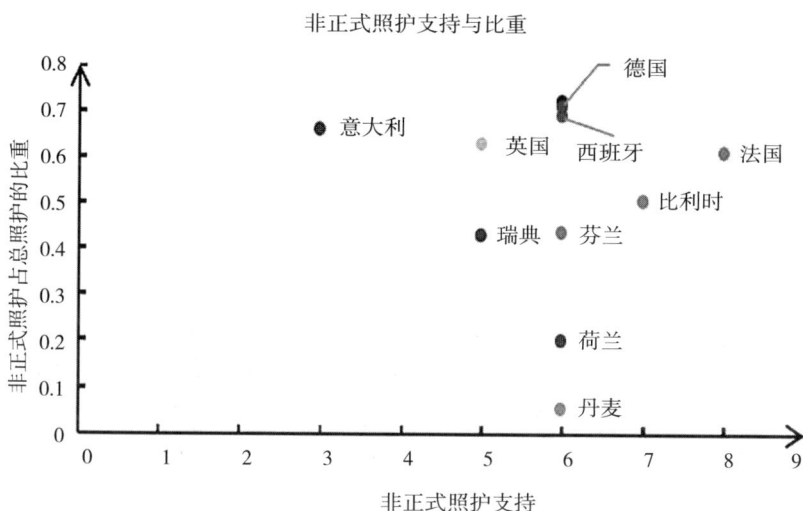

图 2.3　65 岁以上老人接受非正式照护的比重与非正式照护的支持力度

注:横轴是有序分类变量,取值范围为 3-8。纵轴是接受非正式照护的 65 岁以上老人占 65 岁以
　上人口的比重。

资料来源:Kraus M.,et al.,"A Typology of Long-Term Care Systems in Europe",ENEPRI Research
　Report No.91,August 2010,p.45。笔者根据上述资料等相关内容绘制。

力度居中,但利用程度较低;中欧补助模式各国对于非正式照护的支持力
度都较高,除荷兰外其他国家对于非正式照护的利用程度也较高。唯独
荷兰更接近于北欧国家的状况,非正式照护利用率和支持力度都较低。
南欧模式意大利与西班牙对于非正式照护的利用程度都很高,虽然意大
利的支持力度很低。自由主义模式的英国对于非正式照护尽管支持力度
有限,但利用程度较高。

(三)老年照护服务的去家庭化程度

提供护理的人中约 70%—90%是非正式的家庭护理人员[1]。家庭照
料者主要是女性,如配偶或成年女儿。即便是正式的护理服务,女性也
是主要的护理提供者。因此,采用劳动参与率指标来衡量女性在经济

---

[1]　Fujisawa,R.and Colombo,F.,*The Long-term Care Workforce:Overview and Strategies to Adapt
Supply to a Growing Demand*,OECD Health Working Paper,No.44,Paris:OECD Publishing,2009,pp.
1-62.

上摆脱家庭依赖,获得独立生活的程度来补充衡量去家庭化程度。首先,从每百名80岁以上老人拥有的正式照护从业者数量来看(见图2.4),北欧与南欧的差异明显,而中欧补助模式与自由主义模式差异不明显。

单位:人

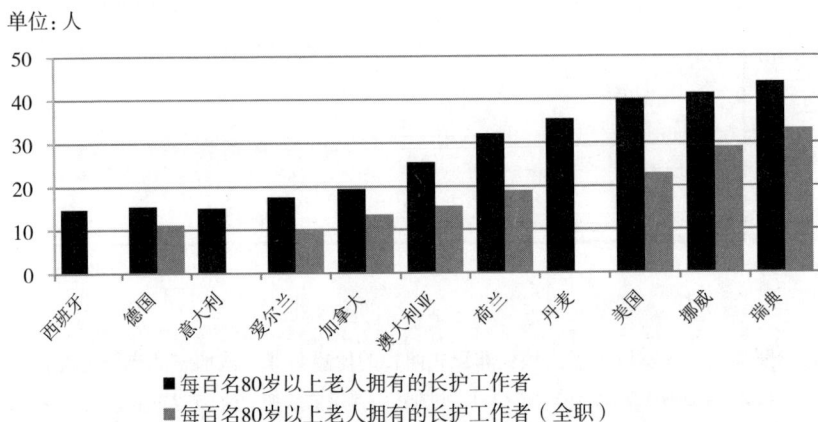

■每百名80岁以上老人拥有的长护工作者
■每百名80岁以上老人拥有的长护工作者(全职)

图2.4 正式照护的从业者供给与需求满足的程度

资料来源:Colombo F., et al., "Help Wanted? Providing and Paying for Long-Term Care", *OECD Health Policy Studies*, OECD Publishing, 2011, pp.213-242.

北欧模式按人头计算的每100名80岁以上老人拥有的照护从业者数量,以及全工时等价法(FTE)计算的照护者数量都远远高于其他国家。南欧的西班牙和意大利则正好相反,处于坐标轴的另一侧,正式照护从业者数量低于其他国家。不过,中欧补助模式的德国,正式照护从业者数量也不多,这或许与德国大力支持非正式居家照护有关。

其次,接受机构和家庭正式照护的65岁以上老人占65岁以上人口的比重(横轴)与55—64岁女性劳动参与率(纵轴)之间的相关性达到了0.625(见图2.5)。这反映了在很大程度上去家庭化社会性老年照护给予女性加入积极劳动力队伍的自由。事实上,社会性老年照护服务与女性的劳动参与率之间的高度相关是自我解释性的,因为多数LTC的正式照护者是妇女。反之,非正式照护导致女性更低的就业可能性,以及更低的去家庭化程度。具体到各模式来看,南欧国家处于拟合线的左下方,呈

（%）

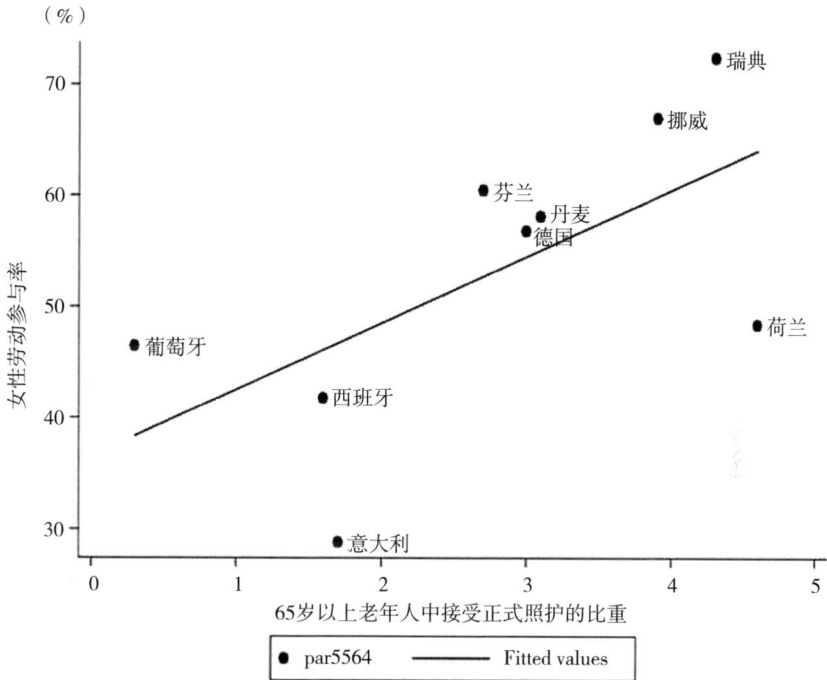

图 2.5 老年正式照护接受者比重与女性劳动参与率

资料来源：OECD Labour Data，OECD Health Data，2011，https://stats.oecd.org。笔者根据上述资料
等相关内容绘制。

现劳动参与率与正式照护比率双低的局面。而北欧国家居于回归线的右上方，在更高的机构照护比重的同时，凸显出更高的 55—64 岁女性劳动参与率。欧洲大陆的德国与荷兰处于偏右下方的位置，二者情况有所不同，德国体现出更高的劳动参与率，而荷兰则表现出相当高的机构和居家照护比重，以及中等的女性劳动参与率，各模式之间区别显著。

（四）老年照护服务去商品化与去家庭化的关系

如图 2.6，从 LTC 公共支出占 GDP 的比重（纵轴）与接受居家正式照护加机构照护的 65 岁以上老人占 65 岁以上人口比重（横轴）来看，二者之间呈现正相关关系，相关系数高达 0.8047。也就是说，老年人接受机构和居家正式照护比重越高，照护服务支出越高。南欧模式的西班牙、葡萄牙依旧是 LTC 公共支出占 GDP 比重、65 以上老人机构和居家正式照护比重双低的状况。澳大利亚作为自由主义模式的代表，远离拟合线，呈

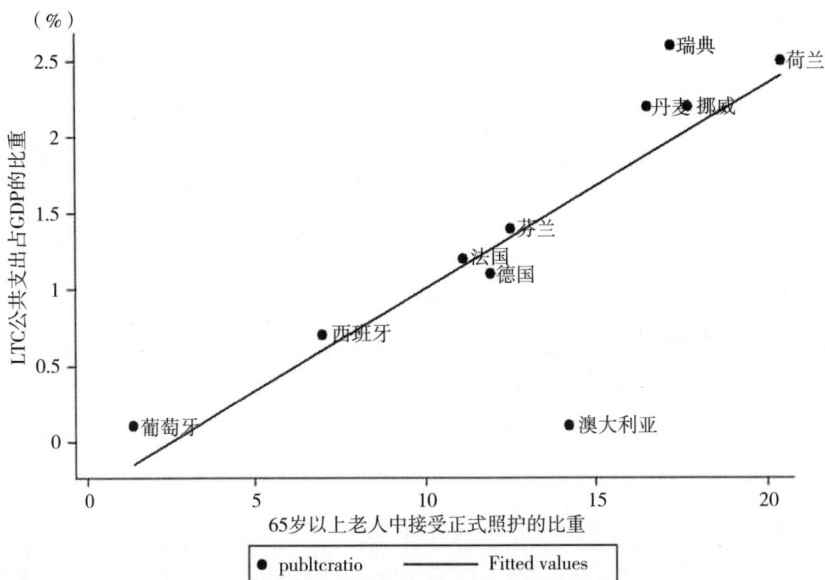

图 2.6　老年照护服务去商品化与去家庭化的关系

资料来源：OECD Health Data,2011,https://stats.oecd.org。笔者根据上述资料等相关内容绘制。

现出与老年人机构和居家正式照护比重不匹配的很低的 LTC 公共支出
比重。北欧模式和欧洲大陆模式分别具有高等/中等水平的 LTC 公共支
出比重和 65 岁以上老人机构和居家正式照护比重。荷兰独特的照护服
务历史使得其在机构和家庭帮助服务两方面都成为领先性国家之一,呈
现了很高的去家庭化与去商品化水平。

五、对中国老年照护服务体制选择的启示

据全国老龄委数据,中国 60 岁及以上人口数为 2.4 亿人,占总人口
的 17.3%。全国失能、半失能老年人超过 4000 万人。到 2020 年,全国独
居和空巢老年人将增加到 1.18 亿人左右。[①] 严峻的老龄化形势带来了
中国长期照护服务需求的日益增加。但是,中国的照护服务仍未形成完

---

　　① 《全国 60 岁以上老年人口已达 2.4 亿》,央视网,https://news.china.com/socialgd/
10000169/20180604/32480644.html,2018 年 6 月 4 日。

整的体系,难以满足巨大的需求,甚至可能产生"照料危机"。① 机构和社区正式照护服务尚不健全,家庭非正式照护仍是照护服务的主要供给形式。与此同时,在劳动年龄人口持续减少、服务型经济比重上升的背景下,家庭照护需求增长对女性的劳动参与率和持续的经济增长带来了不利的影响。

尽管不存在最优的老年照护服务模式,各国的照护制度也在相互影响,甚至在某些方面走向趋同。虽然中外国情有别,无法照搬某种模式,但博采众长,借鉴欧洲典型国家老年照护服务体制的经验,对于探索适合中国国情的老年照护服务模式仍然具有一定的意义。

(一)正视老年照护服务在社会保障体系中的重要地位

借鉴西方国家的经验,大力推进照护服务的理论研究与实践供给。中国社会保障制度不仅要关心国家与市场的关系,还要关心国家与家庭的关系;既要重视社会保险等收入保障项目,也要重视社会照护项目,而首要的是完善养老照护服务政策与制度体系。

(二)去商品化筹资方式、筹资水平、保障对象的比较与选择

根据典型国家老年照护服务筹资的多样化特点,结合当前中国的长期护理保险(LTCI)开展试点的契机,建议增加试点的类型,如单独的LTCI、医疗保险或者养老保险中的长期照护服务、商业长期照护保险、长期照护救助等多样化老年长期照护筹资类型,比较不同的去商品化筹资形式的优劣。同时,吸取瑞典等北欧福利国家过度去商品化以致陷入财务危机并"再商品化"的教训,重视老年照护服务资格审查与筹资的多元化。运用收入调查和身体状况调查相结合的审查形式,优先保证低保、贫困、失能、失智老人的照护服务需求;然后是低收入老人、半失能老人,逐步扩展至其他人群。政府通过参保补贴、照护补贴、高龄津贴、照护机构补贴、照护人员补贴等多种形式减轻老人的照护负担。从而探索适度的去商品化水平,在政府与市场的关系中达到平衡。

---

① 岳经纶、方萍:《照顾研究的发展及其主题:一项文献综述》,《社会政策研究》2017 年第4 期。

（三）去家庭化老年照护服务发展的同时,重视家庭主义的服务供给策略

首先,南欧国家正式照护比例过低与较低的女性劳动参与率并存的状况值得引起注意。中国也要正视正式照护服务供给与人力短缺问题,通过去家庭化的政策大力发展正式的照护人员队伍,提高正式照护服务供给的可及性。其次,社会保险形式筹资的典型国家,无一例外有着较高的非正式照护比重,和较高的非正式照护支持力度。中国有大量的低龄老人、重视亲情的儒家文化背景,更要充分利用家庭非正式照护,降低整个社会的老年照护成本。通过鼓励灵活工作时间,给予家庭照护者现金补贴、照护假、喘息假等家庭主义政策大力发展非正式照护。从而给予女性在就业与提供家庭照护服务方面更多的选择权,在提高女性劳动参与率与老年照护需求的满足之间达到平衡,在国家与家庭关系中达到平衡。

第二节　美国老年长期护理服务和支持"体系"[①]

一、概述

长期护理服务和支持体系[②](Long-Term Support System, LTSS) 致力于满足残疾人或脆弱老年人的广泛身体、认知和社会需求。2017 年在美国大约有 800 万 65 岁及以上的老年人通过 LTSS 从他人那里接受长期护理服务和支持,用于开展日常生活行为(Activity of Daily living, ADL) 和工

　　[①]　本节作者系美国宾夕法尼亚州立大学卫生政策与管理系教授马克·蔡斯(Mark Sciegaj)、美国宾夕法尼亚州立大学农业经济、社会学与教育学系教授马修·卡普兰(Matthew Samuel Kaplan)、武汉大学政治与公共管理学院教授杨红燕。

　　[②]　需要说明的是,美国的长期护理服务和支持体系(LTSS)并未形成统一的"体系"。本节标题中添加"体系"只是由于"养老服务体系建设"这一课题研究主题的需要。

具性日常生活行为(Instrumental Activity of Daily living,IADL)。[①] ADL 包括穿衣、洗澡、起床等行为。IADL 包括做家务、烹饪、购物、资金管理、卫生照护管理。在美国,LTSS 要么由家人和朋友等无偿提供者提供,要么由联邦政府和州政府监管的收费性的提供者来提供。需要 LTSS 的人可以根据自身需求程度在其家庭、以社区为基础的环境、住宅护理设施或专业护理设施等不同的场所接受此项帮助。2017 年美国大约 700 万老年人接受 LTSS 的居家—社区照护,100 万老年人接受专业护理设施提供的照护。

在美国,家庭非正式照护与正式照护形式非常多样化。多样化的形成受到诸多因素的影响,包括 LTSS 的分散性质;地区间变动的照护成本以及照护提供者数量和质量的不同;以及正式与非正式照护体系之间的照护协调水平。从历史的视角审视 LTSS 的递送系统也很重要。涉及预期寿命的变化——从 20 世纪初的 50 岁到现在 70 多岁,美国人口的老龄化,残疾与慢性病患病率的变化以及政治和经济力量,这些政策和公众力量已经影响到有关护理的政策和公众情绪。

另一组与美国长期服务和支持体系发生演变有关的因素与人口的多元文化构成有关。从众多方面来看,美国是一个多元文化社会。自该国成立以来,世界各地有无数移民涌入,形成了与老年人在社会和家庭中的作用有关的各种观念和偏好,包括老年人如何被照顾和老年人如何照顾他人。考虑到多元文化对美国社会影响的普遍性,重要的是要改变美国民众目前在长期护理服务和支持体系如何发展和并且被广泛接受方面形成的单一、一维的价值观念和行为方式。这对专门从事老年护理的卫生保健专业人员的培训方式产生了影响,例如获得"文化能力培训"的机会,[②]他们在其中了解到适应不相关的多种文化信仰的重要性。即不仅针对"老年护理",而要更广泛地针对"健康与保健""疾病""衰老",来考

---

① Hado,E.and Komisar,H.,"Long-term Services and Supports",AARP,2019,https://www.aarp.org/ppi/info-2017/long-term-services-and-supports.html.

② Agness-Whittaker C.and Macedo L.,"Aging,Culture,and Health Communication:Exploring Personal Cultural Health Beliefs and Strategies to Facilitate Cross-cultural Communication with Older A-dults",*MedEdPORTAL*,(12),2016,p.10374.

虑家庭照护以及基于机构的照护模式。

美国 LTSS 具有分散化的历史。与其他工业化国家不同,美国没有针对健康和 LTSS 服务的中央管理机构。要了解为何做出这种安排,就需要了解美国提供社会福利的方式。在建立独立国家之前,美国是 13 个独立的殖民地,且在英国的统治下彼此独立。在殖民地时期,人们希望由家人照顾家庭成员中的生病者、残疾者或是虚弱者。如果家庭没有能力或个人没有家庭可依靠,他们所居住的村庄可能会提供支持。在此期间,殖民地适用英国议会在 1601 年通过的《伊丽莎白女王贫困法》(《贫困救济法》)。

殖民地时期实施的《伊丽莎白女王济贫法》,建立了一种分散的方法,强调地方政府有权解决那些没有家庭、无法照顾自己的个人照护需求。根据《伊丽莎白女王济贫法》,由每个社区来决定谁会获得支持。通常,被认为有资格获取支持的是无法工作的老年人和残疾人,在某些情况下还包括很小的孩子。援助的形式可以是在济贫院提供食宿(院内救济)或提供食物、衣服,有时还提供金钱(院外救济)。由于采用了分散的形式,因此无法为需要帮助的个人提供统一的支持系统。美国独立后,提供社会福利(包括照顾年老体弱者)的工作由各个州负责。由于 1929 年经济大萧条的发生和 1935 年《社会保障法》的通过,美国联邦政府在社会福利计划中扮演了重要角色。然而,联邦政府功能的扩大化主要体现在向州政府提供资金,以支持老年人、残疾人和贫困儿童。

二、多元化的照护服务筹资主体

在介绍 LTSS 的提供地点和提供者范围之前,简要描述 LTSS 当前在美国如何筹资也很重要。在筹资方面,LTSS 实行多元或者说混合模式,即 LTSS 的筹资来源包括医疗保险和/或医疗救助(Medicare and/or Medicaid)这样的公共计划、私人保险以及个体支付。以下简要介绍这些不同的筹资来源。

Medicare 计划由 1965 年的《社会保障法》第 18 条授权。Medicare 是为 65 岁及以上老年人、永久残疾的人群以及终末期肾衰患者所建立的社会保险制度。由美国联邦政府实施。在 2020 年 Medicare 覆盖了大约

5000 万 65 岁及以上的老年人。Medicare 制度有 A、B、C、D4 个部分,但是只有 A 部分的住院保险才能为 LTSS 提供有限的补偿。A 部分由雇主和雇员供款,两方各承担雇员总工资的 1.45%（合计占总收入的 2.9%）。个人或他们的配偶必须缴费 10 年（或者被雇佣的 40 个季度缴费）才能有权接受 A 部分的给付。A 部分也会为那些出院病人需要的服务提供有限数额的 LTSS 支付。2020 年 Medicare 将支付病人出院后在专业护理设施接受的 20 天的照护支出。如果出院病人需要的护理项目在他们家中提供,Medicare 将支付 100 天的居家医疗护理支出。

Medicaid 由 1965 年重新通过的《社会保障法》第 19 条授权。它是一个社会福利项目,对低收入者提供保障。2020 年美国大约有 900 万老年人享受 Medicaid——这些人被称作双重资格者,意味着他们同时作为年老者和低收入者获得此项保障。

Medicare 由联邦政府管理,且无论老年人居住在美国的任何地方给付水平都保持一致。而 Medicaid 是联邦政府和州政府联合的项目,所以项目在不同州之间是不同的。各州虽然不被强制要求参与该项目,但是 2020 年 50 个州全部都有 Medicaid。联邦政府根据联邦医疗救助比例公式（Federal Medical Assistance Percentage,FMAP）计算并支付每个州 Medicaid 项目支出的一部分。每个州有自己的 FMAP 计算公式,该公式与其 3 年平均的人均收入有关。联邦政府被要求支付州 Medicaid 计划支出的 50%—75%。

要想有资格得到联邦政府的资金,联邦政府要求每个州的 Medicaid 项目必须涵盖一定数量的低收入人口和重要的健康与 LTSS 服务。强制性的人口群体之一是老年人,所提供的必要服务之一是专业护理设施提供的 LTSS 服务。由于专业护理设施处提供的照护很昂贵（2020 年双人间大约 89000 美元/人,单人间 100000 美元）,联邦政府允许各州放弃由专业护理设施提供的服务,而为老年人提供居家和社区的服务（相对价格较低）。作为 1981 年《综合预算调节法》的一部分,Medicaid 项目添加了家庭和社区服务（HCBS）豁免（第 1915（c）条）。第 1915（c）条给各州提供了豁免 Medicaid 规则中机构护理和提供非严格医疗性质的 HCBS 权力的选项。第一批 1915 年（c）豁免于 20 世纪 80 年代初实施。在 2020

年47个州和哥伦比亚特区有至少1个1915年(c)豁免。

除了上述的公共项目,美国LTSS也由私人长期照护保险来支付。私人长期照护保险类似于健康保险,因为个人按月支付保险费使得他们在需要LTSS的时候能够得到财政给付。私人长期照护保险在20世纪80年代在美国开始广泛使用,并且市场一直扩大到21世纪10年代中期,那时对该保险的需求有所下降。[1] 虽然尚不清楚为何对这类保险的需求减少了,但这些保单往往相当昂贵,而且所涵盖的LTSS费用也很有限。

由于Medicare和私人长期照护保险不支付所有类型的LTSS、大额的LTSS,老年人或者他们的家庭倾向于用个人资金(如现金)支付大份额的LTSS。一项发表于《普通内科学杂志》的成果报告说长期照护支出是美国65岁及以上人口的第一大支出[2]。尽管美国96%的老年人拥有Medicare,但其LTSS福利非常有限,这意味着要持续享受LTSS的个人必须支付一些服务费用和"自付费用"。如果个体享有由专业机构设施提供的服务,他们将必须从第21天起直到第100天开始支付部分护理费用,然后在第100天后他们将支付全部护理费用。到2020年,专业护理设施中双人房间的平均费用约为每人每年9万美元,许多老年人很快就会将个人资金耗尽。一旦老年人的私人资金全部用完,他们就有资格获得医疗补助,后者将为其支付长期服务费用。

为武装部队成员首先提供健康和疗养服务成为一项公共责任,是在美国作为殖民地时期形成的,在服役期间受伤的殖民民兵成员应得到这种支持,尽管每个殖民地的支持水平各不相同。美国内战后,联邦政府建立了国家士兵和水手庇护所,向为联盟军战斗的退伍军人提供医疗和疗养服务。美国卷入第一次世界大战后,联邦政府成立了一个专门针对退伍军人的国家部门。

---

① Cohen, M., "The State of the Long-Term Care Insurance Market", In the *State of Long-Term Care Insurance:The Market, Its Challenges, and Future Innovations*, Washington, DC:The Center for Insurance Policy and Research, National Association of Insurance Commissioners, 2016.

② Grahm, J., "The High Cost of Out-of-Pocket Expenses", The New York Times, 2012, https://newoldage.blogs.nytimes.com/2012/09/21/the-high-cost-of-out-of-pocket-expenses/.

退伍军人事务部的退伍军人健康管理局在美国设有155个退伍军人医疗中心（Veterans Affairs Medical Center, VAMC）。VAMC向居住在VAMC里的退伍军人提供LTSS，或者在可能的情况下，在社区环境或退伍军人的家中提供LTSS。尽管所有退伍军人都有资格获得LTSS，但他们需要表明自己对这些服务的医疗需求，并且该服务必须在其所在地区可用。尽管后者的规定会有所限制——退伍军人如果居住在有VAMC的地区，则只能使用VAMC提供的LTSS，但近年来这项政策已经发生了变化，允许退伍军人可以从任何本地提供商处获得LTSS。

三、多样化的照护服务供给内容

在美国，需要LTSS的人可以在他们的家中、住宅照护机构或者专业护理机构获得相关服务。根据不同的情况，服务可能由Medicare、Medicaid、私人保险或自付费用支付。下面是对于每种给付形式的一个简单的描述。

（一）以家庭为基础的照护

美国LTSS照护的主要地点是在个人的家里。大多数家庭照护是无偿且由家庭成员和朋友提供。到2020年，大约有5000万家庭成员或朋友为需要长期服务的人提供了无偿护理，[1]大多数家庭内部无偿LTSS照护是由女性提供的。据估计，75%的照护者是女性，比男性花费多50%的时间提供护理。[2] 在过去十年中，无偿护理的价值稳步增长，据估计2017年的经济价值是4700亿美元。[3] 认识到家庭照护提供者作出的关键贡献，美国联邦政府已实施旨在为该群体提供一些急需支持的政策。

例如，2000年《国家家庭照护者支持法案》为各州提供了许多支持服务的联邦补助金。这些措施包括可以通过各个州的老龄化和残疾人资源中心的区域机构轻松访问服务信息，咨询和转介。国家补助金也可用于

---

[1] AARP, "Caregiving in the United States", 2020, https://www.aarp.org/ppi/info-2020/care-giving-in-the-united-states.html.

[2] Pfender, E., "Caregiver Statistics Broken Down By Age, Gender, Race", 2018, https://caregiverconnection.org/caregiver-statistics/.

[3] AARP, "Valuing the Invaluable: 2019 Update", 2019, https://www.aarp.org/ppi/info-2015/valuing-the-invaluable-2015-update.html.

提供家庭护理人员培训,以实现 ADL 或 IADLS 护理。最后,各州可以用补助资金来发展喘息项目。喘息项目是指带薪照料者可以在短期内承担家庭照料者的角色和责任的计划,以便家庭照料者可以休息。2018 年的《承认、协助、包括、支持和参与(提高)家庭照顾者法案》(RAISE)要求联邦政府制定一项支持无偿照顾者的国家战略。2020 年国家咨询委员会(RAISE)一份关于国会拟议国家战略的报告指出,"随着个人和家庭逐渐成为照护团队的中心,应促进在所有医疗保健和长期护理服务与支持环境中更多地采用以个人和家庭为中心的护理"。[1]

在非正式照护者之外,许多老年人也从付费的照护者那里接受照护。来到个人家里的付费照护者可以是专业的,也可以是非专业的。专业的照护者是临床医师(如护士、理疗师、医疗器材技师),他们提供医疗照护;这些照护者通常被社区基础的居家健康机构或者家访护士机构雇佣。居家健康服务由 Medicare 报销偿付(条件是这些服务是必需的,且在个体出院时持有医生开的处方)。非专业的照护者是那些能提供 ADL 或 IADL 支持的人。由于 ADL 或 IADL 不被视为医疗上所必需的服务,因此不被 Medicare 偿付,应由个人自付或是私人长期照护保险或 Medicaid 支付。

(二)以社区为基础的"住房+服务"的选择

1. 寄宿和疗养院

美国最早的"住房+服务"安排是殖民地时的济贫院(Almshouses)。济贫院是由私人慈善机构在当地社区建立的,旨在为无法工作且没有家人可以依赖的老年人提供住房和照料。这些机构到 20 世纪中叶前在美国一直是固定不变的。1935 年《社会保障法》的通过建立养老保险(通常称为社会保障),为 65 岁以上的老年人提供了适度的现金福利。《社会保障法》通过的规定之一是,住在济贫院里的人没有资格获得现金补助。[2] 许多老年人利用现金福利离开了济贫院,去往"寄宿和疗养院"

① Administration for Community Living, "RAISE Family Caregiving Advisory Council", 2020, https://acl.gov/programs/support-caregivers/raise-family-caregiving-advisory-council.

② Haber, C., "Nursing Homes: History", 2020, https://medicine.jrank.org/pages/1243/Nursing-Homes-History.html.

(Board and Care Homes)。顾名思义,寄宿和疗养院将为老年人提供房间、用餐以及额外的支持,例如洗衣、家政服务。在美国,寄宿和疗养院仍然存在,有45个州使用医疗补助资金来支付老年人在这些设施中获得的护理服务。寄宿和疗养院里的居民平均人数为6人。

美国对于"住房+服务"选项的一个补充是辅助生活设施。辅助生活设施类似于寄宿和疗养院,这里老年人每月支付一笔房费和餐费。然而,除了这些基本的服务,辅助生活设施通常也提供娱乐活动和社会服务、健康相关服务(如药物治疗管理)和个人照护(穿衣、洗澡等)服务。美国有差不多29000个辅助生活设施在运行(AHCA-NCAL,2020)。[①] 2018年辅助生活设施每月的支付费用中位数是4000美元或者48000美元/年。尽管在大多数州Medicaid可能会偿付辅助生活设施中提供的服务,但并不支付房费。因此居住在辅助生活设施里的人,需要具备充足的资金支持。

2. 持续照料退休社区

20世纪70年代在美国出现的另一种"住房+服务"选择是有计划的社区,这些社区根据个人的护理需求提供不同程度的住房和护理。居民刚开始可以在公寓中独立生活,然后过渡到辅助生活设施以在日常活动中获得更多帮助,或者过渡到专业护理机构以便居住在同一社区的同时获得更多的医疗服务。到2020年,此类持续照料退休社区(Continuing Care Retirement Community,CCRC)大约有2000个。

在美国,CCRC的数量远远少于辅助生活设施,这在很大程度上源于CCRC的筹资方式。尽管CCRC融资方式有所不同,但每种方式都需要居民支付高额的门槛费。这些初始付款通常以数十万美元为单位,并且取决于居民选择的公寓大小。在收取初始入场费之后,居民随后需要支付每月的维持费,CCRC向居民提供一系列的便利设施(例如餐饮、家政服务、维修、社交活动、可移动银行服务、梳妆台等)和基本医疗保健(例如可移动药房、接触护理人员、运动和保健计划等)。

当居民开始需要ADL的帮助时,可以将其转移到该机构的辅助生活

① AHCA-NCAL,"Assisted Living:Facts and Figures,2020",https://www.ahcancal.org/Assisted-Living/Facts-and-Figures/Pages/default.aspx.

区,或者在某些情况下安排看护人来其公寓。如果居民需要专业机构护理,则可以将其转移到可移动的专业护理机构内。当他们处于不同的护理水平时,居住者继续支付他们独立生活时每月的维护费。在进入专业护理机构或离开 CCRC 时,他们的初始费用将被退还 10%—15%。CCRC对于拥有初始入门费用资金的老年人的吸引力在于,不必将这笔资金用于支付辅助生活设施或专业护理设施中的付费看护人,从而使他们能够将其转移给子女或其他亲人。

(三)专业护理机构

随着 1935 年《社会保障法》的通过,济贫院作为照顾年老虚弱者的机构功能被削弱,许多老年人离开了济贫院,去往寄宿和疗养院。而留下来的老年人需要更高水平的照料。为了满足这些需求,联邦政府决策者通过了 1954 年《医疗设施调查和建筑法》。该法沿袭 1946 年非常成功(且颇受欢迎)的《医院调查和建筑法》,为各州提供了联邦资金,进行调查并制定计划,解决老年人对专业护理的需求。如果各州确定需要建造专业护理设施,则可以申请联邦资金以覆盖这些建设费用。与其前身相似,1954 年的《医疗设施调查和建筑法》开启了美国专业护理设施的 20年发展历程。[①]

1965 年重新修订的《社会保障法》也为护理养老院创造了两个永久性资金来源。第 18 条:Medicare 为医院护理和有限的疗养院护理提供财务支持。根据 Medicare,疗养院仅代表社会保障受益人偿还短期康复费用(20 天期限)。第 19 条:Medicaid 将疗养院护理列为"强制性福利"。Medicaid 是一项需经过经济审查的计划,因此,老年人需要满足个人财产资格要求(收入和资产处于联邦贫困标准之列)。超过 Medicare 福利的疗养院护理服务变成老年人个人的支付责任,直到他们有资格获得 Medicaid。Medicaid 要求在机构中而不是在家庭中涵盖 LTSS,因此偏向于机构护理。Medicaid 还要求将服务视为"医疗必需"。随着 1965 年《社会保障法》的通过,联邦和州政府成为 LTSS 的最大支付方。2016 年,全国

---

① Haber, C., "Nursing Homes:History", 2020, https://medicine.jrank.org/pages/1243/Nursing-Homes-History.html.

大约有 15600 所养老院,170 万张床位。[①]

20 世纪 90 年代发生了一场本地运动,该运动向全国(后来又向国际)传播,使得专业护理设施从无菌的机构环境更多转向了家庭式环境。开发"伊甸园替代方案"("Eden Alternative")是为了促进专业护理设施中的文化理念变革,使居民在日常活动中有更多的隐私、选择和控制权。[②] 后来,"伊甸园替代方案"引发了"温室运动"(Green House movement),该运动除改变了专业护理设施的文化理念外,还试图对其进行重新设计。在温室模式下,专业护理设施被划分为 4—6 个居民居住单元。每个单元都有固定的护理人员,使居民有机会建立更牢固的社会联系。当单元内成员决定并协助相互进餐,或者进行社交活动时,单元可以增强社区意识和独立感。[③] 尽管发生了本质上的变革,但截至 2020 年,美国仅运营了 250 个"伊甸园替代方案"和 200 个温室模式专业护理设施。

四、社区创新下的代际共融养老

除了上述照护服务供给之外,美国还有一些依托社区,通过老年人自助、代际互助或者志愿服务而实现的社区养老形式。

(一)自然形成的退休社区

21 世纪以来,美国的研究人员开始记录生活在自然形成的退休社区(Naturally Occurring Retirement Community, NORC)中的老年人的生活。NORC 是在地理上定义的社区,其中至少 40% 的人口年龄在 60 岁或以上并居住在自己的家中。美国退休人员协会(American Association of Retired Persons, AARP)近年来报告,有 25%—36% 的老年人居住在 NORC 中,而老龄化管理局估计这一数字为 17%。NORC 居民建立了一个骨干组织,以筛选当地社会服务、医疗保健管理、教育、娱乐和志愿

[①]　Centers for Disease Control and Prevention, "Nursing Home Care", 2020, https://www.cdc.gov/nchs/fastats/nursing-home-care.htm.

[②]　Thomas, W.H., *The Eden Alternative: Nature, Hope and Nursing Homes*, Sherburne, NY: Eden Alternative Foundation, 1994.

[③]　Brody, J.E., "The Green House effect: Homes for the elderly to thrive", New York Times, 2014, https://well.blogs.nytimes.com/2014/12/15/moving-away-from-nursing-homes/.

者等各类服务的提供者。许多社区还增加了成人日托、膳食、交通、家庭护理、法律和财务咨询、改善家庭安全、心理健康咨询和疾病管理等服务。

另一个流行的基于社区的"原居安老"①模型是"乡村"模型,该模型旨在在地理上定义的范围内为老年人提供各种支持和服务。乡村模型和NORC计划具有多种功能,例如协调自愿性和正式的支持系统、强调促进消费者参与、为增加现有服务的可用性和可负担性而努力,并且提高这两项计划的分散性。然而二者也有一些根本差异:NORC计划往往依赖于政府拨款和合同,并旨在与现有的住房和社会服务机构建立联系,而乡村模型则倾向于由会员驱动并由基层组织管理,这些基层组织由志愿者和有偿人员组成,来协调服务的可获得性。②

(二)多代同住社区

同样在21世纪,国际社会中年龄友好城市和社区运动的兴起对美国产生了深远的影响,这些运动由世界卫生组织(WHO,2007)、欧洲委员会和美国退休人员协会(AARP)等主要机构资助、组织和研究推动。③ 其重点关注创造空间的需要,这些空间使老年人不仅能够保持居住在家的独立性,还可以支持他们与社区的联系和积极参与。年龄友好型社区促进了良好自然与社会环境氛围的形成,这有利于各项政策和服务实现"积极老龄化"的目标。即生活在安全的环境中、享有健康并继续充分参与社会。年龄友好社区试图改善的一些领域包括住房(负担能力和适应性)、建筑设计(可及性)、廉价交通的可获得性、可以步行、健康促进和社会支持。④

在美国和其他一些国家,尽管一些早期文件中的措辞要求将"年龄

---

① 美国疾病控制中心将就地老化定义为"无论年龄、收入或能力水平如何,都能安全、独立和舒适地生活在自己的家庭和社区中"。参考:http://www.cdc.gov/healthyplaces/terminology.html。

② 有关"村到村"网络地图和网站的链接,见 https://www.vtvnetwork.org/content.aspx?page_id=1905&club_id=691012。

③ Fitzgerald,K.G.and Caro,F.G.,"An Overview of Age-friendly Cities and Communities Around the World",*Journal of Aging & Social Policy*,(26),2014,pp.1-18.

④ Community AGEenda,"Great Places to Grow Up and Grow Old",2013,https://www.giaging.org/initiatives/age-friendly/community-agenda/.

友好型城市"改为"对所有年龄段的人都友好",而不仅仅是"对老年人友好的",①大部分重点都集中在老年人身上——他们衰老的方式,其他人理解他们衰老的方式,以及他们需要具备一定条件以更好应对老龄化的方式②。

但是,人们在以年龄友好型为导向来规划社区方面的看法和接受度已逐渐发生微妙的变化。人们越来越关注所有代际间的利益、能力和需求,这会促进人们呼吁采用更全面的方法来创建同时对儿童、老年人和家庭都友善的社区。③④

多代人生活意识形态的这种融合也促进了当地在代际战略方面的创新,这对老年人护理产生了影响,例如创建了联合的托儿所和老年人护理设施与服务,通常被称为"代际共享场所"。⑤

(三)志愿服务

与美国 LTSS 相关的一个重要方面是志愿服务的作用。尽管美国居民的文化、宗教信仰和社会经济背景差异非常大,但志愿精神及其对美国社会的影响根深蒂固。美国的志愿服务倾向是美国社会的重要方面之一,这是法国政治学家亚托克维尔在 1831 年对美国进行为期 9 个月的访问之后所得出的结论。⑥ 志愿服务精神现如今仍然存在,且在很大程度上是分散的,但受到许多非政府组织的支持,这些组织通过将美国人与服务机会联系起来以促进志愿服务。与老年人护理相关的需求(包括 LTSS

---

① WHO, *Global Age-friendly Cities：A Guide*, Geneva：World Health Organization Press, 2007, https：//www.who.int/ageing/publications/age_friendly_cities_guide/en/.

② 这可能与该计划的历史有关。最初的世界卫生组织《世界卫生指南和行动要点清单》是根据老年人、照料者和服务提供者组成的焦点小组的数据得出的,这可能导致固有的偏见。主要是因为他们从老年人视角出发将重点放在社区经验上。参考：Handler, S., *A Research & Evaluation Framework for Age-friendly Cities*, Manchester, England：UK Urban Ageing Consortium, 2014。

③ Warner, M.E.and Homsy, G.C., "Multi-generational planning：Integrating the needs of elders and children", In *International perspectives on age friendly cities*, F.Caro and K.Fitzgerald(Eds.), New York, NY：Routledge, 2017, pp.227-240.

④ Van, V., "Intergenerational cities：A framework for policies and programs", *Journal of Intergenerational Relationships*, 9(4), 2011, pp.348-365.

⑤ Jarrott, S., Kaplan, M.and Steinig, S., "Shared sites：Avenues for sharing space, place and life experience across generations", *Journal of Intergenerational Relationships*, 9(4), 2011, pp.343-348.

⑥ Tocqueville, Alexis de, *Democracy in America*, New York：G.Dearborn & Co, 1838.

环境)一直是许多志愿者服务计划的焦点。

致力于加强代际之间联系和支持体系的国家组织,例如美国退休人员协会(AARP)、Encore.org、Generations United、国家老龄化理事会和美国国家老龄化区域协会(National Association of Area Agencies on Aging),向其成员提供了许多有助于匹配服务的关联年轻志愿者,他们需要支持,包括 LTSS 性质的支持。借助学校平台,4-H、美国男孩和女孩俱乐部、美国童子军、女童子军、正式和非正式的课余计划等青年组织的积极参与、承诺和进行志愿者服务,年轻的志愿者从事着各种旨在改善老年人生活质量的活动。例如,为在社会上孤立和感到孤独的人提供协助,以帮助他们准备和递送食物、进行信访活动和亲密拜访(个人通过电话,通过电子邮件和在线会议服务);针对需要计算机硬件、软件和培训的老年人提供技术性帮助,以增加他们与居住在外的家人和朋友的沟通。

一些非政府组织帮助识别和培训志愿者,为有压力和时间紧张的照顾者提供喘息时间(即通过替代性护理计划提供的临时救济)。家庭探视计划依靠处于大学年龄段的年轻人和所有年龄段的成年人,他们减轻了为体弱多病或长期患病的老年人提供大量护理的家庭成员的生活压力。

还有代际之间的志愿者计划,其中轻度至中度痴呆的老年人在共同护理者和共同教育者的帮助下,可以为社区中的儿童和青年提供所需的服务。通过参与这样的计划,例如志愿参加当地学校的阅读计划,他们找到了自己的目标并且身心健康状况得到改善。①

五、对中国的启示

美国长期照护服务体系形式多样,准入机制严格且系统,强调服务质量和效果评价,且重视老年人个人意愿,尊重其服务偏好和选择权利,为我国探索并建立养老服务及相关支持体系提供了丰富的经验和启示。

① George,D.R.,"Generativity for the Cognitively Frail",*Journal of the American Geriatrics Society*,(63),2015,pp.1243-1244.

（一）多元化的筹资主体

行之有效的长期照护筹资机制需要责任共担的共识。美国 LTSS 的递送是分散的,由公共和私人渠道来提供资金,因而是高度可变的。从支出的角度看,以美国医疗救助(Medicaid)为主的社会政策承担着主要的长期照护服务财务支持。我国应吸取美国长期照护服务筹资来源的经验、教训,遵循"框架一致、尊重实际"的原则拟定长期照护服务的筹资机制。第一,鼓励条件成熟的地区积极探索统一的老年照护保险制度框架体系,避免制度碎片化,降低人口流动、制度之间衔接整合的潜在成本。筹资的来源可以包括政府财政补贴、个人缴费、企业缴纳,以及福彩收入、医保基金等,其中政府补贴和个人缴费应当是资金来源的重点。其次,充分尊重地方实际,特别是地方的人均可支配收入水平、地方财政承受能力等,允许在保障形式和水平方面存在差别。对于条件不够成熟的地区可以探索先在医疗救助制度中以财政筹资的形式,对于那些经过收入调查、失能等级调查等程序,符合条件的老年低收入失能群体提供补充性的护理服务。

（二）多样化的供给方式

美国长期照护服务机构提供长期入住照护、短期入住照护、成人日间照护及居家照护服务,服务方式逐渐从机构服务向居家与社区服务转变。长期照护服务由正式照料者和非正式照料者共同提供,正式照料者提供有偿服务,非正式照料者以子女和配偶为主。借鉴美国的经验,我国应该发展多样化的照护服务形式。首先,根据老年人失能程度划分长期照护等级,细分养老服务机构类型,与老年人多样化的需求相匹配。根据照护期限长短、照护老年人失能状况差异、提供服务的形式、服务项目差异等将养老服务机构细分为老年公寓、护理院、疗养院等,对于每一种类型再根据统一、规范的机构等级划分标准细分为不同的照护等级。关注机构长期照护服务质量,建立完善和详细的服务使用评估标准,强调服务质量的有效性评价,体现人性化。第二,重视家庭照料者的作用和价值,充分发挥社区基层自治组织的力量,加强社区对于居家非正式照护服务的支持。第三,在长期照护服务之外,发展多样化的养老服务供给。通过多代同住、自然形成的社区,志愿服务等付费与非付费的形式,进一步调动政府、家庭、社区、营利非营利组织、志愿者等多方主体的责任,满足老年人多样化的养老服务与支持需求。① 同时,吸取美国照护服务"碎片化"的教训,注意不同养老服务供给形式之间的整体布局、统筹协调,构建系统完整、分工合作、有序衔接、良性互动的养老服务体系。

---

① Jun Ma, et al., "Spousal care intensity, socioeconomic status, and depression among the older caregivers in China: A study on 2011 - 2018 CHARLS panel data", *Healthcare*, 10(2), 2022, pp.239.

第三章　中国人口老龄化及其对养老服务体系的影响

本章主要分析了中国老龄化现状与发展趋势、人口老龄化的空间分布状况以及人口老龄化对于养老保障的影响。第一节从老龄人口总量、失能与半失能老人比例以及发展趋势方面分析中国老龄化的特征。第二节以时间脉络分析中国人口老龄化空间格局演化趋势,并具体从地区类型与人口老龄化类型两个方面加以阐述。第三节从养老服务筹资、养老服务供给等方面论述人口老龄化对于养老保障的影响,分析了养老保险、医疗保险基金与医疗救助筹资情况;并且理论分析了人口老龄化对社区—居家养老服务、机构养老服务的影响与对养老服务护理人员供给的影响。

第一节　中国人口老龄化现状与发展趋势[①]

一、老龄人口总量

自新中国成立以来,中国人口年龄结构发生了巨大的变化。根据王广州[②]的推算数据,0—14 岁少儿人口比重从 1949 年的 35.79% 下降到 2019 年的 16.41%;15—64 岁劳动力人口比重从 1949 年的 60.06% 上升到 2019 年的 70.97%;65 岁及以上老年人口比重从 1949 年的 4.15% 上升到 2019 年

---

　　① 本节作者为杨红燕、李林、郭荣荣。
　　② 王广州:《新中国 70 年:人口年龄结构变化与老龄化发展趋势》,《中国人口科学》2019 年第 3 期。

的 12.63%。2000 年年末,中国 65 岁及以上人口为 8821 万人,占总人口的比重为 6.96%,表明中国已经达到人口老龄化的国际标准,正式进入老龄化社会。《第七次全国人口普查公报》数据显示,截至 2020 年 11 月,中国总人口为 144350 万人,其中 60 岁及以上人口为 26402 万人,占总人口的比值为 18.7%,而 65 岁及以上人口数为 19064 万人,占比为 13.5%。

（一）人口年龄金字塔底部逐渐收缩,中、顶部逐渐膨胀

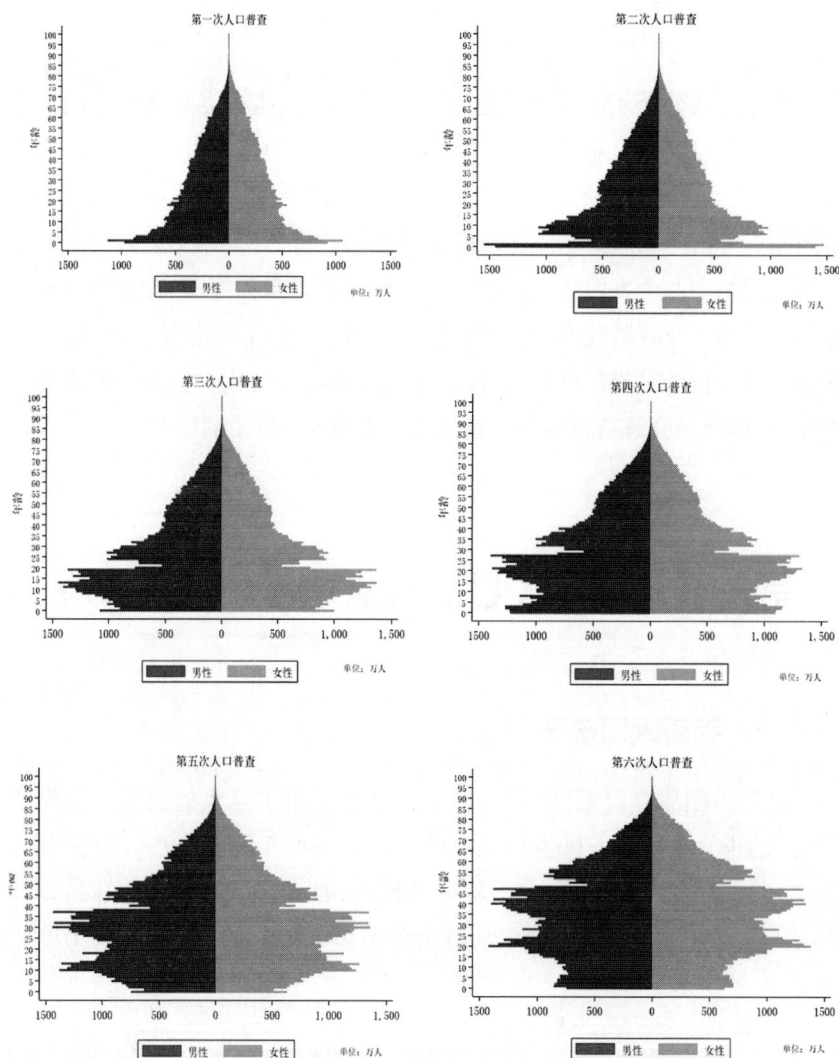

图 3.1　历次人口普查分年龄分性别人口结构金字塔图

　　根据图 3.1 可知,中国 1953 年进行第一次人口普查时,此时人口年龄结构呈现出标准的金字塔形状,金字塔底部最长、顶部最短,中国的人口年龄结构比较年轻。到了第二次人口普查的 1964 年,由于生育率的快速上升以及死亡率的下降,人口年龄结构更加年轻化。1982 年第三次人口普查时,生育率相比以往有所下降,人口年龄金字塔底部开始收缩,中部和顶部开始扩大,此时中国的人口结构已经开始逐步发生变化。到了 2000 年第五次人口普查时,人口年龄结构开始呈现出"纺锤形",此时中国正迈入老龄化社会。到了 2010 年,人口年龄结构呈现出底部与中部开始缩短,顶部开始变长情况。2010 年中国 65 岁及以上人口数为 11894 万人,所占人口比重为 8.9%,相对于 2000 年,老龄化程度进一步加深。

(二)城乡之间老年抚养比差距较大

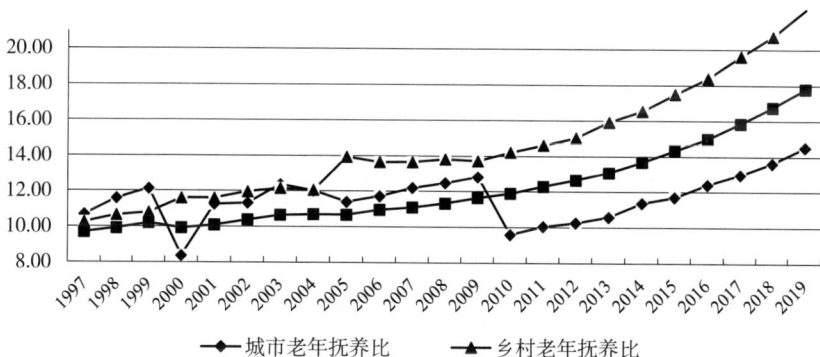

图 3.2　中国城乡老年抚养比发展趋势(1997—2019 年)

资料来源:《中国人口和就业统计年鉴 1998—2020》与《中国统计年鉴 2020》。

　　如图 3.2 所示,1997 年城市老年抚养比为 10.68%,乡村老年抚养比为 10.25%,城市抚养比高于农村,然而自 2000 年以后,乡村老年抚养比增长的趋势快于城市,2000 年全国普查的数据显示,城市老年抚养比为8.37%,乡村老年抚养比为 11.60%。到了 2018 年城市老年抚养比为13.63%,乡村老年抚养比为 20.74%,比城市高出了 7.11 个百分点。全国老年抚养比也从 1997 年的 9.69%,增长到 2018 年的 17.8%。到了2019 年城市老年抚养比为 14.52%,乡村老年抚养比为 22.26%,比城市高出了 7.74 个百分点。全国老年抚养比也从 1997 年的 9.69%,增长到2019 年的 17.8%。

（三）人口老龄化结构特征

从我国人口老龄化现状来看,中国自 2000 年进入传统意义上的老龄化社会已 20 余年,第七次全国人口普查数据(见表 3.1)显示,65 岁及以上人口占总人口 13.5%,总人口平均年龄为 38.8 岁。根据第七次全国人口普查数据,从人口数量来看,2020 年 60 岁及以上人口为 26402 万人,占 18.70%,比 2010 年上升了 5.44 个百分点;65 岁及以上人口为 19064 万人,占 13.50%,比 2010 年上升了 4.63 个百分点,人口老龄化程度进一步加深,老年人口规模庞大且老龄化进程加快。从老龄人口结构来看,70 岁以上老年人占 60 岁以上老年人比重为 44.17%,80 岁以上老年人所占比重为 13.56%,老年人口内部结构呈高龄化。从老年人口素质来看,高中及以上文化程度老年人占总老年人比例为 13.90%,而文盲率为 11.44%,老年人受教育水平显著提高。从行政区域分布来看,以东三省和川渝为两个高点,呈现东高西低、北高南低等特征;从城乡分布来看,城乡老年人所占比重分别为 54.17%、45.83%,城乡倒置现象进一步加剧;从全国看,乡村 60 岁、65 岁及以上老人的比重分别为 23.81%、17.72%,比城镇分别高出 7.99、6.61 个百分点。[①]

表 3.1　第七次全国人口普查老年人口特征

要素	数量（相对）		结构		素质		分布	
指标	60 岁以上占比	65 岁以上占比	70 岁以上/60 岁以上的比重	80 岁以上/60 岁以上的比重	高中及以上	文盲率	地区	城乡
数值	18.7%	13.5%	44.17%	13.56%	13.90%	11.44%	以东三省和川渝为两个高点,东高西低、北高南低	城 54.17% 乡 45.83%

---

① 国家统计局:《第七次全国人口普查公报》,http://www.stats.gov.cn/tjsj/tjgb/rkpcgb/qgrkpcgb/,2021 年 5 月 11 日;民政部:《第七次全国人口普查结果公布,这些数据事关"老"话题》,见 http://www.mca.gov.cn/article/xw/mtbd/202105/20210500033740.shtml,2021 年 5 月 12 日。

要素	数量（相对）	结构	素质	分布	
解读	老年人口规模庞大、老龄化进程明显加快	老年人口内部结构呈高龄化	老年人口受教育水平显著提高	地区差异更加突出	城乡倒置现象进一步加剧

（四）养老保险制度赡养率持续上升

自 1997 年统一企业职工基本养老保险以来,城镇职工基本养老保险的制度赡养率不断攀升。1997 年参保职工为 11204 万人,离退休人员数为 2522 万人,制度赡养率为 29.21%;2020 年参保职工 32859 万人,参保离退休人员 12762 万人,制度赡养率为 38.84%,相对于 1997 年,城镇职工基本养老保险制度赡养率增长了 9.63 个百分点,增长的幅度较大。

自 2009 年,农村开展新型农村社会养老保险试点工作,到 2010 年参加城乡居民基本养老保险人数为 10277 万人[①],领取待遇人数 2863 万人,故城乡居民基本养老保险的制度赡养率为 38.62%;2020 年,参保居民人数为 54244 万人,领取待遇人数 16068 万人,城乡居民基本养老保险的制度赡养率为 42.09%,相对于 2010 年,城乡居民基本养老保险制度赡养率增长了 3.47 个百分点。与城镇职工基本养老保险的制度赡养率增长幅度相比,增长幅度较小。

二、失能、半失能老人比例持续增加

中国老龄工作委员会公开的数据显示,2015 年中国失能、半失能老年人已高达 4063 万人。[②] 与之不同的是,学者考虑到受年龄别失能风险下降与年龄结构老化的共同影响,通过"中国健康与养老追踪调查"数据,预测中国失能老年人口总量将从 2020 年的 2485.2 万人增长到 2050 年的 5472.3 万人,总失能率呈现先下降后上升的趋势[③],两者估计数据

[①] 由于 2011 年中国才开展城镇居民社会养老保险试点,此时的城乡居民基本养老保险参保人数仅包含新型农村社会养老保险参保人数。

[②] 数据来源于民政部:《第四次中国城乡老年人生活状况抽样调查》。

[③] 数据来源于廖少宏、王广州:《中国老年人口失能状况与变动趋势》,《中国人口科学》2021 年第 1 期。

都表明中国未来将有大量失能老人,养老服务将面临更艰巨的压力。国家卫生健康委员会公布的数据显示,2019 年中国超过 1.8 亿老年人患有慢性病,其中患有一种及以上慢性病的比例高达 75%。失能、半失能老人群体迅速扩张和慢性病患病几率快速增加正逐渐成为中国老龄化的特征。

三、人口老龄化发展趋势

(一)人口老龄化的发展历程

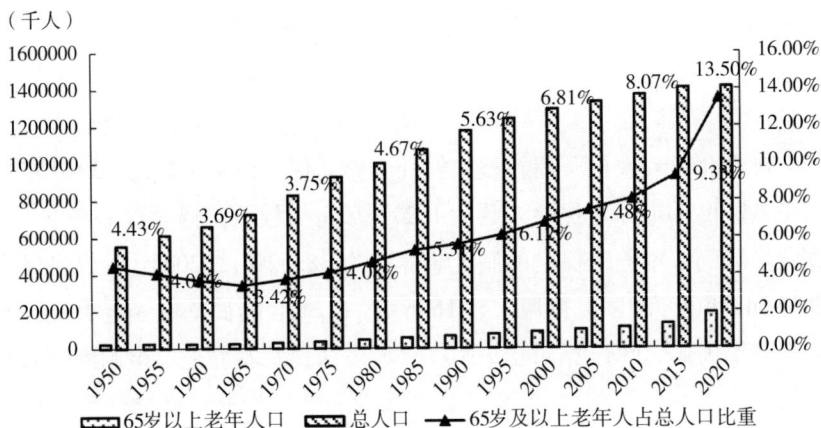

图 3.3　中国 65 岁及以上人口数量与其占总人口比重的变化趋势(1950—2020 年)

资料来源:2020 年数据源于国家统计局:《第七次全国人口普查公报》,http://www.stats.gov. cn/tjsj/tjgb/rkpcgb/qgrkpcgb/,2021 年 5 月 11 日;其他年份数据来源于 United Nations, Department of Economic and Social Affairs, "World Population Prospects: The 2019 Revision", https://population.un.org/wpp/。

如图 3.3 所示,根据联合国经济和社会事务部人口司的估算数据,在新中国成立初期的 1950 年,中国 65 岁及以上老年人数量为 0.25 亿左右,占总人口的比重为 4.43%。后来由于中国出现了三年严重困难时期,导致新生儿出生率下降,死亡率上升,65 岁及以上老年人口到达新中国成立以来历史最低点,比重为 3.42%。此后,中国处于人口快速增长期,到 1990 年,65 岁及以上老年人口所占比重已经增长到 5.63%、老年人口数为 0.66 亿。从 2000 年开始,中国正式进入老龄化社会,在 2010 年,老龄化程度达到了 8.07%,老年人口数为 1.29 亿。到 2020 年,65 岁及以上人口为 1.90 亿,占总人口的 13.50%。总体来看,65 岁及以上老年人口占比自新中国成立以来主要经过先下降再上升两个阶段,并且上升速度较快。

(二)中国人口老龄化未来的发展趋势

（千人）

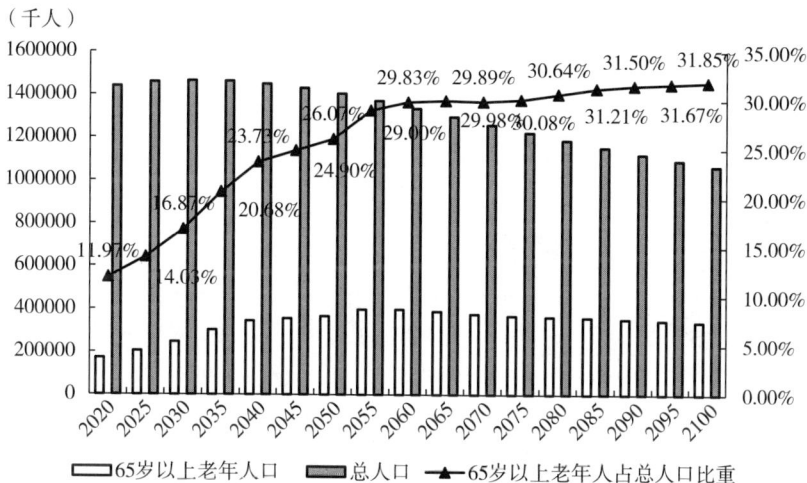

图 3.4　中国 65 岁及以上人口数量与其占总人口比重的变化趋势(2020—2100 年)

资料来源:United Nations,Department of Economic and Social Affairs,"World Population Prospects:The 2019 Revision",https://population.un.org/wpp/。

　　如图 3.4 所示,根据联合国经济和社会事务部人口司的预测数据,中国总人口将在 2030 年达到高峰,总人口数将达到 14.61 亿,此时中国 65 岁及以上老年人口数量为 2.46 亿、老龄化程度为 16.87%;2030 年后,总人口数量呈现下降的趋势,65 岁及以上老年人口数将在 2060 年达到高峰,老年人口数将达到 3.97 亿;2060 年后,老年人口数量开始逐步下降,但这并非意味着人口老龄化程度会下降,据预测到 2100 年,中国人口老龄化程度将高达 31.85%。其中,在 2030—2060 年间,由于 65 岁及以上老年人口数量在增加,然而总人口数在下降,所以中国在这 30 年间的老龄化程度将明显加快。据预测,2020 年中国人口老龄化程度为 11.97%,而到 2040 年,老龄化程度就超过了 20%,到 2060 年就已经接近 30%,之后中国老龄化的程度依然会在相当长一个时期保持相对高位水平,老龄化的程度约在 30% 左右。由此可见,中国老龄化程度在 2020—2060 年处于快速加重期,而在 2060—2100 年处于较长期高位水平,即位于"高原"时期。

(三)中国与其他国家人口老龄化比较

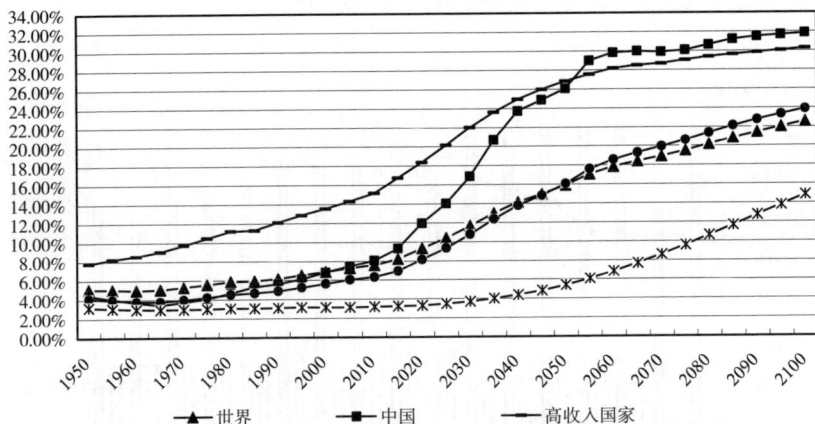

图 3.5 中国与其他国家 65 岁及以上人口占总人口比重的变化趋势(1950—2100 年)

资料来源:United Nations,Department of Economic and Social Affairs,"World Population Prospects:The 2019 Revision",https://population.un.org/wpp/.

如图 3.5 所示,根据联合国《世界人口展望 2019》数据,我们可以得到以下几个结论:第一,中国老龄化发展速度与其他国家相比,增速较快,中国在 2020—2060 年老龄化的发展处于快速增长期。中国 65 岁及以上人口比重于 2000 年达到 7%,而多数高收入国家在 1930—1950 年间达到或超过 7%,中国 65 岁以上人口比重达到 26%预计需要 50 年,而高收入国家达到 26%的比重大约需要 100—120 年,中低收入国家则可能需要更长的时间。第二,中国作为中等收入国家,未来老龄化的发展速度远高于其他中等收入国家。在 1950—2000 年,中国 65 岁以上老年人口占总人口的比重与其他中等收入国家差距不大,但是自 2000 年以后,老年人口比重差距开始逐渐扩大,中国人口老龄化程度高出中等收入国家将近 8 个百分点。第三,中国在未来 30 年内,老龄化的程度将与高收入国家持平,并且远高于中低收入国家。自 2055 年以后,中国老龄化程度将高于高收入国家近 1.5 个百分点,但是总体趋势在 2055—2100 年保持平稳。

第二节　中国人口老龄化的空间分布状况①

一、研究区域与数据来源

本部分内容选取港澳台以外的中国县级行政单位作为研究样本。以 65 岁及以上人口占总人口比重来衡量老龄化程度。结合学者的研究,将人口老龄化分为以下五个阶段:成长型初期(老龄化程度 5%以下)、成长型后期(老龄化程度为 5%—7%)、老年型初期(老龄化程度为 7.0%—10%)、老年型中期(老龄化程度为 10.0%—13%)、老年型后期(老龄化程度 13%以上)。②③ 65 岁及以上县级人口数据来源于 2000 年与 2010 年的《中国人口普查分县资料》,2020 年 65 岁及以上省级人口数据来源于《第七次全国人口普查公报》。④

二、人口老龄化空间格局演化

(一)"西低东高"与华东、东北"双高"的人口老龄化态势

从表 3.2 的测算数据可知,2010 年中国老龄化程度最高的前十位县级行政单位均在东部地区,而其中有 5 个在江苏省南通市,并且前十位老龄化程度均高于 16%,超过了国际人口学会规定的 14%的深度老龄化标准。2010 年中国老龄化程度最低的前四位县级行政单位大部分都在西部地区,并且西部地区大部分地方的老龄化程度均值都低于东部地区,呈现出"西低东高"的特点。从七大行政地理区划来看,2000 年和 2010 年华东地区人口老龄化程度最高,分别是 8.18%和 9.41%,其中以上海、江

---

① 本节作者为李林、杨红燕。
② 林琳、马飞:《广州市人口老龄化的空间分布及趋势》,《地理研究》2007 年第 5 期。
③ 吴媛媛、宋玉祥:《中国人口老龄化空间格局演变及其驱动因素》,《地理科学》2020 年第 5 期。
④ 由于人口普查数据覆盖范围广,调查方法更加科学,所以本节主要采用了"五普""六普"调查数据。"七普"数据尚未公布分县数据,故采用分地区数据加以补充。

苏和安徽等地最为突出,而到2020年,东北地区却成为老龄化程度最高的地方,为16.21%,相对于2000年和2010年,分别增加了9.85个百分点、7.21个百分点,东北地区已经进入老年型后期阶段。而华东地区2020年老龄化程度平均值为14.13%,仅次于东北地区,目前已经形成了华东与东北相对的深度老龄化空间格局。

表3.2　2000年、2010年县级行政单位与2020年
省级行政单位老龄化空间分布表　　　　单位:%

行政地理区划	地区	2000年65岁及以上人口比重			2010年65岁及以上人口比重			2020年65岁及以上人口比重
		最大值	最小值	平均值	最大值	最小值	平均值	
全国	—	18.15	0.39	6.96	19.00	0.24	8.87	13.50
华北地区	全地区	14.26	1.90	7.02	15.05	2.93	8.12	13.58
	北京市	12.69	6.73	8.36	13.07	5.83	8.71	13.30
	天津市	14.26	5.14	8.33	13.36	4.82	8.52	14.75
	河北省	9.75	4.24	6.86	12.27	6.05	8.24	13.92
	山西省	9.46	3.51	6.20	11.41	4.27	7.58	12.90
	内蒙古自治区	8.85	1.90	5.35	15.05	2.93	7.56	13.05
东北地区	全地区	11.26	3.23	6.37	15.22	3.87	9.00	16.21
	辽宁省	11.26	3.63	7.83	14.09	7.16	10.31	17.42
	吉林省	7.99	4.41	5.85	12.84	6.22	8.38	15.61
	黑龙江省	8.84	3.23	5.42	15.22	3.87	8.32	15.61
华东地区	全地区	18.15	1.92	8.18	19.00	2.05	9.41	14.13
	上海市	18.15	8.57	11.53	17.90	6.07	10.12	16.28
	江苏省	13.47	5.06	8.76	19.00	5.54	10.89	16.20
	浙江省	12.32	3.41	8.84	16.76	3.96	9.34	13.27
	安徽省	10.66	4.85	7.45	13.31	5.31	10.18	15.01
	福建省	11.93	1.92	6.54	12.98	2.05	7.89	11.10
	江西省	8.53	4.31	6.11	10.31	5.83	7.60	11.89
	山东省	11.36	4.38	8.03	14.30	5.31	9.84	15.13

行政地理区划	地区	2000 年 65 岁及以上人口比重			2010 年 65 岁及以上人口比重			2020 年 65 岁及以上人口比重
		最大值	最小值	平均值	最大值	最小值	平均值	
华中地区	全地区	10.85	3.52	6.85	13.14	5.02	9.08	14.30
	河南省	10.85	3.52	6.96	11.60	5.23	8.36	13.49
	湖北省	10.42	4.13	6.31	12.56	5.02	9.09	14.59
	湖南省	9.37	4.68	7.29	13.14	5.98	9.78	14.81
华南地区	全地区	12.61	0.39	6.58	13.66	0.45	7.93	10.40
	广东省	12.61	0.97	6.05	12.57	1.02	6.75	8.58
	广西壮族自治区	10.36	4.19	7.12	12.31	5.80	9.24	12.20
	海南省	12.27	0.39	6.58	13.66	0.45	7.80	10.43
西南地区	全地区	10.56	2.33	6.33	16.39	2.92	8.76	12.40
	重庆市	10.56	5.85	7.90	14.73	8.28	11.56	17.08
	四川省	10.11	3.12	7.45	16.39	4.60	10.95	16.93
	贵州省	9.49	3.29	5.79	13.61	5.58	8.57	11.56
	云南省	8.99	2.33	6.00	10.22	4.64	7.63	10.75
	西藏自治区	6.62	2.73	4.50	7.60	2.92	5.09	5.67
西北地区	全地区	9.08	1.40	4.85	13.32	0.24	7.13	10.39
	陕西省	9.08	3.90	5.93	12.01	5.27	8.53	13.32
	甘肃省	8.08	2.38	5.00	10.63	3.64	8.23	12.58
	青海省	7.22	1.40	4.33	9.61	0.24	6.30	8.68
	宁夏回族自治区	6.55	2.21	4.47	9.48	3.87	6.41	9.62
	新疆维吾尔自治区	6.35	1.48	4.53	13.32	3.78	6.19	7.76

(二)西北"少"与华东"老"的人口老龄化空间格局

按地区分类型来看,在 2000 年与 2010 年老年型初期与中期分布范围最广,几乎覆盖了胡焕庸线①东南部所有省份。年轻型初期几乎涵盖

———

① 1935 年地理学家胡焕庸提出了一条黑河(爱辉)—腾冲线,将我的人口分成东南和西北疏密差异悬殊的两部分,线东南方约 36% 的国土居住着约 96% 的人口,西北半壁约 64% 的国土仅居住着约 4% 的人口。

青海的大部分地区以及新疆东南部、西藏的西南部,广东省广州市、东莞市、惠州市部分地区也呈现出成长型初期老龄化结构。成长型后期主要集中在新疆的北部以及西藏的东北部地区。由此可知,西北地区总体老龄化程度最低。以 2000 年为例,西北地区平均老龄化程度为 4.85%,其中青海地区最为年轻,为 4.33%。到 2020 年,青海、新疆是全国老龄化程度较低的地方,分别为 8.68 %、7.76%。老年型中期主要覆盖了湖北省的西部、四川省的东部、安徽省与江苏省的大部分地区。老年型后期主要集中在江苏省的南通市与台州市、四川省乐山市与广元市、重庆市等地区。即:老年型中后期主要集中在华东、西南地区。然而,西北地区的老龄化空间分布不平衡,如胡焕庸线西北部分也出现了老年型后期的地区,诸如新疆五家渠市和内蒙古包头市石拐区。

(三)快速的老龄化类型转变与"东升西延"的老龄化空间格局演变

依据测算数据,从人口老龄化演化的趋势来看,2000—2010 年,中国人口老龄化的程度进一步加重,具体体现在成长型初期与后期县级行政区域在减少,成长型初期和后期县级行政单位由 2000 年的 459 个和 1156 个下降到 2010 年的 136 个和 447 个,分别减少了 323 个和 709 个;老年型初期、中期与后期县级行政单位在增加,从 2000 年的 1055、91、10 个增加到 2010 年的 1478、721、90 个,分别增加了 423、630、80 个。[①] 在 2000 年时,中国人口老龄化的类型主要是以成长型后期、老年型初期为主,但是到了 2010 年,中国人口老龄化类型主要是以老年型初期、老年型后期为主。从地理分布特征来看,胡焕庸线可以作为中国人口老龄化空间分布的分界线。胡焕庸线东南部多是老年型初期、中期与后期的地区,胡焕庸线西北部多是年轻型初期与后期的地区。从省级行政单位来看,2000 年进入老年型初期、中期和后期个数分别为 11 个、1 个、0 个,到 2010 年增加到 20 个、6 个、0 个。到 2020 年老年型初期减少到 4 个,而老年型中期和后期增加到了 8 个、18 个,表明到了 2020 年,中国已有 30 个省级地区进入了老龄化阶段,并且有 18 个地区进入了老龄化老年型后期,老龄化程度均已超过 13%。

---

① 由于县级行政单位改制和数据可得性原因,本研究 2000 年县级行政单位样本为 2871 个,2010 年县级行政单位样本为 2872 个,研究样本数目前后存在一定差异。

从人口老龄化类型转变来看,中国大部分县级行政单位显现出人口老龄化"由低向高"转变的特点。四川的西南地区、新疆的中部地区等地由成长型初期向成长型后期转变;内蒙古东部地区、黑龙江的西北部地区、甘肃的东部地区以及陕西的西部地区等地由成长型初期向老年型初期转变,表现出跨类型变迁的特征。河北省北部等地由老年型初期向老年型中期转变;四川的东部地区、江苏的东部地区以及浙江的中东部地区等地由老年型中期向老年型后期转变。对于老龄化加深空间格局演变而言,东部地区老龄化程度仍在进一步加速发展,而西部地区老龄化发展速度也在加快。以四川省为例,2010 年老龄化程度相对于 2000 年增加了 3. 50 个百分点,而 2020年相对于 2010 年却增加了 5. 98 个百分点,增长迅速。总而言之,中国人口老龄化程度的加深方向逐步向西延伸,呈现出"东升西延"的演变特点。

第三节　中国人口老龄化对于养老服务保障的影响①

一、人口老龄化对养老服务筹资的影响

快速发展的人口老龄化在给养老保险、医疗保险、社会救助等制度带来日益增长的资金压力的同时,客观上由于养老金待遇水平的提高和领取人数的增加,也扩大了养老服务的筹资规模。

(一)养老保险基金支出规模增长较快

城镇职工基本养老保险建立初期,参加养老保险人数为 11204 万人,其中离退休人数为 2533 万人,所占比例为 22. 61%;中国 2000 年刚进入老龄化社会时,城镇职工基本养老保险参保人数为 13617 万人,其中离退休人数为 3170 万人,占参保人数的 23. 28%;到 2020 年,参保人数为

---

① 本节作者为李林、杨红燕。

45621 万人,其中离退休人数为 12762 万人,所占比重为 27.97%;①2000 年,养老保险基金支出仅为 2115 亿元,而到 2020 年基金支出上升到 51301 亿元。参保的离退休人数所占比重不断加大,养老保险基金支付不断增多,基金的可持续性面临较大威胁。

对于城乡居民基本养老保险来说,在城乡居民基本养老保险建立初期(此时仅有新型农村社会养老保险),2010 年领取养老金待遇的人数为 2863 万人,参加城乡居民基本养老保险的人数为 10277 万人,所占比重为 27.85%,到了 2020 年,参加城乡居民养老保险的人数为 54244 万人,其中领取养老金的人数为 16068 万人,所占比重为 29.61%,相对于制度建立初期,领取养老金的人数在增加。由于老年人口的增多,养老保险基金支出的规模也在不断扩大,从 2010 年的 200 亿元增加到 2020 年的 3355 亿元,由于城乡居民基本养老保险较大部分资金来源于财政补贴,人口老龄化也会进一步给财政带来巨大压力。

2020 年城乡居民基本养老保险月养老金为 174 元,年养老金为 2090 元,而民政部公布 2020 年 1 季度低保标准中全国农村低保平均保障标准为 5247 元/人·年,城乡居民基本养老保险待遇水平远低于最低生活保障水平。而城镇职工基本养老保险月养老金待遇为 3410 元,是城乡居民养老保险待遇的近 19.6 倍。

(二)医疗保险支出规模不断增加

1994 年,城镇职工基本医疗保险的参保人数为 400.33 万人,其中离退休人员数为 25.74 万人,所占比例为 6.43%;在 2000 年中国进入人口老龄化阶段时,城镇职工基本医疗保险的参保人数为 3787 万人,离退休人数为 924.17 万人,所占比重为 24.40%;到 2020 年,参加医疗保险的人数 34455 万人,而其中离退休人数为 9026 万人,所占的比重为 26.20%,相对于 2000 年,占比增加了 1.80 个百分点。1993 年城镇职工基本医疗保险基金支出为 1.33 亿元;2000 年,基金支出为 109.83 元;到了 2020 年,职工医疗保险基金(含生育保险)支出为 12867 亿元。② 医疗

---

① 数据来源:1993—2020 年《人力资源(劳动)和社会保障事业发展统计公报》。
② 数据来源:《2020 年全国医疗保障事业发展统计公报》与《中国统计年鉴》。

保险基金支出的规模在不断扩大。由于人口老龄化导致城镇职工基本养老保险离退休人数的快速增加,然而离退休人员无须缴纳医疗保险费用,会进一步影响到医疗保险基金的支出。

对于城乡居民基本医疗保险来说,城乡居民基本医疗保险(即新型农村合作医疗和城镇居民基本医疗保险)建立初期,2009 年参保人数为101518.23 万人,城乡居民基本医疗保险基金支出为 1090 亿元,2020 年城乡居民基本医疗保险参保人数为 101676 万人,城乡居民基本医疗保险基金支出为 8165 亿元,在近 12 年中,基金支出增长近 8 倍。

(三)医疗救助支出规模不断加大

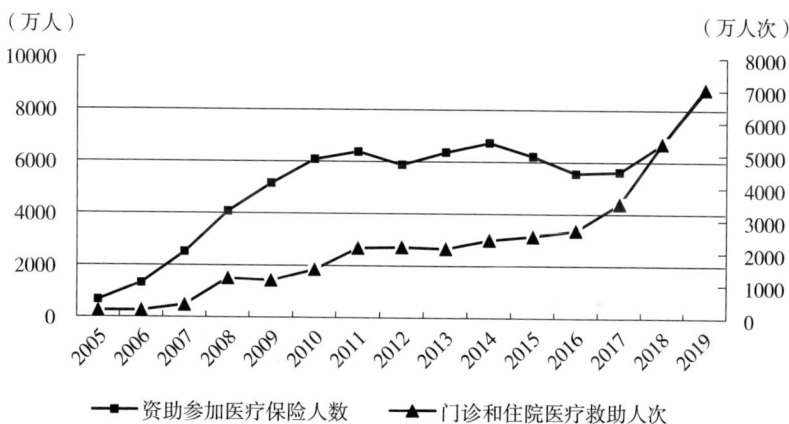

图 3.6　2005—2019 年中国医疗救助情况

资料来源:《中国统计年鉴2020》。

医疗救助是中国政府对因为贫困问题而没有经济能力进行疾病治疗的居民实施的专项帮扶。如图 3.6 所示,2005 年,资助参加医疗保险的人数为 654.9 万人,而直接医疗救助的人次为 199.6 万人次,到了 2019 年,资助参加医疗保险人数为 8750.8 万人,门诊和住院医疗救助人次也增加到 7050.3 万人次,二者分别是 2005 年的 13.36 倍和 35.32 倍。2019 年资助参加基本医疗保险的资金为 1589085.3 万元,门诊和住院医疗救助资金为 3342331.2 万元,在 2005 年,资助参加基本医疗保险的资金仅为 9808.4 万元,门诊和住院医疗直接救助资金为 48140.3 万元,政府医疗救助资金投入不断扩大。由于老年人退出劳动力市场后,收入减少,患病的概率增加,需要医疗救助的人数和次数将增多,医疗救助的资金支出规模也将加大。

二、人口老龄化对养老服务供给的影响①

(一)人口老龄化对社区居家养老服务的影响

社区居家养老服务供给是由政府、社区社会服务组织、市场部门等服务主体根据自身情况、结合客观实际,为老年人提供生活照料、家政服务、康复护理和精神慰藉等服务内容的服务模式,出发点是满足居家老年人的服务需求。从社区居家养老服务供给的角度来看,目前存在着服务主体过多和服务内容单一等问题。人口老龄化可能进一步扩增社区居家养老服务的供给主体,直接提供或间接提供服务的主体可能由亲属、邻里、朋友逐步扩大到社工、护理人员,甚至出现陌生群体等情况,给系统管理和服务评价工作带来挑战。

在社区居家养老服务供给领域,社会资本起到了重要作用。良好关系网络与完善的养老服务规范作为社会资本的重要内容,决定了社会组织供给服务的能力与运行状况,是社区居家养老服务的供给基础之一。目前在社区居家养老服务供给中已经显现出密度低与形态不成熟的关系网络、显性规范不足和隐性规范的羁绊、基层政府对社会组织信任亟待提升等问题。② 人口老龄化可能会加重社区居家养老服务的社会资本困境。目前社区居家养老服务的社会组织数量有限,无法构建老年人与社会组织高密度的关系网络,难以实现多元主体和多频次沟通。社会组织只能与政府部分部门建立联系,政府与老年人之间也尚未建立完善的信息反馈与回应渠道。显性规范不足具体体现在养老规范体系与互补、支撑性的制度尚未健全,而老龄化的加重无疑会给社区居家养老服务的管理带来更大的压力。隐形规范的羁绊表现为由于缺乏资源和绩效考核任务,基层政府拓展社区居家养老服务的动力不足。基层政府对于社会组织的培育意识比较薄弱,并且合作治理的观点尚未形成,老年人数量的增

---

① 本部分数据如无特殊说明,均来源于《2019年民政事业发展统计公报》。
② 王成、周玉萍:《居家养老服务供给中的社会资本困境与培育研究》,《江汉学术》2019年第5期。

多,将导致社会组织的供给不足,有限的社会组织运行的压力更大,加深社会组织与政府之间的不信任。

(二)人口老龄化对机构养老服务的影响

机构养老服务主要是为老年人提供集中居住环境和生活照料服务,是社会化养老的主要形式,比较常见的是养老院和敬老院。老人需要离开家,入住到养老机构,才能享受此项服务。考虑到老龄化的加重,自2010年以来,中国加大了对于机构养老服务的投入和规范。中国政府对于养老机构用地标准、人才服务标准、资金和改革方面都出台了各项具体措施,同时拓宽了养老服务机构的筹资渠道,使资金来源更加多样化。根据2020年2季度民政统计数据显示,中国现有养老机构38480个,养老机构床位数为450.1万张。中国养老机构的规模相较于以往有所增加,但同时也存在着诸多问题。

人口老龄化可能会导致养老机构投资规模扩大,整体行业筹集资金的难度将加大。首先,由于机构养老服务资金回笼周期比较长,并且政府的各项减税措施起到的作用有限,行业之间竞争压力也随之加大。人口老龄化会给机构养老服务业运营管理带来考验。其次,目前各个养老机构服务质量水平差异较大,运营管理能力有所不同。此外,部分地区机构养老服务还存在着养老机构供给不足、优质机构分布不均、护理人员数量存在缺口、社会资本参与度不高、医养结合模式有待改善等问题,人口老龄化会促使此类问题更加凸显。

(三)人口老龄化对养老护理人员供给的影响

中国未来几十年人口老龄化程度将不断加深。为了应对老年人失能风险,中国自2016年开始长期护理保险试点,又在2020年扩大试点工作,主要目的在于应对未来高度老龄化时期失能老人照护问题。长期护理保险需要社区居家养老服务、机构养老服务来支撑,而人口老龄化对养老护理供给与需求产生重大影响,其影响主要涉及护理时间、护理成本以及护理人员供给问题,其中护理时间、护理成本在本章第二节进行讨论,此处只测算人口老龄化对于护理人员数供给的影响。

居家养老服务失能老人护理人员数 $=i$ 年的老年人失能人口×老年人失能等级比例×不同护理等级的失能老人选择不同护理方式的比例×

每周护理时间×4周×12个月÷护理人员年工时

机构养老服务失能老人护理人员数=i年的老年人失能人口×老年人失能等级比例×不同护理等级的失能老人选择不同护理方式的比例×最低普通病房床位与护理人员的比例

表3.3　2020—2100年居家养老服务与机构养老服务护理人员数

单位:万人

年份	居家养老服务护理人员数				机构养老服务护理人员数				总计
	初级护理	中级护理	高级护理	总人数	初级护理	中级护理	高级护理	总人数	
2020	96	57	48	201	91	69	108	268	469
2025	114	67	57	239	108	82	128	318	557
2030	138	81	69	289	131	99	155	384	673
2035	169	100	85	353	160	121	189	470	823
2040	192	113	97	402	182	138	215	535	937
2045	199	117	100	416	188	143	223	554	970
2050	204	120	103	427	193	147	229	569	996
2055	222	131	112	464	210	160	248	618	1082
2060	222	131	112	465	210	160	249	619	1084
2065	217	128	109	454	205	156	243	604	1058
2070	210	124	106	439	199	151	235	585	1025
2075	205	121	103	429	194	148	230	572	1001
2080	203	120	102	425	192	146	227	565	990
2085	201	118	101	420	190	144	225	559	980
2090	197	116	99	412	187	142	221	549	962
2095	193	114	104	404	183	139	216	538	942
2100	189	112	95	396	179	136	212	528	924

注:数据通过失能老人护理人员总需求量公式和相关数据测算而得到。

如表3.3所示,从养老服务模式来看,在人口老龄化背景下,对机构养老服务护理人员供给的需求大于居家养老服务护理人员。在2020年,居家养老服务护理人员供给的需求为201万人,机构养老服务护理人员供给的需求为268万人,表明初期失能老人对于居家养老服务、机构养老服务供给的需求差异不明显;但是自 2035 年以后,二者差距快速拉大,到 2100 年,失能老年人对机构养老服务护理人员供给的需求比对居家养老服务护理人员供给的需求高出 132 万人,可见人口老龄化将会逐步扩大机构养老服务护理人员供给的扩大。

从护理等级来看,失能老人对于居家养老服务和机构养老服务的初级、中级护理人员供给的需求大致相当,但是对于机构养老服务高级护理人员供给,失能老人群体对其需求远高于对居家养老服务高级护理人员供给的需求;失能老人群体对机构养老服务高级护理人员供给的需求是对居家养老服务相关需求的 2 倍左右,但是对居家养老服务和机构养老服务的高级护理人员供给的需求可能在 2060 年后将逐步减少,意味着在人口老龄化"高原期",高级护理人员供给将会紧缩,主要是因为失能老人相对于以往有所减少。

为了更详细地研究人口老龄化程度不断加深对于居家养老服务和机构养老服务护理人员供给的影响,本节在上述计算的基础上,引入人口老龄化程度增量、居家养老服务和机构养老服务护理人员数供给增量,即每个变量相对于五年前的增加量,测算结果如图 3.7 所示。

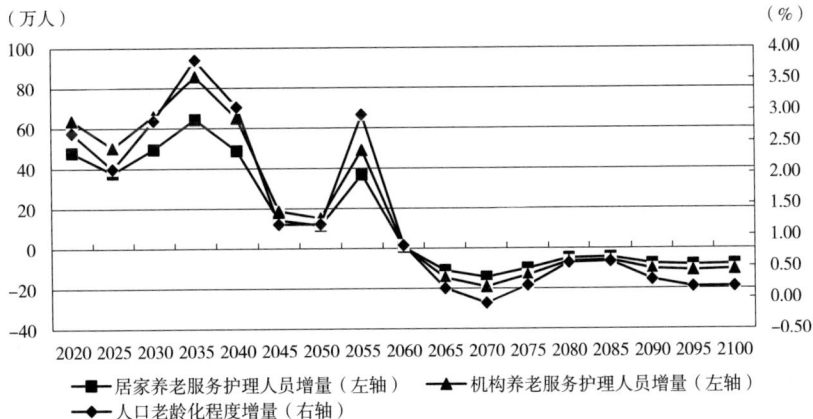

图 3.7　2020—2100 年人口老龄化、居家养老服务和
机构养老服务护理人员增量图

从图 3.7 来看,人口老龄化程度的加深和减弱与居家养老服务和机构养老服务护理人员供给趋势的变化大致相同,表现为同增同减的状态。

从图 3.7 中可知,在测算期内,2035 年是中国人口老龄化程度增量最高的年份,增量高达 3.81 个百分点。此时失能老人对于居家养老服务和机构养老服务护理人员供给的需求量最大。2035—2060 年间,中国人口老龄化程度的增量有所减少,但是居家养老服务和机构养老服务护理人员供给的需求量依旧在增加。自 2060 年,中国进入人口老龄化的"高原期",人口老龄化程度有所减弱,故也导致了失能老年人对于居家养老服务和机构养老服务护理人员供给的需求量减少。

第四章 中国养老服务的需求现状与影响因素实证分析

人口老龄化和家庭核心化趋势凸显了我国的养老服务需求。以需求为导向充分发展精准、多样的养老服务,是应对人口老龄化、保障老年生活质量以及促进的关键措施。本章共三节,分别从城乡居民的长期护理保险需求、社区养老服务需求以及机构养老服务需求角度阐述我国养老服务需求现状及其影响因素。

第一节 城乡居民长期护理保险
需求与财政负担预测[①]

一、研究背景

2016 年,全国老龄办、民政部、财政部共同发布了第四次中国城乡老年人生活状况抽样调查结果。调查结果显示,中国失能半失能老人人数达 4063 万人,占老年人口的 18.3%。随着人口老龄化的进一步加剧,中国失能半失能老人人口数还将继续增加。一方面,中国需要接受照护的失能半失能人口迅速增加;另一方面,中国传统的家庭照护功能却在迅速弱化,老年人巨大的照料需求与照料服务的供给不足严重失

① 本节作者田勇,相关内容以《中国长期护理保险财政负担能力研究——兼论依托医保的长期护理保险制度的合理性》为题已发表在《社会保障研究》2020 年第 1 期。

衡。在中国城镇化迅速发展的今天,农村大量劳动力转移到城市,农村留守老人数量庞大,农村失能半失能老人的照护问题就显得更为严重。当前,中国已经提出了《健康中国2030规划纲要》,纲要明确提出要推动居家老人长期照护服务发展,建立多层次的长期护理保障制度。因而,尽快探索建立覆盖广大城乡居民的长期护理保险制度的可行性就显得尤为必要。

目前中国已经开始进行长期护理保险的试点,城乡居民长期护理保险需求量是决定未来政策调整方向的重要因素,故本节将探究不同医疗保险类型长期护理保险的家庭护理、机构护理时间需求以及分人群分析长期护理保险成本需求。此外,从各地的试点经验来看,长期护理保险的资金筹集主要来自于个人缴费、医保基金划拨以及政府补助,本节也将探究长期护理保险的财政负担。

二、城乡居民长期护理保险需求指标确定与分析

长期护理保险需求主要由待遇享受人口以及人均给付成本确定

i 年的长期护理保险需求 = i 年的老年人失能人口×老年人失能等级比例×不同护理等级的失能老人选择不同护理方式的比例×不同护理方式的使用成本×使用成本的年增长率

长期护理需求模型的各指标设置如下:

(一)分年龄分性别的城乡老年人口预测

本研究以第六次全国人口普查数据为基础数据,采用队列组元法进行2010—2060年城乡分年龄分性别的人口预测,人口预测的参数包括基础数据、死亡水平与死亡模式、生育水平与生育模式、出生性别比、迁移水平与迁移模式。基础数据采用第六次全国人口普查数据中农村与城镇人口数据,生育水平采用四二一家庭微观仿真模型对2010—2060年全面二胎下的总和生育率进行预测,将各个参数带入模型就可获得2010—2060年分年龄分性别的城乡人口。考虑到人口预期寿命的延长,且失能人口多为高龄老人,本节主要对65岁及以上的城乡失能人口进行预测,根据人口预测数据可以获得65岁及以上的城乡老年人口数。

表 4.1　2016—2060 年中国 65 岁及以上的城乡老年人口

单位:万人

年份	农村	城镇
2016	7699	7478
2020	9412	9630
2030	11853	15498
2040	14091	23492
2050	11221	29185
2060	9072	34531

注:由于当前可查的宏观数据大多公布到 2016 年,考虑到数据的可及性,本节以 2016 年作为基础年份进行预测。

资料来源:根据人口预测数据计算得出。

(二)城乡居民长期护理保险老年人失能等级评定

在国外的长期照护制度中,护理等级是根据老年人的健康状况进行评定的,对老年人健康状况主要采用日常生活活动能力量表来进行评定,目前国内长期护理保险的试点城市主要就是采用日常生活活动能力评定量表中的 Barthel 指数来对老年人的健康状况进行评级,对于日常活动能力得分低于 40 分的老人确定为重度失能人员,作为享受长期护理保险支付的准入标准。本节主要以 Barthel 指数评定量表为基础,并结合 2011年中国老年健康影响因素跟踪调查(Chinese Longitudinal Healthy Longevity Survey,CLHLS)的内容对评定量表进行修正,评定项目主要选取洗澡、穿衣、大小便、室内活动等生活自理指标以及到邻居家串门、独自洗衣服、连续走 2 公里等活动指标,问卷中每个问题包含能够完成、部分能够完成以及不能完成 3 个选项,依次赋分为 10 分、5 分和 0 分,然后将10 个项目的评定得分进行加总得到每个样本的日常活动能力总得分。根据当前国内试点城市经验,将得分在 40 分以下的评定为重度失能老人,长期护理保险主要为重度失能老人提供护理服务。其中重度失能又分为三个等级,20—40 分为重度失能一级,其对应初级护理,10—20 分为重度失能二级,其对应中级护理,0—10 分为重度失能三级,其对应高级护理(见表 4.2)。

表 4.2　日常活动能力测量项目及失能等级划分

评定项目	得分标准	失能等级划分
1. 洗澡时是否需要他人帮助 2. 穿衣时是否需要他人帮助 3. 上厕所大小便时是否需要他人帮助 4. 在室内活动时是否需要他人帮助 5. 是否能控制大小便 6. 吃饭时是否需要他人帮助 7. 能否独自到邻居家串门 8. 是否能独自洗衣服 9. 能否连续走 2 公里路 10. 能否连续蹲下站起三次	1. 能够完成 得 10 分 2. 部分能够完成,但有一定困难 得 5 分 3. 完全不能完成 得 0 分	将 10 项得分进行加总: 1. 得分小于 40 分的为重度失能,其中 20—40 分为重度失能 1 级,10—20 分为重度失能 2 级,0—10 分为重度失能 3 级 2. 40—70 分为中度失能 3. 70—95 分为轻度失能 4. 95—100 分为健康

资料来源:根据 CLHLS 2011 问卷整理获得。

　　本节关于老年人失能比例的测算数据主要来自于北京大学健康老龄与发展研究中心在 2011 年进行的中国老年健康影响因素跟踪调查(CLHLS),调查人群主要是 65 岁及以上的老人,选取的样本中有效样本共 9451 个,其中男性 4273 个、女性 5178 个,分别占样本总数的 45.2%和54.8%。本节通过选取 10 项评估项目作为变量并进行赋分,然后生成新的日常活动能力总得分变量,利用 SPSS 软件对日常活动能力总得分变量进行频率分析,然后获得不同得分男性和女性失能老人的频率分布。从表 4.3 可以看出,需要提供照护服务的重度失能患者占有效样本总体的 11.8%,其中重度失能 1 级、重度失能 2 级、重度失能 3 级占有效样本总体的比例分别为 5.9%、2.8%、3.1%,中度失能的比例为 15.4%,轻度失能的比例为 33.7%,健康的比例为 39.1%,女性老人的失能比例高于男性。

表 4.3　各失能等级下老年人的比例

日常生活活动能力得分	0—10分（重度失能3级）	10—20分（重度失能2级）	20—40分（重度失能1级）	40—70分（中度失能）	70—95分（轻度失能）	95—100分（健康）
男性	2.1%	1.9%	4%	11.1%	30.4%	50.2%
女性	3.9%	3.4%	7.5%	19%	36.3%	29.9%
总体	3.1%	2.8%	5.9%	15.4%	33.7%	39.1%

资料来源:根据 CLHLS2011 数据分析获得。

(三)城乡居民长期护理保险老年人护理方式需求

护理方式一般分为居家护理和机构护理,机构护理包括定点医疗机构护理和定点养老机构护理,不同的人群可以随意选择这两种护理方式,就当前已经开始试点的城市经验来说,不同的护理方式护理服务补贴标准也不同,一般机构护理补贴要低于居家护理,主要是鼓励失能老人采取居家护理的方式。由于当前中国试行长期护理保险的时间较短,对于不同护理等级的人选择护理方式的意愿缺乏相关数据,本研究主要利用德国护理方式使用人群的比例作为替代。

由表 4.4 可以看出,无论什么样的护理等级,居家护理仍然是失能老人的首选护理方式,这也比较符合中国人重视家庭的理念,居家护理应该成为长期护理中主要的护理方式。同时,失能等级越高,选择机构护理比例越大,机构护理相对居家护理有更好的条件去满足失能程度较高的老年人的需求。

表 4.4　2013 年德国不同护理等级下的失能老人选择护理方式的比例

护理等级	居家护理	机构护理
初级护理	77.59%	22.41%
中级护理	64.32%	35.68%
高级护理	49.54%	50.46%

资料来源:根据德国卫生部的数据整理获得。

从表 4.5 的测算数据可知,无论是参加何种医疗保险,长期护理中选择家庭护理方式的人数高于机构护理的人数;在制度初期,农村失能老年人有护理需求的人数多于城镇,2030 年后,城镇老年人有护理需求的人数多于农村老年人有护理需求的人数。

表 4.5 2016—2060 年长期护理保险老年人护理方式需求测算

单位:万人

年份	参加城乡居民医疗保险的农村失能人口长期护理需求		参加城乡居民医疗保险的城镇失能人口长期护理需求		参加城镇职工医疗保险的城镇失能人口长期护理需求	
	家庭护理	机构护理	家庭护理	机构护理	家庭护理	机构护理
2016	630	310	310	152	282	139
2020	745	366	368	181	394	194
2030	938	461	470	231	756	372
2040	1115	548	527	259	1332	655
2050	888	437	424	208	1886	927
2060	718	353	228	112	2505	1231

资料来源:根据上文人口预测数据、失能老人比例、护理方式比例计算得出。

(四)城乡居民长期护理保险老年人护理时间需求

根据英国家庭护理服务标准,高强度的家庭护理每周护理时间不低于 10 个小时,中等强度的家庭护理每周护理时间在 5—10 个小时之间,低强度的家庭护理服务每周护理时间不超过 5 个小时,[1]本节根据英国家庭护理服务标准将初级护理、中级护理和高级护理的每周护理时间分别定为 5 小时、7.5 小时以及 10 小时,故:

个人家庭护理时间总需求量=i 年的老年人失能人口×老年人失能等级比例×不同护理等级的失能老人选择不同护理方式的比例×每周护理时间×4×12

根据史承明等(2011)的调查,机构护理中一级护理、二级护理、三级护理的护理时长分别为 376 分钟、339 分钟、92 分钟,故:

个人机构护理时间总需求量=i 年的老年人失能人口×老年人失能等级比例×不同护理等级的失能老人选择不同护理方式的比例×每天护理

---

① 曾友燕、王志红:《英国老年人家庭护理服务需求现状及其成本预算模式》,《中华护理杂志》2005 年第 12 期。

时间分钟数÷60×24×12

如表4.6所示,根据测算数据可知,从不同医疗保险类型和地区来看,在长期护理保险发展初期,无论是家庭护理还是机构护理,失能老人护理时间需求最大的人群是参加城乡居民医疗保险的农村失能人口,2016年农村失能人口护理时间需求量是城镇职工失能人口护理时间需求量的2倍左右。而随着我国城镇化的推进和农村居民参加城镇职工医疗保险的人数不断增加,城镇失能人口护理时间需求量在快速增多。到2060年,参加城镇职工医疗保险的城镇失能人口长期家庭护理、机构护理时间需求量分别为851785万小时/年、1994359万小时/年,家庭护理、机构护理时间需求量均为农村需求量的4倍左右。

从不同的护理方式来看,尽管失能老年人选择家庭护理比例高于机构护理,但是由于机构护理时间高于居家护理的时间,所以在2016—2060年,机构护理时间需求量均高于家庭护理时间。到2060年机构护理、家庭护理时间需求量分别为2747473万小时/年、1173438万小时/年,机构护理时间需求量是家庭护理的2.34倍。

表4.6　2016—2060年中国长期护理保险老年人护理时间需求

单位:万小时/年

年份	参加城乡居民医疗保险的农村失能人口长期护理时间		参加城乡居民医疗保险的城镇失能人口长期护理时间		参加城镇职工医疗保险的城镇失能人口长期护理时间		家庭护理时间总量	机构护理时间总量
	家庭护理	机构护理	家庭护理	机构护理	家庭护理	机构护理		
2016	214386	501960	105338	246637	95919	214386	501960	105338
2020	253304	593082	125285	293340	133889	253304	593082	125285
2030	318999	746900	159907	374405	257170	318999	746900	159907
2040	379218	887897	179171	419508	453048	379218	887897	179171
2050	301988	707070	144047	337270	641379	301988	707070	144047
2060	244150	571650	77503	181464	851785	244150	571650	77503

注:根据护理时间总需求量公式和相关数据计算得出。

(五)城乡居民长期护理保险老年人护理成本

1. 居家护理使用成本

居家护理包括专业性的家庭护理,又叫家庭医疗保健服务,主要提供专业的护理、医疗保健服务;另一种又叫非专业性的家庭护理,即家庭看护服务,即提供个人日常生活照料服务。由于家庭看护服务主要由家庭成员本身提供,本节的家庭护理成本核算主要是指专业性的家庭护理。当前国内关于家庭护理成本的研究相对较少,本节采用刘锦丹等(2010)[1]在上海市殷行社区卫生服务中心对9个全科服务团队所做的调查资料与数据,调查主要针对社区服务中心的护理人员,对上门护理人员进行全程跟踪观察以确定家庭护理服务过程中的成本,然后建立家庭护理成本核算模块,采用项目成本核算法。调查确立了成本核算的五大模块,即人力成本、材料成本、设备成本、管理成本和教育成本。

(1)人力成本。人力成本=单项护理操作耗用工时×单位时间人力成本×项目操作人数,其中单项护理操作耗用工时=直接护理工时+间接护理工时,直接护理工时是护理人员为患者提供护理所需要的时间,间接护理工时是护理人员路途消耗及准备时间。

(2)材料成本。材料成本=单项护理操作所使用材料的含税单价×实际消耗量。

(3)设备成本。设备成本=(月设备折旧金额÷月使用时间)×每次使用时间,月设备折旧金额=(取得的成本÷设备使用年限)/12,月使用时间=每月工时×设备工作负荷系数。

(4)管理成本。管理成本=(人力成本+材料成本+设备成本)×5%。

(5)教育成本。教育成本=(人力成本+材料成本+设备成本+管理成本)×5%。

调查选取了上海市殷行社区目前开展频率较高的7项家庭护理服务项目,然后利用五大模块计算这7项服务项目的成本,其具体的项目核算成本结果如表4.7所示。家庭护理成本中人力成本和材料成本占比分别高达53%和37%,两项成本合计占总成本的90%,其中家庭护理成本是人力成本的1.89倍,因而对于全国家庭护理成本的测算可以通过人力成本的调整获得。

① 刘锦丹、吕伟波、徐青、王志红:《社区卫生服务中心家庭护理项目的成本核算》,《解放军护理杂志》2010年第10期。

人力成本=单项护理操作耗用工时×单位时间人力成本×项目操作人数。依据上文初级护理、中级护理和高级护理的每周护理时间分别定为5小时、7.5小时以及10小时。单位时间人力成本（元/时）=月平均工资/月平均工时，由于提供家庭护理服务的主要是基层医疗卫生服务机构，通过查询《中国卫生和计划生育统计年鉴2017》可以获得2016年中国基层医疗卫生服务机构的平均人员经费支出是每年50129元，基层医疗卫生服务中心人员的月平均工资为4177元；月平均工时=8小时×（365天−双休日104天−公共假日10天−公休假5天）÷12=164小时，则家庭护理人员的单位时间人力成本为25.47元，则月单位人力成本=（5小时，7.5小时，10小时）×4周×25.47元=（509元，764元，1019元），家庭护理成本等于1.89倍的人力成本，则初级护理、中级护理、高级护理的月家庭护理成本分别为962元、1444元、1926元。

表4.7　社区家庭护理服务项目成本核算结果

护理项目	人力成本	材料成本	设备成本	管理成本	教育成本	总成本
服务指导	7.54	0.00	0.00	0.38	0.40	8.32
血糖检测	6.10	7.24	0.69	0.70	0.74	15.47
血压测量	2.39	0.00	0.12	0.13	0.13	2.77
肌内注射	5.71	1.76	0.00	0.37	0.39	8.23
静脉输液	6.42	3.60	0.00	0.50	0.53	11.05
静脉抽血	6.28	2.60	0.00	0.44	0.47	9.79
导尿	16.39	20.10	0.00	1.82	1.92	40.23
总计	50.83	35.3	0.81	4.34	4.58	95.86

资料来源：上海殷行社区服务中心调查数据。

2. 机构护理使用成本

台湾有研究人员曾对医院护理中的32项护理项目进行了详细的成本核算，其成本核算一共分为6个模块，即人力成本、耗材成本、设备费用、作业成本、行政管理成本与教学研究费用。[1] 国内目前也有许多护理

---

① 　徐南麓：《护理活动单项成本分析》，《荣总护理》1985年第1期。

学的研究人员利用这六大模块来测算医院护理成本,本节主要使用彭雅君等(2010)[①]在深圳市第二人民医院急诊病房所做的护理成本调查测算数据。彭雅君等选取了75名患者为观测对象,其中一级护理35例、二级护理24例、三级护理16例,对30项分级护理项目进行单项成本核算,成本核算方法选用前面所述的六大模块,不同护理级别的护理成本构成如表4.8所示。从表中可以看出,护理级别越高,人力成本占总成本的比例越高,这是因为护理级别越高,护理时间就越长,人工投入就越大。通过计算人力成本与总成本的比例,本节得出一级护理总成本是人力成本的1.78倍,二级护理总成本是人力成本的1.89倍,三级护理总成本是人力成本的2.14倍。由于人力成本占总成本的比例最大,在六大成本模块中,人力成本的地区差异也是最大的,而其他成本的地区差异相对较小,本节通过调整人力成本来估算全国医院护理的平均成本。

表4.8　不同护理等级下各成本模块占总成本的比例

护理级别	人力成本	设备折旧	护理材料	作业费用	行政管理	教学研究	合计
一级护理	56.16%	2.27%	18.28%	18.53%	2.64%	2.12%	100%
二级护理	52.90%	1.58%	14.26%	22.72%	3.42%	5.12%	100%
三级护理	46.80%	1.62%	13.28%	25.25%	4.90%	8.15%	100%
平均	51.95%	1.82%	15.27%	22.16%	3.65%	5.15%	100%

注:医院护理分级中一级护理、二级护理、三级护理依次针对生活完全不能自理者、生活自理相对困难者以及术后恢复者,其对应本节护理等级分类中的高级护理、中级护理与初级护理。

医院护理的人力成本=(月平均工资/月平均工时)×每次耗用工时×人数,通过查询《中国卫生和计划生育统计年鉴2016》可以得到2016年全国医疗卫生服务机构的年人均人员经费支出是94522元,则全国医疗卫生服务机构的月平均工资是7877元。月平均工时=8小时×(365天-双休口104天-公共假日10天-公休假5天)÷12=164小时。依据彭雅君等(2010)文中的数据,机构护理中一级护理、二级护理、三级护理的护理时长分别为376分钟、339分钟、92分钟,再根据中国医院分级管理

① 彭雅君、李文燕、陈瑞华、杨利红、钟秀霞、杨玲媛:《急诊病房分级护理服务项目成本研究》,《护理学杂志》2010年第2期。

规定,普通病房床位与护理人员的比例应不低于1∶0.4,本节假定每一床位对应0.4名护理人员。则初级护理的月均人力成本=(7877÷164)÷60×92×30×0.4=884元,中级护理的月均人力成本=(7877÷164)÷60×339×30×0.4=3256元,高级护理的月均人力成本=(7877÷164)÷376×92×30×0.4=3612元。则初级护理的护理月均总成本=884×2.14=1892元,中级护理的护理月均总成本=3256×1.89=6154元,高级护理的护理月均总成本=3612×1.78=6429元。

表 4.9　2016 年长期护理保险月给付成本

单位:元

	家庭护理	机构护理
初级护理	962	1892
中级护理	1444	6154
高级护理	1926	6429

资料来源:根据本节长期护理成本计算公式计算获得。

本节假定未来各等级的长期护理月给付成本的增长率与城镇在岗职工工资增长率保持同步,同时本节进一步假定城镇在岗职工工资增长率与GDP增长率保持同步,GDP增长率的预测本节采取高盛首席经济学家吉姆·奥尼尔的预测并进行调整:假定2016—2020年中国GDP增长率为6.5%,2021—2030为5.5%,2031—2040年为4.3%,2041—2050年为3.5%,2051—2060年为2%。然后将各个参数带入长期护理需求模型,就可以获得2016—2060年中国城乡失能人口长期护理支出。

三、城乡居民长期护理保险需求测算

(一)城乡居民长期护理保险需求测算模型

依据上文长期护理保险指标确定与分析,老年长期护理需求主要受到老年人总量、老年人失能率、老年人失能等级、失能老人护理方式、不同护理方式的护理成本以及不同医疗保险类型等有关变量的影响。本节将分城乡、分医疗保险类型,测算中国老年人长期护理保险需求规模。

利用仿真估算技术,建立中国老年人长期护理保险需求模型:

$$F_i^m = \sum_{n=1}^{v} \sum_{t=1}^{u} P_i^m \times R_{in}^{mt} \times Q_{in}^{mt} \times C_{in}^{mt} \times (1 + f_i^t) \qquad (4.1)$$

其中,$m=1$ 表示参加城乡居民医疗保险的农村失能人口,$m=2$ 参加城乡居民医疗保险的城镇失能人口,$m=3$ 参加城镇职工医疗保险的城镇失能人口;F_i^m 表示第 i 年 m 类型医疗保险长期护理保险需求总量;P_i^m 表示第 i 年 m 类型医疗保险的参保老年人口数;R_{in}^m 表示第 i 年 m 类型医疗保险护理等级为 n 的老人比例;Q_{in}^{mt} 表示第 i 年 m 类型医疗保险护理等级为 n 的老人使用第 t 类护理方式的人口比例;C_{in}^{mt} 表示第 i 年 m 类型医疗保险护理等级为 n 的老人使用第 t 类护理方式所消耗的成本;f_i^t 表示第 i 年第 t 类护理成本的增长率。

（二）城乡居民长期护理保险需求测算结果与分析

将上文中测算指标确定数据代入公式 4.1 中,对 2016—2060 年中国失能老人长期护理保险需求规模进行量化分析和预测,计算结果如表 4.10 所示。

表 4.10　2016—2060 年中国城乡失能人口长期护理支出

单位:亿元

年份	参加城乡居民医疗保险的农村失能人口长期护理支出	参加城乡居民医疗保险的城镇失能人口长期护理支出	参加城镇职工医疗保险的城镇失能人口长期护理支出
2016	2744	1348	1227
2020	4170	2063	2240
2030	8971	4497	7232
2040	16247	7676	19410
2050	18250	8705	38761
2060	17986	5710	62750

根据表 4.10 的测算结果可知,在长期护理保险制度发展的初期,农村的护理保险与城镇护理保险的需求大致相当。2016 年,参加城乡居民医疗保险的农村失能人口长期护理支出为 2744 亿元,而参加城乡居民医疗保险和参加城镇职工医疗保险的城镇失能人口长期护理总支出为 2575 亿元,城乡之间长期护理支出差距并不大。但是从 2030 年以后,城

乡之间长期护理支出差距逐渐扩大:在 2030 年,城镇失能老年人口长期护理支出为 11729 亿元,比农村长期护理支出高出 2758 亿元;到了 2060 年,城镇失能老年人口长期护理支出高达 68460 亿元,是农村长期护理支出 17986 亿元的 3.81 倍。

从测算结果可知,未来长期护理保险全面建立初期,农村和城镇长期护理保险需求差距不大;但是从险种上来看,以城乡居民医疗保险为依托的长期护理保险支出压力较大,因为参加城乡居民医疗保险的农村、城镇失能老人护理支出在 2030 前皆高于参加城镇职工医疗保险的城镇失能人口长期护理支出。而在测算区间的中后期,以城镇职工医疗保险为依托的长期护理保险支出压力更大。

综上所述,城乡居民长期护理保险在未来面临着巨大的筹资问题,如何合理分配各方负担尤为关键;而政府往往在筹资中扮演重要角色,故本节接下来将测算需要城乡居民长期护理保险政府的财政负担。

四、城乡居民长期护理保险财政负担测算

(一)筹资模式

根据《人力资源社会保障部办公厅关于开展长期护理保险制度试点的指导意见》(人社厅发〔2016〕80 号文件)的规定,目前中国的长期护理保险试点主要侧重于城镇职工,一些试点地区也逐步覆盖到了城乡居民医疗保险的参保者,对于长期护理保险的缴费办法和财政补贴机制各地差异较大,但都采取了跟从医保的方式。与城镇职工基本医疗保险单位缴费加个人缴费模式不同的是,城乡居民医疗保险主要采取个人缴费加财政补贴的模式,且财政补贴占比高达 70%。按照跟从医保的模式,则城乡居民长期护理保险的建立主要依靠个人缴费、医疗保险基金划拨以及财政补贴。目前中国已经有上海、广州、青岛、苏州、成都等 15 个城市开展长期护理保险的试点,各个试点城市在资金筹集上主要采取个人缴费、医保基金划拨、政府补助以及福彩体彩公益基金划拨等多方筹措方式。

表 4.11　部分试点城市长期护理保险筹资来源

筹资来源	代表城市
医保基金划拨	上海（划拨统筹基金的 1%）
医保基金划拨+财政补助	青岛（统筹基金的 0.5%+个人账户的 0.2%+财政补助 30元/人·年）
个人缴费+财政补助+医保统筹基金划拨	南通（每人每年 100 元，财政补助 40 元，医保统筹基金 30元，个人缴纳 30 元）
个人缴费+医保统筹基金划拨	齐齐哈尔（职工月平均工资的 1.5%，每人每年 60 元，个人30 元，医保统筹基金 30 元）
个人缴费+医保统筹基金划拨+单位缴费	上饶（个人缴费 40 元，医保统筹基金划转 30 元，单位缴纳30 元）
个人缴费+财政补助	石河子（参加居民医保的，按 24 元/人年的标准一次性缴纳至居民医保基金内，再从居民医保统筹基金结余中按相应标准划转；财政资金补助按 40 元/人年标准补助护理保险基金）

资料来源:根据各试点城市相关政策文件整理。

　　虽然目前各试点市的长期护理保险资金筹集模式主要以城镇职工为主,但是城乡居民长期护理保险的筹资模式也可以进行借鉴,特别是以南通为代表的三方筹资模式（即个人缴费+财政补助+医保统筹基金划拨）既符合当前德国、日本模式的长期护理保险制度的主流做法,也符合中国城乡基本医疗保险缴费模式的基本国情（即个人缴费+政府补助）,因而本节在设计中国未来城乡居民长期护理保险和城镇职工长期护理保险制度的筹资模式时主要采取"个人缴费+财政补助+医保统筹基金划拨"的三方筹资模式。

　　日本的长期护理保险筹资模式采取现收现付制,资金来源于政府财政补贴、被保险人缴纳的保险费以及个人缴费,其中个人缴费占 10%,剩余 90% 由财政补贴和社会保险承担。国内目前采取三方筹资模式的城市主要有江苏南通、湖北荆门和河北承德,南通个人缴费、财政补助以及医保统筹基金划拨的比例分别是 30%、40%、30%,荆门三方筹资比例分别是 37.5%、37.5%、25%,承德三方筹资比例分别是 37.5%、12.5%、50%。2017 年城乡居民医疗保险个人缴费和财政补助分别占筹资水平的 28.6%、71.4%,虽然个人缴费占总筹资额的比例较小,但是城乡居民个人缴费额度连连上涨已经引起了社会质疑①,因而个人缴费比例应该控制在一定程度以内。

(二)模型设置

按照人社部关于长期护理保险的试点意见以及各试点地区的试点经验,中国的城乡长期护理保险制度主要依托城乡居民医疗保险和城镇职工医疗保险,长期护理保险依托医疗保险的前提就是不能危及医疗保险的收支平衡,否则长期护理保险依托医疗保险的模式就不能可持续发展。因而,本节首先需要对两种医疗保险基金的收支状况进行测算,在保证医疗保险基金收支平衡的前提下,去测算财政需要担负的额度。根据《国务院关于整合城乡居民基本医疗保险制度的意见》(国发〔2016〕3 号文件)的规定,中国原有的新型农村合作医疗保险(以下简称"新农合")和城镇居民医疗保险进行合并,建立新的城乡居民医疗保险。因而本节将新农合和城镇居民医疗保险合并起来计算。

1. 城乡居民医疗保险及长期护理保险财政负担模型

城乡居民医疗保险支出主要包括门诊支出、住院支出以及城乡居民长期护理保险支出,设 i 年城乡居民医疗保险参保人口的人均门诊费用为 Q_i , i 年人均门诊费用增长率为 λ , i 年城乡居民医疗保险门诊费用补偿比为 θ ;设 i 年城乡居民医疗保险人均住院费用为 H_i , i 年人均住院费用增长率为 π , i 年城乡居民医疗保险住院费用补偿比为 μ ;设城乡居民长期护理支出为 F_i ,长期护理支出补偿比为 η ,医疗保险基金分担长期护理筹资费用的占比为 x_1 ,则 i 年城乡居民医疗保险基金支出 B_i 的计算公式为:

$$B_i = \left[O_{i-1}(1 + \lambda) \times \theta + H_{i-1}(1 + \pi) \times \mu \right] \times N_i + F_i \times \eta \times x_1$$

$$(4.2)$$

由于城乡居民医疗保险坚持以收定支、收支平衡、略有结余的原则,严格控制基金结余率,且制度主要依赖财政补贴,本节主要测算年度财政补贴额来反映长期护理保险制度的建立对城乡居民医疗保险的影响。城

---

① 《新农合缴费为何又上涨? 国家卫计委:政府补贴也由 20 元提高到 450 元》,中研新闻网,见 http://www.chinairn.com/news/20171207/10394893.shtml,2017 年 12 月 7 日。

乡居民医疗保险基金收入主要包括两部分,即个人缴费和政府补助,本节假定城乡居民医保的个人缴费最高为城乡居民人均可支配收入的 2%,设第 i 年城乡居民人均可支配收入为 P_i,人均可支配收入增长率为 α,i 年城乡居民医疗保险参保人数为 N_i,则 i 年城乡居民医疗保险财政补助额 A_i 的计算公式为:

$$A_i = B_i - P_{i-1}(1 + \alpha) \times 2\% \times N_i \tag{4.3}$$

设财政直接补助占长期护理筹资额的占比为 x_2,i 年财政对城乡居民医疗保险和城乡居民长期护理保险总投入额 G_i 的计算公式为:

$$G_i = A_i + F_i \times \eta \times x_2 \tag{4.4}$$

由于城乡居民长期护理保险的财政补助来自于两部分,直接部分来自于财政的直接补助,间接部分来自于财政对城乡居民医保的补助,则城乡居民长期护理保险的财政补助额 J_i 的计算公式为:

$$J_i = A_i \times \frac{F_i \times \eta \times x_1}{B_i} + F_i \times \eta \times x_2 \tag{4.5}$$

个人缴费总额占长期护理保险筹资额的比例为 x_3,则 i 年城乡居民长期护理保险个人缴费负担 U_i 的计算公式为:

$$U_i = F_i \times \eta \times x_3 / N_i P_i \tag{4.6}$$

设 i 年国家财政支出额为 b_i,i 年城乡居民长期护理保险财政补助占国家财政支出的比例 d_i 的计算公式为:

$$d_i = J_i / b_i \tag{4.7}$$

2. 城镇职工医疗保险及长期护理保险财政负担模型

由于城镇职工医疗保险与生育保险即将合并实施,因而城镇职工医疗保险收入也包括生育保险收入,同时城镇职工医疗保险收入还包括城镇职工长期护理保险中的个人缴费收入以及财政直接补助长期护理保险的收入。设 i 年参加城镇职工医疗保险的在岗职工人数为 Q_i,i 年在岗职工社会平均工资为 S_i,i 年在岗职工社会平均工资增长率为 g,城镇职工医疗保险固定缴费率为 c_1,生育保险缴费率为 c_2,总筹资额划入统筹基金的比例为 f;设 i 年城镇职工长期护理支出额为 X_i,城镇职工长期护理补偿比为 e,个人缴费占城镇职工长期护理保险筹资额的比例为 k_1,财政直接补助占城镇职工长期护理保险筹资额的比例为 k_2,则 i 年城镇职工基本医疗保险基金收入 D_i 的计算公式为：

$$D_i = Q_i \times S_{i-1}(1+g) \times c_1 \times f + Q_i \times S_{i-1}(1+g) \times c_2 + X_i \times e \times$$
$$(k_1 + k_2) \tag{4.8}$$

城镇职工医疗保险统筹基金支出主要包括住院支出、生育保险支出以及长期护理支出，设 i 年参加职工医疗保险的退休人员数为 M_i ，参加城镇职工医疗保险的人均住院费用为 K_i ，人均住院费用增长率为 ω ，住院费用的补偿比为 ρ ， i 年生育保险享受人次为 Z_i ， i 年人均生育保险补偿支出为 R_i ，人均生育保险补偿支出增长率为 ξ ，则 i 年城镇职工医疗保险统筹基金支出 E_i 的计算公式为：

$$E_i = (Q_i + M_i) \times K_{i-1}(1+\omega) \times \rho + Z_i \times R_{i-1}(1+\xi) + X_i \times e \tag{4.9}$$

则 i 年城镇职工医疗保险年内收支余额 I_i 的计算公式为：

$$I_i = D_i - E_i \tag{4.10}$$

中国城镇职工医疗保险基金的计息方式为：当年基金结余部分按照活期存款利率计息，上年度结转的部分按照3个月整存整取的利率计息。设当年收支结余部分利息为 r_1 ，上年度结转部分的利息为 r_2 ，则 i 年城镇职工医疗保险基金累积结余 G_i 的计算公式为：

$$T_i = \begin{cases} T_{i-1}(1+r_2) + I_i(1+r_1) & (I_i > 0) \\ (T_{i-1} + I_i)(1+r_1) & (I_i < 0 \text{ 且 } T_i > 0) \\ T_{i-1} + I_i & (T_i < 0) \end{cases} \tag{4.11}$$

城镇职工长期护理保险个人人均缴费额 j_i 和个人缴费负担 l_i 的计算公式为：

$$j_i = X_i \times e \times k_1 / Q_i \tag{4.12}$$

$$l_i = j_i / S_i \tag{4.13}$$

i 年城镇职工长期护理保险财政补贴占国家财政支出的比例 t_i 的计算公式为：

$$t_i = X_i \times e \times k_2 / b_i \tag{4.14}$$

（三）参数设置

1. 个人缴费额与政府补助额

城乡居民医疗保险基金收入包括个人缴费额和政府补助额两部分，

在新农合建立初期中央财政、地方财政与个人缴费基本遵循 2∶2∶1 的比例,①即个人缴费占总筹资额的比例在 20%,近年来个人缴费占总筹资额的比例逐步攀升。② 目前城镇职工医疗保险个人缴费确定为个人收入的 2%,则本节认为城乡居民医疗保险的个人缴费也不应该超过城乡居民可支配收入的 2%,杨金侠等(2005)③、李亚青(2015)④在城乡居民医疗保险基金的测算中也把城乡居民可支配收入的 2% 作为个人缴费的上限。当前城乡居民人均可支配收入的增长率已经基本与 GDP 增长率持平,考虑到未来中国 GDP 增长率与收入增长率的放缓,本节假定未来城乡居民人均可支配收入增长率在当前的基础上每 5 年下降 0.5 个百分点。⑤

2. 城乡居民医疗保险参保人数

城乡居民医疗保险参保人数包括新农合参保人数以及城镇居民医疗保险的参保人数,所有参保人员均需缴纳医疗保险费,当前城乡居民医疗保险的覆盖率已经基本达到 100%,则城乡居民医疗保险的参保人口应该等于农村人口与城镇人口中参加居民医保人口之和,要测算城镇居民医疗保险的参保人口,首先得测算城镇职工医疗保险的参保人口。本节假设城镇参保居民 21 岁开始参加工作,参加工作后即参加城镇职工医疗保险直至退休不断保,同时本节假定中国 2022 年开始延迟退休,女性每 2 年延迟 1 岁直至 60 岁退休,然后男性和女性同步按照每 2 年延迟 1 岁直至 65 岁退休。当前城镇人口就业率为 95%,根据于林(2010)⑥、魏瑾

---

① 毕红霞、薛兴利:《新型农村合作医疗财政补助问题研究——政策评价、补助需求与政策优化》,《农业经济问题》2011 年第 1 期。

② 2013 年新农合和城镇居民医疗保险个人缴费占总筹资额比例为 20%,2014 年为 22%,2015 年为 24%,2016 年 26%,2017 年为 29%。

③ 杨金侠、李林贵、李士雪:《新型农村合作医疗基金测算方法研究》,《卫生经济研究》2005 年第 9 期。

④ 李亚青:《社会医疗保险财政补贴增长及可持续性研究——以医保制度整合为背景》,《公共管理学报》2015 年第 1 期。

⑤ 张心洁、周绿林、曾益:《生育政策调整对城乡居民医疗保险财政负担的影响研究》,《财政研究》2017 年第 10 期。

⑥ 于林:《我国经济增长与就业增长的非对称性分析与建议》,《山西财经大学学报》2010 年第 2 期。

瑞(2012)①的研究,本节假定经济增速每下降 1%,就业率下降 0.5%。
2016 年中国城镇就业人口医疗保险的参保率为 50.08%,由于城镇居民
医疗保险目标覆盖人群主要是非就业人口,本节假定未来城镇职工医疗
保险的参保人口逐步增加,参保率保持每年 1% 的增长率,退休职工参保
率增长速度与就业人口参保率增长速度保持一致,从而就可以求得城镇
职工医疗保险的参保人口,然后用历年的城镇总人口减去城镇职工医疗
保险参保人口,即为城镇居民医疗保险参保人口。

3. 人均住院与门诊费用及其增长率

通过查询第五次全国卫生服务调查的数据可知,2013 年中国新农合
参保居民、城镇居民医疗保险参保人员以及城镇职工参保人员的次均住
院费用分别为 10013 元、6638 元、12467 元,住院率分别为 7.1%、9.0%、
11.2%,人均住院费用等于次均住院费用乘以住院率,则 2013 年新农合、
城镇居民医保、城镇职工医保参保人员的人均住院费用分别为 711 元、
597 元、1396 元,通过查询《中国卫生和计划生育统计年鉴 2017》可知
2014—2016 年中国人均住院费用增长率分别为 5.2%、5.6%、4.1%,从而
可获得 2016 年三种医疗保险参保人群的人均医疗费用分别为 822 元、
691 元、1614 元。通过查询第四次全国卫生服务调查的数据可知,2008
年新农合、城镇居民医保、城镇职工医保参保人群的人均门诊费用分别为
419 元、236 元、624 元,本节假定人均门诊费用增长率与次均门诊费用增
长率持平,次均门诊费用增长率可以查阅历年《中国卫生和计划生育统
计年鉴》获得,从而可以计算获得 2016 年三种医疗保险参保人群的人均
门诊费用。根据何文炯等(2009)②的研究,人均住院费用增长率一般比
实际工资增长率高 1 个百分点左右,本节假定人均住院费用和人均门诊
费用增长率未来均保持比城乡居民人均可支配收入高 1 个百分点的增
速。本节假定城乡居民人均可支配收入的增长率未来与 GDP 的增长率
持平,GDP 增长率的预测数据本节采用吉姆·奥尼尔的数据并进行调

---

① 魏瑾瑞:《基于动态面板数据模型的失业与经济增长的再考察》,《中国经济问题》2012
年第 1 期。

② 何文炯、徐林荣、傅可昂、刘晓婷、杨一心:《基本医疗保险"系统老龄化"及其对策研
究》,《中国人口科学》2009 年第 2 期。

整,即假定中国2016—2020年GDP增长率为6.5%,2021—2030年为5.5%,2031—2040年为4.3%,2041—2050年为3.5%,2051—2060年为2%。

4. 城镇在岗职工社会平均工资

按照中国现行的城镇职工医疗保险缴费规定,单位需要缴纳职工工资总额的6%,其中单位缴纳的30%需要纳入城镇职工医疗保险个人账户,本节设定城镇职工医疗保险的固定缴费率为6%,单位缴费划入统筹基金的比例为70%。本节以在岗职工社会平均工资作为单位缴费基数,且在岗职工社会平均工资增长率与GDP增长率保持同步。由于当前生育保险与职工基本医疗保险合并实施的试点已经开始,则职工医疗保险基金收入还应包括生育保险基金收入,在降低社会保险费率的背景下,当前的生育保险费率已经由原来的1%降低到0.5%。

5. 医疗保险补偿比、生育保险人均补偿额

通过查询全国卫生服务调查的数据可知,城镇居民医保、新农合、城镇职工医保的住院医疗费用补偿比分别为53.6%、50.1%、68.8%,根据2014年全国基本医疗保险参保人员医疗服务利用抽样调查数据,中国城镇居民医疗保险和城镇职工医疗保险门诊费用的实际补偿比分别为44.91%和67.86%,由于新农合门诊费用的实际补偿比缺乏数据且新农合和城镇居民医疗保险制度已经合并,鉴于当前医疗保险报销制度已经成熟,本节假定未来城镇居民医疗保险、新农合、城镇职工基本医疗保险的实际补偿比均稳定为44.91%、44.91%、67.86%。由于当前中国生育保险与职工基本医疗保险合并实施试点已经开始,因而职工基本医疗保险基金支出中应该包括生育保险支出,由于生育保险支出主要与生育行为挂钩,因而本节以当年新出生人口作为生育保险的享受人次。通过查阅历年的《人力资源与社会保障发展统计公报》可以获得当年的生育保险支出金额和生育保险享受人次,从而获得当年的人均生育保险补偿额,过去8年中国人均生育保险补偿额的年均增长率保持在2.7%,则本节设定未来中国人均生育保险补偿额保持2.7%的增长率。

6. 长期护理筹资来源

城乡居民的长期护理支出和城镇职工的长期护理支出在本节第三部

分"城乡居民长期护理保险需求测算"中已经测算获得,根据《人力资源社会保障部办公厅关于开展长期护理保险制度试点的指导意见》(人社厅发〔2016〕80 号文件)的规定,中国长期护理支出补偿比不应超过70%,因而本节将城乡居民和城镇职工的长期护理支出补偿比都确定为70%。长期护理筹资由个人缴费、医保统筹基金支出和财政补助三部分构成,本节依据当前试点经验选取个人缴费占比分别为 0、10%、15%、20%,医保统筹基金占比分别为 0、15%、35%、55%、75%、85%,财政补助占比为 85%、70%、50%、30%、10%、0,分别测算在各种比例下的财政负担状况。

7. 银行利率、国家财政支出

本节主要根据中国人民银行公布的历年存款利率数据,通过选取2008 年以来的历年存款利率数据并进行加权处理从而得到中国活期存款利率为 0.38%,三个月整存整取的定期存款利率为 2.38%。本节主要使用 VAR 模型对中国未来财政支出进行预测,其具体预测结果如表4.12 所示。

表4.12　2016—2060 年中国财政支出规模预测

单位:亿元

年份	财政支出额(亿元)
2016	187515
2020	259354
2030	463212
2040	687053
2050	920679
2060	1159095

(四)测算结果与分析

1. 城乡居民长期护理保险财政负担测算

随着财政直接补助城乡居民长期护理保险比例的升高,城乡居民长期护理保险的财政负担也逐步升高。从横向上来看,2016 年城乡居民长期护理保险财政补助占国家财政支出的比例在 0.89%—1.30%之间;从纵向上看,城乡居民长期护理保险财政负担的最高值在 1.62%—1.95% 之间,总体负担相对较小,且财政有能力保证制度运行的可持续。无论财政直接补助城乡居民长期护理保险的比例的高低,在个人缴费比例为总筹资额15%的条件下,财政在城乡居民医疗保险和城乡居民长期护理保险上的总投入是大致稳定的,即在 3.10%—4.04% 之间(见表 4.13),不同的是财政投入在城乡居民医疗保险和城乡居民长期护理保险之间的分配。

表 4.13　城乡居民长期护理保险财政负担测算结果

单位:亿元

年份	财政补助比例											
	0		10%		30%		50%		70%		85%	
	长护财政补助额	占财政支出的比例	长护财政补助额	占财政支出的比例	长护财政补助额	占财政支出的比例	长护财政补助额	占财政支出的比例	长护财政补助额	占财政支出的比例	长护财政补助额	占财政支出的比例
2016	1668	0.89%	1735	0.93%	1883	1.00%	2055	1.10%	2257	1.20%	2434	1.30%
2020	2606	1.00%	2698	1.04%	2906	1.12%	3152	1.22%	3446	1.33%	3708	1.43%
2025	3846	1.07%	3969	1.11%	4248	1.19%	4579	1.28%	4979	1.39%	5338	1.49%
2030	5968	1.29%	6130	1.32%	6500	1.40%	6949	1.50%	7503	1.62%	8013	1.73%
2035	8598	1.50%	8799	1.53%	9263	1.62%	9835	1.72%	10556	1.84%	11235	1.96%
2040	11109	1.62%	11341	1.65%	11879	1.73%	12551	1.83%	13411	1.95%	14234	2.07%
2045	12091	1.51%	12342	1.54%	12923	1.61%	13641	1.70%	14554	1.81%	15417	1.92%
2050	12629	1.37%	12891	1.40%	13495	1.47%	14237	1.55%	15168	1.65%	16039	1.74%
2055	12635	1.22%	12901	1.24%	13509	1.30%	14246	1.37%	15160	1.46%	16003	1.54%
2060	11082	0.96%	11332	0.98%	11895	1.03%	12564	1.08%	13372	1.15%	14099	1.22%

2. 城镇职工长期护理保险财政负担测算

在当前城镇职工医保制度下,依托医保建立城镇职工长期护理保险会威胁城镇职工医保统筹基金的安全,整个制度的运行是不可持续的,依托医保的方式是不可取的,但是可以通过改革城镇职工医保个人账户的方式来解决这个问题。从表 4.14 可以看出,随着财政直接补助长期护理保险的比例的增加,财政的负担也逐步增加,在制度建立初期,财政直接补助城镇职工长期护理保险额占国家财政支出的比例最高达 0.39%,即财政完全承担除 15% 的个人缴费外剩余的 85% 的筹资额。从纵向上看,在预测期内,城镇职工长期护理保险的财政负担也是呈现逐步增加的趋势,财政负担的最高值可达 3.22%(预测期外会继续增长)。从预测期内来看,财政完全有能力承担长期护理保险的支付,即使采取个人缴费(15%)+财政补助(85%)的方式,财政负担比最高也只到 3.22%,但是考虑到财政支出的"瓦格纳法则",未来财政支出会持续攀升,因而需要尽可能控制财政支出规模,坚持职工长期护理保险筹资来源的多元化。在城镇职工医疗保险进行个人账户改革后,城镇职工长期护理保险依托城镇职工医保在预测期内并不会使医保统筹基金出现赤字,考虑到医保基金支出和财政补助的均衡性,本节认为医保基金和财政补助占职工长期护理保险的筹资比例为 35% 和 50% 最为合适,在这种筹资比例下,财政负担比预测期内最高不超过 1.89%。

表 4.14　城镇职工医保个人账户改革后城镇职工长期护理保险财政负担测算

单位:亿元

年份	财政直接补助比例									
	10%		30%		50%		70%		85%	
	长护财政补助额	占财政支出的比例	长护财政补助额	占财政支出的比例	长护财政补助额	占财政支出的比例	长护财政补助额	占财政支出的比例	长护财政补助额	占财政支出的比例
2016	86	0.05%	258	0.14%	430	0.23%	601	0.32%	730	0.39%
2020	154	0.06%	463	0.18%	771	0.30%	1080	0.42%	1312	0.51%
2025	277	0.08%	830	0.23%	1383	0.39%	1937	0.54%	2352	0.66%
2030	506	0.11%	1519	0.33%	2531	0.55%	3544	0.77%	4303	0.93%
2035	852	0.15%	2557	0.45%	4261	0.74%	5966	1.04%	7244	1.26%
2040	1359	0.20%	4076	0.59%	6793	0.99%	9511	1.38%	11549	1.68%
2045	1941	0.24%	5822	0.72%	9703	1.21%	13584	1.69%	16495	2.05%
2050	2713	0.29%	8140	0.88%	13566	1.47%	18993	2.06%	23063	2.50%
2055	3583	0.34%	10749	1.03%	17915	1.72%	25080	2.41%	30455	2.93%
2060	4393	0.38%	13178	1.14%	21963	1.89%	30748	2.65%	37336	3.22%

五、结论与启示

通过上文分析,可以得出以下结论:(1)在预测期内,长期护理中选择家庭护理方式的人数高于选择机构护理的人数,家庭护理是失能老年人护理方式的首选;制度初期,农村失能老年人对长期护理的需求量大于城镇失能老年人需求,而测算后期则相反。(2)机构护理时间需求远高于居家护理时间需求,失能老人护理时间需求最大的人群是参加城乡居民医疗保险的农村失能人口。(3)制度测算初期,农村的护理保险需求与城镇的护理保险需求大致相当;但是到测算中后期,城镇失能老年人长期护理支出高于农村失能老年人长期护理支出,并且以城镇职工医疗保险为依托的长期护理保险相对于以城乡居民医疗保险为依托的长期护理保险支出压力更大。(4)在预测期内,城乡居民和城镇职工长期护理保险的财政负担都相对较小,财政有能力维持长期护理保险制度的运行。在制度建立初期,城乡居民长期护理保险的财政负担比在 0.89%—1.30%之间,从长期看,其最高值在 1.62%—1.95%之间。在制度建立初期,城镇职工长期护理保险的财政负担比最高不超过 0.39%,预测期内的最高值也不超过 3.22%。在考虑城镇职工医保基金和财政补助均衡性的条件下,财政负担比最高不超过 1.89%。

由于对未来城镇人口参加城镇职工基本医疗保险的情况存在乐观估计(本节假设未来城镇职工医疗保险基本覆盖城镇就业人口)以及无法预测未来其他因素对医疗费用的作用(可能存在对医疗费用增长的低估),本节预测的城乡居民长期护理保险的财政负担可能低于实际情况,但总体偏差不会过大。鉴于当前中国日益严重的老龄化且规模庞大的失能人口,中国应该尽快在当前试点的基础上,统筹分析比较长期护理救助、长期护理保险、商业性护理保险等不同长期护理保障形式的优劣,因地制宜建立适合中国的长期护理保障制度;鉴于城乡长期护理保险家庭护理、机构护理时间需求量较大,需要加大居家、社区、机构养老服务的医疗卫生人才培养力度;鉴于财政在制度建立中的重大作用,需要尽快建立财政对长期护理保障的投入机制,特别是针对城乡居民的投入。

第二节　老年人社区养老服务需求的识别、趋势把握及其影响因素研究[①]

　　据民政部预测,"十四五"期间,我国老年人口将突破 3 亿,从轻度老龄化阶段正式迈入中度老龄化阶段。[②] 在人口老龄化和流动加速的背景下,老年人生理机能衰退以及失能风险增强,传统家庭养老功能弱化,老年人的晚年生活亟须社会化养老服务提供保障,表现出较显著的"服务依赖"特点。[③] 与机构养老相比,社区养老服务以社区为依托,凭借地理和信息优势,具有成本较低、服务形式灵活、符合老年人就近养老意愿的特征,在为老年人提供全面且精准的养老服务中的重要性日益凸显,成为满足大部分老年人养老需求的主要方式以及目前养老服务研究关注的重点。

　　长期以来,我国养老保障体系中重经济保障、轻服务保障以及重机构养老、轻社区养老的发展思路制约了社区养老服务的发展。截至 2018 年底,全国社区服务中心(站)覆盖率仅为 27.1%,[④]城市和农村社区综合服务设施覆盖率分别为 78.7% 和 45.3%[⑤]。我国社区养老服务体系存在着供给水平较低、供需不匹配等问题,而其中的根源在于对老年人社区养老服务需求水平和重点把握不准。需求导向是市场经济的主要特点,2016年,民政部发布的《城乡社区服务体系建设规划(2016—2020 年)》提出,社区养老服务应"以居民群众需求为导向"来"推动城乡社区服务

---

　　① 本节作者为马珺、胡文秀、罗莉。
　　② 《"十四五"期间全国老年人口将突破 3 亿 迈入中度老龄化》,中国新闻网,见 ht-tps://www.chinanews.com/gn/2020/10-23/9320561.html,2020 年 11 月 23 日。
　　③ 林闽钢、王锴:《国际比较视角下老年社会服务体制的多样性——兼论中国老年社会服务体制的新结构化》,《经济社会体制比较》2020 年第 1 期。
　　④ 数据来源:《中国社会统计年鉴 2019》。
　　⑤ 数据来源:《2018 年民政事业发展统计公报》。

精细化、专业化、标准化"。老年人的养老服务需求并不是一成不变的，他们会根据自身健康状况、居住方式、社会保障可及性等内外部因素不断调整对于社区养老服务需求的强度和类别。因此，有必要选取针对性的研究指标和方法，深入研究社区养老服务需求类别以及需求变化趋势，通过需求细分，进一步识别关键影响因素，为满足老年人的社区养老服务需求、提高老年人生活质量提供依据，为政府和基层社区制定规划、设置科学合理的社区养老服务项目提供参考，促进养老资源的合理配置。

一、文献回顾

当前，有关老年人社区养老服务需求的研究主要有两大方面：

一是社区养老服务需求现状的研究。目前，大部分学者认为老年人的社区养老服务需求随着时间推移日趋增加且趋于多元化，并向较高层次的精神慰藉和法律援助方面发展。[1][2] 有研究基于对唐山市老年人的调研，发现近九成老年人存在社区养老服务需求，其中，有八成老年人需要医疗保健服务。[3] 据估计，2016—2020 年我国养老服务潜在需求总规模约为 1.22 万亿—2.03 万亿元。[4] 但也有少数学者认为目前我国老年人对社会化养老服务的需求不足，如有研究基于老年社会追踪调查，得出了 80% 的老年人没有老年食堂、上门看病、法律援助等社区和机构养老服务需求的结论。[5]

二是社区养老服务需求影响因素的研究。个人特征层面，多数学者

---

① 林卡、朱浩：《应对老龄化社会的挑战：中国养老服务政策目标定位的演化》，《山东社会科学》2014 年第 2 期。
② 郭丽娜、郝勇：《居家养老服务供需失衡：多维数据的验证》，《社会保障研究》2018 年第 5 期。
③ 李焕、张小曼、吴晓璐、王素冬、纪桂英、邢凤梅：《社区老年人居家养老服务需求调查》，《中国老年学杂志》2016 年第 5 期。
④ 王立剑等：《需求导向的中国社会养老服务体系建设模式研究》，科学出版社 2018 年版，第 67—87 页。
⑤ 侯慧丽：《社会养老服务类型化特征与福利提供者的责任定位》，《中国人口科学》2018 年第 5 期。

认为健康状况越差的老年人对养老服务需求的程度越高。[①][②] 但也有学者指出由于我国较低的养老服务水平无法满足患病老年人的养老服务需要,他们更倾向于选择家庭养老。[③] 一些实证研究结果表明,男性老年人的社区居家养老意愿更大[④][⑤],但也有学者发现,性别对社区养老服务需求程度的影响不显著。[⑥] 家庭特征层面,一项欧洲的调查表明老年人子女、配偶等非正式照料会对社会化照料服务起到替代作用,但这种替代效应会随着老年人失能程度的加剧而弱化。[⑦] 此外,也有学者得出了子女数量与养老服务需求无关的结论。[⑧] 社会因素层面,较高的社会保障水平有利于提高老年人的心理安全程度,从而激发社区养老服务需求,[⑨]但也有研究认为参加养老保险不会对社区养老服务需求产生影响。[⑩]

　　以往的研究丰富了老年人社区养老服务需求状况的学术成果,但存在着以下不足:其一,在静态分析方面,以往研究仅仅运用基本描述性统计来探究社区需求状况的总体水平,且由于数据规模和数据范围差异未能得出一致性结论。目前尚缺乏以老年人个体为中心来探讨老年人社区养老服务需求异质性的研究。事实上,以人为中心的研究对于确定老年

---

①　田北海、王彩云:《城乡老年人社会养老服务需求特征及其影响因素——基于对家庭养老替代机制的分析》,《中国农村观察》2014 年第 4 期。

②　蔡山彤、敖楹婧:《城市老年人居家养老服务需求及影响因素——基于成都的社会调查》,《人口与社会》2016 年第 3 期。

③　王永梅、吕学静:《收入水平对老年人养老服务利用的影响与机制研究——以北京数据为例的调节效应》,《人口与发展》2019 年第 5 期。

④　李敏:《社区居家养老意愿的影响因素研究——以北京为例》,《人口与发展》2014 年第 2 期。

⑤　陶涛、丛聪:《老年人养老方式选择的影响因素分析——以北京市西城区为例》,《人口与经济》2014 年第 3 期。

⑥　王琼:《城市社区居家养老服务需求及其影响因素——基于全国性的城市老年人口调查数据》,《人口研究》2016 年第 1 期。

⑦　Bonsang, E., "Does Informal Care from Children to Their Elderly Parents Substitute for Formal Care in Europe?", Journal of Health Economics, 28(1), 2009, pp.143-154.

⑧　侯慧丽:《社会养老服务类型化特征与福利提供者的责任定位》,《中国人口科学》2018 年第 5 期。

⑨　石园、纪伟、张智勇、赵俊:《基于差异化服务内容的社区养老服务需求与供给协调机制研究》,《人口与发展》2019 年第 3 期。

⑩　李放、樊禹彤、赵光:《农村老人居家养老服务需求影响因素的实证分析》,《河北大学学报(哲学社会科学版)》2013 年第 5 期。

人的需求异质性并通过针对不同的需求来精准供给养老服务至关重要。其二,以往的相关研究大多基于横截面数据而非纵向数据,关注的是老年人社区养老服务需求的静态现状而非动态变化趋势,一些研究虽得出老年人社区养老服务需求随着时间推移日趋增加的结论,但未能把握宏观上需求变化趋势的异质性问题。其三,对老年人社区养老服务需求变化趋势影响因素的综合分析还比较欠缺。

因此,本节基于 CLHLS 追踪数据,通过构建潜类别模型和潜变量增长混合模型对老年人社区养老服务需求及其变化趋势的潜在类别进行细分,从静态与动态两个视角精确把握老年人社区养老服务需求异质性。此外,构建多项 Logistic 回归模型探究影响老年人社区养老服务需求变化的因素,据此提出了一些有针对性的发展社区养老服务的建议,以期提高养老服务供给的精准性和质量。

二、研究设计

(一)数据

本研究的数据来源于北京大学健康老龄与发展研究中心组织的中国老龄健康影响因素追踪调查(CLHLS)。该追踪调查覆盖全国 23 个省(直辖市、自治区),是国内开始时间最早、坚持时间最长的社会科学调查。调查对象为 65 岁及以上老年人,调查内容包括老人及其家庭的基本状况、社会经济背景与家庭结构、性格心理特征、日常活动能力、社会保险参与情况等等。本节采用了 CLHLS2011 年、2014 年、2018 年的三次追踪调查,筛选出三次调查中对衡量社区养老服务需求问题回答完整的老年人 2545 人,2011 年的调查中他们的平均年龄为 78 岁;男性占 48.3%,女性占 51.7%。

(二)变量选取

1. 老年人社区养老服务需求的显变量

本研究以日常照料、医疗保健、精神文化以及调解维权四个指标衡量老年人社区养老服务需求。日常照料需求通过"是否希望社区为老年人提供起居照料服务或日常购物服务"题项来衡量,医疗保健需求通过"是否希望社区提供上门看病送药或保健知识服务"题项来衡量,精神文化需求通过"是否希望社区提供聊天解闷服务或社会和娱乐活动"题项来衡量,调解维权需求通过"是否希望社区提供法律援助或处理家庭邻里纠纷服务"题项来衡量。

采用这四个指标作为老年人社区养老服务需求显变量的依据在于:其一,根据马斯洛需求层次理论,人的需求可分为生理需求、安全需求、情感需求、尊重需求以及自我实现需求五个方面,社区养老服务需求内容与需求层次理论的前四个层次呈一一对应关系;其二,已有的多篇研究均从这四个维度来研究老年人社区养老服务需求。[①]

表4.15描述了老年人社区养老服务需求四个显变量的平均值情况。总的来说,老年人社区养老服务需求较高,每项社区养老服务的需求均在60%以上。其中,医疗保健服务的需求率最高,历年需求率均在85%以上。

表4.15　老年人社区养老服务需求显变量的描述性统计

老年人社区养老服务需求的显变量	测量	2011 年	2014 年	2018 年
是否需要日常照料服务	1＝是,0＝否	0.700	0.621	0.677
是否需要医疗保健服务	1＝是,0＝否	0.889	0.864	0.863
是否需要精神文化服务	1＝是,0＝否	0.783	0.730	0.731
是否需要调解维权服务	1＝是,0＝否	0.742	0.690	0.715

2. 影响老年人社区养老服务需求变化的变量

安德森健康行为模型可以为本研究影响因素变量的设置提供借鉴。安德森模型是医疗卫生领域的经典模型之一,模型认为倾向因素、需求因素和使能因素三类因素影响着个人医疗服务利用程度。[②]其中,倾向因

[①] 张新辉、李建新:《社区老年服务供需动态变化与平衡性研究——基于 CLHLS 2005—2014 的数据》,《社会保障评论》2019 年第 2 期;谷甜甜、李灵芝、李德智:《保障房住区老年人居家养老服务需求及其影响因素分析——基于南京岱山保障房住区的调查》,《兰州学刊》2019 年第 7 期。

[②] Andersen,R.M.,"Revisiting the Behavioral Model and Access to Medical Care:Does it Matter?",*Journal of health and social behavior*,36(1),1995,pp.1-10.

素主要指基本的人口学特征,如年龄、性别、受教育水平等;需求因素主要指能反映服务需求水平的健康状况;使能因素则是指个人可利用的资源,包括社会保险参加情况、家庭收入、社区养老服务供给情况等,本研究进一步将可利用资源分为家庭资源和社会资源两个层面。图 4.1 为社区养老服务需求变化趋势影响因素研究的分析框架,在该框架中,老年人社区养老服务需求变化是三大类因素综合作用的结果。考虑到我国老年人养老服务需求无法得到充分满足与养老资源闲置问题并存的现状,在分析影响因素时侧重于考察家庭、社会资源等使能因素对于老年人社区养老服务需求变化的影响。

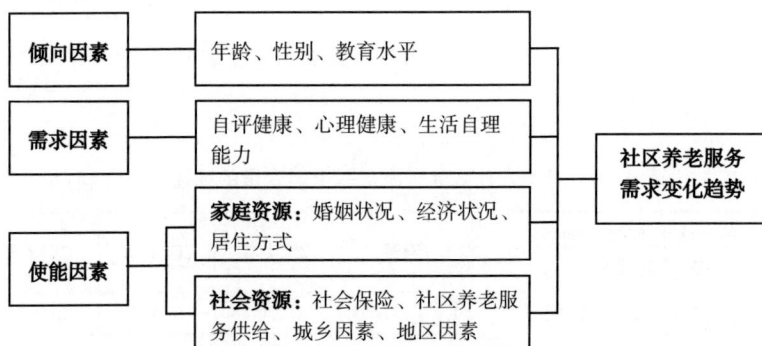

图 4.1 社区养老服务需求变化趋势影响因素研究的分析框架

本研究将安德森模型运用到影响因素分析主要有以下两点原因:其一,养老服务需求与医疗服务利用之间有相似之处,两者都是个体在考虑自身基本情况、家庭和社会因素后所做出的公共服务方面的偏好选择。其二,安德森模型的变量设置体现了整合微观和宏观因素的尝试,且在养老研究领域中已得到一定程度的应用,如老年人长期护理服务利用、养老决策行为影响因素研究等[1][2]。

表 4.16 为影响老年人社区养老服务需求变化变量的基本描述性统

---

① 孙兰英、苏长好、杜青英:《农村老年人养老决策行为影响因素研究》,《人口与发展》2019 年第 6 期。

② Kathrin, S., et al. , "Determinants for Utilization and Transitions of Long-term Care in Adults 65+ in Germany:Results from the Longitudinal KORA-Age Study", *BMC Geriatrics*, (18) , 2018, p.172.

计。样本中分别有 38.2% 和 48.3% 的老年人为高龄老年人和男性老年人,平均受教育年限约为 3 年。有 49.4% 的老年人自评健康为较好,老年人的孤独感较低,两成左右的老年人处于失能状态。分别有 26.1% 和 89.7% 的老年人参加了养老保险和医疗保险。近六成老年人现有配偶,约三成老年人与子女同住。社区养老服务供给率不足 50%。

表 4.16　影响老年人社区养老服务需求变化变量的描述性统计(2011 年)

变量		定义	平均值	标准差
倾向因素	年龄	80 岁及以上 = 1,80 岁以下 = 0	0.382	0.486
	性别	男性 = 1,女性 = 0	0.483	0.500
	教育水平	连续变量,介于 0—20 年之间	2.856	3.659
需求因素	自评健康	较好 = 1,较差 = 0	0.494	0.500
	心理健康状况(是否觉得孤独)	连续变量,介于 1—5 分之间,得分越高代表孤独感越高	1.916	0.917
	生活自理能力是否受限	是 = 1,否 = 0	0.213	0.410
使能因素	家庭资源 婚姻状况	现有配偶 = 1,现无配偶 = 0	0.562	0.496
	经济状况	较好 = 1,较差 = 0	0.863	0.344
	是否与子女同住	是 = 1,否 = 0	0.324	0.468
使能因素	社会资源	参加 = 1,未参加 = 0　0.261	0.439	
	医疗保险	参加 = 1,未参加 = 0	0.897	0.303
	社区是否提供养老服务	是 = 1,否 = 0	0.481	0.500
	户籍	城镇 = 1,农村 = 0	0.421	0.494
	地区	中西部 = 1,东部 = 0	0.404	0.491

(三)模型设定

本研究主要用到潜类别模型、潜变量增长混合模型和多项 Logistic 回归模型三种计量方法。首先通过潜类别模型识别不同社区养老服务需求类别的老年人群体。在此基础上,通过构建潜变量增长混合模型探究老年人社区养老服务需求的变化趋势类别。LCM 和 LGMM 的构建均采用探索式,从初始模型(类别=1)开始,逐步增加模型中的类别数,并根据衡量拟合度的指标找到最佳模型。最后,通过构建多项 Logistic 回归模型确定影响老年人社区养老服务需求变化的因素。

1. 潜类别模型

潜类别模型(Latent Class Model,LCM)是一种通过可直接观测的显变量估计不能直接测量的潜在变量的统计方法。潜类别模型可在不同变量间分析相关性从而得出潜在类别,模型充分考虑到了测量样本间结构上的差异,能够保证划分出来的各类之间差异最大而类别内部差异最小,以个体为中心识别具有相似养老服务需求模式的老年人类型,而且还能利用客观的统计指标去衡量分类的准确性,减少测量误差,更能挖掘出潜类别背后隐藏的实证意义[1][2]。

本研究通过对四个反映老年人社区养老服务的类别显变量(见表4.16)的关系结构分析得出老年人社区养老服务需求的潜在类别,以获得不同社区养老服务需求群体的潜在特征与所占比例。潜类别模型的方程式如下(Goodman,1974):[3]

$$\Pi_{ijklt}^{ABCDX} = \sum_{t=1}^{T} \pi_t^X \pi_{it}^{A^-X} \pi_{jt}^{B^-X} \pi_{kt}^{C^-X} \pi_{lt}^{D^-X} \quad (4.15)$$

其中,A、B、C、D 为社区养老服务需求的四个显变量,i、j、k、l 分别为每个显变量的选项个数。X 为潜变量社区养老服务需求,T 为潜变量社区养老服务需求划分的潜类别个数。Π_{ijklt}^{ABCDX} 表示一个潜类别的联合概率,π_t^X 则表示观测数据属于某一潜变量 X 的特定潜类别概率,即 P($X=t$),

---

① Marsh,H.W.,et al.,"Classical Latent Profile Analysis of Academic Self-Concept Dimensions: Synergy of Person-and Variable-Centered Approaches to Theoretical Models of Self-Concept",*Structural Equation Modeling:A Multidisciplinary Journal*,16(2),2009,pp.191-225.

② 王孟成、毕向阳:《潜变量建模与 Mplus 应用·进阶篇》,重庆大学出版社 2018 年版,第 2—8 页。

③ Goodman,L.A.,"Exploratory Latent Structure Analysis Using Both Identifiable and Unidentifiable Models",*Biometrika*,61(2),1974,pp.215-231.

$t=1,2,3,\cdots,T$，潜变量的各类别概率之和为 1。$\pi_{it}^{A \tilde{} X}$ 表示属于第 t 个潜类别的被访者对第 A 个测量指标上第 i 种反应的条件概率，即 $\mathrm{P}(A=i \mid X=t)$，$i=1,2,\cdots,I$。$\pi_{jt}^{B \tilde{} X}$、$\pi_{kt}^{C \tilde{} X}$ 以及 $\pi_{lt}^{D \tilde{} X}$，以此类推。

2. 潜变量增长混合模型

以往关于追踪数据的分析中，研究者往往关心的是某一群体行为或特质的总体发展趋势，而很少探究个体之间发展趋势存在的差异。在本研究中，不同老年人的社区养老服务需求可能存在着不同的发展趋势，潜变量增长混合模型（Latent Growth Mixture Model，LGMM）为分析老年人个体之间社区养老服务需求的发展变化差异提供了合理有效的工具。LGMM 的前提是数据中存在几种不同类型的发展模式，每一种发展模式对应总体中不可观测的潜在的类。LGMM 通过增长截距和斜率的均值来描述平均的增长趋势，通过增长特征参数的随机效应（方差）大小来描述个体之间增长趋势的差异。

衡量潜类别模型和潜变量增长混合模型拟合度的指标包括赤池信息准则（AIC）、贝叶斯信息准则（BIC）、矫正的贝叶斯信息准则（aBIC）、Entropy 指数、似然比检验指标（LMR）、基于 Bootstrap 的似然比检验（BLRT）等。其中，AIC、BIC 和 aBIC 越小代表模型拟合度越好。Entropy 越接近 1 代表分类越精确。当 Entropy≥0.8 时，表明分类质量和准确性越高。[1] LMR 与 BLRT 均用于比较 $k-1$ 个和 k 个类别模型间的拟合差异。显著的 LMR 和 BLRT 的 p 值表明，k 个类别模型优于 $k-1$ 个类别模型（Nylund 等，2007）。[2]

3. 多项 Logistic 回归模型

为探究老年人社区养老服务需求变化趋势存在差异的原因，我们将 LGMM 模型得到的变化趋势类别作为因变量，引入倾向因素、需求因素、使能因素作为自变量（见表 4.16），通过构建多项 Logistic 回归模型探究

① Carragher, N., et al., "Subtypes of Depression in A Nationally Representative Sample", *Journal of Affective Disorders*, 113(1), 2009, pp.88-99.

② Nylund, Asparouhov and Muthén, "Deciding on the Number of Classes in Latent Class Analysis and Growth Mixture Modeling: A Monte Carlo Simulation Study", *Structural Equation Modeling*, 14(4), 2007, pp.535-569.

老年人社区养老服务需求变化的影响因素。

三、结果分析

（一）老年人社区养老服务需求的潜类别分析

本节首先通过 Mplus7.4 软件分别建立了潜类别数为 1—4 的潜类别模型。表 4.17 分别展示了各个潜类别模型的统计量。当样本量数以千计时 BIC 是衡量模型拟合度的最佳指标。[①] 总体来看，三潜类别模型的 BIC 和 aBIC 的统计量最小，适配度更高。

表 4.17　1—4 类 LCM 模型拟合优度

年份	潜类别	AIC	BIC	aBIC	Entropy	LMR	BLRT
2011	1	10455.763	10479.131	10466.422	—	—	—
	2	7608.382	7660.959	7632.363	0.905	0.000	0.000
	3	7477.734	7559.521	7515.039	0.809	0.000	0.000
	4	7486.346	7597.342	7536.974	0.797	0.579	0.579
2014	1	11525.031	11548.398	11535.689	—	—	—
	2	8473.303	8525.880	8497.285	0.890	0.000	0.000
	3	8269.803	8351.589	8307.107	0.867	0.000	0.000
	4	8273.207	8384.203	8323.835	0.901	0.087	0.080
2018	1	11249.941	11273.309	11260.600	—	—	—
	2	8387.543	8440.120	8411.525	0.895	0.000	0.000
	3	8296.209	8377.996	8333.514	0.860	0.000	0.000
	4	8285.426	8396.422	8336.054	0.852	0.010	0.010

表 4.18 和图 4.2、图 4.3、图 4.4 分别为老年人三类别社区养老服务需求状况模型的潜在类别系数以及各年份老年人社区养老服务需求的条件概率折线图，由此我们可以把握不同社区养老服务需求类别老年人的

---

① Ting,H.L.and Mitchell,D.,"Model Selection Information Criteria for Non-Nested Latent Class Models",*Journal of Educational and Behavioral Statistics*,22(3),1997,pp.249-264.

特点:类型 1 的老年人对四项养老服务的需求均较低,因此可将类型 1 命名为"低需求型"。类型 2 的老年人对社区养老服务需求处于中等水平,对于社区医疗保健服务的需求较高,可命名为"医疗需求型"。类型 3 的老年人对四项养老服务的需求均较高,可将类型 3 命名为"高需求型"。在高需求型老年人群体中,医疗保健服务和精神文化服务是老年人需求相对较高的服务类型。从所占比例来看,有 65%—75% 的老年人类别为高需求型老年人,医疗需求型老年人占比两成左右且随着时间的推移呈现增长趋势,低需求型老年人仅占比 10% 左右。此结果凸显了健康状况呈下降趋势和居住状态空巢化的老年人对于医疗保健服务和精神文化服务较为旺盛的需求状态。

表 4.18　老年人三类别社区居家养老服务需求状况模型的潜在类别系数

	2011 年(N=2545)			2014 年(N=2545)			2018 年(N=2545)		
	1.低需求型	2.医疗需求型	3.高需求型	1.低需求型	2.医疗需求型	3.高需求型	1.低需求型	2.医疗需求型	3.高需求型
日常照料服务	0.022	0.339	0.928	0.045	0.206	0.904	0.000	0.266	0.929
医疗保健服务	0.182	0.932	0.999	0.000	0.956	0.998	0.000	0.800	0.996
精神文化服务	0.059	0.482	0.999	0.060	0.391	1.000	0.043	0.284	1.000
调解维权服务	0.005	0.413	0.969	0.000	0.354	0.964	0.000	0.356	0.951
潜类别概率(%)	10.30	16.50	73.20	12.85	20.43	66.72	9.63	22.04	68.33

(二)老年人社区养老服务需求的变化趋势

为把握老年人社区养老服务需求变化趋势的异质性,本节基于潜类别模型结果,令"低需求型=1,医疗需求型(即一般水平型)=2,高需求型=3"(数值越高代表社区居家养老服务需求越大),构建了 5 个潜变量增长混合模型。如表 4.19 所示,模型 4 的 AIC、BIC 和 aBIC 值最小且 LMR 和 BLRT 的 P 值均达到了显著水平,因此模型 4 为最佳模型。

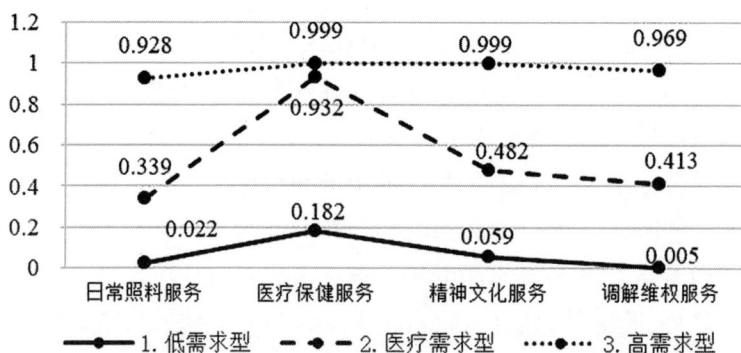

图 4.2　2011 年老年人社区居家养老服务需求状况潜类别的条件概率折线图

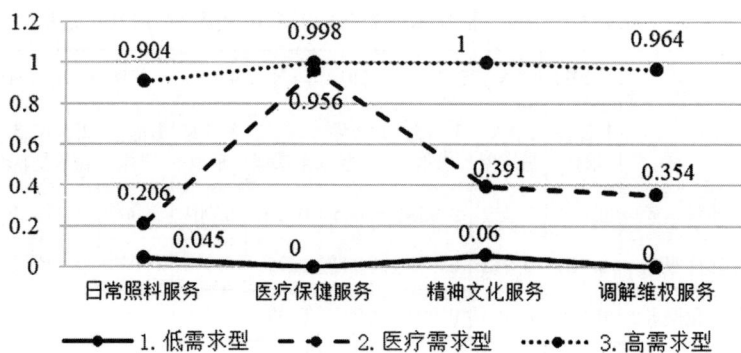

图 4.3　2014 年老年人社区居家养老服务需求状况潜类别的条件概率折线图

表 4.19　LGMM 模型拟合优度

模型	AIC	BIC	aBIC	Entropy	LMR	BLRT	潜类别概率（%）
模型 1	15653.556	15700.291	15674.873	—	—	—	100
模型 2	13917.640	13981.901	13946.951	0.993	0.000	0.000	73.2/26.8
模型 3	13879.237	13961.024	13916.542	0.877	0.031	0.027	9.5/75.1/15.4
模型 4	12884.975	12984.287	12930.273	0.962	0.002	0.001	5.4/60.4/8.0/26.2
模型 5	12890.975	13007.813	12944.267	0.927	0.003	0.003	5.4/60.4/8.0/26.2/0.0

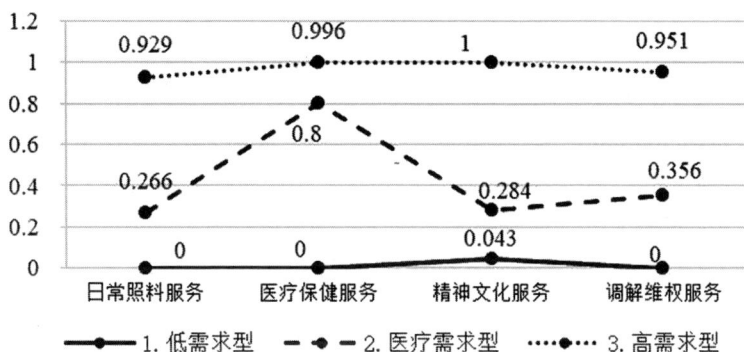

图 4.4 2018 年老年人社区居家养老服务需求状况潜类别的条件概率折线图

表 4.20 老年人社区居家养老服务需求状况的 LGMM 结果

类别	项目	估计值	标准误	估计值/ 标准误	P 值
类别 1:低需求型(5.4%)	截距平均值	0.507	0.049	10.298	0.000
	斜率平均值	-0.050	0.044	-1.137	0.255
类别 2:需求由高水平上升型 (60.4%)	截距平均值	1.823	0.016	116.546	0.000
	斜率平均值	0.083	0.008	10.473	0.000
类别 3:需求由低水平上升型 (8.0%)	截距平均值	0.270	0.069	3.903	0.000
	斜率平均值	0.862	0.035	24.967	0.000
类别 4:需求下降型(26.2%)	截距平均值	1.880	0.028	66.858	0.000
	斜率平均值	-0.554	0.020	-27.250	0.000

表 4.20 为包含 4 个潜类别的潜变量增长混合模型参数估计结果。类别 1 的老年人的社区养老服务需求一直处于低水平状态,命名为"低需求型",该类别占比 5.4%;类别 2 的社区养老服务需求一直保持较高水平,且呈现出显著上升趋势,命名为"需求由高水平上升型",该类占比 60.4%;类别 3 的老年人社区养老服务需求由较低水平上升到较高水平,需求增长速度较快,命名为"需求由低水平上升型",该类别占比 8.0%;类别 4 老年人的社区养老服务需求在测量期内呈现出显著下降趋势,命名为"需求下降型",该类占比 26.2%。

我们进一步发现,四个类别占比从大到小的排序为:需求由高水平上升型>需求下降型>需求由低水平上升型>低需求型,需求一直处于高水平且显著上升的老年人占比六成,可见由于经济发展带来的生活水平的提高,我国老年人的社区养老服务需求总体较高。此外,需求下降型老年人也占据一定比例(26.2%)。

(三)老年人社区养老服务需求变化的影响因素

通过构建多项 Logistic 回归模型可以帮助我们探究导致老年人社区养老服务需求变化趋势的影响因素。模型的因变量为上文潜变量增长混合模型得到的四个社区养老服务需求变化趋势类别,设需求由高水平上升型=0(参照类型),低需求型=1,需求由低水平上升型=2,需求下降型=3。纳入的自变量包含倾向因素、需求因素和使能因素三方面内容,表 4.21 报告了回归结果。

表 4.21　老年人社区养老服务需求变化趋势的多项 Logistic 回归模型

变量		1. 低需求型	2. 需求由低水平上升型	3. 需求下降型
		Exp(B)	Exp(B)	Exp(B)
倾向因素	年龄(80 岁以下=0)	0.968 (0.220)	1.189 (0.226)	0.880 (0.104)
	性别(女性=0)	0.997 (0.234)	1.258 (0.243)	1.060 (0.127)
	教育水平	1.016 (0.033)	0.943* (0.029)	0.986 (0.018)
需求因素	自评健康(较差=0)	1.972*** (0.437)	1.349* (0.242)	0.928 (0.104)
	心理健康状况	1.032 (0.123)	0.760* (0.081)	0.978 (0.059)
	生活自理能力是否受限(否=0)	1.370 (0.349)	1.271 (0.278)	1.134 (0.150)

变量		1. 低需求型	2. 需求由低水平上升型	3. 需求下降型
		Exp（B）	Exp（B）	Exp（B）
使能因素	家庭资源				
	婚姻状况（现无配偶＝0）	0.709 （0.168）	0.999 （0.199）	0.766 ** （0.092）
	经济状况	0.904 （0.272）	0.960 （0.249）	0.900 （0.137）
	是否与子女同住（否＝0）	1.475 * （0.311）	0.998 （0.184）	1.141 （0.128）
	社会资源				
	养老保险（未参加＝0）	0.773 （0.189）	1.224 （0.229）	1.098 （0.131）
	医疗保险（未参加＝0）	1.431 （0.556）	0.568 ** （0.145）	0.710 ** （0.122）
	社区是否提供养老服务（否＝0）	0.578 *** （0.122）	0.452 *** （0.081）	1.189 （0.125）
	户籍（农村＝0）	1.930 *** （0.395）	1.758 *** （0.302）	0.933 （0.103）
	地区（东部＝0）	0.903 （0.190）	1.753 *** （0.297）	1.694 *** （0.178）
常数		0.042 *** （0.027）	0.228 *** （0.113）	0.551 ** （0.167）
伪 R 方		0.034		

注：*** 为1%显著性水平，** 为5%显著性水平，* 为10%显著性水平。

倾向因素方面，受教育程度较高的老年人的社区养老服务需求更易保持在较高水平。受教育程度越高的老年人往往思想观念更加开放，他们对于社区养老服务的认同和接受度相对较高。需求因素方面，自评健康和心理健康状况较差的老年人的社区养老服务需求更高。健康状况较差的老年人往往缺乏自我照料的能力，对社区各类养老服务项目的需求较大。与自评健康较差的老年人相比，自评健康较好的老年人稳定低需求和需求由低水平上升的概率分别是需求由高水平上升的1.972倍和1.349倍。

使能因素方面，家庭资源层面上，现有配偶的老年人社区养老服务需求由高水平上升明显。这可能是因为同为老年人的配偶受制于年龄增长、健康状况变差等因素的制约,能为老年人提供的照料逐渐有限,且配偶的存在叠加了老年人对于养老服务的需求。居住方式上,不与子女同住的老年人生活中容易出现代际照料不充分和精神孤独的问题,其社区养老服务需求上升较明显。同不与子女同住的老年人相比,与子女同住的老年人稳定低需求的概率是需求由高水平上升的 1. 475 倍。此结果反映了社区养老服务对代际支持产生了一定程度的替代效应。在当前人口流动与老年家庭空巢化的背景下,养老服务业具有较为广阔的发展前景。

总体来看,社会资源更能影响老年人社区养老服务需求变化。首先,拥有医疗保险的老年人对社区养老服务有更大的需求。与没有医疗保险的老年人相比,有医疗保险的老年人需求由低水平上升和需求下降的概率分别是需求由高水平上升的 0. 568 倍和 0. 710 倍。这可能是因为较高的医疗保障水平有利于提升老年人的安全感,从而激发社区养老服务需求。其次,所在社区供给养老服务的老年人对于养老服务有更大的需求。与所在社区不提供养老服务的老年人相比,所在社区提供服务的老年人稳定低需求、需求由低水平上升的概率分别是需求由高水平上升的 0. 578 倍和 0. 452 倍,养老服务的供给有助于刺激需求。最后,农村、中西部地区的老年人社区养老服务需求上升较显著,然而事实上,相比于城市和东部地区,农村和中西部地区的老年人的需求更难得到满足,呈现出"农村和中西部地区养老服务需求强烈而供给水平落后"的矛盾形势。地区间的经济发展差距以及城乡二元结构下不均衡的社会保障体制导致农村和中西部地区老年人的晚年生活缺乏基本保障,其养老形势面临更加严峻的挑战。

四、结论与讨论

需求导向是市场经济的主要特点,我国社区养老服务的发展应是满足老年人多元养老需求的过程。精准识别老年人社区养老服务需求及其变化趋势关系到养老服务供给的精准度和老年人晚年生活质量。本研究基于中国老年健康影响因素跟踪调查(CLHLS)数据,从静态与动态视角出发充分考虑到了老年人社区养老服务需求的异质性,并进一步分析了社区养老服务需求变化趋势的影响因素。

本节的主要研究结论如下:其一,静态分析方面,老年人的社区养老服务需求可分为低需求型、医疗需求型和高需求型三类,有 65%—75% 的老年人类别为高需求型老年人。其二,动态分析方面,老年人的社区养老服务需求变化趋势可分为需求由高水平上升型、需求下降型、需求由低水平上升型、低需求型四类。需求一直处于高水平且显著上升的老年人占比六成,我国老年人的社区养老服务需求水平总体较高且呈现上升趋势。其三,受教育程度较高、自评健康和心理健康状况较差、现有配偶、不与子女同住、参加医疗保险、所在社区提供养老服务、农村和中西部地区的老年人社区养老服务需求上升较明显。

基于以上分析,老年人的社区养老服务质量可以通过以下措施来改善。首先,在注重养老服务多元化供给的同时突出重点,着重发展医疗保健服务与精神文化服务,提高服务质量,并加强养老服务供给模式的差异化创新。加强社区医疗服务网点基础设施建设,引进专业医疗和护理人员以完善医疗护理功能,探索建立 24 小时可视化家庭养老床位以及康复辅助器具租赁试点。服务形式可以设置多样化选择,例如精神文化服务方面,可以设置社区老年人活动中心、举办老年人节日庆祝活动、上门看望慰问等多种形式,满足多样化需求。

第三节 老年人机构养老意愿及其影响因素研究[①]

老年人口规模大、老龄化速度快、高龄化趋势明显以及由此所引致的"未备先老"一直是中国老龄化的重要表征。如何实现由"未备先老"向"有备而老"的转变,扭转老年服务体系供给与老年人增多、养老需求凸显之间的不均衡性,成为成功应对老龄化的关键。在当前家庭规模小型化、家庭结构核心化、居住方式分离化以及人口流动常态化的背景下,传

---

① 本节作者刘二鹏、张奇林,相关内容以《代际关系、社会经济地位与老年人机构养老意愿——基于中国老年社会追踪调查(2012)的实证分析》为题已发表在《人口与发展》2018 年第 3 期。

统的"侍亲奉老"正在失去其文化约束力以至于家庭养老功能正日渐式微,而实现养老服务的社会化供给逐渐成为满足老年人养老需求的重要方式。作为整个社会化养老服务体系的关键支撑,机构养老被赋予了满足老年人多层次、个性化养老需求的重要使命,被认为是解决老年人"老有所养"的有效途径之一。2017 年 2 月,国务院印发了《"十三五"国家老龄事业发展和养老体系建设规划》(以下简称《规划》)。《规划》指出:"通过加快公办养老机构改革,全面放开养老服务市场以及支持社会力量兴办养老机构以满足老年人多层次的养老需求"。老年人内部较强的异质性决定了其养老方式选择的多样性,机构养老能否得到老年人的认可与青睐仍尚不得知。在此情况下,了解老年人对机构养老的意愿及其影响因素是合理布局养老服务规划、完善机构养老模式的重要依据。本节研究旨在探索老年人对机构养老的意愿及其影响因素,以期为机构养老的合理布局以及养老服务体系的完善提供有益参考。

本节所使用的数据来源于 2012 年中国老年社会追踪调查(China Longitudinal Aging Social Survey,CLASS),该调查是由中国人民大学老年学研究所设计、中国人民大学调查与数据中心联合国内 20 余所高校共同实施的老龄社会调查项目,调查内容涉及老年人的健康、经济与生活状况、社会保障状况以及家庭情况等。该调查旨在通过定期、系统地收集中国老年人群社会、经济背景数据,探究老年人在衰老过程中面临的各种问题和挑战,通过进一步评估各项社会政策在提高老年人生活质量方面所取得的实际效果,为中国老龄问题的解决提供重要的理论和事实依据。虽然 2012 年调查为试调查,但仍旧覆盖到了全国 17 个省级行政区的 1126 位老人。基于研究需要和对数据质量的严格要求,最终整理得到 1036 个样本。

一、老年人机构养老意愿概况

表 4.22 为老年人的机构养老意愿及其分布。根据对机构养老意愿的频率统计,近 1/4 的老年人有机构养老意愿,女性老年人的机构养老意愿高于男性老年人;年龄越大的老年人越不愿意选择机构养老,三个年龄层次中,高龄老年人的机构养老意愿最低;健康状况越差的老年人选择机构养老的概率越低,身体不健康老年人的机构养老意愿同比较健康老年

人的机构养老意愿相比,低了近 13 个百分点。

表 4.22　老年人的机构养老意愿及其分布

		性别		老年人类别			健康状况			合计
		女性	男性	低龄	中龄	高龄	比较健康	一般	不健康	
愿意	人数	146	112	166	79	13	37	141	80	258
	占比	27.2	22.4	26.5	23.8	16.5	32.7	26.8	20.1	25.4
不愿意	人数	391	387	459	253	66	76	385	317	778
	占比	72.8	77.6	73.5	76.1	83.5	67.3	73.2	79.9	74.6
愿意	合计	537	499	625	332	79	113	526	397	1036
	占比	100.0	100.0	100.0	100.0	100.0	100.0	100.0	100.0	100.0

注:低龄老人为 60—69 岁的老人,中龄老人为 70—79 岁的老人,高龄老人为 80 岁及以上的老人。

二、老年人机构养老意愿的影响因素

(一)变量选取与研究方法

本研究的被解释变量为老年人机构养老的意愿。对于老年人的机构养老选择,中国老年社会追踪调查数据设置了"如果需要的话,您是否愿意到养老院居住"的问题,以此来了解老年人对以养老院为主要形式的机构养老的意愿。该变量为二分变量:愿意和不愿意。在回归分析中,变量的编码"1 = 愿意,0 = 不愿意"。

本研究的解释变量包括老年人个人、家庭和社会三个层面的因素,变量的定义及描述统计如表 4.23 所示。个人层面的因素包括年龄、性别、教育水平、60 岁以前职业、收入状况、主要生活来源、健康状况等。家庭层面因素包括同住人数、婚姻状况、代际关系等。其中,代际关系是指在道德、法律、政策等维系与约束下,由代际间的抚育和赡养等互动行为而产生的代际联系。在代际关系中,亲子关系是核心,即亲代对子代的抚育和子代对亲代的赡养,中国社会尤其强调子代对亲代的赡养。在中国老年社会追踪调查中,选择"过去一年子女给您多少钱""子女在家务方面帮助您的频率""是否觉得子女对您不够关心"以及"和子女的亲近程度"等作为衡量代际关系的主要变量。社会层面的因素包括养老保险参与情况、户籍和地区等。

表 4.23 变量释义及描述统计

	变量	定义	均值	标准差
被解释变量	如有需要,是否愿意到养老院居住	1=愿意,0=不愿意	0.26	0.24
解释变量	年龄	连续变量(60—94岁)	68.67	43.31
	性别	1=男性,0=女性	0.48	0.25
	教育水平	1=不识字,2=小学,3=初中,4=中专/高中,5=大专及以上	2.75	1.77
	60岁前所从事职业	1=农民、无业及下岗,2=一般员工、个体户,3=教师、医生等技术人员,4=党政领导与高级管理人员	2.17	1.31
	自理能力状况	自理能力得分:做15项日常活动(洗澡、穿衣等)困难程度的累计得分,得分越高自理能力越差	16.73	12.39
	患慢性病数量	老年人患慢性病的数量(0—8种),连续变量	1.66	1.91
	收入水平	老年人的收入(千元)	19.78	16.57
	主要生活来源	1=劳动收入,2=政府转移性收入(救济、补贴等),3=子女或其他亲属赠与,4=离退休收入,5=财产性收入	3.20	1.26
	同住人数	与老人一同居住的人数(0—16个),连续变量	2.33	3.64
	婚姻状况	1=现有配偶,0=现无配偶	0.79	0.41
	子女的经济支持	上年度子女给老人现金数量(千元)	4.11	6.24
	子女的起居照料	子女帮您起居照料的频率:1=几乎没有,2=一年一次,3=每月至少一次,4=每周至少一次,5=天天帮助	2.53	1.45
	与子女亲近的程度	1=不亲近,2=有点亲近,3=很亲近	1.94	0.60
	子女的关心程度	子女对您的关心程度:1=很不关心,2=不关心,3=比较关心,4=很关心	3.36	7.25
	参加养老保险类别	1=没有任何养老保险,2=城乡居保,3="职保"	2.33	0.73
	户籍	1=城镇,0=农村	0.61	0.49
	地区	1=西部地区,2=中部地区,3=东部地区	2.03	0.84

注：表中"个性特征"、"家庭特征"、"社会因素"为解释变量分类标签。

对于初始数据,本研究按照如下标准进行了筛选处理:第一,删除了调查问卷中无法作答、缺失值等样本;第二,对回归模型中涉及的数值型连续变量(家庭收入)进行了取对数处理,以消除极值带来的估计偏差;第三,考虑到多重共线性的问题,本研究在数据处理过程中对解释变量进行了共线性检测。验证结果显示,本研究解释变量的 VIF 均小于 10,不存在严重的共线性问题。模型数据处理和回归分析采用 Stata 软件完成。

由于本研究主要目的是考察老年人机构养老选择的影响因素,并对具有不同个体特征老年人机构养老意愿的差异进行识别。在实证分析中,老年人是否选择机构养老被操作化为二分变量,不满足线性回归对于因变量必须是连续变量的条件假设,故本研究采用二元 Logistic 模型进行回归分析。

(二)结果分析

表 4.24 为影响老年人机构养老意愿因素的二元 Logistic 回归模型。在个体特征方面,年龄的回归结果显示,年龄越大的老人越不倾向于选择机构养老,这一结果通过了显著性检验,这或许是因为年龄越大的老年人家庭观念越强,因而越倾向于传统的家庭养老而非机构养老方式。性别对老年人机构养老意愿有显著影响,具体表现为女性老人较男性老人而言有更高的机构养老意愿,这与以往的研究有所不同。其可能的原因在于女性老人较男性而言家庭地位更低,并且女性老人不健康预期寿命更长,所以愿意选择专业化的养老机构进行养老,以防"久病床前无孝子"情形的发生。教育水平的回归结果显示,教育水平越低的老人选择机构养老的概率越低,以教育水平在"大专及以上"的老人为参照组,教育水平为文盲、小学的老人选择机构养老的概率更低。可能的解释是,教育水平越低,老年人的独立养老意识越弱,进行机构养老的条件越不充分。在职业地位对老年人机构养老意愿影响方面,职业地位越高的老人机构养老意愿越强,以 60 岁前职业为农民、无业及下岗的老人为参照组,60岁前职业为一般员工和个体户、教师和医生等技术人员、党政领导与高级管理人员的机构养老意愿更高。自理能力、患慢性病数量是老年人健康水平的综合反映,其回归结果显示,自理能力越差、患慢性病数量越多的老

年人越不倾向于选择机构养老,可能的解释是,健康状况越差的老年人进行机构养老的费用可能更高,以及老年人对当前机构养老的医疗功能、护理能力和服务品质有些不信任,这凸显了健康状况是老年人选择机构养老与否的重要考量因素。收入水平的结果显示,收入水平的提升也显著提升了老年人选择机构养老的概率。主要生活来源是指在老年人当前的收入结构中哪个占主要份额,与当前生活来源主要依靠退休金的老年人相比,依赖于劳动收入、政府转移性收入和代际转移性收入老人的机构养老意愿更低,这暗示了有无退休金待遇成为影响老年人机构养老意愿的关键因素。

表 4.24 影响老年人机构养老意愿因素的二元 Logistic 回归模型

	变量	机构养老意愿
个体特征	年龄	$-0.0433^{***}(-2.73)$
	性别	$-0.370^{**}(-2.06)$
	教育水平(参照组:大专及以上文化程度)	
	文盲	$-1.125^{***}(-4.18)$
	小学	$-0.662^{***}(-2.81)$
	60 岁前所从事职业(农民、无业及下岗=0)	
	一般员工、个体户	$0.825^{**}(2.05)$
	教师、医生等技术人员	$1.197^{***}(2.80)$
	党政领导与高级管理人员	$0.899^{**}(2.01)$
	自理能力状况	$-0.0346^{**}(-1.98)$
	患慢性病数量	$-0.151^{**}(-2.54)$
	收入水平	$0.145^{*}(1.74)$
	主要生活来源(退休金收入=0)	
	劳动收入	$-0.967^{***}(-4.50)$
	政府转移性收入	$-0.825^{***}(-2.92)$
	子女或其他亲属赠予	$-1.063^{***}(-3.84)$

变量		机构养老意愿
家庭特征	同住人数	$-0.089^*(-1.69)$
	婚姻状况	$-0.0409(-0.18)$
	子女的经济支持	$-0.0506(-1.04)$
	子女的起居照料	$-0.0663^*(-1.91)$
	与子女亲近的程度	$-0.0527^*(-1.86)$
	子女的关心程度	$-0.0464^*(1.93)$
社会因素	参加养老保险类别(参照组:职工养老保险)	
	无养老保险	$-0.471^{**}(-2.32)$
	城乡居民养老保险	$-1.453^{***}(-7.64)$
	户籍	$0.696^*(1.85)$
	地区	$0.0656(0.64)$
	常量	$-2.763^*(-1.88)$
	Pseudo R^2	0.114

注: *** 为1%显著性水平, ** 为5%显著性水平, * 为10%显著性水平。

在家庭特征方面,与老人同住人数代表了可照料老年人的潜在人数,其回归结果表明,与老年人同住的人数越多,老年人选择机构养老的意愿越低。仅从方向上来看,在婚姻状态老人的选择机构养老意愿明显低于不在婚姻状态的老人,这说明配偶的支持对老年人机构养老选择有直接的影响,配偶的照料、慰藉等可以降低老年人选择机构养老的概率。在代际关系方面,子女对老年人进行经济支持是代际关系融洽程度的重要体现,结果显示,子女经济支持力度越强的老年人机构养老意愿越低,但这一结果没有通过显著性检验,需要进一步的研究加以验证。而在子女对老人的日常起居照料方面,子女对老人日常照料越频繁、老人选择机构养老的概率越低。其原因在于,子女对老人照料的频繁程度是代际关系融洽程度以及老年人照料需求满足程度的重要体现,子女照料老人的频率越高,老年人的照料需求越容易得到满足,代际关系也更加融洽。子女与老人的亲近程度和子女对老人的关心程度是衡量代际关系和谐与否的重要标准,与子女关系越亲近、受到子女关心越多的老人选择机构养老的概率越低,这说明和谐的代际关系是老年人依赖子女、家庭进行养老的前提,当这个前提条件不存在时,老年人才可能选择到养老机构进行养老。

在社会因素方面,长久以来,我国建立起了以"职业身份"为特征的养老保险制度,并且不同养老保险之间的待遇差别明显。回归结果显示,与享受"职保"①待遇的老年人相比,享受"城乡居保"以及没有享受养老保险待遇的老年人选择机构养老的概率较低,这是因为在以上养老保险待遇中,"职保"的待遇最高。户籍是影响老年人机构养老意愿的显著变量,表现为城镇老人更加倾向于选择机构养老方式,这一结果与城镇地区养老机构分布较多有直接的关联。所处地区对于老年人机构养老意愿并没有显著影响,也即东部地区老人的机构养老意愿并没用显著高于中部地区和西部地区老人。

(三)稳健性检验

为了增强研究结论的稳健性,本研究选择"变量替代"的方式对上述研究结果进行进一步检验。具体方法是,在 CLASS 数据中选择"当您需要别人照料时,您最喜爱哪一种养老方式"作为衡量老年人机构养老意愿的替代变量,该问题选项的设置包括"家庭成员养老=1,社区上门服务=2,住养老院=3",通过将选择家庭成员养老与社区上门服务②两种养老方式合并为居家养老,令"住养老院=1,居家养老=0",利用二元 Logistic 模型重新估计了各因素对老年人机构养老意愿的影响,发现各解释变量的影响结果并没有发生显著的变化,经过上述检验,本研究的结论具有一定的稳健性。

三、结论与建议

(一)研究结论

人口老龄化、高龄化、空巢化与病残化的快速发展使社会化养老服务的需求量在逐渐扩大,作为专业养老服务的提供者,机构养老在整个养老

---

① 这里的"职保"既包含城镇职工养老保险,也包括机关事业单位养老保险。

② 无论是社区养老还是社区上门服务,本质上是在"家庭养老"的基础上进行的养老服务补充与延伸,未改变老年人居住在家庭中的特征,可以视为传统的家庭养老方式。

服务体系中的作用也在不断提升。当前,中国机构养老服务发展呈现出供需失衡与资源错配并存的缺点,而其中的根本原因在于对老年人机构养老意愿把握不准。《"十三五"国家老龄事业发展规划》提出要加快机构养老服务发展,以满足老年人多样化的养老服务需求。而准确把握老年人对机构养老服务的意愿是进行机构养老服务规划和建设的前提。基于此,本节研究利用2012年中国老年追踪调查数据实证研究了老年人机构养老意愿的影响因素。

实证结果显示,女性老年人、年龄较大的老年人、患慢性病越多和自理能力较差的老年人有较高的机构养老意愿,而与自己同住人数越多的老年人越不倾向于选择机构养老。这充分说明老年人是一个异质性较强的群体,其对机构养老方式的选择存在着较大的差异。代际关系是影响老年人养老方式的重要变量,与子女越亲近、经常得到子女照料以及受到子女关心程度越高的老年人选择机构养老的意愿越低。老年人退休前职业地位越高、教育水平越高、经济状况越好,越有可能选择机构养老方式,因为上述因素不仅决定了老年人退休后所享有的养老保险待遇及其水平,还决定了养老观念是否更具有独立性。相对于享受"职保"(含机关事业单位养老保险)养老金待遇的老人,没有养老保险以及享受城乡居保养老保险待遇的老人有较低的机构养老意愿,这暗示了养老金待遇是影响老年人养老方式选择的关键因素。总体上,社会经济地位越高的老人的独立养老观念越强,选择机构养老的意愿越高。

(二)政策建议

上述结论的政策含义在于,老年人对机构养老的意愿存在较大的差异,机构养老服务规划与布局要充分考虑到老年群体内部的异质性,政策重点要更加针对城镇老年人、低龄老年人和较为健康的老年人。总的来说,当前中国老年人对机构养老方式的青睐程度还不算高,样本中只有1/4的老年人有机构养老意愿,这说明传统的家庭养老方式仍然具有较强的基础,并且,考虑到处于较为和谐代际关系中的老年人机构养老意愿较弱,而中国老年人的家庭观念较强,政府需要出台家庭者支持政策来进一步完善家庭的养老功能。经济状况是老年人进行机构养老选择时的一个重要考量因素,需要通过政府补贴、合理定价等措施来增强老年人对机构养老服务的可及性。当前中国的机构养老发展尚不成熟,多数机构养老服务客观存在养、护、医、送四大功能分离的问题,考虑到中国失能老年人规模在不断扩大的现实情况,提升养老机构的服务品质和专业性、重点支持医养融合型养老服务机构发展应放在突出重要的位置。

第五章 中国养老服务的供给现状与 影响因素实证分析

扩大养老服务供给、促进养老服务供给多元化对拉动内需、提升老年人生活质量以及推动经济发展具有重要意义。近年来,我国养老服务虽然得到了较快发展,但还存在供给质量和多样化程度较低、未实现供需精准匹配等突出问题。本章共四节,分别阐述了家庭养老供给现状、机构养老床位供给现状、机构养老与代际项目融合现状以及长三角地区养老服务供给现状,以期呈现传统养老服务、新型养老服务以及典型地区养老服务的供给状况与影响因素。

第一节 独生子女居住距离对老年父母 代际支持的影响研究[①]

独生子女及人口老龄化是影响中国人口与社会保障事业发展的两个重要因素,而独生子女父母的代际支持与家庭保障则是中国民生保障制度面临的重大问题。受 1971 年开始的计划生育政策的影响,中国的出生率经历了剧烈的变化。从 20 世纪五六十年代平均每个妇女生育 6 个孩子,[②]到 20 世纪 80 年代独生子女政策实施后 1 对夫妇只能生育 1 个孩

---

① 本节作者为马珺、李凡婕。
② 贾志科:《20 世纪 50 年代后我国居民生育意愿的变化》,《人口与经济》2009 年第 4 期。

子,短短 20 多年实现了从高生育率国家到低生育率国家的转变,独生子女规模逐渐壮大。一直到 2016 年初"全面二孩"政策的实施,"独生子女"政策才正式宣告终结。据测算,截至 2015 年底,中国独生子女数量约为 2.25 亿,占同期出生人口的 43%。① 另外,我国 60 岁及以上的老年人口数已经超过了 2.5 亿。② 近年来,受计划生育政策影响的第一代独生子女父母已陆续迈入老年期,而他们的子女陆续成年。成年后的独生子女因为就业、入学、成家等原因离开父母,使得异地居住和空巢家庭成为常态。从古至今,家庭养老都是我国老年人养老的最主要方式。独生子女作为老年父母唯一的子代养老资源提供者,其异地而居使得父母的家庭养老面临着很大的风险和不确定性。在工业化加速的背景下,由于大中城市高昂的房价和生活成本,城镇化进程滞后于工业化进程,再加上观念的变化,独生子女将父母接到身边共同居住安度晚年的比例较低。这使得独生子女的老年父母更早步入"空巢"阶段,在本就脆弱的家庭养老基础之上,面临更为严峻的养老现实困境。③

随着老龄化进程的发展,可以预见未来独生子女老年父母的数量将进一步增长,我国人口老龄化的严峻挑战将有很大一部分集中表现在养老资源匮乏的独生子女父母身上。④ 可是,我国尚未针对家庭结构的巨变和独生子女家庭的剧增而提供针对性的养老支持政策,部分地方自行出台的独生子女护理假等保障政策也条款不一,不够规范。

在独生子女与父母产生居住分离以及制度化养老保障体系尚未全面建立的背景下,探讨独生子女居住距离对老年人代际支持的影响,从微观上有助于精准测算居住分离导致的独生子女父母养老困境;从宏观上可以为国家制定针对性的独生子女家庭保障政策,完善社会养老服务体系的建设,乃至调整、制定适应新形势的人口政策提供参考。

---

① 李汉东、王然、任昱洁:《计划生育政策以来的独生子女数量及家庭结构分析》,《统计与决策》2018 年第 13 期。
② 国家统计局:《2019 年国民经济和社会发展统计公报》。
③ 风笑天:《从"依赖养老"到"独立养老"——独生子女家庭养老观念的重要转变》,《河北学刊》2006 年第 3 期。
④ 丁志宏、夏咏荷、张莉:《城市独生子女低龄老年父母的家庭代际支持研究——基于与多子女家庭的比较》,《人口研究》2019 年第 2 期。

一、理论基础与研究假设

（一）理论基础

从广义上来看，代际支持是指成年子女与其父母之间相互的经济、照料和精神支持，[1]而在狭义上，通常仅指成年子女为父母提供的经济、照料和精神支持。[2] 本研究采用代际支持的狭义定义，以着重考察人口老龄化和人口流动趋势加快的背景下，亲子居住距离对于老年父母家庭养老支持状况的影响。代际支持关系是整个社会结构中的基本关系，它在保证个人再生产的同时，也构成了社会群体的基础和每个人最亲密的社会活动的核心。反馈理论、需求层次理论和空间理论为居住距离与代际支持的研究提供了理论支撑。费孝通将中国亲子间的代际支持关系概括为"反馈模式"，这种模式不同于西方家庭的"接力模式"，而是基于中国传统文化观念，将对父母的赡养体现为子女义不容辞的责任，传统的中国社会就是靠这种每一代对上一代的反馈模式，实现家庭成员之间索取和给予的长期均衡互惠。[3] 反馈论反映了中国亲子关系的特点和文化伦理，是对代际支持展开研究的基础所在。进一步地，根据马斯洛需求层次理论，为了满足老年人生理需求、安全需求和情感需求，子女需要相应地提供一定的经济支持、照料支持和精神慰藉，这构成了老年人代际支持乃至家庭养老的内容。[4]

空间理论有助于阐释独生子女居住距离对老年父母的代际支持效应。20 世纪 70 年代，空间开始作为研究对象在社会学领域引起讨论。齐美尔从心灵和互动的角度带来了与之前学者完全不同的空间思想。一方面，他和马克斯·韦伯等社会学家一样，将空间理解成客观的物质环境，指出空间是社会生产和生活必不可少的条件。但另一方面，空间并非

---

① 韦宏耀、钟涨宝：《团结还是疏离：转型期的农村居民代际支持——基于全国农村地区微观数据的分析》，《中国农村经济》2016 年第 6 期。
② 王萍、李树茁：《代际支持对农村老人生活自理能力的纵向影响》，《人口与经济》2011 年第 2 期。
③ 费孝通：《家庭结构变动中的老年赡养问题——再论中国家庭结构的变动》，《北京大学学报（哲学社会科学版）》1983 年第 3 期。
④ 穆光宗：《中国传统养老方式的变革和展望》，《中国人民大学学报》2000 年第 5 期。

只是空间,它同时具有社会意义。① 空间的自然属性使人们的关系得以产生和发展,而空间的社会属性表达了人们对于空间的一种心理效应,心理距离将影响人与人之间的互动,从而具体体现人们关系的结构和走向。除齐美尔的研究外,吉登斯也曾提出"共同在场"概念,他强调空间的自然属性,认为只有处于同一物理空间之中,才能形成人与人之间的关系,实现人们的日常生活交往。② 基于空间理论,独生子女与老年父母之间存在的空间距离,一方面是在客观的地理环境上拉开了距离,另一方面是心理上的界限,反映了社会属性上的空间,这都将对亲子间的日常生活和互动关系带来影响。

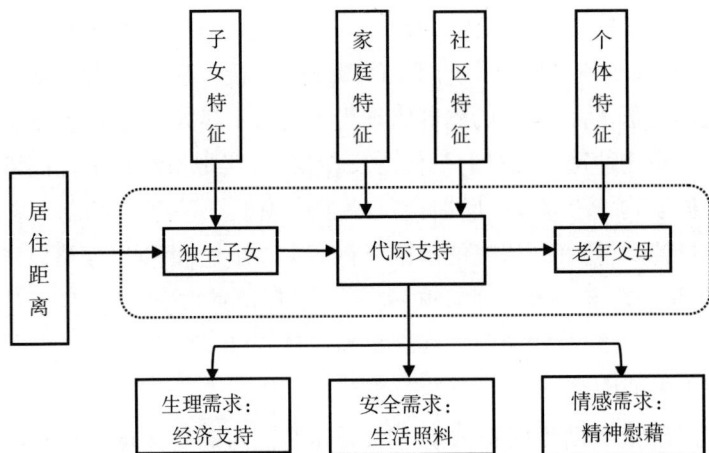

图 5.1 独生子女居住距离对老年父母代际支持影响的分析框架

根据以上文献梳理和理论分析,本研究构建了图 5.1 所示的研究框架。除了本节重点研究的居住距离外,老年父母的个人特征如年龄、性别、教育水平、健康状况等,独生子女的个人特征如性别、年龄等,家庭特征如婚姻状况、反向代际支持等,以及社区特征如社区养老服务供给状况等都会对老年父母的代际支持产生影响。

---

① 郑震:《空间:一个社会学的概念》,《社会学研究》2010 年第 5 期。

② [英]吉登斯:《社会的构成:结构化理论大纲》,李康、李猛译,生活·读书·新知三联书店 1998 年版,第 138—141 页。

（二）研究假设

如上所述,父母获得的来自子女的生活照料和精神慰藉,很大程度上都需要依靠同一空间来实现。当子女因务工等原因向外流动,将会直接减少老年父母身边的劳务支持人数和见面交流的频率,对生活照料和精神支持产生负面影响。[①] 相比生活照料和精神慰藉,经济支持不需要通过空间来实现,在远距离造成生活照料和精神慰藉缺位的情况下,基于"反馈模式",独生子女可能通过多给予经济支持来弥补。[②] 因此,本节提出如下假设:

H1:独生子女的居住距离越远,老年父母获得的代际经济支持越多。

H2:独生子女的居住距离越远,老年父母获得的代际生活照料越少。

H3:独生子女的居住距离越远,老年父母获得的代际精神慰藉越少。

二、研究设计

本研究的数据来源于 2018 年北京大学老龄健康与家庭研究中心组织实施的中国老年健康影响因素跟踪调查(CLHLS)。按照父母年龄大于 60 岁、独生子女年满 18 岁的原则筛选样本,剔除了年龄小于 60 岁、无子女或拥有一个以上子女、子女小于 18 岁以及有缺失值的样本后,本节最终整理得到了 1325 个老年人样本。

本研究的被解释变量为独生子女的老年父母的代际支持。代际支持是由独生子女向其老年父母提供养老支持的形式,其主要内容包括经济支持、生活照料和精神慰藉三个方面。经济支持变量根据问卷中"近一年来,您的子女给您现金(或实物折合)多少元?"这一题项来进行衡量。独生子女每年给老年父母的经济支持平均为 2099.79 元。生活照料变量在问卷中对应的题项为"当您身体不舒服时或生病时主要是谁来照料您?",选择"主要由子女来照料"的老年人判定为获得了代际照料支持。

---

① 孙鹃娟:《劳动力迁移过程中的农村留守老人照料问题研究》,《人口学刊》2006 年第 4 期;董晓芳、刘茜、高堂在:《不宜远居吗? ——基于 CHARLS 数据研究子女居住安排对父母健康的影响》,《中国经济问题》2018 年第 5 期。

② Zimmer,Z.and Kwong,J.,"Family Size and Support of Older Adults in Urban and Rural China:Current Effects and Future Implications",*Demography*,40(1),2003,pp.23-44.

样本中有52.3%的老年人在生病或身体不舒服时能够得到独生子女的照料。精神慰藉变量根据问卷中"您平时与谁聊天最多?"这一问题来衡量,选择了常与子女聊天的老年人界定为获得了代际精神慰藉。样本中有73.2%的老年人平时经常与子女聊天。

本研究将核心解释变量独生子女的居住距离界定为子女目前常住地和老年人常住地相隔的行政距离,划分为同住、住在本村或街道、本乡或区、本县或市、同省其他县(市)、省外或境外6类(分类间不存在包含与被包含关系),以此来代表独生子女与老年人居住距离的相对远近。在变量处理上,将居住距离分别作为连续变量和分类变量纳入到回归模型中。如表5.1所示,绝大部分独生子女倾向于与老年人近距离居住,与老年人同住以及住在同村/街道各占三成左右,仅有3.7%和4.1%的独生子女住在省内其他县(市)和省外/境外。本节的控制变量分为老年人个人特征、子女特征、家庭特征和社区特征四类。

表5.1 变量释义及描述性统计

项目	变量	定义	均值	标准差
被解释变量	经济支持(回归时取对数)	连续变量,介于0—40000元之间	2099.790	4008.271
	生活照料	虚拟变量,生病有子女照料=1;无=0	0.523	0.500
	精神慰藉	虚拟变量,平时经常与子女聊天=1;无=0	0.732	0.443
核心解释变量	子女居住距离	连续变量,介于0—5之间	1.489	1.400
	子女居住距离(分类变量)	同住=1,其他=0	0.301	0.459
		同村/街道=1,其他=0	0.303	0.460
		同乡/区=1,其他=0	0.121	0.326
		同县/市=1,其他=0	0.197	0.398
		同省其他县(市)=1,其他=0	0.037	0.189
		省外/境外=1,其他=0	0.041	0.198

续表

项目	变量		定义	均值	标准差
控制变量	老年人个人特征	年龄	连续变量,介于60—110岁之间	82.419	13.925
		性别	虚拟变量,1=男性;0=女性	0.463	0.499
		受教育年限	连续变量,介于0—22年之间	5.352	5.417
		是否有养老金或退休金	虚拟变量,1=是;0=否	0.632	0.483
		日常生活自理能力	虚拟变量,1=受限;0=不受限	0.251	0.434
		自评健康	虚拟变量,1=较好;0=较差	0.423	0.494
	子女特征	年龄	连续变量,介于18—81岁之间	53.469	14.663
		性别	虚拟变量,1=男性;0=女性	0.580	0.494
	家庭特征	婚姻状况	虚拟变量,1=现有配偶;0=现无配偶	0.494	0.500
		父母是否给予子女经济支持	虚拟变量,1=是;0=否	0.209	0.407
	社区特征	社区类型	虚拟变量,1=城镇;0=农村	0.695	0.461
		社区是否提供养老服务	虚拟变量,1=是;0=否	0.721	0.449

研究方法上,由于在样本中有41.81%的老年人未获得代际经济支持,这意味着部分观察样本的代际经济支持被压缩在零点上,如果采用OLS回归都会得出有偏的结果。在此情况下,首先,为探讨独生子女居住距离对老年人代际经济支持产生的影响,采用Tobit回归模型进行估计。其次,通过构建二元Probit回归模型来探究独生子女居住距离对老年人代际照料支持和精神慰藉产生的影响。

三、结果分析

(一)回归分析

表5.2为独生子女居住距离对老年人代际支持回归分析的结果。模型1、模型3、模型5的结果显示,若把居住距离作为连续变量放入回归中,独生子女的居住距离越远,其老年父母获得的代际经济支持越多、生

活照料和精神慰藉越少。在此基础上,模型 2、模型 4、模型 6 更深入地探讨了把居住距离作为分类变量时,不同类型的居住距离对老年人代际支持的影响。

表 5.2 独生子女居住距离对老年人代际支持的回归分析

变量		经济支持(Tobit)		生活照料 (二元 Probit)		精神慰藉 (二元 Probit)	
		模型 1	模型 2	模型 3	模型 4	模型 5	模型 6
		回归系数	回归系数	平均边际效应	平均边际效应	平均边际效应	平均边际效应
居住距离(连续变量)		0.360** (0.143)	—	-0.049*** (0.066)	—	-0.067*** (0.008)	—
居住距离 (分类变量,同住=0)	同村/街道	—	0.637 (0.485)	—	-0.046* (0.027)	—	-0.101*** (0.029)
	同乡/区	—	1.171* (0.636)	—	-0.180*** (0.034)	—	-0.171*** (0.041)
	同县/市	—	1.913*** (0.584)	—	-0.147*** (0.031)	—	-0.177*** (0.036)
	同省其他县(市)	—	1.155 (1.026)	—	-0.227*** (0.053)	—	-0.363*** (0.075)
	省外/境外	—	0.724 (0.989)	—	-0.242*** (0.057)	—	-0.397*** (0.070)
老年人特征	年龄	-0.034 (0.032)	-0.033 (0.032)	0.003* (0.002)	0.003* (0.002)	0.002 (0.002)	0.002 (0.002)
	性别(女=0)	-0.857** (0.398)	-0.826** (0.399)	-0.027 (0.019)	-0.028 (0.019)	-0.047* (0.025)	-0.043* (0.025)
	受教育年限	0.021 (0.049)	0.016 (0.049)	-0.007*** (0.002)	-0.007*** (0.002)	0.005* (0.003)	0.005 (0.003)
	是否有养老金或退休金	-0.777* (0.437)	-0.826* (0.439)	0.008 (0.022)	0.008 (0.022)	-0.036 (0.028)	-0.042 (0.029)
	日常生活自理能力(不受限=0)	-0.889* (0.530)	-0.848 (0.529)	-0.036 (0.027)	-0.039 (0.027)	-0.001 (0.035)	-0.005 (0.035)
	自评健康(较差=0)	-1.452*** (0.380)	-1.391*** (0.382)	-0.025 (0.018)	-0.022 (0.019)	-0.018 (0.024)	-0.017 (0.024)

变量		经济支持（Tobit）		生活照料 （二元 Probit）		精神慰藉 （二元 Probit）	
		模型 1	模型 2	模型 3	模型 4	模型 5	模型 6
		回归系数	回归系数	平均边际 效应	平均边际 效应	平均边际 效应	平均边际 效应
独生子女 特征	年龄	0.005 (0.027)	0.003 (0.027)	0.002 (0.001)	0.002 (0.001)	0.001 (0.002)	0.001 (0.002)
	性别（女= 0）	0.503 (0.379)	0.560 (0.381)	−0.005 (0.019)	−0.010 (0.019)	0.004 (0.024)	0.005 (0.024)
家庭特征	婚姻状况 （现无配 偶=0）	−0.167 (0.543)	−0.284 (0.546)	−0.319 *** (0.018)	−0.315 *** (0.018)	−0.104 *** (0.033)	−0.102 *** (0.034)
	父母是否给 予子女经济 支持（否= 0）	2.334 *** (0.476)	2.380 *** (0.476)	0.015 (0.025)	0.014 (0.025)	0.111 *** (0.032)	0.111 *** (0.032)
社区特征	社 区 类 型 （农村=0）	−0.257 (0.439)	−0.312 (0.439)	−0.055 ** (0.022)	−0.055 ** (0.022)	0.009 (0.029)	0.007 (0.029)
	社区是否提 供养老服务	1.341 *** (0.424)	1.338 *** (0.425)	0.003 (0.020)	0.006 (0.020)	0.070 *** (0.026)	0.068 ** (0.026)
	常数	4.880 ** (2.100)	4.697 ** (2.114)	—	—	—	—
Pseudo R2		0.015	0.016	0.492	0.496	0.091	0.095

注：*** 为 1%显著性水平，** 为 5%显著性水平，* 为 10%显著性水平，括号内为标准误，下同。

经济支持方面，如模型 2 所示，与亲子同住相比，在同县/市、同乡/区的居住距离下，老年人每年从子女处获得的经济支持更多，经济支持力度的排序为：同县/市>同乡/区>亲子同住。这表明在"反馈模式"下，不与父母同住的独生子女并未完全忽视对父母应尽的赡养义务，当居住距离较远时，子女倾向于给予更多的经济支持来补偿和关心父母。此外，同省其他县（市）以及省外/境外等较远的居住距离未能产生显著的正向影响，这表明模型 1 得到的"居住距离越远，老年人获得的代际经济支持越多"这一结论的成立具有在同县/市范围内的前提条件。一般将居住距离处于同县/市范围内而未同住的视为"分而不离"的状态：老年父母与子女有不同的生活空间,但居住距离较近,在保持亲子生活独立的同时还能维持紧密的联系。因此,"分而不离"的居住方式比居住距离较远的"既分又离"模式和"亲子同住"模式更有利于老年人获得经济支持。假设1无法完全得到验证。

生活照料方面,模型4的结果显示,各类居住距离均对老年人的生活照料产生显著影响。具体来看,与亲子同住的老年人相比,与独生子女住在同村/街道的老年人获得照料支持的可能性减少4.6%,住在同乡/区的减少18.0%,住在同县/市的减少14.7%,住在同省其他县(市)的减少22.7%,住在省外/境外的减少24.2%,总体上呈现出亲子间的居住距离越远,老年人获得的生活照料支持越少的特点,假设2得以验证。从边际效应的大小来看,同乡/区及以外的居住距离会带来较大的照料削弱效应。

精神慰藉方面,模型6的结果显示,各类居住距离均对老年人获得的精神慰藉产生显著影响。具体而言,与亲子同住的老年人相比,居住距离为同村/街道的老年人获得的精神慰藉支持减少10.1%,同乡/区的老年人获得的精神慰藉支持减少17.1%,同县/市减少17.7%,同省其他县(市)减少36.3%,省外/境外减少39.7%,可见独生子女与老年人之间的居住距离越远,父母获得的代际精神慰藉越少,假设3得以验证。从边际效应的大小来看,同省其他县(市)及以外的居住距离会带来较大的精神支持削弱效应。上述分析表明独生子女居住距离对老年父母的各项代际支持均产生了影响,从代际支持的角度建构了一种区别于客观物质环境的社会空间,印证了空间具有的自然和社会双重属性。较远的居住距离不仅意味着地理上空间距离的拉大,还加深了亲子间的心理界限,进而导致代际互动的变化。

其他个体、家庭和社区因素也影响着老年人代际支持的获得。个体因素层面,年龄越大的老年人各项生理机能衰退越严重,因此越需要子女提供照料,这与聂建亮(2018)的研究结论一致。女性老年人获得的经济支持和精神慰藉更多,这可能是因为女性老年人的经济来源更加缺乏,加之女性更擅长向独生子女倾诉和表达自己的需求。教育程度低的老年人接受的生活照料较多,自评健康较差的老年人获得的经济支持较多,这说明人力资本薄弱的老年人需要更多的代际支持来维持基本生活。有养老金或退休金的老年人获得的经济支持更少,表明社会保障在一定程度上对代际经济支持存在挤出效应。家庭因素层面,"少年夫妻老来伴",现有配偶的老年人可以通过相互扶助来解决养老问题,获得的代际照料和精神慰藉更少,这与乐章和肖荣荣(2016)的研究结论一致。[1] 老年人给予子女经济支持有利于老年人获得经济支持和精神慰藉。社会交换理论印证了这一结果,该理论认为追求利益是人类行为的基本原则,个体喜欢维持双向交换互惠关系,子女对父母的代际支持是对养育之恩的回馈。[2] 社区因素层面,农村老年人更有可能获得独生子女的生活照料。农村的社会养老保险给付水平更低,养老服务体系相对滞后,再加上农村"养儿防老"的传统孝道观念更加根深蒂固,依靠子女来照料的可能性更高。老年人所在社区提供的养老服务有利于老年人获得子女的经济支持和精神慰藉,其原因可能是社区养老服务的发展有助于推动孝老、敬老社区共识与价值观念的形成,独生子女更能认识到家庭养老的意义,更充分地履行赡养义务。

(二)稳健性检验:工具变量法

居住距离变量可能存在内生性问题,从而导致估计结果有偏。具体来说,首先,子女的居住距离和代际支持可能存在反向因果关系。一方面,子女的居住距离会影响老年人代际支持的获得;另一方面,子女的迁移行为往往是选择性的,在做出迁移决策时会考虑到老年人的养老现实状况,若老年人的养老需要在很大程度上依靠独生子女,该子女可能倾向于不外出。[3] 其次,老年人代际支持的获得还受到子女的养老意识等无法观测的变量的影响,模型可能存在遗漏变量问题。表5.3的内生性检验结果表明,分别可以在10%、5%、5%的水平上认为居住距离为内生变量。

---

① 乐章、肖荣荣:《养儿防老、多子多福与乡村老人养老倾向》,《重庆社会科学》2016年第3期。

② Stevens,E.S.,"Reciprocity in Social Support:An Advantage for the Aging Family",*Families in Society:The Journal of Contemporary Social Services*,73(9),1992,pp.533-541.

③ Giles,J.and Mu,R.,"Elderly Parent Health and the Migration Decisions of Adult Children:Evidence from Rural China",*Demography*,44(2),2007,pp.265-288.

解决内生性问题的常用方法之一是工具变量法,工具变量需要满足相关性和外生性两个前提条件,即:与内生变量相关,与被解释变量不相关。本节选取老年独生子女父母所在县(区)其他老人与子女的平均居住距离作为工具变量,其原因在于:其一,县(区)可视作一个居住者行为相互影响的"社会交往圈"。个体所在县(区)其他年轻人的居住情况会对个人的居住行为的选择产生"同辈效应",具体表现为先行流动者经济收入的提高可能会使同辈产生相对剥夺感,其流动行为也会形成示范效应,促使县(区)内其他人向外迁移。① 实证结果进一步证实了该推论:表5.3中三个模型的一阶段回归结果均显示,老年父母所在县(区)其他老人与子女的平均居住距离,与老年父母和其独生子女的居住距离呈现显著的正相关。此外,弱工具变量检验能进一步帮助我们验证工具变量与内生解释变量是否相关。结果显示,IV-Tobit 和 IV-Probit 模型中的 AR检验分别在 10%和 5%的显著性水平上拒绝了原假设,因此不存在工具变量与内生解释变量不相关的弱工具变量问题。其二,所在县(区)其他老年人与子女的平均居住距离与独生子女老年父母得到的代际支持没有直接的联系,工具变量具有外生性。

第二阶段的估计结果表明,在解决内生性问题后,较远的居住距离对老年父母获得的代际经济支持的积极影响以及生活照料和精神慰藉的负面影响仍然显著,这与前文的研究结论一致,说明表5.2的回归结果具有稳健性。

表5.3 独生子女居住距离对老年父母代际支持的影响:工具变量估计

变量	工具变量模型					
	IV-Tobit		IV-Probit		IV-Probit	
	阶段一:居住距离	阶段二:经济支持	阶段一:居住距离	阶段二:生活照料	阶段一:居住距离	阶段二:精神慰藉
独生子女居住距离	—	1.337* (0.822)	—	-0.645*** (0.230)	—	-0.622*** (0.220)

① 盛亦男:《中国的家庭化迁居模式》,《人口研究》2014 年第 3 期。

续表

变量	工具变量模型					
	IV-Tobit		IV-Probit		IV-Probit	
	阶段一：居住距离	阶段二：经济支持	阶段一：居住距离	阶段二：生活照料	阶段一：居住距离	阶段二：精神慰藉
所在县/区其他老年人子女平均居住距离	1.086*** (0.151)	—	1.073*** (0.149)	—	1.077*** (0.150)	—
控制变量	已控制	已控制	已控制	已控制	已控制	已控制
内生性检验	Wald 检验：2.64*		Wald 检验：4.63**		Wald 检验：5.30**	
弱工具变量检验	AR 检验：2.99*		AR 检验：4.97**		AR 检验：5.60**	

注：本表中的控制变量与表5.2回归分析选取的控制变量一致；表中汇报的均为回归系数。

四、结论与讨论

独生子女父母的代际支持与养老保障是中国民生保障制度面临的重大问题。本节基于反馈理论、需求层次理论和空间理论，利用2018年中国老龄健康影响因素调查数据，研究得到了如下结论：其一，当居住距离处于同县/市（即"分而不离"）的状态时，老年人获得的经济支持最多。其二，独生子女的居住距离越远，老年人获得的代际生活照料和精神慰藉越少。亲子地理空间上的分离加深了亲子间的心理界限，导致代际间的生活照料支持和精神慰藉被削弱。其三，居住距离对代际支持的影响程度存在年龄和婚姻状况的异质性，亲子居住分离对老年父母代际支持的负面影响在高龄老年人和现无配偶老年人身上表现得更加严重。

基于以上研究结论，本节从家庭与个人、社会、政府三个层面提出如下建议，以便更好地满足独生子女的老年父母的养老需求与美好生活需要，促进民生保障制度建设。

首先，维护家庭内部的代际支持，重视独生子女父母的养老准备。一方面，独生子女应当坚守赡养父母的责任。在条件允许的范围内，独生子女应尽可能在居住距离上靠近父母，或是利用节假日多与父母小聚，帮助他们料理家务、解决生活上的困难,充分使用网络和电子设备保持与父母的沟通交流。另一方面,鼓励独生子女父母转变养老观念,加强思想、经济、健康等方面的养老准备,减少对子女的养老依赖,未雨绸缪,增强自我养老意识。

其次,将社会支持嵌入家庭养老,倡导自我养老、家庭养老、社会养老等养老方式有机结合。一方面,建立和完善以居家为基础、社区为依托、机构为补充、信息化为辅助,医养融合发展的多支柱、多功能养老服务体系,发展智慧养老、互助养老等新型养老模式,提高老年人对于全面优质的养老服务的可及性。另一方面,结合政府的宏观养老保障制度和家庭的微观养老实践,按需提供契合的养老服务。养老保障政策应向独居高龄老年人和独居丧偶老年人倾斜,为他们提供及时的社会化的照料以及精神慰藉服务,以弥补子女不在身边的缺憾。对于独居老年人中的农村"五保"、城市"三无"老年人,应坚持政府主导的福利供给,提供政府购买服务或公办养老机构服务。

最后,政府应注重家庭主义支持政策的制定与鼓励生育政策的实践。一方面,借鉴国际经验,扩大国家对于老年人护理领域的财务支持和公共提供,给予独生子女慰问津贴、探亲假、护理假,提供"喘息"服务等相关政策倾斜,[1]为独生子女充分履行赡养职责提供便利。如 2016 年,河南省率先制定了为老年父母生病住院的独生子女提供每年不超过 20 天的护理假制度。在地方性政策的基础上,总结各地实施的经验,适时推广到全国。同时,加强对独生子女家庭的养老风险防范、保障、救助和伤亡补偿,并重视社会化养老服务体系和社会服务国家的建设,减轻独生子女的养老负担。另一方面,应认识到多子女对于巩固家庭养老基础、调节居住方式和代际支持关系的意义。[2] 政府应当探索进一步放松生育限制政策的可行性,为化解未来的老年代际支持困境打好人口基础。

受制于现有调查数据未能提供亲子间的时间距离以及亲代给予子代

---

① 杨红燕:《去商品化与去家庭化:老年照护服务体制的国际比较——以欧洲 14 个典型国家为例》,《江淮论坛》2019 年第 2 期。

② 殷俊、刘一伟:《子女数、居住方式与家庭代际支持——基于城乡差异的视角》,《武汉大学学报(哲学社会科学版)》2017 年第 5 期。

的代际照料支持等信息,本研究仅考察了亲子间的地理距离对亲代获得的代际支持的影响。这使得我们无法判断,在人口老龄化和人口流动速度加快、交通业飞速发展的大背景下,亲子时间距离对双向代际支持的影响以及地理距离对亲代给予子代的代际支持的影响,以上两个问题值得进一步考察和探究。

第二节　机构养老床位供给及影响因素研究[①]

一、养老机构床位的供给现状

(一)养老机构床位总体供给状况

机构养老床位是社会化养老服务供给不可或缺的核心资源。尤其是对于我国 4000 多万失能、半失能老人而言,[②]机构养老服务是减轻家庭照护负担,保障老人必要的照护需求的重要载体。从图 5.2 和图 5.3 可以看出,2012—2019 年中国养老服务床位数、机构养老床位数和社区养老床位数[③]均呈现增长趋势,其中,2019 年养老服务床位数最多达 775.0 万张,机构养老床位数达 438.8 万张,社区养老床位数达 336.2 万张。同时在每千名老人人均养老床位数方面,总体上也呈现增长趋势。具体而言,在每千名老人人均机构养老床位数方面,2012—2019 年呈现下降趋势,而在每千名老人社区养老床位数方面,2012—2015 年呈现迅速上升趋势,2015—2019 年趋于稳定。2019 年每千名老人人均床位数为 30.5 张,离民政事业"十三五"规划提出的到 2020 年每千名老人拥有养老床

---

① 本节作者杨红燕、陈鑫、聂梦琦、罗萍、秦昆,相关内容以《地方政府间"标尺竞争""参照学习"与机构养老床位供给的空间分布》为题已发表在《中央财经大学学报》2020 年第 2 期。

② 党俊武:《中国城乡老年人生活状况调查报告 2018 年》,社会科学文献出版社 2018 年版,第 138—167 页。

③ 自 2012 年开始,民政部社会服务发展统计公报统计了社区养老床位数。

位数达到 35—40 张的发展目标①仍存在一定差距。

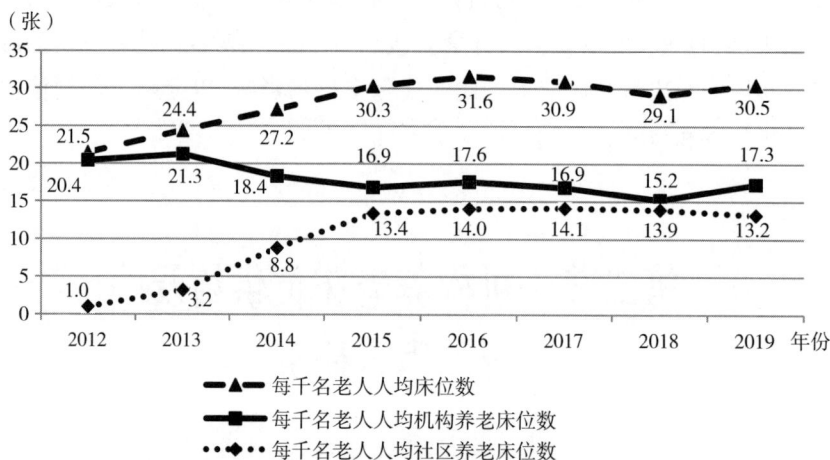

图 5.2　2012—2019 年每千名老年人人均养老床位数

注:鉴于保留小数位原因,老年人人均机构床位数和社区床位数相加与总数存在细微出入。

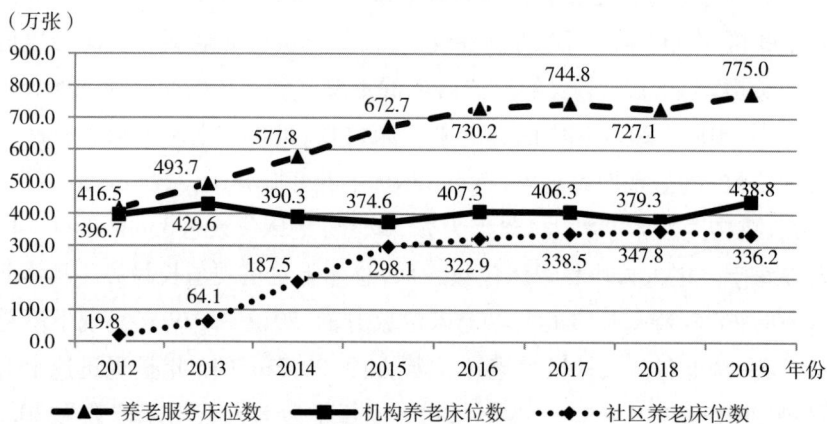

图 5.3　2012—2019 年养老服务机构年末床位数

资料来源:2012—2019 年《社会服务发展统计公报》。

① 民政部:《图解:民政"十三五"规划要点》,民政部网站,见 http://www.mca.gov.cn/article/gk/tjtb/201607/20160715001099.shtml,2016 年 7 月 7 日。

（二）养老机构床位空间分布状况

尽管从每千名老年人人均养老床位数上看,其距离民政事业"十三五"规划提出的 2020 年目标并不遥远,但《"十三五"国家老龄事业发展和养老体系建设规划》指出,城乡、区域老龄事业发展和养老体系建设不均衡问题突出,养老服务有效供给不足。因而,还需要进一步从空间分布上对中国不同县(区)养老机构床位供给进行分析,以考察在全国总量供给乐观的情况下,县(区)层面的供给状况。养老服务机构床位的空间分布呈现出两个特点,一是在绝对数量上,养老服务机构年末床位数呈现出东南高、西北低的特点;二是在相对数量上,每千名老年人人均养老床位数量呈现出更为复杂的特点,即西北冰火两重天,东南优势不保。具体如下:

1. 东南高、西北低的养老机构年末床位空间分布

表 5.4 县(区)级养老机构床位总数与相对数分布情况

行政地理区划	省区市	养老机构床位数（张）			养老机构床位相对数（千人/张）		
		最大值	最小值	平均值	最大值	最小值	平均值
全国	—	11823	5	1139.60	1344.62	0.06	18.71
华北地区	全地区	6020	14	785.11	236.30	0.22	18.45
	北京市	6020	3238	5046.00	106.04	53.18	72.74
	河北省	3838	14	784.95	67.46	0.22	12.97
	内蒙古自治区	5472	50	669.79	236.30	0.69	26.23
	山西省	1270	15	307.00	32.11	0.25	7.60
	天津市	3102	416	1725.75	23.08	5.18	12.42
东北地区	全地区	2970	25	925.67	67.50	0.18	19.63
	黑龙江省	2970	25	899.85	67.50	0.18	24.85
	辽宁省	2719	66	969.25	32.07	0.86	10.82

行政地理区划	省区市	养老机构床位数（张）			养老机构床位相对数（千人/张）		
		最大值	最小值	平均值	最大值	最小值	平均值
华东地区	全地区	9793	16	2021.08	67.90	0.13	16.17
	安徽省	7155	24	1399.98	51.38	0.13	11.23
	福建省	1623	20	406.39	25.54	0.92	7.54
	江苏省	8708	1099	4302.71	41.33	7.06	23.48
	江西省	3326	84	1298.71	61.36	0.73	20.68
	山东省	9793	16	2096.35	67.90	0.15	17.67
	上海市	6703	3845	5274.00	30.62	22.72	26.67
	浙江省	8420	40	2424.78	39.58	0.27	19.82
华中地区	全地区	5310	5	1023.51	95.71	0.06	11.42
	河南省	4900	9	458.21	34.69	0.06	5.09
	湖北省	5310	646	2102.42	95.71	8.71	26.65
	湖南省	3196	5	981.60	36.72	0.09	9.47
华南地区	全地区	3080	20	350.79	20.33	0.20	4.04
	广东省	3080	32	1014.29	20.33	0.20	8.61
	广西壮族自治区	857	20	174.42	17.27	0.42	2.82
西南地区	全地区	11823	8	988.87	81.44	0.09	11.52
	贵州省	3565	48	586.31	32.52	0.63	9.16
	四川省	11823	10	1658.67	81.44	0.50	16.41
	云南省	1243	8	310.85	26.97	0.09	7.71
	重庆市	6553	110	2133.77	28.33	1.17	10.60
西北地区	全地区	2533	15	423.78	119.67	0.24	14.55
	甘肃省	1559	15	366.98	54.73	1.40	9.71
	宁夏回族自治区	525	226	371.50	36.22	8.47	16.96
	青海省	436	70	177.50	39.20	1.47	12.22
	陕西省	2533	30	577.88	119.67	0.24	18.67
	新疆维吾尔自治区	717	45	223.75	82.85	1.00	11.69

统计结果如表 5.4 所示①,在 1759 个样本县当中②,养老机构床位数最多达 11823 张(四川省仁寿县),最少的仅有 5 张(湖南省城步苗族自治县),均值为 1139.60 张③。从其分布来看,基本是以"胡焕庸线"作为分界线,其东南呈现中心—外围集聚现象,即在长三角区域、江汉平原—环鄱阳湖区域、四川盆地等地区呈现高值集聚,县域床位均超过 2000 张,最高甚至超过 10000 张,而周边地区的养老服务机构床位数量显著低于该地区,呈现中心向外围递减分布态势;其西北呈现"均质化"现象,即区域养老机构年末床位数呈现一致低值现象,县域床位数低于 900 张,最低的甚至低于 400 张,县域之间养老服务机构床位数差异不大。

2. 西北冰火两重天、东南优势不保的老年人均床位空间分布

根据表 5.4 和表 5.5 所示,老年人均养老机构床位数东南部整体水平并无明显优势,局域之间床位供给水平交叉,南部反而更落后。从统计的数据来看,有 767 个县/区(占比 43.6%)每千名老年人拥有的养老机构床位数在 10 张以内,435 个县/区(占比 24.72%)为 10—20 张,286 个县/区(占比 16.3%)为 20—30 张,271 个县/区(占比 15.41%)大于 30 张。将各地养老机构床位加上当地的社区养老床位后,仅有 599 个县/区(占比 34%)的千名老人床位数高于 2015 年全国平均水平(30.3 张),1049 个县/区(占比 59.64%)低于 2014 年全国平均水平(27.2 张),甚至有 604 个县/区(占比 34.34%)低于 2010 年全国平均水平(17.7 张)。因此,大多数县/区养老床位数与"十三五"养老床位数目标还存在较大差距。从老年人均养老机构床位数分布情况来看,"胡焕庸线"东南呈现"差距缩小"现象,即区域养老机构年末床位数呈现低—中等水平集聚现象,大多县域每千名老人床位数低于 17.7 张。而西北部则是冰火两重天,新疆北部、内蒙古西北部等部分地区床位供给低水平集聚,与西藏、新

---

① 县(区)级养老机构床位总数与相对数分布情况可视化图见杨红燕等:《地方政府间"标尺竞争""参照学习"与机构养老床位供给的空间分布》,《中央财经大学学报》2020 年第 2 期

② 本节相关数据来自《中国民政统计年鉴(2016)》和《中国县域统计年鉴(2016 市县卷)》,在全国县级行政区域中通过删去部分数据缺失的县,最终得到 1759 个县市作为研究对象。

③ 此处按照均值估计,1759 个样本县养老机构床位总数为 200 万张,与当年的养老机构床位总数有差距。原因是此处剔除了数据缺失的县。

疆南部、内蒙古部分地区呈现的高值集聚现象截然相反,后者每千名老人床位数甚至超过 180.3 张,远远超过了东南部的平均水平。而且,这一结果与养老机构床位总数的分布结果迥然相异。为何在东、中部等经济发展程度较高的地区其人均养老床位数并不领先? 为何经济、社会发展并未自动地带来养老服务供给水平的提高?

表5.5 县(区)养老机构床位相对数区间分布情况

床位数	最小值		最大值		个数	占比
10 张以下	0.0612	淮阳县(河南周口)	9.9996	平乡县(河北邢台)	767	43.60%
10—20	10.0016	济源市(河南)	19.9777	临漳县(河北邯郸)	435	24.73%
20—30	20.0158	遵义县(贵州遵义)	29.9633	藁城市(河北石家庄)	286	16.26%
30—40	30.0557	高邮市(江苏扬州)	39.9798	石城县(江西赣州)	135	7.67%
40—50	40.0421	理县(四川阿坝藏族羌族自治州)	49.5929	巴林左旗(内蒙古赤峰)	50	2.84%
大于50张	50.0040	赤壁市(湖北咸宁)	1344.6215	桑日县(西藏山南)	86	4.89%

二、机构养老床位分布的理论分析

民政部制定的《老年养护院建设标准》中指出,"老年养护院的建设规模应根据所在城市的常住老年人口数并结合当地经济发展水平和机构养老服务需求等因素综合确定"。但是,老年人口数量与经济发展水平等因素并不能解释养老机构床位分布差异,例如:老龄化程度、经济发展程度排名前列的长三角地区①,其人均养老床位数却并不高,仅仅与中西部地区的湖北省、江西省、陕西省相当。表明还有其他的关键因素影响养老服务机构床位供给与分布。又有哪些因素可能影响不同县(区)的机

① 根据《中国统计年鉴 2016》计算得出 2015 年上海市、江苏省、浙江省 65 岁以上老年人口占比分别为 12.82%、12.69%、11.73%,同期全国平均水平为 10.47%。

构养老床位供给状况？

（一）地方政府"标尺竞争"导致的财政支出结构偏好

"标尺竞争"主要指基于非对称信息下本地选民并不能判断本地政府提供的公共服务是否是最优的，而邻近地区政府公共支出更容易观察到，使得本地区政府在制定财政政策时不得不考虑其他地区政府特别是相邻地区政府行为。[①] 中国央地之间财政分权和财权与事权失衡的背景下，地方政府大量依赖税收和"土地财政"为竞争筹资，并通过大量的固定资产投资促进本地的经济增长。Li 和 Zhou（2005）指出，中国的财政分权和政治集权的结合使一些地方政府在向上负责和以经济绩效为考核指标的晋升体制下，为发展地方经济而开展"标尺竞争"，致使地方政府忽视在短期内对经济增长效果不明显的文教、卫生等公共服务的投入。[②] 因此，在财政支出总额一定的背景下，财政基础设施支出对于养老服务财政支出存在"挤出效应"，财政社会文教支出内部的其他项目支出与养老服务项目之间可能也存在竞争和负相关。值得一提的是，自政府开始对官员考核体系改革后，民生建设被置于与经济增长同等重要的位置，且领导升迁概率与民生绩效正相关。[③] 因此，地方政府也可能在公共服务领域展开竞争。相比较教育、住房、医疗卫生、养老保险等公共服务，养老服务事业的舆论关注度不占优势。而且，养老服务发展周期长、社会效益难以科学衡量、经济效益不明显等种种问题的存在使得其很容易成为财政支出结构偏向的受损者。

支持本推理的一个论据是，养老服务空间分布的状况与县级财政分权比例高低的分布较为类似。如果以增值税分成比例来衡量县级政府分权程度的话，东北和西部地区的县级分权比例小于中部和东部地区。[④]

---

① Besley, T.and Case, A., "Incumbent behavior: Vote-seeking Tax-setting and Yardstick Competition", *The American Economic Review*, (85), 1995, pp.25-45. Baicker, K., "The spillover effects of state spending", *Journal of Public Economics*, 89(2), 2005, pp.529-544.

② Li, H.B.and Zhou, L.A., "Political Turnover and Economic Performance: The Incentive Role of Personnel Control in China", *Journal of Public Economics*, (89), 2005, pp.1743-1762.

③ Zuo, Cai, "Promoting City Leaders: The Structure of Political Incentives in China", *The China Quarterly*, (224) 2015, pp.955-984.

④ 毛捷、吕冰洋、陈佩霞：《分税的事实：度量中国县级财政分权的数据基础》，《经济学（季刊）》2018 年第 2 期。

也就是说,县级财政分权比例高,从而自有财力更强的东部和中部地区,人均养老服务床位数并不高。而县级财政分权比例不高,从而更多依赖上级转移支付的西部和东北地区,人均养老床位数比例反而更高。此时更高的床位数某种程度上可能并非反映了县区政府的支出偏好,而是由转移支付的性质决定,也更多反映了上级转移支付对于县区级政府的支出偏好的干预和纠错。

(二)地方政府"参照学习"导致的空间互动

一个空间单元与邻近单元的经济现象具有地理上或经济上的空间相关性和空间依赖性,各空间单元之间的互动,呈现空间集聚特征,进而形成经济现象的空间俱乐部趋同。地方官员在制定本地区福利水平的同时都倾向以相邻地区的福利水平作为参照。[1] 而相邻地区的这种"参照"可能导致两种结果:"逐底竞争"[2]和"逐顶竞争"。[3] 在我国,经济增长驱动下自上而下的地方政府竞争会导致财政投资性支出的增长,养老服务、教育、卫生等再分配性支出的减少;居民监督下自下而上的民生关注与舆论压力又使得地方政府在支出竞争中往往会以其他地方政府的支出行为为基准进行"参照学习",形成社会福利供给上的空间溢出效应。无论是财政支出竞争导致的"税率"升降还是福利竞争引发的福利调整都可能使得地方财政支出产生空间互动乃至空间协同。京津冀养老服务供给的区域协同就是很好的例子。增长激励与民生激励并存,使得养老服务机构床位的"空间溢出"和"参照学习"可能呈现正向和负向等两种不同的影响效果。从信息传播的角度看,居民和舆论对于距离更近的地区的关注度更高。因此,居民监督与地方政府的"参照学习"的效果与地理距离呈现负相关。而这恰好与 GWR 模型契合,在该模型中,每一个地区都受其他地区的影响,受影响的程度与地理位置负相关,即距离越近的影响越大,距离越远的影响越小。因此,本节将使用 GWR 模型进一步分析验证。

① Sinn,H.W.and Ochel,W.,"Social Union,Convergence and Migration",*Journal of Common Market Studies*,41(5),2010,pp.869-896.

② Tanzi,V.,"Globalization and the Future of Social Protection",*Scottish Journal of Political Economy*,49(1),2002,pp.116-127.

③ Rodrik,D.,"Why do More Open Economies Have Bigger Governments?",*Cepr Discussion Papers*,106(5),1998,pp.997-1032.

三、养老机构床位空间分布的影响因素

（一）养老机构床位总体供给

尽管养老服务相关研究成果汗牛充栋,但基于宏观层面研究养老床位等资源分布的成果并不多。现有研究大多围绕机构养老和社区居家养老,提出养老服务资源存在总量不足与区域不均衡等问题。在机构养老方面,王莉莉(2014)认为,中国城乡养老机构床位数结构性短缺,城市需求大但床位数少,而农村需求小却床位多,造成有实际需求的老年人的入住愿望得不到满足[1];何南芙等(2018)认为吉林省养老机构床位配置呈现总量不足与入住率偏低同时存在的矛盾现象,且表现出区域发展不均衡的状态,中部、西部、东部由高到低[2]。徐俊等(2019)发现北京市养老机构床位使用率存在城乡差别、机构规模分布不均衡等问题[3],而席晶等(2015)进一步指出北京市的机构养老服务在发展阶段和布局现状都存在空间差异[4]。在社区居家养老服务方面,白晨等(2018)认为,包括基本生活照料、护理康复、情感关怀等在内的基本养老服务横向不平等问题突出,以东部最为严重[5],同时丁志宏等(2011)研究发现中国社区居家养老服务除在东、中、西部外,还在城乡存在着明显的不均等现象[6];但郭丽娜和郝勇(2018)认为在城镇居家养老服务整体上处于需求大于供给的状态[7]。

（二）影响养老机构床位空间分布的因素

在养老服务总量及分布影响因素的研究成果中,从地方政府间"标

① 王莉莉:《中国城市地区机构养老服务业发展分析》,《人口学刊》2014 年第 4 期。

② 何南芙等:《吉林省养老机构床位配置及利用》,《中国老年学杂志》2018 年第 20 期。

③ 徐俊、朱宝生:《养老机构床位使用率及其影响因素研究——以北京市为例》,《人口与经济》2019 年第 3 期。

④ 席晶、程杨:《北京市养老机构布局的时空演变及政策影响》,《地理科学进展》2015 年第 9 期。

⑤ 白晨、顾昕:《中国基本养老服务能力建设的横向不平等——多维福祉测量的视角》,《社会科学研究》2018 年第 2 期。

⑥ 丁志宏、王莉莉:《我国社区居家养老服务均等化研究》,《人口学刊》2011 年第 5 期。

⑦ 郭丽娜、郝勇:《居家养老服务供需失衡:多维数据的验证》,《社会保障研究》2018 年第 5 期。

尺竞争"与空间相互作用的角度考虑的研究成果相当少,尽管地方政府间"标尺竞争"常常被用于解释其他公共服务的供给扭曲状况。周黎安(2007)指出中国以 GDP 考核为主的官员晋升体制即晋升锦标赛,促使地方官员只关心可测度的经济绩效,而忽略了教育、科技和医疗卫生等许多长期的影响。[1] 为增长而竞争的后果可能体现在多个方面,直接影响到当地居民的福利水平和资源配置的效率[2],造就了地方公共支出结构"重基本建设、轻人力资本投资和公共服务"的扭曲[3]。与西方"自下而上的标尺竞争"不同,中国地方政府是"自上而下的标尺竞争"[4],是 GDP 的竞争[5]。如省级政府间(主要是地理相近省份)财政社会保障支出存在显著的"标尺竞争"。[6] 此外,空间因素日益被用于解释人力资本作用[7]、环境污染程度[8]、区域创新产出甚至财政社会救助支出的区域差异等现象[9]。例如,经济发展水平相似和距离接近的省份间存在财政支出的策略互补性竞争,且距离是影响地区相互作用的主要因素。[10] 因此,地区间养老服务床位等资源空间相互作用的问题也值得进一步的研究。

综上,系统评估养老服务供给的成果不多,全国范围的研究更少。供给影响因素的解释也较为单一,缺乏从制度层面的深入解读,且未能考虑

---

① 周黎安:《中国地方官员的晋升锦标赛模式研究》,《经济研究》2007 年第 7 期。

② 黄纯纯、周业安:《地方政府竞争理论的起源、发展及其局限》,《中国人民大学学报》2011 年第 3 期。

③ 傅勇、张晏:《中国式分权与财政支出结构偏向:为增长而竞争的代价》,《管理世界》2007 年第 3 期。

④ 张晏、夏纪军、张文瑾:《自上而下的标尺竞争与中国省级政府公共支出溢出效应差异》,《浙江社会科学》2010 年第 12 期。

⑤ 张文瑾:《地方政府间支出竞争的理论综述》,《兰州大学学报(社会科学版)》2007 年第 5 期。

⑥ 杜妍冬、刘一伟:《中国省级政府间社会保障财政支出的空间竞争——基于 2004—2013 年省级面板数据》,《华东理工大学学报(社会科学版)》2016 年第 3 期。

⑦ 高远东、花拥军:《人力资本空间效应与区域经济增长》,《地理研究》2012 年第 4 期。

⑧ Que, Wei, et al., " The Spatial Effect of Fiscal Decentralization and Factor Market Segmentation on Environmental Pollution ", *Journal of Cleaner Production*, (184), 2018, pp.402–413.

⑨ 苏屹、林周周:《区域创新活动的空间效应及影响因素研究》,《数量经济技术经济研究》2017 年第 11 期。

⑩ 杨红燕:《中央与地方政府间社会救助支出责任划分——理论基础、国际经验与改革思路》,《中国软科学》2011 年第 1 期;张晨峰、鲍曙明:《地方政府间财政支出竞争的研究——中国1997—2011 年省级面板的实证》,《南京社会科学》2014 年第 6 期。

地方政府空间互动的深层次作用机制,难以准确地解释区域养老服务供给的差异原因。而地方政府"标尺竞争"的研究也多针对财政支出、社会保障支出而非养老服务供给;从技术上看,多聚焦于省级与地区层面,尺度较大。以省域为单位的研究,由于样本量过少,容易忽略省域内空间分布的非均质性,很难清晰刻画和展现现象空间格局的细节特征与规律。在少有的以县域为尺度的研究中,要么是研究范围局限于个别省份①,样本量不足;要么是采用空间常系数模型②,对于空间异质性的考虑不够,以致代表性和有效性不足,最终导致回归结论未必符合实际,而根据回归结论得出的政策判断更是值得怀疑。

在中国,地区之间的"标尺竞争"是影响地方政府最重要的渠道。③养老服务供给的空间结构与地方的经济、社会特质结合在一起,进一步成为地方政府间竞争的场域,作用于未来的养老机构床位供给。同时,地域间差异性的度量和解释受到尺度和规模的影响④,不同的尺度可能得到截然不同的结论。县级地区(包括县、县级市和地级市的市辖区)不仅是基本行政单位,也是推动经济发展的关键引擎,而县域之间在经济⑤、人口老龄化⑥等方面都存在较大差异。因此,本节以县域为研究单位,在考虑地方政府竞争和空间互动的框架下,采用地理加权回归模型(GWR)将各县区的政府竞争与地理空间互动等影响因素加入分析,对养老床位资源供给状况及其空间分布的影响机制做出探讨,以期弥补以往研究的弊端。为优化公共养老资源配置,提供有针对性的政策建议。

---

① 席晶、程杨:《北京市养老机构布局的时空演变及政策影响》,《地理科学进展》2015 年第 9 期。

② 马玉娜、顾佳峰:《县际公共养老福利资源配置研究——兼论空间与制度结构的影响》,《社会学研究》2015 年第 3 期。

③ Tsui, K.Y., "Local Tax System, Intergovernmental Transfers and China's Local Fiscal Disparities", *Journal of Comparative Economics*, 33(1), 2005, pp.1-196.

④ Getis, A., et al., "Introduction to Geography, 8th Edition", *Journal of the College of General Practitioners*, 7(5397), 2002, p.1254.

⑤ 张毅:《中国县域经济差异变化分析》,《中国农村经济》2010 年第 11 期。

⑥ 王录仓、武荣伟、刘海猛:《县域尺度下中国人口老龄化的空间格局与区域差异》,《地理科学进展》2016 年第 8 期。

四、研究方法与变量选取

（一）研究方法

1. 空间自相关

应用地理加权回归的前提是，地区之间的确存在空间相关性。空间相关常用于检验某种现象在空间上是否存在集聚，一般用 Moran's I 指数计算。其值在-1.0~1.0 之间，Moran's I >0 表示空间正相关，其值越大，空间相关性越明显，反之表示空间负相关，其值越小，空间差异越大，Moran's I = 0，空间呈随机性。其计算公式为：

$$\text{Moran's I} = \frac{n \sum\limits_{i=1}^{n} \sum\limits_{j=1}^{n} w_{ij}(Y_i - Y)(Y_j - Y)}{\sum\limits_{i=1}^{n} (Y_i - Y) \sum\limits_{i=1}^{n} \sum\limits_{j=1}^{n} w_{ij}} \tag{5.1}$$

其中，n 为研究区域的样本数，Y_i 和 Y_j 分别是 i 和 j 的属性，Y 是属性的平均值，w_{ij} 表示空间权重。

2. 地理加权回归模型

传统回归模型（OLS）基于空间事物相互独立及均质性假定，忽视了空间效应，不能反映回归参数的真实空间特征，其解释可能存在偏差。因此，有学者提出空间常系数模型，在传统回归模型的基础上考虑空间相关性和空间差异，如空间滞后模型和空间误差修正模型等，空间相关性体现在因变量的滞后项或误差中。目前，国内已有学者运用空间常系数模型对养老服务供给的影响因素进行估计。[①] 空间常系数模型虽然考虑了空间的相互作用，但是该类模型并未考虑参数的空间非平稳性。

Fotheringham 等（1998）提出的地理加权回归模型（GWR 模型）除了像空间常系数模型一样，考虑变量的空间相关性外，它还将数据的空间结构嵌入回归模型中，考虑了回归系数随不同地区空间位置的变化而变化，能够反映参数在不同地区的空间非平稳性，较好地解决了空间常系数模

---

① 马玉娜、顾佳峰：《县际公共养老福利资源配置研究——兼论空间与制度结构的影响》，《社会学研究》2015 年第 3 期。

型的问题,其结果也更符合客观实际。[1] GWR 模型[2]结构如下所示:

$$y_i = \beta_0(u_i, v_i) + \sum k \beta_k(u_i, v_i) x_{ik} + \varepsilon_i \qquad (5.2)$$

其中 (u_i, v_i) 为第 i 个县区的坐标,$\beta_k(u_i, v_i)$ 是连续函数 $\beta_k(u, v)$ 在 i 个县区的值。

(二)变量与数据

本节之所以采用县级数据与空间异质性和样本量大小有关。由于大的空间尺度上数据往往是由小的空间尺度整合而来,整合的过程中,空间相关和空间异质性都会随整合程度的提高而趋于减弱,由此导致空间计量分析结果不理想。而且,GWR 模型只能对横截面数据进行估计,无法处理面板数据。如果采用省级数据的话,31 个省级样本所组成的横截面数据显得过少,而 GWR 估算过程中,需要消耗较多的自由度。过少的样本会导致待估计变量与样本数量一样多甚至更多,导致回归结果失去意义。

根据上文的理论分析,列出模型可能采用的变量如下:

被解释变量:养老机构年末床位数。养老服务机构是指为老年人提供集中居住和照料服务的机构[3],包括:城市养老服务机构、农村养老服务机构、社会福利院、光荣院、荣誉军人康复医院、复员军人疗养院、军休所。

解释变量包括:(1)财政支出,衡量每个县的财政实力,与养老机构床位呈正相关。(2)固定资产投资额,代表财政用于固定资产投资的金额。在财政支出总额一定的情况下,固定资产投资额的增加会导致财政用于养老服务支出的减少。(3)第三产业产值。养老服务属于第三产业,与第三产业的产值之间存在正相关关系。(4)社区养老床位数。社

---

① Fotheringham, A.S., Charlton, M.E. and Brunsdon, C., "Geographically Weighted Regression: A Natural Evolution of The Expansion Method for Spatial Data Analysis", *Environment and Planning A*, 30(11), 1998, pp.1905-1927.

② Lu, B., et al., "The GWmodel R Package: Further Topics for Exploring Spatial Heterogeneity Using Geographically Weighted Models", *Geo-Spatial Information Science*, 17(2), 2014, pp.85-101.

③ 民政部:《养老机构设立许可办法》(民政部令第 48 号),中国政府网,见 http://www.gov.cn/gongbao/content/2013/content_2496401.htm, 2013 年 6 月 28 日。

区养老服务是中国养老服务体系的重要部分。在床位总数一定的情况下,社区养老床位数与机构床位数之间存在此消彼长的关系。(5)60 岁以上老年人口数。老年人口是机构养老床位的需求方,与机构养老床位数存在正相关关系。(6)财政教育支出。用中小学在校学生数来代表。教育支出作为公共服务领域的重要支出项目,与养老服务支出存在竞争关系。被解释变量和所有的解释变量都取对数。

本节利用 R 软件中 GWR model 包提供的方法进行变量筛选,[①]该方法以 AIC 值(Corrected Akaike Information Criterion)为标准,AIC 值越小,说明模型拟合效果越好,该变量可以加入模型。变量选择过程的可视化如图 5.4 所示,过程中 AIC 值的变化情况如图 5.5 所示。

View of GWR model selection with different variables

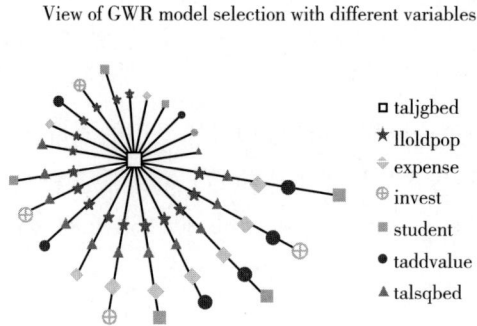

图 5.4　可视化变量选择图

图 5.4 展示了通过 21 次地理加权回归进行变量选择的过程,图中中心是因变量,其他不同形状和颜色的结点表示自变量。图 5.5 展示了过程中 AICc 值的变化情况。结合两图可以看出,随着自变量的加入,AICc 值逐渐变小,第一个加入模型的自变量是 60 岁以上老年人口数(第 6 次回归),AIC 值发生很大变化,说明 60 岁以上老年人口数与养老机构床位数相关性很大。第二个加入的是社区养老床位数(第 11 次回归),AIC 值发生小幅度变化,说明社区养老服务床位数与机构养老服务床位数也有

---

① Lu,B.,et al.,"The GWmodel R package:further topics for exploring spatial heterogeneity using geographically weighted models",*Geo-Spatial Information Science*,17(2),2014,pp.85−101.

一定的相关性。然后是公共财政支出(第 15 次回归)、第三产业增加值(第 18 次回归)、固定资产投入(第 20 次回归),而当中小学生在校数变量(第 21 次回归)放入时 AIC 值仍有显著下降。因此,最终确定将上述 60 岁以上老年人口数、公共财政支出(*expense*)、固定资产投资(*invest*)、第三产业增加值(*taddvalue*)、社区养老床位数(*talsqbed*)、中小学生在校数(*student*)全部作为解释变量纳入回归模型。

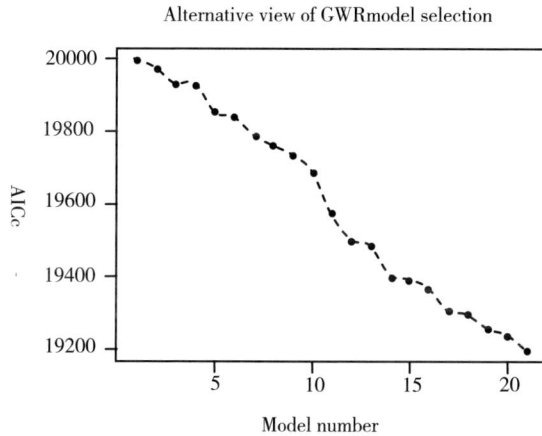

图 5.5　可视化 AIC 变化图①

相关变量的描述性统计如表 5.6 所示。

表 5.6　变量的描述性统计

变量	样本量②	中间值	标准误	最小值	最大值
养老机构年末床位数	1193	1072. 306	1436. 83	5	11823
公共财政支出	1193	330261. 9	228426	45104	2917991
固定资产投资	1193	1719488	1537037	19357	9631238
第三产业增加值	1193	756575. 3	960093. 3	33299	1.01e+07

---

①　注:横轴的数值与图 5.7 相对应,其下降幅度越大,表示对因变量养老服务床位数的影响越大,越平缓则表示影响较小。

②　此处样本县为 1193,比上文中仅统计全国养老机构床位数的样本量 1759 要少。原因是除了养老机构床位数外,GWR 模型中采用的其他解释/被解释变量有缺失。

变量	样本量[②]	中间值	标准误	最小值	最大值
60岁以上老年人口数	1193	85196.54	64093.31	804	541318
社区养老服务床位数	1193	1297.212	1647.621	2	16104
中小学生在校数	1193	65123.36	50106.47	1282	398105

五、影响养老机构床位空间分布的实证结果

(一)空间自相关检验

2015年县级养老机构年末床位数的 Moran's I 值为 0.4953,且在 99%置信水平下具有显著性,表明县级养老机构年末床位数在空间上存在显著的正相关。此时,不考虑地区间空间相关的普通回归是无效的。

(二)OLS 模型与 GWR 模型结果

OLS 和 GWR 的回归结果详见表 5.7。根据 Fotheringham 等(1998) 的解释[①],若 OLS 与 GWR 的 AIC 之差大于3,则说明 GWR 模型的拟合效果要好于 OLS。[②] 在表 5.5 的 GWR 模型中 OLS 与 GWR 的 AIC 之差为 366.581,远大于3,说明 GWR 模型优于 OLS 模型,更好地解释了养老机构年末床位数的空间分布。

表 5.7 OLS 与 GWR 模型诊断结果比较

参数	AIC	R^2	校正 R^2	RSS
OLS	3732.406	0.3317	0.3283	1574.237
GWR	3365.825	0.5491	0.4807	1062.235

如表 5.8 所示,全国范围内 GWR 回归结果表明,公共财政支出、第

---

① Fotheringham, A.S., Charlton, M.E. and Brunsdon, C., "Geographically weighted regression: a natural evolution of the expansion method for spatial data analysis", *Environment and Planning A*, 30 (11), 1998, pp.1905-1927.

② 余丹林、吕冰洋:《质疑区域生产率测算:空间视角下的分析》,《中国软科学》2009 年第 11 期。

三产业增加值、60 岁以上老年人口数每增加一个单位,养老机构年末床位数分别增加 31.87%、22.93%、49.46%。而固定资产投入、社区床位数、中小学生在校数每增加一个单位,养老机构年末床位数分别减少 6.36%、29.77%、34.13%。分别从"胡焕庸线"左右两侧来考察的话,解释变量回归系数中位数存在较为明显的差异。

表 5.8　OLS 与 GWR 模型回归结果及 F 检验

	OLS 系数	P 值(OLS 模型 T 检验)	GWR 系数 中间值	P 值(GWR 模型 F 检验)
截距	−6.568176	1.00e-13	−3.4197324	1.186e-08
公共财政支出	0.566297	3.38e-06	0.3187246	3.714e-13
固定资产投入	−0.001588	0.982	−0.0415477	1.537e-09
第三产业增加值	0.342085	1.43e-05	0.2292769	<2.2e-16
60 岁以上老年人口数	0.876405	<2e-16	0.4945597	<2.2e-16
社区床位数	−0.221332	<2e-16	−0.2976989	<2.2e-16
中小学生在校数	−0.659136	<2e-16	−0.3413481	<2.2e-16
校正 R^2	0.3283		0.48069	

注:GWR 回归中每个样本都有独立的回归参数和 T 检验的显著性水平,回归运算过程和回归结果的数据量非常庞大。本节只给出中间值意义上的县级回归结果和 F 检验的显著性水平,反映是否存在显著的空间异质性。

　　如表 5.9 所示,公共财政支出每增加一个单位,"胡焕庸线"左右两侧养老机构年末床位数分别增加 60.83%、28.28%,公共财政支出的增加将显著带动区域机构养老床位的增加。且这种影响对"胡焕庸线"左侧地区更为明显,印证了地区财力越小从而更依赖上级转移支付的地区,财政支出对于扩张养老机构床位供给的作用越大。

表 5.9　"胡焕庸线"两侧各解释变量回归系数中位数

自变量	截距	公共财政支出	固定资产投入	第三产业增加值	60 岁以上老年人口数	社区养老床位数	中小学生在校数
"胡焕庸线"右侧	−3.356679	0.282775	−0.045005	0.323416	0.465834	−0.323602	−0.328198

自变量	截距	公共财政支出	固定资产投入	第三产业增加值	60岁以上老年人口数	社区养老床位数	中小学生在校数
"胡焕庸线"左侧	-3.982973	0.608328	-0.019515	-0.129550	0.633259	-0.475012	-0.475012

固定资产投入每增加一个单位,"胡焕庸线"左右两侧养老机构年末床位数分别减少1.95%、4.50%,二者呈现负相关,这与地方财政支出竞争的相关研究结果相符:各省份对生产性支出的竞争性投入行为严重影响地方公共品的供给。[①] 且对"胡焕庸线"右侧经济发达地区的影响要高于对左侧经济欠发达地区,恰好印证了上文的解释框架。

第三产业增加值对"胡焕庸线"两侧养老机构年末床位数呈现出截然不同的影响。其每增加一个单位,"胡焕庸线"右侧地区养老机构床位数增加32.34%,左侧地区则是减少5.17%。这一结果与我们的预计略有不同。可能的解释是"胡焕庸线"右侧地区的经济发展重心逐渐转型为服务业,其第三产业的发展促进了养老服务业的发展。而"胡焕庸线"左侧地区经济欠发达,第三产业比重较小且与内部其他投资相比,养老服务产业市场份额低、发展缓慢,用于养老机构床位的投资反而受到挤占,产生了负向影响。

60岁以上老年人口数每增加一个单位,"胡焕庸线"左右两侧养老机构年末床位数分别增加63.33%、46.58%,体现了需求对于供给的拉动作用。但"胡焕庸线"左侧欠发达地区老年人口数对养老机构床位数的影响要大于右侧。社区床位数每增加一个单位,"胡焕庸线"左右两侧养老机构床位数分别减少5.17%、3.24%,呈现较为明显的负相关。验证了社区和机构作为养老服务供给的两种不同形式,在供给总量上存在此消彼长的关系。但"胡焕庸线"左、右两侧的影响程度不同,可能与左、右两侧工业化、城镇化水平不同、财政转移支付水平不同有关。

① Que, Wei, et al., "The Spatial Effect of Fiscal Decentralization and Factor Market Segmentation on Environmental Pollution", *Journal of Cleaner Production*,(184),2018,pp.402-413.

财政教育支出每增加一个单位,"胡焕庸线"左右两侧养老机构床位数分别减少47.50%、32.82%,呈现较为明显的负相关,且左侧的影响要大于右侧。可能的原因是教育支出对养老服务资源的供给产生了"挤出效应",但"胡焕庸线"左侧地区因自有财力不足,需中央财政转移支付,在"僧多粥少"的分配过程中教育支出挤占了养老服务资源的供给。

(三)稳健性检验

针对可能影响养老机构床位数供给的因素,本节分别控制了2个变量进行稳健性检验(见表5.10)。第一,地区经济发展水平可能全方位影响财政支出和老年人口购买力,以及固定资产投资等,而这些因素都显著影响养老床位的供给情况,因此本节用GDP来衡量地区经济发展水平,加入回归方程。第二,第三产业增加值与GDP之间可能存在共线性。因此,删除第三产业增加值后进行回归,以进一步验证其稳健性。实证结果显示,在加入不同控制变量后,原解释变量的系数值基本保持稳定。而胡焕庸线两侧GDP对于养老服务床位数的影响呈现出相反特征,左侧为负相关。这一结果与基础回归的结果基本一致,表明以上回归结果是稳健的。

表5.10　GWR模型稳健性检验

	中间值系数	截距	公共财政支出	固定资产投入	第三产业增加值	60岁以上老年人口数	社区床位数	中小学生在校数	地区生产总值	校正R^2
稳健性检验1	"胡焕庸线"右侧	-4.393501	0.428734	-0.121657		0.448594	-0.339862	-0.340779	0.295000	
	"胡焕庸线"左侧	-3.638111	0.637687	-0.00100		0.637687	-0.050375	-0.444602	-0.085817	0.4676
	P值(模型F检验)	3.574e-07	4.111e-14	0.9977		<2.2e-16	<2.2e-16	<2.2e-16	<2.2e-16	
稳健性检验2	"胡焕庸线"右侧	-3.138017	0.296807	-0.106496	0.240820	0.455626	-0.322245	-0.327593	0.110470	
	"胡焕庸线"左侧	-4.052845	0.625190	-0.039777	-0.072017	0.670208	-0.048786	-0.525105	-0.043344	0.4735
	P值(模型F检验)	2.359e-07	<2.2e-16	0.7964	<2.2e-16	<2.2e-16	<2.2e-16	<2.2e-16	1.646e-05	

六、结论与建议

(一)结论

本节将地方政府"标尺竞争"、空间上的"参照学习"理论在福利服务供给领域进行了实证检验,探讨了机构养老床位供给现状、空间均衡性及其影响因素的深层次解释机制。与省级尺度的研究相比,本节研究采用了县级尺度,在充分考虑各县域空间异质性基础上,通过地理加权回归模型(GWR),验证了政府间"标尺竞争"与"参照学习"导致的财政支出结构偏向是养老资源供给不均衡的根本原因这一命题。

本节的主要结论有:

第一,大多数县养老床位数与"十三五"养老床位数目标还存在不小的差距,中、东部地区较高的经济发展水平并未转换为养老机构床位数的优势。

第二,地方政府间"标尺竞争"与"参照学习"引发的财政支出结构偏向是导致中国绝大部分地区养老机构床位供给处于较低水平的关键原因,表明了制度层面的分析更能深刻地解释中国养老床位资源分布的不均衡。

第三,公共财政支出、60岁以上老年人口数与养老服务床位数供给呈正相关,财政教育支出与养老机构床位数存在较明显的负相关。而第三产业增加值对"胡焕庸线"左右两侧的影响截然不同,分别为负和正,说明加入空间因素后,对养老床位的影响因素的分析更为精确。

第四,财政固定资产投资挤出了养老机构床位资源供给,也进一步证实了地方政府间的财政支出偏好影响了养老服务资源的供给。

第五,社区养老床位数与机构养老床位数存在直接竞争,是此消彼长的关系。因此,在考虑空间因素后,从制度层面对养老服务资源分布的不均衡性进行探究,更能深刻、客观地揭示其影响因素。

(二)建议

1. 精细化治理,优化养老服务指标的考核权重

为顺利实现国家层面规划中提出的养老服务床位数的目标,需要采用精细化治理的思路。在提升养老服务考核的权重方面,针对养老床位数达标的县区,考核权重的重点可放在老年人入住满意度、护理员配比与

护理员等级等养老服务的质量提升方面;而对养老床位尚未达标的县区要将重点放在床位数增加方面。

2. 典型示范,积极树立地区间养老服务供给的良性"标尺"

根据不同区域的实际情况,政府通过督查形式分区域将推进养老服务成效明显的地区作为典型表彰,给予资金倾斜和绩效评估加分,以提升激励效应。通过这种典型发挥其"标尺"作用促动相邻地区养老服务工作的开展,增加区域养老服务资源的供给。

3. 因地制宜,制定针对性的养老服务供给政策

针对上文"胡焕庸线"左右两侧的实际情况,对"胡焕庸线"左侧地区,在资金投入方面,一是中央财政转移支付额度可通过"补人头"方式确定;二是要强化地方养老服务责任,明确地方财政对养老服务的支出比例,避免养老服务支出被挤压。在发展路径上,要走新型城镇化发展之路,通过经济和人口的集聚,推动第三产业的发展,以带动养老服务业的发展。对"胡焕庸线"右侧地区要根据老龄化率或失能老年人数逐步提高地方财政在养老服务方面的支出比例。同时,要根据老年人切实需求和地方实情制定机构养老与社区养老的发展规划,避免因相互竞争产生负面影响。

本节研究仍然存在一些不足之处。首先,由于统计信息的问题,导致部分县级数据缺失,例如青海、西藏等地财政、人口、个人收入,分城乡的养老服务机构,以及全国范围内县级财政分权程度等数据,一定程度上影响了分析的进一步深入。其次,GWR 无法分析面板数据,难以完整考察养老机构床位资源供给的时间趋势,期待将来条件具备时可以进一步完善相关研究。

第三节　机构养老与代际项目的融合[①]

——以武汉市童心苑和杭州市绿康阳光家园为例

一直以来,以代际单向式反哺为特点的家庭养老是我国社会最基本

---

① 本节作者为马珺、张妮、罗莉。

的养老模式。然而,伴随着经济发展带来的人口老龄化、家庭规模核心化、女性就业率的提高以及孝道伦理弱化,代际关系向单向化发展,老年人从子女处获得的经济支持、照料支持和精神慰藉削弱,家庭养老功能有所削弱,机构养老等社会化养老服务的重要性日益凸显。机构养老在满足人们日益增长的社会养老服务需求的同时,其过度强调老年群体的独特性和安全需求,设置的封闭的空间环境使老年人缺乏与外界互动。老年人被社会孤立,由此可能导致其对外界兴趣的丧失及身心健康状况的恶化。[①] 对此,国际上流行的聚焦于构建跨越血缘的代际关系的代际项目提供了一个很好的解决方式。代际项目指的是以互惠互利为目标,通过将老少两代人集中在一起居住或开展活动,以共同分享知识技能、促进交流,建立起相互支持的社会关系网络的一系列行动。[②] 对于养老机构中的老年人来说,代际项目的引入有助于老年人保持与年轻一代有意义的角色关系,促进身心健康,同时还能使年轻人接受积极的教育,转变对老年人的刻板印象,实现"双赢"。对于社会来说,代际项目的引入有助于应对家庭空巢化危机,促进老年宜居城市以及健康老龄社会的建设。

一、文献综述

西方代际项目起源于 20 世纪六七十年代的美国,经过了几十年的发展,于 21 世纪步入了成熟期。如今美国已拥有超过 500 家代际实践中心,美洲、欧洲、亚洲的许多国家在养老院、社区、图书馆、学校、儿童照料中心等地均开展了具体实践,著名的有美国伊利诺伊州公共图书馆的代际阅读项目、亚洲新加坡的"淡兵泥"三合一家庭中心(Tampines 3-in-1 Center)等等。代际项目呈现出网络化的发展趋势,内容和形式日趋丰富。[③] 欧盟将 2012 年定为"欧洲积极老龄化和代际团结年",更凸显了代际项目在应对人口老龄化危机中的价值。国外有关机构养老与代际项目

---

① 徐恬恬:《从"两腿蹒跚前行"到"一体两翼腾飞"——我国养老服务供给方式研究》,《社会保障研究》2013 年第 4 期。

② 李俏、贾春帅:《代际项目的西方脉络与中国图景:名实之辩与实践检视》,《宁夏社会科学》2019 年第 1 期。

③ 李俏、王建华:《转型中国的养老诉求与代际项目实践反思》,《学习与实践》2017 年第 10 期。

融合的研究主要包括理论分析和典型案例两方面内容。理论研究方面，Newman 等（1997）指出代际项目应建立在参与双方安全与保障需要、教育需要、代际接触需要和高效稳定需要的基础上，主要包括老年人服务于儿童、青少年，儿童、青少年服务于老人以及儿童、青少年与老年人共助三种类型。① Brabazon 和 Disch（1997）提出了一些发展代际项目的建议，如将代际研究整合到高等教育系统中、进一步体会老年人的精神需求、为孩子们提供"生命周期"的世界观、多使用观察性的实证研究来评估代际计划等等。② Kuehne（2014）通过对 2003—2014 年代际项目文献的梳理，发现 Allport 的群际接触理论、Erickson 的社会心理发展理论和 Kitwood 的人格理论是分析代际项目时最常用到的理论。③ 案例研究方面，Thompson 等（2015）通过对美国马萨诸塞州某社区的一项代际计划的研究发现，代际项目运行的驱动因素主要有对不同年龄层的人认知态度的改善，财务状况的好转以及社区人才的利用。④ Hamilton 等（1999）⑤和 Santini 等（2018）⑥的研究都通过实地调研的形式考察了养老院代际计划的作用，结果表明代际计划促进了年轻人与养老院老年人之间的长期交流互动，有利于减少老少两代人的隔阂、防止老年人被社会孤立，进而有助于改善老年人的生活质量和身心健康。

　　与国外研究相比，国内有关机构养老与代际项目融合的研究仍处于初级阶段。导致国内外研究差距的原因可能在于中外代际关系和养

---

　　① Newman,S.,et al.,*Intergenerational Programs:Past,Present and Future*,New York:Taylor & Francis,1997,pp.2-50.

　　② Brabazon,K.and Disch,R.,*Intergenerational Approaches in Aging:Implications for Education,Policy and Practice*,Haworth Press,1997,pp.230-280.

　　③ Kuehne,V.S.and Melville,J.,"The State of Our Art:A Review of Theories Used in Intergenerational Program Research(2003-2014) and Ways Forward",*Journal of Intergenerational Relationships*,12(4)2014,pp.317-346.

　　④ Thompson,E.H.and Weaver,A.J.,"Making Connections:The Legacy of an Intergenerational Program",*The Gerontologist*,56(5),2015,pp.909-918.

　　⑤ Hamilton,G.,Brown,S.and Alonzo,T.,"Building Community for the Long Term:An Intergenerational Commitment",*The Gerontologist*,39(2),1999,pp.235-238.

　　⑥ Santini, S., Tombolesi, V. and Baschiera, B., "Intergenerational Programs Involving Adolescents,Institutionalized Elderly,and Older Volunteers:Results from a Pilot Research-Action in Italy",*BioMed Research International*,(5),2018,pp.1-14.

老观念的差异。国外的代际关系表现为"接力模式",即老人养育子女,子女养育后代,老人的养老责任交由社会承担。因而,国外学者们相关研究更多地关注到了整个社会中跨越血缘的代际间的互助、合作和交换关系。与之相对,中国的代际关系表现为"反馈模式",即老人养育子女,子女赡养老人,①因而我国学术界多基于狭义层面的代际概念,注重对于家庭内部亲子之间抚育、赡养、继承和交换关系的探究。目前我国有关代际项目的研究主要围绕描述西方国家代际项目的发展脉络、总结模式特点以及阐述我国代际项目发展的格局与面临的挑战等内容展开。②

　　"老吾老以及人之老,幼吾幼以及人之幼""黄发垂髫,并怡然自乐",古语的流传反映出代际共融思想在我国早已存在,只是没有得到足够的重视,导致代际共融实践未能被普遍、体系化地推广。21 世纪以来,家庭养老负担加重、老年人养老需求多元化以及公益创投理念的引入为代际项目在我国的发展提供了契机。机构养老与代际项目融合的养老服务供给模式在国内多地展开了实践,如香港房屋协会推出的"乐融轩"住房项目、杭州滨江区的"陪伴是最长情告白"项目、北京朝阳区双井恭和苑的"一老一小"模式、武汉武昌区童心苑推出的"老幼同养"项目都取得了较好的代际互惠效果。目前,我国的代际共融模式尚处于尝试初创期,亟待代际理论研究的支持,以促进实践的探索与完善。然而,学术界对于机构养老与代际项目融合的理论探究稍显不足,且对于机构养老与代际项目融合的研究多见于零散的新闻报道,缺乏对于代际项目具体案例的分析和归纳。本研究聚焦广义的代际概念,即整个社会中跨越血缘的代际间的互助、合作和交换关系,在构建代际融合理论框架的基础上,通过对武汉童心苑的"老年+幼儿"模式和杭州绿康阳光家园的"老年+青年"模式的案例分析,归纳出机构养老与代际项目融合模式

---

　　① 费孝通:《家庭结构变动中的老年赡养问题——再论中国家庭结构的变动》,《北京大学学报(哲学社会科学版)》1983 年第 3 期。

　　② 李俏、马修·卡普兰:《老龄化背景下的代际策略及其社会实践——兼论中国的可能与未来》,《国外社会科学》2017 年第 4 期;徐孝娟等:《国外代际学习研究:理论基础、协作共享空间和 3P 实践——兼及我国代际学习项目模式的构建》,《远程教育杂志》2018 年第 3 期。

的主要特点和存在的问题,进而提出与我国未来发展相适应的完善代际项目的政策建议。

二、机构养老与代际项目融合的理论基础

吉登斯的结构化理论认为结构与行动在相互建构中存在。[①] 在养老问题中,代际关系形塑了养老方式的结构性条件。同时,养老方式是代际关系的一项功能性内容,代际关系因养老方式的能动作用而存在,因此在解决养老问题时必须考虑到代际关系和养老方式的联系。在社会中,代际纽带来自于代际之间相互的、共同的需要,并常常导致强有力的合作关系的形成。将代际项目融入到机构养老的养老服务供给模式为不同代人之间进行有价值的合作、促进共同发展提供了良好的机制。在合作中,老年人、儿童和青年各自发挥着特定的作用,最终产生了积极互惠的影响。在参考 Newman 等(1985)[②]国外研究的基础上,本节认为,通过整合青少年、儿童和老年人的发展理论,并强调其中与代际概念密切相关的因素,可以为解释代际项目的独特协同作用提供很好的思路。

埃里克森的社会心理发展理论对人类内在发展的阐释能帮助我们准确地预测人们将要面临的变化和他们的遇事反应。埃里克森的理论认为人的一生由八个阶段组成,接着他用相互对立的积极与消极形容词来描述每个阶段可能出现的心理发展危机(见图5.6),每个阶段危机的解决都有利于个体形成积极的人格品质。

代际间的交流互惠是青少年儿童危机和老年人危机得以解决的有效方法,其原因可以从老年人照料、精神需求以及青少年、儿童教育需求两方面进行阐释。一方面,从老年人照料和精神需求的角度上说,老年人的生理机能、社会化能力和情感适应性随年龄的增长而逐渐衰弱,面临着患病、精神孤独等风险,需要依靠外部支持来抵御风险并满足照料和精神需求。当家庭的支持不足时,跨越血缘的代际项目通过为养老院的老年人提供照料和陪伴改善了其身心健康状况。同时年轻人在提供陪伴的过程

---

① 刘少杰:《当代国外社会学理论》,中国人民大学出版社2009年版,第217—245页。

② Newman, S., Lyons, C. W. and Onawola, R. S. T., "The Development of an Intergenerational Service-Learning Program at a Nursing Home", *The Gerontologist*, 25(2), 1985, pp.130–133.

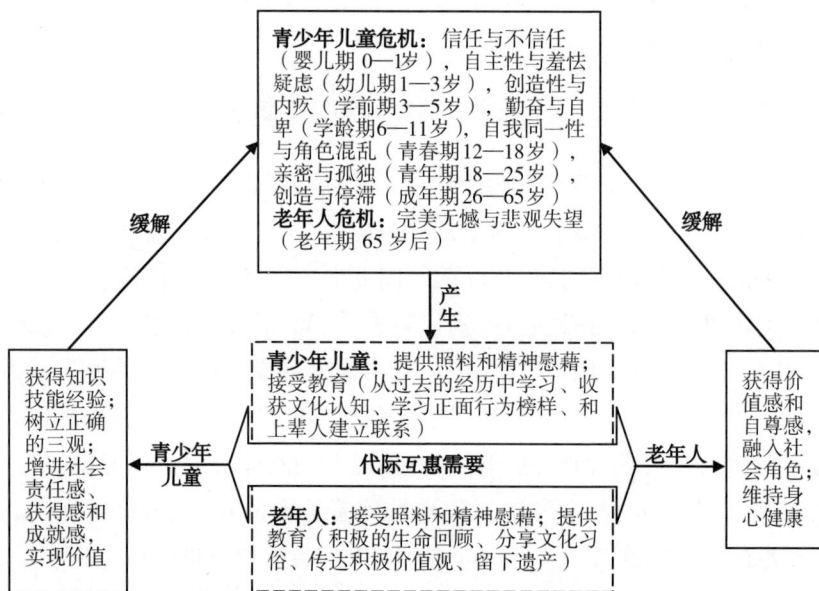

图 5.6　机构养老与代际项目融合的理论框架

中增进了社会责任感、获得感和成就感,实现了自我价值。此外,代际项目等积极的外部干预可以改善对老年人持有消极刻板印象的社会环境和老年人消极自评之间的相互作用形成的恶性循环①,老年人由此得到积极的反馈和肯定,维持一种积极向上的心理状态。另一方面,从青少年儿童教育需求的角度来看,蒙台梭利的儿童发展理论均注重社会环境对儿童成长起到的作用,指出因成年人具有丰富的生活经验和相对成熟的个性特征,非常适合在青少年儿童的成长中提供引导,传递正确的价值观、知识文化和独特的生活工作技能。② 因此在老少交流过程中,青少年儿童得以从老年人的经历中学习知识技能和经验,树立正确的三观,克服不信任感、自卑感、内疚感和角色混乱等消极体验,老年人得以进行积极的生命回顾,用新的引导者角色取代因退休、丧偶而失去的角色,克服悲观

---

① Kuypers,J.A.and Bengtson,V.L.,"Social Breakdown and Competence:A Model of Normal Aging",*Hum Dev*,16(3),1973,pp.181-201.

② 王建平、郭亚新:《蒙台梭利环境教育思想与儿童发展关系的理论建构》,《比较教育研究》2016 年第 11 期。

的无用心理,获得价值感和自尊感。

如图5.6构建的理论框架所示,青少年儿童和老年人在各个阶段面临的危机导致了代际互惠需要。在代际交往中,年轻一代提供照料和精神慰藉并接受教育,老年一代接受照料和精神慰藉并提供教育,通过代际互惠获得了双方共同积极发展的效果,从而有利于危机的缓解。

三、机构养老与代际项目融合的典型实践——童心苑和绿康阳光家园

将代际项目融入到机构养老的养老服务供给模式目前在国内已有多地开展实践,本节选取了武汉市武昌区童心苑"老幼同养"项目和杭州市滨江区绿康阳光家园"陪伴是最长情告白"项目进行分析。这两个项目分别属于"老年+幼儿"的儿童、老年人共助模式和"老年+青年"的青少年服务于老人模式。

(一)武汉市童心苑"老年+幼儿"模式

武汉市武昌区童心苑民营养老院创立于2005年,是在原有的幼儿园基础上建立起来的。它是武汉市目前唯一一家实行"老幼同养"模式的养老院。迄今为止,"老幼同养"模式已经运行了十几年。

1. 项目内容

童心苑推出的"老幼同养"模式是指将老年人和幼儿集中起来供养,二者并存运营,老年人和幼儿在其中既有各自独立的活动空间,也有交叉的活动项目,具体项目内容如表5.11所示。

表5.11　武汉童心苑"老年+幼儿"模式内容

面向群体	武汉市内有养老需求且自理能力仍存,年龄在70岁以下的老年人和3—6岁适龄儿童,不接收有精神病和传染病的老年人。
主要内容	①苑内除一套独立的老年楼外,还有一栋楼由老年人和幼儿同住,幼儿住一楼,老年人住二楼。 ②每周童心苑都会组织两次老幼同乐活动,活动内容主要包括唱歌跳舞等节日庆祝活动、传球等比赛游戏、安全教育活动、做手工等艺术活动等。 ③采取两套班子分管养老院和幼儿园,二者饮食、卫生和住宿相互独立。没有管理人员的带领,双方都不能到对方的区域活动。

保障措施	①苑内安装多个摄像头,方便家人和工作人员随时查看情况。②苑内老人居住的二楼窗外铺设细铁丝网,避免杂物坠落伤害幼儿。③为呵护幼儿心理,老人入住前,其家属需要和苑内签署协议,在老人去世后,需要避开幼儿在苑时间,可选择清晨、夜间或周末来苑处理后续事宜。

注:本表及下文参与者评价实例由笔者根据新闻报道和文献资料整理制作而成。

资料来源:《当养老院遇上幼儿园》,新京报,见 https://baijiahao.baidu.com/s? id = 1630877529775737925&wfr=spider&for=pc,2019 年 4 月 15 日;赵如钦:《幼儿园参与老年教育的现状调查研究——以武汉市"童心苑"养老院为例》,宁波大学硕士学位论文,2018 年。

2. 项目评价

该项目对于老年人照料与发展的影响表现为缓解精神孤独和获得价值感两个方面。一方面,它有助于丰富老年生活,改善养老院沉闷的氛围。有老年人表示:"孩子们在这里显得蛮热闹,活动经常都有,那些伢就像是自己的孙子孙女,觉得还是挺开心的,还可以接触一些新的东西。"可见,老幼同养模式对老年人起到了消除精神孤寂、增加幸福感以及维持身心健康的作用。另一方面,老年群体在教育幼儿的过程中,能感受到自身的价值所在,融入到新的社会角色中。

对儿童照料与发展的积极影响表现在:首先,与老年人的相处培养了尊老、敬老、爱老的传统美德,有利于弘扬中华传统文化。例如,每次老幼同乐活动结束后,老师会让孩子们把老人送回养老院,嘱咐孩子们要把爷爷奶奶搀扶好,培养孩子们的责任感。其次,幼儿正处于快速学习和对外界求知的阶段,老年人丰富的阅历和对传统文化的熟悉能够满足幼儿对新鲜事物的好奇心和求知欲,获得书本中学不到的有益知识。最后,可以让幼儿了解到衰老和死亡的意义,树立正确的生命观。

武汉童心苑作为"老年+幼儿"模式的典型,在促进老年人和儿童健康发展的同时,也面临着代际融合的矛盾。其一,童心苑在原幼儿园的基础上建立起来,难免面临专业养老资源不足、基础设施单一、人员专业度不够等问题。如幼教出身的护理员起初把照顾孩子的方法生搬硬套到老人身上,因此发生过老年人噎食等紧急事件。其二,孩子玩耍吵闹可能会对老年人产生冲撞以及降低老年人的作息质量,有老年人在访谈中抱怨："我不喜欢小孩子,太吵了,吵到人都休息不好。"此外,少数文化素质低的老年人有向一楼吐痰、扔垃圾的陋习,不利于孩子们培养良好的生活习惯。老少在身体机能和生活习惯上的差异值得机构保持重视。

(二)杭州市绿康阳光家园"老年+青年"模式

杭州市滨江区绿康阳光家园是国内目前规模最大的集"养老、医疗、康复、护理、助残"为一体的"公建民营、医养结合"社会化运营项目之一,也是目前杭州市最大的民营共建养老机构,拥有 2000 多张床位。2017 年 12 月,绿康集团推出第一期"陪伴是最长情告白"青年志愿者助老服务项目,该期共招募 8 名志愿者加入项目。2018 年 12 月,阳光家园开始了第二期志愿者的招募。目前养老院中老年人数量达 600 多人,志愿者总人数达 14 人。

1. 项目内容

阳光家园项目的主要内容是养老院为青年提供价格低廉的住房吸引青年人的入住,同时由入住青年为居住在养老院的老年人提供陪伴服务,具体项目内容如表 5.12 所示。

表 5.12　杭州绿康阳光家园"老年+青年"模式内容

招募对象	大学本科毕业 7 年内或具有硕士及以上学位,在滨江区工作了一年以上、在市区无住房的单身青年。具备法律、心理等专业资质或有公益类社会组织负责人经验、文艺特长的申请者优先。
服务内容 (可选)	①教学类服务:智能手机和 APP 使用、书画、音乐、茶艺、厨艺烘焙、健身等; ②陪伴类服务:读书报、观看影视、院内散步、外出就诊陪伴、集体出游等; ③文娱类服务:策划组织文艺演出、生日会、重要节日集体活动等; ④专业支持类服务:提供法律咨询、智慧养老、电器维修等服务。
优惠政策	①志愿者每月提供至少 20 小时的志愿服务便只需缴纳 300 元房租; ②养老院为志愿者提供一室一卫(两人间)住宿条件; ③建立的"绿康时间银行"爱心助老公益平台可实现志愿者信息与平台精准对接,记录志愿者公益服务时间,积累爱心值,并可进行商品和服务的兑换。

限制条件	①青年志愿者需接受定期考核,考核内容包括服务时长和服务满意度; ②青年志愿者需单身、无房、本地在职等。

注:本表及下文所述实例由笔者根据新闻报道整理制作而成。

资料来源:杨茜、宋桔丽:《每月陪伴老人20小时年轻人可低价租住养老院》,搜狐网,见 http://www.sohu.com/a/217023718_114731,2018年1月16日;《年轻人300元可"租住"养老院?需担任兼职志愿者》,央广网,见 https://baijiahao.baidu.com/s?id=1609185467476266167&wfr=spider&for=pc,2018年8月19日;《"陪伴是最长情告白"第二批志愿者公开招募》,搜狐网,见 http://www.sohu.com/a/280134188_170311,2018年12月6日。

2. 项目评价

该项目对于老年人照料与发展的影响表现为:首先,老年人通过与青年人的交流以及活动参与可以缓解无人陪伴的孤独,改善身心健康状况。年轻人的参与还可以给养老服务增添多样化的元素,使老年人能够了解当下流行事物,感受青年群体的活力。在采访中,有老年人表示:"年轻人脑子活,学的东西很新、很快。我们正好吸收不一样的东西。"与"老年+幼儿"模式相比,"老年+青年"模式中的青年人由于有着比幼儿更强的主观能动性和才艺技能,再加上他们有着陪伴老年人的义务且定期接受考核,总的来说可以为老年人提供更丰富的服务,如生活照料、活动策划等,给老年人更多照料和精神上的满足。其次,老年人可以在交流中将丰富的人生经验传授给青年人,这种代际间的教育形式可以帮助老年人获得价值感和自尊感,融入新的社会角色。

对于青年人生活与发展的影响表现为:其一,入住养老院的青年人每月只需支付300元房租,这极大地缓解了大学毕业后正在打拼的青年人的经济压力。志愿者小李表示自己是刚到杭州打拼的外地人,在杭州合租房需要支付1500元/月的房租,养老院低廉的房租是吸引她报名的原因之一。其二,青年人得以通过该项目在兼顾本职工作的同时为老年人提供服务,为社会发展贡献力量,实现人生价值。其三,通过代际交流有助于青年人消除对老年人的消极刻板印象,青年更能体会父辈的思想和心路历程,促进代际和谐,解决代际问题。其四,在与老年人相处过程中可以深化知识和技能经验的学习,传承老一辈优秀的品格和文化,找到自己的人生定位。教老年人书法的志愿者小杨在采访中提到:"我是自来熟的性格,跟老人家交流起来很顺畅,其实老人家未必很保守。他们都是从年轻的时候过来的,有很多经验可以分享给我们。我们主要给他们一些乐趣,教他们怎么用手机的新功能之类的,所以说,我们之间是互补的。"可见,代际项目的互惠作用实现了老年人与青年人的"双赢"。

虽然"老年+青年"模式对参与各方都产生了积极的影响,但作为新兴模式也存在着一些不足。其一,大部分青年志愿者都缺乏照料老年人的专业经验,因而他们可能无法正确解读老年人的心理变化或处理一些紧急情况,这可能会导致代际间误解和矛盾加深;其二,对于民营养老院来说,尽管代际项目的引入有着优化资源配置、盘活闲置床位资源和增加养老院活力的作用,但运行新的养老服务供给模式既要花费精力进行因地制宜的模式建构,还要承受年轻人入住后的成本增加和各方的质疑。

四、结论与讨论

随着后工业社会经济结构从商品经济转向服务经济,老年人的照护安排也发生了极大的改变。[①] 在家庭规模核心化以及孝道伦理弱化的背景下,传统的家庭养老模式有所削弱,而作为补充的机构养老存在着空间封闭、老年人照料与精神需求不足的缺陷,因此需要创新养老服务供给模式,发展跨越血缘的机构养老与代际项目融合模式。在对以上典型案例以及其他国内代际项目进行总结的基础上,我们可以得到机构养老与代际项目融合模式的一般特点以及对发展中存在的问题和争议进行反思,以促进国内代际项目的可持续发展。

(一)模式总结

机构养老与代际项目融合模式主要有以下特点:其一,在面向对象方面,该模式面向两个年龄层次跨度较大且存在互帮互助关系的群体,其中一个群体为养老机构中的老年人。同时,注重设置一定的准入门槛,如青年的学历、特长,老年人的身体条件、年龄等,来保障模式内两个群体能够

---

① 杨红燕:《去商品化与去家庭化:老年照护服务体制的国际比较——以欧洲 14 个典型国家为例》,《江淮论坛》2019 年第 2 期。

长久共存而无损双方利益。其二,在项目内容方面,两个群体中的成员保持着积极的交流沟通,为彼此提供互惠性的陪伴与服务,促进了生活质量的提高。其三,在项目收益方面,机构养老与代际项目融合模式既是对民营机构闲置资源的盘活,也是在一定程度上帮助解决社会问题。从经济效益看,该模式促进了资源的优化配置,同时机构还可以凭借新供给赢得新需求,增加机构的经济收入和知名度。从社会效益看,该模式的实施一是使得老年群体获得了生活照料和情感支持;二是为社会群体提供了就业支持和住房保障;三是使得参与者在其中实现自身社会身份的转变,达到社会参与和实现价值的目的;四是有利于我国弘扬敬老爱老的文化传承。

(二)发展反思

1. 制度体系支持

为了促使不同代际群体相处融洽,就必须制定一套严格的制度体系,使得各个代际间能够奉行统一的行为规范,达成共同的认知。但是目前我国代际项目正处于试点阶段,再加上为了调动民众参与的积极性,让更多人加入到模式实践中来,准入门槛、监督等制度都尚未完善。如在"老年+青年"模式中,若志愿者与养老院、老年人发生纠纷等意外情况时由谁来处理,谁来保障志愿者和老年人的合法权益等? 目前规范化制度的缺乏导致代际共融模式存在较强的不确定性。

机构养老与代际项目融合模式相关的制度体系建设可以从准入门槛、生活规则、机构监督等方面考虑。在准入门槛上,应该针对招募群体做出设置,例如在"老年+幼儿"模式中,为了保障健康问题,老年人入住前的体检工作必不可少,另外,为了给幼儿提供正向引导,需要对老年群体的退休前职业和学历水平做出考量;在"老年+青年"模式中,青年的职业技能、处事性格需要被纳入考量,并且在入住前应接受专业培训,以便应对老年人突发情况。在生活规则上,应该规范和统一双方的日常生活行为,比如生活作息时间、个人卫生习惯、定期体检、定期聚会交流等等。在机构监督上,可以在机构成立监督小组,也可以邀请专家前来考察,强调机构内外部的监督相结合。

2. 代际融合之下两个群体的距离

将代际项目融入到机构养老虽然使得不同代际间共同居住,但这并非意味着二者毫无生活空间距离的完全混居。出于生活习惯和社会身份的差异,不同代际群体间都应有自己独立的生活空间。若将两者不加区分完全放置在一处,则极有可能造成双方不可调和的矛盾,从而加速整个模式走向失败。因此不同代际群体间合理的空间距离是成员混居的基础,这个距离应该从生活距离和社交距离来考量。从生活距离看,它应该包括居住空间、饮食区域、卫生区域等的分开设计,如饮食空间应考虑不同群体的饮食需求和营养要求,卫生区域应根据人员身高和年龄条件进行区分,比如幼儿的洗手池应设计较矮,老年人则应设计更多的扶手设施。从社交距离看,不同群体间的社交活动空间应有交叉,但也不应该完全重合。代际项目建立的目的是促进不同代际群体间的交流和社会融洽,但同时不同群体也有自己的发展需求,需要有自己独立活动的空间。

3. 代际融合之下人群构成比例

虽然目前各养老院的代际共融实践中尚未出现青年人数量多于老年人的"鸠占鹊巢"现象,但机构中各代际人群的构成比例问题仍然值得警惕。如果在融合中只重视代际共融而无视比例,那么这种融合是否会替代原有机构存在的意义则值得我们重视。在"老年+青年"模式中,如果入住青年比例过高,是否有养老资源被占用、养老机构失去了"养老"定位的嫌疑? 在"老年+幼儿"模式中,不论哪一方比例过高都会引起另一方参与社会活动积极性的下降,所以比例问题值得我们深入思考。

我们应根据养老院具体情况来决定是否实行机构养老与代际项目融合的模式。当机构内床位资源供大于求时,养老机构可以利用空闲床位资源开展代际项目。并且在开展过程中,必须明确养老机构建立的原则是服务老年群体,保证老年群体占绝对比例。

4. 因地制宜地发展代际项目

机构养老与代际项目的融合模式是在考虑到老年人生活质量和精神需求基础上提出的,但并非任何地方都可以不加选择地推行。一方面,代际共融模式对于入住对象具有选择性。在该模式之外,依然需要设立独立的养老院、幼儿园、普通公寓等承接社会其他群体的需求。另一方面,住房难问题在一二线城市显著,养老院较容易以低房租为条件招收到合适的青年志愿者;住房问题在三四线城市则较为缓和,老年+青年模式的经验不容易复制。在"老年+幼儿"模式中,模式能否成功开展很大程度上受到入住老年人和幼儿家长态度的影响。

养老机构推行代际项目时应确立以需求为导向的项目内容设计思路,首先应充分考虑到不同地区、不同年龄、不同性别老年人的需求差异。以城乡为例,考虑到城乡经济发展不平衡导致的需求差异,在城市可以注重发展满足老年人精神需求的代际项目,但在农村还需致力于满足老年人基本的物质需求。其次,应加强老年人养老需求和青少年儿童发展需求的调查评估,并充分利用老年人在社会经验与专业知识技能方面的优势,以及青少年儿童在新事物认知与精神面貌方面的优势,开展有针对性的代际活动,满足老少两代人的需求。

下　篇

人口老龄化趋势下的
中国养老服务体系建设研究

第六章　中国养老服务体系的架构与建设现状

第一节　养老服务体系的内涵、基本框架与发展历程[①]

一、养老服务体系的内涵

目前学术界对于养老服务体系的界定主要有两类:一是采用政府文件的表述从狭义的角度进行界定。2011 年出台的《社会养老服务体系建设规划(2011—2015 年)》从养老服务需求与内容角度定义了养老服务体系,表述为"社会养老服务体系是与经济社会发展水平相适应,以满足老年人养老服务需求、提升老年人生活质量为目标,面向所有老年人,提供生活照料、康复护理、精神慰藉、紧急救援和社会参与等设施、组织、人才和技术要素形成的网络,以及配套的服务标准、运行机制和监管制度"。2019 年 11 月国务院发布的《国家积极应对人口老龄化中长期规划》则从养老服务模式角度将养老服务体系界定为"以居家为基础、社区为依托、机构充分发展、医养有机结合的多层次养老服务体系"。二是从广义角度来进行界定,即把养老服务体系看成一个大系统,认为社会保险、社会救助等内容都是养老服务的关键保障。例如,杨翠迎(2014)将养老服务的资金支持系统、人才支持系统纳入到养老服务体系[②],特木钦(2019)在

---

① 本节作者为杨红燕、马珺、宛林。

② 杨翠迎:《国际社会保障动态:社会养老服务体系建设》,上海人民出版社 2014 年版,第 232—319 页。

探讨长三角养老服务区域融合时提到了社会保险存在的问题①。

参照政府和学者们的界定,本研究将养老服务体系从狭义上定义为:根据老年人的多元化需求,形成的以政府为主导,社会、家庭、个人等多方主体共同参与的以居家为基础、社区为依托、机构充分发展、医养有机结合的多层次养老服务体系。② 从广义上定义为老年社会支持或社会保障体系,包括狭义的界定以及社会环境中的支持因素。在后文中,将运用广义的定义来搭建养老服务体系的整体框架,运用狭义的定义来分析养老服务体系的具体构成。

根据以上定义,我们应把握养老服务体系的以下五个要点:

(1)目标定位:我国养老服务体系的目标在于满足老年人日常照料、医疗保健、精神慰藉等多方面的需求,提高养老服务质量。

(2)供给主体:养老服务供给主体主要有政府、非营利性组织、社区基层自治组织、企业、家庭、个人等。其中,政府应起到主导作用,同时还需要其他主体各司其职、相互配合,才能保证老有所养、老有所依。

(3)服务对象:我国养老服务体系的保障对象是全体老年人。首先,应重点保障城市"三无"老人、农村"五保"老年人以及高龄、失能、半失能老年人的基本养老服务。其次,中低收入老年人的养老服务也是养老服务体系的重点内容,需要政府主导,社会、家庭与个人力量共同参与。最后,注重为高收入老年人提供市场化的高端养老服务。

(4)服务内容:社会养老服务体系的服务内容主要有四类:一是生活照料服务,包括助餐、助浴、协助穿衣服、协助外出购物、清洁打扫、代购等服务;二是医疗护理服务,包括上门看病、陪同就医、长期护理、健康教育等;三是精神文化服务,包括陪伴聊天、棋牌等休闲娱乐活动、老年大学等;四是法律服务和紧急救助,包括法律援助、老年人热线、紧急呼救等。养老服务项目的四个类型与马斯洛需求层次理论中的四个需求层次相对

---

① 特木钦:《长三角一体化下养老服务区域融合研究》,《宏观经济管理》2019 年第 8 期。

② 2020 年 10 月,《国民经济和社会发展第十四个五年规划和 2035 年远景目标纲要》对养老服务体系进行了新的界定,指出"构建居家社区机构相协调、医养康养相结合的养老服务体系",但本书仍沿用 2019 年 11 月《国家积极应对人口老龄化中长期规划》中对于养老服务体系的界定。

应:生活照料和医疗护理服务分别对应生理需求和安全需求,偏向于物质层面,属于老年人得以生存的基本服务内容;精神文化服务、法律服务和紧急救助分别对应情感需求和尊重需求,偏向于精神层面,属于更高层次的服务项目。

(5)服务结构:养老服务体系的基础是居家养老,依托是社区养老,同时还应保证机构养老和医养结合的发展,凸显了养老服务体系的多层次结构。

二、养老服务体系的基本框架

本部分旨在利用吉尔伯特的政策产出分析模式说明我国养老服务体系的主要内容,利用系统论和伊斯顿的系统模式分析养老服务体系形成的环境因素。其中,政策产出分析模式是政策内容分析的常用框架,使用系统论和系统模式可以从整体上全面把握影响养老服务体系建设的环境因素。

总的来说,我国养老服务体系的基本框架包含养老服务的四大体系以及影响养老服务的六大环境因素两部分内容(见图6.1)。

(一)四大体系

吉尔伯特的政策产出分析模式指出研究者倾向于以多种相互联系的方式来探究社会福利政策,主要分析方法有过程、产出和绩效。[①] 其中,政策产出分析注重分析政策内容,它可以被运用于不同国家背景的社会福利方案中。该分析方法指出在福利分配框架之内,社会福利政策可以被解释为关于筹资渠道(financed)、福利供给内容(what)、输送主体和方式(deliver)、福利需求方(whom)的选择原则。[②] 筹资渠道旨在说明社会福利的资金来源是来自公共部门还是私人部门,抑或是公私混合,其中包含各筹资主体投入力度和具体形式等问题;福利供给内容主要有现金给付、实物给付两种方式,另外还包括机会、代金券等方式;输送主体和方式涉及社会福利的供给方责任以及供给方如何输送服务到需求主体的问

---

① 高春兰:《老年长期护理保险制度》,社会科学文献出版社2019年版,第50页。

② 吉尔伯特、特瑞尔:《社会福利政策引论》,沈黎译,华东理工大学出版社2013年版,第100—102页。

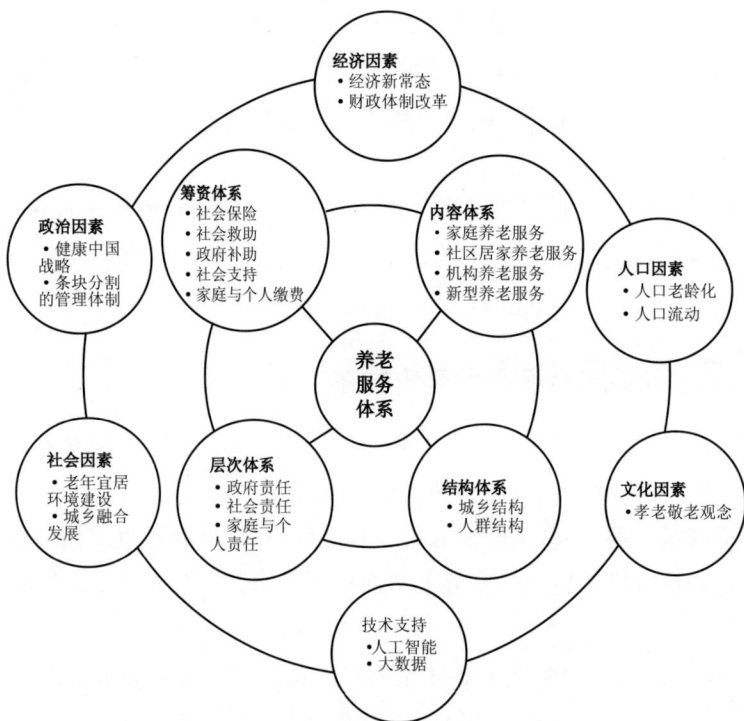

图 6.1　我国养老服务体系的基本框架

资料来源:笔者绘制。

题;福利需求方说明了受惠者资格条件和标准,如年龄、健康状况、经济状况等。

依照此分析框架并借鉴丁建定关于社会保障制度体系构成的观点①,本书将养老服务体系分为筹资体系、内容体系、层次体系和结构体系,四个体系分别从不同视角反映了我国养老服务的建设与发展。

(1)筹资体系:以养老服务参与筹资的主体为划分标准,反映养老服务的资金来源,可分为社会保险、社会救助、政府补助、社会支持、家庭与个人缴费五项内容。

(2)内容体系:以养老服务基本项目为划分标准,表明养老服务制度对社会问题的覆盖面,反映养老服务制度对老年人的保障能力,可分为家

_____

① 丁建定:《中国社会保障制度体系完善研究》,人民出版社 2013 年版,第 10 页。

庭养老服务、社区居家养老服务、机构养老服务、新型养老服务四方面内容。

（3）层次体系：以养老服务供给方为划分标准，它表明养老服务各种主体参与程度以及政府、社会与个人的责权关系，分为政府责任、社会责任、家庭与个人责任三部分内容。

（4）结构体系：以养老服务需求方为划分标准，表明养老服务对老年人群体的覆盖面，反映老年人享受社会保障权益的普遍程度和公平程度，本书将其分为城乡结构和人群结构进行阐述。

（二）环境因素

系统论秉承整体观念，认为任何系统都不是各个要素的机械组合，而是一个有机的整体，系统具有各要素在孤立状态下所没有的功能和性质。系统的主要任务是从整体出发来研究整体和各组成要素间的关系，说明其结构、功能、行为和动态，以达到把握整体的目的。以系统论为基础，伊斯顿提出的系统模式将政策体系看成一个系统，它处于环境中，本身受到这种环境的影响，同时又对环境产生反作用。[①] 系统模式可用于分析环境因素和政策产出间的因果关系，养老服务体系作为一种重要的社会福利体系是在围绕这一体系的经济、政治、人口、社会、文化、技术等环境因素中形成的。

1. 经济因素

（1）经济新常态

当前，我国经济进入新常态，经济发展速度从高速增长转为中高速增长，经济结构不断优化升级，经济发展动力从要素驱动、投资驱动转向服务业发展及创新驱动。[②]

一方面，从短期来看，我国短期经济下行压力加大。改革开放 40 年来，我国 GDP 年均增长 9.4%。[③] 图 6.2 展示了我国 2009—2019 年 GDP 及其增长速度，可以看出，2012 年以来我国出现了 GDP 增速放缓的态势。2019 年 GDP 为 990865 亿元，增长率为 6.1%；人均 GDP70892 元，比

---

① ［美］伊斯顿：《政治生活的系统分析》，王浦劬译，人民出版社 2012 年版，第 16 页。

② 李建民：《中国的人口新常态与经济新常态》，《人口研究》2015 年第 1 期。

③ 数据来源：《中国统计年鉴 2019》。

上年增长 5.7%。另一方面,从中长期来看,我国经济转型蕴藏着巨大的增长潜力,总体上步入了工业化后期。2019 年,第三产业增加值 534233亿元,增长率为 6.9%,第三产业增加值占 GDP 比重已达 53.9%。2019年,全国居民人均可支配收入 30733 元,比上年增长了 8.9%。最终消费支出对 GDP 增长的贡献率为 57.8%,①消费在拉动经济增长中发挥了主要作用。

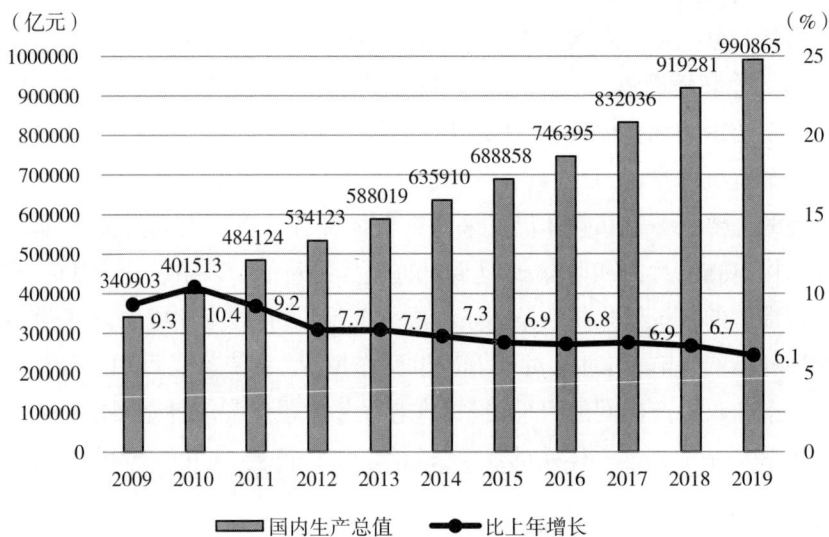

图 6.2　2009—2019 年 GDP 及其增长速度

资料来源:2010—2019 年《国民经济和社会发展统计公报》。

养老服务的建设迎合了当下经济发展的新常态特点,有利于推动产业结构优化升级,促进第三产业的发展,进一步激发市场活力,无论是对于缓解短期内的经济下行压力,还是实现中长期经济转型升级,都具有积极意义。②

（2）财政体制改革

2002 年以来,为缩小城乡间、区域间公共服务的发展差距,我国政府

---

①　数据来源:《2019 年国民经济和社会发展统计公报》。

②　迟福林:《正确看待当前经济发展新特点新态势》,人民网,见 http://theory.people.com.cn/n1/2019/0523/c40531-31099162.html,2019 年 5 月 23 日。

开始推行财政体制改革,其主要内容以及对养老服务的影响表现为:

其一,提高中央政府的转移支付力度。2007—2017 年中央财政转移支付的社会服务事业费由 517.5 亿元增长至 2492.3 亿元,年均增长率为 17.0%。2014—2017 年中央财政转移支付的养老服务费由 24.4 亿元增长至 30 亿元,年均增长率为 2.1%。[①]

其二,调整我国公共财政支出结构,建立健全公共服务的财政投入增长机制。养老服务属于公共服务的重要组成部分,政府应在其中发挥主导作用。2010—2017 年间,全国财政支出从 89874.16 亿元增加到 203085.49 亿元,年均增长 12.4%,其中用于社会保障和就业方面的支出从 9130.62 亿元增加到 24611.68 亿元,年均增长 15.2%,高于同期全国财政收支的年均增长率,占全国财政支出的比重从 10.2% 提高到 12.1%。[②] 目前财政对于社会保障的投入虽在逐年增长,但仍占比较小,政府需要继续加大对于社会养老服务的财政投入力度,通过补贴、购买服务等形式发展养老服务事业。

其三,积极推进省直管县财政体制改革。省直管县改革通过"县财省管"、提高县级财政收入的分享比例、将经济社会管理权赋予县等措施,以激发县域经济发展的活力。就养老服务而言,省管县财政体制减少了市一级的管理环节,有利于县级政府增加财政收入并提高公共服务能力。

2. 政治因素

(1)健康中国战略

2016 年 10 月,国务院印发的《健康中国"2030"规划纲要》是我国实施健康中国战略的纲领,该文件提出了"普及健康生活、优化健康服务、完善健康保障、建设健康环境、发展健康产业"五方面的战略任务。党的十九大报告更是把实施健康中国战略纳入国家发展的基本方略,认为人民健康是民族昌盛和国家富强的重要标志,并要求为广大群众提供全方位、全周期健康服务。

---

① 数据来源:2008 年、2015 年、2018 年《中国民政统计年鉴》。
② 数据来源:《2011 年、2018 年中国财政年鉴》。

为确保健康中国行动有效落实,2019 年 7 月,国务院印发了《关于实施健康中国行动的意见》和《健康中国行动组织实施和考核方案》,明确了健康中国行动的指导思想、基本原则、总体目标以及健康中国行动考核指标框架。老年健康促进行动属于 15 项改善健康的专项行动之一,它指出应面向老年人普及健康管理、膳食营养、体育锻炼、心理健康等知识,同时建立健全老龄健康服务体系,完善居家和社区养老政策、医养结合政策并推动政策落实,探索长期护理保险制度建设,打造舒适的老年宜居环境,实现健康老龄化的发展目标。

(2)条块分割的管理体制

条块分割中的"条"指的是由中央直属部门自上而下的垂直管理体制,"块"指的是地方政府对其所辖区域内的行政行为进行统一的管束。这样的管理体制相当于采用了两类完全不同的指挥体系,容易造成各部门之间的职责重合与交叉,出现多头管理和各自为政的状况。

在我国,养老服务的主管部门是民政部门,另外还需要人社、卫生、工商、住建、质检等多个部门的配合。目前,"条块分割"的管理体制导致了各部门养老服务责任划分以及服务供给的碎片化,很难进行监督管理和有效问责,直接影响到我国养老服务行业的良性发展。①

3. 人口因素

(1)人口老龄化

根据联合国通用标准,当一个国家或地区 60 岁以上人口所占比例达到或超过总人口数的 10%,或者 65 岁以上人口达到或超过总人口数的 7%,这样的社会即称之为"老龄社会"。②

中国是世界上老年人口最多的国家。2018 年底,我国 60 周岁及以上老年人口数为 24949 万人,占比 17.9%,65 周岁及以上老年人口数达到 16658 万人,占比 11.9%,③我国老年人口数首次超过 15 周岁及以下

---

① 任博、孙涛:《整体性治理视阈下我国城市政府公共服务职责划分问题研究》,《东岳论丛》2018 年第 3 期。

② 联合国国际人口学会:《人口学词典》,杨魁信、邵宁译,商务印书馆 1992 年版,第 35—52 页。

③ 数据来源:《2018 年国民经济和社会发展统计公报》。

群体。2017 年中国老年抚养比已达 15.9%,相比 1982 年增长了一倍。[①] 人口老龄化趋势日益严峻使得养老服务的需求得以增长,养老服务产业具有极大的市场发展潜力。有关我国人口老龄化的具体论述可见本书上篇第三章。

（2）人口流动

《中国流动人口发展报告 2018》显示,2017 年,我国流动人口人数为 2.44 亿,比 2016 年减少了 82 万人,我国流动人口规模在经历长期快速增长后迈入到调整期。虽然流动人数有所减少,但总规模依然庞大。家庭劳动力外流导致老年人获得的代际支持减弱,社会养老服务作为有效的养老替补方式,其发展能极大提高老年人获得的社会支持,保障晚年生活质量。

当前人口流动存在老年人口流动规模快速增加的特点。老年流动人口规模从 2000 年的 503 万人增加至 2015 年的 1304 万人,年均增长率为 6.6%。老年流动人口主要由劳动迁移者、失能迁移者、健康退休迁移者和家庭供养迁移者四类群体构成。[②] 老年流动人口更多地属于被动流动,加之老年人身体机能的衰退,对新环境的适应力较差,比年轻流动人口更容易出现身心健康问题。这提示我们在发展养老服务体系时应注重老年流动人口的养老服务保障,同时为流动老年家庭中的子女提供喘息服务、护理方式咨询等多种支持,提升流动老年人口家庭的健康水平、生活满意度和获得感。

4. 社会因素

（1）老年宜居环境建设

老年宜居环境是指适合老年人居住生活的社会和家庭的硬件以及软件环境。在硬件环境建设方面,主要包括适老化生活服务设施、医疗卫生设施和娱乐设施、无障碍设施改造等。在软件环境建设方面,主要包括社区居家与机构养老服务制度、医疗保障制度、长期护理制度等的建设与完善、在社区和养老机构中积极开展志愿活动以及敬老宣传活动、促进老年

---

① 数据来源:《中国人口和就业统计年鉴 2018》。

② 国家卫生健康委员会:《中国流动人口发展报告 2018》,中国人口出版社 2018 年版,第 8 页。

人的社会交往等。

2016 年老龄办发布的《关于推进老年宜居环境建设的指导意见》提出了"到 2025 年,安全、便利、舒适的老年宜居环境体系基本建立,住、行、医、养等环境更加优化,敬老养老助老社会风尚更加浓厚"的发展目标。具体实践方面,2009 年,我国启动了"老年宜居社区"和"老年友好型城市"的试点工作,并于 2011 年在全国范围内全面铺开建设工作。

(2)城乡融合发展

在新中国成立之初,为了落实重工业优先发展的战略,我国建立起了城乡二元分割的体制,该体制采取了工业化发展的城市偏向模式,按计划来分配城市和农村已有资源。在福利制度方面,以二元户籍制度为基础,政府在城乡分别建立起了独立的福利体系。其中,城市的福利体制属于制度型,即政府为所有城镇居民提供较全面的社保支持;而农村的福利体制则属于剩余型,核心是通过五保制度等救助制度来实现救助,服务群体有限。[①]

随着改革开放后我国经济体制向市场经济的转型,城乡二元分割体制逐渐被打破并走向了融合发展。党的十九大报告明确提出"建立健全城乡融合发展体制机制和政策体系",城乡基本公共服务融合发展的进程加速,这对于构建均等化的基本公共服务体系具有重要意义。具体来说,城乡养老服务体系融合发展需要实现城乡养老服务规划标准化、管理体制一体化、基础设施和资源配置均衡化、专业人才团队协作化和平台信息共享化。[②]

5. 文化因素

孝老敬老的传统观念提倡以养老为本位,是养老服务体系建设的文化因素。自古以来,孝老敬老一直是中华民族的传统美德和维系家庭关系的主要道德准则,是调节代际关系的价值观。孝老敬老方式包含家庭美德和社会公德两个层面的内容。家庭孝老敬老是社会孝老敬老的基础,社会孝老敬老是家庭孝老敬老的延伸,两者相互影响、相辅相成。[③]

① 张海鹏:《中国城乡关系演变 70 年:从分割到融合》,《中国农村经济》2019 年第 3 期。

② 毕天云:《推进我国城乡养老服务体系融合发展初探》,《学术探索》2019 年第 9 期。

③ 王泽应、李永芬:《敬老伦理及其建设路径》,《郑州大学学报(哲学社会科学版)》2018 年第 5 期。

　　一直以来,政府都十分重视培育孝老敬老意识以及营造积极养老的氛围,党的十九大报告提出了"积极应对人口老龄化,构建养老、孝老、敬老政策体系和社会环境"的要求,继续传承发扬孝老敬老的传统优良品德。在市场经济的冲击下,传统孝道观念有所淡化,单独依靠家庭养老已无法满足老年人的养老需求。传统孝道文化已从家庭伦理上升为一种社会伦理,为社会化养老提供了文化支撑,促成传统的家庭养老与处于发展中的社会化养老合力解决老年人的养老困境。①

　　6. 技术支持

　　2017 年工信部发布的《智慧健康养老产业发展行动计划(2017—2020 年)》指出应充分发挥信息技术对智慧健康养老产业的提质增效支撑作用。技术因素对于养老服务的重要性可见一斑。

　　(1)人工智能

　　人工智能养老在实践领域已经进行了诸多探索,应用于日常照料、医疗护理、精神慰藉和紧急求助等养老服务领域,产品涉及智能家居、扫地机器人、陪伴机器人、智能穿戴设备、人机交互产品、智能疾病监测、自动报警装置、远程监控等。其应用对于提高养老服务的精准供给水平、满足老年人的养老需求、提升老年人的生活质量具有重要意义。目前人工智能养老尚处在发展的初级阶段,其产品存在部分重复化情况,人工智能技术还有待进一步研究。②

　　(2)大数据

　　在运用物联网进行智慧养老数据收集与运输的基础上,大数据技术基于用户访问行为分析,为养老服务精准供给提供了有力的工具。大数据在养老服务中的作用主要有:其一,在养老服务供给上,基于大数据信息处理与分析以挖掘不同的养老需求,对老年人养老服务需求的项目内容、层次、紧迫性进行精确归类和排序。例如失能老人对于长期照料护理服务的需求最为紧迫,而自理老人最需要文化娱乐、锻炼健身等服务。其

---

　　①　林闽钢、康镇:《构建中国养老、孝老、敬老社会政策体系》,《人口与社会》2018 年第 4 期。

　　②　睢党臣、曹献雨:《人工智能养老的内涵、现状与实现路径》,《新疆师范大学学报(哲学社会科学版)》2019 年第 2 期。

二,在养老服务人才需求估计上,可利用大数据估计未来的专业护理人员需求走势并及时制定专业人才培养规划,以实现养老服务专业人才的供需匹配。其三,在监督管理上,可以利用大数据系统实时监控划拨的资金流向,保证资金能得到有效合理的使用。①

三、养老服务体系建设的发展历程

总体而言,我国养老服务体系可以分为以下四个发展阶段:

第一阶段:孕育期(1949—1978 年)

新中国成立后至改革开放初期,我国养老服务处于孕育期,由"集体/单位—家庭"共同提供,城乡二元特征明显。1949 年中华人民共和国刚刚成立,百废待兴,我国通过社会革命构建了比较公平的社会基础,基本生活资料实行统购统销和配给制度,养老服务机制嵌入计划经济体制之中。② 这一阶段,党和政府着力解决的是基本生活保障问题,对老年人的照护,主要由家庭负责。只有入住机构的孤寡老人,才由机构提供较为简单的养老照护服务。养老服务整体呈现出补缺型的特点,体系建设尚未全面引起重视,属于孕育阶段。

在城镇,主要是在家庭照料服务的基础上,依靠机关、企事业单位为老年人提供低水平的普惠式福利服务,如理发、文体娱乐等。1951 年,国家颁布《中华人民共和国劳动保险条例》,由此建立了面向企业职工的社会保险制度,制度规定企业职工的社会保险费全部由企业代缴,这一制度为提高工薪劳动者福祉、促进经济社会发展作了历史性贡献。1955 年,建立了国家机关和事业单位工作人员的退休金制度,③1958 年这两项制度的政策得到统一。在农村,对老人照料护理的养老服务基本上由家庭提供,邻里互助、集体分配劳动成果等非组织形式是重要补充。自 20 世纪 50 年代起,各地相继兴办了敬老院、福利院,将部分符合条件的农村五

① 周红云、董叶:《"互联网+"推动养老服务精准化的机理及实现路径》,《中州学刊》2019年第 3 期。

② 郭林:《中国养老服务 70 年(1949—2019 年)演变脉络、政策评估、未来思路》,《社会保障评论》2019 年第 3 期。

③ 何文炯:《改革开放 40 年:中国养老保险回顾与展望》,《教学与研究》2018 年第 11 期。

保对象集中供养,逐步形成了集中供养和分散供养的相结合的五保供养模式,集体为农村五保老人提供养老服务和保障。《1956年到1967年全国农业发展纲要》明确提出:"农业合作社对于社内缺乏劳动力、生活没有依靠的鳏寡孤独的社员,应当统一筹划……在生活上给予适当照顾"。1958年12月,中共八届六次全会通过的《关于人民公社若干问题的决议》也指出:"要办好敬老院,为那些无子女依靠的老年人(五保户)提供一个较好的生活场所。""文化大革命"期间,城乡养老服务的发展遭受严重挫折。

总的来说,在这一阶段,企事业和机关职工养老完全由单位保障基本收入和部分低水平福利服务,家庭保障养老照护服务,非职工的城市居民养老需要则由家庭自主提供;人民公社制度下,农村多以集体名义为老年人提供基本生存需要,家庭也是农村户籍老年人获得供养的前提。这一阶段的主要特征为:养老服务由"集体/单位—家庭"三个主体共同提供,城乡二元特征明显。

第二阶段:探索发展期(1978—1999年)

1978年的改革开放带来了社会的巨大变迁,我国人口流动、家庭构成、生活方式、价值观念等发生了重大变化,[①]养老服务在城乡分别由"政府—家庭"与"政府—企业—家庭"区别提供,但是服务社会化与多主体共同参与的改革逐步推行。这一阶段,我国开始了社会主义市场经济体制改革,探索构建独立于企事业单位、集体的社会保障体系。1979年,民政部明确了养老机构的福利性质和发展方向,养老机构的种类逐渐增多,老年公寓、护理院等新形式的养老机构逐步发展起来,社区为老服务兴起。在机构和社区之外,家庭仍然是重要的养老服务主体。当时,社会福利机构的改革成为焦点,保障养老服务供给逐步成为提高机构服务水平的重要内容。1984年11月召开的全国城市社会福利事业单位整顿经验交流会,首次明确提出社会福利社会办,社会福利事业要由国家包办向国家、集体、个人一起办转变。此外,1991年,国务院颁布《关于企业职工养老保险制度改革的决定》,改变了计划经济时期单位统包统揽的做法,也

---

① 马岚:《新中国70年来我国社会养老服务的本土化实践》,《兰州学刊》2019年第8期。

明确了建立多层次养老保险体系的目标,保险缴费由国家、企业、个人三方共同负担。1993年11月,党的十四届三中全会召开,大会通过了《中共中央关于建立社会主义市场经济体制若干问题的决定》,提出建立现代企业制度和现代产权制度,企业作为市场主体承担应尽的养老义务。

关注老年人生活质量、规范管理、做好服务是这一阶段的另一主线。20世纪90年代后我国经济加速发展,老年人对养老服务的要求提高与人口迅速老龄化、传统家庭保障能力逐渐弱化的矛盾逐渐凸显。1994年,公共部门出台《中国老龄工作七年发展纲要(1994—2000年)》,指出要实现"老有所养、老有所医、老有所乐"的健康养老模式。1996年,全国人大常委会颁布实施关于养老服务的标志性法律——《老年人权益保障法》,对老年人权益做出了更为细致的部署。其规定,要从家庭赡养与扶养、社会保障、社会服务、社会优待、宜居环境、参与社会发展等方面向老年人提供保障。这部法律的颁布实施,初步形成对老年人权益保障的法律体系,强调了家庭养老的重要地位,开启了中国老龄工作新时代,标志着我国老龄工作进入法制化轨道。同期民政部等部委相继印发了《社会福利机构管理暂行办法》《老年人社会福利机构基本规范》《老年人建筑设计规范》《农村敬老院管理暂行办法》等,强调加强养老机构规范化建设,寓管理于服务中。服务项目由单一的生活保障发展为集居住、医疗服务、康复、娱乐等于一体,机构养老服务质量得到改善。社会养老服务初见端倪,但家庭仍是老年人获取养老服务的主要来源。

在这一阶段,国家力量逐渐凸显,政府和人民逐步认识到人口老龄化趋势。主要特征为:养老服务由城乡"政府—企业—家庭"与"政府—家庭"区别提供,这一发展为进入老龄化社会后养老服务体系的发展做出进一步铺垫。

第三阶段:建设期(1999—2012年)

1999—2012年,养老服务处于体系化建设期,由"政府—社会—家庭"共同提供。1999年我国正式进入老龄化社会,国家老龄委、民政部等总结推广了居家养老服务经验。第二次修订后的《老年人权益保障法》第十三条规定"老年人养老以居家为基础",由原《老年人权益保障法》的"家庭"到新修订《老年人权益保障法》的"居家",养老服务提供的地点而非主体被强化。居家养老服务较好地弥补了因家庭小型化、人口流动所带来的家庭照护力量下降等问题。我国各大城市陆续开展居家养老服务的探索。而养老机构服务无论质和量都有了进一步提升。因此,这一阶段,养老服务重要性日益体现,开始朝着体系化方向迈进。①

　　各级政府也继续推行养老服务社会化,通过加大财政投入、调动社会力量投入等方式,促使我国机构养老模式进入了较快发展的阶段。② 2000 年,国务院办公厅转发了民政部等 11 个部门制定的《关于加快实现社会福利社会化的意见》,主张尽快实现养老服务兴办主体的多元化、服务对象的公众化、服务内容的系列化和服务的专业化。③ 2001 年国务院印发的《中国老龄事业发展“十五”计划纲要(2001—2005 年)》也明确指出老龄服务社会化,政府、社会和市场开始成为我国养老服务发展的重要责任主体之一。2005—2008 年,我国又相继出台了一些养老服务的指导性意见,如 2005 年,民政部出台了《关于支持社会力量兴办社会福利机构的意见》,2006 年国务院办公厅转发了老龄办和民政部等部门《关于加快发展养老服务业的意见》,要求逐步建立和完善以居家养老为基础、社区服务为依托、机构养老为补充的养老服务体系,它们的目标均是朝着应对人口老龄化,逐步建立多元化的社会养老服务体系迈进。④ 2010 年,《国民经济和社会发展的“十二五”规划纲要》提出要建立“以居家为基础、社区为依托、机构为支撑”的养老服务体系,这是我国首次将养老服务体系工作纳入专项规划范围,从中央到地方各级政府以及社会各界,对大力发展养老服务业的重要性和紧迫性已形成基本共识。受城镇化进程加快、农村年轻劳动力外迁的影响,留守农村的空巢老人规模日趋庞大,农村老人要求获得全方位养老服务的呼声也越来越高。在这一阶段,农村税费改革推动国家开始承担农村养老服务的供给责任,农村养老服务也从农

---

　　① 董红亚:《中国政府养老服务发展历程及经验启示》,《人口与发展》2010 年第 5 期。
　　② 王莉莉:《中国城市地区机构养老服务业发展分析》,《人口学刊》2014 年第 4 期。
　　③ 宋全成:《人口高速老龄化:我国社会养老服务面临严峻挑战》,《理论学刊》2016 年第 3 期。
　　④ 王素英:《中国社会养老服务体系建设现状及发展思路》,《社会福利(理论版)》2012 年第 9 期。

村集体福利事业转变为国家福利制度。① 国家对养老服务业建设的支持力度不断加大,市场和社会各方面参与养老服务业发展的积极性越来越高,现已初步形成以居家为基础、社区为依托、机构为补充的多层次养老服务体系。②

对于机构以外的老年人,通过发展社区服务提供照顾护理,进而走向社区居家养老服务。从 2000 年开始,上海、宁波等地陆续开展居家养老服务工作,得到了社会各方的认同。2001 年,民政部印发《"社区老年福利服务星光计划"实施方案》,提出依托社区为老年人的生活照料提供载体,为居家养老服务提供支持。通过总结社区居家养老经验,2008 年全国老龄委办公室、民政部等 10 部门联合下发《关于全面推进居家养老服务工作的意见》,做出全面部署,要求大力发展居家养老服务,随后,各地积极探索政府购买居家养老服务供给模式,东部沿海的部分地区还率先将政府购买居家养老服务延伸至农村。《关于全面推进居家养老服务工作的意见》的出台将居家养老服务推上了专业化、规范化的轨道,标志着居家养老成为我国养老模式发展的重要方向。2011 年《中国老龄事业发展"十二五"规划》,首次将养老服务看作与养老保障地位相同的老龄事业体系,提出重点发展居家养老服务。《国务院办公厅关于印发社会养老服务体系建设规划(2011—2015 年)的通知》是新中国成立以来国家第一次将社会养老服务体系建设纳入专项规划范围,就居家养老服务设施提出了建设任务,以提升老年人生活质量和改善养老服务条件作为发展目标。《社区老年人日间照料中心建设标准》也首次将老年人社区日间照料系列服务上升为国家标准。

在这一时期,养老服务体系进入实施阶段。2011 年国家相继启动了城镇居民社会养老保险试点和提出"智慧养老"服务雏形。这一阶段政府定位更趋明晰,将部分权利与责任下放到社会,创新养老服务提供模式,将社区居家养老和机构养老作为养老服务提供的重要形式,养老服务

---

① 黄俊辉:《农村养老服务供给变迁:70 年回顾与展望》,《中国农业大学学报(社会科学版)》2019 年第 5 期。

② 董克用、王振振、张栋:《中国人口老龄化与养老体系建设》,《经济社会体制比较》2020 年第 1 期。

体系建设由"政府—社会—家庭"三方共同提供。

第四阶段:创新发展期(2012年至今)

2012年,国务院决定在全国所有县级行政区全面推行新型农村社会养老保险和城镇居民社会养老保险;2013年国务院发布《关于加快发展养老服务业的若干意见》,在"十二五"规划基础上进一步明确指出到2020年,全面建成以居家为基础、社区为依托、机构为支撑的,功能完善、规模适度、覆盖城乡的养老服务体系。2015年公布的《中共中央关于制定国民经济和社会发展第十三个五年规划的建议》对机构养老在整个养老服务体系中的定位有了重要变化,将"机构为支撑"调整为"机构为补充",一词之变折射出"十三五"乃至更长的未来时期,我国养老政策的新思路。2020年《中共中央关于制定国民经济和社会发展第十四个五年规划和二〇三五年远景目标的建议》中,进一步提出要健全基本养老服务体系,发展普惠型养老服务和互助性养老,支持家庭承担养老功能,培育养老新业态,构建居家社区机构相协调、医养康养相结合的养老服务体系。在这一时期,我国人口老龄化形势进一步加剧,老年抚养比从2011年的13.7%增长到2015年的16.1%,再到2018年的17.9%。[①] 持续增长的养老压力促使我国开始反思当前养老服务体系建设的不足,在"国家—社会—家庭"多元供给格局的基础上,不同主体在养老服务供给中的合作程度进一步深化,形成类型多样的合作治理机制。除了大力推广社区居家养老服务,探索公办养老机构改革路径,鼓励民间资本进入养老服务行业之外,各地也在多年试点中不断创新养老服务供给形式,如星光老年之家、时间银行等也如雨后春笋般进入大众视野。

养老服务各主体责任分工细化,养老服务进入创新发展期,凸显多元合作治理趋势。基层党组织、志愿者队伍、留守群体、社会组织等主体开始自发探索农村养老服务供给机制,服务部门、养老机构、社区居委会以及家庭内部也不断创新养老服务供给方式,社区居家养老服务在全国范

---

① 《2018年老年抚养比创新高,鼓励生育等措施需尽快出台》,财经网,见 http://finance. china.com.cn/news/20190322/4930811.shtml,2019年3月22日。

围内得到了广泛应用,地方政府也相继出台地方居家养老服务条例对服务形式、服务内容、评估标准与流程等进行具体说明。2015 年《北京市居家养老服务条例》是全国首个地方性居家养老服务条例。《条例》明确指出,居家养老就是指以家庭为基础,政府主导,还要依托城乡社区、企业、社会组织提供专业化服务,满足居住在家的老年人社会化服务需求的养老模式。全国老龄办 2018 年发布的《关于印发"十三五"国家老龄事业发展和养老体系建设规划的通知》整合了社区养老具体运作过程中出现的相关问题,提出依托城乡社区公共服务综合信息平台,整合建立居家社区养老服务信息平台、呼叫服务系统和应急救援服务机制,实施"互联网+"养老工程。自 2017 年开始,我国就结合当前居家和社区养老服务存在的突出问题和重点探索领域,分批次分城市对居家和社区养老服务改革部署了"7+X"的试点任务,①加之在社会福利社会化改革的导向下,市场力量也越来越多地参与养老机构建设。

养老服务领域民间资本投入仍有较大缺口,考虑到社会力量雄厚的资金实力,民政部 2012 年发布的《关于鼓励和引导民间资本进入养老服务领域的实施意见》放开投资主体,鼓励民间资本介入养老领域,特别是举办适宜老年人特别是失能、半失能、高龄老年人集中照料、护理、康复、娱乐的养老院、养护院、老年公寓、敬老院等多种形式的养老机构或服务设施,随着经济变迁,老年公寓、托老所、老年康复中心等分类明确、功能具体的老年服务机构应运而生。此外,公办养老机构在几十年的发展过程中,逐渐暴露了一些弊端。2013 年《国务院关于加快发展养老服务业的若干意见》,明确提出了要"开展公办养老机构改制试点",就当前养老机构的人均收费标准、职能划分、服务设施老旧等问题提出了规划意见。同年 12 月,民政部下发了《关于开展公办养老机构改革试点工作的通知》(民函〔2013〕369 号),正式开启了我国公办养老机构转制的步伐。随着国家主导其他社会力量参与投资机构养老,出现了"民办公助""公办民营"等多样化的机构养老服务,机构养老多主体协同治理

---

① 韩秉志:《首批中央财政支持的居家和社区养老服务改革试点正式启动》,《经济日报》2017 年 4 月 17 日。

趋向明显。

养老服务"供给侧"改革探索智慧养老、医养结合等模式。2013 年国家发改委发布《关于印发 10 个物联网发展专项行动计划的通知》,开始实施"国家智能养老物联网应用示范工程",随后陆续出台了《积极推进"互联网+"行动的指导意见》和《全面放开养老服务市场提升养老服务质量的若干意见》,这些政策文件为养老服务产业发展开辟了智慧养老的新思路,也进一步为养老领域多主体协同治理创造了技术条件。2015年,国务院办公厅转发卫生计生委等部门出台的《关于推进医疗卫生与养老服务相结合指导意见的通知》,提出了"医养结合"的理念,以便为老年人提供健康的养老服务,鼓励由养老机构兴办医疗机构,或由医疗机构内设养老床位,又或通过养老机构与医疗机构合作,以实现住院、康复、颐养三个时期服务提供完美衔接,推进养老机构自成体系独立经营。为达成养老服务体系"补短板"的目标,我国更加注重解决总量供给不足、供需结构性矛盾等相关问题,[1]采取了有效措施包括推动养老机构提质增效和无障碍设施的建设与改造等[2]。在长期护理保险制度试点地区,非正式照料者在得到保险制度支持之后,成为服务供给又一大主体,多主体间形成合力。原国家卫计委、发改委等多部门发布的《"十三五"健康老龄化规划》提出要积极开展智慧养老服务和互助养老服务,提高老年人健康素养和健康服务水平,加强年龄友好型健康支持体系建设。在诸多政策措施综合作用下,养老服务体系朝着多元化、多样化、系统化、结构化、智慧化、健康化发展。

在这一时期,养老服务体系进入创新发展阶段。2019 年《关于推进养老服务发展的意见》进一步规定要从深化"放管服"改革、拓宽养老服务投融资渠道、扩大养老服务就业创业和消费、促进养老服务高质量发展和基础设施建设等方面,完善养老服务机制。各主体分工不断细化,政

---

① 廖楚晖:《智慧养老服务总体性问题破解与实现路径》,《经济与管理评论》2019 年第6 期。

② 国务院:《"十三五"国家老龄事业发展和养老体系建设规划》,中国政府网,见 http://www. gov. cn/zhengce/content/2017 - 03/06/content _ 5173930. htm? gs _ ws = tsina _ 636253488746230195,2017 年 3 月 6 日。

府、社会、家庭形成合力之势,共同为功能范围下的老人提供全面服务;各个地区的服务内容与服务形式改"一刀切"为适应地方特色,社区居家养老和机构养老仍是养老服务提供重要单位,但小微资本、个人投资养老服务亦逐渐发展,养老服务体系化建设由三方共同提供向多方合作协同治理的方向发展。

第二节　养老服务的筹资体系[①]

针对老年人的多层次、全方位的养老需求,我国目前已经初步形成了以社会保险和社会救助等制度化筹资系统为基础、包含社会筹资、政府筹资、个人与家庭筹资等在内的多层次、全方位的养老服务筹资体系(见图6.3)。

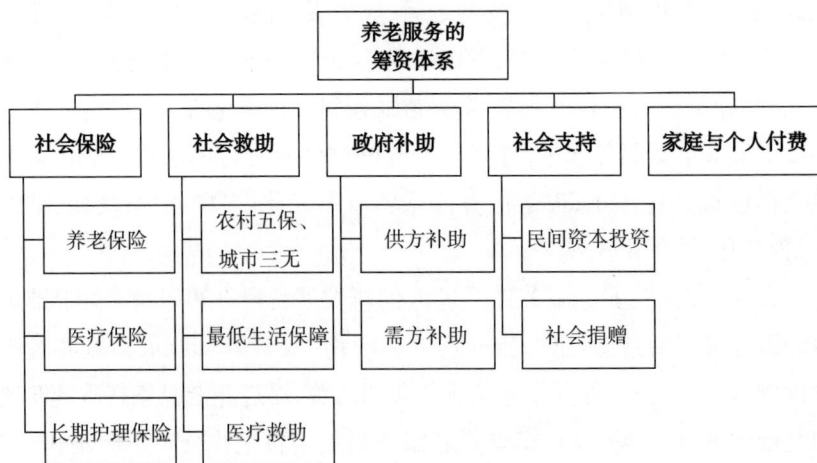

图 6.3　养老服务的筹资体系

资料来源:笔者绘制。

---

① 本节和下一节作者为杨红燕、宛林。

一、社会保险

（一）养老保险

1. 养老保险体系

广覆盖的养老保险制度为老年人的养老服务需求提供了经济保障和筹资来源。无论老年人"退休前"是单位职工、灵活就业人员还是城乡居民，待他们年老退休、丧失劳动能力后，社会保险经办机构向达到领取养老金资格的老年人按月或一次性支付基本养老金，主要用于保障老年人的基本生活需要，为其提供稳定可靠的生活来源。

党的十九大报告明确指出要"全面建成覆盖全民、城乡统筹、权责清晰、保障适度、可持续发展的多层次社会保障体系"。如表 6.1 所示，养老保险"三支柱"包括以基本养老保险为基础的第一支柱、以职业年金为基础的第二支柱和以自愿性个人养老储蓄计划为基础的第三支柱。

表6.1　中国养老金体系构成框架及各自特征

层次	类别	制度形式	参与对象	参与方式	缴费方式	待遇计发
第一支柱（公共养老金）	城镇职工基本养老保险	社会统筹+个人账户	城镇企业职工	强制	单位缴费+个人缴费	基础养老金+个人账户养老金
	机关事业单位基本养老保险	社会统筹+个人账户	机关事业单位工作人员	强制	单位缴费+个人缴费	基础养老金+个人账户养老金
	城乡居民基本养老保险	社会统筹+个人账户	城乡居民	政策鼓励	个人缴费+集体补助+政府补贴	基础养老金+个人账户养老金
第二支柱（职业养老金）	企业年金	个人账户	城镇企业职工	自主	单位缴费+个人缴费	个人账户养老金
	职业年金	个人账户	机关事业单位职工	自动	单位缴费+个人缴费	个人账户养老金
第三支柱（个人养老金）	个人税收递延型商业养老保险	个人账户	经济活动人口	自愿	个人缴费+税收优惠	个人账户养老金

资料来源：董克用、王振振、张栋：《中国人口老龄化与养老体系建设》，《经济社会体制比较》2020年第 1 期。

2. 养老保险运行情况

分别于 2009 年与 2011 年建立的新型农村社会养老保险制度和城镇居民社会养老保险自 2013 年开始以城乡居民基本养老保险形式运行,参保人数和实际领取待遇人数逐年增长,基金累计结余缓慢增长。2018年,城乡居民基本养老保险实际惠及待遇领取人数 15898.1 万人,覆盖63%以上的老年人,基金累计结余 7250.3 亿元。[1]

始建于 1997 年的城镇职工基本养老保险制度,经历了迅速的发展,参保人数逐年上升,截至 2018 年底,已有 41901.6 万人参保,其中离退休人员比例占总参保人员的 28.2%,占全国 60 岁以上老人比例 47.29%,基金累计结余达最高值 50901.3 亿元,可支付 18 个多月,[2]当年养老保险基金支出占老人可支配收入的比重自 2015 年以来均高于 87%,是城镇职工年老的主要收入来源。

从表 6.2 中可以看出,中国职工养老金(第一层次)替代率迄今在66%以上,在国际上处于较高水平。需要指出的是,中国另外两种基本养老保险制度的替代率处于偏高与偏低的两极状态。其中,机关事业单位工作人员的养老金替代率偏高。[3] 建立养老保险制度后,事业单位工作人员的养老金替代率在 80%—90%之间。[4] 而农民的基本养老金的替代率仅在 10%—14%之间。总之,中国职工的养老金替代率较国际水平偏高,机关事业单位工作人员甚至接近退休前的收入水准,而农民的养老金替代率则明显偏低。[5]

---

① 数据来源:《2018 年度人力资源和社会保障事业发展统计公报》。

② 《人力资源社会保障部:能够确保基本养老金按时足额支付》,中国政府网,见 http://www.gov.cn/xinwen/2019-07/19/content_5411976.htm,2019 年 7 月 19 日。

③ 根据 2006 年人事部、财政部印发的《关于机关事业单位离退休人员计发离退休费等问题的实施办法》,事业单位工作人员工作年满 20 年不满 30 年者,其退休金替代率为 80%;工作年满 30 年不满 35 年者为 85%,工作年满 35 年者按 90%计发。

④ 马伟:《机关事业单位养老保险替代率问题探讨》,《统计与决策》2017 年第 14 期。

⑤ 华颖、郑功成:《中国养老保险制度:效果评估与政策建议》,《山东社会科学》2020 年第4 期。

表 6.2 城乡居民、城镇职工基本养老保险运行情况

年份	城乡居民基本养老保险					城镇职工基本养老保险						老年抚养比
	参保人数（万人）	实际领取人数（万人）	实际领取人数占60岁以上人口比例（%）	基金累计结余（亿元）	养老金替代率（%）（估计值）	参保人数（万人）	离退休人员（万人）	退休人员占60岁以上人口比例（%）	基金累计结余（亿元）	人均养老金（元/月）	养老金替代率（%）	
2012	48369.5	13382.2	69.02	2302.2	22.00	30426.8	7445.7	38.40	23941.3	1742	66.1	3.09
2013	49750.1	14122.3	69.76	3005.7	21.93	32218.4	8041	39.72	28269.2	1914	66	3.01
2014	50107.5	14312.7	67.38	3844.6	22.01	34124.4	8593.4	40.45	31800	2061	67.5	2.97
2015	50472.2	14800.3	66.67	4592.3	22.32	35361.2	9141.9	41.18	35344.8	2353	67.5	2.86
2016	50847.1	15270.3	66.15	5385.2	21.80	37929.7	10103.4	43.76	38580	2362	66.4	2.75
2017	51255	15597.9	64.75	6317.6	——	40293.3	11025.7	45.77	43884.6	2876	67.3	2.73
2018	52391.7	15898.1	63.72	7250.3	——	41901.6	11797.7	47.29	50901.3	3154	66.7	2.66

资料来源：2012—2018《中国社会统计年鉴》；60 岁以上老年人数量来源于 2012—2018 年《国民经济和社会发展统计公报》，占 60 岁以上人员比重由计算所得；人均养老金数据来源于 2012—2018《中国统计年鉴》；城镇职工养老金替代率 2012—2014 年数据来自于王延中：《中国社会保险年度发展报告 2015》，社会科学文献出版社 2015 年版；替代率其余年份数据来自华颖、郑功成：《中国养老保险制度：效果评估与政策建议》，《山东社会科学》2020 年第 4 期；城乡居民基本养老保险由于施行较晚，故引用景鹏等（2018）①估计的下限数值，老年抚养比数据来源于人社部官网。

　　2004 年劳动和社会保障部发布《企业年金基金管理机构资格认定暂行办法》，将企业年金正式纳入规范化运营。② 2015 年国务院办公厅发布的《机关事业单位职业年金办法》、2017 年人社部和财政部联合发布的《企业年金办法》2017 年国务院办公厅发布的《关于加快发展商业养老保险的若干意见》以及 2018 年财政部等五部门发布的《关于开展个人税收递延型商业养老保险试点的通知》表明多层次养老保险体系中的第二、三层次政策框架基本形成。表 6.3 为 2012—2019 年全国企业年金基本

――――――――――

　　① 景鹏、陈明俊、胡秋明：《城乡居民基本养老保险的适度待遇与财政负担》，《财政研究》2018 年第 10 期。

　　② 人力资源和社会保障部：《企业年金基金管理机构资格认定暂行办法》，人力资源和社会保障部网站，见 http://www.mohrss.gov.cn/SYrlzyhshbzb/shehuibaozhang/zcwj/SHBZzonghe/201107/t20110729_86911.html，2011 年 7 月 29 日。

情况,由于发展历史较短以及企业自愿为员工投保的性质,企业年金受到企业经营状况的影响,本应当成为第二层次主体但覆盖率不高,且参保人数和基金积累额规模均相对偏低。

表6.3　2012—2019 年全国企业年金基本情况表

年份	建立年金企业数量（百个）	参保人数（万人）	企业年金参保人数/就业人口总数（%）	积累基金（亿元）	企业年金积累基金/城镇职工基本养老保险积累基金（%）
2012	547	1847	2.42	4821	20.14
2013	661	2056	2.68	6035	21.35
2014	733	2293	2.98	7689	24.18
2015	755	2316	3.00	9526	26.95
2016	763	2325	3.00	11075	29.96
2017	804	2331	3.00	12880	29.74
2018	874	2388	3.08	14770	25.40
2019	960	2548	3.28	17985	32.00

资料来源:企业年金数据来自基金监管局:《2019 年度全国企业年金基金业务数据摘要》,人力资源和社会保障部网站,见 http://www.mohrss.gov.cn/shbxjjjds/SHBXJDSgongzuodong-tai/202003/t20200331_364056.html,2020 年 3 月 31 日;就业人口总数来自《中国劳动统计年鉴 2018》,比率由笔者计算得出。

如表6.4所示,我国寿险型商业保险投保额自2015 年开始保持20%的年增长率,保险业务给付金额约为保费收入的25%,商业养老保险增长趋势明显。2018 年人寿保险原保费收入 20722.86 亿元,根据往年养老年金保险占人寿保险 20%的比例推算,养老年金保险的保费收入为4145 亿元[①],为老年人养老资金筹集提供了有力补充。

---

① 郑秉文、吴孝芹:《中国养老金税式支出测算及其结果评估》,《中国人口科学》2020 年第 1 期。

表 6.4 寿险型商业保险经营现状

年份	原保费收入 （亿元）	同比增减 （%）	保险业务 给付（亿元）	同比增减 （%）
2012	—	—	—	—
2013	9425.14	5.8	2253.13	49.71
2014	10901.69	15.67	2728.43	21.09
2015	13241.52	21.46	3565.17	30.67
2016	17442.22	31.72	4602.95	29.11
2017	21455.57	23.01	4574.89	−0.61
2018	20722.86	−3.41	4388.52	−4.07

资料来源：中国银行保险监督管理委员会：2013—2018 年《保险统计数据报告》，中国银行保险监督管理委员会网站，见 http://www.cbirc.gov.cn/cn/view/pages/index/jiansuo.html? keyWords=%E5%B9%B4%E4%BF%9D%E9%99%A9%E7%BB%9F%E8%AE%A1%E6%95%B0%E6%8D%AE%E6%8A%A5%E5%91%8A。

3. 各项养老保险制度对养老服务筹资的贡献情况

综合而言，养老保险制度中城镇职工基本养老保险和城乡居民基本养老保险两大制度占据了养老服务筹资较大比重，补充养老保险占比较小。

如表 6.5 所示，依据 2018 年全域口径测算的三大支柱税式支出的比例可以看出，第一支柱支出与其他两大支柱支出相比仍有绝对差距，第一支柱基金筹资来源中，财政税费优惠等政策倾斜程度最高，收支规模庞大，而市场化的第二、第三支柱规模较小。城镇职工基本养老保险来自企业缴费的税式支出占 93.22%，是个人的 13.75 倍；企业年金中企业缴费税式支出占 75.26%，是个人的 3.04 倍。企业税式支出远大于个人，说明企业承担了较为沉重的缴费负担，这是 2019 年养老保险费率从 20%降到16%的主要原因。它从一个侧面证明，在 2020 年新冠肺炎疫情防控中为推进企业复工复产采取大规模减免企业的养老保险费的措施是及时且正确的。因此，就长期而言，养老服务体系建设资金筹集仍要在保证基本养老保险覆盖率的基础上大力推动其他模式发展。

表 6.5　2018 年全域口径测算的税式支出构成

单位:%

项目	第一支柱	第二支柱	第三支柱	全国社保基金	合计
税式支出(亿元)	6420.18	537.54	248.81	212.41	7418.94
占 GDP 比重	0.698	0.058	0.027	0.023	0.807
各支柱分布	86.54	7.25	3.35	2.86	100

注:税式支出是指由于"优惠政策"导致对基准税制的偏离,包括各种豁免与扣除,或者特殊退税、税率优惠与延迟征税等所产生的隐性支出。通过测算税式支出可以看出国家在各支柱财政投入比重和资源倾斜程度。

资料来源:郑秉文、吴孝芹:《中国养老金税式支出测算及其结果评估》,《中国人口科学》2020 年第 1 期。

(二)医疗保险

医疗保险作为养老服务筹资来源,通过以下几种渠道发挥作用:首先,直接为老年人的医疗需求提供筹资保障;其次,部分实行长期护理保险试点的城市,通过医疗保险基金为长期护理保险筹资;再次,没有建立长期护理保险的地区,医疗保险可能偿付了一部分手术后需要照顾的病人的部分照护支出。事实上,很多国家也是出于部分需要生活护理而非医疗服务的病人长期占用医疗病床的顾虑,专门创建了长期护理保险制度。

1. 医疗保险体系

我国分别于 1998 年、2003 年、2007 年建立了城镇职工基本医疗保险、新型农村合作医疗保险(以下简称"新农合")和城镇居民基本医疗保险制度。到 2011 年左右已经形成了三险并存的全覆盖格局。2016 年合并新农合与城居保,进入城乡居民基本医疗保险与城镇职工基本医疗保险并立的时代。国务院 1998 年发文允许企业建立企业补充医疗保险,2000 年发文同意实行国家公务员医疗补助,2003 年广东第一个施行职工大额医疗费用补助,2012 年六部委《关于开展城乡居民大病保险工作的指导意见》发布,居民大病保险开始实施。2015 年城乡居民大病保险推行,全民医疗保障制度改革持续推进,在破解看病难、看病贵问题上取得了突破性进展。如图 6.4 所示,在新的历史时期,医疗保障整体发展方向是完善以基本医保为主体、大病医保为延伸、医疗救助为托底、商业健康保险及多种形式补充医疗保险为补充的多层次保障体系。

补充待遇层		
公务员医疗补助	大病保险	商业健康保险
基本医疗保险层		
	城乡居民基本医疗保险	城镇职工基本医疗保险	
目录外项目	药品目录　诊疗项目目录　医院服务设施目录	目录外项目
保底层		
城乡医疗救助	重特大疾病医疗救助	应急救助

图 6.4　我国多层次医保制度结构

资料来源:董克用、郭珉江、赵斌:《"健康中国"目标下完善我国多层次医疗保障体系的探讨》,
　　　　《中国卫生政策研究》2019 年第 1 期。

2. 医疗保险运行状况

2018 年,我国医院出院病人中 60 岁及以上老人占比 38.8%,近乎是占比位居第二的 45—59 岁年龄段 23% 的 1.5 倍,老年人就医需求较大,就医人数多。[1] 表 6.6 为我国基本医疗保险运行情况。我国城乡居保和城镇职工医保参保人数逐年增长,基金结余稳步增长,截至 2018 年底,已惠及 135436 万人,人均筹资 1723 元,其中,仅城镇居民医保筹资总额就达 200.4 亿元,人均筹资 695.7 元,且城乡居民医保筹资总额 6653.4 亿元,人均筹资 723.2 元,新农合筹资总额 695.4 亿元,人均筹资 654.6 元,[2] 与最低生活保障标准 660 元持平,一定程度上起到了保障老年人基本医疗需求的作用。在待遇水平方面,目前城镇职工医保、城乡居民医保政策范围内住院费用报销比例分别为 80% 以上和 70% 左右,统筹基金最高支付限额均达到当地职工年平均工资和居民可支配收入的 6 倍左右。此外,大病保险已覆盖城乡居民医保参保人群,政策范围内支付比例达50% 左右。[3] 2019 年,国家明确从居民医保人均新增财政补助中划出一半即 15 元用于大病保险,普惠性提高大病保险保障水平,统一并降低大病保险起付线至上年人均可支配收入的 50%,政策范围内报销比例由

---

　　①　资料来源:《中国卫生健康统计年鉴 2019》。

　　②　资料来源:《中国卫生健康统计年鉴 2019》。

　　③　国家医疗保障局:《关于政协十三届全国委员会第二次会议第 3547 号(医疗体育类 407 号)提案答复的函》,国家医疗保障局网站,见 http://www.nhsa.gov.cn/art/2019/12/31/art_26_2223.html,2019 年 12 月 31 日。

50%提高到60%。[①] 在保障目录方面,目前国家医保药品目录中仅高血压、糖尿病等慢性病用药已有百余种,已经能满足以老年人居多的慢性病患者的基本医疗需求。[②]

表6.6　我国基本医疗保险运行情况

| 年份 | 参保人数(万人) | | | 人均筹资(元) | | | 全年基本医保基金收支(亿元) |
	合计	居民基本医保(城乡+新农合)	城镇职工基本医保	城镇居民医保	城乡居民医保	新农合	累计结余
2012	53641.3	27155.7	26485.6	——	——	308.5	7644.5
2013	57072.5	29629.4	27443.1	——	——	370.6	9116.5
2014	59746.9	31450.9	28296	453.3	——	417.2	10644.8
2015	66581.6	37688.5	28893.1	530.7	——	483.6	12542.8
2016	74391.5	44860	29531.5	570.2	620.4	551.4	14964.3
2017	117681.4	87358.7	30322.7	647.0	646.1	612.9	19385.6
2018	134458.6	102777.8	31680.8	695.7	723.2	654.6	23233.74
2019	135436	102510	32926			——	26912.11

资料来源:参保人数来源于国家医疗保障局;2018—2019年《医疗保障事业发展统计快报》,见 http://www.nhsa.gov.cn/col/col7/index.html?uid=763&pageNum=2;全年基金累计结余来源于《中国统计年鉴2019》;人均筹资来源于《中国卫生健康统计年鉴2018—2019》。

3. 各项医疗保险制度对养老服务筹资贡献情况

由于医疗保险在养老保险体系中主要功能是缓解养老过程中产生的医疗费用,故将各项医保制度构成比例来代表各项医疗保险制度对养老体系筹资的贡献度。如图6.5所示,在不同时期(2008年、2013年),医

①　国家医疗保障局:《关于政协十三届全国委员会第二次会议第0901号(社会管理类第087号)提案复复的函》,国家医疗保障局网站,见 http://www.nhsa.gov.cn/art/2019/10/15/art_26_1853.html,2019年10月15日。

②　国家医疗保障局:《关于政协十三届全国委员会第二次会议第1702号(医疗体育类190号)提案答复的函》,国家医疗保障局网站,见 http://www.nhsa.gov.cn/art/2019/12/3/art_26_2101.html,2019年12月3日。

保制度各项构成比例有所变化,整体趋势为无医保人群收缩,基本医保迅速扩张,多种医保制度基本覆盖全体人口。截至 2018 年底,参保覆盖率稳定在 95% 以上。

图 6.5　2008 年和 2013 年调查地区居民医保制度构成

资料来源:《中国卫生健康统计年鉴 2019》。

(三)长期护理保险

长期护理保险是应对人口老龄化的有效策略,为老年人长期护理需求的筹资提供了直接的保障。

1. 概述

(1)概念界定

长期护理保险是以社会互助共济方式筹集资金,以长期失能人员为保障对象,重点解决重度失能人员的基本生活照料和与基本生活密切相关的医疗护理等所需费用的社会保险制度。[①]

(2)特点

长期护理保险具有鲜明的服务保障特征。服务对象瞄准长期失能半失能及高龄群体,保障其生活照护和专业的医疗护理服务等各方面需求;此外,长期护理保险制度的福利性明显,它有利于缓解家庭压力。减轻失能半失能家庭的照护负担,降低家庭养老医疗支出,化解人们因病致贫因

---

① 人力资源和社会保障部医疗保险司:《人力资源社会保障部办公厅印发〈关于开展长期护理保险制度试点的指导意见〉》,人力资源和社会保障部网站,见 http://www.mohrss.gov.cn/SYrlzyhshbzb/shehuibaozhang/gzdt/201607/t20160708_243152.html,2016 年 7 月 8 日。

病返贫的风险;各地护理保险制度普遍把医疗护理或者医疗护理机构提供的护理床位作为重要购买服务内容,促进一批二级及以下医疗机构向长期护理机构转型,实现社会富余医疗资源的合理配置和优化利用。

探索建立长期护理保险制度,是应对人口老龄化、促进社会经济发展的战略举措,有利于保障失能人员基本生活权益,提升他们体面和有尊严的生活质量;有利于增进人民福祉,促进养老服务产业发展和拓展护理从业人员就业渠道。[1]

2. 试点实践现状

2016 年,人社部办公厅发布的《关于开展长期护理保险制度试点的指导意见》(人社厅发〔2016〕80 号,以下简称《意见》)在全国范围确定了 15 个城市作为试点城市,并对保障范围、参保范围、资金筹集和待遇支付等基本制度内容进行了明晰。截至 2019 年 6 月底,15 个试点城市和 2 个重点联系省的参保人数达 8854 万人,享受待遇人数 42.6 万,年人均基金支付 9200 多元。[2] 2020 年 5 月 6 日,国家医疗保障局发布《关于扩大长期护理保险制度试点的指导意见(征求意见稿)》,扩大长期护理保险制度,新增 14 个试点城市,合计 29 个城市参与长期护理保险的试点。表6.7 为我国长期护理保险制度总体的实施细则。

表 6.7　中国长期护理保险制度实施细则

政策维度	制度内容
参保范围	原则覆盖职工基本医疗保险参保人群
保障范围	重度失能人员的基本生活照料支出以及与基本生活密切相关的医疗护理费用
资金筹集	允许通过优化统账比例结构,划转统筹结余,调剂医保费率等方式筹资

---

① 人力资源和社会保障部医疗保险司:《人力资源社会保障部办公厅印发〈关于开展长期护理保险制度试点的指导意见〉》,人力资源和社会保障部网站,见 http://www.mohrss.gov.cn/SYrlzyhshbzb/shehuibaozhang/gzdt/201607/t20160708_243152.html,2016 年 7 月 8 日。

② 国家医疗保障局:《关于政协十三届全国委员会第二次会议第 3254 号(社会管理类 252号)提案答复的函》,国家医疗保障局网站,见 http://www.nhsa.gov.cn/art/2019/12/3/art_26_2113.html,2019 年 12 月 3 日。

续表

政策维度	制度内容
待遇支付	按照70%的总体比例支付发生的目录内护理服务费用

资料来源:关博、朱小玉:《中国长期护理保险制度:试点评估与全面建制》,《宏观经济研究》2019年第10期。

（1）试点地区保障模式

尽管《意见》对长期护理保险的总体目标和实施模式作出了规定,各试点地区在具体执行时因地制宜,不同的筹资来源决定了不同的保障模式,在实践中大体形成了"生活照料模式""医养结合模式"和"商业相互保险模式"三种模式（见表6.8）。

表6.8　中国长期护理保险保障模式

模式	代表试点地区	保障范围	受益对象	主要保障内容	组织方式
生活照料模式	南通、成都、石河子	城镇职工医保+城乡居民医保的参保人	重度失能人员	与基本医疗保险衔接的生活照护费用	统筹账户
	安庆	城镇职工医保的参保人			
医养结合模式	承德、齐齐哈尔、宁波、广州	城镇职工医保的参保人	重度失能人员	在医疗机构发生的医疗护理费用和长护机构发生的照护费用	统筹账户
	长春	城镇职工医保+城镇居民医保的参保人			
	上海、苏州、上饶、荆门、重庆	城镇职工医保+城乡居民医保的参保人			

续表

模式	代表试点地区	保障范围	受益对象	主要保障内容	组织方式
商业相互保险模式	北京海淀、成都武侯	城镇职工医保+城乡居民医保的参保人	轻度、中度、重度失能人员	包括居家护理服务、社区护理服务、机构护理服务和家庭互助服务等	个人账户与统筹互助账户相结合

资料来源:保障模式分类来源于关博、朱小玉:《中国长期护理保险制度:试点评估与全面建制》,《宏观经济研究》2019年第10期;地区对应内容来源于海龙、尹海燕、张晓囡:《中国长期护理保险政策评析与优化》,《宏观经济研究》2018年第12期。其中,荆门市在医养结合模式与商业相互保险模式中存在交叉。

(2)失能评估标准

正确评估老年人身体失能状况是对症下药提供相应的养老保险和照护服务的前提。《意见》指出"探索护理需求认定和等级评定等标准体系和管理方法"是长期护理保险试点的主要任务之一。首批试点的15个城市依据各地实际积极探索最适宜的失能评定标准。如表6.9所示,大部分试点城市采用的是Barthel指数和《日常生活活动能力评定量表》,少数城市结合地区实际自拟出台失能评定方法,如上海出台了《上海市老年照护统一需求评估标准》、苏州由市人社局、民政局、卫生计生委和财政局联合制定了《苏州市失能等级评估参数表(试行)》、上饶则按照《上饶市长期护理统一需求评估调查表》对失能人员进行失能等级评估、成都按照《成都市成人失能综合评估技术规范》进行评定。失能与半失能程度经细化又可分为多个层级,照护对象根据评定失能等级的不同享受不同等级的照护服务。

表6.9　试点地区失能评定标准概况

失能评定标准	试点城市
Barthel指数、日常生活活动能力评定量表	长春、齐齐哈尔、南通、安庆、青岛、荆门、广州、石河子
自行出台	上海、苏州、上饶、成都

失能评定标准	试点城市
尚未明确	承德、重庆、宁波

资料来源:根据各地长期护理保险实施细则整理而得。

(3)服务内容与形式

在各市试点实践中,服务内容划分标准和服务形式都不尽相同。如表6.10所示,安庆、成都、广州、荆门、南通、齐齐哈尔、上饶、上海和苏州采取医疗机构护理、养老机构护理和居家护理三种服务形式,承德仅采用医疗机构护理和养老机构护理,而青岛市则根据服务地点分为四类:居家医疗护理照料、机构长期医疗护理、医院医疗专护和社区巡护。在服务内容方面,除长春和安庆未规定具体服务内容之外,其他地区多表现为医疗护理、生活照料、心理慰藉和临终关怀。在服务供给体系上,青岛市由定点社区医疗机构、定点医院以及医疗服务机构、老年护理机构、养老服务机构、残疾人托养机构组成,其中92%为民营机构。海淀区和重庆由服务商即政府委托的第三方机构向投保老人提供有需要的服务。其他地区多为定点医疗机构、定点医院、护理院社区、卫生服务中心和医养结合型养老机构提供。

表 6.10　各地长期护理保险服务形式与内容

城市	服务形式	服务内容	服务机构
安庆	医疗机构护理、养老机构护理、居家护理	未规定	定点医疗机构;养老、护理、残疾人托养、居家照护机构
成都	医疗机构护理、养老机构护理、居家护理	医疗护理、生活照料	医院、护理院、社区卫生服务中心、乡镇卫生院等医疗机构;养老机构;居家服务机构
承德	医疗机构护理、养老机构护理	医疗护理、生活照料	承德市第三医院、承德市高新区博爱老年护理院、承德市双滦区博爱老年公寓

城市	服务形式	服务内容	服务机构
广州	医疗机构护理、养老机构护理、居家护理	医疗护理、生活照料	医疗机构、养老机构、家庭服务机构、社区居家养老服务机构
荆门	医院护理、养老机构护理、居家护理	医疗护理、生活照料、心理慰藉、临终关怀	定点医院、养老机构、社区卫生服务中心、乡镇卫生院
南通	医疗机构护理、养老机构护理、居家护理	医疗护理、生活照料、心理慰藉等	定点医院、护理院、社区卫生服务中心；医养结合型养老机构
宁波	"专护""院护""巡护"	医疗护理、生活照料、心理慰藉等	护理院、二级及以下医疗机构；养老机构、护理机构、居家养老机构
齐齐哈尔	医养护理服务机构护理、养老机构护理和居家护理	医疗护理、生活照料	护理机构、养老护理机构
青岛	医疗专护、护理院医疗护理、居家医疗护理、社区巡护	医疗护理为主,服务项目有具体规定	医疗机构；定点医院；具备医疗资质的养老机构和残疾人托养机构
上海	住院医疗护理、养老机构照护、社区居家照护	住院医疗护理服务	养老机构、社区服务机构以及医疗机构
上饶	医疗机构护理、养老机构护理、居家护理	生活照料、护理服务	定点医疗机构、护理机构和社区医疗机构；专业养老机构
石河子	护理机构护理、居家医疗护理、居家自行护理	医疗护理为主	医养结合型养老机构、护理院
苏州	医疗机构住院护理、养老机构护理、社区居家护理	医疗护理、生活照料	医院、护理院、社区卫生服务中心等；养老机构；居家护理机构
长春	机构医疗照护	未规定	医疗机构、养老和护理等机构
重庆	机构护理、机构上门护理	饮食、排泄等基本生活护理	政府委托的第三方机构

资料来源:卢婷:《我国长期护理保险发展现状与思考——基于全国 15 个城市的实践》,《中国卫生事业管理》2019 年第 1 期。

（4）筹资渠道与筹资标准

护理服务筹资来源是决定护理保险制度性质的根本依据,是确保长期护理保险可持续发展的必备前提与基础。如表6.11所示,从各试点城市公布的护理保险政策与实际实施情况来看,均建立起多方来源的筹资机制。即在划转医保统筹基金的基础上,强调三无、五保的政府补贴责任,明确参保人员的个人缴费义务,并组织福利彩票、慈善捐赠等社会力量的参与,并设定报销比例不低于70%的政策给付标准。在实践中,也逐渐形成定额筹资和比例筹资等筹资方式。

表6.11　试点地区长期护理保险的筹资形式与筹资水平

筹资形式	试点地区	筹资水平
定额筹资	长春	城镇居民:按30元/年/人标准从医疗保险统筹基金中进行划转
	齐齐哈尔	筹集标准暂定为60元/年/人
	广州	筹集标准暂定为130元/年/人
	南通	筹集标准暂定为100元/年/人,其中个人负担30元,医保统筹基金负担30元,政府补助40元
	安庆	试点阶段,长护保险基金筹资标准暂定为30元/年/人
	苏州	城镇职工:筹集标准为120元/年/人(政府补助50元,职工医保基金按70元划转) 城乡居民:基本医疗保险统筹基金结余按35元/年/人划转
	石河子	城镇职工:按180元/年/人的标准从职工医保统筹基金结余中划转; 居民:按24元/年/人的标准缴纳; 财政补助:以辖区内上年度60岁以上老年人数为基数,按40元/年/人标准补助;以辖区内上年度重度残疾人数为基数,按40元/年/人标准补助;福彩公益金补助:按照每年度50万元的标准划转
	上饶	筹集标准暂定为100元/年/人
	重庆	筹集标准为150元/年/人

筹资形式	试点地区	筹资水平
比率筹资	上海	第一类人员:由用人单位按照本单位职工医保缴费基数之和1%的比例;在职职工个人按照其本人职工医保费基数0.1%的比例; 第二类人员:具体筹资标准由市人力资源和社会保障局(市医保办)、市财政局等相关部门商定,报市政府批准后公布执行
	长春	职工医保个人账户中划转0.2%、统筹基金中划转0.3%,列入职工医疗照护保险资金
	承德	筹资标准暂定为参保人员(含退休人员)上年度工资总额的0.4%
	荆门	按照本市上年度居民人均可支配收入的0.4%确定
	成都	以城镇职工基本医疗保险缴费基数为基数,单位按0.2%的费率从统筹基金中按月划拨;40岁(含)以下费率为0.1%;40岁以上至达到法定退休年龄并办理基本医疗保险退休不缴费手续前,费率为0.2%,从个人账户中按月划拨;退休人员以城镇职工基本医疗保险个人账户划入基数为缴费基数,按每人每月0.3%的费率从个人账户中按月划拨。财政补贴:按照城镇职工基本医疗保险中退休人员参保人数进行补助,以退休人员城镇职工基本医疗保险个人账户划入基数为缴费基数,按每人每月0.1%的费率,按年度进行补助
	青岛	(1)职工长期护理保险资金由两部分组成,一部分按照不超过基本医疗保险历年结余基金的20%一次性划转;另一部分每月按照个人账户月计入基数总额0.5%的标准,从职工基本医疗保险基金中划转;(2)居民长期护理保险资金,按照不超过当年居民社会医疗保险费筹资总额的10%,从居民社会医疗保险基金中划转
	宁波	长护保险试点启动资金从职工医保基金子账户中划转至长护保险基金子账户,用于支付试点期间符合《试点方案》规定的费用

资料来源:海龙、尹海燕:《我国长期护理保险筹资机制研究》,《湖南社会科学》2020年第1期。

(5)给付条件与给付标准

《意见》总体上依照不同的护理等级、服务提供方式等对给付标准制定了差别化的待遇给付政策指导,要求对符合规定的长期护理费用,基金支付水平总体上控制在70%左右。各试点地区在实践中依据不同的服务供给方式制定了不同的给付标准,且大多设置了封顶线。如表6.12所示,机构护理和居家护理的给付水平存在给付比例上的不同。长春则是以"身份"作为区分,职工的报销比例高于居民。此外,石河子市将非定点的医疗、养老机构也纳入了给付范围,且给付标准与居家护理一致;而重庆采取的是"一刀切"的做法,凡是符合给付条件的参保人统一报销标准为 50 元每人每日。

表 6.12　各地长期护理保险给付条件和给付标准

城市	给付条件	给付标准
安庆	参保职工医保;重度失能	医疗机构:60%; 养老机构:50%; 机构上门:按项目支付,最高 750 元/月; 居家护理:15 元/天
成都	重度失能;已连续参保缴费至少 2 年	机构护理:70%; 居家护理:75%
承德	重度失能	医疗机构:60 元/天; 养老机构:50 元/天
广州	生活照料待遇:重度失能或中、重度痴呆; 生活照料待遇+医疗护理待遇:失能且长期保留管道需定期处理、瘫痪、中或重度运动障碍	生活照料费用:机构 75%(最高 120 元/人/天)、居家 90%(最高 115 元/人/天); 医疗护理费用:按项目支付,最高 1000 元/人/月
荆门	重度失能	全日居家护理限额 100 元/人/天,基金支付 80%,非全日居家护理限额 40 元/人/天,基金全额支付; 养老机构:限额 100 元/人/天,基金支付 75%; 医疗机构:限额 150 元/人/天,基金支付 70%
南通	重度失能	医疗机构:60%; 养老机构:50%; 机构上门护理:按项目支付,最高 1200 元/月
宁波	重度失能	按床日定额标准支付:"专护"70 元、"院护"60 元、"巡护"50 元
齐齐哈尔	重度失能	医疗机构:每人日定额 30 元,基金支付 60%; 养老机构:每人日定额 25 元,55%; 机构上门护理:每人日定额 20 元,50%

城市	给付条件	给付标准
青岛	长年卧床,生活无法自理	养老机构、居家护理:96%;医疗机构:90%
上海	60周岁及以上、失能程度达到评估等级二至六级	社区居家护理:90%;养老机构护理:85%
上饶	重度失能	(具体标准不详)
石河子	重度失能	定点机构:70%,月度限额750元;非定点机构和居家:25元/天
苏州	重度失能	机构护理:中度失能20元/天、重度失能26元/天;居家护理:中度失能25元/天、重度失能30元/天
长春	重度失能	职工参保人员:90%;居民参保人员:80%
重庆	重度失能	50元/人/天

资料来源:卢婷:《我国长期护理保险发展现状与思考——基于全国15个城市的实践》,《中国卫生事业管理》2019年第1期。

3. 未来发展方向

2019年12月李克强总理主持召开国务院常务会议提出加快发展商业长期护理保险,2020年5月国家医保局宣布新增14个长期护理保险试点城市,就制度筹资机制、覆盖范围、支付服务体系建设、开展评估总结等方面的具体建议,是当前及下一步试点工作的主要内容。具体表现如下:关于扩大覆盖面,明确参保和保障人群,制度试点从职工医保参保人群起步,逐步向城乡居民延伸,引导更多居民参加护理保险,认可护理服务;关于完善筹资渠道,国家医保局将指导地方均衡各方缴费责任,研究建立稳定可持续的筹资机制;关于护理人员队伍建设,护理人员专业化、职业化是必然趋势,提高正式照料者和非正式照料者社会地位;在服务内容方面,服务内容应尽量"查漏补缺",完成规划内容内的未尽事宜;关于试点评估总结,结合目前地方自评、委托第三方评估、现场调研、课题研究等方式,为了评估的科学性和全面性,国家医保局引入不同高校、研究机构的专家学者进行了综合评估。下一步,将重点围绕制度框架、运行机制、社会效应等方面做好评估总结,作为确定扩大试点思路的重要参考。

二、社会救助

2014 年国务院颁布的《社会救助暂行办法》(国务院令第 649 号)全面构建了以最低生活保障、特困人员救助供养、受灾人员救助、医疗救助、教育救助、住房救助、就业救助和临时救助为主要内容的"8+1"社会救助制度体系框架。[①] 这些丰富多样的社会救助,为低收入或无收入人群提供了养老所需要的资金和基础服务。服务人群包括了大量的生活无保障、养老无资金的贫困老年人,对老年人养老筹集资金意义重大。

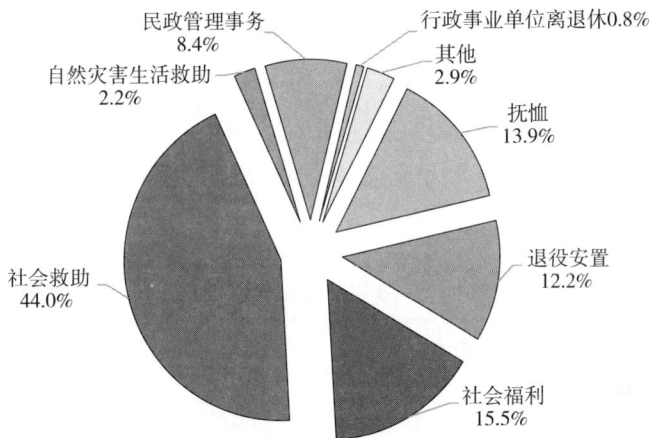

图 6.6 按用项划分的社会服务事业费

资料来源:《中国民政统计年鉴 2008》。

如图 6.6 所示,社会救助支出占社会服务事业费的比例较大,约为 44%。截至 2017 年底,社会救助总人次为 16212.9 万人,比上年增加 0.8%,城乡低保救助人数较上年减少,社会救助和临时救助人数较上年增加;[②]城乡低保中用于老年人的支出大概占社会救助总支出的 22%,其他社会救助支出约占社会救助总支出的 35%。

(一)农村"五保"、城市"三无"人员救助

国务院分别于 2006 年和 2014 年颁布的《农村五保供养工作条例》和

---

① 王雄:《完善社会救助统筹体系研究》,《云南社会科学》2018 年第 3 期。
② 数据来源:《中国民政统计年鉴 2008》。

《社会救助暂行办法》(〔2014〕649号)对"五保"和"三无"人员作出了基本定义。农村"五保"供养指的是在吃、穿、住、医、葬方面给予村民的生活照顾和物质帮助。即保吃、保穿、保住、保医、保葬,简称"五保"。城市"三无"人员指的是城市非农业户籍的无劳动能力、无生活来源且无法定赡养、抚养、扶养义务人,或者其法定赡养、抚养、扶养义务人无赡养、抚养、扶养能力的老年人、残疾人以及未满16周岁的未成年人。两大政策指向人群虽然不同,农村"五保"多为村民提供"养老"保障,城市"三无"人员救助多为城市居民保障基本生存需要,但其实质均是对常年生活困难的特困、孤老病残以及无固定工作、无固定收入来源的居民提供定量定时救济以维持基本生活,将此类社会弱势群体也纳入养老服务保障体系。如表6.13所示,我国农村需要"五保"供养的人数逐年降低但超过450万人,保障了相当一部分居民的基本生活。城市"三无"人员数量逐年减少,截至2015年降至43.8万人,2016年后将"三无"人员按性质分别计入其他类目。

表6.13 农村"五保"供养情况

年份	农村"五保"人员人数(万人)		合计	占总农村救助人数比例(%)
	集中供养人数	分散供养人数		
2012	185.3	360.3	545.6	9.1
2013	183.5	353.8	537.3	9.0
2014	174.3	354.8	529.1	9.1
2015	162.3	354.4	516.7	9.4
2016	139.7	357.2	496.9	9.7
2017	99.6	367.2	466.8	10.2
2018	86.2	368.8	455	10.0

资料来源:农村五保供养人数来源于《中国人口和就业统计年鉴2019》;占总农村救助人口比例由五保供养人数/农村救助人数计算所得;2012—2017年农村救助人数来源于《中国民政统计年鉴2018》;2018年农村救助人数来源于《2018年民政事业发展统计公报》。

(二)居民最低生活保障制度

分别于1999年、2007年建立的城镇、农村居民最低生活保障制度,保障了社会中的弱势群体获得基本的生活保障,为其获得养老服务提供了资金可能。

如表 6.14 所示,截至 2018 年,城市最低生活保障平均保障标准为 579.7 元/人/月,惠及 605.05 万户、1007 万人。城市低保人数总体下降,老年人占比稳定保持在 17% 以上,保障标准增幅逐渐降低但每年仍以高于 5% 的速度增长;农村最低生活保障平均保障标准为 4833.4 元/人/年,惠及 1901.69 万户、3519.08 万人。农村最低生活保障人数 2018 年首次降至 4000 万人以下,老年人占比 27.2%,较城市中老年人低保占比高出 10 个百分点,农村居民日渐富裕,保障标准稳步上升,且增长率远高于城市低保,长期保持在 10% 以上。最低生活保障制度为城乡贫困老年人提供了基本生活保障,尤其是对农村老年人的作用更大,保障人数更多。

表 6.14　2012—2018 年城乡居民最低生活保障情况

年份	城市居民最低生活保障中老年人数（万人）	城市最低生活保障平均标准（元/人/月）	与上年同比增减（%）	农村居民最低生活保障老年人数（万人）	农村最低生活保障平均标准（元/人/年）	与上年同比增减（%）	保障标准/月人均生活消费支出（%）	
							城市	农村
2012	339.3	330.1	14.8	5344.5（总）	2067.8	20.3	23.8	35.0
2013	330.3	373.3	13.1	5388.0（总）	2433.9	17.7	24.8	36.7
2014	315.8	410.5	10.0	5207.0（总）	2776.6	14.1	24.7	33.1
2015	293.5	451.1	9.9	4903.6（总）	3177.6	14.4	25.3	34.5
2016	258.0	494.6	9.6	1858.9	3744.0	17.8	25.7	37.0
2017	219.0	540.6	9.3	1562.8	4300.7	14.9	26.5	39.3
2018	180.4	579.7	7.2	1312.9	4833.4	12.4	24.2（均值）	34.4（均值）

资料来源:城乡居民最低生活保障人数来源于 2016—2019 年《中国统计年鉴》;由于农村居民最低生活保障老年人数 2012—2015 年并未收录,故使用的是农村居民最低生活保障总人数数据;城乡最低生活保障平均标准来源于 2013—2019 年《中国统计年鉴》,与上年同比增长数据、保障标准/月人均消费支出由笔者计算。

(三)医疗救助

2003 年民政部等三部门联合下发的《关于实施农村医疗救助的意

见》提出全面推行农村医疗救助制度;2005年国务院办公厅转发的《关于建立城市医疗救助制度试点工作的意见》提出通过发动社会力量资助、城市医疗救助基金给予适当补助、医疗机构自愿减免有关费用等形式对救助对象给予医疗救助;2008年底医疗救助制度实现了城乡区域的全覆盖。制度实施初期,农村医疗救助对象为农村五保户、农村贫困家庭成员和地方政府规定的其他符合条件的农村贫困农民;城市医疗救助对象主要是城市居民最低生活保障对象中未参加城镇职工基本医疗保险的人员、已参加城镇职工基本医疗保险但个人负担仍然较重的人员和其他特殊困难群众,在各地的试点实践中,救助对象逐步增加了诸如低收入老年人、流动人口中的孕妇、精神病患者等各类人群。医疗救助不仅直接通过资助困难群众参加基本医疗保险,并对其参保后个人及家庭难以承担的政策范围内医疗费用给予补助,进一步降低其医疗负担。原则上,低保对象、特困人员、农村建档立卡贫困人口等救助对象年度救助限额内政策范围内住院费用救助比例约70%。[1] 同时,对贫困人口继续实施倾斜支付,将起付线降低50%,报销比例提高5个百分点,并全面取消封顶线。[2]

医疗救助制度为患病老人填补了疾病预防、门诊、大病住院和医疗康复的养老—医疗服务资金缺口,变相增加了老人寻求其他服务的储备金。2017年医疗救助基金资助参加基本医疗保险5621.0万人,支出74.0亿元,人均补助水平131.6元;实施住院和门诊医疗救助3517.1万人次,支出266.1亿元,住院和门诊每人次平均救助水平分别为1498.4元和153.2元;全年累计资助优抚对象367.1万人次,支出优抚医疗补助资金36.1亿元,人均补助水平982.3元。[3] 2018年医疗直接救助约3825万人次,资助参加医保约4972万人,覆盖约4%的参保人群,其中直接救助资金支出约282亿元。

---

① 国家医疗保障局:《关于政协十三届全国委员会第二次会议第3547号(医疗体育类407号)提案答复的函》,国家医疗保障局网站,见 http://www.nhsa.gov.cn/art/2019/12/31/art_26_2223.html,2019年12月31日。

② 国家医疗保障局:《关于政协十三届全国委员会第二次会议第0901号(社会管理类第087号)提案答复的函》,国家医疗保障局网站,见 http://www.nhsa.gov.cn/art/2019/10/15/art_26_1853.html,2019年10月15日。

③ 数据来源:《中国民政统计年鉴2018》。

三、政府补助

(一)补贴来源

政府对养老服务领域的资金投入主要来自于财政预算和福利彩票公益金。据民政部有关报道,20 世纪 80 年代中期到 2010 年间,60%的国家老年福利相关支出来自彩票公益金,地方政府贡献了大约 25%的支出,其他资金来源约占 15%。[①] 彩票公益金的钱来自于福利彩票和体育彩票的发行收入。"十二五"以来相关文件要求支持民办养老服务发展的资金不得低于彩票公益金投入比例的 30%,地方各级财政和福彩公益金每年累计投入约 1000 亿元用于支持社会养老服务体系建设。[②]"十三五"期间,彩票公益金用于养老支出的资金规模年均增长 21.2%,到 2020 年,彩票公益金用于养老支出的资金规模达到 520 亿元左右。[③] 2014 年,由省级机关投入到全国老年福利的彩票公益金约为 180 亿元人民币,2017年福利彩票公益金合计支出 275.2 亿元,其中绝大部分用于社会福利支出。[④] 总体而言,大约 90%的彩票公益金花在基础设施建设方面,包括新建、重建或扩大现有机构在内的各种基础设施,如养老院、农村老人家庭、荣誉家庭(退伍军人)以及老年人文化娱乐活动中心;非基础设施支出包括对老人和其他活动的各种补贴,近年来,各级非基础设施支出占比呈现增长趋势。

公共财政支出是养老服务体系建设的重要资金来源,但用于养老服务体系建设的各项支出主要限于:(1)对社会福利领取者的支持,包括"三无"老人等,为他们提供政府福利院服务以及直接购买养老服务;(2)帮助征用土地用于建造养老服务机构、疗养院和社区中心;(3)补贴私人运营的养老院和社区养老中心(通常根据床位的固定成本和运营

---

① 葛蔼灵、冯占联:《中国养老服务的政策选择:建设高效可持续的中国养老服务体系》,中国财政经济出版社 2019 年版,第 103—169 页。

② 民政部:《积极推进民间资本参与养老服务业发展》,中国政府网,见 http://www.gov.cn/xinwen/2016-05/30/content_5078068.htm,2016 年 5 月 30 日。

③ 国家信息中心经济预测部:《我国养老服务业的财政性资金投入规模研究》,国家信息中心网站,见 http://www.sic.gov.cn/News/459/5000.htm,2015 年 7 月 24 日。

④ 数据来源:《中国民政统计年鉴 2018》。

费用来进行补贴),不直接补贴给入住老年人;(4)养老服务工作者培训;
(5)医疗保险补贴(包括一些技术服务),①体量较小,在公共财政支出中
的比例也比较低。如表 6.15 所示,2013 年全国公共财政支出中仅有约
111.8 亿元用于老年福利支出,占整体财政支出的比重不到 1‰。②"十
三五"期间,公共财政用于养老支出的资金规模年均增长 13.0%,2020 年
公共财政用于养老支出的资金规模达到 246.2 亿元。

除养老保险财政补贴支出外,养老服务体系建设支出、政府对老年人
补助支出和发展养老产业支出构成政府应对人口老龄化的另外三大类
支出。

表 6.15 养老服务体系的财政性资金投入规模及缺口

单位:亿元

| 年份 | 政府承担的养老投资需求 | 公共财政支出 | 彩票公益金 | | | 财政性资金总计 | 资金缺口 |
			小计	中央福利彩票公益金	地方彩票公益金		
2013	1153	111.8	128.1	12.8	115.3	240	-913
2014	1210	122.4	161.4	16.0	145.4	284	-926
2015	1193	133.4	198.5	20.0	178.5	332	-861
2016	1267	181.3	238.5	24.8	213.7	420	-847
2017	1257	196.6	293.3	30.5	262.9	490	-767
2018	1216	212.5	357.9	37.2	320.7	570	-645
2019	1142	229.0	433.0	45.0	388.0	662	-480
2020	1040	246.2	519.6	54.0	465.6	766	-274

数据来源:胡祖铨:《养老服务业领域政府投资规模研究》,《宏观经济管理》2015 年第 3 期。

（二）补贴方式

从各省份养老补贴政策来看,目前的养老补贴政策可以分为两种:一

① 葛蔼灵、冯占联:《中国养老服务的政策选择:建设高效可持续的中国养老服务体系》,中国财政经济出版社 2019 年版,第 103—169 页。
② 补充:2009 年天津市财政累计拨付 1.3 亿元资金用于养老服务体系建设,当年天津市财政支出为 1438.3 亿元,占比 0.09%;2013 年,江苏省财政预算安排在社会养老服务体系建设资金 4.3 亿元,当年财政支出预算 7767 亿元,约占 0.055%。

种是针对养老机构、服务中心、敬老院等机构或单位的供方补贴,提供服务启动、维护、增质增量等所需资金;另一种是针对失能、高龄、低保老人的需方补贴,促使老年人参与养老服务享受过程。

1. 补供方

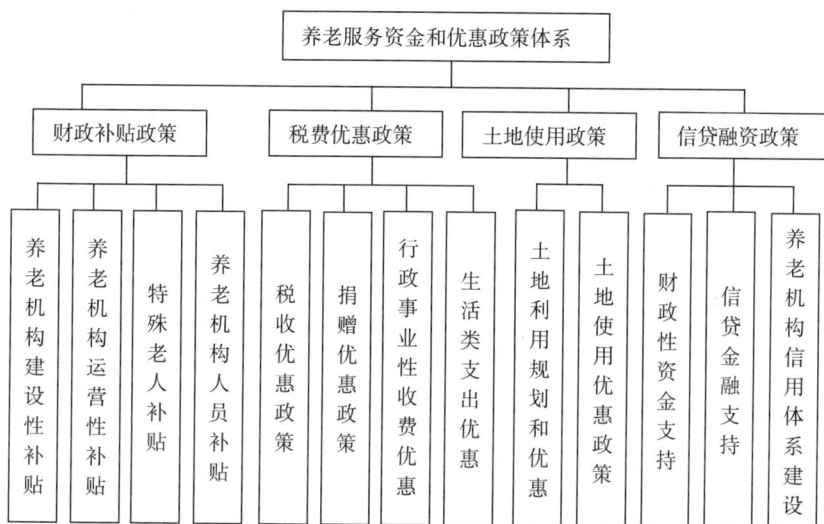

图 6.7　中国社会养老服务筹资政策体系

资料来源:林闽钢、梁誉:《准市场视角下社会养老服务多元化筹资研究》,《中国行政管理》2016年第 7 期。

为满足人口老龄化背景下养老服务需求的不断提升,增强社会养老服务的供给能力,我国加快了社会养老服务筹资政策体系的构建。如图6.7 所示,目前已在财政补贴、税费优惠、土地使用、信贷融资等方面初步建立了养老服务资金和优惠政策体系。

(1)财政补贴

财政补贴是各级政府促进机构养老发展的主要手段之一,当前我国促进机构养老发展的财政补贴政策主要有三种:一是支持养老机构融资的财政贴息,二是减轻养老机构负担的建设或运营补贴,三是鼓励专业人才培养和吸纳就业困难人员的从业人员补贴。不同类型的机构获得的财政补贴比例不尽相同(见表6.16)。

表 6.16　2009 年养老服务机构的资金来源

资金来源	公办机构（%）	民营机构（%）	所有机构（%）
政府	42.2	2.4	19.5
个人出资	56.9	96.2	79.3
其他来源	0.8	1.5	1.2
政府床位补贴	50.8	84.8	70

资料来源：葛蔼灵、冯占联：《中国养老服务的政策选择：建设高效可持续的中国养老服务体系》，中国财政经济出版社 2019 年版，第 103—169 页。

　　不同地区的机构获得的财政补贴标准也不相同。如表 6.17 所示，除了国家层面的指导性文件，各省份也结合本地实际情况，相继出台了很多促进机构养老发展的财政补贴政策。

表 6.17　我国部分省份机构养老的财政补贴政策

省级行政区	一次性建设补贴		运营补贴/人员补贴/财政贴息等	
	补贴对象	补贴标准	补贴对象	补贴标准
北京（直）京民福发〔2017〕162 号	应建未建区选址新建/改扩建/其他现有设施改造为养老照料中心	20000 元/年	非营利养老机构 收住不能完全自理老人	500 元/月
	改造现有养老机构/配置设备	费用的 50%	收住自理老人	300 元/月
上海（直）沪民规〔2017〕6 号	政府投资新建的养老机构 大型居住社区内	费用的 75%	低保家庭中的老人	全额补贴
	大型居住社区外	费用的 50%	低于低收入标准的老人	80%补贴
	社会投资举办非营利性养老机构 新建	费用的 50%	<平均养老金且≥80 周岁	50%补贴
	改扩建	≤费用 50%	上两类中无子女老人≥90 周岁	70%补贴
	非营利性养老机构内设机构 护理站、医务室等	10 万元/站	招用初、中、高养老护理员/医护等专技人员（人数×上年度最低工资）	20%、30%、50%/50%补贴
	护理院或门诊部	50 万元/站		
	非营利性养老机构品牌连锁经营	15 万元/站		

续表

省级行政区	一次性建设补贴			运营补贴/人员补贴/财政贴息等		
	补贴对象		补贴标准	补贴对象		补贴标准
天津(直)津民发〔2014〕57号	政府投资的养老机构	新建	30000元/床	收养生活不能完全自理老年人的养老机构		2250元/年
		改扩建	12000元/床			
	社会力量投资的非营利性养老机构	新建	15000元/床	收养生活自理老年人的养老机构		1050元/年
		改扩建	6000元/床			
江苏(东)苏政发〔2014〕39号	护理型养老机构	以自有产权用房举办	10000元/床	民办养老机构收住老人		50—200/月
		以租赁用房举办且租期5年以上	5000元/床	养老护理员陪调经费	高、中级	全额补贴
					初级	1000/人
浙江(东)浙政发〔2014〕16号	民办非营利性养老机构	用房自建	6000元/床	低保家庭中不能自理的老年人的养老服务补贴		1000元/月
		租用用房且租用期3年以上	1000元/床			
	入住率达60%的护理型民办养老机构	用房自建	8000元/床	符合招用就业困难人员等条件给予贴息贷款		≤200万元
		租用用房	2000元/床	上述贷款利息贴息		利息的50%
山东(东)鲁民〔2016〕44号	养老机构(不含护理型)	新建及利用自有房产	4500—8000元/床	养老机构收住自理/半自理/不能自理老人		50/100/200元/月
		租赁用房且租期不少于5年	2000—4000元/床			
	护理型(医养结合型)养老机构	上述高20%		院校设立养老服务与管理专业一次性补助		100万元
	农村幸福院	建设补助	30000元/院	入职养老机构的本科/专科毕业生一次性补助		1.5万—2万元/人
		开办补助	30000元/院			

省级行政区	一次性建设补贴		运营补贴/人员补贴/财政贴息等	
	补贴对象	补贴标准	补贴对象	补贴标准
吉林(中)吉政发〔2014〕9号	公办和民办养老机构	3000元/床	养老机构收住困难老人	100—300元/月
			养老服务业项目贷款给予一次性贴息	一定额度
安徽(中)皖政〔2014〕60号	社会办养老机构	不低于1000/床	社会办养老机构收住老人	200—800元/月
			社会办养老机构从金融机构贷款的贴息补助	同期贷款利率的30%
江西(中)赣府厅发〔2017〕55号	民办养老机构 普通型	3000元/床	民办养老机构收住连续入住3个月以上的老人	100元/月
	护理型	5000元/床		
	租赁用房、公建民营	减半补助		
内蒙古(西)内民政发〔2015〕93号	社会办非营利性养老机构 新建	6000元/床	评定为二至五级的民办、公办民营养老机构 二级	150元/月
	购买闲置厂房、空置学校、私人房产维修改造	4000元/床	三级	200元/月
			四级	250元/月
	公建民营、租赁房产5年以上	2000元/床	五级	300元/月
新疆(西)新民发〔2013〕83号	民办养老机构 <100张核定床位	地市补贴	养老机构收住老年人实际居住满一个月	100元/月
	自建或租赁且租期5年以上(≥100张核定床位)	5000元/床		
贵州(西)黔府办〔2015〕5号	社会力量兴办非营利性养老机构	3000元/床	养老机构收住老年人	200元/年
			满足招用符合要求人员等条件给予小额担保贷款	≤200万元一定财政贴息

资料来源:肖迪:《我国机构养老的财税政策研究》,天津财经大学硕士学位论文,2018年。

（2）税费优惠

在支持养老服务业发展的各种政策措施中,税费优惠作为一种便于调控且行政费用较低的政策工具被众多国家所运用,主要包括税收优惠、行政事业性收费优惠、生活类支出优惠等等。如表 6.18 所示,现有税收优惠政策对不同性质的养老机构有不同程度的覆盖,优惠涉及增值税、所得税、耕地占用税、车船税、印花税等多个税种。各地对非营利性养老机

表 6.18　养老服务业税费优惠政策

税种	优惠对象	优惠项目	法律依据
增值税	养老机构	养老机构在资产重组过程中发生的不动产、土地使用权转让行为,免征增值税	《关于鼓励民间资本参与养老服务业发展的实施意见》（民发〔2015〕33 号）
	养老机构	养老服务	《关于明确养老机构免征增值税等政策的通知》（财税〔2019〕20 号）
企业所得税	仅对符合条件的小型微利养老服务企业	按照相关规定给予优惠	《关于鼓励民间资本参与养老服务业发展的实施意见》（民发〔2015〕33 号）
	对符合条件的民办福利性、非营利性养老机构	收入免征企业所得税	《关于鼓励民间资本参与养老服务业发展的实施意见》（民发〔2015〕33 号）
	企事业单位、社会团体以及个人	通过公益性社会团体或者县级以上人民政府及其部门,用于《中华人民共和国公益事业捐赠法》规定的公益事业的捐赠符合相关规定的,不超过年度利润总额 12% 的部分,准予扣除	《关于鼓励民间资本参与养老服务业发展的实施意见》（民发〔2015〕33 号）
	对符合条件的非营利性养老机构按规定免征企业所得税	收入免征企业所得税	《国务院关于加快发展养老服务业的若干意见》（国发〔2013〕35 号）

税种	优惠对象	优惠项目	法律依据
个人所得税	个人	个人通过非营利性的社会团体和政府部门向福利性、非营利性的民办养老机构捐赠这一行为,税前准予捐赠全额扣除	《关于鼓励民间资本参与养老服务业发展的实施意见》(民发〔2015〕33号)
耕地占用税	养老院	养老院免征耕地占用税	《中华人民共和国耕地占用税暂行条例》第八条
房产税、城镇土地使用税及车船使用税	福利性、非营利性的老年服务机构	自用的房产、土地、车船免征	《财政部国家税务总局关于对老年服务机构有关税收政策问题的通知》(财税〔2000〕97号)
印花税	个人	将财产赠予社会福利单位免征印花税	《中华人民共和国印花税暂行条例》第四条
行政事业性收费	养老机构	对非营利性养老机构建设全额免征行政事业性收费;对营利性养老机构建设减半收取行政事业性收费	《财政部、国家发改委关于减免养老和医疗机构行政事业性收费有关问题的通知》(财税〔2014〕77号)
电/水/气/热收费	养老机构	收费按居民生活类价格执行	《国务院关于加快发展养老服务业的若干意见》(国发〔2013〕35号)

资料来源:肖迪:《我国机构养老的财税政策研究》,天津财经大学硕士学位论文,2018年。

构建设免征有关行政事业性收费,对营利性养老机构建设减半征收有关行政事业性收费[①],且养老机构用电、用水、用气、用热按居民生活类价格执行。境内外资本举办养老机构享有同等的税收等优惠政策。

(3)土地使用

在土地价格和租赁价格一直高昂的背景下,民间资本无论是靠承包土地兴建养老机构还是靠租赁建筑设施改造建设养老机构,均需要大量

---

① 国务院:《关于创新重点领域投融资机制鼓励社会投资的指导意见》,中国政府网,见 http://www.gov.cn/zhengce/content/2014-11/26/content_9260.htm,2014年11月26日。

的资金投入。为解决民间资本的压力,政府出台了相应的土地扶持政策,明确规定了养老服务设施用地范围并依法依规确定了土地的用途和年期。主要内容包括:以出让方式供应的社会福利用地,出让底价可按不低于所在级别公共服务用地基准地价的70%确定;基准地价尚未覆盖的地区,出让底价不得低于当地土地取得、土地开发客观费用与相关税费之和。以租赁方式供应的社会福利用地,由当地人民政府制定最低租金标准,并在土地租赁合同中明确租金调整的时间间隔和调整方式。① 民间资本举办的非营利性养老机构与政府举办的养老机构享有相同的土地使用政策,可以依法使用国有划拨土地或者农民集体所有的土地。此外,对营利性养老机构建设用地,地方政府也按照国家对经营性用地依法办理有偿用地手续的规定,优先保障供应。

(4)信贷融资

在金融信贷领域,政府逐步放宽限制,一方面,鼓励和支持保险资金投资养老服务领域并开展老年人住房反向抵押养老保险试点;另一方面,鼓励养老机构投保责任保险,保险公司承保责任保险,并保障养老机构及服务人员的基本权益,使其在拓宽养老产业发展时无后顾之忧。此外,中央政府鼓励金融机构加快金融产品和服务方式创新,拓宽信贷抵押担保物范围,积极支持养老服务业的信贷需求;积极利用财政贴息、小额贷款等方式,加大对养老服务业的有效信贷投入。地方政府依据地方实际情况,发行债券统筹考虑养老服务需求,并积极支持养老服务设施建设及无障碍改造。② 一系列融通渠道的放开为老年人购买养老服务和民间资本投资养老产业盘活了流动资金,助力资本市场,是筹资渠道多元化的一大重要举措。

2. 补需方

(1)现金补贴

政府补贴需方的项目主要有困难老年人养老服务补贴、失能老年人护理补贴、80岁以上老年人的高龄津贴等。2017年,《国务院关于印发"十三

---

① 自然资源部:《关于加强规划和用地保障支持养老服务发展的指导意见》,中国政府网,见 http://www.gov.cn/xinwen/2019-12/05/content_5458765.htm,2019年11月27日。

② 国务院:《关于加快发展养老服务业的若干意见》,中国政府网,见 http://www.gov.cn/xxgk/pub/govpublic/mrlm/201309/t20130913_66389.html,2013年9月6日。

五"国家老龄事业发展和养老体系建设规划的通知》(国发〔2017〕13 号)提出"完善老龄政策制度,健全养老体系建设",《国务院关于印发"十三五"推进基本公共服务均等化规划的通知》(国发〔2017〕9 号)提出建立"老年人社会福利补贴基本公共服务清单",《国务院办公厅关于制定和实施老年人照顾服务项目的意见》(国办发〔2017〕52 号)提出"制定和实施老年人照顾服务项目";2019 年,《国务院办公厅关于推进养老服务发展的意见》(国办发〔2019〕5 号)提出"全面建立经济困难的高龄、失能老年人补贴制度"。基于一系列具体措施的出台,我国各地依据评估标准和经济社会发展水平、物价水平的不同,分别向当地符合条件的居民给付高龄津贴、老年人居家养老服务补贴、困难残疾人生活补贴和重度残疾人护理补贴等。

截至 2018 年底,全国 60 周岁及以上老年人口 24949 万人,占总人口的 17.9%,其中 65 周岁及以上老年人口 16658 万人,占总人口的 11.9%。如表 6.19 所示,享受高龄补贴的老年人 2972.3 万人,比上年增长 10.8%,占 60 岁以上老年人数比例为 17.8%;享受护理补贴的老年人 74.8 万人,比上年增长 22.0%,占 60 岁以上老年人数比例仅为 0.5%;享受养老服务补贴的老年人 521.7 万人,比上年增长 47.2%;享受其他老龄补贴的老年人 3.0 万人。以 2016 年和 2017 年为例,高龄补贴金额由 142 亿元增长至 172.3 亿元,护理补贴金额由 3.9 亿元增长至 6.9 亿元,养老服务补贴金额由 48.6 亿元增长至 61 亿元,①补贴金额增长趋势明显。

表 6.19　典型老年人福利补贴惠及情况

年份	高龄补贴人数（万人）	护理补贴人数（万人）	养老服务补贴人数（万人）	老年人福利（亿元）
2012	1257.7	—		81.2
2013	1557.9	11.7	101.9	107.5
2014	1719.6	20	154.7	151.7
2015	2155.1	26.5	257.9	192.7
2016	2355.4	40.5	282.9	261.2
2017	2682.2	61.3	354.4	293.9

① 数据来源:2017—2018 年《中国民政统计年鉴》。

年份	高龄补贴人数（万人）	护理补贴人数（万人）	养老服务补贴人数（万人）	老年人福利（亿元）
2018	2972.3	74.8	521.7	—

注：老年人福利指高龄津贴、护理补贴、养老服务补贴和其他老年人福利津贴财政支出金额。

资料来源：高龄补贴人数、护理补贴人数、养老服务补贴人数数据来源于 2012—2018 年《社会服务发展统计公报》；老年人福利数据来源于 2013—2018 年《中国民政统计年鉴》。

（2）养老服务券

居家养老服务券是政府为困难老人购买的一项居家养老服务项目，体现了政府对老年人事业的重视程度，这一项目实际上是通过"人对人"的方式发放实物形式的"养老服务补助金"，主要的发放对象为高龄、低收入且60周岁以上的重点优抚、重度残疾、低保、孤寡、独居、空巢、与重残子女同住老人。发放标准依据当地实际生活水平情况不同而有差异。如表 6.20 所示，以福州市鼓楼区为例，当地服务券补贴金额在 30—300 元不等，囊括了小到理发、沐浴，大到就医看诊等各项助老服务。

表 6.20 福州市服务券使用范围

服务类型	服务项目	服务内容	限价
上门服务	上门理发	按规范进行理发并处理地面卫生	15 元/次
	家政服务	上门为老人打扫卫生、擦玻璃、修剪手脚指甲、洗衣、晾晒衣物、洗菜做饭、整理阳台卫生等服务，每项可单独计算时间或合并多项计算时间	30 元/小时
	上门助浴	配带专业助浴工具，协助老人洗头洗澡	半失能：70 元/次 全失能：140 元/次
	康复训练	专业人员上门借助保健理疗器械为老人进行按摩及康复理疗等服务或进行康复训练	50 元/次
	护士上门	配药、血糖血压检测等常规基础医疗服务	70 元/次
	陪医就诊	陪伴老年人到医疗机构就诊	30 元/小时
	上门送餐	将做好的饭菜送到老人住所	5 元/次

续表

服务类型	服务项目	服务内容	限价
上门服务	陪伴外出	上门陪同老人聊天,为老人代购、代办证件、代缴水电煤气、陪同外出散步等服务,每项可单独计算或合并多项计算时间	30 元/小时
	空调清洗	上门清洗空调	60 元/台/次
	家电维修、房屋开锁、疏通管道	上门提供维修家电、开锁、疏通上下水管、马桶等服务	30 元/次（上门费用,材料另付）
机构类养老服务	中标人在区域内承接的社会养老服务照顾中心	提供老年人生活照料养老服务	服务券可抵扣床位费

资料来源:福州市鼓楼区民政局:《关于进一步做好居家养老服务券发放工作的通知》,福州市鼓楼区人民政府网站,见 http://www.gl.gov.cn/xjwz/ztzl/qmtjjczwgkbzhgfhgzzl/xxgk/ylfw/ylfwtyzc/202011/t20201114_3639572.htm,2018 年 12 月 17 日。

四、社会支持

(一)民间资本投资

为了贯彻落实国务院要求,着力破解长期以来制约养老服务业发展的瓶颈,最大限度激发社会活力和满足养老服务需求,在《民政部关于鼓励和引导民间资本进入养老服务领域的实施意见》(民发〔2012〕129 号)、《关于鼓励民间资本参与养老服务业发展的实施意见》(民发〔2015〕33 号)政策文件的推动下,民间资本纷纷进入养老服务业,举办了一批适宜老年人特别是失能、半失能、高龄老年人集中照料、护理、康复、娱乐的养老院、养护院、老年公寓、敬老院等多种形式的营利、非营利养老机构,接收安置政府供养对象及满足社会老年人照护需要。[1]

---

[1] 民政部:《关于鼓励和引导民间资本进入养老服务领域的实施意见》,中国政府网,见 http://www.gov.cn/zhengce/2016-05/22/content_5075659.htm,2012 年 7 月 24 日。

（二）社会捐赠

公益慈善组织重点参与养老机构建设、"银发"产业产品开发、养老服务提供，是发展养老服务业的重要力量。为了调动社会组织参与社会服务的积极性，发挥社会组织在承接政府转移职能及构建社会主义和谐社会中的积极作用，中央财政自 2012 年起，开始支持社会组织参与社会服务项目，积极培育发展为老服务公益慈善组织，积极扶持发展各类为老服务志愿组织，开展志愿服务活动，如 2013—2015 年，中央专项彩票公益金安排 30 亿元支持建设农村互助幸福院。"十二五"以来，协调安排中央预算内资金 110 多亿元、民政部本级福利彩票公益金 55 亿元支持地方养老服务设施建设，2018 年民政部拨失能老人长期照护指导服务示范项目款 50 万元等；社会慈善人士主要通过各类公益慈善组织（红十字会、慈善基金会）或以个人名义提供捐赠。

我们可以从一些慈善组织建立的救灾扶贫、助医扶残、安老助孤等项目捐赠资金状况管窥社会捐赠在养老服务中的作用。中华慈善总会温暖互助项目 2018 年向陕西延安、河北平泉、贵州普安、山西吕梁等地的养老院、学校和困难家庭的老人、孩子等无偿捐赠米面油、床上用品、洗漱用品等日常生活物资，以及书包、文具、学习卡（国画、书法）等学习用品，总价值 350 多万元人民币；汇丰中华慈善老人关怀项目自建立以来，陆续为全国近 80 家养老院捐赠价值超过人民币 1000 万元生活必需品和设施设备；2018 年"失能老年人照护质量提升试点项目"为甘肃省临夏州 10 家养老机构发放护理床、轮椅、防压疮充气垫、手杖、浴椅、坐便椅等助老辅具，累计资金 35 万元，项目通过对《长期照护行业（评鉴）标准》的推动和实施，助力临夏州养老机构提高管理能力和服务质量，形成了示范效应。[1] 此外，中国妇女发展等专项基金会为帮助贫困、疾病人群，发起关爱公众健康基金和家庭健康发展基金等，截至 2017 年，关爱公众健康基金共募集资金及物资合计 965.4 万元，支出 439.6421 万元，家庭健康发展基金共募集资金 360.2598 万元，支出 213.4042 万元，基金多用于开展

---

[1] 中华慈善总会：《2018 年中华慈善总会年报》，中华慈善总会网站，见 http://www.china-charityfederation.org/n.html？id=17a8d198-a288-4415-a7bc-04fc04d2483e，2019 年 11 月 8 日。

公益健康知识以及各类筹款捐赠活动。① 慈善机构和个人组织募集资金为老年人获得养老服务提供了较大助力。

五、个人付费

在传统观念影响下，为预防因年老而身体机能下降、记忆认知能力衰退、生活自理困难的风险，人们往往通过个人提前储蓄或者家庭成员代际支持等方式，获得稳定的资金来源以支付相应的养老服务费用。

中国老龄科学研究中心 2015 年公布的"十二城市养老机构调查"的数据显示，老人自付的入住费用是我国养老机构运营资金的主要来源。其中营利性民办机构完全以收取入住费用为主，民办非企业机构和公办机构中分别有 93.6% 和 65.2% 以收取入住费用为主。2014—2015 年中央公益彩票金支持失能老人养老服务项目资助的 421 家养老机构的调查数据显示，包括公办养老机构在内，总体上，近一半的养老机构人均月收费标准在 800—1500 元。由于月人均收费标准是指相对固定的收费，主要是入住费和伙食费，有的还包括护理费，但多数养老机构的护理费用是按照护理的等级和项目另行收取的，入住养老机构的实际费用，比统计显示的月人均收费标准要高一些。也有研究表明，民办非企业机构平均每月收费为 2201 元。2015 年地方政府运营补贴平均每月约为 124 元，仅占机构服务收费的 5.63%。② 老人入住养老机构自费比例偏高。与机构养老相比，居家社区养老所需金额更低，部分地区有养老服务券的支持，老人居家社区养老的个人付费金额还会更低。

---

① 中国妇女发展基金：《项目介绍：关爱公众健康基金》，中国妇女发展基金网站，见 https://www.cwdf.org.cn/index.php? m = content&c = index&a = show&catid = 100&id = 313;《项目介绍：家庭健康发展基金》，中国妇女发展基金网站，见 https://www.cwdf.org.cn/index.php? m = content&c = index&a = show&catid = 100&id = 293。

② 吴玉韶、王莉莉：《中国养老机构发展研究报告》，华龄出版社 2015 年版，第 136—139 页。

第三节　养老服务的内容体系

养老服务的内容体系指养老服务供给的基本形式,反映了养老服务对于社会问题的覆盖面。以养老服务提供地点、养老服务资源来源为划分标准,可以分为家庭养老、社区居家养老、机构养老三大形式。2015年,我国城乡老年人自报需要照护服务的比例为15.3%,比2010年的13.7%上升了1.6个百分点,比2000年的6.6%上升近9个百分点。分城乡来看,城镇老年人自报需要照护服务的比例从2000年的8.0%上升到2015年的14.2%,上升了6.2个百分点,农村老年人自报需要照护服务的比例从2000年的6.2%上升到2015年的16.5%,上升了10.3个百分点,农村比城镇上升更快。分年龄段来看,79岁及以下的老年人自报需要照护服务的比例从2000年的5.1%上升到2015年的11.2%,上升了6.1个百分点,80岁及以上老年人自报需要照护服务的比例从2000年的21.5%上升到2015年的41.0%,上升了将近20个百分点,上升幅度是79岁及以下老年人的3倍多。城乡老年人对照护服务的需求非常迫切,农村老年人尤其如此。①

目前,在家庭非正式养老的基础上,我国已经初步形成了以居家为基础、社区为依托、机构为补充的社会化养老服务内容体系(见图6.8)。值得一提的是,人们所熟知的"9073"或者"9064"等不同养老服务形式之间的划分比例,即90%的老人居家养老,7%或6%的老人在社区机构养老,3%或4%的老人在养老院等机构养老的划分比例不是绝对的。由于老年人生病与健康状况的相互转化,原来居家的90%的老年人生病后可能需要在社区或者机构养老,老人康复后又恢复居家养老的形式。随着老年

①　党俊武:《中国城乡老年人生活状况调查报告(2018)》,社会科学文献出版社2018年版,第138—167页。

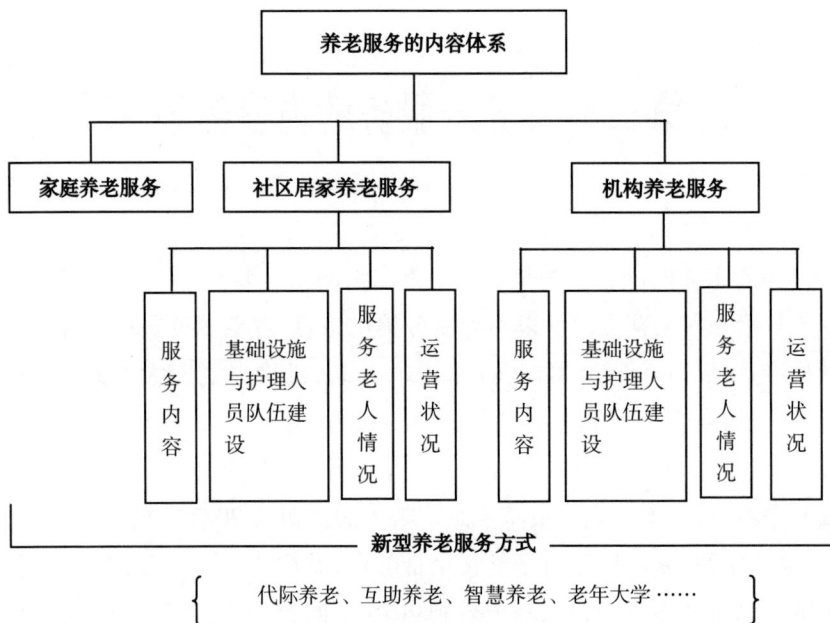

图 6.8　养老服务的内容体系

资料来源:笔者绘制。

人在健康与需要照护状况的转换,老年人的养老形式之间也呈现动态的变化。

一、家庭养老服务

　　家庭养老是指由血缘关系和婚姻关系形成的共同生活的群体中的家庭成员来担负对老人的经济供养、生活照料和精神慰藉的责任和义务。[①]家庭养老和居家养老的概念内涵不同。前者是从养老资源的角度,从养老费用和生活服务由谁提供或承担的角度来划分,是相对于由社会供养的一种由家庭供养的非正式养老形式。后者是正式养老服务的一种,是根据老年人的居住地点来划分的,指老年人居住在自己的家庭,享受正式的社会养老服务。我国传统的家庭养老方式,由家族提供养老所需的一

---

　　①　王锦成:《居家养老:中国城镇老人的必然选择》,《人口学刊》2000 年第 2 期。

切资源。改革开放后,随着经济的发展和社会的变迁,中国的家庭呈现出结构的小型化与结构简化、家庭的离散化、人口结构的老龄化等特征。同时,家庭类型的多样化趋势明显,空巢家庭、丁克家庭、隔代家庭、单亲家庭等较脆弱的家庭类型不断涌现,家庭提供福利的能力逐渐下降。[①] 由此延伸出对社区—居家养老、机构养老以及新型养老模式等社会化养老方式的探索。

二、社区居家养老服务

(一)概述

1. 内涵

(1)社区

"Community"这一定义的最早提出者是德国社会科学家滕尼斯,含有公社、团体、社会、公众,以及共同体、共同性等多种含义,而中文"社区"一词是中国社会学者在 20 世纪 30 年代自英文意译而来,包含三个要素:首先是地域范围,社区是指这部分社会群体的生活是建立在一定地理区域之内的,存在明显的边界性;其次是"社区"内的成员必须具有相同或者相似的价值观或者利益取向;最后要求地域内的社会成员之间存在一种社会关系。

(2)社区居家养老

这一概念是联合国于 20 世纪 80 年代提出的,《1982 年维也纳老龄问题国际行动计划》强调,"应该设法让年长者能够尽量在自己的家里和社区独立生活",还建议"社会福利服务应该以社区为基础,向老年人提供各方面的服务"。1992 年,《老龄问题宣言》提出:"以社区为单位,让老人尽可能长期在家里居住。"其中核心理念是使老年人在最熟悉的社区环境中安度晚年,是以让老年人在最适合的环境中养老为目标。我国的社区养老模式发源主要受英国的社区照顾理论、西方福利多元主义思潮的影响,是一种面对人口老龄化严峻形势做出的政策选择,这种模式介

---

① 岳经纶、张孟见:《社会政策视阈下的国家与家庭关系:一个研究综述》,《广西社会科学》2019 年第 2 期。

于家庭照顾与机构照顾之间。

本研究认为社区居家养老是依托社区地域,依靠来自国家与社会的力量为需要帮助的老年人提供上门服务的养老模式。就其定位而言,社区居家养老是"福利多元化"在老年人福利领域的体现:社区通过整合资源、联系基层政府组织、协调家庭与社区之关系,为社区内居家的老年人提供生活照料、家政服务、康复护理和精神慰藉等系列服务。① 该模式以社区为依托,以日间照料、呼叫服务、助餐服务、健康指导、文化娱乐、心理慰藉等基本服务为主要内容,以上门服务和日间照料为主要形式,把居家养老与社会养老有机结合起来,多主体共同承担养老责任。

2. 特点

(1)服务快捷,高效便利

社区居家养老服务是一种短距离、高效便利的养老服务提供方式,兼具空间优势和时间优势,提供的地点均在社区范围内,实现由床到户、由单户到多户的及时服务提供。社区服务于辖区范围内的老人,可以在相对较短的时间内实现老人在家与社区服务站之间的转移,方便老人在社区服务站获得日间照料服务,也可以方便社区服务站工作人员上门提供基础医疗服务和老人情况统计监控等服务;老人子女与社区之间联系的优势,方便子女及时快速到达社区,配合社区对老人进行服务。多数提供居家养老服务的社区均备有紧急救助设备和物资,且为老人安装了"呼叫铃、呼叫电话",行动便捷的老人可自行前往社区服务中心求助,行动不便或遇突发情况的老人只要按响"呼叫铃",社区服务中心的工作人员就会及时获知讯息,上门前去为老人提供帮助,节省了从需求获知到准备用具提供服务的时间。

(2)服务对象接受度高

社区居家养老集中了家庭养老和机构养老的优点,不仅符合老年人在家居住的要求,又能利用社区所提供的各种服务。服务的提供者是较为熟悉的社区人员,服务地点是老人的家里,在老年人熟悉的生活环境中

---

① 张奇林、赵青:《我国社区居家养老模式发展探析》,《东北大学学报(社会科学版)》2011年第5期。

加入专业的、多元的服务项目,为老年人提供更舒适、安全、经济的养老照护服务,于老年人身心健康均有益处。一方面,这种养老方式与传统的养老方式不发生冲突,照顾到了老年人的自尊,使他们更容易接受,对服务的配合度也更高;另一方面,老年人对陌生事物的戒备心会因环境的熟悉度而降低,更容易将服务提供人员当作小辈对待,对服务的提供更具有包容心,工作人员在与老年人接触过程中可以及时了解老年人的生活状况,提供有针对性的服务,便于满足社区老人不同程度的需求。

（3）资源就近提供,开展活动成本较低

社区居家养老一般是基于社区已有的服务设施、活动场地、工作人员开展养老服务,一方面,充分发挥了社区所具有的资源优势,将社区内的公共资源集中起来进行多次利用;另一方面,社区居家养老依托社区内的人际关系网络,就近招聘社区内一部分下岗职工作为护理人员,对其展开培训实现他们的再就业,避免了机构养老的体制化的运行状况,不需要新增大量的老年设施与资金投入,降低机构管理成本,开展活动成本较低。

（4）社区照料具有组织优势

按照目前的组织结构来看,社区照顾养老主要由居家养老服务站来提供。在绝大多数社区,居家养老服务站与社区居民委员会、社区事务工作站和综合治理办公室以及社区党组织都是"一套班子,几个牌子"的性质,每个工作人员可能身兼数职,隶属于不同的组织。由于社区党委组织是党的最基层组织,承担和完善上级党组织委派到基层的党的宣传教育和组织活动等任务,社区事务服务站主要承接街道办事处委派的行政事务（社保、民政、计生、城管等）,实质上具有明显的行政性——"高度行政化的居民自治组织",既然这些组织承接政府行政事务,因而组织运行费用完全来自行政拨款,类似于全额拨款事业单位。因而包括居家养老服务站在内的社区基层组织,相比真正意义上的社会组织或非营利性组织具有明显的组织优势,组织优势附带产生政策优势、资金优势和人才吸纳优势。换言之,社区基层组织为居家老人提供养老服务有潜力、有能力。①

①　赵向红:《社区照顾养老福利政策:逻辑、分析框架与构建思路》,《社会科学家》2017 年第 5 期。

（二）实践现状

1. 服务内容

社区居家养老主要的服务提供载体为社区日间照料中心或者星光老年之家,服务对象包括健康老年人、失能半失能老人、独居孤寡和残疾老人。如表 6.21 所示,根据第四次中国城乡老年人生活状况抽样调查结果,2015 年,38.1%的老年人需要上门看病服务,12.1%的老年人需要上门做家务服务,11.3%的老年人需要康复护理服务,10.6%的老年人需要心理咨询或聊天解闷服务,10.3%的老年人需要健康教育服务,9.4%的老年人需要日间照料服务,8.5%的老年人需要助餐服务,4.5%的老年人需要助浴服务,3.7%的老年人需要老年辅具用品租赁服务。我国城乡老年人的社区服务需求结构变化不大,上门看病、康复护理等医疗健康类服务需求始终居于首位,其次是上门做家务等日常生活类服务,再次是心理咨询或聊天服务,城乡老年人对社区提供的健康服务、日常生活服务和心理咨询服务的期望很高。与此相对应的是,2015 年,社区提供生活类服务的情况是:33.0%的社区有法律或维权服务,21.8%的社区有殡葬服务,15.6%的社区有托老服务,15.2%的社区有家政服务,5.9%的社区有老年餐桌服务,2.2%的社区有陪同购物服务,1.6%的社区有老年婚介服务。社区提供医疗康复类服务的情况是:37.5%的社区有健康讲座服务,35.0%的社区有上门看病服务,15.5%的社区有心理咨询服务,12.3%的社区有康复服务,7.0%的社区有上门护理服务,5.6%的社区有陪同看病服务,4.5%的社区有家庭病床服务,3.9%的社区有康复辅具租赁或出售服务。社区养老服务呈现多元化、多层次发展态势。

表 6.21　社区生活类服务和医疗健康类服务的供给比例

单位:%

	中心城区	边缘城区	城乡接合部	城区以外的镇/乡镇中心	乡镇附近	离乡镇较远的地区	其他	全部
生活服务类								
老年餐桌	13.3	9.9	7.4	4.5	2.8	2.2	0.0	5.9

续表

	中心城区	边缘城区	城乡接合部	城区以外的镇/乡镇中心	乡镇附近	离乡镇较远的地区	其他	全部
家政服务	45.5	21.6	20.0	9.9	3.7	1.9	0.0	15.2
陪同购物	5.5	2.6	2.9	1.0	1.0	0.9	0.0	2.2
便民服务（代缴费、快递服务等）	56.9	45.2	52.2	55.8	37.2	34.9	29.4	43.9
托老服务（日间照料中心/站）	33.8	21.3	19.7	17.5	8.0	6.4	5.9	15.6
理财服务	8.7	3.9	4.4	3.3	1.0	0.9	5.9	3.3
法律服务	62.5	38.2	40.6	45.6	21.1	16.5	17.7	33.1
老年婚介服务	5.2	1.6	1.4	2.1	0.3	0.1	0.0	1.6
殡葬服务	25.3	16.6	26.2	32.9	20.1	17.7	29.4	21.8
都没有	11.1	29.4	22.0	22.0	45.7	51.4	64.7	35.1
健康医疗类								
健康讲座	78.4	48.3	58.3	35.2	18.8	14.9	23.5	37.4
陪同看病	9.7	5.7	6.4	6.4	3.6	4.2	0.0	5.7
上门看病	28.0	33.8	30.3	38.0	36.1	40.7	17.7	35.0
家庭病床	9.7	7.0	4.6	5.2	2.5	2.1	0.0	4.5
康复服务	25.4	14.0	18.3	12.8	7.0	5.0	5.9	12.3
上门护理	13.8	10.4	8.2	6.7	4.1	4.0	0.0	7.1
心理咨询	38.7	19.7	21.3	11.2	6.6	4.7	0.0	15.5
康复辅具租赁/出售	9.6	7.0	4.4	4.3	2.0	0.8	0.0	3.9
都没有	14.8	31.7	26.7	39.4	52.4	51.7	64.7	39.4

资料来源:党俊武:《中国城乡老年人生活状况调查报告(2018)》,社会科学文献出版社 2018 年版,第 138—167 页;王震:《居家社区养老服务供给的政策分析及治理模式重构》,《探索》2018 年第 6 期。

　　值得注意的是,不同地理位置的社区提供的服务内容存在差异。首先看社区生活类服务的供给情况:在被访问社区内以及社区周边 1 公里的范围内,便民服务提供的比例最高,法律服务、殡葬服务、托老服务和家政服务次之。以上这些生活类服务都没有的社区占比大概在三分之一左右(35.06%)。当然,在区域分布上有很大的差异,中心城区的社区中这些服务都没有的比例只有 11.14%,而在偏远农村地区都没有的比例高达 64.71%。其次是社区健康医疗类服务的供给情况:社区中有健康讲座以及上门看病的服务都超过了三分之一,什么服务都没有的社区占到了 39.41%。健康医疗类服务的供给也存在区域差异,总体来看中心城区的服务供给要好一些。

2. 基础设施与护理人员队伍建设

社区居家养老服务建设至今,社区基础设施和护理人员队伍作为供给侧力量,得到了较大发展。其中,每千名老年人口床位数自 2013 年(24.39 张)、2014 年(27.20 张)、2015 年(30.31 张)、2016 年(31.62 张)、2017 年(30.92 张)至 2018 年(29.15 张),①始终保持小幅波动,保持在 30 张/千人的水平,床位供给离民政事业"十三五"规划提出的到 2020 年每千名老年人口拥有养老床位数达到 35—40 张的发展目标②并不遥远。与此同时,社区服务中心发展迅速,机构数量和社会工作师数量逐年增长,如表 6.22 所示,截至 2018 年,全国社区服务中心(站)覆盖率达到 27.1%,社会工作师突破 10 万人。据 2018 年《社会服务发展统计公报》显示,与 2014 年相比,农村社区养老服务设施覆盖率从 25.5% 上升到 45.3%,城市社区养老服务设施覆盖率自 2014 年的 81% 下降至 78%,总体呈下降趋势,但幅度较小,设施配置无法满足现实需要。

表 6.22　2018 年社区服务机构、社会工作师情况

年份	社区服务机构和设施(个)	社区服务中心(站)覆盖率(%)	社会工作师累计合格人数(人)	助理社会工作师累计合格人数(人)
2012	200162	15.3	19525	64601
2013	251939	18.8	31183	91901
2014	251368	21.1	38501	120111

① 数据来源:2018—2019 年《中国社会统计年鉴》。
② 民政部:《图解:民政"十三五"规划要点》,民政部网站,见 http://www.mca.gov.cn/article/gk/tjtb/201607/20160715001099.shtml,2016 年 7 月 7 日。

续表

年份	社区服务机构和设施(个)	社区服务中心(站)覆盖率(%)	社会工作师累计合格人数(人)	助理社会工作师累计合格人数(人)
2015	360956	22.5	51722	154461
2016	386186	24.4	69391	218794
2017	407453	25.5	83189	243421
2018	426524	27.1	106832	332334

注:2015 年起社区服务机构和设施指标包括社区养老机构、社区互助型养老设施数。
资料来源:《中国社会统计年鉴 2019》。

社区护理人员由专业的护理师和志愿者组成。如表 6.23 所示,截至 2017 年末社区服务机构职工数约达 151 万人,占当年就业人口比重 0.2%,其中男性护理人员数量是女性数量的两倍,受教育程度上专科人数约为本科及以上的两倍,但专科及以上人数仅占全部护理人员的 31.4%,护理人员群体受教育程度仍较低。获得助理社会工作师和社会工作师职业资格人数仅占整体人数的 3.5%。年龄结构中,36—45 岁护理人员人数最多,其次为 35 岁及以下,56 岁及以上人数最少但仍有 12503 人。2017 年,志愿者服务人次达 7501292 次[①]。

表 6.23　2017 年社区护理人员构成

类别		数量(人)	比率(%)
职工性别	女性	563960	37.4
	男性	945187	62.6
	合计	1509147	100.0
受教育程度	大学专科	309424	65.3
	大学本科及以上	164533	34.7
	合计	473957	100.0

① 数据来源:《中国民政统计年鉴 2018》。

类别		数量(人)	比率(%)
年龄结构	35 岁及以下	446255	29.6
	36 岁至 45 岁	572147	37.9
	46 岁至 55 岁	365181	24.2
	56 岁及以上	125031	8.3
	合计	1508614	100.0

资料来源:《中国民政统计年鉴2018》。

3. 服务老人情况

社区服务老人情况是社区服务工作效果的"门面",老年人参与社区活动情况直接反映了老人对社区提供服务的满意程度。根据社区规模和社区机构性质的不同,我国社区—居家养老载体可以分为社区服务指导中心、社区服务中心、社区服务站、社区养老机构和设施、社区互助型养老设施和其他。根据城乡划分和是否提供留宿服务,又可以将以上社区分为城市日间照料和留宿收养以及农村日间照料和留宿收养。如表 6.24所示,截至 2017 年底,全国城乡社区合计收养照料 105.9 万人,约占当年全体 60 岁以上老人数的 0.5%,老年人活动次数约 1943 万次,平均每名老人参与 18.3 次社区活动,老年人参与活动较为积极。

此外,第四次城乡老年人抽样调查数据显示,34.2%的老年人经常帮助邻里,20.7%的老年人经常参与维护社区卫生环境,17.0%的老年人经常协助调解邻里纠纷,13.1%的老年人经常关心教育下一代,8.6%的老年人经常维护社区社会治安,2.3%的老年人经常参加文化科技推广活动。2000 年,城镇老年人公益活动参与率为 38.7%,2015 年的这一比率上升到 43.2%,提高了近 5 个百分点。在参与调查的全体老年人中,72.9%的老年人表示愿意帮助社区有困难的老年人,20 年来,老年人中愿意帮助社区有困难的老年人的比例始终保持在较高水平。21.4%的老年人向社区提出过建议,39.5%的老年人表示社区在办大事时征求过他们的意见。这表明,老年人积极参与社区建设,有高度的社区归属感,愿意利用自身的知识、技能和经验积极为社区建设献言献策,这与社区养老服务的开展为老人提供了场地、资金和活动氛围有密切关系。

表 6.24　2017 年社区服务老人情况

服务老人情况		服务老人数量（万人）	服务老人数占 60 岁以上老人比重（%）	老年人活动人次数（人次）
社区养老机构和设施	年末收养照料合计	56.4	0.23	5884337
	社区日间照料	12.8	0.05	
	社区日间照料（农村）	8.3	0.03	
	社区留宿收养	43.6	0.18	
	社区留宿收养（农村）	29.9	0.12	
社区互助型养老设施	年末收养照料合计	27.7	0.11	3873788
	社区日间照料	15.1	0.06	
	社区日间照料（农村）	13.3	0.06	
	社区留宿收养	12.7	0.05	
	社区留宿收养（农村）	12.9	0.05	
其他社区服务机构和设施	年末收养照料合计	12.6	0.05	2213253
	社区日间照料	6.1	0.03	
	社区日间照料（农村）	2.6	0.01	
	社区留宿收养	6.5	0.03	
	社区留宿收养（农村）	4.2	0.02	
社区服务机构和设施总计	年末收养照料合计	105.9	0.44	19436992
	社区日间照料	40.8	0.17	
	社区日间照料（农村）	27.6	0.11	
	社区留宿收养	65.1	0.27	
	社区留宿收养（农村）	47.7	0.20	

资料来源：《中国民政统计年鉴 2018》。

4. 运营状况

根据《中国民政统计年鉴 2018》得知，2017 年底，在执行企业会计制度填报中,全国社区各类养老服务机构和设施总营业收入634.3万元,营业支出136.8万元,考虑到固定资产折旧,实际营业利润17.3万元;在执行事业单位会计制度填报中,全年营业收入180940.2万元,比营业支出165590.2万元多出15350万元,处于盈利状态;在执行民间非营利性组织会计制度填报中,年度收入为704532.8万元,大于年度费用支出636724.3万元。可见,总体上全国养老服务机构处于盈利状态中。

三、机构养老服务

(一)概述

1. 内涵

机构养老模式是指以养老机构为载体,由专业人员进行组织、运营、管理等工作,以满足老年人在生活照料、精神慰藉等方面需求的养老模式。从机构养老模式的定义可以看出,它与社区居家养老模式的主要不同之处在于该模式要有专门的养老机构作为老年人的主要生活场所。其中,按照主要服务对象的不同,我国养老机构可分为敬老院、福利院、老年公寓、护养院、护理院等。敬老院、福利院主要服务城镇"三无"老人和农村"五保"老人以及需要特殊照顾的老年人群,老年公寓主要服务能够自理的老人,护养院、护理院则主要服务那些介助老人和介护老人。按照资金来源的差异,可分为"公建公营""公建民营""民建民营""民办公助"四类,这四者的主要区别体现在养老机构的所有权和经营权上。公建公营养老机构的所有权和经营权都归政府所有;公建民营养老机构的所有权属于政府,经营权属于民间组织或个人;民建民营养老机构的所有权和经营权都归民间组织或个人所有;民办公助养老机构的所有权和经营权均属于民间组织或个人,享受政府提供的各种政策优惠和运营补贴以及慈善人士的捐助。与民建民营相区别的是,民办公助专门为老年人提供非营利性的公益老年照护服务,并且其经营收入只能用于养老机构的再运营,不能进行利润分配。按照养老机构的营利性,可以分为非营利性养老机构,如福利院,以及营利性养老机构,如大多数护理院、护养院等。

2. 特点

（1）老人集中居住，提供全天候服务

机构养老是一种典型的集中养老方式，它通过新建或改造等方式，建立专门化的养老服务机构和专业化服务队伍，将分散居住的老年人集中起来，为老年人提供的主要服务类型包括日常生活照料服务、护理康复服务、临终照护以及综合型服务，[①]每名老人均配置了相应居住设备，包括床位、生活用品等。随着"医养结合"进程的推进，养老机构不仅重视为老人提供基本的生活服务及照料，也开始重视老人的医疗卫生需求。调研发现，54.8%的养老机构有内设医疗设施，其中公办养老机构有内设医疗机构的比例更高，达到 65.3%。养老机构的内设医疗机构形式主要是医务室或者与社区或其他医院进行合作。此外，护理人员为入住老人提供全天候照护，不仅可以在一定程度上缓解子女的负担，也在一定程度上将家庭的养老风险分散，实现集体成员养老资源的共济和共享。

（2）服务专业化、社会化、市场化

机构养老的职能是提供专业化的老年人生活照顾服务，服务对象不仅仅是同一社区的老人，更多是来自不同社区不同性质的老人，特别是半自理和完全不能自理的老人以及五保、优抚等多种类型的老人。此外，机构的养老服务内容多根据购买档位不同存在高低之分，为满足不同身体状况老人需要，机构养老服务既包括基础的生活照料、医疗保健、精神慰藉、老年教育等，又包括更专业的专人护理、医疗复健等，基本囊括老人正常生活各类服务。这些服务往往标有价格，老人根据经济实力选择不同价位服务，呈现商业化市场化运作特征。其中，公办养老机构以政府为依托，人员稳定、环境设施较好、收费相对较低，因此床位一直供不应求。民办养老机构多以小型为主，床位数大都在 100 张左右，以中低档标准为主。

（二）实践现状

1. 服务内容

中国养老机构从目标市场和养老层次两个维度可以分为五类：公办

---

① 吴玉韶、王莉莉:《中国养老机构发展研究报告》，华龄出版社 2015 年版，第 136—139 页。

养老机构主要在农村地区,部分由政府出资成立,以出租为主和月度养老计划运营,其中住宿的老人大部分能独立生活,基本囊括低端市场;民办养老机构完全由个人出资成立,其中有营利性组织也有非营利性组织,以出租为主和月度养老计划运营,养老服务水平高,收住的多为需要专业护理和生活协助的老人,目标市场对口中低端;社会福利院绝大部分位于城市和郊区,完全由政府出资建立,以出租为主要运营方式,收住老人一般能够独立生活,少部分需要生活协助,瞄准中端市场;老年公寓完全由个人出资兴建,以独立公寓形式销售或出租,收住老人多能够独立生活且自身经济条件较好;退休社区和持续照护退休社区比较特殊,它以社区的生活形式存在,完全由个人出资成立,以独立公寓销售或会员模式出租,也加入月度养老计划,收容短期居住老人,基本服务各级养老,满足老人从独立生活到专业看护的全部需求。基于此,机构养老服务对象主要有"面向社会上的失能半失能老人""政府委托的五保老人和城市孤寡老人""面向社会的自理老人""优抚军人及亲属"和"农村和城镇的失独老人"。服务内容包括从生活照护、医疗服务、康复照料到专业护理、临终关怀等全方位养老服务。

2. 基础设施与护理人员队伍建设

自民政部 1979 年重申养老机构的福利性质和服务方向并出台一系列相关政策支持后,老年公寓、老人护理院、老人院、敬老院等组织逐渐构成我国机构养老的基础框架。2000 年之前,养老机构发展尚属于探索阶段,数量从 1986 年的 3.3 万个逐步增长,在 2000 年之前稳定在 4 万个左右,床位数的增长比养老机构增长略快一些。2012 年我国养老机构数量达到顶峰为 4.4 万个,之后总体呈下降趋势,2017 年共有 28770 家。其中,床位数是衡量机构基础设施完善与否的一大重要指标。如表 6.25 所示,2018 年底,全国养老机构床位总量 13 年来首次出现下降,降幅为 1.1%,总计为 379.4 万张。此外,全国养老机构收住失能半失能老年人的比例逐年上升,社会办养老机构总数 13 年来首次超过公办养老机构。

表 6.25　2012—2017 年床位总数的趋势及构成

单位:万张床位

	2012 年	2013 年	2014 年	2015 年	2016 年	2017 年	2018 年
床位总数	416.5	493.7	390.3	358.1	378.8	383.5	379.4
城市机构	78.2	97.1	108.5	116.4	135.9	143.9	—
农村机构	261.0	272.9	219.6	177.1	179.9	176.7	—
社会福利院	30.9	34.6	37.0	37.7	37.1	37.8	—
社区机构	19.8	64.1	187.5	298.1	322.8	338.5	—
年末床位利用率(%)	70.5	44.9	39.2	61.3	—	—	—

资料来源:床位数据来源于《中国统计年鉴 2019》;其余数据来源于 2013—2017《中国民政统计年鉴》。

据统计,截至 2017 年底,我国养老机构建筑面积达 86807537 平方米。如表 6.26 所示,农村养老机构占全部养老服务机构的半数以上。此外,规模型(床位数 500 张及以上)机构占 3.1%。床位数在 99 张以下的在半数以上,其中多为小型养老服务机构。

表 6.26　2017 年分床位数和机构性质的养老机构现状

		机构数(个)	占比(%)
床位数	0—99 张	15085	52.4
	100—299 张	11121	38.7
	300—499 张	1683	5.8
	500 张及以上	881	3.1
	合计	28770	100.0
机构性质	城市养老机构	9618	33.4
	农村养老机构	15006	52.2
	社会福利院	1578	5.5
	光荣院	948	3.3
	荣誉军人康复医院	43	0.1
	复员军人疗养院	37	0.1
	军休所	1540	5.4
	合计	28770	100.0

资料来源:《中国民政统计年鉴 2018》。

如表 6.27 所示,在护理人员队伍中,截至 2017 年底,全国养老机构护理人员中女性占比约为 57.3%,护理人员以女性为主。专科学历护理人员达 60% 以上,45 岁以下护理员比重占半数以上,管理人员占总护理人员数三成以上,管理人员数量较多,队伍建设不够合理。

表 6.27 2017 年养老机构护理人员构成

		数量(人)	占比(%)
职工性别	女性	211542	57.3
	男性	157404	42.7
	合计	368946	100.0
受教育程度	大学专科	61071	61.4
	大学本科及以上	38316	38.6
	合计	99387	100.0
职业资格水平	助理社会工作师	5655	55.0
	社会工作师	4622	45.0
	合计	10277	100.0
年龄结构	35 岁及以下	86782	23.5
	36 岁至 45 岁	130255	35.3
	46 岁至 55 岁	117777	31.9
	56 岁及以上	34132	9.3
	合计	368946	100.0
人员性质	管理人员	118646	32.2
	专业技术技能人员	250300	67.8
	合计	368946	100.0

资料来源:《中国民政统计年鉴 2018》。

3. 服务老人情况

如表 6.28 所示,2017 年,我国提供住宿的各类养老机构服务人次数大于 1976008 人,康复和医疗门诊人次数大于 7452503 人,覆盖约 1% 的老年人口(年末在院人数/60 岁以上老人数量)。2018 年底,全国养老服务机构年末收住半自理和不能自理老年人共 79 万人,占收住老年人总数的 40.24%。2009 年全国养老机构收住失能半失能老年人的比例为 20.9%,每年以 2% 的速度增长,到 2018 年增至 40.24%。

表 6.28　2017 年养老机构服务老人情况

		年末在院人数(人)
在院人员性质	优抚对象	62041
	特困人员	882370
	自费人员	888213
	其他	143384
	合计	1976008
在院人员年龄	老人	1874845
	青壮年	68135
	少年儿童	33028
	合计	1976008
在院人员类型	自理(完全自理)	1232877
	介助(半自理)	442196
	介护(不能自理)	300935
	合计	1976008

资料来源:《中国民政统计年鉴 2018》。

4. 运营状况

我国养老服务机构类型依据主办单位性质可以分为公办机构和民办机构,两类机构的资金来源构成比例不尽相同。根据《2018 年中国民政统计年鉴》可得,2017 年底,在执行企业会计制度填报中,我国为老年人和残疾人提供住宿的养老机构总营业收入 61410.7 万元,营业支出 38541.3 万元,考虑到固定资产折旧,实际营业利润 14645.4 万元,其中北京、河北、江苏、山东、海南、四川和云南均为亏损状态;在执行事业单位会计制度填报中,全年营业收入 5129025.0 万元少于营业支出 5141566.2 万元,其中,天津、山西、内蒙古、吉林、安徽、福建、山东、河南、广东、海南和云南为亏损状态；在执行民间非营利性组织会计制度填报中，年度收入为 898483.7 万元，大于年度费用支出 848024.7 万元。

四、新型养老服务

除了我国主要推行的居家、社区、机构养老几种传统养老服务方式外，适应地方不同特性和弥补三类养老方式的不足，产生了代际养老、互助养老、智慧养老、老年大学等多种新型养老服务，依据不同社区的基础设施完善状况和规模大小，分别有老年人协会、老年人活动中心、老年大学、老年人社团、老年人志愿组织，一起唱歌、跳舞、练书法、打麻将、维护社区安全等多种表现形式。这些新型养老方式在内容和形式上进行了创新，但根本上其实是依托社区和机构养老方式的平台延伸。

其中，代际项目指的是以互惠互利为目标，通过将老少两代人集中在一起居住或开展活动，以共同分享知识技能、促进交流，建立起相互支持的社会关系网络的一系列行动；[1]互助养老是在互惠互利和社会交换基础上产生的同代或代际之间的养老资源、服务的交换。在实践中主要表现为"互助幸福院"、"时间银行"和费用分摊为特征的"合租互助"等；[2]智慧养老是利用互联网技术，在社区或机构中搭建"互联网+"平台，为其他养老服务提供技术支持。具体有关各类新型养老服务的阐述可见本章结构体系一节。

第四节　养老服务的层次体系[3]

养老服务的层次体系以养老服务供给方为划分标准，它表明政府、社

---

[1]　李俏、贾春帅：《代际项目的西方脉络与中国图景：名实之辩与实践检视》，《宁夏社会科学》2019 年第 1 期。

[2]　欧旭理、胡文根：《中国互助养老典型模式及创新探讨》，《求索》2017 年第 11 期。

[3]　本节和下一节作者为马珺、杨红燕。

会与个人的责权关系以及养老服务各主体参与程度。21 世纪以来,为了提高社会发展的活力、满足日益增长的美好生活需要,我国政府开展了社会治理创新,确定了服务型政府的建设目标。目前,我国已经初步形成了以家庭为基础、政府主导并兜底、社会各方参与的多层次养老服务体系(见图6.9)。

然而,在多层次养老服务体系中,各主体参与程度存在较大差异。政府参与程度较高,家庭养老仍然是主要的养老方式,但受到了家庭结构改变、人口流动等因素的冲击,社会力量培育不足,总的来说还远未达到成熟的多元主体共同供给养老服务阶段。

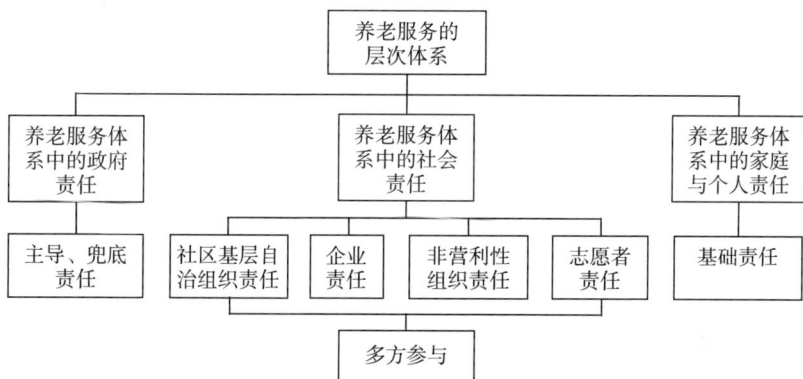

图 6.9　养老服务的层次体系

资料来源:笔者整理。

一、养老服务体系中的政府责任

新中国成立以来,根据养老服务发展责任主体的变化,我国养老服务可分为"集体—单位—家庭"阶段(1949—1978 年)、"政府—企业—家庭"阶段(1978—1999 年)、"政府—社会—家庭"提供养老服务阶段(1999—2012 年)以及多元主体合作供给养老服务(2012 年至今)四个阶段,相应地,政府责任经历了"补缺—收缩—主导和兜底"的转变。目前,政府在养老服务的供给中主要承担着政策制定、财政支持、人才建设培训、监督与评估、直接提供服务五个方面的责任。

（一）政策制定

政策制定是养老服务得以推行的前提，也是政府"主导者"角色的直接体现。在我国行政集权的背景下，政府是唯一有权力和能力制定养老服务规划与制度的行为主体。具体来说，拟订养老服务体系建设规划、政策和标准主要由民政部下设的养老服务司主导。2019 年 8 月，以民政部牵头的包含人社部、商务部等 21 个国家部门和单位的养老服务部际联席会议制度建立。联席会议的职能主要有统筹协调全国的养老服务工作、审议拟出台的养老服务法规和重要政策、督促监督养老服务相关政策措施落实等。[①]

政府养老服务政策主要包括以下两个方面：

其一为作为顶层设计的养老服务发展规划和法律法规。养老服务规划是一项具有战略性和导向性的社会政策。进行充足的老年人养老服务需求调研、测算人口老龄化发展趋势并考量供给主体的服务供给能力和可及性是制定科学合理的养老服务规划的前提。政府制度规划中应包括发展目标、基本原则、资金来源、相关主体责任、实施方法、监督与问责程序等内容。[②] 目前，我国中央政府层面关于养老服务的规划性文件主要为 2021 年出台的《"十四五"国家老龄事业发展和养老服务体系规划》和 2019 年的《国家积极应对人口老龄化中长期规划》。此外，各地方政府也依据中央政策提出的原则和方向制定本地区的制度框架。法律法规方面，目前我国专门保障老年人权利的法律为《老年人权益保障法》，该法律界定了家庭赡养、社会化养老服务、宜居环境等养老服务事项中各参与主体的责任。

其二为养老服务的一些具体政策，包括综合性政策、监督与评估政策、人才培养政策等，以鼓励并支持更多的社会主体参与到养老服务中来并营造养老服务发展的良好氛围。具体政策的制定有利于促进养老服务规划和法律规定的明确和落实，使养老服务的具体开展有章可循。如表

---

① 国务院办公厅：《关于同意建立养老服务部际联席会议制度的函》，中国政府网，见 http://www.gov.cn/zhengce/content/2019-08/05/content_5418808.htm，2019 年 8 月 5 日。

② 陈静：《福利多元主义视域下的城市养老服务供给模式研究》，山东人民出版社 2016 年版，第 163—177 页。

6.29 所示,具体政策从社区居家养老服务、养老机构、养老服务社会化、人才培养、筹资、监督与评估等多方面对养老服务建设提供了具体指导,推动了养老服务的健康发展。在地方层面,由于我国各地区的老龄化水平、经济发展水平、社会组织培育等条件不同,各地方政府在中央相关法律法规、政策规范的统一指导下因地制宜,制定贴合地方实际的养老服务具体政策。

表 6.29　2013 年以来中央政府发布的养老服务政策文件(不完全统计)

政策主要内容	发布年份	政策名称
养老服务宏观规划与法制化建设	2017	《"十三五"国家老龄事业发展和养老体系建设规划》
	2018	《中华人民共和国老年人权益保障法》修订
	2019	《国家积极应对人口老龄化中长期规划》
	2021	《"十四五"国家老龄事业发展和养老服务体系规划》
综合性养老服务指导政策	2013	《关于加快发展养老服务业的若干意见》
	2014	《关于加强养老服务标准化工作的指导意见》
	2019	《关于推进养老服务发展的意见》
社区居家养老服务	2016	《社区老年人日间照料中心服务基本要求》
	2016	《城乡社区服务体系建设规划(2016—2020 年)》
	2017	《中央财政支持开展居家和社区养老服务改革试点工作绩效考核办法》
机构养老服务	2013	《养老机构管理办法》《养老机构设立许可办法》
	2013	《关于开展公办养老机构改革试点工作的通知》
	2020	《养老机构等级划分与评定》国家标准实施指南(试行)
养老服务产业化、社会化	2015	《关于鼓励民间资本参与养老服务业发展的实施意见》
	2016	《关于全面放开养老服务市场　提升养老服务质量的若干意见》
	2017	《关于加快推进养老服务业放管服改革的通知》
人才培养	2014	《关于加快推进养老服务业人才培养的意见》
	2019	《养老护理员国家职业技能标准(2019 年版)》

政策主要内容	发布年份	政策名称
筹资	2014	《关于做好政府购买养老服务工作的通知》
	2016	《关于开展长期护理保险制度试点的指导意见》
监督与评估	2013	《老年人能力评估（MZ/T 001—2013）》
	2018	《关于进一步做好养老服务领域防范和处置非法集资有关工作的通知》
兜底保障	2014	《关于建立健全经济困难的高龄、失能等老年人补贴制度的通知》
	2017	《关于加强农村留守老年人关爱服务工作的意见》
医养结合	2015	《关于推进医疗卫生与养老服务相结合的指导意见》
	2016	《关于做好医养结合服务机构许可工作的通知》
智慧养老	2017	《智慧健康养老产业发展行动计划（2017—2020 年）》
	2019	《关于开展第三批智慧健康养老应用试点示范的通知》

资料来源：笔者整理。

（二）财政支持

促进社会各主体对养老服务的积极参与、保障老年人养老服务的获得都离不开政府的财政支持。虽然政府并不是养老服务的唯一筹资主体，社区、非营利性组织、企业、家庭和个人也需承担一定的筹资责任。但是，养老服务作为一项社会福利，充分、稳固而精准的财政投入是政府责任最直接的表现。养老服务的财政性资金渠道包括公共财政支出和中央福利彩票公益金投入。政府对养老服务的财政补贴方式按照补贴对象可分为两类：一是补供方，包括设施建设和运营补贴、税费优惠、土地使用优惠、信贷担保等；二是补需方，如养老服务补贴、护理补贴、养老服务券等。政府应在提高养老服务财政预算的同时，优化补贴方式，拓宽筹资渠道，保障养老服务事业发展的经济基础。有关政府对于养老服务的财政支持更详细的论述可见本章筹资体系一节。

（三）人才建设与培训

护理人员提供养老服务的水平直接决定了老年人享受服务的质量。北京师范大学公益研究院的调查数据显示，2017 年，全国大约有 4063 万失能、半失能老年人,如果根据国际上失能老人与护理员 3∶1 的配置标准推算,我国大约需要 1354 万护理员。根据 2019 年的统计数据,我国各养老服务机构的护理人员不足 50 万,专业护理人才需求存在巨大缺口。① 除数量缺口外,我国养老服务护理人员还普遍存在着年龄偏大、受教育程度低且专业素质不足等问题,很难满足规模逐渐庞大的失能老年人的护理需求。②

养老服务业人才的建设与培养需要政府和社会多方主体的共同努力。政府目前有关养老服务人才培养的工作主要有以下几个方面:

第一,加强政府的政策支持以及专项资金保障。2014 年,民政部等九部门联合印发了《关于加快推进养老服务业人才培养的意见》,提出"培养一支数量充足、结构合理、质量较高的养老服务人才队伍"的工作目标。在政策支持的基础上,政府增加了养老服务人才的职业教育的专项经费,完善养老服务从业人员的各项补贴政策,如入职奖励、岗位津贴、在职培训误工补贴等。例如,2018 年南京市政府发布的《关于健全完善养老服务补贴的通知》规定对养老护理人员给予岗位补贴:工作满 1 年的,从第 2 年起,每人每月补贴 100 元;工作年限每增加 1 年,月岗位津贴增加 100 元。工作年限 10 年以内的,最高补贴至每月 500 元;连续工作 11 年以上的,每人每月补贴 800 元。

第二,加快推动养老服务相关专业的教育培训体系建设,提高专业护理教育和在职培训的质量。以武汉市为例,截至 2019 年,在专业护理教育方面,武汉市的直属高校中,江汉大学开设有护理专业和康复治疗技术专业,已有在校学生 647 人。全市另有 5 所中等职业学校开设有老年护理相关专业,这些学校还积极参与到养老护理实训基地的建设中。在在职培训方面,武汉市政府积极组织开展了养老人才分级培训,通过现场观摩、讲座、实操等多种方式分级培训护理人员 3 万余人次。2017 年,市政府举办的首届养老护理员职业技能大赛吸引了 1 万多名专业护理员报名

---

① 《养老服务人才队伍建设亟须提速》,中国报道网,见 http://jkzl.chinareports.org.cn/jclr/2019/0610/2009.html,2019 年 6 月 10 日。

② 龙玉其:《民办非营利性养老机构护理人员供给困境与反思》,《社会保障研究》2017 年第 5 期。

参赛,护理员们得以在互相切磋和交流中促进技能提升。①

第三,推动建立了养老护理员的职业技能标准,以规范养老护理员的职业行为。2019年,人社部和民政部联合颁布了《养老护理员国家职业技能标准(2019年版)》。新修订的版本一是提高了对养老护理员的技能要求,如关注到失智老年人照护需求;二是降低了养老护理员的入职门槛,如护理人员"普通受教育程度"的标准界定由"初中毕业"修改为"无学历要求";三是提高了职业技能等级的晋升速度;四是给予养老护理员更广阔的职业发展前景,如新增"一级/高级技师"的职业技能等级。②

第四,强化舆论宣传。政府通过各类媒体,广泛宣传养老服务业人才培养的重要性和杰出护理员的优秀事迹,引导社会舆论以营造全社会尊重和支持养老服务业人才建设的环境。

(四)监督与评估

政府的监管责任是养老服务长期发展的保障,它是指政府在制定监督管理准则和规范的基础上,监督并考核养老服务的实施情况,以防止"寻租"等违法违规行为的出现,提高养老服务的质量与效率。2019年国务院办公厅发布的《关于推进养老服务发展的意见》提出要建立养老服务综合监管制度,制定"履职照单免责、失职照单问责"的责任清单,同时推进养老服务领域社会信用体系建设。各地方政府根据中央政府的总体要求,相继制定了适合地方的监管办法。以北京市为例,2018年北京市政府颁布了《北京市养老服务机构监管办法(试行)》,明确了由市民政部门牵头,市公安、财政、人社等部门按照各自职责落实监管责任,运用专项督查、联合检查、随机抽查、需求方满意度调查、大数据监控等多种方式对政策落实情况、安全运营、财政资金使用、人才教育培训、建筑及基础设施质量、环境整洁度、收费水平、老年人权益维护等内容进行监管。

政府的评估责任是指是为准确评估老年人养老服务需求内容、照护

---

① 武汉市民政局:《对市政协十三届三次会议第20190562号提案的答复》,武汉市人民政府网站,见 http://www.wuhan.gov.cn/ztzl/jytabl/smzj/sjytaa/202003/t20200316_950238.shtml,2019年8月26日。

② 《养老护理员入职门槛降低,从业人员"无学历要求"》,搜狐网,见 https://m.sohu.com/a/347483109_161795,2019年10月16日。

等级并确定老年人是否具有护理补贴、养老服务补贴等领取资格,由专业评估人员根据标准,对老年人身体机能、心理状态、经济状况等进行综合评估。2013 年,民政部发布《老年人能力评估(民政行业标准)》,从日常生活活动、精神状态、感知觉与沟通、社会参与 4 个一级指标对老年人的生活自理能力进行评估,成为养老服务需求评估工作的主要依据。

(五)直接提供服务

公办公营养老机构是政府直接提供养老服务的典型形式,这类机构秉承福利性原则,为农村"五保"和城市"三无"老年人提供免费的基础养老服务。如广东省顺德市的城市"三无"、农村"五保"老年人可以免费入住公办公营养老机构;低保以及低保临界家庭中的失独、高龄或经评估确定为中级护理及以上的老年人依据当年城镇最低生活保障标准收取基本养老服务费用。① 此外,政府还采取公办民营、民办公助等多种形式,调动社会化主体的积极性,提供养老服务。

二、养老服务体系中的社会责任

治理理论强调公共事务治理的主体应当是多元的。通过鼓励社区、企业、非营利性组织、家庭与个人等主体参与到养老服务的决策、管理和供给中来,不仅可以改善养老服务质量,提高效率,还可以避免政府垄断,促进社会参与。如果按养老服务参与的社会主体进行划分,可将社会责任分为社区基层自治组织责任、企业责任、非营利性组织责任和志愿者责任。

(一)社区基层自治组织责任

社区是基于血缘、亲缘和地缘关系以及社会交往构成的社会网络,这使得社区在养老服务供给上具备天然且独特的优势,它不仅有利于老年人与外界的交流沟通,提高老年人的身心健康水平,而且能满足老年人在熟悉的环境中获得服务的心理需求。社区居委会和村委会作为基层群众性自治组织,是社区居家养老的基础管理单位,在社区居家养老中承担着

---

① 《顺德公办公营养老院收费昨起实行新标准　两类老人免费入住》,人民网,见 http://house.people.com.cn/n1/2018/0302/c164220-29843218.html,2018 年 3 月 2 日。

对上完成政府交代的工作,对下管理社区养老服务具体事务,对外协调在社区内运营的企业和非营利性组织的养老服务工作的责任。可以说,社区基层自治组织在社区居家养老服务中发挥着不可替代的枢纽作用。

社区在养老服务供给中既可以发挥直接提供服务的作用,还可以通过引入非营利性组织来提供服务。社区养老服务的递送模式可分为三类:强调站点服务的政府主导型、强调市场化运行的非营利性组织主导型、强调社区自我服务的政府与非营利性组织平衡型。[①] 总的来说,社区基层自治组织责任主要有:一是利用社区闲置空间,建设养老服务基础设施以及活动场地。一般通过设置社区日间照料中心、老年人活动中心、社区嵌入式养老院等为失能、高龄和空巢老年人等群体提供日常照料、精神慰藉等服务。二是利用社区的医疗资源来发展医养结合模式,为老年人提供医疗护理、健康咨询等服务。三是依托社区的人力资源,采取"时间银行"、积分兑换等多种形式构建互助养老服务体系,鼓励低龄老年人、社区失业人员和其他志愿者为高龄、独居、重度失能老年人提供养老服务。四是宣传与协调责任。包括在社区内宣传养老服务政策,组织动员养老服务建设,形成敬老孝老的社区氛围。此外,通过搭建沟通平台,广泛吸纳不同利益群体的诉求,促进各方意见达成一致。[②]

(二)企业责任

企业是养老服务体系中主要的社会资本来源,其根本目的是实现利润的最大化。企业参与社会养老服务具有"双刃剑"作用:一方面,企业的供给效率高,对市场反应较灵敏,更能迎合老年人需求,为老年人提供多样化的内容选择;另一方面,由于企业固有的逐利性,对于能盈利的养老服务项目,企业会全力推进,而对于无法获得较大收益的项目,则极有可能消极供给,产生市场失灵问题。

1. 企业承担养老服务责任的依据

其一,若养老服务仅由政府提供,将会产生低运行效率、资源未能充分有效利用、服务内容单一、寻租腐败等政府失灵问题,企业提供养老服

---

① 朱浩:《城市社区养老服务的递送机制研究》,浙江大学博士学位论文,2015年。
② 青连斌:《社区养老服务的独特价值、主要方式及发展对策》,《中州学刊》2016年第5期。

务可以在一定程度上提高供给效率,增强服务内容的多样性。其二,根据外部性理论,企业在生产运营中产生的收益和成本超过了企业自身边界而外溢时,就产生了外部性。一方面,正外部性有着增加就业岗位、减轻财政负担、推动养老服务改革等积极意义;另一方面,企业可能降低自身应遵守的社会责任标准,利用信息不对称因素来转嫁成本,以获取不当收益,产生负外部性。为遏制负外部性,要求企业应承担相应的社会责任。

2. 企业承担养老服务责任的内容

企业责任主要包括以下内容:一是养老服务供给责任,企业往往通过政府购买服务的形式或者市场化机制来为老年人提供多样化的养老服务。企业通常可以自由选择进入养老服务市场,自主经营、自负盈亏,与有养老服务需求的老年人平等地进行交易。二是保障责任,表现为企业员工提供基本养老保险、企业年金等各种经济保障。三是法律责任。企业需要遵守有关老年人权益和员工养老权益的各项法律,并保证政府、非营利性组织、社会公众对企业养老保障行为进行法律监督。[1] 四是慈善责任。慈善责任折射出企业的人文情怀和价值取向。除盈利外,企业还应以积极开展社会公益为目标,可通过现金和物资捐赠、组织志愿活动等方式担负起慈善责任。[2] 比如 2014 年,厦门万禹实业有限公司对厦门市湖里区 8 个社区近 6000 名中高龄老年人出资购买了一年的居家养老服务项目。2020 年新冠肺炎疫情期间,精华制药集团股份有限公司通过市慈善总会向江苏省南通市的六家养老护理机构捐赠了价值 13.01 万元的药品。[3]

本书第六章第五节养老服务的结构体系中展示了 2017 年分机构性质的养老机构的收支情况。在城市地区,企业性质的养老机构收入、支出和利润分别为 52559.7 万元、36918.8 万元和 15640.9 万元;农村地区,企业性质的养老机构收入、支出和利润分别为 8851.0 万元、9846.5 万元

---

① 常凯:《论企业社会责任的法律性质》,《上海师范大学学报(哲学社会科学版)》2006 年第 5 期。

② 桑瑜:《论政府与企业的社会责任边界》,《湖南师范大学社会科学学报》2014 年第 4 期。

③ 《爱心企业通过市慈善总会　向多家养老机构捐赠价值 13 万元药品》,金山网,见 http://www.jsw.com.cn/2020/0228/1535695.shtml,2020 年 2 月 28 日。

和-995.5万元。

(三)非营利性组织责任

人口老龄化、高龄化导致的各种养老问题为非营利性组织的发展提供了机遇。非营利性组织是面向社会提供某一领域社会服务的公益性和志愿性的组织机构,可大致分为行业协会商会组织、科技社团、志愿服务组织、公益慈善组织以及城乡社区服务组织等。

截至2018年底,全国非营利性组织总数已达81.6万个,比上年增加了5.4万个,增速为7.1%;其中,有基金会7027个,社会团体36.6万个,社会服务机构44.3万个。在非营利性组织中,经民政部门登记认定的慈善组织已达5285个,其中有1451个获得了公募资格。[①] 政府通过购买服务、公益创投、奖励补贴等形式,为非营利性组织开展养老服务提供充足的资金支持,而非营利性组织通过资源优化配置和利用,与其他供给主体一起建构养老服务多元供给体系,为老年人提供丰富、便捷的养老服务。[②]

1. 非营利性组织承担养老服务责任的意义

其一,弥补养老服务供给的效率低、内容单一的问题,减轻政府的负担。面对日益增长的养老服务需求,政府的负担加重,可能造成政府失灵的局面。非营利性组织能够弥补政府供给的不足,它可以根据老年人实际需求,提供优质、个性化服务,从而丰富养老服务内容,促进服务体系的完善。[③] 其二,非营利性组织能够整合政府、企业、社区、家庭与个人零散的社会资源,提高资源配置和养老服务运营效率。[④] 其三,非营利性组织的运作能增加就业机会,同时还在一定程度上缓解了养老服务专业人员

---

① 《中国慈善发展报告(2019)发布2018年社会捐赠约为1128亿元》,联合日报,见 http://www.lhrbszb.com/ReadingZone/PaperInfo/DC2BC96A-9808-440D-928B-D00B9A0140E9?aid=93891D11-A582-4F82-A944-F9A2ABCF10E7,2019年7月17日。

② 姚兆余:《农村社会养老服务的属性、责任主体及体系构建》,《求索》2018年第6期;宋雪飞、周军、李放:《非营利组织居家养老服务供给:模式、效用及策略——基于南京市的案例分析》,《南京大学学报(哲学·人文科学·社会科学)》2017年第2期。

③ 刘晓梅、孙苗苗:《多元化视域下社会组织在养老服务体系中的角色浅析》,《社会保障研究》2016年第6期。

④ 邵文娟:《供给侧改革视角下社会组织参与养老服务供给研究》,《宏观经济研究》2019年第7期。

不足的问题。

2. 非营利性组织承担养老服务责任的内容

非营利性组织在养老服务建设中的作用主要有两个：筹集资金和服务供给。

其一是筹集资金的责任。根据资金劝募形式不同，非营利性组织的资金筹集可分为分散劝募和联合劝募；按照劝募的手段不同，可分为广告劝募、项目筹资。广告劝募是慈善组织在和企业订立协议的基础上，允许企业在营销中添加慈善元素，企业将部分收益分配给慈善组织的筹资形式。项目筹资是慈善组织以自设的品牌项目为依托来进行筹资。2017 年，各类社会组织接收的社会捐赠款达 729.2 亿元，占总社会捐赠款的 96.69%。[①] 通过大力发展非营利性组织来为志愿者和慈善家捐赠搭建及时、有效且透明的平台，对于发展养老服务事业具有重要的现实意义。

其二是服务供给的责任。政府往往通过购买服务来引导城乡社区服务组织参与到养老服务供给中来。以南京市鼓楼区政府与心贴心老年人服务中心合作运营社区居家养老服务为例，2003 年起，鼓楼区政府向心贴心老年人服务中心支付了 15 万元经费以购买百位老年人的养老服务，此后，政府又逐步增大了购买力度。由各社区的失业、经济困难人员为辖区内的失能、空巢、贫困、高龄的老年人提供照料陪护、医疗卫生、休闲娱乐以及法律援助等内容的服务。老年人服务中心负责招聘和培训护理员，再由护理员为社区内老年人提供送餐、助浴、理发、清洁等上门服务或站点服务。对养老护理人员的监督责任由街道老龄办、社区居委会以及心贴心老年人服务中心督导部一同承担，监督方式包括对需求方进行走访和调研，了解并评估服务质量和服务满意度。可见，非营利性组织在招聘与培训专业护理员、建立社区养老服务站点、服务质量监管等工作中均大有作为。[②]

---

① 数据来源：《中国民政统计年鉴 2018》。
② 伏威：《政府与公益性社会组织合作供给城市养老服务研究》，吉林大学博士学位论文，2014 年。

(四)志愿者责任

联合国组织将志愿者定义为"自愿参与到社会公益服务中,目的在于服务他人而不在于获得利益的活动者"。根据专业程度,志愿者可分为专业志愿者和非专业志愿者。专业志愿者是指拥有较高技能水平,从事专业性较强的志愿工作的志愿者,他们主要包括老年大学志愿讲师队、社区医疗服务志愿队等专业化的志愿者队伍。非专业志愿者主要有大学生志愿者、面向社会招募的志愿者以及老年志愿者,他们大多利用闲暇时间力所能及地为老年人提供陪伴、理发等一般性、技术要求不高的养老服务。[1]

我国是人口大国,拥有较深厚的志愿者人力资源基础。2018 年,我国志愿者总数约为 1.98 亿人,占总人口的 14%,比上年度增加 4003万人,增长率为 25%。其中,注册志愿者 14877.88 万人,注册率为10.66%;非注册类志愿者 4932.88 万人;活跃志愿者 6230.02 万人。志愿者贡献价值 823.6 亿元,比上年度增长 50%。全国活跃志愿者在2018 年度贡献志愿服务时间总计为 21.97 亿小时,比 2017 年度增加 4亿小时,增长率 22%。2018 年年人均服务时间为 35.26 小时。[2] 志愿服务作为社会公益服务重要的组成部分,是衡量文明水平的重要标志,也是公民参加社会建设和实践的重要形式,志愿服务遵循着自愿性、无私性和公益性的原则。在养老服务行业中引入志愿服务能有效节省人力成本,解决养老服务从业人员缺乏的问题,促进养老服务的低成本和高效率供给。[3]

三、养老服务体系中的家庭与个人责任

家庭和个人属于养老服务体系中的非正式体系,在养老服务的供给中发挥着基础作用。

---

① 张静、张丽霞:《将志愿者服务机制引入养老服务问题的研究》,《西北人口》2009 年第1 期。

② 《慈善蓝皮书:2018 年中国社会捐赠总额预估为 1128 亿元》,澎湃新闻网,见 http://m.thepaper.cn/quickApp_jump.jsp? contid=3917568,2019 年 7 月 14 日。

③ 曹煜玲:《我国老年人的照护需求与服务人员供给分析——基于对大连和南通的实证研究》,《人口学刊》2014 年第 3 期。

首先,家庭养老方面,传统社会中形成的养老观念和孝道文化依旧维系着人们对亲情的眷念和对代际赡养的认同。[①] 家庭养老自古以来都是我国传统且主要的养老方式,家庭具有经济支持、情感支撑、照料护理等多重功能,能较为全面地满足老年人的物质与精神需求,具有政府、企业或非营利性组织无法替代的价值。[②]《老年人权益保障法》对赡养人的责任义务做了非常清晰的界定:"赡养人应当履行对老年人经济上供养、生活上照料和精神上慰藉的义务,照顾老年人的特殊需要"。其中,子女的经济支持是老年人的主要生活来源。根据 CLHLS2014 调查数据,有52.79%的老年人的生活来源主要是子女,仅有 27.46%的老年人生活来源是退休金或自己劳动。生活照料对于失能和患病老年人意义重大,CLHLS2014 调查中,当老年人身体不舒服或生病时的照料者主要是儿子儿媳(46.08%),其次为配偶(26.98%),再次为女儿女婿(12.08%)。精神慰藉是更高层次的赡养项目。CLHLS2014 调查中,有 82.91%的老年人有心事或想法会向儿子说,有 71.91%的老年人会向女儿说,有37.30%的老年人会向配偶说。

"家庭主义"(Familialism)和"去家庭化"(De-Familialization)两个概念反映了政府对家庭照护的不同态度。前者倡导以家庭为主要照料承担者的服务供给模式;而后者旨在发展社会化服务以降低家庭负担,使家庭成员从照护服务中解脱出来。一方面,福利国家政府的社会福利支出负担日益沉重,家庭已被越来越多的国家看作是应对老年风险的核心主体,家庭成员应在赡养老年人方面承担应尽的责任,我国政府发布的《关于加快发展养老服务业的若干意见》文件中也明确提出了个人的赡养责任。但另一方面,随着家庭结构变迁、女性就业率的提高以及家庭观念的改变,去家庭化的社会化养老服务开始出现。该服务模式是指通过政府或社会代替家庭提供养老服务,以减轻子女、配偶等家庭成员的养老负担。

---

① 姚兆余、张莉:《欠发达地区农村家庭养老的基本状况和社会动因——以安徽省绩溪县宅坦村为例》,《中国农史》2006 年第 4 期。

② 穆光宗:《我国机构养老发展的困境与对策》,《华中师范大学学报(人文社会科学版)》2012 年第 2 期。

过度的强调家庭责任会增加家庭成员和老年人个体的经济和照料负担,而过度的去家庭化可能导致政府和社会负担的加剧,老年人的"养儿防老"的心理需要无法得到满足。因此,需要在两者中寻求平衡,我国目前应坚持以家庭为基础的养老责任,并通过各种家庭主义支持政策来缓解家庭成员的照护压力。

其次,除家庭养老之外,老年人个体也是构成非正式养老服务体系的重要部分。养老服务体系中的个人责任是指老年人自身需承担的养老责任,其实现的前提是足够的经济来源,这既包括子女给予的经济支持,也包括老年人在生命周期内通过收入分配而积累的个人储蓄、参加社会养老保险和商业养老保险获得的养老金以及农业劳动收入等。总的来说,老年人的经济来源有限,抵抗风险能力较弱,养老需要家庭、社会和政府的支持。

此外,老年人自身还应保持乐观向上的精神状态,积极参与到社会活动中来,以维持个体良好的身体机能。有意愿且有能力的老年人可以通过提供隔代照料、参与志愿活动、重返劳动岗位来为家庭和社会作出贡献,这不仅有益于社会,还有益于维持自身生理机能、获得价值感和自尊感。

第五节　养老服务的结构体系

养老服务的结构体系以养老服务需求方为划分标准,表明养老服务对老年人群体的覆盖面,反映老年人享受社会保障权益的普遍程度和公平程度,本节将结构体系分为城乡结构和人群结构进行阐述(见图6.10)。

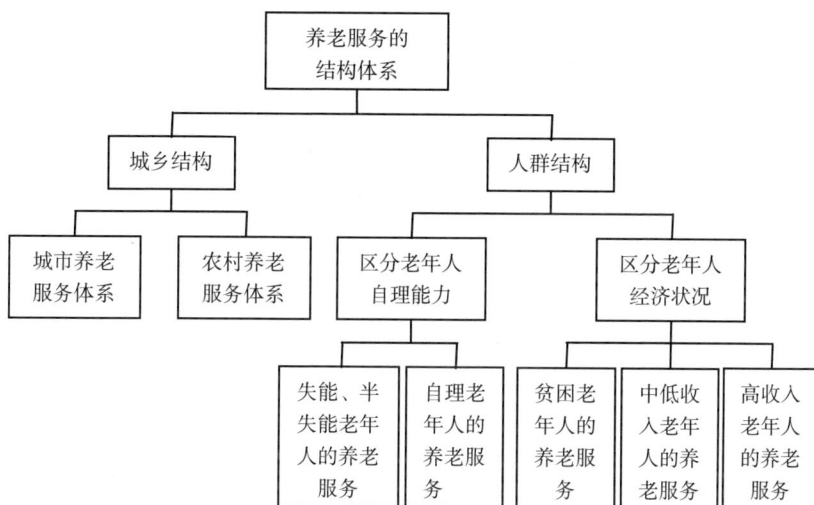

图 6.10　养老服务的结构体系

资料来源:笔者整理。

一、养老服务体系的城乡结构

（一）城市养老服务体系

1. 发展现状

如图 6.11 所示,2014—2017 年,我国城市养老机构数量持续增长,从 7642 个增加至 9618 个,年均增长率为 7.97%。

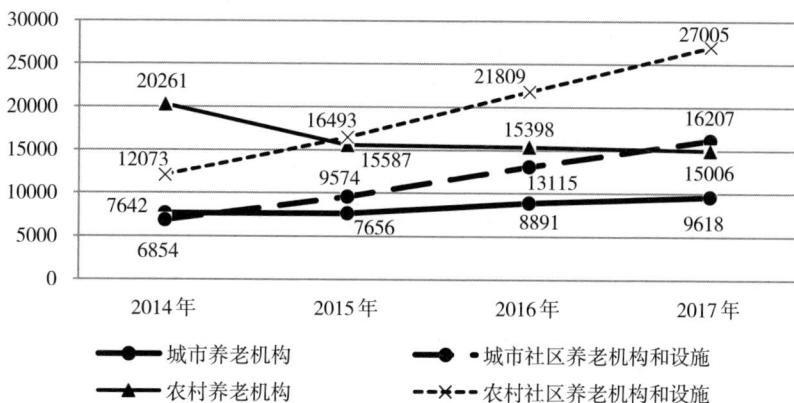

图 6.11　2014—2017 年城市与农村养老机构、社区养老机构和设施数量

资料来源:《中国民政统计年鉴 2018》。

2017 年城市养老机构的床位共计 1439131 张。表 6.30 为 2017 年城市与农村养老机构床位构成情况。2017 年,约一半的城市养老机构仅有 0—99 张床位。2017 年城市养老机构共有职工 174055 人,其中专业技术人员 124698 人;收住人数 719089 人,其中自理老年人占一半左右,半失能老年人占 24.90%,失能老年人占 23.29%。床位使用率为 49.97%。每一名专业护理人员需要照顾大约 6 名老年人,负担较为沉重。

表 6.30　2017 年城市与农村养老机构床位构成情况

养老机构床位数	城市地区		农村地区	
	机构个数	比例(%)	机构个数	比例(%)
0—99 张	4734	49.22	7885	52.55
100—299 张	3725	38.73	6314	42.08
300—499 张	741	7.70	605	4.02
500 张以上	418	4.35	202	1.35

资料来源:《中国民政统计年鉴 2018》。

表 6.31 为 2017 年城市与农村养老机构的收支情况,三种性质的城市养老机构均实现了盈利,总利润达 83307.1 万元。

表 6.31　2017 年城市与农村养老机构收支情况

单位:万元

	城市地区			农村地区		
	收入	支出	利润	收入	支出	利润
事业单位(公办公营)	228699.6	213462.3	15237.3	997311.0	900833.2	96477.8
民间非营利性组织(公办民营)	670298.3	617869.4	52428.9	218381.0	218523.4	-142.4
企业(民办民营)	52559.7	36918.8	15640.9	8851.0	9846.5	-995.5
合计	951557.6	868250.5	83307.1	1224543.0	1129203.1	95339.9

资料来源:《中国民政统计年鉴 2018》。

如图 6.11 所示,2014—2017 年,我国社区养老服务机构和设施由

6854 个增长至 16207 个,年均增长率为 33.23%。城市社区养老服务机构和设施中的床位数共 604738 张,收养人数共 182652 人,城市床位使用率为 30.20%,床位使用率较低。2017 年,城市共有社区互助型养老设施 7253 个。①

2. 典型模式

(1)社区日间照料中心

根据民政部发布的《社区老年人日间照料中心服务基本要求》,日间照料中心是指为社区内的老年人提供膳食供应、生活照料、保健护理、文化娱乐等日间服务的养老服务设施。目前,日间照料中心主要存在于城市社区,一般是由社区新建或是在原有建筑设施基础上改建而成的,服务对象为本社区的老年人。各地日间照料中心的运营模式不尽相同,主要有社区自行管理、社区与养老机构共同管理或委托养老机构代管、委托专业社工团队管理、引进非营利性组织运营等形式。② 建设和运营日间照料中心通常具有投资较少且见效较快的特征,它建设在老年人熟悉的社区,可以为日间暂时无家庭成员照护的老年人提供就近的照料服务,以避免或延缓老年人入住到离家较远的养老机构中,提高老年人对社会化养老服务的接受度。

2017 年,在城市社区养老机构和设施中,共有社区日间照料床位 222524 张,收养老年人 45211 人;社区互助型养老设施中,共有社区日间照料床位 57320 张,收养老年人 17524 人。日间照料中心总的床位使用率为 22.42%,使用率较低。李斌等(2015)③的研究发现,老年人最需要的日间照料设施类型要素组合为"护理保健服务、15 分钟内步行、照护保险、临近医院"。

(2)代际项目与时间银行

代际项目和时间银行的提出均是基于广义层面的代际概念,均注重

---

① 数据来源:《中国民政统计年鉴 2018》。

② 青连斌:《社区养老服务的独特价值、主要方式及发展对策》,《中州学刊》2016 年第 5 期。

③ 李斌、王依明、李雪、李华:《基于多主体需求评估的老年人日间照料设施类型研究》,《城市规划学刊》2015 年第 5 期。

整个社会中跨越血缘的代际间的互助、合作和交换关系。

代际项目指的是以互惠互利为目标,通过将老少两代人集中在一起居住或开展活动,以共同分享知识技能、促进交流,建立起相互支持的社会关系网络的一系列行动。[①] 对于社会来说,代际项目的引入有助于应对家庭空巢化危机,促进老年宜居城市以及健康老龄社会的建设。目前,代际项目在我国仍处于尝试初创期,各地典型的实践有杭州滨江区的"陪伴是最长情告白"项目、北京朝阳区双井恭和苑的"一老一小"模式、武汉武昌区童心苑的"老幼同养"项目等。对于老年人来说,代际项目的引入有助于老年人保持与年轻一代有意义的角色关系,促进身心健康,同时还能使年轻人接受积极的教育,转变对老年人的刻板印象。[②] 但同时,代际项目的推广也存在着老少两代由于生活习惯和价值观等导致冲突、年轻人缺乏照料老年人的经验等问题。

时间银行以时间存储、积分兑换以及服务交换为主要特点,是一种存储公益服务时间的"银行",当人们在未来需要时可提取相应服务时长、享受津贴或实物兑换。[③] 时间银行是依据共享经济学理论在家庭、社区乃至全社会建立的开放式社交网络。[④] 在此网络中,参与成员之间的差异性供给与需求是时间银行可持续发展的关键。

时间银行的核心观念是以时间度量工作量,即劳动时长直接决定了等值产品数量的获得,这是搭建时间银行框架的基础。该模式包含时间账户、时间存单以及存时取时 3 个关键元素。其中,时间账户与传统银行账户相似,其目标是建立详尽的电子志愿者服务档案;时间存单与银行凭据相似,详尽记载了志愿者的服务日期、服务内容、时长等重要事项;存时

---

① 李俏、贾春帅:《代际项目的西方脉络与中国图景:名实之辩与实践检视》,《宁夏社会科学》2019 年第 1 期。

② Newman, S., Lyons, C. W. and Onawola, R. S. T., "The Development of an Intergenerational Service-Learning Program at a Nursing Home", *The Gerontologist*, 25(2), 1985, pp.130-133.

③ 欧旭理、胡文根:《中国互助养老典型模式及创新探讨》,《求索》2017 年第 11 期.

④ Tucnik, P., Valek, L. and Blecha, P., "Bures V.Use of Time banking as a Non-monetary Component in Agent-based Computational Economics Models", *WSEAS Transactions on Business and Economics*, (13), 2016, pp.229-237.

取时与 ATM 机存取相似,可以自由存取服务时间。① 在我国,时间银行已在上海、广州等一些中心城市推广,推广主体主要为社区养老服务机构,提供服务者为高校学生等组成的志愿服务队伍,服务内容大多集中于老年人一般性生活照料的帮扶。

(3)智慧养老

智慧养老是指利用物联网等先进的信息技术,以老年人的照料护理、健康监测、紧急呼救、学习和娱乐等众多内容为关注点,通过智能设施对涉老信息进行监测、预测警示和自动处置,从而实现现代信息技术与老年人的交互,为老年人的日常生活提供高效便利的服务。②

智慧养老的推行符合积极老龄化理念。积极老龄化包含健康、参与、保障三个维度,它既强调基本的照料、医疗护理等养老服务,又提倡较高层次的文化娱乐等养老服务;既强调基础设施建设的重要性,又注重服务质量的提高。③ 在现代信息技术飞速发展的背景下,只有有效利用先进的信息技术建立养老服务平台、实现大数据收集与服务的精准递送,才能提升养老服务质量、实现多样化供给。智慧养老作为积极老龄化的构成部分,为解决人口老龄化问题、实现供需方的精准匹配提供了新途径。

智慧养老已在国内一些城市得到推广。2013 年,武汉市向 1117 个社区的老年人赠送了 20 多万台"一键通"手机,智慧养老系统由"一键通"手机和社区、街道、行政区三级信息服务平台以及签约服务供给方组成,为老年人提供医疗护理、膳食供应、家政服务、紧急求助、陪同聊天等社区居家养老服务。居家老人只需按下手机上的绿键并说明需求,信息服务平台就会通知服务供应方提供上门付费服务。④ 其他典型实践还有深圳市龙华区观湖街道通过智慧养老云平台为老人进行健康评估和提供

---

① 李海舰、李文杰、李然:《中国未来养老模式研究——基于时间银行的拓展路径》,《管理世界》2020 年第 3 期。

② 张雷、韩永乐:《当前我国智慧养老的主要模式、存在问题与对策》,《社会保障研究》2017 年第 2 期。

③ 边恕、黎蔺娴:《积极老龄化视角下的我国多维养老服务体系研究》,《辽宁大学学报(哲学社会科学版)》2019 年第 2 期。

④ 《武汉"一键通"社区养老服务遭遇冰火两重天》,腾讯网,见 http://hb.qq.com/a/20140621/010569.htm,2014 年 6 月 21 日。

送餐服务、四川成都市锦江区成立"长者通"呼援中心、上海市闵行区古美路街道通过智慧健康养老信息化平台提供个性化上门服务等。①

(4)医养结合

"医养结合"是指在政府相关部门的合作与引导下,将医疗资源和养老资源相结合,并融入到老年人生活的家庭、社区和养老机构中。其中,"医"是重点,主要指重大疾病识别、体检、治疗、康复训练、临终关怀等医疗技术上的服务,"养"是基础,包括日常照料护理、精神慰藉、日常活动等服务。发展医养结合的核心是依据老年人的实际需求,合理配置养老和医疗服务资源,以提升养老服务质量,改善老年人生活。②

"十二五"以来,医养结合发展逐渐引起政府的重视,相关文件不断颁布,试点工作不断开展。2015年11月,第一个医养结合的专项性政策文件《关于推进医疗卫生与养老服务相结合的指导意见》出台,明确了医养结合发展的原则、目标和具体任务。2016年政府将北京市朝阳区等40个单位确定为国家级医养结合试点单位,要求各试点单位积极探索适合本地的医养结合模式。

一直以来,各医养结合相关单位都在积极探索医疗卫生机构与养老机构合作的新模式,目前我国医养结合模式主要有四种:一是在医疗机构中提供老年人偏向的基础设施和服务。通过成立老年医院、增加老年病床数量、做好老年慢性病预防工作、给予老年人就医优先优惠或者按照《关于加快发展养老服务业的若干意见》的规定,在二级以上综合医院设置老年病科,以满足老年人的医疗需求。二是在养老机构中提供医疗服务模式,通过设置机构内嵌的医疗室/服务中心,为机构内老年人提供诊疗和康复保健等服务。三是医疗机构与养老机构协议合作模式。此模式下,养老机构在医疗卫生机构附近选址,双方通过签订协议,由医疗卫生机构定期上门巡诊或为机构老年人开通绿色通道来为老年人接受医疗服务提供便利。四是医养结合走入社区和家庭模式,该模式主要针对社区居家养老。社区医疗卫生服务中心应当为老年人建立健康档案,搭建社

① 王晓慧、向运华:《智慧养老发展实践与反思》,《广西社会科学》2019年第7期。
② 邓大松、李玉娇:《医养结合养老模式:制度理性、供需困境与模式创新》,《新疆师范大学学报(哲学社会科学版)》2018年第1期。

区医疗卫生服务中心与老年人的医疗契约服务关系,开展上门医疗、健康咨询等服务。[①]

医养结合中典型的案例有武汉市中心医院与江岸区社会福利院,它们通过借鉴国内外先进经验,整合现有资源,在福利院内设置了 50 张国家一级医院标准床位,并同时设有康复科、门诊科、中医科等相关科室,建成兼具医疗和护理等功能于一体的养老服务站点。其主要服务群体是失能或失智老年人,在提供照料等基础养老服务基础上,更满足了这类群体在医疗护理方面的特殊需求。在护理方面,福利院将入住老年人分成监护、陪护和特护三个等级;医疗方面则提供"一站式"服务,在武汉市中心医院开辟了绿色通道,让重病老年人可以及时获得住院治疗。此外,两单位在医养病房的区域划分上有所创新:按照常见病、多发病、康复护理对病房进行了详细划分,形成了专业团队进行专业治理的可行模式。在护理费用方面,目前,福利院的床位费按照 1200 元/月、护理费 1300 元/月的标准收费,区政府给予 20%左右的运营补贴。[②]

（二）农村养老服务体系

1. 发展现状

如图 6.11 所示,2014—2017 年,我国农村养老机构由 20261 个减少至 15006 个。农村养老机构呈现下降的原因可能在于城乡之间养老机构供需的结构性矛盾。考虑到成本和场地的限制,养老机构多集中于城市郊区或远郊区县等农村地区。往往存在交通不便、设施落后的缺陷,对城市老年人的吸引力不够,再加上附近农村老年人较为深厚的居家养老观念和单一的经济来源,对农村养老机构的需求冷淡,农村养老机构极有可能出现收不抵支而纷纷关停。相反,城市养老机构由于需求旺盛、服务水平较高以及交通便利而得到发展。目前,城市养老机构数量增长较快而农村养老机构下降的趋势反映了养老机构回应老年人需求、试图缓和城乡养老机构的供需结构性矛盾。

---

① 罗莉、唐泽文、刘诗秋、钟玉霞、李银:《武汉市医养结合模式的现状及思考》,《卫生软科学》2017 年第 12 期。

② 罗莉、唐泽文、刘诗秋、钟玉霞、李银:《武汉市医养结合模式的现状及思考》,《卫生软科学》2017 年第 12 期。

2017年,农村养老院共有床位数1767452张。根据表6.30中2017年农村养老机构床位构成情况,若以300张以上床位作为大中型养老机构的判定标准,农村的大中型养老机构占比仅为5.37%,远小于城市地区的12.05%。2017年农村养老机构共有职工117516人,收住人数1013356人,床位使用率为57.33%,高于城市地区。

表6.31报告了2017年农村养老机构的收支情况,只有事业单位性质的农村养老机构实现了盈利,企业性质和民间非营利性组织性质的农村养老机构出现了亏损。

如图6.11所示,2014—2017年,我国农村社区养老机构和设施由12073个增长至27005个,年均增长率为30.78%。农村社区养老机构和设施中的床位数共982718张;农村社区养老机构和设施收养人数381753人,床位使用率为38.85%。2017年,农村共有社区互助型养老设施75395个,互助型养老设施的数量在农村地区较为庞大。

2. 典型模式:农村老年人互助照料中心

农村养老服务的典型模式主要为农村老年人互助照料中心。《民政事业发展第十三个五年规划》明确指出,应建设农村互助型养老服务设施,发挥村民自治组织作用,动员村民和社会力量参与运营服务。互助照料中心成立的基础为农村长期存在的"熟人社会"特征,村庄是村民获取价值感的场所,也是共同生产与生活的场所以及人情往来的单位。互助照料中心能够作为农民自我养老的有益补充,是农村机构养老和社区居家养老发展薄弱的背景下,适合农村实际的社会化养老服务供给模式。①

目前,互助养老模式已在许多农村地区得到了探索和发展,在公办养老机构和发达农村社区的社区养老服务中心形成了相对完善的运行机制,但在民营养老机构和欠发达农村地区的发展还相对滞后。图6.12为我国农村互助型社会养老的发展模式。考虑到农村相对落后的经济水平,农村的互助养老应以低成本、广覆盖、可持续为目标,以有效利用农村老年人力资本的"自助—互助"理念为核心。在农村老年人互助照料中

① 贺雪峰:《如何应对农村老龄化——关于建立农村互助养老的设想》,《中国农业大学学报(社会科学版)》2019年第3期。

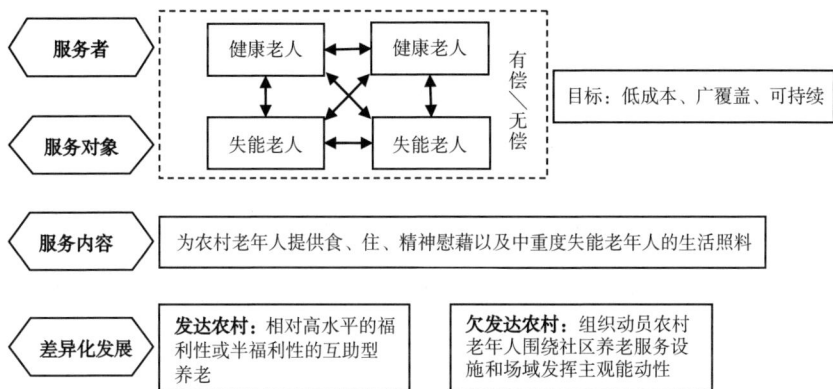

图 6.12　农村互助型社会养老的发展模式

资料来源:刘妮娜:《互助与合作:中国农村互助型社会养老模式研究》,《人口研究》2017 年第 4 期。

心,服务供需双方往往比邻而居,与一般的邻里互助不同,它是需要接受服务方付费的,但费用通常较低,具有一定程度的公益性和志愿性特征。[1] 老年人互助由老年人自发组织,其运营经费来源于政府财政支持、社会捐赠和老年人付费,互助形式有结对互助、据点互助等。如山东青岛市四方区的互助养老中心属于据点互助,该中心由辖区负责统一配备了棋牌、书报等娱乐休闲设施,老年人可以在中心每天见面、互相帮助,并开展棋牌等娱乐活动。[2] 老年人互助模式能最大限度地激发农村老年人的参与积极性,切实降低了老年人照料成本,但受到了资金短缺、管理方式落后的制约。

二、养老服务体系的人群结构

(一)区分老年人生活自理能力的养老服务体系

根据老年人生活自理能力的不同,可以将老年人划分为失能、半失能老年人和自理老年人。

失能老年人是指在一个较长的时间内(一般为 6 个月以上)因衰老、

---

① 周娟:《中国农村养老服务模式:创新、驱动因素与趋势研究》,《福建论坛(人文社会科学版)》2016 年第 9 期。

② 刘晓梅、乌晓琳:《农村互助养老的实践经验与政策指向》,《江汉论坛》2018 年第 1 期。

疾病或身心障碍而导致生活不能完全自理的老年人。① 判断生活能否自理的依据主要为对于老年人日常生活自理能力(Activities of Daily Living, ADL)的测评。当前学术界和研究部门通过各种 ADL 量表,构造出一个综合指数来反映老年人基本日常生活自理能力的状况,使用较广泛的量表有 Katz 指数和 Barthel 量表。Katz 指数又称为 ADL 指数,它根据人体功能发育学理论,由易到难设定了洗澡、穿着、如厕、转移、大小便控制、进食等六项测评内容,分为 A—G 七个功能等级。Barthel 量表总分为 100分。获得 100 分表示日常生活活动能力良好,无须依赖他人;大于 60 分评定为良,表示有轻度功能障碍,但日常生活可以基本自理;60—41 分表示有重度功能障碍,日常生活需要一定的协助;40—21 分表示有重度功能障碍,日常生活明显需要依赖他人;小于 20 分为完全残疾,日常生活完全依赖他人。②

自理是与失能相对的概念,若以日常生活自理能力(ADL)量表例如 Barthel 量表作为评判标准,得分大于 60 分的老年人为自理老年人。

表 6.32　区分老年人生活自理能力的养老服务体系

服务对象	服务形式	服务内容
失能、半失能老年人	社区居家养老服务	上门服务
		社区日间照料中心
		代办服务
		无障碍改造、紧急呼救
	机构养老服务	护理型养老机构、综合型养老机构
		老年医疗护理机构
	家庭养老服务(非正式的养老服务)	经济支持、照料护理③

---

①　李强、岳书铭、毕红霞:《农村失能老年人长期照护意愿及其影响因素分析——基于山东省农村失能老年人的问卷调查》,《农业经济问题》2015 年第 5 期。

②　刘祚燕、吴琳娜:《老年康复护理实践》,四川大学出版社 2017 年版,第 25—55 页。

③　为了明确区分失能、半失能老年人和自理老年人的养老服务需求,此表仅展示两类老年人各自最为需要的养老服务内容。实际上,失能、半失能老年人也有精神慰藉的需要,自理老年人也需要家庭成员为其提供少量的照料服务。

续表

服务对象	服务形式	服务内容
自理老年人	社区居家养老服务	老年食堂等生活照料服务
		医疗保健服务
		精神慰藉和文化娱乐服务
		法律咨询与维权服务
	机构养老服务	自理型养老机构
		老年公寓
	家庭养老服务（非正式的养老服务）	经济支持、精神慰藉

资料来源：笔者整理。

如表 6.32 所示，养老服务供给内容可根据老年人生活自理能力进行区分。为失能、半失能老年人和自理老年人提供精准服务有利于养老服务质量和满意度的提高以及有限养老资源的合理配置。

总的来说，失能、半失能老年人的养老服务的核心应在于提供长期照护服务。长期照护是指由于患有慢性病或处于身心伤残状态而导致生活不能自理，在一个比较长的时期内（一般大于 6 个月）需要依靠他人的帮助才能进行日常基本活动的个人，为其提供的医疗护理以及日常生活照料服务的总称（戴卫东，2011）。[1] 照护方式可分为正式照护与非正式照护或家庭照护、居家照护和机构照护。家庭照护是指以家庭成员为供给主体为失能老年人提供生活照料、精神慰藉等服务，是非正式照护的主要表现形式。居家照护是指老年人无须离开居所便可按需接受专业人员的上门服务。机构照护是指老年人在养老机构或医疗机构内接受的全天候照护服务。对于自理老年人来说，他们主要的养老服务则是更高层次的精神文化活动、法律咨询与维权服务等。

1. 失能、半失能老年人的养老服务

人口老龄化使得我国居家高龄、失能老年人数量快速增长。第四次

---

① 戴卫东：《老年长期护理需求及其影响因素分析——基于苏皖两省调查的比较研究》，《人口研究》2011 年第 4 期。

城乡老年人生活状况抽样调查结果显示,2015年,我国城乡失能、半失能老年人总数约为4063万人,占老年人口的比例达到18.3%。

针对失能、半失能老年人的社区居家养老服务主要有上门服务、社区日间照料中心、代办服务以及各类设施无障碍改造等,针对失能、半失能老年人的养老机构主要有护理型、综合型养老机构以及老年医疗护理机构,另外还有属于非正式养老服务范畴的家庭养老服务可为失能、半失能老年人提供支持。

(1)社区居家养老服务

失能、半失能老年人的社区居家养老服务包括上门服务、社区日间照料中心、代办服务以及无障碍改造等。

1)上门服务是指依托社区内养老服务组织为居住在家中不能或不愿出门的老年人提供送餐、生活护理、医疗护理等服务的居家养老模式。

送餐服务主要由独立的送餐中心提供,对象主要为高龄、腿脚不便的老年人。其中,低保老年人和生活困难的老年人可享受无须付费的政府购买的餐饮服务;低收入老年人能获得一定的补贴,以成本价获得送餐服务;对于普通老年人,则按市场价付费。[1]

生活护理服务主要包括个人卫生护理和生活起居护理。个人卫生护理包括帮助洗澡、清洗和整理衣服等;生活起居护理包括协助活动、帮助做饭等。

医疗护理包括基本护理和专业护理,侧重于对老年人生理机能的维持,旨在为失能、失智的老年人提供支持性服务,而不在于治愈,以保证他们的生活质量、最高程度的独立生活能力和人格尊严。

有研究表明在各项上门服务中,失能老年人对上门医疗护理服务的需求最大,其次是家务劳动和生活照料,对助浴和老年辅具租赁的需求较小。[2] 目前上门养老服务的发展远远滞后于社区网点服务,且服务质量

---

① 杨立雄:《老年福利制度研究》,人民出版社2013年版,第124页。

② 丁志宏、曲嘉瑶:《中国社区居家养老服务均等化研究——基于有照料需求老年人的分析》,《人口学刊》2019年第2期。

有待提高。①

2）社区日间照料中心属于社区网点服务形式之一，它可以为日间暂时没有家庭成员照护的老年人提供社会化日间照料服务。具体有关社区日间照料中心的介绍可参见本章城市养老服务体系的典型模式一节。

3）代办服务是指为腿脚不便的老年人提供代办公共服务和商业服务的服务形式，如办理老年优待证、高龄津贴、代购商品、代缴费用等。

4）社区无障碍改造、轮椅、功能护理床等辅具配置、紧急呼叫器等设备设施是支持失能老年人活动以及保障安全的重要设施，也是失能老年人得以平等地享受社会服务和社会资源的重要保障。如 2018 年宁波市海曙区为了方便社区老年人和残疾人的出行，投入了 27.39 万元对两个社区进行无障碍改造，具体包括在社区养老服务中心、超市、银行、医疗机构等处修建无障碍坡道、盲道或设置失能人群的专用停放轮椅位等，另外还对有改造需求的老年人家庭安装扶手等无障碍设施，极大地为失能老年人的生活提供便利。②

（2）机构养老服务

针对失能、半失能老年人的机构养老服务主要有护理型和综合型养老机构服务、老年医疗护理机构服务。

1）护理型养老机构是专门为失能老年人提供生活照料、康复护理、紧急救援等服务的养老机构。综合型养老机构的服务对象范围则更为广泛，不仅收住自理老年人，还可以为失能、半失能老年人提供长期护理。

失能老年人入住护理型和综合型养老机构需要严格的程序，一般为自愿申请—体检—定级—缴费—试住—入住。定级是其中的关键环节，它是根据三甲医院的体检结果、老年人身体状况和年龄，确定护理等级。护理等级的确定可以使失能老年人更精准地接受照料和护理。

护理型和综合型养老机构旨在为失能、半失能老年人提供以下服务：其一为生活照料。护理型和综合型养老机构配备专业护理人员，可满足

---

① 雍岚、王振振、张冬敏：《居家养老社区服务可及性——概念模型、指标体系与综合评价》，《人口与经济》2018 年第 4 期。

② 《社区无障碍改造工作开展》，宁波市海曙区人民政府网，见 http://www.haishu.gov.cn/art/2018/5/17/art_126241_6757995.html，2018 年 5 月 17 日。

老年人穿衣、吃饭、如厕、洗澡、室内外活动等日常生活需求。其二为康复护理。此类机构具备专业的护理人员以及设施设备，以达到在一定程度上延缓老年人生理机能衰退的目的。其三为医疗紧急救援，当老年人面临疾病发作等紧急状况时，护理型和综合型养老机构可以为老年人提供应急救援服务，使老年人得到及时救治。

2）针对失能老年人的老年医疗护理机构主要有老年医院、老年临终关怀医院以及医养结合模式中涉及的医疗卫生机构。

老年医院是主要提供老年人疾病诊疗、健康咨询、慢性病防控、长期护理和临终关怀等服务的医疗机构。2017年，我国共有老年医院数2717个，床位数135046张。

临终关怀对于提高老年人临终生命质量具有重要意义。由于人口老龄化和高龄化趋势，我国老年人对临终关怀服务产生了更多需求。2017年，我国共有老年临终关怀医院数637个，床位数25988张，年末在院人数13409人。独立的临终关怀医院的类型多为中小型民营医院，面临着财政扶持力度较弱、专业服务人员缺乏且专业性不足、老年人接受度较低的发展障碍。①

医养结合是指在政府有关部门的引导下，将医疗资源和养老资源相结合，并融入到家庭、社区和养老机构中。有关医养结合的详细介绍另见本节城市养老服务体系中的典型模式。

（3）家庭养老服务

子女、配偶等家庭成员主要为失能、半失能老年人提供经济支持和照料护理等非正式的养老服务。

1）经济支持：来自于家庭的经济支持对于所有老年人来说都是重要的收入来源。汪斌、周骥腾（2020）将老年人口家庭的代际经济支持模式分为游离型、供养型、抚养型和互惠型。② 目前，代际经济支持类型以供养型（49.48%）和互惠型（36.58%）为主。个体禀赋越完备、观念更现

---

① 杜鹏、王永梅：《中国老年临终关怀服务的实践与制度探索》，《中国特色社会主义研究》2015年第5期。
② 汪斌、周骥腾：《中国老年人家庭代际经济支持模式研究》，《云南民族大学学报（哲学社会科学版）》2020年第2期。

代、拥有社会保险的老年人接受子女经济支持的可能性更小,与子女进行互惠的可能性更大。

2)照料护理:家庭一直发挥着照料老年人的基本功能。[1] 研究表明,非正式护理对老年人使用社会化养老服务有明显的替代作用。[2] 重度失能老年人对社会化照料的使用率明显低于轻度失能老年人,这可能是因为重度失能老年人的照料强度和费用较高,失能老年人家庭往往难以负担得起社会化照料服务支出。家庭经济状况较好的失能老年人购买力更强,更倾向于选择社会化照料模式;相反,经济状况较差的失能老年人只能依赖于代际或配偶照料,甚至可能陷入无人照料的困境。此外,现有配偶、女儿数量越多的失能老年人更有可能选择家庭照料,这体现了配偶和女儿在家庭照料中的重要作用。[3]

2. 自理老年人的养老服务

在养老服务内容上,针对自理老年人的社区居家养老服务主要有老年食堂等生活照料服务、定期体检等医疗保健服务、精神慰藉和文化娱乐服务、法律维权服务等,针对自理老年人的养老机构主要有自理型养老机构和老年公寓。

(1)社区居家养老服务

针对自理老年人的社区居家养老服务主要有老年食堂等生活照料服务、定期体检等医疗保健服务、精神慰藉和文化娱乐服务以及法律维权服务。

1)不同于失能老年人需要的全方位生活照料服务,自理老年人仅需要老年食堂、陪同外出等少量辅助类生活照料服务,为老年人生活提供便利。老年食堂是社区为老年人提供的一个集中就餐的场地,主要适合于生活能自理的空巢老年人。集中就餐不仅能为老人提供满足老年人营养需要、远低于市场价的就餐服务,还能缓解空巢老年人的孤独情绪,提供

---

① 张瑞利、林闽钢:《中国失能老人非正式照顾和正式照顾关系研究——基于 CLHLS 数据的分析》,《社会保障研究》2018 年第 6 期。

② 林莞娟、王辉、邹振鹏:《中国老年护理的选择:非正式护理抑或正式护理——基于 CLHLS 和 CHARLS 数据的实证分析》,《上海财经大学学报》2014 年第 3 期。

③ 苏群、彭斌霞、陈杰:《我国失能老人长期照料现状及影响因素——基于城乡差异的视角》,《人口与经济》2015 年第 4 期。

聚会和交友场所。①

2）医疗保健服务始终是老年人需求最为迫切的养老服务项目，它包括家庭签约医生、定期体检、健康教育等。家庭医生签约政策是一项以家庭成员的健康需要为中心、促进分级诊疗、医疗资源向基层倾斜的公共政策。② 厦门市的"三师共管"签约服务模式是家庭医生签约的典型模式之一，"三师"是指由 1 名社区卫生服务中心的全科医师、1 名经培训认证的健康管理师和 1 名三级医院的专科医师组成的为签约居民提供医疗服务的队伍。家庭医生签约服务以老年人诊疗为重点，以慢性病为突破口，为签约人提供持续的预防、诊疗和健康咨询等综合性健康管理服务。截至 2017 年底，厦门市家庭医生签约服务覆盖比例已达三成以上，重点人群覆盖比例超过六成。③

3）陪同聊天、老年大学、老年活动中心、老年人协会等精神与文化娱乐服务的提供有利于老年人精神需求的满足。2017 年，我国共有老年活动设施老年活动站/中心/室数 349874 个，有 46196874 名老年人参与其中，占我国老年人总数的 19.70%；有老年人协会 393321 个，有 46050890 名老年人参与，占我国老年人总数的 19.64%；其他老年社团组织 34940 个，参加人数 4133338 人，占我国老年人总数的 1.76%；有老年学校 49427 个，在校老年人数达 7039884 人，占我国老年人总数的 3.0%。总的来看，老年人参与精神娱乐项目的积极性不高，参与比例最多的是老年活动中心和老年人协会，参与人数分别占我国老年人总数的两成左右。

4）老年人经济水平提高的同时，自身法律意识淡薄，引发了越来越多的家庭纠纷，老年人维权与法律咨询服务在当下十分必要。维权与法律咨询服务的供给需要社区建立法律援助中心老年工作站，组织专业人员以及志愿者为老年人提供法律援助服务，搭建区、街（乡）、居（村）三级

---

① 高灵芝：《农村社区养老服务设施定位和运营问题及对策》，《东岳论丛》2015 年第 12 期。

② 高和荣：《签而不约：家庭医生签约服务政策为何阻滞》，《西北大学学报（哲学社会科学版）》2018 年第 3 期。

③ 朱仁显、李欣：《家庭医生签约服务制度的建构与完善对策——厦门市经验的研析》，《东南学术》2018 年第 6 期。

维权网络。服务内容主要有在社区开展法律知识普及讲座、在宣传栏张贴宣传资料、直接为老年人提供法律援助、咨询、调解等服务解决生活中的各种法律问题,维护老年人的正当权益等。2017 年,我国有老年法律援助中心 19647 个,维权协调组织 63910 个,老龄系统接待来信来访次数428216 次。

（2）机构养老服务

针对自理老年人的机构养老服务主要有自理型养老机构和老年公寓。

自理型养老机构主要面向身体较为健康的自理老年人,机构主要为老年人提供精神慰藉服务、医疗保健服务和少量的照料服务,组织打牌、看电影电视、跳舞唱歌、节日庆祝等文化娱乐活动以缓解老年人的精神孤独。

老年公寓是专供老年人集中居住,符合老年人身心特点的公寓式老年住宅,它是具备医疗、照料、餐饮、清洁卫生、休闲娱乐于一体的综合化服务体系,主要服务对象是有一定生活自理能力的老年人。[①] 老年公寓居住适应了目前社会家庭核心化的趋势,能够满足老年人社交需求,同时能有效利用和集聚养老服务资源。

老年公寓具有以下特点:其一,在资金来源上,老年公寓与社会福利院最本质的区别在于它一般不以政府财政拨款作为主要的经济来源,而是主要来自个人缴费。老人们可以根据自己的实际需要选择不同层次的老年公寓。其二,从时间角度上看,老年公寓不会像日间照料中心等机构一样具较强的流动性,一般入住老年公寓的老年人居住时间往往较长。其三,在建设开发上,与一般商品性住房相比,老年公寓需要在设计时考虑到老年人的生理特征和心理需要,尽量提供无障碍的居住环境,因此其细节要求会更加严苛,建设成本也更高。其四,在服务供给上,老年公寓一般可提供较完善的生活、照料、保健、医疗、娱乐等服务,这些服务是老年人对老年公寓的关键需求和亮点所在。因此,老年公寓需要专业团队

---

① 周鹏飞:《深度老龄化态势下重庆老年公寓市场发展现状及需求影响因素实证分析》,《西北人口》2019 年第 3 期。

来提供长久的运营管理,这与养老服务供给质量息息相关。[①]

北京太阳城银龄老年公寓是国内老年公寓发展的示范案例,它地处北郊昌平区小汤山镇,是北京市民政局批准的四星级老年公寓。目前已有的四幢公寓分别提供租住式、居家式、度假式、安养式养老,可为完全自理老人、半失能、重度失能及患病老年人提供所需的养老服务。老年公寓所在的老年社区分为生活服务区和文化娱乐区两大区。生活服务区包括护理病房、老年医疗中心和老年超市,文化娱乐区包括老年食堂、老年娱乐中心和老年大学等,能满足老年人医疗、养生、购物、健身等多种需求。此外,老年公寓还注重建设"交往空间"来促进老年人之间的交流,四个层次的"交往空间"包括每户的阳台、老年公寓顶层的公共阳光室、宅前绿地的休憩空间以及中心绿地公共活动空间。[②]

(3)家庭养老服务

子女、配偶等家庭成员主要为失能、半失能老年人提供经济支持和精神慰藉等非正式的养老服务。

1)经济支持:来自于家庭的经济支持对于所有老年人来说都是重要的收入来源。有关阐述可见失能老年人养老服务一节。

2)精神慰藉属于较高层次的养老服务。2013年修订的《老年人权益保障法》规定家庭成员应当关心老年人的精神需求,由此养老的内涵从单一的物质层面扩展到了精神层面。

子女有充足的时间以及有赡养老年人的意识是代际精神支持的前提。对比现实情况,这两个条件的满足均存在一定限制。首先,老年人家庭空巢现象阻碍了子女精神慰藉的提供,即使子女有着赡养老年人的意识,但居住分离使得他们只能依赖于电话等通信设备与老年人沟通。此外,传统孝老观念的削弱淡化了子女与老年人交流谈心的意识。有研究表明,子女对老年人的精神慰藉效应弱化,"养儿防老"效力式微。[③] 构建

---

① 周鹏飞:《我国老年公寓发展问题研究》,财政部财政科学研究所博士学位论文,2014年。

② 《北京太阳城银龄养老公寓:基本信息》,养老网,见 http://www.yanglao.com.cn/resthome/7590.html;胡雪莲:《南京市老年公寓居住环境设计研究》,南京林业大学硕士学位论文,2013年。

③ 宁雯雯、慈勤英:《老年人精神慰藉过程中的子女作用》,《重庆社会科学》2015年第1期。

老年家庭精神慰藉支持系统可以从重新解读并宣传传统孝道内涵开始，以培养孝老观念为动力，发挥家庭在精神慰藉中的基础和依托作用。①

（二）区分老年人经济状况的养老服务体系

根据老年人经济状况的差异，可以将老年人划分为贫困老年人、中低收入老年人以及高收入老年人。

我国目前贫困标准以 2011 年每人每年 2300 元不变价为基准，通过物价指数调整，2014—2016 年国家贫困标准分别为每人每年 2800 元、2855 元、2952 元。② 2017 年经济合作与发展组织（OECD）对成员国的最新统计数据显示，66 岁及以上老龄人口的贫困率为 12.5%，高于 11.5% 的总人口平均贫困率。③ 2014 年中国老年社会追踪调查（CLASS）结果表明，有 24% 的老年人处于贫困状态，女性、身体健康状况较差、农业户口、受教育水平低、年轻时无稳定工作、无养老金以及高龄老人群体构成了贫困老年人口的主体。④ 2016 年国务院扶贫办的调查数据显示，因病致贫或返贫群体在贫困户中占比高达 44.1%，老年人群体因病致贫风险更高，这是导致老年人贫困问题严重的重要因素。⑤

我国绝大多数老年人均属于中低收入老年人，少部分老年人拥有高收入。目前对于中低收入老年人和高收入老年人的界定还没有一个公认的标准。例如 2010 年长沙市政府发布的《长沙市低收入家庭认定办法》规定城乡低收入标准为城乡最低生活保障标准的 2 倍。2017 年武汉市政府颁布的认定文件在规定城乡低收入标准为低保标准的 2 倍之余，还对重病、残疾人、老年人、婴幼儿人群的刚性支出在认定家庭可支配收入时予以扣减。湖北荆门市、黑龙江大庆市规定低收入认定标准为低保认定标准的 1.5 倍。

---

① 尤吾兵：《中国老年人口精神慰藉的现实矛盾及支持系统构建》，《中国老年学杂志》2015 年第 12 期。

② 叶兴庆、殷浩栋：《从消除绝对贫困到缓解相对贫困：中国减贫历程与 2020 年年后的减贫战略》，《改革》2019 年第 12 期。

③ 邓婷鹤、毕洁颖、聂凤英：《中国农村老年人多维贫困的测量与识别研究——基于收入贫困与多维贫困视角》，《统计与信息论坛》2019 年第 9 期。

④ 刘洋洋、孙鹃娟：《中国老年人贫困特征及其影响因素分析》，《统计与决策》2018 年第 14 期。

⑤ 陈华帅、刘亮：《老年人吸烟习惯对多维贫困的影响》，《湘潭大学学报（哲学社会科学版）》2020 年第 1 期。

表 6.33　区分老年人经济状况的养老服务体系

服务对象	经营模式	服务性质	服务内容	服务模式	经费来源
贫困老年人	政府购买下的社区居家养老服务	福利性	基本生活服务	免费	政府财政支出、社会捐赠
	公办公营养老机构				
	公建民营养老机构				
中低收入老年人	政府补贴下的社区居家养老服务	兼顾福利与营利	基本生活服务、个性化服务	以成本价收费	政府财政支出、服务收费、社会捐赠
	中低端民办公助养老机构		基本生活服务、个性化服务	免费、收费	政府财政支出、服务收费、社会捐赠
	中低端民办民营养老机构		中端养老服务、个性化服务、套餐式服务	收费	少量政府财政补助、服务收费、社会捐赠
高收入老年人	纯商业化运行下的社区居家养老服务	营利性	提供高端、个性化服务;精细照料和护理服务;需求为导向的菜单式服务	收费	服务收费
	高端民营养老机构				

资料来源:笔者整理。

　　表 6.33 为根据老年人经济状况区分的养老服务供给内容,贫困老年人、中低收入老年人以及高收入老年人分别对应不同的养老服务模式。总的来说,贫困老年人的养老服务应由政府兜底,通过专门的公办养老机构集中供养或购买服务来提供保障。中低收入老年人养老服务问题的解决需要政府、市场、社会、家庭以及个人的协调与合作。政府应通过财政补贴、精准引导以及适当干预服务价格,实现供给方和需求方的"双赢"。高收入老年人的养老服务应该是开放、以营利为目的的市场化养老服务,以满足老年人高端养老服务的需要。在这一层面上,市场主体自主进入、自主经营、自负盈亏,让养老机构与有需要的老年人平等交易,政府可以适当发挥政策支持和监管作用。①

――――――――

　　①　郑功成:《多层次社会保障体系建设:现状评估与政策思路》,《社会保障评论》2019 年第 1 期。

1. 贫困老年人的养老服务

贫困老年人的养老服务主要致力于为贫困老年人群体提供基础的生活服务,满足其基本生存需求。贫困老年人适用的养老服务模式主要有政府购买下的社区居家养老服务、公办养老机构和公建民营养老机构。

(1)政府购买社区居家养老服务

政府购买社区居家养老服务是由政府出资、社会供给的养老服务供应模式。购买服务意味着政府退出了直接提供服务领域,将供给功能转交给更专业和高效的社会主体。政府与社会供给主体签订协议、约定双方的责权和目标,由此转向了出资者和监管者的角色,这有利于企业、非营利性组织等社会主体下沉到社区中,提供更加优质的养老服务。[1][2] 购买养老服务对象主要为高龄、五保、低保和失能老年人群体,老年人只需承担很少的费用或免费享受服务。

在实践中,政府购买居家养老服务的模式主要有三种:一是委托性购买模式,又称为独立性非竞争购买模式。该模式中,政府以非竞争性的方式筛选出专业化程度高、规模较大的养老服务供给的非营利性组织或企业,双方通过委托的形式购买养老服务。参与这一模式的社会主体可以独立进行决策,不需要依附于政府。南京市鼓楼区是这一模式的典型代表。该模式的缺点在于缺少公开竞争的程序,可能存在不公正的情况。二是形式性购买模式,又称为依附性非竞争购买模式,即政府将财政资金用于成立依附于政府的社会组织,由社会组织负责向老年人提供养老服务,这一模式的典型代表是宁波市海曙区。该模式的缺点在于社会组织具有较强的依附性,不利于其长远发展。三是独立性竞争购买模式,即政府进行公开招标,通过既定程序的公平竞争,最终中标的社会组织与政府签订协议,为老年人提供养老服务。公开招标规避了政府选择时可能出现的不公正问题,也使得政社处于平等地位,可以保证服务供给的质量,实现资源利用的最大化。这一模式的

---

① 王阳亮:《政府购买养老服务:属性、问题与对策》,《哈尔滨工业大学学报(社会科学版)》2017年第4期。

② 姜玉贞:《社区居家养老服务多元供给主体治理困境及其应对》,《东岳论丛》2017年第10期。

典型代表是杭州市江干区。①②

以南京市购买社区居家养老服务为例,如表 6.34 所示,南京市政府购买居家养老服务的补贴政策是按照护服务和紧急呼叫服务分别制定的。在照护服务方面,五类服务对象中的半失能老年人与失能老年人享受不同的补贴力度,分别为 400 元/月和 700 元/月。在紧急呼叫服务方面,五类服务对象中半失能老年人和失能老年人可享受政府全额补助;而五类老年人中的自理老年人、独居老年人和有走失风险类疾病的老年人、高龄老年人可享受的政府补贴则相对较少。

表 6.34　南京市政府购买居家养老服务补贴对象及标准

服务内容	老年人类别	老年人身体状况	补贴标准
照护服务	五类老年人:城乡特困人员、低保及低保边缘的老人、经济困难的失能半失能老人、70 周岁及以上的计生特扶老人、百岁老人	失能老年人	700 元/月
		半失能老年人	400 元/月
紧急呼叫服务	五类老年人:城乡特困人员、低保及低保边缘的老人、经济困难的失能半失能老人、70 周岁及以上的计生特扶老人、百岁老人	失能老年人	政府全额补贴
		半失能老年人	政府全额补贴
		自理老年人	政府补贴 80%
	两类老年人:独居老人和在二级及以上医院确诊患有走失风险类疾病的老年人、80 周岁以上的老人	—	政府补贴 60%

资料来源:高雅楠:《石家庄市政府购买居家养老服务优化路径研究》,河北师范大学硕士学位论文,2019 年。

(2)公办公营和公建民营机构养老服务

1)公办公营养老机构由政府出资建设、管理并营运,这些机构大多建于 20 世纪五六十年代,以往以收住城市"三无"、农村"五保"老人为主,近年来,这类养老机构也面向社会开放,但经费仍由政府财政提供。

公办公营养老机构的本质特征为公益性和救济性,这决定了公办公营养老机构应主要面向政府兜底保障的贫困老年人群体提供基础、兜底的养老服务。

社会福利院是公办养老机构的主要形式,截至 2017 年底,我国共有社会福利院 1578 个,社会福利院总床位数达 378379 张,每千名老年人拥有的社会福利院床位数为 1.52 张。表 6.35 为 2017 年社会福利院床位、职工与收住人构成情况。可以发现,拥有 100—299 张床位的社会福利院占比四成左右。在职工中,具有职业资格水平的人员占比非常小,普遍缺乏专业技能;年龄结构方面,36—45 岁员工占比最大,整体年龄偏大。收住人中,入住人以男性老年人为主,特困人员、自费人员和自理老年人均占据较大比例。

表 6.35　2017 年社会福利院床位、职工与收住人构成情况

类别			机构个数/人数	比例（%）
床位数	0—99 张		474	30.04
	100—299 张		679	43.03
	300—499 张		244	15.46
	500 张以上		181	11.47
职工情况（共 44134 人）	性别	女性	28102	63.67
	教育程度	大专	10248	23.22
		本科及以上	9208	20.86
	职业资格水平	助理社会工作师	1448	3.28
		社会工作师	1421	3.22
	人员性质	管理人员	13034	29.53
		专业技术人员	31100	70.47
	年龄结构	35 岁及以下	12560	28.46
		36—45 岁	16323	36.99
		46—55 岁	12644	28.65
		56 岁及以上	2607	5.91

续表

类别		机构个数/人数	比例（%）
性别	女性	71849	36.47
年龄构成	老年人	149833	76.06
	青壮年	22178	11.26
	儿童	24987	12.68
人员性质	优抚对象	5725	2.91
	特困人员	86810	44.07
	自费人员	87475	44.40
自理情况	自理	90287	45.83
	介助	48998	24.87
	介护	57713	29.30

注：收住人情况（共196998人）

资料来源：《中国民政统计年鉴2018》。

2) 公建民营养老机构是由政府出资兴建以及提供大部分运营经费、由社会主体承包运营的模式。该模式是公办公营养老机构改革的主要方式，它与公办公营模式的主要区别在于公建民营分离了养老机构的所有权与运营权，政府不再包揽一切，而是通过公开招标、委托经营等方式交给民办养老机构、养老服务企业、医院等社会主体进行运营管理。公建民营模式有利于在保留公办养老机构公益性和福利性之余提高养老机构的运行效率。①②

以湖南省探索公建民营改革较早的长沙市雨花区社会福利中心为例，该中心于2009年展开了对公建民营委托经营模式的探索，并于2014年被民政部确定为公办机构改革的试点单位之一。2009年，雨花区政府采取了公开招标的方式来选择经营方，在经过报名—资格审查—答辩—考察—评审的筛选程序后，最终确定长沙市雨花区康乐爱老服务中心作为经营方。在委托经营合同中，罗列了"经营方无条件接受三无人员和

---

① 王莉莉：《中国城市地区机构养老服务业发展分析》，《人口学刊》2014年第4期。
② 方浩：《养老机构公建民营：现状、特征及问题》，《经济与管理研究》2016年第5期。

五保人员,区政府向经营方按月支付供养费""资产移交后,经营方向区政府缴纳风险保证金和福利事业发展金"等条款,体现了公办养老机构的福利性和保障国有资产安全性的原则。福利中心在实行委托经营管理后,服务质量有了很大的提高,但在运营过程中,存在着政府监督管理机制不健全、运营资金不充足等问题。①

2. 中低收入老年人的养老服务

老年人口的收入具有很强的异质性,采用收入五等分法并基于2014年CLHLS调查数据对老年人的收入差异进行分析,发现总收入的58.75%集中在20%人均收入最高的老年家庭当中,总收入的16.52%集中在40%人均收入中等和较低的老年家庭中,贫富差距较大。中低收入老年人的养老服务仍然需要得到政府和社会的支持。适合于中低收入老年人的养老服务主要有政府补贴下的社区居家养老服务、中低端民办公助养老机构和民办民营养老机构。

（1）政府补贴下的社区居家养老服务

政府补贴下的社区居家养老服务主要面向中低收入（普通收入）老年人,老年人享受居家养老服务需要支付部分费用,兼具福利性和市场化特征。补贴形式为政府对居家养老服务企业、非营利性组织等供给方或接受服务的老年人进行财政补贴。② 如浙江省金华市的市财政部门对于新建的城乡社区居家养老服务照料中心给予2万—5万元的一次性建设经费补助;对运营良好的城乡社区居家养老服务照料中心视实际运营情况市财政给予每年0.5万—3万元的运营补助。③ 杭州市对于社区居家养老服务需方补贴的方法是由老年人及家庭提出申请,经过评估,根据老人的经济状况和身体状况给予不同数额的养老服务补贴券,老人向定点

---

① 朱云:《公建民营养老机构委托经营管理模式研究》,湖南师范大学硕士学位论文,2018年。

② 张国平、柏雪:《居家养老服务产业化模式及其实现路径——基于公共产品的视角》,《现代经济探讨》2019年第7期。

③ 金华市人民政府:《关于加快发展养老服务业的实施意见》,金华市人民政府网站,见http://www.jinhua.gov.cn/art/2015/1/3/art_1229161110_52978964.html,2015年1月3日。

服务供给方购买服务,最后由政府与供给方结算。①

（2）中低端民办公助和民办民营养老机构服务

1）民办公助养老机构是指非营利性组织或个人创办的,由政府提供场地、设施等投入的养老机构,不包括税收、水电等优惠。② 由于此类机构接受了政府的部分资助,占用了一些公共资源,因此民办公助养老机构应具有一定的非营利性质。这类养老机构的运行成本除主要来源入住老年人的付费外,政府的建设、运营补贴和社会捐赠也是重要构成部分。各地对民办养老机构的建设和运营补贴政策的整理可见本章第二节"我国养老服务的筹资体系"中政府补助部分的"我国部分省市机构养老的财政补贴政策"表格。

有研究对北京市 10 家民办公助养老机构进行了实地调研,并总结出以下民办公助养老机构的运行特点:首先,民办公助养老机构收费偏高,其床位费的最低价格高于公办养老机构的床位价格。对失能、半失能老年人的月均收费标准远远超过城镇老年人获得的月均退休金数额。当老年人仅有退休金这一项经济来源时,将面临无力支付的处境。较高的收费水平往往是入住率较低的重要原因。其次,虽然政府对民办公助机构给予了一定补贴,但从运营方的角度来看,政府补贴的力度较小,个人投资和向老年人收取的费用是机构收入的最主要来源。再次,民办公助养老机构运营情况总体不佳。在被调查的民办公助养老机构中,有 70%处于亏损状态,20%略有盈余,10%基本持平。最后,在服务质量方面,被调查养老机构设施设备较为齐全,养老服务项目多样,老年人对于养老机构的满意度很高。③

2）中低端民办民营养老机构是指由政府以外的组织或个人投资兴办的养老机构。此类机构一般在工商部门登记的,遵循市场化的运营方式,自负盈亏,以营利为目的面向普通收入老年人提供基本和较高层次的

---

① 张晖、王萍:《"居家养老服务"是服务输送还是补贴发放?——杭州的经验审视》,《浙江学刊》2013 年第 5 期。

② 孟兆敏、李振:《养老机构分类标准及分类管理研究》,《江苏大学学报(社会科学版)》2018 年第 1 期。

③ 甄其东:《北京市民办公助养老机构运行研究》,首都经济贸易大学硕士学位论文,2017 年。

养老服务。政府对这类机构的政策扶持力度较小,其运行主要依靠收费维持。①

　　以合肥市为例,截至 2016 年,合肥市区共有民营养老机构 53 家,仅有 10% 的民营养老机构拥有 500 张以上床位,绝大部分民营养老机构为小型机构,床位数在 200 张以下。合肥市童话名苑养老机构创建于 2011年,机构占地面积 2000 平方米,拥有 100 多张床位,设有两人间、三人间和四人间,宾馆式装修,房间均配有彩电、空调、床头呼叫器、独立卫生间等。机构内设有食堂、医疗室、康复训练室、休闲娱乐室、阅读室。如表6.36 所示,机构的收费在 850—1500 元/月之间,与较低的收费相对应,该类养老机构只能满足老年人基本生活需要,为老年人提供的医疗护理、娱乐休闲设施十分有限。②

表 6.36　合肥童话名苑养老机构收费标准

单位:元/月

	自理老年人	半护老年人	全护老年人
双人间(标准)	1100	1300	1500
双人间(普通)	950	1050	1250
三人间	900	1000	1200
四人间	850	950	1050

资料来源:凡雨婷:《精准治理理念下合肥市民营养老机构发展研究》,安徽大学硕士学位论文,
　　　　　2018 年。

3. 高收入老年人的养老服务

　　适合于高收入老年人的养老服务类型主要有纯商业化运行下的社区居家养老服务以及高端民营养老机构。

(1)纯商业化运行下的社区居家养老服务

　　纯商业化运行下的社区居家养老服务主要面向高收入老年人群体。

---

　　①　孟兆敏、李振:《养老机构分类标准及分类管理研究》,《江苏大学学报(社会科学版)》2018 年第 1 期。

　　②　凡雨婷:《精准治理理念下合肥市民营养老机构发展研究》,安徽大学硕士学位论文,2018 年。

这一模式由企业运作,完全由老年人自费,可提供全方位、个性化的照料护理、养生保健、老年教育、文化娱乐等服务。由于养老服务具有一定公共性,因此需要政府进行一定的引导。

我国现有的高端养老社区产品主要由地产公司和保险公司推出。地产公司以万科为代表,现已经推出了北京的"幸福家"、广州的"智汇坊"等多个项目。保险公司则以泰康人寿为代表,泰康之家定位高端养老,主要布局在一、二线重点城市,旨在打造"都市医养社区",选址多为环境优美、距离市中心 1 小时车程的城市近郊。泰康之家养老社区的建设始于 2012 年,目前已有北京燕园、苏州吴园、上海申园等 8 大养老社区。泰康养老社区由美国著名养老社区运营机构 ABHOW 提供咨询培训,并引入美国 CCRC 持续照护模式,根据老年人的健康状况分为自理公寓和护理公寓,划分不同的生活服务区域,实现了一站式社区养老的目标。[①]

(2)高端民营养老机构服务

"高端"是一个相对概念,主要有以下几个方面的含义:第一,高端定价。如亲和源实行普通会员和熟年卡会员制,会员费用在 100 万—168 万元不等。高端养老服务往往要求消费者的经济条件优越。第二,多样化和个性化的服务内容。高端养老服务能满足休闲娱乐、老年教育、健康养生、全面体检、康复护理服务等物质与精神层面的需求,且服务质量较高。第三,专业化的养老服务设备与团队。高端养老机构往往引进了国际先进设备、疗养技术和专业的医疗护理和管理人才,为老年人配备私人医生等。第四,选址优越,当前国内高端养老地产项目往往选择在抱山环水的生态环境较好地区,如位于良渚文化村内的万科随园嘉树等。[②] 高端民营养老机构的发展有利于满足老年人多样化的养老需求,为养老市场注入活力、能带动中低层面养老服务市场的发展。

综合以上养老服务体系人群结构部分的论述,可得到不同类型老年人的养老服务供给模式,如表 6.37 所示。

---

① 穆光宗、朱泓霏:《中国式养老:城市社区居家养老研究》,《浙江工商大学学报》2019 年第 3 期。

② 熊子鉴:《老年消费者高端养老消费意愿的影响因素研究》,浙江工商大学硕士学位论文,2015 年。

表 6.37　不同类型老年人的养老服务供给

	贫困	中低收入	高收入
完全失能老年人	政府购买的上门、日托、代办、无障碍改造、紧急呼救、精神慰藉等社区居家养老服务	政府购买的上门、日托、代办、无障碍改造、紧急呼救、精神慰藉等社区居家养老服务	政府补贴的上门、日托、代办、无障碍改造、紧急呼救、精神慰藉等社区居家养老服务
	公办公营或公建民营护理型养老机构、老年医疗护理机构	公办公营或公建民营护理型养老机构、老年医疗护理机构	民办公助或中低端民营护理型养老机构、老年医疗护理机构
半失能老年人	政府购买的上门、日托、代办、无障碍改造、紧急呼救、精神慰藉等社区居家养老服务	政府补贴的上门、日托、代办、无障碍改造、紧急呼救、精神慰藉等社区居家养老服务	纯商业化运行下的上门、日托、代办、无障碍改造、紧急呼救、精神慰藉等社区居家养老服务
	公办公营或公建民营护理型养老机构、老年医疗护理机构	民办公助或中低端民办民营护理型养老机构、老年医疗护理机构	高端民营护理型养老机构、老年医疗护理机构
自理老年人	政府购买下的老年食堂等生活照料、医疗保健、精神慰藉和文化娱乐、法律咨询与维权等社区居家养老服务	政府补贴的老年食堂等生活照料、医疗保健、精神慰藉和文化娱乐、法律咨询与维权等社区居家养老服务	纯商业化运行下的老年食堂等生活照料、医疗保健、精神慰藉和文化娱乐、法律咨询与维权等社区居家养老服务
	公办公营或公建民营自理型养老机构	民办公助或中低端民办民营自理型养老机构、老年公寓	高端民营自理型养老机构、老年公寓

资料来源:笔者整理。

第七章　中等收入地区养老服务体系建设评估①

——以荆门市为例

荆门市位于湖北省中部,汉江之滨,下辖东宝区、掇刀区、钟祥市、京山市、沙洋县五个县(市、区)及屈家岭管理区、漳河新区两个经济开发区。经济发展水平方面,2018 年荆门市 GDP 达 1847.89 亿元,在湖北省 13 个地级市中排名第 7,②处于中游水平。居民收入方面,全市居民人均可支配收入为 26073 元,其中城镇常住居民人均可支配收入为 33779 元,农村常住居民人均可支配收入为 18776 元,③接近同期全国平均水平。养老服务筹资方面,荆门市于 2016 年成为我国第一批开展长期护理保险的 15 个试点城市之一。养老服务供给方面,荆门市又于 2019 年被确定为第四批中央财政支持开展居家和社区养老服务改革试点地区。综合而言,荆门市市情契合本课题的研究内涵,甄选其为我国中等收入地区代表以研讨养老服务体系建设问题,兼具合理性和典型性。具体而言,本章将基于荆门市人口老龄化特征,遵循养老服务体系基本框架,对其养老服务

---

① 本章作者为杨红燕、陈鑫、宋知行。本研究区别中等收入和高收入地区两种类型,分别选取了养老服务体系建设的典型案例开展研究,没有专门划分低收入地区类型的原因在于:本研究结合实践层面的养老服务供给试点现状,尽量选择了已经开展长期护理保险和中央财政支持的居家、社区养老服务改革两项试点的地区。开展试点的区域都是市级,均包含农村与城市,这些试点的地区,大致可以划分为中等收入和高收入两种类型。另外,如果严格按照收入水平高、中、低划分的话,真正的低收入地区是农村,城市的收入水平会高于农村地区,但目前以市级为单位的试点无法把农村低收入地区单独划分出来。

② 《2018 湖北各地级市 GDP 出炉:全省人均跨入 1 万美元大关,中部领先》,荆楚网,见 http://bbs.cnhubei.com/thread-4618017-1-1.html,2019 年 2 月 14 日。

③ 荆门市统计局:《荆门市 2018 年国民经济和社会发展统计公报》,见 http://www.tjcn.org/tjgb/17hb/35802_2.html,2019 年 3 月 24 日。

的筹资体系、内容体系、层次体系、结构体系进行逐一梳理。

第一节 荆门市人口老龄化特征与养老服务体系基本框架

一、荆门市人口老龄化特征

2016 年年末荆门市户籍人口达 300 万,其中 60 岁及以上老年人口近 53 万,占比约 18%,65 岁及以上老年人口约 29 万,占比约 10%。到"十三五"末,全市 60 周岁及以上老年人口数量达到 73.49 万左右,占总人口的 24.5%。[①] 无论是按照 60 岁还是 65 岁人口比例计算,荆门市都已然步入"老龄社会",亟须贯彻落实人口老龄化应对工作,健全全市养老服务体系,推动老龄事业全面协调可持续发展。总体而言,荆门市人口老龄化有以下特征:一是基数大、增速快;二是地区分布不均;三是高龄化现象明显,失能、半失能老人较多;四是独居和空巢老人数量增长明显。

(一)老年人口基数大、增速快

荆门市老年人口常年稳定在 40 万人以上,2016 年一度突破 52 万人大关,基数之大不言自明,老年人口占户籍总人口比重从近 14% 上升至近 18% 仅用五年时间,增速之快毋庸赘述。细观各县市区,除掇刀区外各县市区老年人口整体逐年增长,京山市[②]老龄化程度于 2013 年后尤为严重。详观 2016 年,钟祥市、沙洋县、京山市老龄化形势最为严峻,分别占据全市老年人口的 31%、21% 和 20%,总计超过 70%。具体数据详见表 7.1 和图 7.1。

---

① 荆门市民政局:《荆门市老龄事业发展和养老体系建设"十三五"规划》,见 http://www.jingmen.gov.cn/art/2018/1/11/art_5827_248299.html,2018 年 1 月 11 日。

② 2018 年 2 月京山县撤县改为县级市。

表 7.1　2012—2016 年荆门市 60 岁及以上人口数量

市区县	2012 年	2013 年	2014 年	2015 年	2016 年
荆门市	421082	419460	469401	517366	527910
东宝区	—	46328	48273	54216	55710
掇刀区	—	45754	31356	37138	39594
京山市	42631	42631	92638	107086	107086
沙洋县	89651	103099	103033	115823	108549
钟祥市	138800	164140	171037	180726	194284
屈家岭管理区	—	10880	10433	12097	13329
漳河新区	—	6628	11601	9225	9358

资料来源:2013—2017 年《中国民政统计年鉴》。

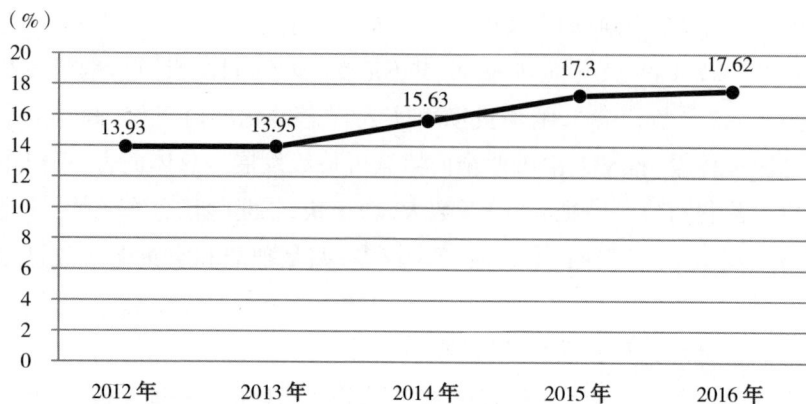

图 7.1　2012—2016 年荆门市 60 岁及以上老年人口占户籍人口比重
资料来源:2013—2017 年《中国民政统计年鉴》。

(二)老龄人口地区分布不均

首先从人文地理位置来看,钟祥市、屈家岭管理区和漳河新区分别形成三个老龄人口极点区块,其中屈家岭管理区老龄化程度最低,钟祥市老龄化程度最高并以其为圆心向周边地区递减;京山市、沙洋县两地老龄化程度较高;东宝区、掇刀区和漳河新区三地老龄化程度较低。其次从自然地理位置来看,荆门市的老龄人口主要集聚于北部、中南部,中北部的老龄化程度差异尤为明显;正西部、东南部老龄化人口较少且差异较小。即老龄人口近似于"T"形分布,交叉处程度最高且差异显著。综合而言,荆门市人口老龄化呈现出以钟祥市为中心的中部,向以漳河新区为中心的正西部、以屈家岭管理区为中心的东南部渐步式降低的整体趋势。

(三)高龄化现象明显,失能、半失能老人较多

2016 年末,荆门市 80 岁及以上老年人口已近 6 万人,占户籍人口的 2%,占 60 岁及以上户籍人口的 11.3%,即全市每 100 个人中就有 2 个超过 80 岁的老人,每 100 位老年人中就有 11.3 位超过 80 岁,高龄化趋势逐渐显现。其中,钟祥市高龄化程度最深,占全市高龄老年人口的 40%;京山市、沙洋县高龄化程度相近,皆占全市高龄老年人口的 20% 左右;东宝区、掇刀区、漳河新区和屈家岭管理区高龄化程度较低,合计占比约 20%。2016 年荆门市各县市区 80 岁及以上人口的分布数据如图 7.2 所示。

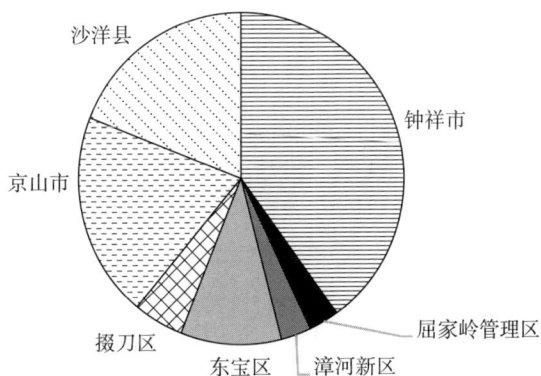

图 7.2　2016 年荆门市各县市区 80 岁及以上人口分布

资料来源:《中国民政统计年鉴 2017》。

除了高龄化,失能、半失能老人较多也是荆门市人口老龄化的特征之一。据《荆门市社会养老服务体系建设"十三五"规划》指出:截至 2015 年年底,荆门市失能、半失能老年人达 9.8 万人,占老年人口总数的 19%,即每 100 位老年人中就有 19 位需要护理人员长期照料其基本生活。尽管荆门市的经济发展水平、医疗技术、饮食结构和居住环境持续改善,老年人平均寿命不断延长,但囿于年事渐高,老年人罹患慢性病的概率和身体机能下降程度显著提高,失能、半失能老人的比例很可能会继续提高。面对即将越来越多的(半)失能老年人,如何建立起以居家为基础、社区为依托、机构为补充的全覆盖养老体系,将成为荆门市未来一段时间需要重点考虑的问题。

(四)独居和空巢老年人数量增长明显

2012—2014年,荆门市独居和空巢老人数量稳中有升,总体低位运行,基本保持在11100—12123人上下。2016年,该数量强势上涨,一度超过32700,呈现高位运行态势。具体数据见图7.3。独居和空巢老人数量的大幅增长,一方面直观反映出老年人主动或被动独居的常态化现实,另一方面也从侧面说明经济提质和城镇化增速势必带来劳动人口区域性、全国性流动,子女鲜有机会陪护老人左右的艰难处境。独居和空巢老人数量增长越明显,其对经济支持、日常照料、精神慰藉的需求就会越加强烈,荆门市养老服务供给压力可见一斑。

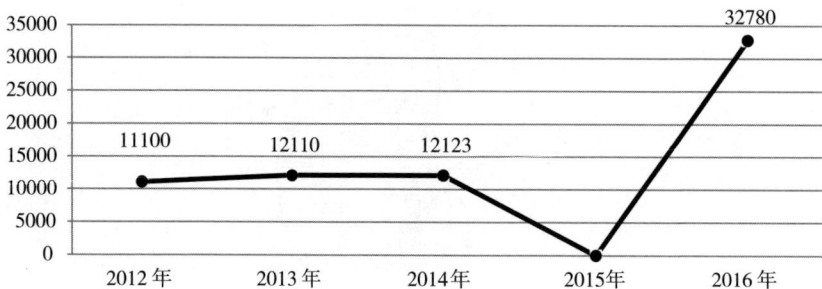

图7.3　2012—2016年荆门市独居和空巢老年人数量

注:2015年数据缺失。
资料来源:2013—2017年《中国民政统计年鉴》。

二、荆门市养老服务体系的基本框架

基于第六章的中国养老服务体系框架,本节继明晰人口老龄化特征之后着重分析荆门市养老服务体系的基本框架。鉴于第六章已巨细靡遗地介绍了养老服务体系基本框架下的四大体系,本节将突出阐释其基本框架下的环境因素。

(一)四大体系

与我国养老服务的整体框架相同,荆门市养老服务体系也涉及筹资体系、内容体系、结构体系和层次体系四大体系。每个体系分别从不同视角反映了荆门市养老服务的建设与发展,此处不再详细介绍。

(二)环境因素

荆门市位于湖北省中部,下辖2个市辖区、1个县,代管2个县级市,总面积1.24万平方千米,截止到2018年底,全市户籍人口292.85万人,户籍人口城镇化率40.08%,属于较为典型的中小型城市,能较好地代表我国中等收入水平的地区,因而其养老服务的具体状况也较为典型。从影响养老服务的因素来看,荆门市的经济、社会发展等诸多环境因素都对养老服务发展产生着重要影响。具体而言,影响荆门市养老服务发展的环境因素可归纳为经济、政治、人口、社会、文化、技术六个方面。

1. 经济因素

(1)中等程度的经济发展水平

2018年,荆门市GDP在湖北省13个地级市中排名第7,[①]处于中游水平,全市居民人均可支配收入为26073元,其中城镇常住居民人均可支配收入为33779元,农村常住居民人均可支配收入为18776元,[②]接近同期全国平均水平。中等程度的经济发展水平及居民收入水平,一方面使得荆门市养老服务产业的发展较为滞后,另一方面也使得老年人养老服务的购买力受限,而有限的养老服务购买也反向制约了养老服务产业的发展。第三产业和服务业比重较低,也约束着养老服务产业的发展,据2017年数据显示,荆门市GDP中,第三产业增加值占35.5%,其中服务业增加值为66.16亿元,仅占GDP的4%。[③]另外,城乡二元结构也是荆门市养老服务业发展较为滞后的缘由之一,作为城乡统筹发展的制度瓶颈,城乡二元结构的制度安排极大阻碍了养老服务的供给均衡,这种供给非均衡性往往表现为养老服务资源集中在市区、城区,县区、农村地区难以实现养老服务的均等可及。

---

① 《2018湖北各地级市GDP出炉:全省人均跨入1万美元大关,中部领先》,荆楚网,见 http://bbs.cnhubei.com/thread-4618017-1-1.html,2019年2月14日。

② 数据来源:《荆门市2018年国民经济和社会发展统计公报》,见 http://www.tjcn.org/tjgb/17hb/35802_2.html,2019年3月24日。

③ 数据来源:《荆门市统计年鉴2018》。

（2）财政投入持续增加

养老服务作为政府基本公共服务的内容之一，需要政府主体承担公共责任。公共财政投入是推动养老服务等民生事业发展的重要资金来源，而经济发展水平是影响荆门市养老服务财政投入的主要因素。从财政投入来看，荆门市养老服务呈现出公共财政支出增加、养老服务试点积极开展的特点。

一是养老服务公共财政支出增加。近年来，荆门市财政不断加大对养老事业的投入。2010—2017 年，荆门市一般公共预算支出从 95.4584 亿元增加到 267.518 亿元，年均增长为 15.86%，其中用于社会保障和就业方面的支出从 14.0238 亿元增加到 39.4623 亿元，年均增长 15.93%，高于同期一般公共预算的年均增长率，占比从 14.69% 提高到 14.75%。① 荆门市对于社会保障的财政投入虽在逐年增长，但占比仍然不高。为促进养老服务事业发展，继续加大对社会养老服务的财政投入力度仍然至关重要。

二是大力推进养老服务试点。2016 年荆门市成为全国 15 个长期护理保险制度试点城市之一，2019 年荆门市又被财政部、民政部批准确定为全国第四批居家和社区养老服务改革试点地区。在通过中央、省级财政支持大力参与养老服务事业试点的同时，荆门市还自发推行"养老服务业""虚拟养老"等试点，一定程度上促进了荆门市养老服务的发展。

2. 政治因素

（1）健康中国战略的落实

为贯彻落实国务院印发的《健康中国"2030"规划纲要》《关于实施健康中国行动的意见》《健康中国行动组织实施和考核方案》等促进养老服务的顶层设计，荆门市积极制定实施《中心城区社区建设三年行动计划（2013—2015 年）》（荆办发〔2013〕2 号）、《养老服务体系建设三年行动计划（2016—2018 年）》（荆文〔2016〕20 号）、《新型综合社区建设三年行动计划（2018—2020 年）》（荆办发〔2018〕13 号）等一系列养老服务行动

---

① 数据来源：《荆门市统计年鉴 2018》。

计划,明确了荆门市养老服务的指导思想、基本原则和总体目标,推进了荆门市老年健康服务体系的建设。

（2）"条块分割"的管理体制

条块分割的管理体制容易导致部门之间的职能交叉、重叠,出现多头管理、各自为政的现象。在荆门市,养老服务的主管部门是民政部门,但还涉及人社、卫健、医保、财政、工商、住建等部门。"条块分割"的管理体制导致了荆门市养老服务职责划分不明确、供给"碎片化",各部门之间职责不清晰且缺乏联动,难以集权监管和有效问责,直接影响了养老服务行业的健康发展。①

3. 人口因素

（1）人口老龄化

2018 年底,荆门市 60 岁及以上老年人口数为 54.17 万人,老龄化率达 18%,②处于中等老龄化水平。同时,第六次全国人口普查数据显示,2010 年荆门市常住人口家庭户数为 818567 户,家庭户人口为 2649504 人,平均每个家庭户的人口数为 3.24 人,比 2000 年第五次全国人口普查时减少 0.28 人。③ 荆门市日益严峻的人口老龄化趋势及家庭养老功能弱化的现实状况,致使养老服务需求持续增长,为养老服务产业的发展提供了广阔的市场前景。有关荆门市老龄化特征更详细的介绍可见本章第一节。

（2）人口流动规模大,农村空心化现象普遍

荆门市作为中部地区的中小城市,经济欠发达,劳动力人口尤其是农村劳动力人口外出务工规模较大。劳动力外出务工,增加了家庭收入,但家庭劳动力外流导致家庭,尤其是农村家庭空心化严重,老年人得到的代际支持减弱。

---

① 任博、孙涛:《整体性治理视阈下我国城市政府公共服务职责划分问题研究》,《东岳论丛》2018 年第 3 期。

② 荆门市民政局、财政局:《荆门市关于申请列入全国第四批居家和社区养老服务改革试点的情况报告》,荆门市民政局官网,见 http://mzj.jingmen.gov.cn/。

③ 数据来源于荆门市统计局:《荆门市 2010 年第 6 次全国人口普查主要数据公报》,见 http://paper.jmnews.cn/jmrb/html/2011-05/26/content_174422.htm,2011 年 5 月 9 日。

4. 社会因素

（1）老年宜居环境建设

2016年全国老龄办发布《关于推进老年宜居环境建设的指导意见》，提出了"到2025年安全、便利、舒适的老年宜居环境体系基本建立，住、行、医、养等环境更加优化，敬老养老助老社会风尚更加浓厚"的发展目标。为落实这一目标，《荆门市老龄事业发展和养老体系建设"十三五"规划》明确提出推进老年宜居环境建设，主要包括两方面内容：一是加强无障碍设施建设和改造。通过政府支持、社会参与、家庭自助等方式，为有需求的老年人实施居住环境适老性改造。新建、扩建和改建的各类政府对外服务窗口、交通站点、公园绿地、公共厕所、医疗康复、体育文化、商业服务等公共建筑须按照国家规范要求设置无障碍设施。已建各类公共建筑、居住小区等无障碍设施改造率达到国家标准要求，为老年人创造无障碍生活环境。二是营造安全绿色便利生活环境。继续开展"老年宜居社区"创建活动，力争到"十三五"末，每个县（市、区）至少有1个"老年宜居社区"。开展老年人意外伤害保险工作，为老年人出行、参与文体活动等提供风险保障，提高老年人抵御意外风险的能力。完善社会治安立体防控体系，严厉打击侵犯老年人人身安全和合法权益的违法犯罪行为。加强对养老机构等涉老重点场所的安全隐患排查和监管。

（2）城乡融合发展

2016年《荆门市国民经济和社会发展第十三个五年规划纲要》提出要统筹推进城乡融合发展，推进以人为核心的新型城镇化建设，促进城乡均衡发展、融合发展，促进城乡居民基本权益平等化。探索建立城乡一体的社会保障制度，逐步消除城乡居民在养老、医疗等社会保障权益方面的不平等。

5. 文化因素

孝老、敬老是中华民族的传统美德，也是维系家庭关系的主要道德准则，更是调节代际关系、促进代际和谐的黏合剂。荆门市尤其是辖区内的钟祥市历来是长寿之乡，孝老、敬老文化浓厚，荆门市政府既重视孝老、敬老文化的宣传，也关注积极养老氛围的营造，《荆门市老龄事业发展和养老体系建设"十三五"规划》明确提出，要弘扬敬老养老助老社会风尚,通过倡导社会各界关爱老年群体,广泛开展"敬老文明号""敬老模范集体"等评选表彰,培育和树立敬老、养老、助老的先进典型,将有突出贡献和事迹的先进人物纳入道德模范、杰出老人等评选范围,营造良好社会氛围。

6. 技术支持

《荆门市社会养老服务体系建设"十三五"规划》提出,打造以居家为基础、社区为依托、机构为支撑的社会养老服务体系建设,同时着力推进建设"十五分钟养老幸福圈",探索互联网+养老服务、医养融合等模式,搭建养老服务信息平台,提升养老服务质量。2013 年荆门市在中心城区启动了"虚拟养老"服务试点工作——"荆阿姨"居家养老服务示范项目,以"12343"居家养老服务系统为技术支撑,以政府购买服务和资源整合为手段,以居家养老为基本组织形式的没有围墙的养老院,填补了荆门市数字化养老和"虚拟"养老的空白。中心城区的老年人可率先体验"虚拟养老"模式带来的便利,只需在家里拨打 12343,对服务时间和内容进行预约,就能在约定的时间享受服务中心提供的专业化服务,且困难老人的部分服务费用由中央财政给予补贴。"荆阿姨"居家养老服务内容包括日常护理、保健护理、饮食护理、心理陪护、情感慰藉、家庭保洁等。[①]

第二节　荆门市养老服务的筹资体系

继本章第一节简介了荆门市养老服务的四大体系之后,本节至第五节将细致阐述荆门市养老服务四大体系的具体建设与实践。从社会保险、社会救助、政府补助、社会支持、家庭与个人付费等维度探讨荆门市养老服务的筹资体系是本节主要内容。

---

① 数据来源:2019 年 6 月荆门市调研资料。

一、社会保险

荆门市养老服务筹资体系下的社会保险主要有养老保险、医疗保险、长期护理保险三种，不同险种的筹资方式、筹资标准、待遇给付水平不尽一致。

（一）养老保险

养老保险金是老年人享受养老服务的重要资金来源之一。荆门市社会养老保险按老人"退休"前的"职业"为其提供了城镇职工养老保险、机关事业单位养老保险和城乡居民养老保险三类。按照荆门市《关于确定全市 2017 年度社会保险缴费标准的通知》，2017 年度荆门市社保缴费基数为 3616 元/月，当年全市职工参保 496203 人，机关事业单位参保 86377 人，居民参保 1119294 人，全市参保金额 347718 万元，共发放各类形式的养老金 583684 万元，基础养老金由原来的 70 元每人每月提高到 80 元每人每月。

（二）医疗保险

随着年龄增长、身体机能下降，老年人患慢性疾病及突发疾病的概率也随之增加，医疗保险对老年人晚年生活的保障意义重大，可较好地减轻老年人的医疗负担。由于养老服务机构自身侧重于生活照料方面的保障，在专业的医疗护理方面缺乏有针对性的分类分科医生、医疗器材和维护生命健康的医疗服务等，医疗保险则保证了参保老人按规定享受住院医疗、门诊医疗、大额医疗等待遇，与养老服务机构共同维系着老年人的晚年生活。

荆门市医疗保险制度主要分为职工医保和居民医保。职工基本医疗保险由用人单位和职工共同缴纳医疗保险费，用人单位缴费率控制在职工工资总额的 7.5%，在职职工缴费率为本人工资的 2%，2018 年参保 366222 人，发放医疗保险金 92374 万元。[①] 城镇居民基本医疗保险实行个人缴费和政府补贴相结合，由中央、省和县（市、区）三级财政分担，2017 年荆门市个人年缴费标准提高到 150 元，省财政补贴 180 元/年，以中心城区为例，中

---

① 数据来源：《荆门市统计年鉴 2018》。

央、省财政补贴后,市、区政府分别按 35%、65% 的比例承担缴费补助。①

（三）长期护理保险

荆门市作为湖北省第一个长期护理保险试点城市,市人民政府于 2016 年 11 月出台了《关于印发荆门市长期护理保险办法（试行）的通知》,规定制度保障范围为处于失能状态的基本医疗保险参保人员;保险采取三方筹资,个人和财政补助承担 37.5%,医保统筹基金划拨 25%,其中,低保、重残、特困对象财政全额兜底。参保居民累计缴满 15 年、30 年、45 年、60 年,待遇分别提高 4%、6%、8%、10%,鼓励早参保、连续缴费;对参保对象享受长期护理保障前需由医保经办机构按照《日常生活活动能力评定量表》对其评定,日常生活活动能力量表包含大小便、活动、穿衣等 10 项评定标准,按照老人的实际完成情况进行打分再加总,评定低于 40 分（不含 40 分）,且符合规定条件的,可申请长期护理保险待遇。

待遇方面,如表 7.2 所示,根据保障对象的护理需求,提供居家护理、养老机构护理、医院护理三种护理方式,护理项目兼容日常生活照料、病情观察、心理安慰、康复照护、临床医用管路照护等。

表 7.2　荆门市长期护理保险护理内容

护理方式	服务提供方	护理地点	护理内容	护理项目
居家护理	社区、机构护理人员等定点护理服务机构	保障对象家中	不低于 2 小时的非全日护理	日常生活照料病情观察心理安慰康复照护临床医用管路照护等
养老机构护理	养老院、福利院等定点护理服务机构	本机构内	24 小时连续护理	
医院护理	基本医疗保险定点医疗机构或医养融合定点护理服务机构	医疗专护病房	长期 24 小时连续护理	

资料来源:根据笔者 2019 年 6 月荆门市养老服务调研资料《荆门市长期护理保险制度试点工作情况介绍》整理。

---

① 荆门市政府办公室:《关于调整荆门中心城区城乡居民基本医疗保险市区财政补助政策的通知》,见 http://www.jingmen.gov.cn/index.html,2017 年 6 月 27 日。

保障对象在接受护理服务期间发生的限额以内的费用,由长期护理保险基金和个人按比例分担,实行按床日或按月结算。每种护理方式的限额费用和给付水平如表 7.3 所示。

表 7.3 荆门市长期护理保险给付水平

护理方式	限额费用(人/日/床)	给付水平(元)
居家护理	全日护理 100 元	基金负担 80
		个人负担 20
	非全日护理 40 元	基金全额负担
养老机构护理	100 元	基金负担 75
		个人负担 25
医院护理	150 元	基金负担 105
		个人负担 45

资料来源:根据笔者 2019 年 6 月荆门市养老服务调研资料《荆门市长期护理保险制度试点工作情况介绍》整理。

2017 年至 2018 年,荆门市长期护理保险待遇月人均 2380 元,全年可达 28560 元,远高于本地城乡居民人均可支配收入,群众赞誉该保险为"可依靠的大树"。[1] 截至 2019 年 6 月,荆门全市参保 247 万人,参保率超过 95%,受理失能人员长期护理保险待遇申请 1.35 万人,已评定 1.11 万人,7162 人符合条件并正在享受长护保险待遇,[2]初步形成了"覆盖全民、待遇均等、服务便捷"的长期护理保险基本政策体系和服务经办机制,基本符合国家要求和试点预期。

二、社会救助

处于贫困状态的老人无法依靠自身经济能力获得商品性质的养老服务,需要政府对贫困老年人进行涵盖照料基本生活、满足基本养老需求两方面的精准救助。

---

① 《2019 荆门长期护理保险办法,失能人群每月可享 2380 元护理费》,荆门新闻网,见 http://www.jmnews.cn/news/2019/02/258968.shtml,2019 年 2 月 16 日。
② 《我市调整完善长期护理保险制度试行办法》,荆门日报,见 http://paper.jmnews.cn/jmrb/html/2019-08/27/content_481937.htm,2019 年 8 月 27 日。

（一）农村五保、城市"三无"人员救助

农村五保主要包括保吃、保穿、保医、保住、保葬（孤儿为保教）。如表 7.4 所示，2017 年荆门市农村五保集中供养 2586 人，分散供养 4313 人，全市农村五保供养标准由 2016 年的 7020 元/年上调至 7512 元/年，[①] 救助标准保证与经济社会发展、收入水平同步提高。城市"三无"人员是指城市居民中无劳动能力、无收入来源、无法定赡养（抚养、扶养）人的人员。截至 2016 年，荆门市城市"三无"人员共 77 人。[②]

政府一般按年度救助标准，集中或者分散供养农村、城市中需救助老人，分散供养的老人可以领取救助金维持老年生活，购买养老服务，集中供养的老人一般为生存能力存在问题的老人，由政府出资委托养老机构提供养老服务。

表 7.4　2013—2017 年荆门市农村五保供养人数

年份	农村五保供养人数		合计
	集中供养	分散供养	
2013	2327	3197	5524
2014	2724	4052	6776
2015	2229	3425	5654
2016	2555	4675	7230
2017	2586	4313	6899

资料来源：《中国民政统计年鉴 2017》。

（二）居民最低生活保障制度

最低生活保障事关困难老年群众的衣食冷暖，是保障困难老年群众生活的基础性制度安排。2019 年荆门市低保标准全面提高，中心城区城市低保标准达到 660 元/月，县（市、区）达到 580 元/月，全市农村低保标准达到 468 元/月，全市发放低保金 2.2 亿元，共有城乡低保对象 5.34 万人。图 7.4 为 2012—2016 年荆门市城市和农村地区老年低保人数，截至 2016 年

---

　① 荆门市政府办公室：《关于调整全市社会救助标准的通知》，见 http://www.jingmen.gov.cn/art/2019/3/11/art_739_694082.html，2019 年 3 月 11 日。

　② 数据来源：《中国民政统计年鉴 2017》。

底,荆门市老年低保总人数为 20804 人,老年低保人数总体呈现下降趋势。

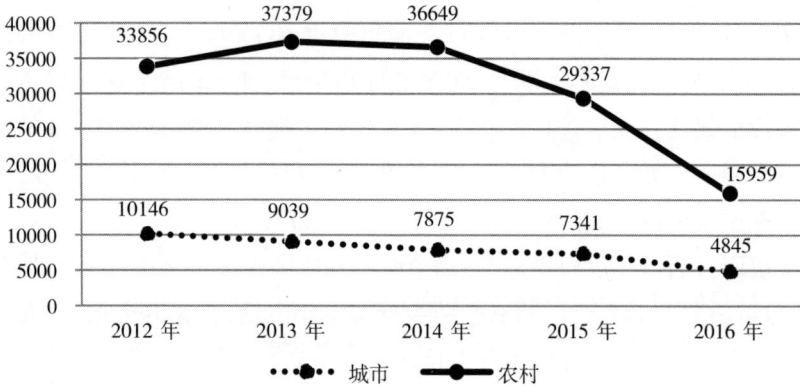

图 7.4 2012—2016 年荆门市城市和农村地区老年低保人数

资料来源:《中国民政统计年鉴 2017》。

特困老年人是经济能力比最低生活保障人群更差、人均年收入处于特困线以下的老年人。2019 年,荆门市政府通过集中和分散两种供养方式共救助城乡特困供养对象 7331 名,如表 7.5 所示,特困供养人员最高救助标准 26184 元/年,当年政府发放特困供养救助资金 6439 万元,持续提升的救助标准体现了政府的积极作为。

表 7.5 2019 年荆门市特困人员救助标准

单位:元/年

地区	城市			农村		
	分散及集中供养具备生活自理能力	集中供养部分丧失生活自理能力	集中供养完全丧失生活自理能力	分散及集中供养具备生活自理能力	集中供养部分丧失生活自理能力	集中供养完全丧失生活自理能力
荆门市、东宝区掇刀区	15840	17040	26184	9000	10200	23184
京山市、沙洋县、钟祥市、屈家岭管理区、漳河新区	13920	15120	24936			

资料来源:荆门市政府办公室:《关于调整全市社会救助标准的通知》,见 http://www.jingmen. gov.cn/art/2019/3/11/art_739_694082.html,2019 年 3 月 11 日。

（三）医疗救助

对于家庭困难的老年群众,政府会提供医疗保险参保资助、门诊救助和住院救助,两层救助体系同时保障困难老年群体的基本医疗需求。2019 年,荆门市共募集基金 8766.3 万元,对全市建档立卡贫困户和特殊困难人口共计发放医疗救助资金 646.88 万元,惠及 590 名贫困户和贫困边缘户。[①]

三、政府补助

荆门市养老服务政府补贴项目可分为补供方和补需方两大方面,具体项目内容可见图 7.5。

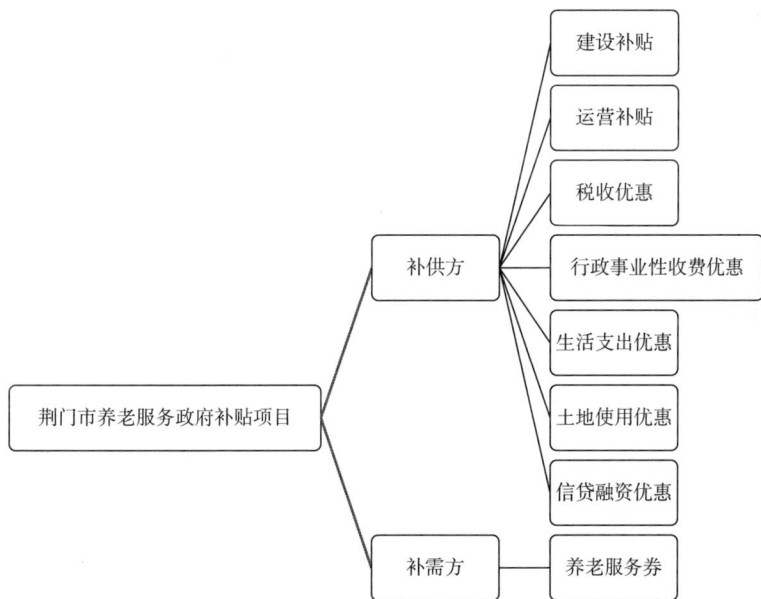

图 7.5　荆门市养老服务政府补贴项目

荆门市的社会养老服务主要承担集中式生活照料、专业化护理服务的功能。市政府先后出台了《市人民政府关于支持社会力量兴办养老机

---

① 荆门市民政局:《2019 年工作总结及 2020 年工作思路》,见 http://www.jingmen.gov.cn/art/2020/2/21/art_5827_653143.html,2019 年 11 月 22 日。

构的意见》《荆门市中心城区社会养老服务体系建设中长期规划(2012—2020年)》《市人民政府关于加快发展养老服务业的实施意见》等文件，明确了发展目标，提出了土地供应、资金补助、税费减免等方面的优惠政策，推进了养老服务业的发展。

荆门市政府主要通过公共财政支出和彩票公益金支出直接支持本市养老服务事业建设，规定本市每年可支配的福彩公益金50%以上用于养老服务，其中，支持社会力量举办养老服务事业的资金不低于30%，福彩基金投入比例随市老龄化程度加深而提高。根据荆门市民政局决算，2018年"社会福利"支出总额126.34万元，具体包括：社会福利机构对象生活费和机构日常经费支出等老年福利40万元；其他社会福利支出47.86万元，主要用于中心城区公办养老机构建设补助等方面；①社会福利的彩票公益金支出2302.1万元，主要用于老年人、孤儿等相关社会福利、社区公益创投及"三社联动"、基础设施建设等方面支出。

（一）补供方

荆门市政府对于养老服务供给方的财政补贴内容包括设施补贴、税收优惠、土地优惠等。如表7.6所示，设施补贴主要包括建设补贴和运营补贴。制度规定，符合相关条件的社会办养老机构，建设补贴标准为新建机构每张床位一次性补助3000元，改扩建机构每张床位一次性补助2000元；运营补贴标准为非失能老人每人每月补助100元，失能老年人每人每月补助150元；全市养老机构不区分经营性质实行同等享受相关补贴政策。社会化运营的社区居家养老服务中心，建设补贴标准为城市上每个一次性补助3万元，农村里每个一次性补助2万元；运营补贴按照社区居家养老中心实际使用面积，享受每平方米每月10元的补助。

---

① 荆门市政府：《2018年荆门市民政局决算》，见 http://www.jingmen.gov.cn/art/2019/9/19/art_1803_266887.html，2019年9月19日。

表7.6 荆门市养老服务设施财政补贴

补贴项目	建设补贴		运营补贴	
	新建	改扩建	非失能老人	失能老人
养老机构	3000元/床	2000元/床	100元/人/月	150元/人/月
社区居家养老中心	3万元/个（城市） 2万元/个（农村）		按实际使用面积10元/m²/月	
资金来源	市、区财政按1∶1比例承担		福利彩票公益金中列支	

资料来源：荆门市政府：《关于全面放开养老服务市场提升养老服务质量的实施意见》，见 ht-tps://www.jingmen.gov.cn/art/2019/6/11/art_6607_2305.html，2019年6月11日。

　　表7.7为荆门市养老服务优惠项目。税收优惠方面，凡是符合《中华人民共和国老年人权益保障法》规定的无论境内外养老服务机构，均可享受小微企业等财税优惠政策，主要包括营业税、增值税、所得税、房产税、土地使用税等。对非营利性养老机构和营利性养老机构分别给予免征和减半征收行政事业性收费，主要收费项目包括不动产登记费、耕地开垦费、土地复垦费、土地闲置费、白蚁防治费等。养老机构用电、用水、用气、用热按居民生活类价格执行，不得以土地、房屋性质等为由拒绝执行相关价格政策；安装电话、有线电视、宽带互联网等实行价格优惠，并优先为敬老院、光荣院、老年公寓、社会福利院安装电话，其初装费可在当地现行标准基础上优惠20%至40%，并可适当减免因未能及时交纳话费造成的滞纳金。

　　土地使用优惠方面，制度规定社会化的养老服务设施享受将闲置的公益性土地调整为养老服务用地、非营利性机构依法使用国有划拨用地或者农民集体所有的土地、新建改造养老服务设施等土地价款优惠政策。

表7.7 荆门市养老服务优惠项目

	养老机构	社区居家养老服务中心
税收优惠项目	营业税、房产税、城镇土地使用税、所得税	增值税、契税、不动产登记费、耕地开垦费、土地复垦费、土地闲置费、城市基础设施配套费、防空地下室易地建设费

资料来源：荆门市政府：《关于全面放开养老服务市场提升养老服务质量的实施意见》，见 ht-tps://www.jingmen.gov.cn/art/2019/6/11/art_6607_2305.html，2019年6月11日。

为了促进社会化养老机构信贷融资,拓宽投融资渠道,根据《省人民政府办公厅关于进一步激发社会领域投资活力的实施意见》文件精神,荆门市政府表示将不断探索允许营利性养老机构以有偿取得的土地、设施等财产进行抵押融资,积极支持养老行业符合条件的企业发行公司债券、非金融企业债务融资工具和资产证券化产品,并探索发行股债结合型产品进行融资,满足机构日常运营资金需求。

(二)补需方

荆门市政府对养老服务需方的财政补贴措施,主要是困难老人养老服务补贴。该补贴首先以政府购买养老服务再以发放养老服务券的方式发放到老人手中。2016年,荆门市一般性公共预算财政拨款(养老服务折价)给予老年人高龄津贴993.2万元,困难老人养老服务补贴55万元,福利彩票基金给予困难老人养老服务补贴12万元,截至年底共惠及59517位老人。

同时,为了鼓励低龄老人发挥余热,参与志愿行动,荆门市政府领头开发了志愿积分管理系统,对低龄老人志愿者的无偿服务采取积分制管理,将志愿老人的服务时间记录在积分平台,志愿者需要服务时可以兑换相应时长的服务。

四、社会支持

荆门市养老服务社会支持主要表现为民间资本直接参与投资开办养老设施和民政局接受的社会捐赠。民间资本的加入不仅增加了现有养老机构数量,还提高了养老服务的质量。截至2016年,荆门市提供住宿的社会服务机构床位总数为15087个,其中民间资本投资床位数6633个,民营或民办机构18个,床位数占比约44%,说明大力鼓励公办机构改革、提高养老服务社会化工作初见成效。社会捐赠能很大程度弥补社区和福利性机构的人力和资金不足问题,各级慈善机构通过开展社会捐赠和慈善活动筹集的慈善资金,其中一部分用于资助改善民办养老福利机构设施设备和供养人员的生活。截至2016年,荆门市民政局接受社会捐赠资金总额达10万元,这部分资金有利于福利机构更好地发挥基础性保障作用。

五、家庭与个人付费

荆门市养老服务收费标准存在较大差异,收费情况视老人的自理情况、护理内容简繁程度而定,收费内容主要包括护理费、伙食费、床位费等。以福寿居养老机构为例,该养老机构属于规模较大的营利性养老机构,收费标准为自理老年人2000—2500元/月,半失能老年人2500—3000元/月,失能老年人3100—4500元/月,单独收伙食费每人每月480元,床位费每人每月750—3280元,护理费每人每月290—4500元,[1]相对于荆门市人均收入情况,该养老机构收费较高;同在市区的千福园福利院,收费标准为自理老人920元/月,半失能老人1230元/月,失能老人1540元/月,单独收伙食费320元/月,床位费200元/月,护理费400—1020元/月,[2]公立机构与私立机构相比明显具有价格优势。这部分养老服务支出一部分来自于老人的各项养老收入缴费,一部分来自于子女的代际经济支持,老人根据自己的经济实力和家人的赡养能力选择入住不同的养老机构类型。

第三节　荆门市养老服务的内容体系

一、家庭养老服务

荆门市经济发展水平从全国来看处于较低水平,社会化养老氛围尚待培育,家庭养老仍是主流。从城市来看,荆门市生活节奏紧凑,经济压力较大,面对房价飙升、教育、医疗成本递增,家庭成员不得不更多地参与劳动市场,随着核心家庭的组建以及老人与年轻人生活节奏的差异,城市老人与子女的居住地点呈现"家庭网络"式结构,[3]即父母与子女间居住

---

① 资料来源:根据笔者2019年6月荆门市养老服务调研访谈整理。
② 资料来源:根据笔者2019年6月荆门市养老服务调研访谈整理。
③ Martin,K.W.,伊洪:《中国城市家庭生活的变迁与连续性》,《开放时代》2005年第3期。

在一张网络环境中,但不在一个屋檐下生活,由所有的子女共同照顾老人。城市退休老人经济上已经不再完全依靠子女,在生活方面出现了部分自主性,绝大部分健康老人尤其是配偶健在的都会选择在家养老,小部分配偶去世的老人为了缓解独居生活的孤独开始选择购买养老服务。该方式转移了子女的养老压力,老人尤其是失能老人的照料问题很大程度被推向了社会机构。

从农村来看,荆门市仍以"三世同堂"的家庭结构为主,老人选择与儿子(或者是独生女、多生女中的其中一位)同住,呈现非常明显的"养儿防老"式赡养模式。老人没有更多的劳动收入,主要负责农作物种植、家务劳动、照看孙辈等协助性质事务。调研组的荆门市农村入户调查结果显示,99%的农村老人都不愿意也没有经济条件入住养老院,仍然秉承着最传统的"落叶归根"思想,认为家庭才是老人最好的归宿,心理上接受不了离开生活了一辈子的家;而农村老人的子女也认为,老人在家无论如何也能"搭把手",一旦把老人送到了养老院还会落下"不孝"的话柄,被认为自己是在撇清赡养责任,影响年轻人在村里的名声,所以在农村,家庭养老可以说是全部老人的选择。

老人在熟悉的环境中享受来自家人的照料不仅节约了大量的社会成本,而且增加了代际间的亲密联系。然而随着大型家庭向主流核心家庭结构的转变、家庭妇女向职场女性身份的转型,叠之以高龄化伴随的失能化,家庭照护已经满足不了老人对专业化照护的需求。在此复杂背景下,荆门市社区居家养老与机构养老不断发展,最终形成了以家庭为主、社会为辅的养老服务格局。

二、社区居家养老服务

(一)服务内容

借鉴《全国第四次城乡老年人生活状况调查报告》中的分类,本小节将荆门市社区居家养老服务供给内容分为三类,包括生活服务类、医疗健康类和精神文化类。

1. 生活服务类服务

生活服务类服务是指为老年人提供的基本生活照料服务,以浏河社区为例(见表7.8),该社区根据老人的行为能力及医学观察结果,将老人分为自理、半护理、全护理三个等级,因人制宜地为老人提供生活服务。

表7.8　浏河社区养老院生活服务类服务内容

	自理老人	半护理老人	护理老人
日常生活服务内容	1. 打扫房间卫生 2. 洗床单、被子 3. 打开水、送饭 4. 清洗、消毒餐具 5. 组织文体活动	在自理服务基础上另增加: 1. 送洗脸、洗脚水 2. 刮胡须、剪指甲、洗澡 3. 局部帮助型,老人其他个性化需求项目,由服务人员帮助完成	在介助基础上另增加: 1. 送饭到屋 2. 消毒、穿衣、脱衣 3. 洗脸、脚、头,擦身 4. 倒便盆

资料来源:根据笔者2019年6月荆门市养老服务调研访谈整理。

2. 医疗健康类服务

医疗健康类服务是指以维持并改善老年人的身体健康状况为目的的服务,这类服务含有较强的医学意义,对护理人员的职业素质要求较高。主要包括上门看病、心理咨询、陪同看病、康复辅具租赁/出售、开展健康讲座及临终关怀等。以荆门市白石坡社区养老院为例,该院内设"医疗服务室""健康档案室""心理咨询室",配备了专业的医护人员和医疗设备,建立了健全的规章制度与应急预案,重点开展老年人慢性病防治、日常护理和心理辅导工作,以满足老年人的医疗服务需求。[1]

3. 精神文化类服务

精神文化类服务指具有社区娱乐供给、文化传播和老年人精神慰藉功能的服务。老年人通过参加老年人协会、老年人活动中心、老年大学、老年人社团等组织聚在一起享受老年生活、丰富眼界。以荆门市官堰社区为例,该社区先后开展以"尊老、爱老、助老"为主题的"慈孝"文化系列特色品牌活动以及"孝行天下、爱满官堰""十佳慈孝家庭""十佳好媳妇"等评选活动,受到居民一致好评。[2] 社区内设专门的图书阅览室、舞

---

[1]　白石坡社区养老院官网,见 http://www.jmbsp.com/about/? 59. html。

[2]　湖北民政:《倾情构建居家养老"五助"服务体系,荆门市掇刀区白庙街道官堰社区有妙招》,见 https://www.sohu.com/a/201747440_99906100,2017 年 11 月 1 日。

蹈室、书画室、棋牌室和园艺棚,为不同爱好的老年人提供了娱乐空间。为了排遣留守老人的寂寞,社区每月为当月生辰的老人集中举办生日宴,老人们聚在一起做饭、包饺子,共同度过自己的生日。

(二)基础设施与护理人员队伍建设

在基础设施财政投入方面,市财政局每年列支 1400 万元和 1000 万元可支配福利彩票公益金用于新型综合社区建设、社区居家养老服务中心的建设补贴、设施设备改善和人员培养补贴等。

1. 社区养老服务基础设施运营现状

截至 2016 年底,荆门市有社区居家养老服务中心 165 个,农村互助中心 657 个,总床位数达 803 张。到 2019 年,社区居家养老服务中心和农村老年人互助照料中心分别增加到了 179 个和 846 个,覆盖 80.63% 的城镇社区和 64.09% 的行政村,相比 2016 年增长率分别为 8.5% 和 28.8%,设施数量增速较快。

2. 社区护理人员队伍建设现状

如表 7.9 所示,截至 2016 年底,荆门市有社区养老护理人员 802 位,每千名老人拥有 1.52 名护理人员,其中女性 393 位,占比约为 49%,男性 409 位,占比约为 51%,二者相差不大,性别分布较均衡;大专及以上学历的护理员有 154 位,占总职工人数的 19.2%,大部分为专科学历,大学本科及以上的只占 3.9%,高素质人才严重缺乏;年龄结构中,36—55 岁的护理员占 80% 以上,可见护理行业对年轻人吸引力很小。到 2019 年,荆门市社区助理社工师、社工师从 17 人增长到 532 人,持证率达 40%,专业护理员队伍 2.3 万人;注册社区志愿者 28 万多人,占常住人口的 9.7%。

同时,荆门市"三社联动"工作全省领先,专业社会组织、社工人才进驻社区,开展居家和社区养老服务。全市"三社联动"试点社区达到 126 个,占社区总数的 56.77%;发展社区社会组织 936 家,其中养老服务类组织占 1/3 以上。目前荆门市"三社联动""两工(社工、义工)互动"工作机制已初步形成。

表 7.9　2016 年荆门市社区护理人员队伍情况

类别		人数	占总护理人员比例（%）
合计		802	100
职工性别	女性	393	49
	男性	409	51
受教育程度	大学专科	123	15.3
	大学本科及以上	31	3.9
	合计	154	19.2
职业资格水平	助理社会工作师	14	1.7
	社会工作师	3	0.4
	合计	17	2.1
年龄结构	35 岁及以下	92	11.5
	36 岁至 45 岁	418	52.1
	46 岁至 55 岁	238	29.7
	56 岁及以上	54	7.7

资料来源:《中国民政统计年鉴 2017》。

（三）服务老人情况

荆门市社区养老设施主要为日间照料中心和农村互助型养老中心。囿于缺乏数据统计,2016 年底社区所有服务到的老人情况尚不能得到完全统计,只能以老年活动中心、老年人协会等为例分析服务老年人情况。如表 7.10 所示,截至 2016 年底,荆门市为老人服务情况主要分为维权中心、活动中心和老年人组织三部分,年末参加老年人数达 188557 人,占当年老年人数的 35.72%。

表 7.10　2016 年荆门市社区基础设施数量与服务老人情况

服务老人情况		设施或组织数（个）	老年人参加人数
老年维权	老年法律援助中心	27	205
	维权协调组织数	292	

服务老人情况		设施或组织数(个)	老年人参加人数
老年活动设施	活动站/中心/室	444	56121
	老年学校	2	790
老年人组织	老年人协会	1418	130420
	其他老年社团	9	851

资料来源:《中国民政统计年鉴2017》。

(四)运营状况

近年来,荆门市各县市区围绕大力发展康养产业,结合实际推进居家和社区养老服务工作,形成了各具特色的工作局面。具体有东宝区、掇刀区的社区养老模式,京山市的农村互助养老模式,漳河新区的康养产业,沙洋县的社区上门服务模式,钟祥市邻里互助模式等。同时,荆门市打造了"乐养荆门"系列养老服务品牌,其间涌现出了"夕阳暖心社""双金工程"(金色夕阳、金色朝阳)以及"幸福来敲门"等康养产业,走出了一条具有荆门特色的居家和社区养老服务新路子,为荆门市居家和社区养老服务品牌带来了规模与连锁效应。

三、机构养老服务实践现状

(一)服务内容

养老机构依据其服务提供的水平可以分为高端、中端和低端三种类型,依据其开办目的和开办要求又可分为营利性和非营利性两种类型。一般来说,营利性的高端养老机构为了获得竞争优势,争取更多分红,提供的服务内容会更丰富、服务质量会更好;公办福利院由于规模有限和自身福利性,以提供兜底性服务为主。机构养老服务内容包括日常生活照料、康复治疗、精神慰藉、文体娱乐等全方位专业服务,侧重于专业性,这也是其与社区养老中心最大的区别。

以荆门市东宝区慈心美德养老中心为例,该机构占地500亩,总投资10亿元,建筑面积50万平方米,拥有养老床位5400张,是目前湖北省最大的民办养老机构。机构目前内设老年人托养中心、康复医院、残疾人托养中心、养老公寓、综合服务中心,计划后期围绕慈心美德养老服务中心配套建设老年大学、老年文体中心、花鸟宠物市场,老年用品市场等,最终将形成一个集居家养老、托管托养、医疗康复、文化休闲、度假养生等功能于一体的综合性大型养老社区。[①] 总体来说,该机构提供高端、全面、多元的生活服务类、医疗健康类和精神文化服务类的服务内容。

荆门市千福园老年公寓属于公办养老机构,占地40亩,建筑面积18000平方米,设有床位200张,先后投资建成了"三无"老人供养楼、失能半失能老人托养中心。公寓房间内设有卫生间和阳台,楼内设有开水房、洗衣房、图书室、书画室、音乐室、棋牌室、活动室、医务室、室外门球场、室外健身场所等设施设备,[②]可以看出该机构的设施配备以维持基本生活为主,尤其缺少针对老年人文化娱乐的高端设施。由于规模、资金投入有限,该机构的服务对象多为社会救助群体,服务内容多为"保基本"的生活照料服务。

(二)基础设施与护理人员队伍建设

荆门市预算内基本建设投资将老年人和残疾人服务机构与其他社会服务机构区分开来,按照不同项目分别提供建设资金。2016年荆门市政府为三类社会服务机构提供投资总额39416.7万元,包括37247万元财政投资和2169.7万元福利公益彩票金投资,其中97.1%用于为老年人和残疾人提供收养的设施建设,建设规模达538401平方米,其他提供和不提供住宿的社会服务机构本年实际投资417万元和715万元,建设规模分别为2857平方米、5835平方米。

2016年荆门市养老机构总数87家,年末床位数14054张,多数机构床位数在300张以内,小型机构有79家,中型机构3家,床位超过500张的大型机构只有5家,不到6%的比例,规模十分有限;其中城市养老机构有17家、农村养老机构56家(占比最高为64.4%)、社会福利院6家、光

---

① 《荆门慈心美德养老中心介绍》,养老信息网,见 http://www.yanglaocn.com/shtml/ylyxx/2015-07/yly143573173223771.html? gps=baidumapcontainer,2015年7月16日。

② 荆州市人民政府:《千福园老年公寓介绍:基本概况》,荆州市人民政府网站,见 http://www.jingmen.gov.cn/col/col5652/index.html,2020年3月25日。

荣院 4 家、军休所 4 家,合计 87 家。到 2019 年,全市养老床位数达 18506 张,增长率达 31.68%,全市每千名老年人拥有养老床位 34 张。

(三)服务老人情况

如表 7.11 所示,2016 年末,荆门全市收养性养老机构收养人员按性质划分,特困人员最多,占总人数的 38.9%,其次为自费人员,共计 2523 人,占总人数的 36.5%。总人数中只有极少数非老年人,完全自理老人占总人数的 56%,需要长期照护的老人总数为 2993 人,总的来说以自理人员为主。

表 7.11　2016 年荆门市养老机构服务老年人情况

服务对象		年末在院人数(人)
性质	优抚对象	256
	特困人员	2686
	自费人员	2523
	其他	1445
	合计	6910
年龄	老人	6474
	青壮年	206
	少年儿童	121
	合计	6801
自理能力	自理(完全自理)	3808
	介助(半自理)	1342
	介护(不能自理)	1651
	合计	6801

资料来源:《中国民政统计年鉴 2017》。

(四)运营状况

表 7.12 为荆门市 2016 年度养老机构运营状况。执行企业会计制度填报中,全市养老机构营业收入与支出持平;执行事业单位会计制度填报中,机构年度收入 5615.2 万元,支出 5274.4 万元,营业利润 340.8 万元;

执行民间非营利性组织单位会计制度填报中,年度收入160.9万元,少于支出178.9万元,处于亏损状态。总体而言,在不考虑固定资产折旧率的情况下,荆门市2016年度养老机构营业利润为322.8万元,保持盈利的营业状态。

表7.12　2016年荆门市养老机构运营情况

地区	执行企业会计制度单位填报（万元）				执行事业单位会计制度填报（万元）			执行民间非营利性组织单位会计制度填报（万元）		
	固定资产原价	营业收入	费用合计	营业利润	固定资产原价	本年收入合计	本年支出合计	固定资产原价	本年收入合计	本年费用合计
荆门市	2446.0	50.0	50.0	—	14317.7	5615.2	5274.4	773.8	160.9	178.9
东宝区	59.0	—	—	—	342.0	180.0	120.0	118.0	60.0	40.0
掇刀区	—	—	—	—	114.0	40.0	40.0	500.0	20.0	61.0
京山市	587.0	50.0	50.0	—	1679.8	1231.8	965.2	—	—	—
沙洋县	—	—	—	—	6125.0	1307.4	1287.2	—	—	—
钟祥市					397.0	397.0		60.0	40.0	40.0
屈家岭管理区	—	—	—	—	38.2	24.9	24.9	45.8	22.9	22.9
漳河新区					410.0	30.0	36.0	50.0	18.0	15.0

资料来源:《中国民政统计年鉴2017》。

四、新型养老服务方式

新型养老服务方式要建立在社会化养老服务体系比较完备的基础上,然而荆门市作为中等收入地区的代表,养老服务体系建设起步较晚,各项事业发展仍处于探索阶段。经济上,财政压力大,资金投入明显不足,社会力量参与面窄;文化上,传统家庭养老仍占据绝对主位,社会养老方式接受度仍需提高;政策上,社会化养老服务配套制度尚未规范化。所以,荆门市尚未创造具有本市特色的新型养老服务方式,目前仍属于模仿阶段,发展新型养老服务还有一段很长的路要走。

第四节　荆门市养老服务的层次体系

中等程度的经济发展水平及较高的人口老龄化程度,使得荆门市的养老服务进退维谷。一方面,荆门市无法参照经济较发达地区的城市,积极通过社会力量弥补政府养老不足;另一方面,荆门市也不能参考经济欠发达、老龄化程度一般的城市,仅维持基本公共养老服务供给。荆门市养老服务供给充分体现了强政府、弱社会的特点,即荆门市养老服务供给主要是政府主体推动、家庭个人主体支撑、社会力量助力。具体来看,政府主要提供了基本公共养老服务供给,着力满足老年人的一般养老服务需求,呈现出强关系。家庭是养老服务的主要提供者,无论是经济支持、生活照料还是精神慰藉,家庭都是第一责任人,也呈现出强关系。社会主体是政府与家庭之外的助力者,只向具备一定经济能力的老年人提供养老服务,但荆门市居民收入水平不高,养老服务购买力有限,呈现出一种弱关系。同时,在政府、社会及家庭个人主体之间,政府积极支持社会、家庭个人主体提供养老服务,而这两者的积极参与也反向减轻了政府养老服务供给负担,但政府的支持力度有限,范围较窄,而社会与家庭主体的反作用也因覆盖面较低、家庭养老功能弱化导致效果有限,因而呈现出一种中等程度的关系。此外,受限于收入水平,大多数家庭都处于"住不起"状况,而非营利性组织、志愿者的发展程度不高,参与的规模和次数较小,导致社会主体与家庭个人主体间呈现出弱关系。荆门市养老服务多元主体的强弱作用关系详情如图 7.6 所示。

一、养老服务体系中的政府责任

政府是承担养老服务供给的首要责任主体,需要承担完善制度设计、优化财政支持、强化统筹监督等方面的职能。类型上,养老服务可分为基本养老服务和非基本养老服务,所谓基本养老服务是指国家为保障全体

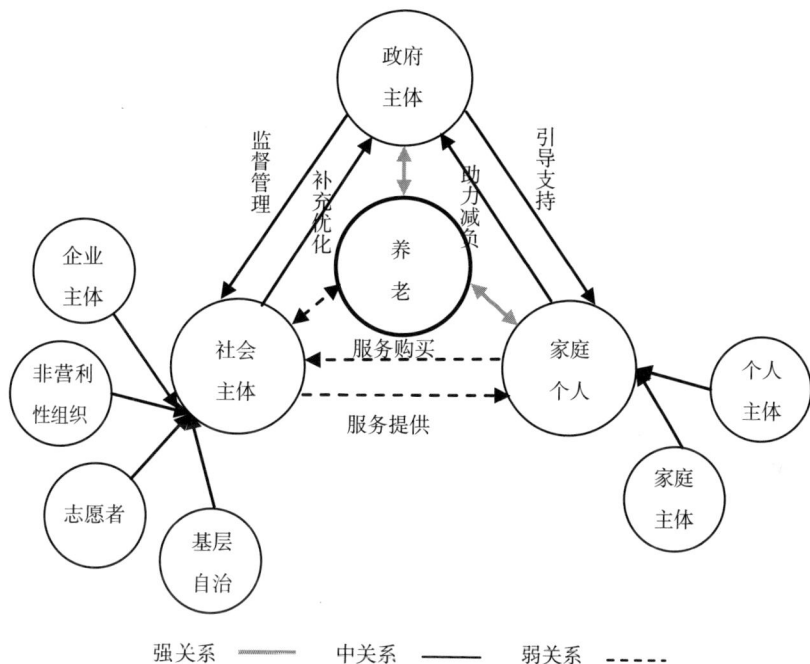

强关系 ▬▬▬▬　中关系 ————　弱关系 -----

图 7.6　荆门市养老服务多元主体作用图

资料来源:笔者自制。

老龄公民基本生活所提供的并为其财力可以持续承担的各项服务;而社
会为具有有效需求的老年公民提高生活质量所提供的基本养老服务以外
或水平以上的各项收费服务,则称之为非基本养老服务。[①]　内容上,基本
养老服务以老年人照料护理为主,同时也包括帮助和促进老年人适应社
会的社会化服务,具体一般涉及:基本养老服务补贴,包括困难老年人居
家养老服务补贴、重度残疾老年人护理补贴;困难老年人基本生活照料服
务;老年人健康咨询、体检服务;基本养老、医疗保险服务;老年人优待服
务;老年人无障碍环境建设;老年人法律援助等。实施原则上,基本养老
服务采取"范围有定、水平适当"的原则和标准——既能满足服务范围内
的各项服务,又能为政府财力和社会各方面所承受。

　　荆门市作为一个中等发展水平的中小城市,从其养老服务开展情况

---

① 魏津生:《实现老有所养必须构建基本养老服务》,《中国经济时报》2010 年 8 月 13 日。

来看,除在编制养老服务规划、制定优惠政策和提供资金支持、完善监督管理评估等政府职能外,荆门市政府还重点围绕加强基本公共养老服务供给布局,完善基本养老服务供给,主要的服务内容有:特困老年人基本生活照料服务、老年人健康保健服务、老年人法律援助等。

(一)特困老年人基本生活照料服务

当养老服务供给客体是"三无"老人时,政府直接充当服务供给主体,即是狭义的养老公共服务的概念。为确保荆门市特困老年人享受养老服务,维护社会公平正义,荆门市为城市"三无"、农村"五保"等纳入特困范围的老年人群体提供基本生活照料服务。服务的提供方式主要有集中供养和分散供养两种。集中供养老年人在养老机构可享受生活照料、医疗护理、文娱活动等养老服务,而分散供养老年人主要享受现金救助。

(二)健康保健服务

为推进荆门市养老服务体系建设,荆门市围绕老年人群体健康保健问题积极推进家庭签约医生和老年人健康咨询、体检服务。在家庭签约医生方面:一是积极出台政策,加强考核评价,督促优先做好老年人等重点人群签约服务;二是建立家庭医生签约服务费预付制度,按实际签约服务人口及服务质量结算,多退少补;三是实施个性化签约服务经费,针对高血压、糖尿病、严重精神障碍、肺结核 4 类特殊慢性病患者,其家庭医生签约个性化服务包项目费用;同时还积极提升服务质量,确保每个家庭医生团队均有二级及以上医院专科医生参与,较好地促进了荆门市老年人的健康管理,能有效提升老年人健康状况。在老年人健康咨询、体检服务方面:积极推动医疗队伍深入社区开展定期健康教育讲座活动和免费体检活动;通过社区平台发布讲座和体检日期,免费为社区老年人进行健康知识普及和体检服务,并对老人进行用药、饮食指导;逐步建立 65 岁及以上老年人的电子健康档案,促进老年人健康管理标准化;加强老年人免费体检和常见慢性疾病定期检查,提高老年性痴呆、抑郁等精神疾病的早期识别率。[①]

---

① 荆门市民政局:《荆门市老龄事业发展和养老体系建设"十三五"规划》,见 http://www.jingmen.gov.cn/art/2018/1/11/art_5827_248299.html,2018 年 1 月 11 日。

（三）老年人法律援助服务

根据老年人权益保障法的规定,困难老年人可以获得法律援助。为确保老年人的合法权益,荆门市设立了法律援助中心和乡镇法律援助工作站积极展开老年人法律援助服务。为进一步扩大享受法律援助服务老年人群范围,荆门市规定老年人无需出具经济困难证明即可申请法律援助服务。

综上,荆门市政府发挥政府职能,从特困老年人基本生活照料服务、老年人健康保健服务、老年人法律援助等方面着手,强化基本公共养老服务供给,与养老服务之间呈现强关系。同时,政府主体积极通过优惠政策、财政补贴等途径支持社会主体参与养老服务供给,呈现出中等程度关系。在政府、社会主体之外的家庭主体,政府主要是通过基本公共养老服务的提供,完善相关养老服务设施,为家庭养老提供便利,因而呈现出一种强关系。

二、养老服务体系中的社会责任

政府主体提供基本养老服务,可以有效满足老年人的基本养老服务需求,促进老年人生活质量的提升。然而,随着社会变迁和养老理念、经济结构及家庭结构变化,政府主体提供的基本养老服务已不足以满足老年人的多元化养老需求,同时家庭养老也难以维系,因而需要多元主体促进养老服务供给的多元化及协作发展。[1] 与政府主体不同,社会主体主要提供的是非基本养老服务——社会为具有有效需求的老年公民提高生活质量所提供的基本养老服务以外或水平以上的各项收费服务。[2] 社会主体提供非基本养老服务能有效提高养老服务的供给,满足老年人群体多元化的养老服务需求。但基于荆门市中等发达水平现状,社会主体的参与较为有限,作用效果有待提升,与养老服务呈现出一种弱关系。

（一）基层自治组织

社区(村)是我国基层治理的基本单元,基层自治组织可以充分动员

---

① 肖伊雪、陈静:《我国养老服务社会化的多元主体责任分析》,《法制与社会》2011年第22期。

② 魏津生:《实现老有所养必须构建基本养老服务》,《中国经济时报》2010年8月13日。

社区中的财力、物力和人力资源,为老年人尤其是为社区场域内老年人提供养老服务发挥重要作用。

荆门市基层自治组织提供的养老服务主要集中在基本养老服务方面,一是积极落实上级安排,组织实施包括社区日间照料中心、农村互助养老中心及老年人活动设施等在内的养老服务设施建设,2016年建有城市社区日间照料中心179个,农村互助中心846个。二是推动老年人协会组织建设。基层自治组织积极鼓励、推动辖区内老年人协会组织的建设,推动各种老年人活动的开展。目前有居委会层面养老协会数量222个,村级养老协会1320个。三是推广"积分制"管理。通过鼓励老年人在社区、村内积极参与养老服务志愿活动换取积分并开通积分兑换平台,使积分制管理在养老服务上进一步聚焦提能,推动了养老服务社会动员长效发展。目前荆门市有92%的社区(村)参与积分制管理,累计参与人次达76万人次,积分2100多万分,其中参与养老服务积分为230多万分。受限于职能定位、人员编制、经费预算等各方面的因素,基层自治组织在工作人员、经费、场地等较为有限的情况下同时承担着冗繁庞杂的工作任务,养老服务仅是其中的一项内容。可见,基层自治组织作为荆门市养老服务的重要提供主体,获得的支持严重不足。

(二)企业

企业是重要社会主体之一,是社会化养老的主要参与者。从事养老服务的企业可以通过提供付费服务,为具有较高经济能力和较高质量生活要求的老年人提供高层次、多元化养老服务。企业主体的优势在于,一是可以满足多元化养老服务需求,付费服务会促使企业主体吸引优秀人才、专业化人才,为老年人提供更加精细化、个性化的养老服务,满足不同老年人群体的多元养老服务需求;二是可以提供质量较高的养老服务,市场竞争压力会促使企业不断提高服务质量以在市场竞争中获得有利位置。从荆门市养老服务企业的状况来看,民办养老机构参与养老服务,一方面增加了荆门市养老服务的供给,一定程度上缓解了养老服务供需矛盾;另一方面也弥补了政府供给的不足,可以为有能力、有需求的老年人提供养老服务。然而,荆门市民办养老机构数量较少,仅有16家,占比仅20.2%,且主要是中低端养老服务机构,导致民办养老机构的覆盖范围有限、参与程度不高、养老服务质量待提高。

（三）非营利性组织

非营利性组织是养老服务的重要参与主体，与其他组织相比，非营利性组织的独特性在于其民间性、自治性、志愿性和非营利性。非营利性组织的民间性和志愿性特征，使其很少受到政府干预，而基于志愿性的原则能使其较为容易得到民间支持，因而可以利用民间力量扩大养老服务资源；非营利性组织的自治性，则使该类组织在形式、规模上更为灵活地适应老年人的需求，贴近老年人的实际生活，提高服务资源的利用效率；组织的非营利性使这类组织提供的养老服务能够体现一种互助共济的抗风险精神，进而在全社会形成一种敬老爱老的良好社会风气。[①] 为此，2013年荆门市引入了第一家社会工作服务机构——蓝天社工服务中心，通过承接湖北省民政厅"爱满荆楚"项目，为荆门市辖区内的失能、贫困老人及其家庭等有需要的老年人提供生活照料、健康监护、心理慰藉、社区活动、外出旅游等多项服务，在提升老年人生活信心的同时，使老人们感受到来自政府和社会的温暖。蓝天社工服务中心通过更灵活的方式为老年人群体提供多元化的养老服务，推动了荆门地区的养老服务发展。然而截止到2018年底，荆门市专业的社工机构仍是仅此一家，服务覆盖面十分有限。现存社区机构和养老机构成立的社工组织专业化程度普遍不高，缺乏专业社工人员，服务的专业性有限，作用效果不显著。

（四）志愿者

在我国养老服务中，志愿者是养老服务的一个重要的提供方，养老服务需要志愿者尤其是具备各种专业知识和专业技能的志愿者的参与。2017年国务院公布的《志愿服务条例》明确指出，国家鼓励和支持国家机关、企事业单位、人民团体、社会组织等成立志愿服务队伍开展专业志愿服务活动，并鼓励和支持具备专业知识、技能的志愿者提供专业志愿服务。

养老服务的志愿服务可以实现资源互补与合作共赢，志愿者的参与

---

① 赵小艳：《老龄化背景下养老服务的多元供给主体研究》，西北大学硕士学位论文，2008年。

可以有效弥补老年人日常生活照料和精神慰藉的缺口。该缺口主要来自两方面,一是家庭规模缩小及经济压力增大,子女特别是独生子女照顾老年人的负担过重;二是空巢和独居老年人数量巨大。养老服务志愿服务活动通过社会和老年人之间的资源互补实现互助共赢,是我国老龄化社会可持续发展的战略选择。通过志愿者服务,能够促进老人与外界的交流,增加老人对外界事物的认知,丰富老年人的精神生活,一定程度上也弥补了政府、基层自治组织和家庭的养老服务供给不足。但相关数据显示,2016 年荆门市养老机构志愿者服务人次数极少,服务覆盖面有限,对老年人的影响也较为有限,同时根据荆门市养老机构实地调查走访了解到"志愿者通过社区平台参与到养老服务中,但帮助老年人的工作只停留于表面,例如:扎堆在节假日提供表演,其他时间很少;未能深入参与到养老服务当中去,与老年人需求匹配欠佳;老年人需要时,志愿者或社工机构没时间。总体而言,志愿服务成效较低。①

从荆门市养老服务的基层自治组织、企业、社工机构、志愿者等社会主体参与情况来看,社会主体聚焦于非基本养老服务及弥补政府主体的基本养老服务的不足,更好地满足了老年人养老服务需求,提升了老年人的生活质量。但与此同时,基层自治组织养老服务支持不足,企业主体参与养老服务的范围有限,社工机构发展程度低,志愿者参与次数和服务覆盖面都较为有限,提供的支持也十分有限。因而整体上,荆门市的社会主体与养老服务呈现出一种弱关系。

三、养老服务体系中的家庭与个人责任

针对家庭的养老责任,不同国家有着不同的态度,"家庭主义"和"去家庭化"是两种截然相反的态度。在中国,家庭是养老的第一责任人、是基础,社会化养老是补充,不可能取代家庭养老。家庭提供的生活照料、精神慰藉、亲情关爱等是其他养老方式难以替代的,因而与养老服务呈现出一种强关系。

荆门市在确保老年人权益的同时,大力弘扬孝老、敬老文化,通过推

---

① 资料来源:根据 2019 年 6 月对荆门市的养老服务调研访谈整理。

选孝老爱亲典型,评选孝星榜等活动大力弘扬孝老文化,形成典型示范,激励家庭积极履行养老服务责任。但鉴于财力有限,政府对家庭养老的支持力度不大,政策难以有效落实,因此家庭养老与政府主体呈现出一种中等程度的关系。

应对年老风险,家庭和个人都需要承担一定的责任,家庭养老不仅是代际之间经济上的互惠互助,更重要的是体现了代际间精神上的互相慰藉。建立在亲情基础上的亲人照顾和亲情慰藉是任何其他主体提供的养老服务所不能替代的。家庭和个人要积极营造和睦、融洽的家庭氛围,树立尊老、敬老的榜样,传承孝顺家风等,积极发挥家庭和个人的养老作用。然而囿于经济因素子女外出成为常态,家庭养老功能逐渐弱化,因而与养老服务呈现出一种中等程度的关系。

第五节　荆门市养老服务的结构体系

从荆门市养老服务的结构体系看,以地域作为划分标准,可分为城乡养老服务;以人群作为划分标准,则一是从自理能力方面可分为失能、半失能老年人与自理老年人,二是从收入方面可分为贫困老年人与低收入老年人。针对不同的地域和老年人群,荆门市提供的养老服务有所侧重,但总体而言荆门市养老服务供给呈现出城乡养老服务资源和水平差距较大、服务对象以自理老年人和贫困老年人为主的特点。具体而言,荆门市在城乡二元结构背景下,城乡经济发展不均衡,养老服务资源集中在城区,农村地区不足;囿于财政有限,政府在养老服务供给的对象上主要聚焦于自理老年人和贫困老年人,内容上集中于基本养老服务的供给。

一、养老服务体系的城乡结构

(一)城镇养老服务体系

总体上看,荆门市城镇养老服务呈现的特点为:养老服务处于中等水平,养老床位资源较充足但入住率不高,社区居家养老服务覆盖率较高但服务质量有待提升。

1. 发展现状

截至 2018 年底,荆门市老年人口数为 54.17 万人,老龄化率达 18%,①其中城市老年人 15.83 万,占 29.22%。总体上,荆门市城镇养老服务处于中等水平,具体体现在养老床位资源较充足、社区居家养老服务覆盖率较高两个方面。全市共有城市养老机构 23 家,其中公办 7 家、民办 16 家;全市共有养老床位 18506 张,每千名老人拥有床位 34 张,②与国家 2020 养老床位规划目标每千名老人拥有床位数 35 张差距较小。在社区养老方面,荆门市通过连续实施"社区建设行动计划",大力推进社区居家养老服务,共有社区居家养老服务中心 179 个,覆盖 80%的城镇社区。在城市"三无"老年人收住方面,救助供养城市特困人员 327 人③。

2. 典型模式

(1)社区日间照料中心

为应对养老压力、破解养老难题,荆门市围绕"对标国际前沿、争创国家试点、打造湖北经验、实现荆门特色养老作为"定位,连续实施"社区建设行动计划""养老服务行动计划"。通过逐年确定养老服务设施的新建、改建计划,大力改善老年人养老环境,重点支持居家和社区养老服务,强力推进居家和社区养老服务设施升级,着力打造 15 分钟养老服务圈,较好地满足了老年人养老需求,提升了老年人生活质量。

从社区日间照料中心的发展情况来看:截至"十二五"末,2015 年荆门市已建成城市社区养老服务中心 165 个,覆盖了 79%的城市社区。2016 年新建城市社区居家养老服务中心 24 个;2017 年新建城市社区居家养老服务中心 11 个;2018 年新建 11 个城市社区居家养老服务中心,且有 1%的城市社区居家养老服务设施是由社会力量运营。详见表 7.13。

---

① 荆门市民政局、财政局:《荆门市关于申请列入全国第四批居家和社区养老服务改革试点的情况报告》,荆门市民政局官网,见 http://mzj.jingmen.gov.cn/。

② 荆门市民政局、财政局:《荆门市关于申请列入全国第四批居家和社区养老服务改革试点的情况报告》,荆门市民政局官网,见 http://mzj.jingmen.gov.cn/。

③ 荆门市民政局:《2019 年 8 月民政统计月报表》,见 http://mzj.jingmen.gov.cn/art/2019/11/1/art_10770_719927.html,2019 年 11 月 1 日。

表 7.13　荆门市城市社区养老、农村互助照料养老服务发展状况

	城市社区养老服务中心数量 （占总社区数量比例）	农村老年人互助照料活动中心 （占总行政村比例）
2015 年	165（79%）	694（52%）
2016 年新增	24	64
2017 年新增	11	29
2018 年新增	11	55
总计	179（81%）	846（64%）

注：由于社区、农村行政村数量及社区养老机构的调整，总数为最近公布数据而非各年度相加得
　　到；由于行政区划调整，社区数量和行政村数量存在动态变化，因此 2016—2017 年并未一一
　　注明占比情况。
资料来源：笔者根据荆门市 2015—2018 年政府工作报告及民政局公布数据整理得到。

从荆门市城市养老服务的典型模式来看，其重点通过打造社区日间照料中心，完善家门口的社区居家养老服务，主要的模式有：

一是官堰社区的"日间照料+志愿服务模式"。

官堰社区的养老服务主要是日间照料，提供三种服务。一个是中心服务，也就是白天居民们到二、三、四楼的各类活动室进行活动；还有一个就是上门服务，也就是志愿者上门，也包括社工机构、爱心联盟商家，看到老年人有什么样的需求，就提供什么样的帮助，只要是能做得到的服务。像爱心联盟商家中有个爱心理发店，专门做义剪，都做了十几年了，每个月都为失能老年人免费理发，所以这就是针对不同的人不同的需求提供服务。再一个就是线上线下 APP 平台，社区做了智慧养老服务平台，老人手机下载这个 APP，他有什么需求就可以在 APP 上点单，中心接到点单之后，就把信息发到联盟商家，然后联盟商家就去提供服务。[1]

官堰社区将志愿服务引入到社区日间照料模式中，通过引入爱心商家和志愿者积极参与，一方面可以弥补社区工作人员短缺的不足，另一方面可以及时有效地满足老年人需求，从而提升了社区日间照料的质量。

二是浏河社区的"日间照料+社区机构养老"模式。

社区东西南北到这个浏河社区养老机构的位置，不需要五分钟，老人（指收养老年人）的儿女晚上吃完饭后，经常到社区来看老人，可以说这是养老院

---

① 　资料来源：根据 2019 年 6 月对官堰社区主任的访谈整理。

建在居民的家门口。同时浏河社区还打造没有围墙的养老院,社区的网格员引导在家养老的老年人开展很多活动,通过像家属委员会、治管委员会等开展居家这块的互助养老。社区日间照料提供临时代养、寄养这样的服务,比如说人们要出去旅游就可以把老人寄托在养老院,类似于喘息服务。社区也提供助餐的服务,社区的空巢老年人也可以到社区养老机构来吃饭。①

浏河社区"喘息+全托"的养老服务形式,充分考虑到了老年人家门口养老及其家人照料的实际需求,受到了老年人及其家属的认可。

三是名泉社区的专业社工机构托管模式。

名泉社区在上级政府的支持下,引进蓝天社工组织与社区建立合作关系,由社区提供办公活动场所,社工组织安排专人负责运营社区居家养老服务中心,在辖区内孵化社会组织,为有需求的居民提供文娱活动、小组活动、社区活动,免费为居民提供一些便民服务。目前主要从社区、老人、老人家属三块推进社区养老服务,在社区层面主要是对社区资源进行有效整合对接,营造社区助老氛围等;在老年人层面,则是针对老人需求进行分类,对有文化养老需求的老人进行社区社会组织孵化,针对有需要者对接医疗资源,结合其健康状况评估并其需要健康照顾和管理,协助家属进行居家环境改良等;在老人家属层面,整合资源,搭建互助平台,提升其对老人的照护技巧。②

通过较为专业化的社会组织托管,有效地整合了社区资源,同时依托专业化人员的照料,例如心理慰藉与心理疏导等,提供了有针对性的服务,提高了老年人的需求匹配,丰富了老人的精神生活,从而有效提升了老年人的生活质量。

与此同时,荆门市在大力推动社区居家养老的同时,还积极引入非营利性组织,一方面借助其较为容易得到民间支持的优势,充分利用民间力量扩大养老服务资源;另一方面借助其在形式、规模上更为灵活的优势,贴近老年人的实际生活,提高服务资源的利用效率。

蓝天社工组织以"三社联动"为主要工作模式,扎根社区。2018 年,

---

① 资料来源:根据 2019 年 6 月对浏河社区主任的访谈整理。
② 资料来源:根据 2019 年 6 月对蓝天社工组织负责人的访谈整理。

蓝天社工在社区设立的社工服务站由 2017 年的 4 家增加到 13 家,在掇刀区望兵石社区、虎牙关社区、十里牌社区、长坂坡社区、军马场社区增设社工服务站,在东宝区白云楼社区设立社工服务站,在屈家岭管理区又有2 家社区设立社工服务站。蓝天社工依托蓝天使志愿者服务品牌,在所在社区开展志愿服务,2018 年共计组织志愿服务活动 63 次,组织志愿者1038 人次,提供志愿服务 2000 多小时。通过这种非正式的养老服务提供,弥补了正式养老的不足,得到了老年人及家属的认可。[①]

(2)养老服务积分制管理

荆门市是创造积分制管理模式的全国发源地,也是湖北省唯一全面推行积分制管理并取得一定成效的地区。在养老服务方面,荆门市将"时间银行"理念引入积分制管理,将积分制管理与居家和社区养老、社区志愿服务、慈善阳光家园进行功能整合,开发"益分享"公益众筹和积分兑换平台,探索建立居家和社区养老与志愿服务、公益众筹融合发展模式,使积分制管理在养老服务上应用更为深入成熟。目前参与养老服务积分已有 230 多万分,激发了社会力量参与养老服务的积极性。

专栏 1　浏河社区养老服务积分制管理

在社区养老机构,护理员通过巡查走访,了解老年人的自愿服务活动,例如推非自理老年人散心、陪下棋、喂饭等服务。护理员记下可以加分的项目,"社区公示 5 天,无异议后,录入积分制管理系统,存入'行为银行'存折"。按时间、地点、事由三要素齐全的要求,老年人自行申报、网格员初审、社区审核、公告公示后录入系统,存进"行为银行"存折。积累到一定程度便可兑换奖励,积分奖励分精神奖励、政策激励、兑换服务和物质奖励四大类。推行积分制管理后,社区涌现出 45 个孝老爱亲家庭,带动居民开展助老扶困、矛盾调解、道德宣讲等 5000 人次。[②]

---

① 资料来源:根据 2019 年 6 月对蓝天社工组织负责人的访谈整理。

② 资料来源:根据 2019 年 6 月对荆门市的养老服务调研访谈整理。

（二）农村养老服务体系

整体上看,荆门市农村养老服务呈现出养老服务发展水平较低、设施不足和质量有待提高的特点。

1. 发展现状

与荆门市城市老年人数量相比,农村老年人数量高达38.34万,占老年人总数的70.78%。总体上,荆门市农村养老服务基础设施逐年增加,逐渐形成了四级综合性养老服务网络。面对农村老年人口基数较大的现状,《荆门市社会养老服务体系建设"十三五"规划》提出,"十三五"期间全市新建、扩建、改建农村福利院项目40个。从这几年的发展情况来看:2015荆门市农村老年人互助照料活动中心已建成694个,覆盖52%的行政村;2016年新增农村老年人互助照料活动中心64个;2017年新增农村老年人互助照料活动中心29个;2018年新增55个农村老年人互助照料中心,覆盖64%的行政村。

截至2018年底,荆门市共有农村福利院56个,到2017年底已收养农村特困人员6991人。① 农村互助照料中心共有846个,覆盖64%的行政村。其中乡镇级服务设施数量达到56个,形成了市、县(市、区)、乡镇(街道)、村(社区)四级综合性养老服务网络和多元化养老格局。

2. 典型模式:农村老年人互助照料中心

荆门市农村老年人数量大、占比高,因此荆门市在农村养老服务方面格外注重打造市、县、乡、村四级养老服务网络,尤其大力推进村级和乡镇级养老服务设施建设和完善工作,并取得一定成效。

基于农村集体经济收入低、财政对农村养老服务投入有限的现状,农村老年人居住分散、收入低,无法承担机构养老费用的事实,以及农村老年人不愿意入住养老机构的养老观念问题,荆门市在农村地区重点推行农村互助养老。农村互助养老的合理性体现在三个方面:一是可以通过村级自治组织和老年人间的相互帮助,实现互助养老;二是满足了老年人不离家的养老意愿;三是可以降低老年人养老费用。典型模式主要有村

---

① 荆门市民政局:《2019年8月民政统计月报表》,见 http://mzj.jingmen.gov.cn/art/2019/11/1/art_10770_719927.html,2019年11月1日。

级老年人互助养老模式。

专栏 2　京山市马岭村:农村集体互助养老模式

马岭村养老服务互助中心最早是 2013 年发起的,当时主要是在马岭村二组(共48 户,188 人)实施的。资金方面主要是集体筹资,村民(最早只涉及村二组),通过土地、资金等形式加入,资金多的达一百多万元,总计陆续投入在 1 亿元左右。后期政府给予每年3 万元的农村互助养老服务中心示范点费用。目前马岭村老年人互助照料活动中心配有一名所长、一名炊事员、两名照护服务员。老年互助服务中心共建老年人房66 间,可供养老人 110 人,建筑面积 2200 平方米,有集体食堂、饭厅、老年人健身康复室、图书学习室、琴棋娱乐室。互助服务中心内还有活动健身林园 3500 平方米,并配置了多种老人健身休闲活动设施,建立了 QQ 视频交流平台,让留守老人定期与在外打工的子女视频联系。当前入住的老人有58 位。服务的内容是管吃、管住、管医疗,居养服务一体化。中心中午保证四菜一汤,其中两个荤菜,下午就是五菜一汤,也是必须有荤菜,菜品都是由村里小组的队长每天去买菜,荤素搭配。夏天采取小碗菜形式,冬天是桌餐,每顿都是一个火锅再加一个荤菜。住方面:满了 60 岁的老年人经过申请都可在这个服务中心免费安置,住房有夫妻房,还有两人间,每个房间都配备了衣柜、桌子、板凳、冰箱、电视机等等。医疗方面:通过村卫生室,入住老人的一些日常病、慢性病可以及时医治,突发病主要就是及时地送医院救治。①

二、养老服务体系的人群结构

(一)区分老年人生活自理能力的养老服务体系

从自理能力状况进行划分,老年人群体可分为自理老年人、半失能老年人与失能老年人。界定标准上,荆门市主要以 Barthel 量表作为评估工

① 资料来源:根据 2019 年 6 月对京山市马岭村主任的访谈整理。

具,Barthel 量表总分为 100 分,自理能力界定标准为:(1)100 分表示日常生活活动能力良好,不需要依赖他人;(2)高于 60 分评定为良,表示有轻度功能障碍,但日常基本生活基本自理;(3)60—41 分表示有重度功能障碍,日常生活需要一定帮助;(4)40—21 分表示有重度功能障碍,日常生活明显需要依赖他人;(5)低于 20 分为完全残疾,日常生活完全依赖他人。60 分以上为自理老年人,60—41 分为半失能老年人,40 分及以下为失能老年人。以此为依据,不同自理状况的老年人其养老服务的侧重点也有所差别。

自理是与失能相对的概念,即非失能的老年人即自理老年人。在养老服务内容上,自理老年人更多的是提供生活便利服务、医疗保健服务、精神慰藉、文化娱乐、法律服务和紧急救助,提供主体主要是政府和养老机构。

1. 失能、半失能老年人的养老服务

养老服务内容方面,为半失能老年人提供的主要是社区日间照料和社区辅具配置、无障碍设施改造等服务。为失能老年人提供的主要是长期护理服务。长期护理服务主要涉及定期体检、生活照料和康复护理等。此外,无论是半失能还是失能老年人都可享受机构养老服务,主要涉及生活照料服务,医疗康复服务、精神慰藉、文化娱乐及法律服务和紧急救助等。

荆门市针对失能、半失能老年人开展的养老服务内容不同,对半失能老年人,荆门市主要开展的是便利服务,例如生活照料、代购代买、家庭保洁等。而对失能老年人,经评估达到相应等级的,经申请、审核可享受长期护理保险制度覆盖的长期护理服务,服务的形式分为居家护理、养老机构护理和医院护理。

(1)半失能老年人养老服务

荆门市针对半失能老年人的养老服务以提供便利入手,为轻度失能老年人提供社区照料服务、辅具配置和无障碍设施改造等服务。

1)社区日间照料服务

荆门市重点通过"社区建设行动计划""养老服务行动计划"等计划,逐年新增城市社区老年人日间照料中心和农村老年人互助照料中心,提高养老服务设施覆盖率,为老年人提供良好的养老服务环境。通过社区平台,为社区的轻度失能老年人开展生活照料、文体娱乐、医疗保健、心理咨询、代买代购、家庭保洁等多项服务。老年人白天在社区日间照料中心或老年人互助照料中心可以玩牌、看电视、聊天或看书。同时还为其提供免费或低价午餐,并配备了用于小憩的日间休息室,满足了老年人白天的照料及文娱需求。

2)社区辅具配置、无障碍设施改造试点服务

荆门市在部分城市社区及新建小区日间照料中心进行了辅具配置和设施改造试点。新建、改建社区养老服务设施,为轻度失能老年人提供良好的养老环境,提升老年人养老质量。具体有如推进老年人集聚居住区的适老化环境改造,安装楼道扶手、伸缩折叠椅,设置楼梯踏步蓄光标识等;开展老式公房居室适老性改造,推送爬楼机等辅具租赁服务;应用推广老年人防走失定位及紧急援助系统;探索建立"社区长者照护之家""农村托老所"等小型养老设施,开展短期托养服务、喘息服务等。

(2)失能老年人养老服务

荆门市是湖北省唯一被确定为全国长期护理保险制度首批 15 个试点的城市。针对失能老年人,荆门市长期护理保险制度提供相应的长期护理服务,在具体形式上分为居家护理、养老机构护理和医院护理,其中居家护理和机构护理每人每日限额 100 元,个人分别承担 20%、25%,医院护理每人每日限额 150 元,个人承担 30%,余额由长期护理保险基金支付。

1)居家护理

根据《荆门市长期护理保险办法(试行)》,符合评定等级的老年人,可以选择居家护理。选择居家护理的老年人可享受全日护理和非全日护理,全日护理是由护理人员(主要是家属经过培训合格后成为护理员)上门服务,到保障对象家中提供长期 24 小时连续护理服务。非全日护理是由护理人员(主要是机构护理员)到保障对象家中提供每日不低于 2 小时护理服务。

2)养老机构护理

符合条件的失能老年人可以选择养老机构护理,养老院、福利院等定

点护理服务机构为入住本机构的保障对象提供长期24小时连续护理服务。

3）医院护理

符合评定条件的老年人及存在指定情形的老年人可在居家护理和社区护理之外选择医院护理。医院护理在基本医疗保险定点医疗机构或医养融合定点护理服务机构设置医疗专护病房，为入住本机构的保障对象提供长期24小时连续护理服务。

此外失能、半失能老年人都可选择机构养老服务。从荆门市老年人失能状况来看，截止到2018年底，荆门市老年人失能率为1.89%，①处于较低水平，但荆门市的老龄化率为18.0%，处于中等老龄化程度。然而，目前荆门市的养老机构无论是公办、民办、大型抑或中小型养老机构都以综合型养老机构为主，尚未有单独的护理型养老机构。

2. 自理老年人的养老服务

荆门市中等程度的老龄化状况，使得其养老服务的开展不再局限于特定的贫困老年人群体，而需为所有老年人提供养老服务。针对自理老年人，荆门市在提供了正式养老服务，例如社区医疗服务、文化娱乐服务的同时，也积极鼓励家庭、亲友等提供非正式养老服务，例如生活照料、精神慰藉等。

自理老年人的养老服务可以分为正式养老服务和非正式养老服务。具体来讲，在正式养老服务方面主要有：

（1）医疗保健服务

为推进荆门市养老服务体系的建设，荆门市将老年人群体的健康保健服务纳入家庭签约医生和医疗下乡范畴。在家庭签约医生方面：一是积极出台医疗保健服务制度，通过《荆门市家庭医生签约服务实施办法》等制度，加强考核评价，督促做好重点人群签约服务；二是积极提升医疗保障服务质量，确保每个家庭医生团队均有二级及以上医院专科医生参与，为签约个人及家庭成员提供健康咨询、急诊服务等全面健康和医疗服务；三是实施个性化签约服务经费，针对老年人群体易患的高血压、糖尿

---

① 资料来源：根据荆门市卫生与健康委员会提供数据计算得到。

病等 4 类特殊慢性病患者,提供服务包项目费用。此外,荆门市还积极推动医疗队伍深入社区开展定期免费体检活动和健康教育讲座活动,借助社区平台发布定期体检和讲座日期,免费为社区老年人进行体检和健康知识普及。对存在健康问题的老年人,引导和帮助老人建立良好卫生习惯和健康生活方式,提高老人健康水平。同时,逐步建立 65 岁及以上老年人的电子健康档案,促进老年人健康管理标准化。[①]

（2）精神慰藉与文化娱乐服务

荆门市积极开展"三社（社区、社会组织、专业社会工作）联动"试点,助推养老服务多元参与。2016 年,荆门市出台《荆门市推进"三社联动"创新基层社会治理实施意见》（荆办发〔2016〕38 号）,每年选取 20%的社区开展"三社联动"试点工作。目前,荆门市开展"三社联动"试点社区达到 126 个,占社区总数的 56.77%,发展社区养老服务类社会组织 300 多家。社区干部考取助理社会工作师、社会工作师 532 人,持证率达到 40%,超出全省平均水平 28 个百分点。注册社区志愿者 28 万多人,占常住人口的比例达 9.7%。实施公益服务项目 90 余个,涌现出了"夕阳暖心社""双金工程"（金色夕阳金色朝阳）以及"幸福来敲门"等养老服务品牌,初步形成"三社联动""两工（社工、义工）互动"工作机制,促进了互助式养老、志愿服务参与养老。"三社联动"背景下,荆门市社区日间照料中心和农村互助养老中心成立了各种老年人协会组织,积极吸纳老年人入会参与各种文体活动,既能推进老年人的社会参与,还能带动老年人加强身体锻炼,较好地提升了老年人的晚年生活质量。

（3）老年食堂试点

家庭结构的变化及高龄、独居老年人的增加,使得吃饭难问题成为困扰老年人的负担,吃剩菜、剩饭,菜品单一,是高龄、独居老年人的普遍饮食现状,长期如此,可能导致营养摄入不足,进而影响老年人身体健康。为此,荆门市在部分社区日间照料中心或老年人互助照料中心试点开办老年人食堂,通过每天统计老年人数量、菜品需求,为老年人提供用餐服

---

① 荆门市民政局:《荆门市老龄事业发展和养老体系建设"十三五"规划》,见 http://www.jingmen.gov.cn/art/2018/1/11/art_5827_248299.html,2018 年 1 月 11 日。

务。该试点一方面解决了老年人的用餐需求,减轻了老年人的负担,保障了老年人的营养摄入,另一方面通过每天到食堂的走动及用餐时的闲聊,既方便关注老年人的健康状况又可促进老年人的社交参与。

(4)维权与法律咨询:老龄系统接待来信来访、老年法律援助中心

截至 2015 年,荆门市建立了法律援助中心 7 家,乡镇法律援助工作站 57 个,[①]老年人无需出具经济困难证明即可申请法律援助。具体做法以荆门市沙洋县为例,沙洋县司法局针对老年人群体,积极发挥法援职能,优化法律服务。一是建立便捷高效的机制,对老年人实行优先接待、优先受理、优先承办的"三优"服务承诺,对 70 周岁以上的老人直接免予经济审查,对行动不便的老年人提供上门服务。二是建立回访机制,采取电话回访等方式,征询受援人意见建议,将回访反馈结果作为案卷等级评定和办案补贴发放的重要依据,并纳入对援助律师年度综合考核范畴。三是建立部门合作机制,加强与民政、老龄委、残联、劳动等多部门的横向联动,发挥部门法律援助工作站的纽带作用,扩大老年人法律援助普及率和受理面。2018 年以来,沙洋县司法局办理各类老年人法律援助案件 26件,涉及金额 130 余万元,接待老年人来访来电咨询 200 余人次。[②] 通过以上措施,有效保障了困难老年人的合法权益。

(5)机构养老服务:自理型养老机构

养老机构一般将入住老年人分为 3 种类型:自理型、半护理型、全护理型(或称为自理型、介助型、介护型)。荆门市的养老机构均为综合型养老机构,但收住的自理老年人比例不高,例如荆门市公办综合型养老机构——千福园老年养老院,共收住老年人 80 人,其中自理老年人为 44人。作为公办养老机构,其入住价格处于同行业最低水平,机构环境较好,且提供了较好的生活照料、医疗保健、心理慰藉等服务。[③]

在正式养老服务之外,家庭、个人等还为老年人提供了非正式养老服

① 《2015 年法律援助挽回经济损失 3800 多万元》,荆门新闻网,见 http://www.jmnews.cn/news/2015/11/207 637. shtml? mobile,2015 年 11 月 20 日。

② 《沙洋县司法局三举措撑起老年人权益法律"保护伞"》,湖北法制网,见 http://www.124. gov.cn/2019/0902/800046. shtml,2019 年 9 月 2 日。

③ 资料来源:根据 2019 年 6 月对荆门市千福园老年养老院负责人的访谈整理。

务。家庭是养老的第一责任人,可为老年人提供生活照料、经济保障等服务。荆门市作为中等发达程度的城市,享受机构养老服务的老年人比例不高,绝大部分老年人尤其是自理老年人都依靠家庭养老和个人养老。源于配偶、子女等的照料不仅能让老年人得到生活照料,还可让其获得亲情慰藉,舒缓老年人的情绪,促进老年人心理健康。

(二)区分老年人经济状况的养老服务体系

以老年人经济状况进行区分,可分为贫困老年人与非贫困老年人,不同经济状况的老年人群体享受的养老服务内容并不一致。贫困老年人的养老服务主要由政府提供,而非贫困老年人的养老服务则主要由家庭提供且基本与自理老年人养老服务一致,因此此处不再赘述。

从贫困老年人界定标准来看,荆门市以低保线为标准,收入低于低保线的老年人视为贫困老年人。但考虑到荆门市中心城区与辖区其他县市区及城乡经济发展水平的差异,荆门市实行分区域动态调整本地救助标准的政策。2018 年,荆门中心城区(含东宝区、荆门高新区、掇刀区、漳河新区)城市居民最低生活保障标准为 620 元/月;沙洋县、钟祥市、京山市、屈家岭管理区城市居民最低生活保障标准为 540 元/月。同时,农村居民最低生活保障标准为 4860 元/年。城市低收入老年人则是以城市低保线的 1.5 倍为标准,收入低于城市低保线的 1.5 倍的老年人将被认定为城市低收入老年人。[①] 截至 2018 年底,荆门市贫困老年人数为 2.17万,占人口总数的 0.72%,占老年人总数的 7.7%,城市分散供养特困老年人 112 人,农村分散供养特困老年人数 3729 人。

1. 贫困老年人的养老服务

(1)政府购买社区居家服务

1)政府购买服务

为更好地履行政府养老服务的社会职能,荆门市政府在公共财政的社会福利预算中拿出经费,通过公开招标或直接拨款资助服务形式向社会各类服务机构购买养老服务。荆门市针对贫困老年人的政府购买养老

---

① 《4月起,我市社会救助标准再上调》,荆门市人民政府网,见 http://www.jingmen.gov.cn/art/2019/4/11/ art_564_225340.html,2019 年 4 月 11 日。

服务试点类型可以分为两大类:一是政府购买社区居家养老服务试点,二是政府购买机构养老服务试点。二者在形式上主要采取上门、日托等服务形式,内容上主要以生活照料、文娱活动为主。

荆门市中心城区的利安社区开展了"虚拟养老"服务试点。"荆阿姨"虚拟养老服务内容包括日常护理、保健护理、饮食护理、家庭保洁等。老年人只需在家里拨打12343,对服务时间和内容进行预约,就能在约定时间享受服务中心提供的专业化服务,且困难老人的部分服务费用由中央财政给予补贴。[①] 接受虚拟养老服务的老人补贴分四类,金额从50元至150元不等。养老服务券主要提供家政类别的服务,享受服务时超出补贴范围的费用需要老年人支付。同时,2014年,东宝区被选为湖北省荆门市唯一的养老服务业试点区,获得湖北省健康服务业及养老服务业试点补助资金300万元,用于:重点发展机构养老、扶持社会专业养老机构龙头企业,支持其优化综合服务体系;不断完善社区养老及农村五保服务,建立健全全区养老服务网点,大力发展居家养老,鼓励家政公司为居家老人提供助餐、助浴、助洁、助急、助医等定制服务。社区日间照料中心建设结合上门定制服务类74万元、农村五保供养机构建设18万元、个性化家政养老服务8万元等四类[②]是资金补助的具体应用场域。

2)适老化改造服务

采取政府补贴等方式,对所有纳入特困供养、建档立卡范围的高龄、失能、残疾老年人家庭,按照《无障碍设计规范》实施适老化改造。[③]

3)政府长期护理保险资助

《荆门经济困难的高龄失能老年人长护险保费可申请政府全额资助》中规定凡具有本地户籍,年满60周岁以上(含60周岁)的城镇低收入家庭、城乡低保对象和农村建档立卡贫困户,经人社部门评定符合享受长期护理保险待遇的,纳入经济困难的失能缴费资助范围;凡具有本地户

① 《荆门市在中心城区启动"虚拟养老"服务试点工作》,荆楚网,见 http://www.cnhubei.com/hbrb/hbrbsglk/hbrb04/201306/t2589403.shtml,2013 年 6 月 2 日。
② 《东宝区被选为湖北省荆门市唯一养老服务业试点区》,中国政府采购网,见 http://www.ccgp.gov.cn/gpsr/fwydt/201408/t20140808_4629432.htm,2014 年 8 月 8 日。
③ 荆门市政府:《关于全面放开养老服务市场提升养老服务质量的实施意见》,见 https://www.jingmen.gov.cn/art/2019/6/11/art_6607_2305.html,2019 年 6 月 11 日。

籍,年满 80 周岁以上(含 80 周岁)的城镇低收入家庭、城乡低保对象和农村建档立卡贫困户纳入经济困难的高龄缴费资助保障范围。[①] 分散居住的特困老年人、低保老年人可以在政府资助下选择居家等长期护理保险。

(2)机构养老服务

针对城市"三无"老人和农村"五保"老人,荆门市政府根据老年人意愿提供集中供养和分散供养服务,选择集中供养的老年人即可享受机构养老服务。提供养老服务的机构主要是公建公营和公建民营的养老机构,在公建公营养老院床位数不足情况下可由政府向民办养老机构购买床位。

1)公建公营养老机构

为贫困老年人群体提供服务的公建公营养老机构主要是指福利院、敬老院等。福利院主要的服务对象是城市"三无"人员,即无家可归、无劳动生产能力、无经济来源的老人,政府为他们提供养老服务所需的全部费用,具体包括生活照料、医疗保障、精神慰藉等服务。截至 2018 年,荆门市共有 6 所社会福利院,其中 5 所公办,到 2017 年底已救助供养城市特困人员 327 人。[②] 敬老院是农村集中供养"五保"老人的场所,"五保"老人供养是国家举办的农村福利事业的组成部分。截至 2018 年底,荆门市共有农村福利院 56 个,到 2017 年底已收养农村特困人员 6991 人。[③]

2)公建民营养老机构

公建民营养老机构是指政府将其投资建设的养老机构,包括民政部门直属的社会福利机构和乡镇(街道)政府下属的农村敬老院,通过招投标方式委托给社会主体运营管理,以切实提高绩效。简单的理解就是保持公办养老机构国有性质不变,将其整体打包委托给专业公司运营,解决公办养老机构管理体制僵化、服务功能单一及资源分配与利用不均衡等

---

① 《荆门经济困难的高龄失能老年人长护险保费可申请政府全额资助》,荆门新闻网,见 http://www.jmnews.cn/news/2018/10/253219.shtml,2018 年 10 月 28 日。

② 荆门市民政局:《2019 年 8 月民政统计月报表》,见 http://mzj.jingmen.gov.cn/art/2019/11/1/art_10770_719927.html,2019 年 11 月 1 日。

③ 荆门市民政局:《2019 年 8 月民政统计月报表》,见 http://mzj.jingmen.gov.cn/art/2019/11/1/art_10770_719927.html,2019 年 11 月 1 日。

问题,以增强公办养老机构活力,提升服务质量。荆门市积极推进养老机构的公建民营改革,目前已将荆门市社会福利院作为改革试点。

2014年荆门市社会福利院是荆门市唯一一家开展改革试点的民政部公办养老机构。经济困难的孤寡是其主要服务对象之一,服务内容除生活照料和医疗护理外,还重点突出精神慰藉。例如,为加强与老年人的情感交流,荆门市社会福利院积极开展文娱活动,利用重阳节、敬老月等传统节日开展多种形式的文化活动,每逢双月定期举办道德讲堂活动,丰富老年人的精神世界;结对认亲,福利院中层以上管理层每人至少认一名老年人为"亲戚",建立认亲联系卡,参与认亲的人员每月至少为老年人洗一次脚,每季度开展一次送温暖活动,每年过一次生日等活动。此外,福利院还积极推动设施改建,为老年人公园安装电梯,设立图书阅览室、文化活动室、书画室和医疗室等,满足了老年人养老服务的多元需求。①

2. 低收入城市老年人的养老服务

(1)救助、关爱服务

针对城市低收入老年人群体,荆门市主要提供救助和关爱服务,以维持城市低收入老年人的基本生活。一是倡导全社会开展帮扶、结对、认养资助等慈善救助活动,发挥社会慈善在老年人扶贫济困中的补充作用。二是将城市低收入家庭老年人纳入重特大疾病医疗救助范围,完善临时救助制度,加强对老年人的"救急难"工作。三是探索建立并完善城市低收入家庭住房救助、法律援助等专项救助制度。

(2)机构养老服务

为低收入老年人提供养老服务的主要是民办公助养老机构。民办公助养老机构是指民间组织或者机构,包括企业或者非营利性组织如公益基金会等自行购买土地,自建或者自行租用房产,自我经营老人服务机构,政府给予一定的补助。② 荆门市现有民办养老机构16家,均获得了政府资助。主要的政策支持有:一是土地供应支持,民间资本举办的非营利性养老机构与政府举办的养老机构享有同等的土地使用政策等;二是

① 资料来源:根据2019年6月对荆门市社会福利院负责人的访谈整理。
② 杨团:《公办民营与民办公助——加速老年人服务机构建设的政策分析》,《人文杂志》2011年第6期。

资金补助支持,对验收合格的社会办养老机构给予一次性建设补贴和运营补贴,并建立补助标准增长机制;三是税收优惠政策支持,在营业税、土地房产税、行政事业费等方面予以优惠;四是人才培养与就业政策支持,人社部门积极组织养老护理人员参加养老服务职业技能培训,并按规定落实培训补贴,同时还可按规定享受社会保险补贴、公益性岗位补贴及养老护理员特殊岗位补贴或一次性奖励。

以荆门市钟祥市茶庵亲和养老院为例:钟祥市茶庵亲和养老院是一家中小规模的综合型养老机构,目前有老年人居住房间 60 间,床位 110 张,收住老年人 103 人。该机构于 2018 年获得政府运营补贴 15.7 万元(2014 年获建设补贴 7 万元),并享受了税收、水电气方面的优惠政策。[①]

同时,受限于经济发展和收入水平,荆门市目前的民办公助型养老机构均属于中低端型养老机构。

以京山恒源养老院为例:京山恒源养老院是 2013 年开业,位于京山经济开发区八里途社区的大型民营综合型养老机构。该机构占地面积达 39960 平方千米,拥有老年人居住房间 283 间,床位 540 张,配有医生 12 人、护士 30 人和护理员 42 人。2018 年收住老年人 265 人,入住老年人以高龄、半失能、失能老年人为主。收费标准分为介助、介护一级、介护二级、介护三级、介护四级,每月依次收取 200、400、700、1975、2050 元,生活费为 450 元,水电费自理。服务内容按照介助和介护实行 24 小时护理流程,包括洗漱、清洁卫生、协助活动、送餐、查房、生病通知家属等。[②]

---

① 资料来源:根据 2019 年 6 月对钟祥市茶庵亲和养老院负责人的访谈整理。
② 资料来源:根据 2019 年 6 月对京山恒源养老院负责人的访谈整理。

第八章 高收入地区养老服务 体系建设评估

——以上海市为例

上海市位于长江三角洲地区,是我国国际经济、金融、贸易、航运及科技创新中心。从经济发展水平来看,2018 年上海市生产总值为 32679.87 亿元,居民人均可支配收入 64183 元,其中,城镇常住居民人均可支配收入 68034 元,农村常住居民人均可支配收入 30375 元,[①]经济实力领跑全国。2019 年发布的"全球城市经济竞争力榜单"显示,上海市位列第 10,[②]全球影响力可见一斑。从养老服务筹资来看,2016 年上海市成为我国第一批开展长期护理保险的 15 个试点城市之一;从养老服务供给来看,上海市是中央财政支持开展居家和社区养老服务改革试点地区之一。鉴于上海市经济发展、养老服务与本研究主题契合良好,本研究挑选上海市作为我国高收入地区代表,讨论其养老服务体系建设状况。

第一节 上海市人口老龄化特征与 养老服务体系基本框架[③]

一、上海市人口老龄化特征

随着经济发展高速化、人民生活水平的不断提高以及医疗保健服务

---

① 上海市统计局:《上海市 2018 年国民经济和社会发展统计公报》,见 http://www.shanghai.gov.cn/nw2/nw2314/nw2318/nw26434/u21aw1388491.html,2019 年 3 月 1 日。

② 《报告显示:2019 年全球城市竞争力呈现七个新特点》,中国新闻网,见 http://www.chinanews.com/cj/2019/11-13/9005806.shtml,2019 年 11 月 13 日。

③ 本节作者为杨红燕、陈鑫、宋知行。

专业化,上海市的老龄化也越来越严重,其老龄化现状具有如下特征:

（一）步入老龄化社会时间早,老年人口基数大

上海市是我国最早进入老龄化社会的地区,早在 1979 年改革开放时,60 岁及以上户籍人口占总人口的比重就已经超过了 10%,由此正式进入了老龄化阶段。[1]

截至 2019 年底,上海市户籍人口 1471.16 万人,60 岁及以上老年人口 518.12 万人,占总人口的 35.2%。80 岁及以上高龄老年人口 81.98 万人,占总人口的 5.6%。100 岁及以上老年人口共计 2729 人,其中男性 678 人,女性 2051 人,[2]高龄化现象明显。根据 2019 年上海人口年龄结构、人口机械变动和自然变动情况以及 2500 万城市人口总量规划目标等因素测算,2030 年左右,上海常住老年人口规模将达到历史峰值,约为 480 万人,常住人口老龄化率为 19.2%。[3]

（二）预期寿命延长,老年抚养系数再创新高

2019 年上海市户籍人口预期寿命为 83.66 岁,其中男性 81.27 岁,女性 86.14 岁,人口预期寿命继续攀升。

抚养系数为一个地区 60 岁及以上非劳动年龄人口占 15—59 岁劳动年龄人口的比重。2019 年末,上海市老年抚养系数为 65.2%,比上年增加 2.7 个百分点;15—64 岁劳动年龄人口抚养 65 岁及以上老年人口的老年抚养系数为 38.0%,比上年增加 3.3 个百分点,社会赡养压力不断增加。[4]

（三）老龄化城乡分布差异大

第六次全国人口普查显示的上海市各街道 65 岁及以上老龄人口的分布情况表明,崇明区老龄化程度为全市最高,其次是中心城区的各街道

---

[1]　王雪娅:《上海市社区居家养老模式研究》,东华大学硕士学位论文,2016 年。

[2]　上海市卫生健康委员会:《2019 年上海市老年人口和老龄事业监测统计信息》,见 http://wsjkw.sh.gov.cn/tjsj2/20200527/06873e6ec8f54a158c25475dbbb574a6.html,2020 年 5 月 27 日。

[3]　上海市统计局:《上海人口老龄化现状和预判》,见 http://tjj.sh.gov.cn/tjfx/20181123/0014-1002033.html,2018 年 11 月 13 日。

[4]　上海市卫生健康委员会:《2019 年上海市老年人口和老龄事业监测统计信息》,见 http://wsjkw.sh.gov.cn/tjsj2/20200527/06873e6ec8f54a158c25475dbbb574a6.html,2020 年 5 月 27 日。

和青浦区、松江区、金山区的西南部、浦东新区、奉贤区的东南部部分街道,65 岁及以上人口老龄化率集中在 15% 以上,再次为大部分近郊区的各街道,老龄化程度集中在 7%—15% 之间,最后为中西部的青浦区、松江区为主的街道,老龄化程度最低。

(四)失能老人数量递增,纯老、独居现象越来越明显

2016 年"上海市老年人养老意愿调查"数据显示,60 岁及以上户籍老人中,基本生活完全能自理的占 93.3%,基本生活部分能自理的占 4.2%,基本生活不能自理的占 2.5%,失能与半失能人口接近 31 万,到 2019 年底接受长期护理的老人达到了 41.6 万人,失能人口增长迅速。

2019 年末上海市"纯老家庭"老年人数 143.61 万人,其中 80 岁及以上"纯老家庭"老年人数 35.94 万人;独居老年人数 31.74 万人,其中孤老人数为 2.49 万人。[①] 未来一段时期,上海步入老年阶段的人群中 80% 以上是独生子女父母,随着独生子女父母成为老年人群主体,"纯老家庭"现象愈加明显。

二、上海市养老服务体系的基本框架

(一)四大体系

与我国整体的养老服务体系框架相同,上海市养老服务体系包括四大体系,涉及筹资体系、内容体系、结构体系、层次体系,每个体系分别从不同视角反映了养老服务的建设与发展,此处不再赘述。

(二)环境因素

上海市位于我国东部长江入海口,是国家中心城市、超大城市。截至 2018 年底,全市下辖 16 个区,总面积 6340.5 平方千米,常住人口达到 2423.78 万人,城镇化率为 88.10%。属于典型的超大型城市,在我国大型发达城市地区中具有代表性,因而其养老服务的发展状况也具有大型城市的代表性。影响上海市养老服务的环境因素可主要归纳为经济、政治、人口、社会、文化、技术等六个方面。

---

① 上海市卫生健康委员会:《2019 年上海市老年人口和老龄事业监测统计信息》,见 http://wsjkw.sh.gov.cn/tjsj2/20200527/06873e6ec8f54a158c25475dbbb574a6.html,2020 年 5 月 27 日。

1. 经济因素

（1）经济高度发达

上海市作为我国的经济中心，是我国经济最发达的城市，2018 年全市生产总值达 32679.87 亿元，排名全国前列，其中第三产业增加值为 22842.96 亿元，占全市生产总值比重达到 69.9%；社会服务业增加值为 8490.73 亿元，占第三产业比重为 37.2%。[①] 同时，2018 年上海市人均 GDP 超 2 万美元，达到中等发达国家水平。从 2018 年人均可支配收入来看，达 6.4183 万元，全国排名第一，[②]其中城镇常住居民人均可支配收入为 68034 元，农村常住居民人均可支配收入为 30375 元，均排名全国第一。[③] 经济高度发达、第三产业比重高、社会服务业发展势头快、人均可支配收入水平高的经济发展现状，一方面使得上海市养老服务行业发展迅速，民办养老机构数量和床位数分别占总数的 49.4% 和 43.8%，另一方面也使得老年人具有较高的养老服务购买力，从而为上海市养老服务业的发展提供了广阔的市场前景。

（2）财政实力雄厚且投入持续增加

财政投入是推动养老服务等民生事业发展的重要资金来源。高度发达的经济水平为上海市提供了雄厚的财政收入，也为积极推动上海市养老服务的发展提供了较为充足的保障。

上海市养老服务公共财政支出稳步增加，不断加大对养老事业的投入。2010—2017 年，上海市一般公共预算支出从 3302.89 亿元增加到 7547.62 亿元，年均增长 12.53%，其中用于社会保障和就业方面的支出从 362.56 亿元增加到 1061.03 亿元，年均增长 16.58%，高于同期一般公共预算的年均增长率，占比从 11.0% 提高到 14.1%。[④] 上海市财政对于社会保障投入比重的增加及增长速度的提升，促进了上海市养老服务事业的较快发展。

---

① 上海统计局：《上海市 2018 年国民经济和社会发展统计公报》，见 http://www.shanghai.gov.cn/nw2/nw2314/nw2318/nw26434/u21aw1388491.html，2019 年 3 月 4 日。

② 《2018 湖北各地级市 GDP 出炉：全省人均跨入 1 万美元大关，中部领先》，荆楚网，见 http://bbs.cnhubei.com/ forum.php? mod=viewthread&tid=4618017，2019 年 2 月 14 日。

③ 数据来源：《中国统计年鉴 2019》。

④ 数据来源：《上海市统计年鉴 2018》。

2. 政治因素

(1)健康中国战略的落实

为落实国务院印发的《健康中国"2030"规划纲要》《关于实施健康中国行动的意见》《健康中国行动组织实施和考核方案》等促进养老服务的顶层设计,上海市积极打造涵盖养老服务供给体系、保障体系、政策支撑体系、需求评估体系、行业监管体系的"五位一体"社会养老服务体系。"五位一体"社会养老服务体系作为上海市养老服务的顶层设计,是总的指导思想,推进了上海市养老服务体系建设,促进了上海市养老服务的发展。

(2)切实推进养老服务发展的政治站位

上海市不断深化思想认识,坚持以人民为中心切实推进养老服务事业的发展。一是不断完善养老服务体系,例如出台了各种较为完善的养老服务政策文件和地方标准,积极探索基层实践和创新模式,培育了较完善的养老服务市场和专业社会组织、队伍;二是积极关注老年人养老痛点,并着力解决结构性矛盾,不断根据老龄化形式,围绕社会痛点探索新的养老服务方式,例如建设认知障碍照护体系,同时围绕"住不上""住不起"的结构问题,积极助推多元化养老服务供给与着力保障基本养老服务、养老服务终端需求同时发力;三是大力推荐嵌入式养老,围绕老年人需求,将小规模、多功能、专业化、综合性的嵌入式养老设施布局在社区,打造15分钟养老服务圈,让老年人充分获得养老信息、服务和情感支持。

3. 人口因素

上海市养老服务相关的人口因素表现为老龄化深度发展、城乡分布差异大以及失能、纯老、独居老人数量递增,更详细的介绍可见本节关于上海市人口老龄化特征的阐述。

4. 社会因素

(1)老年宜居环境建设

建设老年宜居社区是推进上海市建设老年友好城市的重要举措,对进一步加强老年宜居社会大环境建设,巩固家庭养老基础地位,不断完善城市和社区公共服务功能,为老年人创造无障碍居住环境,提高老年人生活满意度具有积极意义。为此,早在2013年上海市就启动了老年宜居社区建设试点工作。2017 年公布了上海市地方标准《老年宜居社区建设细则》(DB31/T1023—2016),该标准结合上海市社会和经济发展的实际状况,从老年社区生活所关涉的居住、公共设施、服务供给、生态环境以及社会文明等方面的要求和需求出发,对社区居住环境、出行安全、公共设施和服务便利等硬件以及管理要求、人文内容和环境营造等软件,全方位进行了设计、制定和规范,致力于为老年人居家养老的宜居生活提供便利。"十三五"期间,上海市老年宜居社区建设在全市所有街镇全面展开,让老年人共享城市发展的成果。

(2)城乡融合发展

城乡差异是影响农村老年人养老服务质量的主要因素。为此,上海市积极推进养老服务城乡一体化发展,聚焦农村地区养老服务短板,完善养老设施、提升服务水平、提供政策保障,推进城乡基本养老公共服务均等化。主要的做法可归纳为三个方面:一是制定了《上海市农村地区养老服务美好生活三年行动计划(2018—2020 年)》,以缩小城乡差距为主攻方向,聚焦农村养老;二是着力建设农村养老服务网络,打造镇(街)有"院"、片区(村)有"所"、村(组)有"点"的设施网络;三是打造农村互助照料模式,积极探索利用农村闲置宅基地和农民住房举办养老设施,形成"农村就近照护模式",例如由村里统一租赁村民的空置房屋,改造成养老服务设施,满足村民"养老在乡村"的愿望。

5. 文化因素

孝亲敬老是中华民族的传统美德,是幸福家庭的道德基础,也是社会和谐的重要基点。为此,上海市积极弘扬宣传敬老、孝老文化。主要做法有:一是设立敬老日,1997 年上海市便将重阳节设立为敬老日;二是建设孝亲文化展示馆,上海市民政局和奉贤区人民政府正在共同筹建"上海孝亲文化展示馆",着力弘扬现代孝亲文化,倡导家庭层面核心价值观的引领作用;三是开展"孝亲课堂",通过多元化渠道、多部门联动、多形式参与,将专业养老和人文养老项目化、课程化,并推广到社区和学校,让更多居家老人得到暖心照料和亲情抚慰;四是树立典型,积极推进上海市"孝亲敬老之星""敬老模范单位"评选,弘扬中华民族敬老爱老的传统美德,营造全社会敬老爱老助老的良好风尚。

6. 技术支持

上海市是全国进入老龄化最早和老龄化程度最深的城市,老年人照护压力巨大。为此,作为科技发达城市,上海市充分利用在物联网、云计算、大数据、移动互联网等方面的领先地位,积极推进信息技术与养老服务相融合,将"智慧养老"作为养老服务全面升级的重要引擎,探索养老新模式。一是发展"智能床位"试点,智能床位借助 5G 技术不仅可以记录老人的心率、睡眠情况等,还可监测老年人离开床位的时间,及时提醒看护人员。二是建设信息平台和智能终端,借助智慧养老综合服务平台和智能终端,一方面建立老年人信息大数据,为老年人开展为老服务提供依据;另一方面是整合各类为老服务资源,通过智能终端为老年人及时推送为老服务信息,提供远程医疗、教育、心理咨询等服务。2016 年"上海市综合为老服务平台"上线,标志着上海市智慧养老工作取得重要进展,该平台还将升级推出"智慧养老顾问"以重点解决养老服务过程中的信息不对称问题,运用大数据和智能分析推进技术为老年人提供服务建议。三是智慧养老服务应用,例如上海市静安区临汾街道在街道区域安装上万个感知部件,设置了21 个应用场景,为有需求的老年人提供安全监测服务;同时发放养老服务智能卡,及时评价护理员的服务质量,加强过程监管,促进养老服务质量提升。[1] 上海市的智慧养老充分利用物联网、云计算、大数据、智能硬件等新一代信息技术,实现个人、家庭、社区、机构与健康养老资源的有效对接和优化配置,推动了健康养老服务智慧化升级,提升了健康养老服务质量和效率。

第二节　上海市养老服务的筹资体系[2]

继本章第一节简介了上海市养老服务的四大体系之后,本节至第五

---

[1] 《有了高科技,养老就无忧无虑了吗? 和每个人都将有关的"智慧养老"你怎么看——上观》,全国养老事业网,见 http://www.zgylsyw.org.cn/cn/intelligence/645.html,2018 年 10 月 17 日。

[2] 本节及下一节作者为杨红燕、宋知行。

节将详细阐述上海市养老服务四大体系的具体建设与实践。从社会保险、社会救助、政府补助、社会支持、家庭与个人付费等维度探讨上海市养老服务的筹资体系是本节主要内容。

一、社会保险

（一）养老保险

养老保险是老年人购买养老服务的主要资金来源,目前上海市养老保险因保障对象的不同分为职工和居民两类;2019 年城镇职工缴费基数最低为 4927 元,职工个人和企业按总数 24% 的比例缴费,全市 60 岁及以上老年人领取城镇职工基本养老金的人数共计 419.41 万人,占老年人口的 80.9%,平均养老金为每月 4521 元;城乡居民按照 500—5300 元十个参保档次缴费,财政给予对应的缴费补贴,2019 年上海市居民基础养老金上调至 1010 元,全市领取城乡居民基本养老金的老年人共计 49.75 万人,占老年人口的 9.6%,人均养老金为 1126 元/月。[①]

无论是城镇职工还是城乡居民,养老金都是参与养老服务资金筹集最为直接的方式,也是老人退休后最稳定的经济来源,承担着养老服务购买最主要的责任。领取的养老金一般被老人用来购买社区居家养老服务和机构养老服务,以此获得生活照料、医疗保健和精神文娱享受。

（二）医疗保险

"养老最大难点不是养是医",医疗保险参与养老服务的方式为满足老人养老需求中的健康需求。根据马斯洛的需求层次理论,老年人要有尊严地活下去不只需要日常生活照料,还应包括多方面的养老服务,比如医疗需求。随着人们生活水平和预期寿命的不断提高,老年人的寿命越来越长,但慢性疾病的发生率也随之增长,身体机能无法再满足其独立生活的条件,需要社会力量的干预。

医疗保险为养老服务注入资金的方式体现为满足老人的各项医疗需求,老人享受基本医疗保障的同时,提供医疗服务的社区和机构将由此获

---

① 上海市卫生健康委员会:《2019 年上海市老年人口和老龄事业监测统计信息》,见 http://wsjkw.sh.gov.cn/tjsj2/20200527/06873e6ec8f54a158c25475dbbb574a6.html,2020 年 5 月 27 日。

得补贴。2019年上海市居民医保规定,60—69周岁每人每年缴费555元,70周岁以上人员每人每年缴费390元;[①]住院待遇方面,老年人三级医疗水平起付标准分别为50元、100元、300元,对应的医保基金支付标准为90%、80%、70%;门诊待遇方面,老年人三级医疗水平起付标准均为300元,对应的基金负担比例为70%、60%、50%。[②] 退休职工医保规定,住院待遇方面基金报销比例85%,个人起付线1500元;门诊待遇方面,基金根据医院等级报销比例为70%—90%不等,具体按照老人的退休时间与年龄决定。

(三)长期护理保险

上海市长期护理保险是指以社会互助共济方式筹集资金,为失能、半失能老人提供服务或资金保障的社会保险制度。对职工医保参保者,按照用人单位缴纳职工医保缴费基数1%、职工个人缴纳职工医保缴费基数0.1%的比例缴纳,享受待遇时从职工医保统筹基金中按季调剂资金,作为长期护理保险筹资。普通居民根据年度60周岁及以上居民医保的参保人数,按照略低于职工的人均筹资水平,从居民医保统筹基金中按季调剂资金,作为长期护理保险筹资。制度的参保对象严格限制为年满60周岁及以上、已按规定办理申领基本养老金手续的职工和居民医保参保者,当参保对象经过老年照护统一需求评估,等级为二级至六级的可以享受长期照护服务。

如表8.1所示,上海市长期护理保险的参与主体、服务内容按照养老模式的不同分为社区居家照护、养老机构照护和住院医疗护理三类,分别由不同的照护主体为老人提供标准化的生活照护和专业化的医疗康复服务。其间发生的费用由基金和个人共同支付,社区上门居家护理按失能等级划分服务时间,原则上不超过7小时/天,参保人员在评估有效期内发生的服务费用由长期护理保险基金负担90%;机构照护和住院医疗照护为二级失能到建议住院治疗的人群提供24小时全天照护,机构照护服

---

① 上海市人力资源和社会保障局:《关于2019年本市城乡居民基本医疗保险有关事项的通知》,见http://rsj.sh.gov.cn/tylbx_17284_17284/20200617/t0035_1390125.html,2018年11月22日。

② 李阳、田文华、段光锋:《上海市城乡居民大病保险政策:演进、现状与思考》,《保险理论与实践》2020年第1期。

务费用由长期护理保险基金负担85%;住院照护按失能人员医保类型分为职工和居民,对应各自的报销比例,最高可达92%。

表8.1　上海市长期护理保险服务内容及待遇、支付标准

服务形式	社区居家照护			养老机构照护			住院医疗照护
评估等级	二到三级	四级	五到六级	二到三级	四级	五到六级	建议至相关医疗机构就诊
待遇标准	≤3小时	≤5小时	≤7小时	20元/天	25元/天	30元/天	住院照护标准
支付标准	长护险基金90%,个人10%			长护险基金85%,个人15%			职工:年度累计超过起付线部分,统筹基金支付92%;居民:按照医疗机构等级分别报销90%、80%、70%
服务内容	42项具体服务项目,分为基本生活照料和常用临床护理两类,如头面部清洁梳理、沐浴、协助进食/水、排泄和失禁的护理、生活自理能力训练、鼻饲、造口护理等						职工医保的诊疗项目、医疗服务设施和用药范围执行

资料来源:根据《上海市长期护理保险试点办法实施细则(试行)》《上海市长期护理保险结算办法(试行)》整理。

上海市于2017年正式在徐汇区、普陀区、金山区开展长期护理保险试点,2018年开始在全市展开制度推广。从整体上看,全市长期护理保险制度稳定实施。截至2019年7月,全市长期护理保险试点各街道、社区事务受理服务中心累计受理申请已达到50.8万人次,累计完成需求评估45.5万人,接受服务对象41.6万人,其中接受社区居家护理服务的老人为30.5万人,接受养老机构服务的老人为11.1万人。长期护理保险签约服务机构共1109家,包括养老机构708家,社区居家机构401家。队伍建设方面,长期护理保险各签约机构已申报各类护理服务人员约5万人,其中居家的护理服务人员约3.5万人,机构护理服务人员约1.5万人,全市已扶持和培育养老护理培训机构和职业院校90多家。费用支付方面,2019年长期护理险基金共支付12.7亿元,其中支付社区居家照护费用9.4亿元、养老机构费用3亿元、评估费用0.3亿元。①

---

① 《今年上海长护险基金支付12.7亿惠及41万人,下一步门槛不能降低守好人口关》,新浪网,见 http://news.sina.com.cn/c/2019-08-19-doc-ihytcern1977802.shtml,2019年8月19日。

二、社会救助

社会救助属于最低层次的保障,受助群体为贫困人群,其中 60 周岁及以上老年贫困群体占据不小的比例。

(一)农村五保、城市"三无"人员救助

表 8.2　2019 年上海市贫困老人的医疗救助标准

救助对象	基本生活救助	医疗救助		
		基本医疗保险参保	门诊费用	住院费用
特困老人	1510 元/月	全额资助	—	—
低保老人	1160 元/月	全额资助	低于 300 元全额资助,高于 300 按 300 元资助	90%(含住院起付线)

资料来源:上海市政府、上海市民政局、上海市财政局:《关于调整本市城乡低保及相关社会救助标准的通知》,见 http://xxgk. shbsq. gov. cn/article. html? infoid = aedabc6a – dc30 – 4601-9572-9942ffae6200,2019 年 3 月 11 日。

特困人员救助制度通过发放救助金和供养的方式为老年人提供不低于本市居民基本生活水平的生活照料服务,包括对完全丧失生活自理能力的老人实行集中供养,由福利机构提供生活照料服务;对有一定生活自理能力的半失能老人,按照老年照护统一需求评估办法进行评估,根据评估结果提供相应的生活照料服务,服务时间在原有基础上增加 30%。如表 8.2 所示,2019 年上海市特困老人日常生活供养标准由每人每月 1400 元调整为每人每月 1510 元(散居和集中供养为统一标准),主要用于特困老人在食品、衣着、居住(即水电煤等)方面的生活支出。

(二)居民最低生活保障制度

上海市城乡低保对象为家庭收入和家庭财产状况低于年度最低生活标准(贫困线)的人群。低保老人因劳动能力明显降低导致经济来源不稳定,部分老年群体还饱受疾病困扰,需要照料,为保障老人获得必要的养老服务,政府给予一定的现金支持以维持老人的基本生活。2019 年上

海市城乡居民最低生活保障标准由每人每月 1070 元调整为每人每月 1160 元,全市 60 岁及以上老年人获得城乡最低生活保障金的人数共计 2.08 万人,占老年人口的 0.4%。

（三）医疗救助

为减轻困难老人的医疗负担,上海市分别向特困老人和低保老人给予了相应的医疗救助,以满足老人的医疗需求。

上海市政府全额资助特困人员参加基本医疗保险和制度性的补充医疗保障计划,并承担其在定点医疗机构就医所产生的基本医疗保险及各类制度性的补充医疗保障计划、商业保险等报销后个人负担的所有医疗费用。住院期间的护理费用,按照医疗机构的护理标准经基本医疗保险承担后,剩余部分据实结算。为减轻低保老年群众的就医负担,上海市对城乡低保老年人提供了基本医疗保险个人缴费全额补助、最高 300 元门诊起付线补助以及门诊与住院费用（住院起付线）按 90% 比例报销等保障,以解决困难老年人参不起保、治不起病的双重困境。

三、政府补助

上海市逐步形成了政府主导、社会参与、居家养老与机构养老互补的养老格局。2016 年度上海市一般公共预算支出为 6918.9 亿元,其中给予全市养老服务补贴 23651.3 万元,占比 0.034%;福利彩票公益金补贴 5266.9 万元,占政府性基金 0.02%。公共财政对养老服务的补贴分为补供方和补需方两种形式。

（一）补供方

如表 8.3 所示,建设补贴方面,机构的建设补贴主体包括民办保基本养老机构及其他非营利性养老机构,前者补贴标准为 2 万元/床,后者为 1 万元/床,社区的建设补贴主体包括社区综合为老服务中心、长者照护之家等六类,按照设施服务特点分别给予 1 万—60 万元的一次性建设补贴。

表 8.3　上海市养老服务建设补贴标准

补贴主体	机构/设施类型	建设补贴标准	资金来源
养老机构	民办保基本养老机构	2 万元/床	市级福利彩票公益金,各区按照不少于 1∶1 的比例配比
	其他非营利性养老机构	1 万元/床	
	社区综合为老服务中心	60 万元	
	长者照护之家	1 万元	
社区居家养老设施	老年人日间照护机构	15 元—60 万元	
	社区老年人助餐点	20 万元以内	
	社区睦邻点	1 万元	
	社区长者食堂	10 元—50 万元分档补贴	

资料来源:上海市政府:《关于推进本市"十三五"期间养老服务设施建设的实施意见》,见 ht-tps://www.shanghai.gov.cn/nw39370/20200821/0001-39370_50052.html,2016 年 9 月 22 日;《上海民政年鉴 2017》。

运营补贴市政府不做统一规定,由各区政府按实际财力确定,本节以浦东新区为例进行介绍。该区养老服务运营补贴项目涉及设施补贴、服务内容补贴和护理人员补贴三大类,类目齐全。养老机构具体包括开办费补贴 5000 元/床、失能老人照护补贴 100 元/月/床、运营补贴 8 万元等。社区居家养老中心具体包括开办费补贴 5000 元和 3000 元,失能老人照护补贴 200 元/人/月、运营补贴最高 8 万元等。[①]

税费优惠方面,主要包括对公办、民办非营利性养老机构的营业税、房产税、城镇土地使用税、企业所得税、个人所得税给予优惠,免征有关行政事业性收费;对营利性养老机构建设减半征收有关行政事业性收费,对养老机构提供养老服务适当减免行政事业性收费。

生活支出优惠方面,根据上海市《关于本市养老机构执行水、电、燃

---

① 上海市浦东区人民政府:《浦东新区关于推进"十三五"期间养老服务发展的财政扶持政策》,见 https://www.pudong.gov.cn/shpd/InfoOpen/InfoDetail.aspx? InfoId=45b5221a-6d65-4850-b0b4-e92869fcd2c0,2017 年 7 月 14 日。

气、有线电视等价格标准》的行分表计量,实际使用量分别按照水、电、燃气居民生活类价格标准计费;鼓励有关电信经营企业对养老服务机构使用的宽带、固定电话按照居民价格标准给予优惠。《上海市民价格信息指南 2019》规定,2019 年执行居民价格的非居民用户水费 2.12 元/立方米,电费 0.641 元/度,燃气 3.05 元/立方米;养老服务机构有线电视维护费按现行每月每端 6.5 元收取。

土地使用优惠和信贷融资方面,规定各级政府将养老机构等服务设施建设用地纳入土地利用总体规划和土地利用年度计划,在符合规划、确保安全等前提下,可将闲置的公益性设施用地优先调整为公益性养老服务设施用地;同时,允许不断拓宽信贷抵押担保物范围,促进金融机构加大对养老服务业的信贷投入力度。鼓励发展各类养老服务业保险产品,支持养老机构发行企业债券或产业专项债券,适当放宽企业债券现行审核政策、引入投资基金及开展资产证券化等方式融资,不断丰富养老服务业的融资渠道。

(二)补需方

根据上海市政府《关于调整本市养老服务补贴标准的通知》(沪民规〔2019〕2 号),为进一步做好养老服务补贴工作,对具有上海市户籍且符合相关条件的居家困难老人给予养老服务补贴,补贴形式是政府为居家养老的困难老人提前购买服务,将养老服务兑换券发放到老人手里,老人凭券享受社区上门服务。如表 8.4 所示,上海市养老补贴对象分为低保、低收入、高龄低收老人,补贴标准每人每月最低 384 元,最高 960 元。对于入住养老机构的最低生活保障家庭的老人、低收入家庭的老人,在享受长期护理保险待遇的同时,按相应等级的养老服务补贴标准的 50% 享受优待,用于支付养老机构服务费用(伙食费除外)。截至 2016 年底,上海市享受养老服务补贴的老年人达 176728 人。[1]

---

① 数据来源:《中国民政统计年鉴 2017》。

表8.4　2019年上海市困难老人养老服务补贴标准

单位:元/月/人

居家照护困难对象	低保老人	低收入老人	高龄且月收入低于上年度城镇企业月平均养老金的老年人	其他情况
照护一级	960	768	480	低收或高龄低收老人若无子女或年满90周岁加192
照护二级至四级	896	640	——	同时享受长期护理保险待遇
照护五级至六级	640	384	——	——

资料来源:上海市民政局:《关于调整本市养老服务补贴标准的通知》,上海市民政局网站,2019年3月21日,见https://www.yanglaocn.com/shtml/20190321/1553175506118487.html。

四、社会支持

(一)民间资本投资

民间资本作为盘活上海市养老服务市场的原动力,是养老服务供给方重要的资金来源,可以经过市场竞争为老人提供更加全面、高质量的养老服务。民间资本进入养老服务供给的方式有公建民营机构和民建民营机构两种,前者是政府为民办机构提供场地、资金、设施等投入,属于非营利性服务设施,截至2019年,上海市共有公建民营养老机构98家;后者则为在工商部门登记自负盈亏的机构,具有营利性,截至2019年上海市共有民建民营养老机构259家。民间资本通过基础设施改造,发展养老服务产业,健全养老服务供给链,改善政府在配置资源上的低效问题,更好地为养老服务提供资金保障。

(二)社会捐赠

目前社区养老普遍面临资金短缺、养老服务和项目无法开展的困境,街道特别是社区一级资金、物资不足是制约社区老年服务业发展的重要因素。慈善捐赠是慈善事业介入社区养老较为直接的路径和方式,能有效弥补社区养老资金短缺的不足。老年慈善也是慈善事业的应有之义。

2016 年上海市民政局共接收社会捐赠款项 6998.3 万元,其他物品折价 955 万元,共计 7953.3 万元,直接间接捐赠衣物 38.3 万次,这部分物资对充实社区、机构养老服务起了很大作用。

五、家庭和个人付费

养老服务供给需要成本,直接购买养老服务是市场交易行为,老人通过自身收入、代际经济支持换取机构和社区的照顾。养老机构根据等级收取相应的费用,据上海市综合为老服务平台统计,绝大多数上海养老院的收费标准都比较低,29.8%的养老院月收费在 0—2999 元,40.3%在 3000—4999 范围内,超过 9000 元的凤毛麟角。《上海社会发展报告(2017)》数据显示,2015 年上海老年人的月均收入达 3863 元,完全有能力承担一般养老院的开销,而对于领养老金的老人来说,平均养老金能达到 3030 元。第四次"中国城乡老年人生活状况抽样调查"显示,2015 年上海市老年人在机构养老的实际养老费用为 2001—3000 元的占比最高,为 27.3%;同时,每月能接受的养老费用占比最高的也是 2001—3000 元,为 29.9%;1001—2000 元,居于第二位,为 25.0%。实际支出 501—1000 元和 3001—4000 元养老费的占比分别是 14.6%和 14.5%。综合上海市各养老院的收费标准及实际支付情况,可以看出很多上海老年人的经济实力能实现自费购买,而且这种形式也是上海市老年人最主要的养老模式。

第三节　上海市养老服务的内容体系

一、家庭养老服务

多项研究表明,对于大多数老年人来说,家庭养老是他们的首要选择,有的甚至是唯一选择。因为他们习惯了熟悉的生活环境,难以适应机构养老带来的生活改变。以家庭为单位进行养老资源分散配置和决策,能够低成本、高效率地满足不同养老者"差异化""精准化"的个性需求。[①] 老年人退出劳动领域后,收入、社会参与机会减少,能力下降,如果没有来自家庭的支持和照顾,他们极易陷入贫困并产生心理问题。老年人和子女共住一处,能得到子女的情感支持和精神慰藉,有利于老年人身心愉悦,减少他们产生心理疾病的风险。上海市民政事业发展规划中明确指出,要建立完善以家庭为基础、社区为依托、专业机构为支撑的养老服务体系,上海目前已经基本上形成了"9073"的养老服务格局,即全市上海户籍老年人,其养老服务由家庭自我照顾承担的占90%,说明在上海家庭仍然是最主要的照料单位,社会照料只是家庭照料的补充。

二、社区居家养老服务

(一)服务内容

上海市社区居家养老服务是指以居家为基础,主要依托社区养老服务设施和机构,为老年人提供生活照料、医疗护理、紧急救援、精神慰藉、健康管理、康复辅助、家庭照料支持等内容的养老服务,[②]主要设施包括社区托养服务设施、综合为老服务设施、服务支持类设施三类。社区养老设施类型丰富,能为老人提供非常全面的养老服务,单个社区养老设施根据其服务功能、服务方式和管理形式,服务内容各有侧重。

图8.1为上海市社区居家养老服务内容。社区日间照护中心、长者照护之家主要为老年人提供日托、临托、全托等集中照护的社区托养服务,日托主要为老人提供活动场所,举办精神文娱活动,改善家属因工作无法照料老人的矛盾;长者照护之家为老人提供全天候的照护,服务内容涉及老人从起床到睡觉间的一切活动。居家养老服务中心、助老服务社、老年照护站主要通过上门服务的方式为老年人提供居家照料服务,服务内容包括物件维修更换、送餐、购物、信息传递与搜集等。社区卫生服务

---

① 张正军、刘玮:《社会转型期的农村养老:家庭方式需要支持》,《西北大学学报(哲学社会科学版)》2012年第3期。

② 上海市人民政府:《关于转发市民政局制订的〈上海市社区养老服务管理办法〉的通知》,见 http://www.shanghai.gov.cn/nw2/nw2314/nw2319/nw10800/nw11408/nw41435,2017 年 4 月 25 日。

中心(点)、护理站主要为老年人提供医疗、护理、康复、体检等医疗项目,为老人提供健康咨询、疾病诊疗和与身体健康有关的服务。社区综合为老服务中心是一个集多种社区养老设施于一体的服务单元,不仅包含了上述服务内容,还能依托养老服务机构及其他社会专业机构,为失能、失智老年人的家庭照顾者提供照料技能培训、辅助器具租赁等有助于提升家庭照顾能力的服务,融合社区照料的居家优势和机构养老的专业优势,引入各类养老资源弥补社区照料的不足。

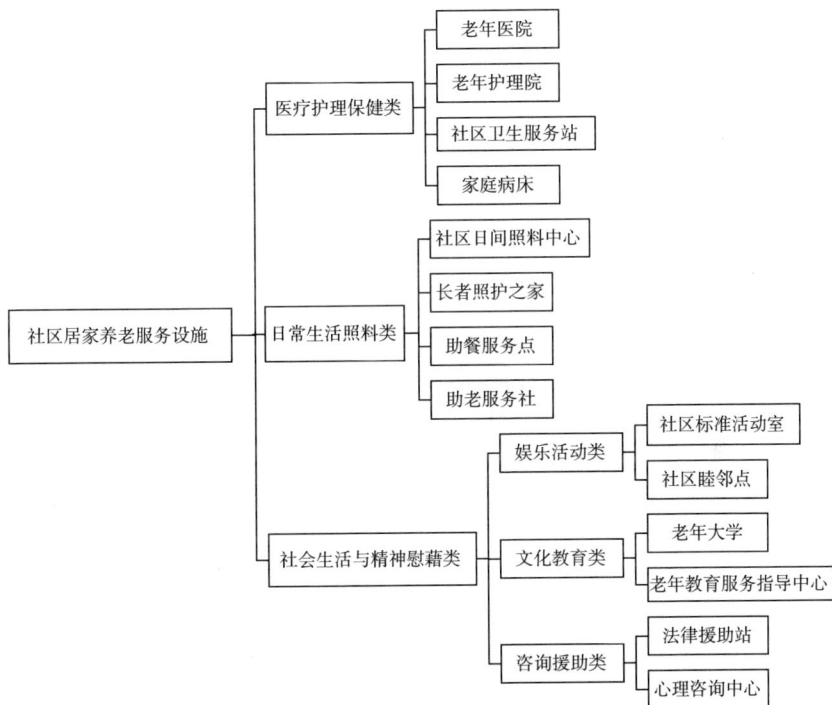

图8.1　上海市社区居家养老服务内容

(二)基础设施和护理人员队伍建设

1. 社区养老服务基础设施运营现状

为了支持本市社区养老服务设施和老年宜居社区建设,上海市政府2018年共补贴13339万元用于社区养老社区建设,其中具体补贴综合为老服务中心4590万元,老年人日间服务中心3315万元,社区老年人助餐服务点 599 万元,标准化老年活动室 2990 万元,老年宜居社区建设试点 1845 万元。为了保证基础设施运营安全,提高社区为老服务机构的抗风险能力,财政还全额资助非营利性的社区养老服务设施购买了综合责任险,年度保险费约 150 万元。

2019 年底上海市长者照护之家共计 187 家,与上年相比新增 33 家,床位数共计 8691 张;社区老年人日间照护机构共计 720 家,新增 83 家;老年助餐服务场所共计 1020 个,新增 217 个;社区养老服务组织共计 266 家,社区综合为老服务中心共计 268 个,新增 88 个;标准化老年活动室共计 6150 家;社区示范睦邻点共计 1744 个,新增 744 个。[①]

上海还创新推出社区养老顾问服务方式,在街镇普遍设立养老顾问点,面对面为市民提供政策咨询、资源链接、个性化养老方案定制等服务,打通了养老服务供需对接的"最后 100 米"。2019 年全市共有街镇顾问点 1687 处,2486 名养老顾问,已实现街镇全覆盖,并逐渐向居村延伸。

2. 社区护理人员队伍建设现状

截至 2017 年,上海市养老护理人员约 4.3 万人,其中,社区居家养老护理员约 2.6 万余名。从护理人员户籍类型来看,上海市户籍约 3 万余人,占 70%;从年龄结构来看,30 岁以下仅 600 余人,占 1.2%;30—50 岁约 1.7 万余人,占 39.5%;50 岁以上约 2.5 万余人,占 58.1%。从学历情况来看,大专及以上学历约有 500 余人,占 1.1%;高中(中专)学历约有 0.5 万余人,占 11.6%。从持证情况看,总体持证率为 86.2%,其中,具备国家职业资格证书的人员约有 1 万余人,占 23.7%,本行业上岗证持有者约有 2.6 万余人,占 62.5%。[②] 总体上,上海市一线养老护理员队伍年龄偏大、学历偏低、专业化水平不高。

上海市政府曾出台《关于加快推进本市养老护理人员队伍建设的实

---

① 上海市卫生健康委员会:《2019 年上海市老年人口和老龄事业监测统计信息》,见 http://wsjkw.sh.gov.cn/tjsj2/20200527/06873e6ec8f54a158c25475dbbb574a6.html,2020 年 5 月 27 日。

② 《上海选出首批"最美养老护理员"》,中国文明网,见 http://sh.wenming.cn/WMBB/201710/t20171012_4444994.html,2017 年 10 月 12 日。

施意见》,制定了从业人员系列优惠政策,包括缴纳社会保险费、发放岗位补贴与专业院校联合培养、开设护理专业、护理人员表彰激励、机构护理员为居家护理员培训等内容,致力于形成一支规模与需求相适应、年龄梯度适当、等级比例合理的社区养老护理人员队伍。

(三)服务老人情况

社区作为离家最近的老年服务场所,可以辅助家庭成员为老人提供日间照料、助餐、活动场所等服务,活动参与人次直接显示了老人对社区的满意度。截至 2019 年,上海市社区老年人日间照护机构月均服务人数 2.70 万人,比上年增加 8.0%;老年助餐服务月均服务人数 10.10 万人,比上年增加 13.5%。社区养老服务组织服务对象中获得政府养老服务补贴的老年人数为 8.00 万人;标准化老年活动室日均活动人数 28.91 万人;全市共有街镇顾问点 1687 处,2486 名养老顾问年服务可达 10 万人次。

为了满足老年人的精神文化需求,上海市还举办了各种类型的老年学校。截至 2019 年底全市有老年大学、分校、系统校 66 所,老年学员共计 28.21 万人;乡镇老年学校、教学点共计 5810 所,老年学员人数全年共计 71.09 万人;远程老年大学学习点全市共计 5941 个,老年学员全年共计 58.27 万人次,其中集中学习的有 26.11 万人。学员数量之庞大表明老年人再教育活动参与积极性较高。

为了积极维护老年人权益,上海市全年共办理涉老法律援助案件 870 件,比上年增加 7.5%;共受理老年人来信、来访、来电总数 3.93 万人次,其中调解处理 3.85 万人次,较好地维护了老年人的权益。

(四)运营情况

民间老年社会工作服务中心的抽样调查报告显示,由于上海市社区养老机构存在明显的公益性,且现阶段老人的付费意愿较低,导致 2/3 的社区居家养老机构处于亏损状态。[①]

---

① 《2/3 社区居家养老机构亏损》,公益时报,见 http://www.gongyishibao.com/html/xinwen/8751.html,2015 年 11 月 17 日。

三、机构养老服务

(一)服务内容

上海市养老机构是指依托专门的基础设施,基于社会分工原理为老年人集体提供综合服务的地点,机构内设专业的护理人员和标准化的保障措施为老人提供全托、终身服务,上海市养老机构包括各种所有权性质的福利院、敬老院、养老院、老年公寓、养护院、老年特护院、颐养院等。机构原则上可以为老人提供包括基本的生活照料服务、健康服务、娱乐服务和心理慰藉服务,但是因为经营性质的不同,其提供的服务内容和服务质量呈现两极差别。高端民营机构以营利性为主,服务内容多样,质量有保证。公办的非营利性机构则以保基本为主,目的在于保障老人的基本养老权利,因资源禀赋的不同,服务质量不会太高。

(二)基础设施和护理人员队伍建设

1. 机构养老服务基础设施运营现状

上海市 2016 年预算内基本建设投资将老年人和残疾人服务机构与其他提供住宿的社会服务机构区分开来,按照不同项目分别提供建设资金。2016 年上海市政府为提供住宿的社会服务机构实际投资财政资金15327.4 万元,财政投资中 98.9%用于养老机构建设投资,福利彩票公益金投入 268 万元,全部用于养老机构建设投资,建设规模达 56825 平方米。

截至 2017 年 10 月,上海市共有 676 家养老机构,其中市属机构 5家,区属机构 671 家,总床位数达 115482 张。[①] 按机构所有权性质可分为公办包基本机构、民办营利性机构、公建民营性机构;按机构规模,可分为大、中、小型;按照上海民政局年度审核时评定的机构等级,养老机构评定等级由高到低分别是三级、二级、一级和无等级。详细的数据统计见表 8.5。

---

① 陈洁:《上海市养老机构资源综合评价研究》,华东师范大学硕士学位论文,2018 年。

表8.5 2017年上海市不同类型的养老机构数量

	类型	数量	比例
机构性质	公办	261	38.61%
	民办	353	52.22%
	公建民营	62	9.17%
机构规模	小型	223	32.99%
	中型	365	53.99%
	大型	88	13.02%
评定等级	三级	23	3.40%
	二级	61	9.02%
	一级	134	19.82%
	无等级	458	67.75%

资料来源:陈洁:《上海市养老机构资源综合评价研究》,华东师范大学硕士学位论文,2018年。

2. 机构护理人员队伍建设现状

如表8.6所示,截至2016年,上海市养老机构共有23608位护理员。从人员性别结构看,女性护理员占绝大多数,占比74.9%;从教育程度看,受过大专教育的只有2260位,占总数的10%不到,说明每10位护理员中还不到1位受过高等教育;护理员持证率只有1.6%,与全市33.2%的高老龄化率相比发展极不平衡;从护理员的年龄结构看,近七成处于36—55岁之间,劳动年龄偏高。

表8.6 2016年上海市养老机构护理员情况

		数量(人)	占总人数的比例(%)
合计		23608	100
职工性别	女性	17681	74.9
	男性	5927	25.1
受教育程度	大学专科	1520	6.4
	大学本科及以上	740	3.1
	合计	2260	9.6

		数量（人）	占总人数的比例（%）
职业资格水平	助理社会工作师	203	0.9
	社会工作师	181	0.8
	合计	384	1.6
年龄结构	35 岁及以下	4018	17
	36—45 岁	7620	32.3
	46—55 岁	8348	35.4
	56 岁及以上	3622	15.3
人员性质	管理人员	8566	36.3
	专业技术技能人员	15042	63.7

资料来源：《中国民政统计年鉴 2017》。

为积极响应上海市民政局对于加大养老服务从业人员发展的号召，建设一支数量充足、结构合理、素质良好的养老护理人员队伍，上海市自2017 年起开始举办"寻找最美养老护理员"活动进行表彰宣传，对获奖人员授予上海市"最美养老护理员"荣誉称号，并深入挖掘人物典型，以人物为原型拍摄专题短片，更好发挥宣传带动作用；为了引导非营利性机构护理人员队伍建设，对机构护理人员和专技人员予以奖补；为了引导养老护理员不断提升自身职业技能与综合能力，更好服务广大老年人，自2020 年起上海市民政局还研究建立以"学历、专业、从业年限、相关证书、持证情况、个人荣誉情况、技能竞赛获奖情况"等为指标的养老护理员综合评价体系，形成合理的等级梯度，逐渐建立起了与护理员工作质量相联系的激励机制。

（三）服务老人情况

如表 8.7 所示，2016 年，上海市全市收养性养老机构年末收养人员按性质划分，最多的为自费人员，占总人数的 95.4%，非自费人员为2142人，仅占总人数的 4.62%。自费与非自费人员的悬殊数量充分说明上海市人均支付能力较高。总人数中只有极少数非老年人被收养，完全自理的占总人数的 24.33%，需要长期照护的占比 75.67%，总体来说上海市全市收养性养老机构中以失能人员居多。

表 8.7 2016 年上海市养老机构服务老人情况

服务对象		年末在院人数（人）
性质	优抚对象	155
	特困人员	2142
	自费人员	74141
	其他	1296
	合计	77734
年龄	老人	75547
	青壮年	2119
	少年儿童	68
	合计	77734
自理能力	自理（完全自理）	18916
	介助（半自理）	26241
	介护（不能自理）	32577
	合计	77734

资料来源:《中国民政统计年鉴 2017》。

（四）运营情况

养老机构根据其所有权性质经营状况填报分企业会计、事业单位和民间非营利性组织单位三类,分别对应民建民营机构、公办公营机构和公办民营机构。从表 8.8 中可以看出,在不考虑固定资产折旧的情况下,2016 年上海市三类机构都处于盈利状态,只有个别地区亏损。

表8.8　2016年上海市养老机构运营情况

地区	执行企业会计制度填报（万元）				执行事业单位会计制度填报（万元）			执行民间非营利性组织单位会计制度填报（万元）		
	固定资产原价	营业收入	费用合计	营业利润	固定资产原价	本年收入合计	本年支出合计	固定资产原价	本年收入合计	本年费用合计
上海市	242.0	245.0	1364.4	4.3	75964.5	49746.6	45818.9	168675.6	170749.5	154102.7
上海市本级	—	—	—		47398.2	21226.1	18749.9	—	—	—
黄浦区	—	—	—	—	1571.0	4167.8	4071.8	2945.6	6857.6	7108.6
徐汇区	115.0	215.0	1361.9		1358.6	1483.7	2232.5	5614.5	8088.0	6002.5
长宁区	—	—	—	—	6708.4	1576.5	1566.5	4582.8	17678.7	17718.3
静安区	—	—	—	—	489.4	563.4	548.7	3421.0	14837.5	15420.9
普陀区	—	—	—	—	207.8	788.0	785.2	3483.4	12639.1	9914.1
虹口区	—	—	—	—	2044.0	2326.3	2247.0	2618.2	9389.8	9184.5
杨浦区	—	—	—	—	2357.1	3471.6	2783.5	3223.1	25716.3	26491.0
闵行区	117.0	30.0	2.5	4.3	803.8	4146.4	4111.8	12788.1	18848.2	17396.6
宝山区	10.0				885.2	1070.3	933.4	10200.6	4018.9	4007.9
嘉定区	—	—	—	—	2012.6	3417.6	3417.6	23961.0	9968.0	9907.2
浦东新区	—	—	—	—	—	1987.9	1260.3	11800.0	12980.0	4960.0
金山区	—	—	—	—		1010.4	826.8	7293.6	4867.1	3620.0
松江区	—	—	—	—	7135.7	1902.0	1393.4	10786.8	5308.3	4257.6
青浦区	—	—	—	—	—	—	—	5150.8	7213.1	7,610.1
奉贤区	—	—	—	—	2992.7	608.6	890.5	41262.9	5316.2	3670.4
崇明区	—	—	—	—	—	—	—	19543.2	7022.7	6833.0

资料来源：《中国民政统计年鉴2017》。

四、新型养老服务

　　上海市积极发展新型智慧养老方式，比如养老顾问、时间银行等，以提高老人的满意度。其中养老顾问是指通过依托街镇顾问点、居村顾问点、专业机构顾问，为老人提供养老服务资源介绍、老年人福利政策指导等现场政策咨询和资源供需对接服务，形式包括线下和线上；时间银行是指政府通过制度设计，鼓励和支持低龄老年人为高龄老年人提供非专业性的养老服务,按照一定的规则记录服务提供者的服务时间,储入其"时间银行"个人账户,服务提供者在服务提供一年或服务时间积累到一定数额(如 100 小时)后,在本人有服务需求时提出兑换,即可享受相应服务。具体有关上海市各类新型养老服务的阐述可见本章第五节。

第四节　上海市养老服务的层次体系[①]

　　上海市在经济发展水平和老龄化程度方面都居全国之首。2018 年上海市人均可支配收入为 6.4183 万元,全国排名第一,同时上海市户籍老年人口已达 503.28 万,占户籍总人口的 34.4%(按常住人口约 23.5%),全国排名第一,处于深度老龄化阶段。[②] 在此背景下,上海市的养老服务供给充分体现了经济较发达、深度老龄化城市的特色——强政府、强社会,即上海市养老服务供给得到政府、社会主体及家庭个人主体的较好支持,养老服务供给较为充足。从上海市养老服务的供给来看,政府主要在提供基本公共养老服务的同时,不断根据社会养老痛点,增加养老服务供给,例如老年人助餐点、认知障碍照护床位、社区无障碍改造等,在满足老年人一般养老服务需求的同时不断丰富养老服务供给内容,呈现出强关系。在家庭方面,家庭作为老年人经济支持、生活照料、精神慰藉的第一责任主体,也呈现出强关系。社会主体是政府与家庭之外的补缺者,为具有一定经济能力的老年人提供养老服务,上海市较高的经济发展水平使得企业等社会主体提供养老服务的范围较广、覆盖人群较多,因而呈现出一种强关系。同时在政府主体、社会主体和家庭个人主体之间,深度的老龄化、较充裕的财政和较高的经济发展程度,使得政府有压力、有动力需求且有能力支持社会主体和家庭个人主体参与养老服务,而社

---

① 本节和下一节作者为陈鑫、杨红燕。
② 上海市统计局:《2018 年上海市国民经济和社会发展统计公报》,见 http://tjj.sh.gov.cn/html/sjfb/201903/1003219.html,2019 年 2 月 28 日。

会主体较为充分的参与养老服务以及家庭和个人主体较强的养老服务功能,也能较好地缓解政府养老服务供给的压力。因而,政府主体与社会主体及家庭个人主体间呈现一种强关系。同时,上海市老年人相对较高的收入,导致其养老服务需求层次也较高,而较高的养老服务需求使得社会主体较为充分地参与到养老服务领域,但一方面养老服务企业集中在高端层次,而非营利性组织和志愿者在较为广泛的参与养老服务的同时,也存在专业技术不强、参与不规范等问题,因而社会主体与家庭和个人主体间呈现出一种中等程度的关系。上海市养老服务多元主体关系如图 8.2 所示。

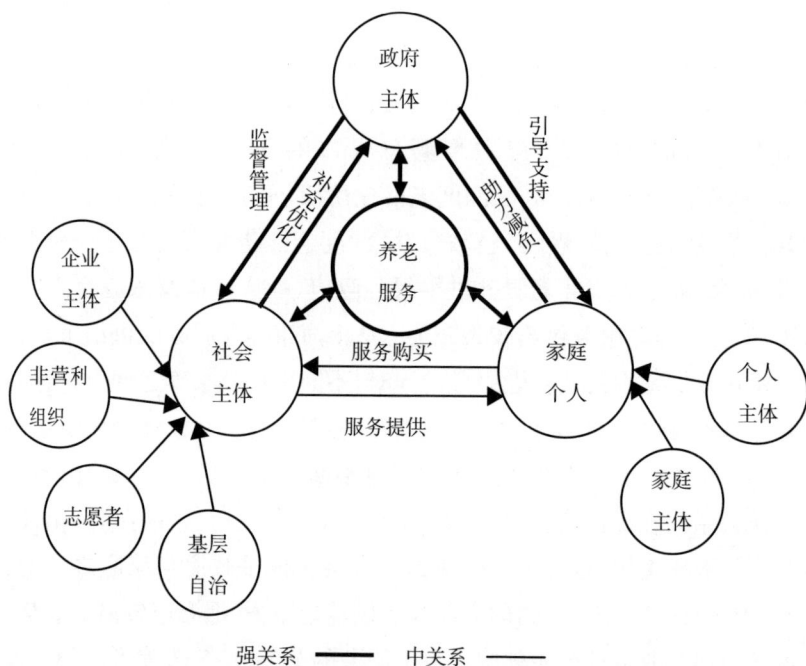

图 8.2 上海市养老服务多元主体作用图

资料来源:笔者自制。

一、养老服务体系中的政府责任

囿于政府社会角色的要求、社会公平正义的需要以及营造良好养老环境的需求,政府在养老服务供给过程中必然要发挥主导作用。从政府责任来看,政府是承担养老服务供给的首要责任主体,需要承担完善制度设计、优化财政支持、强化统筹监督评估等方面职能。从类型划分来看,养老服务可分为基本养老服务和非基本养老服务。上海市作为大型发达城市,其养老服务的具体开展除编制养老服务规划、制定优惠政策和提供资金支持、完善监督管理等政府职能外,还重点围绕加强基本公共养老服务供给布局,完善基本养老服务供给。主要的供给服务内容包括老年人基本生活照护服务、文教体娱服务、健康保健服务等。

(一)老年人基本生活照护服务

"完善照护层次",上海市为年满 60 周岁的老年人提供了从居家上门服务到养老机构照料等层次完善的照护服务。居家上门服务,包括助餐、助洁、助浴等"十助"服务;社区日托服务,社区老年人日间服务中心等日托服务设施接受生活照料、康复护理、精神慰藉等日间服务;社区全托服务,在长者照护之家接受 24 小时全天照护的短期住养和专业照护服务;养老院照护服务,入住养老机构,接受长期、专业照护服务。根据身体照护评估等级和经济状况,老年人可以享受不同的政策待遇,主要有长期护理保险、养老服务补贴和特困老年人集中供养服务。

(二)文教体娱服务

"适应社会需要",发展老年人文教体娱活动。为丰富老年人的精神文化生活,提升老年人的健康生活质量,上海市积极推进老年人的教育、体育和娱乐活动。一是优化老年人教育结构体系,提升老年人教育服务能力,基本形成广覆盖、充满活力的现代老年人教育体系;二是加快构建现代公共文化服务体系,上海市推进老年人活动室标准化建设,加快建设受老年人欢迎的健身步道、健身广场等场地以及社区小型体育设施,落实各类体育健身服务设施向老年人开放;三是培育老年人体育组织和健身团队,积极开展老年人体育健身赛事活动,继续举办上海市老年人运动会,在市民体育大联赛中专设老年人健身系列赛事。

(三)健康保健服务

"因人精准施策",为不同年龄段的老年人提供了针对性的健康保健服务。健康保健服务的主要内容有:为 60 周岁以上老年人提供 23 价肺炎疫苗接种等预防性的保健服务;为 65 周岁以上常住老年人提供定期健康检查等实时性的保健服务；对于 70 周岁及以上老年人，医疗机构提供优先就医和优先安排住院的就医便利性的保健服务，涉及优先挂号、就诊、化验、检查、取药"五优先"等便利措施，同时开展老年简易门诊方便慢性病长期配药；对困难老年人参加居民基本医疗保险的个人缴费部分予以适当补助，低保人员全额补助，低收入家庭差额补助。

综上，上海市政府积极发挥政府职能，从老年人照护服务、特困老年人基本生活照料服务、健康保健服务、老年人优待服务等方面着手，完善照护层次、适应社会需要、精准因人施策等，构建了较完善养老服务供给体系，较好地实现了基本公共养老服务的有效供给，因而与养老服务之间呈现强关系。同时政府主体积极通过优惠政策、财政补贴等引导支持社会主体参与养老服务供给，呈现出一种强关系。在政府、社会主体之外的家庭主体，政府通过基本公共养老服务的提供，完善相关养老服务设施，为家庭养老提供便利，因而也呈现出一种强关系。

二、养老服务体系中的社会责任

随着社会经济的发展、老龄化程度的加深及家庭结构日趋核心化，家庭养老功能日益弱化，养老责任由家庭转向社会是大势所趋。同时，收入的增长、养老理念与养老方式的转变，使得任何单一养老服务主体的供给，都无法有效地促进养老服务供给的多元化及协作发展。[①] 因此，需要在政府之外，积极引入企业、社区基层自治组织、社会组织、志愿者等主体参与养老服务。而与政府主体不同，社会主体主要围绕非基本公共养老服务进行养老服务供给。社会主体提供非基本养老服务能有效提高养老服务的供给，满足老年人群体多元化的养老服务需求，具体来看：

（一）社区基层自治组织

按照上海市"9073"的养老服务体系格局，社区居家养老承担着十分

---

① 肖伊雪、陈静：《我国养老服务社会化的多元主体责任分析》，《法制与社会》2011 年第 22 期。

重要的责任。基层自治组织可以充分动员社区中的财力、物力和人力资源，在社区内为老年人提供养老服务。

上海市基层自治组织提供的养老服务主要集中在基本养老服务方面，一是积极落实市、区或者街道的安排，组织实施养老服务设施包括综合为老服务中心、长者照护之家、社区日间照料中心、老年人助餐点、老年人活动室和农村宅基睦邻点等的建设。二是加强养老服务管理。上海市充分发挥居（村）委会等基层组织贴近服务对象、贴近服务现场的优势，加强老年人基础数据库建设，同时积极加强需求评估、护理服务等重点环节管理。三是积极推广养老试点。例如，宜老社区试点，打造15分钟养老生活圈；"居家+社区"养老服务改革试点，使社区成为"大居家"的养老服务空间，形成"家门口的便利"①；社区养老顾问试点，着重开展养老资源介绍、老年人福利政策指导等服务②；老年认知障碍友好社区试点，着力推进老年认知障碍照护体系建设。社区基层自治组织围绕养老服务的政策落实、养老服务的管理以及推进养老服务试点工作，积极发挥社会责任，为养老服务的进一步发展提供了积极支持。

（二）企业

企业是社会主体中的重要角色，是社会化养老的主要参与者。养老服务企业可以向具有较高经济能力和较高生活质量要求的老年人收取服务费来满足他们的多元化养老服务需求。上海市作为我国经济发展程度高和老龄化程度深的大型城市，较高的收入水平和庞大的老年人口基数，一方面使得养老服务供需矛盾比较突出，另一方面也使得老年人的养老服务需求多元化，因而迫切需要企业参与到养老服务供给的过程中。市场的灵活性可以较好地满足不同层次的老年人多元化养老服务需求，截至2018年底，上海市民办营利性养老机构达352家，占比49.4%，床位数6.31万张，占比43.8%，接近达成到2020年政府运营的养老床位数占当地养老床位总数的比例不超过50%的目标。企业主体广泛参与养老服

① 《上海开展"居家+社区"养老服务改革试点：老人既可出家门，又如在家里》，新华网，见http://www.xinhuanet.com/politics/2019-05/08/c_1124468436.htm，2019年5月8日。
② 上海市人民政府：《上海市民政局关于开展社区"养老顾问"试点工作的通知》，见http://mip.lc123.net/html/140/328516/0.html，2018年5月16日。

务供给,有效增加了养老床位等供给,扩大了养老服务的供给范围,为确保老年人享受养老服务提供了有效支撑。因而在养老服务供给中,社会主体的养老服务供给效果较为明显。

（三）非营利性组织

非营利性组织是养老服务的重要参与主体,其独特性在于其民间性、自治性、志愿性和非营利性。得益于其独特性,非营利性组织较少受到政府的干预,较为容易得到民间的支持,可利用民间力量扩大养老服务资源,具有显著优势,为此上海市大力推动社会机构的发展。一是成立专业社工协会。上海市自1993年成立了市一级的社会工作者协会,成立了老年人、儿童等十多个专业委员会,并开通了"上海社工网",同时各区县行业自律网络逐步完善,浦东等10个区县成立了区社工协会。二是加强专业人才队伍建设。上海探索了职业资格、岗位培训、继续教育和岗位设置等一系列职业化制度设计,把社工纳入职业化的轨道,目前具有专业社工机构603家,持有助理社会工作师、社会工作师职业水平证书人数已达27344人。[①] 同时为激励社工机构和员工的良性发展,上海市每年进行社工评优评先,例如2018年评选出了上海市优秀社会工作者10名、上海市优秀社会工作者入围奖11名和上海市优秀社会工作案例10个。[②] 三是加强专业机构培育发展。早在2009年上海发布了《关于在本市培育发展专业社会工作机构的通知》,对新成立的社工机构在办公场地、注册资金、购买服务等方面提供优惠,注重提升社工机构发展能力,每年举办培训班对社工机构的运营管理能力、项目运作能力、筹资能力建设进行系统培训,截至2020年3月,上海市共有社工机构638家。[③] 在上海市的积极支持引导下,上海市社工机构获得了较为充分的发展,显著推动了上海市养老服务的高效发展。

---

① 《上海持证专业社工已达27344人 社会工作的社会影响正逐步扩大》,劳动报,见 http://gov.eastday.com/ ldb/node13/node15/u1ai440983. html,2019年3月19日。
② 《关于2018年上海市优秀社会工作者、优秀社会工作案例评选结果的公示》,上海社会工作网站,见 http://www.shsw.cn/detail/16/3652265,2019年1月15日。
③ 《上海市社会工作机构最新名单》,上海社会工作网站,见 http://www.shsw.cn/detail/16/36104159,2020年3月18日。

（四）志愿者

养老的志愿服务可以实现资源互补与合作共赢。志愿者的参与可以有效弥补老年人日常生活照料和精神慰藉的缺口。养老服务志愿服务活动通过社会和老年人之间的资源互补实现互助共赢，是我国老龄化社会可持续发展的战略选择。通过志愿者服务，能够促进老人与外界的交流，增加老人对外界事物的认知。数据显示，截至 2018 年，上海市有老年志愿服务团队 10146 个，[①]为养老机构老年人志愿服务 7210次，服务时间达 17311 小时。[②] 同时上海市积极推进养老服务志愿者的评优评先工作，激励志愿者养老服务良性发展，2018 年评选出上海市"老伙伴"计划十佳志愿者 10 名，十佳志愿者提名奖 18 名，"老伙伴"计划优秀案例 10 个。[③] 志愿者的广泛参与，有效弥补了其他主体的不足，促进了老年人积极老龄化，较好地提升了老年人的生活质量，因而呈现出强关系。

在社会主体参与上海市养老服务的过程中，社区基层自治组织积极支持，企业广泛参与，社工机构充分发育，志愿者作用显著。社会主体聚焦于非基本养老服务，有效地满足了老年人养老服务需求，提升了老年人的生活质量。因而整体上，上海市的社会主体与养老服务呈现出一种强关系。

三、养老服务体系中的家庭与个人责任

针对家庭的养老责任，不同国家有着不同的态度，"家庭主义"和"去家庭化"是其中截然相反的两种态度。在中国，家庭是养老的第一责任人、是基础，社会化养老是补充，不可能取代家庭养老。家庭提供的生活照料、精神慰藉、亲情关爱等是其他养老方式难以替代的。于个体而言，个体不可避免地会遭遇年老风险，妥善应对年老风险是实施积极老龄化

---

① 《2018 上海公益盛典举行　发布了"上海年度公益数据"》，人民网，见 http://sh.people.com.cn/n2/2018/ 1007/c138654-32126630. html，2018 年 10 月 7 日。

② 数据来源：《中国民政统计年鉴 2019》。

③ 《2018 年上海市"老伙伴"计划优秀志愿者及优秀案例评选结果公示》，上海社会工作网站，见 http://www.shsw.cn /detail/16/40991952，2019 年 1 月 7 日。

的应有之义,个体需要在养老方面承担必要责任,政府也明确提出支持家庭、个人承担养老应尽责任。①

　　家庭和个人养老最突出的作用,是源于子女和配偶的独特亲情慰藉功能,该功能是其他养老服务主体所无法取代的,与养老服务呈现出强关系。有调查数据显示,2016 年上海市有 89.2% 的老年人选择家庭养老,占总人数的近 90%,绝大多数的老年人希望在自己家中安度晚年,由子女陪伴照顾。② 同时,还有研究发现,有 79.4% 的子女会就重要的事情征求父母的意见,78.5% 的子女会经常与父母联系,这些都反映出子女对老年人的精神关怀情况。③ 因此,从养老选择、子女精神慰藉的功能来看,家庭养老、个人养老仍然是上海市老年人的首要选择,家庭、个人与养老之间呈现出强关系。

第五节　上海市养老服务的结构体系

　　上海市养老服务的结构体系,以地域作为划分标准,可分为城乡养老服务;以人群作为划分标准,则一是从自理能力方面可分为失能、半失能老年人与自理老年人,二是从收入方面可分为贫困老年人与低收入老年人。在养老服务的供给上,上海市提供的养老服务有所侧重,总体呈现出城乡养老服务水平差距较小、基本形成多层次、多样化的养老服务格局的特点。上海市坚持积极老龄化理念,聚焦农村养老设施建设、服务水平提升、政策支持保障,推进城乡基本养老公共服务均等化,明显缩小了城乡养老服务水平的差距。同时政府充分认识到养老服务的重要性,积极转

---

　　① 国务院:《关于加快发展养老服务业的若干意见》,见 http://www.gov.cn/zwgk/2013-09/13/content_2487704.htm,2013 年 9 月 13 日。

　　② 张旭:《代际差异视角下城市社区居家养老服务需求意愿及其影响因素分析》,上海师范大学硕士学位论文,2016 年。

　　③ 张俊:《代际关系变化对居民养老的影响及社会工作的回应》,复旦大学硕士学位论文,2013 年。

变养老服务理念,充分考虑到社会养老服务的痛点和老年人养老服务需求,引入多元社会主体参与,基本形成了为不同自理能力和不同经济状况老年人服务的多层次、多样化养老服务格局。在内容上积极推进基本养老服务供给的同时,不断丰富、拓展养老服务的内容。

一、养老服务体系的城乡结构

(一)城镇养老服务体系

1. 发展现状

总体上看,上海市城镇养老服务发展处于领先水平:养老服务资源丰富、供给体系完善且服务内容较丰富;养老服务理念先进,积极回应社会痛点。截至 2018 年底,上海市拥有养老机构 712 家,床位 14.41 万张、每千名老年人养老床位数 28.6 张。其中由社会投资开办的有 352 家,床位6.31 万张。全市建有社区老年人日间服务中心 641 家,社区老年人助餐服务点 815 家。[①] 建成以短期住养照料为主的长者照护之家 155 家,[②]2018 年末在院老年人数 8.2532 万人,[③]建成集日托、全托、助餐、医养结合等功能于一体的"枢纽型"社区综合为老服务中心 180 家,建成标准化老年活动室 5828 家,日均活动人数 27.40 万人,[④]建成认知照护床位1200 张[⑤]。

上海市在深化"9073"养老服务格局基础上,通过大力构建养老服务供给体系、深入完善养老服务保障体系、推动健全养老服务政策支撑体系、积极稳妥推进老年照护统一需求评估体系、加快建设养老服务行业监管体系,初步建成了涵盖养老服务供给体系、保障体系、政策支撑体系、需求评估体系、行业监管体系的"五位一体"社会养老服务体系。通过持续

---

① 上海市统计局:《2018 年上海市国民经济和社会发展统计公报》,见 http://tjj.sh.gov.cn/html/sjfb/201903/1003219.html,2019 年 3 月 4 日。

② 上海市人民政府:《上海持续推进"五位一体"社会养老服务体系建设有关情况》,见http://shio.eastday.com/sh/xwb/n790/n792/n1070/n1086/u1ai21795.html,2019 年 8 月 22 日。

③ 数据来源:《中国民政统计年鉴 2019》。

④ 上海市卫生健康委员会:《2018 年上海市老年人口和老龄事业监测统计信息》,见 ht-tp://www.shrca.org.cn/News/detail.aspx?ID=6892&Page=0,2019 年 5 月 9 日。

⑤ 上海市老龄科学研究中心:《2018 上海老年人口统计:城市老龄化已平东京》,见 ht-tp://www.365daycare.cn/policy/statistics/24633.html,2019 年 8 月 14 日。

推进"五位一体"社会养老服务体系,上海市城镇养老服务体系逐渐完善,多样化、多层次养老服务需求得到较好的满足,具体表现为养老服务供给总量持续增加,养老床位持续增加,初步缓解了"一床难求"的刚性需求;养老服务层次丰富,针对不同老年人群体重点打造老年人活动中心、宜老社区试点、老年人日间服务中心、长者照护之家、设社区综合为老服务中心、认知障碍照护等多层次养老服务供给体系,实现了多样化供给和城镇化地区街镇全覆盖;养老服务质量持续提升,2018年全面试点长期护理保险制度,为经评估达到一定等级的老年人提供专业照护服务,面对老年人认知障碍照护的社会痛点,积极推进认知障碍照护体系建设;设立了250多个社区养老顾问点,为老年人提供政策咨询、资源链接、个性化养老方案定制等服务;开通"上海养老服务平台",让养老服务信息"一目了然""一键通查"。这些举措构建了多层次、多样化的养老服务供给体系,推动上海市城市养老服务高质量发展。

2. 典型模式

围绕城市养老服务体系,上海市重点建设了包括老年人社区食堂、社区日间照料中心、长者照护之家、综合为老服务中心等在内的多层次和多样化养老服务供给体系,提供了包括参与、日间照料、短期托养、综合服务在内的多层次养老服务,同时积极探索"时间银行"和智慧养老,助推互助式养老和智慧养老等多元化养老服务。具体来看:

(1)老年人社区食堂

高龄、独居、纯老年人的迅速增加,不仅给上海市养老服务带来巨大挑战,同时也给这些弱势老年人群体带来了一日三餐上的饮食困境。为此,自2008年起上海市便大力发展社区老年助餐服务,以满足老年人就近、便捷、价廉的就餐服务需求。截至2018年底,社区有老年人助餐服务点815家,已能满足日均8万人的用餐,[①]预计到2022年,全市助餐服务场所数量"倍增"(不少于1600个),其中社区长者食堂不少于400个,且要实现助餐服务供给能力"倍增"(达到日均满足16万人用餐),

---

① 《上海经验令老人幸福指数大增》,新民晚报,见 http://xmwb.xinmin.cn/html/2019-03/11/content_6_1.htm,2019年3月11日。

服务全市 65 岁以上户籍老年人口的 5%，同时通过健全多元主体参与、送餐到居（村）到户的助餐配送体系，使其成为 15 分钟养老服务圈的基本配置内容。①

专栏 1　老年人助餐点——味道不错，解决了吃饭这个大问题

中午 11 时许，位于杨浦区殷行一村 74 号的"银福小厨"热闹起来。居住在附近的老人陆续来到这家小饭店，开心地吃起午餐，一边吃一边和老邻居聊聊天。这家小饭店其实是殷行街道的老年助餐点，每天都有十多个品种，比如椒盐排条、鸡腿等大荤 4.5 元，油面筋塞肉、炒蛋等小荤 2.5 元，米苋、咖喱土豆等素菜均为 1.5 元，汤是免费的，老人可以自己选择。除了午餐，这里还供应晚餐。助餐点还提供送餐服务，被送餐的老人中有特殊要求的，比如无糖餐食、不吃海鲜、不吃蛋或只吃素，都可以满足。②

（2）社区日间照料中心

为妥善解决老年人尤其是独居、高龄等弱势老年人群体的养老服务问题，完善社区养老服务，上海市积极推进社区日间照料，为老年人提供日托照料服务。上海市独居老人、空巢家庭等急需照顾的人群逐年扩大，80 岁以上高龄老年人占比已达 16.2%。社区日间照料中心可为社区中失能、失智老年人以及其他生活自理困难的高龄、独居等老年人提供生活照料、康复护理、精神慰藉等。③ 截至 2018 年底，上海市已建成社区老年人日间服务中心 641 家。④

---

① 上海市民政局：《关于提升本市老年助餐服务水平的实施意见》，https://www.yanglaocn.com/shtml/20190409/1554803783118678.html，2019 年 4 月 9 日。

② 《上海：让"老年助餐点"传递更多幸福滋味》，搜狐网，见 https://www.sohu.com/a/249504192_778199，2018 年 8 月 23 日。

③ 上海市民政局：《上海市社区老年人日间照护机构管理办法》，见 https://www.yanglaocn.com/shtml/20170726/1501060917111699.html，2017 年 7 月 26 日。

④ 人民网：《2019 为老服务实事完成 社区综合为老服务中心覆盖所有街镇》，见 http://sh.people.com.cn/GB/n2/2019/1211/c134768-33623289.html，2019 年 12 月 11 日。

专栏 2　社区日间照料中心——家门口的"养老院"

陈老太今年 97 岁,是一名家住浦东新区临沂六村的独居老人。她的老伴去世多年,只有一个女儿,但离得比较远。"没到照料中心前,每天我自己'买、汰、烧',除了出门买菜,基本上是'家里蹲',生活就是听听收音机、看看电视,很单调。"从 2013 年开始,浦东新区南码头街道日间照料中心成立后,居委干部便积极动员陈老太到照料中心去,"去中心后,你就不用天天自己做饭了,那里也有专业人员照应,安全一些"。照护中心里配备了 7 名专业护理员、4 名专业社工(营养师、康复师、心理咨询师等)。主要的服务对象为 60 岁以上轻度或中度失能失智老人,服务内容包括理发、助浴、口腔护理等。收费的标准为每人每天收费 30 元,午餐每人每顿 7 元,此外政府每年也对中心正常运营给予一定补贴。

日间照料中心还针对像陈老太一样的高龄老年人推出接送服务,每天清晨 7 时 30 分,志愿者准时把老年人接到照护中心;下午 4 时 30 分,再将其送回家中。每天早上,有专业人员为老人们做身体检查,并记录在案。同时,老人们可以根据自己的情况和爱好参加"选修课"。中午时,老年人也可以在休息吧里看看电视、聊聊天,打发时间。这样的照料中心为老年人及其子女省去了很多麻烦,受到了老年人及子女的欢迎,当前照护中心每天最多能容纳 50 名老人,已有 156 名会员。[①]

---

(3)长者照护之家

"长者照护之家"是为老年人就近提供集中照护服务的社区托养设施,主要是提供 3—6 个月的短期托养服务。一般采取小区嵌入式设置,

---

① 《上海建 381 家日间照料中心　成本太高人气不足》,中国新闻网,见见 http://www.chinanews.com/sh/2015/07-02/ 7380564. shtml,2015 年 7 月 2 日。

辐射周边社区。[①] 截至 2018 年底,上海市已建成 155 家长者照护之家。与日间照料中心不同的是,长者照护之家主要面向社区内失能老人、高龄独居老人以及其他有需要的老年人,提供涵盖机构照料、社区照护、居家护理的一站式综合型服务。服务内容主要包括:一是为经老年照护统一需求评估为三级及以上的老年人提供机构住养照料,其中,四级及以上的老人不少于总床位数的 60%;二是为大病出院仍需康复护理或家属需要喘息服务的老年人提供短期寄养服务;三是有条件的长者照护之家可以根据自身供给能力和社区内老年人养老需求,为未入住机构的社区老年人提供相当于机构专业水准的上门照料、护理服务,将为老服务延伸至社区、居民家庭如家庭护老者培训等,以及其他专业化特色服务。

专栏 3 长者照护之家——短期住养照料的综合型服务机构

慧享福长者照护之家是上海市方松街道首家集"居家+社区+机构"为一体的多功能、专业化、嵌入型社区长者照护专业机构。依托慧享福康养集团专业运营优势,融机构托养、日间照料、居家上门于一体,为社区家庭提供专业照护能力、智能化养老技术及系统化康复训练支持。机构内设康复训练、助浴间、康复治疗室、城市客厅等功能区,并配备专业的康护团队,为老年人提供周到、便捷、高效、体贴的康复及照护服务。慧享福长者照护之家满足了老年群体"养老不离家"的心愿,让周边 5 公里范围内近 2 万名老年人在不离开熟悉环境与人际关系的同时得到全方位、专业化的护理照料,使老人们在家门口就能享受机构安老、社区慰老、居家享老服务,真正实现老百姓"在家门口养老"需求。[②]

---

① 上海市民政局、上海市财政局:《关于加快推进本市长者照护之家建设的通知》,见 http://www.shmzj.gov.cn/gb/shmzj/node8/node194/u1ai41433.html,2015 年 11 月 12 日。

② 《就在家门口!方松街道新增一处长者照护之家》,搜狐网,见 https://www.sohu.com/a/321917494_680303,2019 年 6 月 20 日。

(4)综合为老服务中心

综合为老服务中心是集日托、全托、助餐、医养结合等功能于一体的"枢纽型"为老服务机构,主要是为解决社区普遍存在的各类为老服务资源分散,整合利用效率不够,老年人办事不够方便问题。上海市着力打造社区综合为老服务中心,一是使养老服务设施布局更为均衡并形成"一站多点"的设施网络;二是打破现有养老服务瓶颈,提升社区综合为老服务和管理能力;三是深化发展社区居家养老服务体系,满足老年人日益增强的多层次、多样化养老服务需求。社区综合为老服务中心是指社区内各类为老服务设施相对集中设置,并依托信息化管理平台,统筹为老服务资源、提供多样化服务、方便群众办事的为老服务综合体。① 截至 2018 年底,上海市已经建设社区综合为老服务中心180 家。②

专栏 4　综合为老服务中心——一站式为老服务的综合体

2018 年 11 月,外滩街道综合为老服务中心正式运营,周一至周五(节假日除外)9:00—17:00,本区域老年人都可前往。该中心与社区长者照护之家、老年人日间照护中心、各居委会老年活动室等设施一同构成了社区为老服务的"一站多点"体系,打造外滩社区"15 分钟为老服务圈",实现了"一站式综合服务""一体化资源统筹""一网覆盖的信息管理""一门式的办事窗口"四大功能。除此之外还具备了三大特色服务功能:一是"医养结合"特色;二是"科技助老"特色,依托"智慧为老"综合服务平台建立了自助查询和一口受理平台;三是"认知症照护"特色。

家住北大街的吴老伯今年已经 80 多岁了,他是个评弹爱好者,

---

① 上海市老龄工作委员会办公室、上海市民政局:《关于加强社区综合为老服务中心建设的指导意见》,见 https://www.yanglaocn.com/shtml/20160407/145999473966751.html,2016 年 4 月 7 日。

② 《2019 为老服务实事完成　社区综合为老服务中心覆盖所有街镇》,人民网,见 http://sh.people.com.cn/GB/n2/2019/1211/c134768-33623289.html,2019 年 12 月 11 日。

得知镇为老综合服务中心内的《珠溪书场》可以听书、听评弹，便兴致勃勃地约了几位老伙伴前来。听完评弹还顺便在服务中心免费理个发，心满意足。退休不久的许老伯从小热爱画画，街道上许多涂鸦墙便是出自他之手，因为家里空间不大，有时候画画感觉施展不开，得知为老服务中心设立书画室后，老许每天都会抽时间，有时候甚至一天都泡在书画室里。充足的空间和绘画材料，让老许沉醉在美术的世界里，十分满足，同时结识了很多志同道合的朋友，退休生活又多了一份色彩。①

(5)认知障碍照护试点

认知障碍照护试点是面向失智老年人的积极举措。认知障碍老人照护的专业性、复杂性和高强度，给患病老人及其家庭带来了巨大压力，为回应这一社会痛点，上海市积极开展试点工作。一是积极开展认知障碍照护床位试点。2018 年上海市将率先将"改建 1000 张失智老人照护床位"列入市政府实事项目，同时，为建立健全针对认知障碍老人的照护服务体系，上海市制定《认知障碍照护床位入住测评表说明(试行版)》，以提高床位使用效率，满足老年人的入住需求。截至 2019年底，上海全市共改造认知障碍照护床位 2679 张，预计到 2022 年，上海市将完成 8000 张标准化认知障碍照护床位的改造。二是老年认知障碍友好社区建设试点。2019 年上海市民政局正式启动上海首批老年认知障碍友好社区建设试点，共 28 个街道(镇)被列为试点单位。②认知障碍照护床位和老年认知障碍友好社区建设试点，有效地回应了上海市养老服务的痛点。

---

① 《朱家角:综合为老服务中心把温暖送到老人心里》，人民网，见 http://sh.people.com.cn/ n2/2019/0211 /c383910-32623344. html，2019 年 2 月 11 日。

② 上海市民政局:《关于本市开展老年认知障碍友好社区建设试点的通知》，见 https:// www.yanglaocn.com/shtml/20191017/1571277591121185.html，2019 年 10 月 17 日。

专栏5　认知障碍照护试点——为失智老年人搭建安心之所

北桥老年福利院作为上海市首家专业认知障碍照护机构，截至2020年1月1日，这里已收住了85位认知障碍长者。在北桥老年福利院里，老人在护理人员的陪同下，可以玩游戏、吃点心。护理员介绍说，"照顾认知障碍老人蛮难的，经常会迷路、抗拒吃饭和洗澡，同时也难以表达自己的需求，需要更高的照护技能与技巧。刚开始不知道他们需要什么，慢慢地，通过每天照顾积累，我们成了朋友，还是要像亲人一样，多关心他们"。[1]

（6）养老服务时间银行

为助推互助式养老的可持续发展，上海市积极试点养老服务"时间银行"项目，低龄老年人积累时间币后可兑换相应的养老服务。通过时间存储、兑换的方式，激励更多低龄健康老年人去照顾需要关爱的高龄老年人，从而打造一种互助式养老新模式，扩大养老服务社会参与。

专栏6　养老服务时间银行——助力互助性养老

"阿婆，找人陪你去医院的需求我已经发出去了。""阿婆，已经有人接单了，你放心，当天有专人陪你就医。"孤老朱阿婆患有乳腺癌，需定期前往医院化疗和复查。其所在居委会工作人员通过"虹口区养老服务时间银行"微信小程序代发"陪医"需求，很快就有志愿者"接单"。原先，为安排人员陪同朱阿婆就医，居委会常常犯难。"居委会工作人员数量有限，都有自己的本职工作，很难每次都调配人手。有时也有热心居民愿意陪伴，但终究不是长久之计。"

---

① 《让弱者有所依　上海为认知障碍老年人构筑"新家"》，环京津网，见 https://baijiahao.baidu.com/s？id＝1655596765858439323&wfr＝spider&for＝pc，2020年1月13日。

一位居委会工作人员说。现在,随着虹口区养老服务"时间银行"试点工作实施,朱阿婆的陪医问题终于解决了。①

（7）智慧养老

为实现养老资源的有效对接和优化配置,推动健康养老服务智慧化升级,上海市充分运用移动互联网、物联网等技术,创造养老服务的新业态、新模式,促进智慧健康养老产业发展。一是积极建设智慧养老综合服务平台。通过搭建综合服务平台,掌握辖区内所有老人的个人、家庭、健康等信息"大数据",保持动态实时更新,并以大数据信息作为开展综合为老服务的依据。二是重点推出养老服务应用场景。通过政府公布应用场景,使企业及时了解老年人需求,促使企业为老年人提供实时、高效、低成本等智能化特征的养老服务。2020年上海市发布了首批智慧养老应用场景,推动智慧养老产品和服务落地应用,为老年人提供更符合需求的智能养老。

专栏7　智慧养老平台——送服务进家门

松江佘山综合为老服务中心,通过技术手段打造智慧养老平台,将服务延伸到各个村居,特别是高龄独居老人的家里。为高龄独居老人随身配备一键拨打定位电话,如果老人感到身体不适或迷路,摁一下按钮即可一键直通养老顾问,从而获得帮助。此外,该设备还具有定位和沉默期功能:生活不能自理的老人一旦离开预设的电子围栏区域,信息平台就会立即收到报警信息;若老人在非睡眠时间段内长时间处于静止状态,则会触发沉默期功能,工作人员在收到预警后,会立即联系老人本人、家属或者村居工作人员,确认老人是否安全。②

① 《上海:虹口养老新模式:"时间银行"让互助式养老可持续》,新华网,见 https://www.sohu.com/a/ 336792333_120209938,2019年8月27日。
② 上海市松江区人民政府:《佘山镇首家综合为老服务中心试运营　智慧养老平台送服务进家门》,见 http://www.songjiang.gov.cn /xwzx/002001/20190710/c56f863d－11d2－4325－a430-814249aca492.html,2019年7月10日。

(二)农村养老服务体系

1. 发展现状

总体上看,上海市农村养老服务发展水平处于中等水平:养老体系基本形成但有待进一步完善;互助养老逐渐完善但设施水平有待提升。上海市针对农村地区养老服务体系的建设,主要围绕打造镇(街)有"院"、片区(村)有"所"、村(组)有"点"的设施网络,以增强农村养老服务供给能力,弥补短板。截至 2018 年上海市已完成了 44 家农村薄弱养老机构的改造,街镇至少建有一家标准化的养老机构;片区为老服务场所迅速增加,包括新增综合为老服务中心 56 家,日间服务中心 46 家,老年人助餐点 45 个,老年活动室 105 个;在每个村组发展睦邻点方面,已建成 1000 个村组宅基睦邻点。

《上海市农村地区养老服务美好生活三年行动计划(2018—2020年)》实施以后,上海农村地区养老服务建设取得了较大进展,主要的成就有:在街镇有"院"方面,乡镇敬老院建设持续推进,三年间涉农区新增床位 19296 张,占全市新增总量的 71%;在片区有"所"方面,涉农区建成具有平台功能的综合为老服务中心 224 家,占全市 70%,实现乡镇全覆盖。长者照护之家、社区日间服务中心、老年人助餐服务场所已建成1419 个,占全市六成以上;在村组有"点"方面,涉农区已建成 1988 个示范睦邻点,占全市总量的 80%。① 上海市在农村养老服务方面,积极推进养老服务城乡均衡发展,着力补足农村养老服务短板,有效地推进上海市城乡基本养老公共服务均等化,缩小了城乡养老服务水平的差距,较好地满足了农村地区老年人在养老服务领域的美好生活需要。

2. 典型模式:农村老年人睦邻点

农村老年人睦邻点作为社会养老的补充,强调普通居民间相互的帮扶与慰藉,②既有敬老院等社会化养老的特征,又符合传统家庭养老习俗,契合农村老年人的养老服务需求。为此,上海市通过鼓励农村地区利用自有住宅、闲置房屋,以农民居住集中、场地大、交通方便的宅基为选址

---

① 《上海市农村地区养老服务美好生活三年行动计划(2018—2020 年)圆满完成》,潇湘新闻,见 https://baijiahao.baidu.com/s? id = 1686419902606401921&wfr = spider&for = pc,2020 年12 月 18 日。

② 熊茜、李超:《老龄化背景下农村养老模式向何处去》,《财经科学》2014 年第 6 期。

原则,由老干部、老党员或者热心人担任负责人,以互助的形式提供帮助,在村组全面推广老年人睦邻点建设,实现"不离乡土、不离乡邻、不离乡音、不离乡情"的互助式农村养老。

专栏8 农村养老服务"睦邻点"——突破农村养老的"瓶颈"

上海郊区奉贤区庄行镇,60周岁以上老年人占户籍人口近三成,80周岁以上者占比达近15%。该镇通过探索推行宅基睦邻点建设,为区域内千余名高龄及有需要的老人提供爱心午餐、便民服务、健康保健及文化娱乐等服务,截至2016年,建成了20个睦邻点,为农村老人开设"爱心午餐",提供荤素搭配、营养美味的午餐是睦邻点的主要内容之一。75岁的顾阿婆是东风村8组村民,身体状况一直都不好。在睦邻点之前,在私企上班的女儿每天中午都赶回来给阿婆烧饭喂饭,特别辛苦。"现在有了睦邻点的热菜热饭,女儿不用那么辛苦,我也吃得开心。"吕桥村有一位老人原先生活不能自理,自从村里开设了睦邻点,每天由护工送去营养餐、志愿者陪护聊天,他的心情也变舒畅了。慢慢地,老人可以自己吃饭,讲话也变利索了,在他人搀扶下还能散步。老人的子女感慨道:"奇迹真的发生了。"

目前,全镇共有4个睦邻点开设"爱心午餐"项目,共有约100位老人受益。而针对卧床在家、行动不便或临时有突发情况的老人,睦邻点会上门送餐,老人不出家门也能享受到服务。同时,睦邻点还开展多项健康服务,除了组织健康义诊、开展健康活动,还设立养生讲堂,邀请家庭医生、志愿者为老年人健康养生授课,宣讲常见病的预防及治疗知识。此外,睦邻点还推行50岁左右"小老人"志愿结对帮助75周岁以上"老老人"的服务。"小老人"提供探访和陪伴等服务,为高龄老人提供精神慰藉,缓解其孤独感。睦邻点服务不仅让农村老年人获得就近照顾,还使其懂得了养生,学会了广场舞,其乐融融,村子就像个大家庭。这样的尝试也受到了农村老人子女的大加赞赏。①

---

① 《上海探索农村养老服务"睦邻点"圆老人不离乡土养老梦》,人民网,见 http://finance. people.com.cn/GB/n1/2016/0416/c1004-28281326.html,2016年4月16日。

二、养老服务体系的人群结构

（一）区分老年人生活自理能力的养老服务体系

根据自理能力状况，老年人群体可分为自理老年人、半失能老年人与失能老年人。在界定的标准上，上海市构造了当地的评估指标，包括自理能力维度和疾病轻重维度，自理能力维度包含日常生活活动能力、工具性日常生活活动能力和认知能力，对应的权重分别为85%、10%、5%。疾病轻重维度主要包括当前老年人群患病率比较高的10种疾病：慢性阻塞性肺病、肺炎、帕金森病等。每种疾病分成局部症状、体征、辅助检查、并发症4个分项，对应的权重分别为30%、30%、30%、10%。评估等级由自理能力和疾病轻重两个维度的得分值决定，分值范围为0—100分，分值越高表示所需的照护等级越高，评估等级为正常的老年人视为自理老年人。以此为依据，不同自理状况的老年人其养老服务的侧重点不一。

同时，自理老年人的养老服务概念，一般包含在养老服务总的概念内。在养老服务内容上，面向自理老年人更多的是提供生活便利服务、医疗保健服务、精神慰藉、文化娱乐及法律服务和紧急救助，提供主体主要是政府和养老机构。

1. 失能、半失能老年人的养老服务

半失能老年人的养老服务内容主要是社区日间照料日托服务和社区辅具配置、无障碍设施改造、宜老社区建设等服务。失能老年人的养老服务内容主要涉及定期体检、上门服务、康复护理等长期护理服务。此外，无论是半失能还是失能老年人都可享受主要涉及生活照料服务、医疗康复服务、精神慰藉、文化娱乐及法律服务和紧急救助等的机构养老服务。

上海市针对失能、半失能老年人开展的养老服务内容有所不同，对半失能老年人，上海市主要开展的是便利服务，例如照料中心托管服务、辅具租赁服务、适老化改造服务等。而对失能老年人，经评估达到相应等级的，经申请、审核可享受长者照护之家短期托养服务、长期护理服务，护理服务分为社区居家照护、养老机构照护、住院医疗护理等三类。此外，无

论失能还是半失能老年人都可享受机构养老服务。

（1）半失能老年人养老服务

上海市半失能老年人的养老服务主要从提供便利着手，为轻度失能老年人提供社区照料服务、辅具配置和无障碍设施改造等服务。

1）社区日间照料中心日托服务

针对自理困难的高龄、独居等老年人，上海市提供社区日间照料日托服务，白天老年人前往照料中心接受服务，晚上回家。主要的服务内容涉及：生活照料类，包括生活护理、餐食供应等；康护护理类，涉及健康管理、预防保健、医疗护理等；个性化服务类；接送服务、生活辅助、早托晚托等。

2）辅具租赁服务

上海市为确保残疾老年人、75岁以上老年人等可以无障碍、有尊严地生活，提高他们的生活质量，启动了"康复辅具社区租赁试点"项目，首期16个区、70个街镇被列为试点单位。辅具租赁的产品涉及矫形器、个人挪动辅助器具、个人生活自理和防护器具以及医疗辅助器具等共45种，较好地提升了半失能老年人的生活质量。

3）适老化改造

上海市适老化改造已经在家庭内部逐步展开，内容包括房屋行动支持、卫浴如厕改造和起居室适老化支持三方面。同时《上海市社区养老服务管理办法》提出，要加快推进老旧居住小区和老年人家庭的无障碍改造，并对符合上海市户籍的残疾老年人，提供社区日间照料服务、康复训练服务、居家养老上门服务、社区辅助器具适配服务，提供无障碍环境支持，较好地提升了生活自理能力下降类老年人的生活质量。

（2）失能老年人养老服务

上海市失能老年人的养老服务主要从提高生存质量着手，为失能老年人提供社区照护和机构照护。社区照护方面，根据老年人失能评估标准，符合条件的老年人可享受社区居家照护服务。在机构照护方面，可分为长者照护之家短期托养服务和机构照护服务。机构照护中，符合条件的老年人可享受养老机构照护服务和住院医疗护理服务。

1）社区居家照护服务

根据上海市失能状况的评估标准，评估等级二至六级的老年人可享受社区居家照护待遇。从支付待遇来看,社区居家照护由长期护理保险基金支付90%,通过上门或社区照护等形式,提供基本生活照料和与基本生活密切相关的医疗护理服务。根据不同的评估等级提供3—7次照护次数,每次上门服务时间为1小时。服务的内容分为基本生活照料和常用临床护理两类。基本生活照料主要包括与护理对象身体护理密切相关的项目(如头面部清洁梳理、协助进食/水等);常用临床护理主要包括根据医嘱由执业护士完成的项目(如鼻饲、药物喂服等)。

2)长者照护之家短期托养服务

为提高失能老年人的生存质量,上海市在社区内开展长者照护之家短期托养服务,面向社区内失能老人、高龄独居老人以及其他有需要的老年人,提供涵盖机构照料、社区照护、居家护理的一站式综合型服务。服务的对象主要为社区内照护评估三级以上的老年人;大病出院需要康复护理、长期护理或需要喘息服务的老年人。短期托养服务的主要内容为上门照料、住养照料和护理服务。托养服务时间一般在3—6个月。

3)机构养老服务

一是养老机构照护服务。

上海市在机构养老服务方面进展较快、较完善,既有专业型、护理型养老机构,也有综合型养老机构。护理型养老院是集疾病预防、治疗、护理和临终关怀为一体的护理机构,主要是为身患疾病而又缺乏人员照护的老年人而设立的,是为老年人提供日常生活保健、生活照顾、医疗救助和临终关怀的特色护理型机构。同时,护理型养老院在收费方面,则按照公益性的原则,由政府制定指导价,在指导价范围内酌情收费,多数老人的医疗费用都由医疗保险直接报销。截至2018年底,上海市共有38家老年护理院,189家护理站,护理床位12428张,住院人次26001次。①

---

① 数据来源:《上海统计年鉴2019》。

专栏9 护理型养老院——上海爱以德高平护理院

上海爱以德高平护理院,是一家集医疗、康复、护理于一体的大型综合护理院,现有护理型床位320张,设住院部和门诊两部分,内设内科、外科、康复医学科、营养科、临终关怀科等,护理院为患者提供医、养、康、护一站式整体医疗服务。养老院1层为门诊及康复理疗中心,提供医疗和康复服务。2—7层为住院病区,每楼层设置护士站24小时值班。全院配备副主任医师4名、主治医生8名、执业医师18名,同时拟配备护理人员184名。该护理院的主要特色是重症监护护理,除备有重症病人所需的急救设备、医疗护理设备外,还装有先进的天轨移位系统,可以零负重完成对重度失能和完全失能老年人的移位护理。该护理院还实行科学规范的医生查房制度,尤其对危重患者进行实时监测病情变化,依据病情变化提供诊疗、护理方案,为特殊病患提供安全有效的监护管理。①

与护理型养老院不同,普通养老院是面向全体老年人的综合型养老机构,当前上海市大部分养老机构都是集生活照料、康复护理、紧急救援为一体的综合型养老机构。

专栏10 综合型养老机构——上海恒裕曹家渡老年福利院

恒裕曹家渡老年福利院是一家公办民营的代表性养老机构,作为上海市静安区最大“养老综合体”,将长住性养老机构、残疾人养护机构、长者照护之家融为一体,共设床位499张。同时,积极开展居家和社区养老服务,提供全龄段、多层次、多样化的医养服务。

---

① 《上海爱以德高平护理院》,养老网,见 https://www.yanglao.com.cn/resthome/1244454.html,2019年3月18日。

该院与华山医院、静安中心医院建立绿色通道,且养老院内设医疗机构,有医务室,药房,康复室等方便长者日常诊断就医。主要的特色是针对老年人自理状况进行分类照护。一方面提供日常的生活服务,为长者解决生活不便;另一方面提供营养膳食、健康管理、娱乐活动和社交活动等多方位的服务。服务内容涉及:生活照料方面,每月清洗床上用品、搭配营养膳食等;医疗保健方面,提供基础护理检查,测量血压、血糖等;文化娱乐方面,依托专职社工组织兴趣小组和文化娱乐活动,定期组织外出旅游活动。

针对需要协助的老年人,养老院则根据每位长者的个性健康状况,制定个性化护理档案,为老年人提供符合自身情况的生活照料、医疗护理、行动协助等照护服务。服务内容有:生活照料方面,提供生活起居的照料,包括帮助穿脱衣、助浴、清洗衣物床单、饭菜茶水供应、个人清洁、褥疮的预防护理等。医疗保健方面,提供基础护理检查并提供康复治疗,预防并发症,维持身体基本机能。[①]

二是机构照护服务。

根据上海市失能状况的评估标准,评估等级二至六级的老年人可享受养老机构照护及住院医疗护理待遇。从支付待遇来看,养老机构照护由长期护理保险基金支付85%。住院医疗护理的收费标准,按照上海市现行医疗机构医疗服务项目和价格汇编等相关规定执行。

养老机构照护服务,是指养老机构为入住其机构内的参保人员,提供基本生活照料和与基本生活密切相关的医疗护理服务;住院医疗护理服务,是指社区卫生服务中心等基层医疗卫生机构、护理院和部分承担老年护理服务的二级及以上医疗机构,为入住在其机构内护理性床位的参保人员提供医疗护理服务。

2. 自理老年人的养老服务

按照上海市长期照护评估标准,评估等级为正常的老年人视为自理

---

① 《上海市中心交通方便医养结合中高档养老院——上海静安区恒裕曹家渡老年福利院》,搜狐网,见 https://www.sohu.com/a/279023179_100171501,2018 年 12 月 1 日。

老年人,在养老服务内容上,自理老年人更多的是提供生活便利服务、医疗保健服务、精神慰藉、文化娱乐及法律服务和紧急救助。养老服务提供主体主要是政府和养老机构。

（1）正式养老服务

1）日常生活服务

按照上海市"9073"养老服务规划,90%的老年人都接受社区居家养老服务。与此同时,上海市作为高度老龄化的城市,老年人的独居、空巢现象越来越普遍,独立生活面临一定的困难。为此,上海市一是开办老年人食堂或助餐点,解决"吃饭难"问题,通过为社区老年人提供膳食加工配制、外送、集中用餐等服务,不仅能有效解决高龄、独居、纯老家庭以及生活需要照料的老年群体日常用餐难问题,还为老年人提供了交流和关怀的机会。二是优化社区养老服务,通过打造综合为老服务中心,提供浴室、理发、助医、助学等多样化服务,实现了为老服务一站式服务,有效满足了老年人的多种服务需求。

2）医疗保健服务

做好老年人的医疗保健工作尤其是慢性病的预防与干预工作,是提升老年人健康和晚年生活质量的重要举措。上海市出台了社区健康服务项目清单,明确老年人养老服务事项。一是家庭签约医生方面,开展社区健康自我管理小组和服务项目,为每个家庭医生团队配备了一位指导医生,围绕慢性病预防、健康自我管理和健康生活方式等主题进行健康教育和健康干预,同时家庭医生团队还配备临床药师,提供临床药学服务。二是体检方面,重点为65岁以上老年人免费提供健康检查和保健指导、中医药健康管理、防盲治盲等服务慢性病防治,免费为辖区内老年人群体提供心血管疾病、糖尿病和肿瘤防治管理与干预服务。三是健康教育方面,借助社区老年学校,通过课程建设及专家要求,为社区老年人提供健康教育服务。[①]

3）精神慰藉与文化娱乐

随着社会经济的发展和老年人需求的日益多元化,老年人对精神慰

---

① 　上海市卫生健康委员会等:《关于印发〈上海市社区健康服务项目清单（2019版）〉的通知》,见 http://wsjkw.sh.gov.cn/jcws2/20190604/0012-64193.html,2019年6月3日。

藉的需求日益提升。武佳琳等（2013）调查发现上海市居家老年人对于精神慰藉的需求最为强烈，[1]而对生活照料和医疗看护需求并没有想象中的强烈。由此，上海市注重为老年人提供精神慰藉与文化娱乐服务。一是通过社区内的老年人大学为老年人提供课程教育，一方面可以圆老年人上大学的梦想，满足老年人继续教育、学习新知识的需求；另一方面也可分散老年人退休后的繁杂心情，使其找到精神寄托。二是借助老年活动中心、老年协会提供更多的社会参与，通过各种文艺会演和才艺表演让更多老年人参与进来，不仅培养老年人文艺爱好，还能通过各种文艺会演以及才艺大赛展现自己的才华，体现自我价值。截至2018年底，上海市建有老年人活动室（中心）5828个，参与老年人数日均活动人数达27.4万人。[2] 三是通过社区平台，引入志愿者和社会组织，通过志愿活动陪老年人聊天、拉家常，满足老年人精神慰藉和情感需求。

4）维权与法律咨询服务

在老年人权益保障方面，上海市2018年全年共受理老年人来信、来访、来电总数4.21万人次，其中调解处理4.14万人次。在法律援助方面，全年共办理涉老法律援助案件809件，比上年增加7.9%，[3]较好地保障了老年人的合法权益。

5）机构养老服务

从目前上海市的养老机构来看，尚无只为自理老年人提供养老服务的自理型养老机构，绝大部分是同时收住自理老年人和非自理老年人的综合型养老机构。自理老年人入住养老院时需经过养老机构的自理能力状况评估，并以此为依据收取养老服务相关费用，提供养老服务。

上海市高度老龄化的人口结构、较高的经济消费能力和较高层次的养老理念推动了能满足老年人个性化居住条件和人性化服务的新型养老模式——高端老年公寓的发展。老年公寓是养老产业化的成果，其由社

---

[1] 武佳琳等：《居家高龄老年人照护需求及满足情况调查》，《护理学杂志》2013年第12期。

[2] 上海市政府：《2018年上海市老年人口和老龄事业监测统计信息》，见 http://www.shrca.org.cn/News/detail.aspx？ID=6892& Page=0，2019年5月19日。

[3] 上海市政府：《2018年上海市老年人口和老龄事业监测统计信息》，见 http://www.shrca.org.cn/News/detail.aspx？ID=6892& Page=0，2019年5月19日。

会力量按照市场原则建造和管理,是为具有一定经济负担能力的老年人提供住宅服务的社会养老机构。老年公寓主要的特点一是地理位置较好,一般选择在城市周边,环境优美,交通便利,能满足老年人生活上各方面的要求;二是建筑设计充分体现了适老化特点,例如低楼层、房屋明亮、无障碍设计等;三是配套设施齐全,软硬兼备,医院、健身娱乐、文化教育、购物等配套齐全,能较好满足老年人需求。

专栏 11　会员制老年公寓——上海亲和源老年公寓

上海亲和源老年公寓是上海市第一家集居家养老和机构养老于一体的大规模会员制老年公寓。它位于南汇区康桥镇,2008 年开始营业,占地面积达 125 亩,建筑面积达 10 万平方米,拥有 15 幢 830 余套无障碍设计的标准化公寓,可同时容纳 1600 名老年人入住。亲和源老年公寓从设计到服务等各方面都体现出了亲情社区的特点:规划建设结合了养老与现代养生的理念,注重打造既不脱离社会,但又独立、开放的老年社区;在建筑设施方面注重安全、健康、方便、舒适等特点,社区整体均采用无障碍设计;提供了完整的优质社区生活配套设施,配套了会所、餐厅、医院/护理院、度假酒店、各种活动空间等生活医疗商业配套,提供生活、健康、快乐三大板块的秘书式服务,全方位满足会员在生活、娱乐、精神等方面的需求。[①]

（2）非正式养老服务

在正式养老服务之外,家庭、个人等还为老年人提供了非正式养老服务。上海市作为发达的大型城市,大部分自理老年人都选择家庭养老和个人养老。源于配偶、子女等的照料不仅可为老年人提供生活照料,还可让老年人获得亲情慰藉,舒缓老年人的情绪,提高老年人心理健康。

在 2014 年中国老年社会追踪调查数据（CLASS）中,上海市有 552 个

---

① 上海康桥亲和源:《亲和源·上海康桥老年公寓》,亲和源网站,见 http://www.qinheyuan.com/project_chain2/144.html。

调查样本,主要生活来源为自己的退休金、养老金及劳动所得的样本为544个,占比98.6%;来源于家庭(配偶、子女)的样本为4个,占比0.7%。同时,在养老打算中(466个有效样本),选择在自己家养老的样本为361个,占比77.5%,在子女家养老的样本为16个,占比2.1%。在2015中国综合社会调查数据(CGSS)中,上海市有207个老年人样本,认为老年人养老应由子女负责的样本为46个,占比22.2%,应由老年人自己负责的23个,占比11.1%。认为由政府、子女、老年人共同负责的样本为119个,占比57.5%。

(二)区分老年人经济状况的养老服务体系

以老年人经济状况进行区分,可分为贫困老年人与非贫困老年人,不同经济状况的老年人群体享受的养老服务内容并不一致。贫困老年人的养老服务主要由政府提供,而非贫困老年人的养老服务则主要由家庭提供且基本与自理老年人养老服务一致,因此这里不再赘述。

上海市将人均月收入低于低保标准线的老年人视为困难老年人;将城乡居民家庭月人均可支配收入低于2140元/月,且家庭人均货币财产低于5万元,无生活用机动车辆,无非居住类房屋的老年人视为低收入老年人。2018年上海市将低保标准定为每月1070元,获得城乡最低生活保障金的老年人数共计3.02万人,占老年人口的0.6%。[①]

1. 贫困老年人的养老服务

(1)政府购买社区居家服务

上海市对贫困老年人提供政府购买服务,主要是政府购买社区居家养老服务、机构养老服务。具体项目上分为适老化改造、养老服务补贴;在形式上主要采取上门、日托等服务形式;内容主要以生活照料、照料护理为主。

1)适老化改造

上海市自2012年开始已经连续八年把"为1000个低保困难老年人家庭提供居室适老性改造服务"列入市政府实事项目。为改善居家老年

---

① 上海市政府:《2018年上海市老年人口和老龄事业监测统计信息》,见http://www.shrca.org.cn/News/detail.aspx?ID=6892&Page=0,2019年5月19日。

人的居住舒适度和安全性,上海市推出了适老性改造,通过对老年人家庭通道、门厅、起居室、厨房、卫生间等生活场所的改造,以及家具配置、生活辅助器具、细节保护等设置的调整,方便老年人日常生活,满足老年人居住需求。

专栏12　适老化改造案例

74岁的严奶奶是位孤寡老人,住在上海市长宁区法华镇路上一个老式小区里。由于年轻时一直在外地工作,她家中设施简陋,浴缸还是30多年前用水泥砌就的。厨房的水池旁没有安装桌板,洗干净的碗都没地方搁置,电线也是裸露在外……去年,政府部门上门走访后发现了这些问题。考虑到严奶奶的经济情况,她成了上海市实事项目"适老改造"的对象。如今,原先破旧的洗漱环境得到了明显改善;晃荡在空中的明线全都用了安全线套;洗碗水池旁新增了一处置物空间;浴缸拆除后改成了淋浴间,并安装了立式洗手池。考虑到卫生间面积,施工方还放弃了砖头结构的包管模式,改用不锈钢材料对排污管道进行包裹。居住环境大变样,严奶奶特别高兴,"我一分钱都没出,卫生间用起来舒服多了"。改变厨房门宽度方便轮椅进出、在卫生间里安装把手……最近,长宁区推出的社区适老化改造,让严奶奶和不少老人住得更舒适更有安全感。①

---

2)养老服务补贴

为保障困难老年人权益,上海市规定,达到相应照护统一需求评估等级的困难老年人申请社区居家上门照护服务、社区托养服务等可享受养老服务补贴,以保障困难老年人养老照护需求。养老服务补贴以非现金的补贴券(卡)等形式呈现,用于购买养老服务。具体补贴标准为:2018年照护一级的最低生活保障家庭的老年人,补贴标准为每人每月750元;照护二级至四级的最低生活保障家庭的老年人,补贴标准为每人每月

---

① 《试点"物业+养老"模式"适老性"改造让养老无障碍》,央广网,见http://news.cctv.com /2019/09/24/ARTIaFKd2Vl3Yl4fKlR6jxyU190924. shtml,2019年9月24日。

700 元;照护五级至六级的最低生活保障家庭的老年人,补贴标准为每人每月 500 元。① 截至 2018 年底,上海市享受养老服务补贴人数为163849 人。②

(2)机构养老服务购买

针对城市"三无"老人和农村"五保"老人,上海市政府根据老年人意愿提供集中供养和分散供养服务,选择集中供养的老年人即可享受机构养老服务。提供养老服务的机构主要是公建公营和公建民营养老机构,但在公建公营养老院床位数不足情况下,可由政府向民办养老机构购买床位。

1)公建公营养老机构

为贫困老年人群体提供服务的公建公营养老机构主要是指福利院、敬老院等。福利院主要的服务对象是城市"三无"人员,即无家可归、无劳动生产能力、无经济来源的老年人,政府为他们提供所需的全部费用,提供生活照料、医疗保障、精神慰藉等服务。在公办养老院床位数不足情况下,还可由政府向民办养老机构购买床位。《上海市老年人权益保障条例》规定,上海市建立老年照料护理需求评估制度,对具有照料护理需求且符合规定条件的老年人,按照全市统一的标准对其失能程度、疾病状况、照护情况等进行评估,以确定照料护理等级,作为其享受相应照料护理服务的依据;对其中高龄、无子女的老年人予以优先保障,对经济困难的老年人给予适当补贴。截至 2017 年底,上海市共有社会福利院 25 个,床位数 7933 张,年末在院人数 4572 人;老年福利机构 648 个,养老床位数 120260 张,年末在院老年人数 76518 人。③

2)公建民营养老机构

2017 年上海市《关于本市公建养老服务设施委托社会力量运营的指导意见(试行)》对公建养老服务设施委托社会力量运营作出具体规定,同时要求公建民营养老机构运营主体要积极承担公益责任,承担公建养老服务设施的"保基本、兜底线"功能,主要服务对象为政府养老基本公

---

① 上海市政府:《上海市关于调整本市养老服务补贴标准的通知》,上海市政府网站,见 https://www.yanglaocn.com/shtml/20190321/1553175506118487.html,2019 年 3 月 21 日。
② 数据来源:《中国民政统计年鉴 2019》。
③ 数据来源:《2018 年上海市统计年鉴》。

共服务保障对象。公建养老服务设施委托社会力量运营是指通过合同方式将公建养老服务设施交由社会组织或企业运营。公建养老服务设施范围是指政府投资兴建或租赁改造包括养老机构、长者照护之家、社区日间服务中心、社区综合为老服务中心等的养老服务设施。其中，对于政府投资新建或新租赁改造的养老服务设施，原则上采用委托社会力量运营的方式；对于存量公办养老机构，鼓励转变运作模式，引入社会力量运营。

专栏13　"公建民营"模式激发养老机构新活力

　　奎照老年福利院是上海市首家区级公建民营养老机构，于2016年底试运行，建筑面积为4000余平方米，设有148张床位，各类房型齐全，能为老年人提供生活护理、医疗康复、文化娱乐、餐饮服务等专业化、个性化服务。仅开业半年，入住率已达三分之一，90岁及以上的老人占60%。

　　作为首家区级公建民营养老机构，奎照老年福利院由上海兰公馆连锁养老院护理院运营。患病老人可以在这里得到医疗康复护理。老人可以享受包括中医定向透药、脑电仿生电刺激、中频干扰电疗等数十种康复项目，同时，也可享受中医推拿、火罐、艾灸等中医理疗项目。福利院院长表示，当时能拿到运营权，主要还是因为我们的特色是医养结合，不仅有医疗团队，还有康复护理团队。

　　"这里好！既有人照顾，又过得舒坦，还有好多老姐妹！"98岁的郁老太感慨道。与她住在同一间、95岁的林老太也在一旁点头附和。老人在这里入住后感到特别适应。郁老太说："一日三餐会有阿姨拿上来给我们吃，还会有人给我们洗澡、洗脚。总之就是舒服。"虽然年纪大了，但郁老太的思路仍旧清晰，每天都会到活动室搓麻将、聊天、晒太阳。她的子女也很孝顺，每天都会来看望她。①

---

　　①　上海市虹口区人民政府：《首家区级公建民营养老机构试运行半年》，见 http://www.shhk.gov.cn/shhk/xwzx/20170504/002003_3f8ab1c1-2ed7-4e7e-ac11-8440df8a8b33.htm，2017年5月4日。

2. 低收入老年人的养老服务

（1）政府补贴下的社区居家养老服务

为保障低收入老年人权益，上海市规定达到相应照护统一需求评估等级的困难老年人申请社区居家上门照护服务、社区托运服务等可享受养老服务补贴，以保障低收入老年人养老照护需求。养老服务补贴以非现金的补贴券（卡）等形式呈现，用于购买养老服务，具体补贴标准为：照护一级的低收入家庭老年人，每人每月补贴 600 元；照护二级至四级低收入家庭的老年人，每人每月补贴 500 元；照护五级至六级的低收入家庭的老年人，每人每月补贴 300 元；[1]针对年满 80 周岁且本人月收入低于上年度城镇企业月平均养老金的老年人，符合照护一级标准的，每人每月补贴 375 元。

（2）机构养老服务

1）民办公助养老机构

民办公助养老机构是指民间组织或者机构，包括企业或者非营利性组织如公益基金会等自行购买土地，自建或者自行租用房产，自我经营老人服务机构，政府给予一定的补助。[2] 截至 2018 年底，上海市共有民办养老机构 352 家，床位 6.31 万张。[3]

民办公助养老机构主要享受的优惠政策有：土地供应政策；税收优惠政策；行政事业收费和生活类优惠政策；以奖代补政策，对非营利性养老机构实施以奖代补政策，涉及内设医疗机构奖 5 万—50 万元；招用持证人员奖，分初、中、高级，分别按持证人数乘以本市上年度最低工资 10%、15%、20% 奖励；招用医护、康复、社会工作等专技人员，按专技人员数乘以本市上年度最低工资 40% 的标准给予奖励；品牌连锁经营奖，凡连锁经营机构数达 2 家以上，且单个机构床位规模 50 张以上，经过综合评估合格的品牌连锁经营养老机构，给予一次性奖励 15 万元；每新增加一家机构，奖励 15 万元。

---

① 上海市政府：《上海市关于调整本市养老服务补贴标准的通知》，上海市政府网站，见 https://www.yanglaocn.com/shtml/20190321/1553175506118487.html，2019 年 3 月 21 日。

② 杨团：《公办民营与民办公助——加速老年人服务机构建设的政策分析》，《人文杂志》2011 年第 6 期。

③ 上海市统计局：《2018 年上海市国民经济和社会发展统计公报》，见 http://tjj.sh.gov.cn/html/sjfb/201903/1003219.html，2019 年 2 月 28 日。

2）中低端民营养老机构

从上海市养老机构数据看,纯中端占比12%,低端占比2%。[①] 为此,上海市围绕普通老年人群体重点建设了保基本型养老床位供给。按照养老服务补贴的规定,对入住养老机构的低收入家庭的老年人,在享受长期护理保险待遇的同时,按相应等级的养老服务补贴标准的50%给予待遇享受,用于支付养老机构服务费用(伙食费除外)。截至2018年底,上海市共有公办养老机构360家,收住特困老年人2181人,[②]有370家保基本型养老机构[③]。上海市将低保、低收入家庭、重点优抚对象的老年人且符合入住所需照护等级要求的老年人作为保基本型养老机构(床位)的对象。而对本市保基本养老机构(床位)的兜底线对象,确保该类对象依申请优先入住保基本养老机构(床位)。其他经统一需求评估达到相应照护等级的老年人,依申请轮候入住保基本养老机构(床位)。

专栏14　民办民营养老机构——上海大华福利院

上海大华福利院是位于闵行区中春路旁的一所综合型民办养老机构,并且在最近的机构评估中被评为4A级社团组织、二级养老机构。福利院占地15亩,总建筑面积达7600平方米,绿化面积达6300多平方米,活动场地道路达2000多平方米。上海大华福利院内部按三星级宾馆标准设计装修,内设有290张床位和与之相配套的医疗保健用房及生活服务、后勤保障设施,配置了卡拉OK、琴房、健身房、阅览室、桌球室等其他康复娱乐设施。院内有假山凉亭、小桥流水、四季花卉、卵石林荫,院墙四周树木环绕,空中盆景点缀,是一个设施齐设备完善,环境幽静、美丽、典雅、温馨的养老机构。

---

① 《中低端收费养老机构仅占14%?》,搜狐网,见 https://www.sohu.com/a/302086897_100064556,2019年3月18日。

② 《中国民政统计年鉴2019》。

③ 上海市政府:《上海市保基本养老机构(床位)名单》(截至2019年5月),见 http://www.shanghai.gov.cn/ nw2/nw2314/nw2315/nw17239/nw17240/u21aw1385584.html,2019年5月30日。

> 根据老人的年龄、生活自理程度,照护老年人分为一级到六级的护理标准。收费标准从 4100—6300 元不等,其中住宿标准为 1962—2962 元,护理标准为 1360—2600 元,伙食费为 26 元每天。[①]

3)高端民营养老机构

经济状况较好的老年人往往有着较高养老追求,催生了高端养老机构的发展,目前上海的养老机构中高端和中偏高的养老机构占比 68%,尤其是养老社区基本都是高端的。[②] 高端型养老机构往往有着优越环境,能提供专业性强、含金量高、差别化大、可替代性弱的医护服务和保健服务。同时,还能提供高质量的精神慰藉,文艺娱乐、心理咨询等。这些高质量的养老服务可以极大地满足老年人高端的养老需求。

专栏15　高端民办民营养老机构——泰康之家·申园

泰康之家·申园位于上海松江佘山脚下,地理位置优越,地铁 9 号线直达,10 分钟可达万达购物广场和市一松江南院。社区占地面积约 9 万平方米,建筑面积约 21 万平方米,可容纳约 1840 户居民。申园社区引入国际 CCRC 养老模式,"1+N"的全方位服务模式,并配备了专业康复医院和养老照护专业设备,是一个可供独立生活、不同程度的协助生活、适合有记忆障碍和需要专业照护服务的老人长期居住的大型综合高端医养社区。

针对自理老年人,提供独立生活社区,为自理长者提供生活照料、社交活动、医疗支持、安全保障、健身娱乐、康复训练等服务。

---

① 《上海市闵行区大华福利院》,上海养老信息网,见 https://www.yanglaocn.com/shtml/ylyxx/2013-04/yly136563618022624.html,2019 年 3 月 8 日。

② 《中低端收费养老机构仅占 14%?》,搜狐网,见 https://www.sohu.com/a/302086897_100064556,2019 年 3 月 18 日。

　　针对半自理、不能自理老年人，提供护理生活区，为半自理、不能自理长者提供协助护理、专业护理、记忆障碍照护等服务。使老年人能够持续生活在熟悉的家庭氛围内，为长辈提供生活照料、机能康复训练、娱乐活动等综合性服务。社区配有全科诊所，集医疗、保健、颐养为一体，为居民提供常见病诊疗服务。与国内多家知名三甲医院合作，实现双向转诊、绿色通道、远程医疗、专家会诊等服务。

　　在老年人教育方面，建有乐泰学院，为老年人提供三大类、60余门课程的丰富选择。同时举办了乐泰俱乐部，鼓励长辈因共同兴趣爱好、信仰追求等自主成立各类俱乐部。

　　在餐饮方面，引进中国老字号"松鹤楼"担任餐饮顾问，提供专业的营养膳食，每餐提供近20个菜品，可满足个性化餐饮需求。

　　在收费方面，入住需提交20万押金，每月11227—34939元的床位费及每人1800元的餐费及相关社区使用费。①

---

① 《泰康之家·申园——高品质养老社区，一个最快乐、最安全的家》，搜狐网，见 https://www.sohu.com/a/300011226_823320？qq-pf-to=pcqq.temporaryc2c，2019 年 3 月 18 日。

第九章　人口老龄化趋势下中国养老服务体系完善的政策选择[①]

第一节　养老服务筹资体系存在的问题和建议

一、养老服务筹资体系存在的问题

现有的养老服务筹资体系在保障养老服务的顺利供给与老年人的养老服务需求方面起到了重要的作用。不过,养老服务筹资体系自身的可持续发展仍然面临一些问题,主要体现在基金依赖、社会支持与个人自愿选择上。

(一)社会保险统筹发展不足,筹资、给付的地区与人群间不均衡

在社保统筹方面,社会保险基金的筹集和给付均突出了政府的主体地位,但政府责任边界以及社会、个人责任划分还不明确。例如,政府对职工基本养老保险的财政补贴在逐年增长,但这种兜底保障机制由于缺乏固定的分担比例规则而面临缺乏稳定性和可靠预期等问题。城乡居民养老保险制度得益于政府提供的基础性养老金,但财政对参保人的缴费补贴同样缺乏明确和稳定的规定。企业年金、商业性养老金的财政与税收支持政策还不完善,处于第三层次的商业性养老保险发展明显滞后,迄今缺乏较为精确的统计数据。各大险种的发展水平差距也较大,过度依

---

① 本章作者为杨红燕、马珺、宛林。

赖第一支柱导致财政和企业(雇主)的支付压力很大,也"挤出"了其他支柱的发展空间。与其他 OECD 国家相比,中国养老保险的第二、三支柱象征意义大于实质意义,政策培育力度不足,发展严重不均衡。养老金正常调整机制的缺乏导致养老保险待遇的提高缺乏可预期性,盲目提升待遇水平也增加了基金的给付压力。同时,医保基金的筹集也处于失衡状态,大病保险、医疗救助及商业医疗保险之间边界模糊,衔接不畅,发展短板明显。

在给付人群方面,基本养老保险制度解决了普惠性问题,但未解决公平性问题。养老保险筹资基数的城乡差异导致基金筹资额不同,老年人按月领取数额不等,养老金在地区之间、城乡之间、群体之间的待遇差距悬殊。目前职工基本医疗保险和城乡居民基本医疗保险政策范围内住院费用报销比例相差近 10 个百分点,医保给付在人群之间不平衡,对重要突发性疾病提前预防能力不足。长期护理保险制度试点期间对参保老人资格审核做出了严格限制,受众相对较小,且各试点地区多通过财政补贴和划转医保基金建立统筹账户,在老龄化程度不断加深、预期寿命不断延长的情况下,此种筹资方式财务运营的可持续性面临挑战。

(二)财政投入结构不够合理,公共资源瞄准存在偏差

养老服务财政投入存在结构不合理的问题。公共资源没有根据老年人生理状况、认知缺陷和服务需求严格筛选,分类给付。主要表现在:

一是重供方轻需方。在养老服务供给不足时,政府通过直接投资兴办养老机构或财税优惠吸引社会资本提供养老服务可以迅速增加养老服务的供给,满足养老服务的需求。但是,财政资金对养老机构补贴方式不尽相同:一些地方补贴依据是床位数量,出现忽视实际需求盲目追求床位数量引发的床位空置现象;一些地方补贴依据是入住五保、"三无"等老人比例,导致为达目标限制入住普通老人数量引发的床位空置问题。且这些补贴并未惠及为社区老人提供居家养老服务的大多数社会组织。因此,这种补贴方式公平性存疑、效率不高。

二是需方补贴水平低。一方面,政府对养老服务三种补贴政策:高龄津贴、养老服务补贴和护理补贴的适用对象和条件在实践中存在概念交叉的问题,财政补贴力度并没有科学地与当地房价、地价、物价等水平相挂钩,有些中、西部省份在制定标准时甚至没有区分老年人的自理能力,给予老年人的养老服务补贴也没有将老年人配偶、子女等家庭成员的收入状况纳入考虑。另一方面,截至 2018 年,无论是高龄补贴还是老年人福利补贴,受惠老人人数占全体老年人比例合计不到 20%,人均补贴金额不到 600 元,尚未达到社会最低生活保障标准,对真正需要帮助的老年人来说是杯水车薪。

三是重机构养老轻居家养老。社区居家养老是养老服务体系中的重要组成部分,虽然政府早已出台政策推动居家养老服务发展,但进展缓慢。地方政府将大量的财政资金投向了养老机构,财政并未制定居家养老服务的专项预算,居家养老服务的资金主要来自彩票公益金。且在居家养老服务中,政府也偏向于社区养老服务机构和设施的建设,对居家上门养老服务的提供不足。

(三)社会救助筹资标准低且与其他制度间衔接不合理

社会救助是保障社会安全的"最后一道防线",其目标是保障受助对象最基本的生活水准。

当前中国的社会救助标准明显偏低,严重低于经济合作与发展组织规定的救助标准(社平工资的 60%),①各地多为最低限度的生存保障。城市最低生活保障标准只能满足城镇居民 24.2% 左右的生活消费支出,农村最低生活保障标准只能满足农村居民 34.4% 左右的生活消费支出,甚至无法满足受助者的基本生活需要。同时,社会救助标准的城乡差距呈现逐年扩大的态势。2007—2017 年,虽然城乡最低生活保障标准差距在不断缩小,但是城乡最低生活保障标准与城乡月人均生活消费支出之比却在不断扩大,已经由 2007 年的 4.2 个百分点扩大至 2017 年的 12.8 个百分点,造成一定的社会不公,不利于制度的可持续发展。②

此外,社会救助与社会保险、慈善事业、扶贫开发等保障制度之间缺乏衔接和互补。基本养老保险制度的"广覆盖、低水平",一定程度上加重了社会救助的压力。在养老金水平接近低保/特困救助水平的地区,如

---

① 吴中宇:《现代社会保障导论》,华中科技大学出版社 2009 年版,第 202—207 页。
② 谢勇才:《中国社会救助 70 年:从数量扩张走向质量提升》,《社会保障研究》2019 年第 6 期。

果领取养老金与申请低保和特困救助不可兼得,有时低保反而比参保后领取的养老金金额更多,因为低保/特困救助对象不但能领取救助金,还能享受很多其他的优惠减免福利,尤其是医疗费用报销优惠政策。[①] 因此,低水平的养老金可能会使得贫困人口在参加养老保险与申请低保或特困救助之间抉择。现实中,低保对象中包含部分劳动能力健全的贫困人口,扶贫开发对象也包含了部分无劳动能力的贫困人群,二者覆盖人群的交叉也影响到了扶贫与救助两方面工作的协调统一。

(四)民间资本盈利能力不足,社会组织发育不成熟

资本带有天然的逐利属性,民间资本投资养老机构的根本目的在于盈利。然而,不少调查表明,民办养老机构很难实现盈利目标。如赵佳寅(2016)对长春市某区 36 家民办养老机构的调查发现:4 家养老机构"盈利较多"、14 家"略微盈利"、10 家"收支平衡"、6 家"略微亏损"、2 家"亏损严重"。[②] 从全国范围看,据统计,有 40%的民办养老机构常年处于亏损状态,仅 9%实现了盈利,而其中 80%左右盈利率在 5%以下。[③] 原因在于,养老机构投资回报周期较长,对资金链稳定性要求较高,经营风险较高。在此背景下,政府为化解养老危机、发展养老产业,出台了大量养老行业扶持政策,减轻了民间资本的压力。一般而言,养老机构能否盈利以及盈利多少,受制于前期资金投入的规模、入住率、收费标准、员工工资、政府扶持资金、市场竞争程度等多种因素。在前期获得政府补助后,养老机构如果无法正视机构运营存在的问题并做出改正,例如服务质量差、存在安全隐患等,在申请新一轮政府补贴金时就会被取消资格,盈利和可持续发展危机便随之而来。而且,有些民办机构单纯依赖政府补贴平衡资产负债,一旦政府停止补贴,亏损、微薄盈利、难以盈利很可能就成为很多民间养老机构的运行常态。

社会组织参与养老服务供给是指社会组织通过相应途径,整合政府、企业、社会资源,采取各种方式,为推进养老公益事业或发展养老产业,参

---

① 王雄:《完善社会救助统筹体系研究》,《云南社会科学》2018 年第 3 期。

② 赵佳寅:《民办养老机构运营的困境与对策》,《社会科学战线》2016 年第 1 期。

③ 《养老服务供需失衡四成民营养老机构亏损》,一财网,http://www.Yicai.com/news/4022450.htm,2014 年 9 月 23 日。

与养老服务的递送和管理工作的过程。在财力上,社会组织经营收入有限、政府财政扶持力度较低;物力上,服务意识欠缺,服务内容供需结合度低;人力上,服务团队的专业化程度和稳定性均较低,[①]这些原因使其在发育上遭受重重阻力。本应作为政府、民间资本一大补充服务载体的社会组织并未发挥出其应有的作用。

(五)家庭间代际支付能力落差大,个人收入水平悬殊

不同身体状况引发的养老服务需求不同,老人们购买养老服务的经济能力也不同。或因地域差别,不同地区老人养老保险缴费基数的差异导致退休后其实际领取的养老金收入相差较远;或因收入分配不均,不同家庭代际支付能力也不同。当筹资需求与筹资能力无法匹配时,就会出现"养老危机"。

首先,家庭间转移支付能力不同。家庭积累、社会阶层分化、养育子女数量、敬老观念、家庭成员身体状况等的差异决定了不同家庭在老年人代际转移支付层面的支付能力差距较大。据国家统计局统计,我国家庭收入水平差距扩大并呈现出"两极化"趋势,老人个人支付能力不平衡。

其次,虽然老年人收入、消费和财富状况不断改善,但人群内部差距明显。根据 2018 年中国老年人长寿健康影响因素调查(CLHLS),失能半失能老人日常照料每周费用平均 5644 元,其中最小值为 0,超过 10 万元的占比约 2‰;健康老人日常照料每周费用平均 1161 元,其中最小值为 0,超过 10 万元的占比约 8‰。健康老人与身体有疾老人仅周花费就相差 4483 元。高昂的照护开支十分考验老人的支付能力,尽管长护险正在逐步推行,但政策享受人群和报销额度有限,高龄补贴和其他老年人福利也维持在一个较低的给付水平。我国劳动人口社平工资也仅 2000 余元,与实际需要相比缺口大,低收入老年人如何承担与日俱增的费用对个人支付能力是一项巨大考验。

二、养老服务筹资体系完善的政策选择

构建社会安全网的支柱包括社会保险、社会救助、社会福利、社会互

---

① 邵文娟:《供给侧改革视角下社会组织参与养老服务供给研究》,《宏观经济研究》2019年第 7 期。

助和自储公助等。因此,养老服务筹资体系的完善需要从该体系的各个构成主体来考虑,即社会保险、政府补助、社会救助、社会支持和个人这五部分。

（一）构建公平、稳定、可持续的社会保险筹资与给付机制

社会保险体系构建应注重养老服务项目和社会保险项目的衔接统一,特别是养老保险制度和医疗保险、长期护理保险之间的互相支撑。[①]

完善公平适度的社会保险待遇保障制度。立足"全生命周期"视角,坚持和完善覆盖全民的基本医疗保险制度和养老保险制度。针对养老保险地区差异过大问题,应建立政府、企业、个人等多方责任机制,整合地区间资源,通过直接的现金补贴或间接物质和服务补贴,缩小城乡地区差距;按照不同年龄段老人生命周期特征改善福利供给方式,合理配置福利资源。针对老年人医疗风险更大,尤其是在新冠病毒传播之下老人更加脆弱的生理特征,应当适时增加对于老年人的生活补助和医保补助,关心追踪老人的身体状况和心理特征,促进"积极老龄化"目标的实现。

建立稳定可持续的社会保险筹资与给付机制。探索多元、稳定的筹资渠道,针对养老保险空账问题,划拨国有股权充实社保基金。针对医疗保险运营流程繁复问题,应加强医疗保险收支平衡测算,降低不合理药品和检查支出;将职工医保个人账户改为社会统筹,提高制度互助共济、抵御风险的能力。应致力于实现基本养老保险金全国统筹,促进医疗保险异地就医结算、大病保险等制度平稳运行,使得低收入人群由此更能享受到发达地区经济发展的成果,能够获得更高水平的养老金收入。[②]

（二）改善财政投入结构,规划对口支援"锚点"

公共资源应当瞄准养老服务中市场失灵的领域,聚焦贫困、失能、半失能等最需要养老服务的老人。

首先应当转变目前供需补贴不平衡的状况,将补贴重点由供方向需方转移。适当提高现有的现金补贴如困难老年人养老服务补贴、失

---

① 杨宜勇、韩鑫彤:《提高我国养老服务质量的国际经验及政策建议》,《经济与管理评论》2020 年第 1 期。
② 穆怀中:《养老保险统筹层次收入再分配理论研究》,《辽宁大学学报(哲学社会科学版)》2014 年第 6 期。

能老年人护理补贴、高龄津贴等补贴标准,让老年人更多享受到经济发展的红利。同时补贴标准也应当科学地与当地房价、地价、物价等水平相挂钩,将老年人配偶、子女、亲属等家庭成员的收入状况纳入考虑,制定最合理的给付分档。其次,无论是供方还是需方,财政补贴前应细化补贴对象,区分各项补贴政策惠及人员,划清各项补贴申领的界限,防止漏申、多申、骗申,公平公正公开。再者,充分重视社区居家养老的作用,扩大社区补贴力度,向供方即社区养老服务机构提供招投标机会和土地、设备购买费用减免,向需方即社区老人、居家老人提供养老服务券和消费券等多种电子卡券、实物补贴或适老化改造等方式,让老人真正受益。

（三）适度提升社会救助标准,推进制度统筹

首先,应当适度提升救助标准,从生存保障转向基本保障,以保障受助对象的基本生活水平为主要依据,适度考虑受助对象的发展问题。救助资金在解决救助对象的衣食冷暖问题后应当有所剩余,用以引导和激励救助对象发展感兴趣的社交活动,走出家门或通过共同爱好、或通过技术指导的方式加强邻里间互动,通过参加对口教育、技能培训和创业指导等途径提升自身的人力资本,增强发展技能和可行能力,进而逐步实现自力更生,提高自我养老能力。关注城乡差距,尽量缩小社会救助标准与城乡居民日常支出的差距,既注重效率也要注重公平,加大对农村居民社会救助的比重,尤其关注养老和医疗方面的难处,多措并举城乡协同发展。

其次,要妥善处理社会救助与其他类型社会保障制度的功能分工。处理好社会救助同社会保险和社会福利之间的功能分工关系,厘清三者各自发挥政策效用的职能边界,使其各司其职、各负其责。同时注重三者在覆盖范围、保障水平、衔接转换等方面的平衡关系。在社会保障项目优先排序上,应始终坚持"先保险、后救助、再福利"的原则,做好社会救助与养老、医疗等社会保险制度的衔接,完善城乡一体的医疗、教育、住房、法律援助等专项救助制度;对无劳动能力人群中的儿童、老年人和残疾人等群体,要实施适度普惠型的现金制度,根据不同群体的特征和需要,确定不同水平的救助标准,辅之以有针对性的社会服务。

最后,护理救助制度目前已在美国、日本、德国等发达国家建立。对于我国来说,可以借鉴发达国家的经验,建立长期护理救助制度以保障贫困失能老年人接受长期护理服务的权利,从而建立起以社会长期护理保险为基础,商业长期护理保险为补充,社会长期护理救助托底的多层次长期护理保障体系。长期护理救助应主要覆盖低收入群体和支出性贫困群体,一方面资助低收入者参加社会长期护理保险,另一方面救助有大额长期护理支出的贫困个人和家庭。① 社会长期护理救助基金可通过财政拨款、社会捐赠等多渠道进行筹集。

（四）撬动社会资本参与融资,增强盈利能力

在我国人口老龄化形势日趋严峻的背景下,增强社会资本融资能力可以缓解养老服务产业健康持续发展的资金需求,有利于解决政府资金困境。面对当前民间资本投资依赖政府帮助,独立运营能力弱等现实问题,首先,民间投资主体应当增强对自身的信心,从以政府财政补贴为主要盈利来源,逐步转变为以市场融资、老人缴费、规模运营为主要盈利来源,响应政策发展连锁运营拓宽融资渠道,力求保证基本的投资回报并盈余。其次,民间资本应根据政府给予的一些优惠政策,瞄准服务需求方的"痛难点",提供最匹配的服务,塑造口碑形成品牌效应,从而满足服务购买者的利益诉求,扩大规模,发展大型养老服务供给集团,创新资本参与形式,做大做强盈利基本盘。再者,养老服务项目的性质决定了企业投资此类项目无法赚快钱、赚大钱,但是政府延长合同年限、投资补助、贷款贴息等方式也为企业发展带来了良好的机遇,企业应借助移动互联网高速发展的技术支撑,推动养老服务业"互联网+"的发展,瞄准智慧养老的发展方向,在资金投入、服务人员培养、服务能力培育、政策支持等多方面探索对口盈利支撑点。

针对社会组织培育不足的行业现状,社会组织自身应根据差异性养老服务需求,培育多类型准定位的专业组织,使服务规模合理化;并进一步精准定位供给总量,明确服务对象和范围。借鉴西方国家的经验,中国

---

① 张奇林、韩瑞峰:《长期护理保险:化解社会老龄化危机的重要路径》,《河北学刊》2016年第 4 期。

社会组织也应积极与政府合作,使得社会组织的角色定位由服务承接者向合作治理者、共同决策者转变,与政府一起参与养老服务管理与供给。社会组织应通过建设专业化服务队伍,并制定详细的服务标准,规范服务过程,提升服务水平和竞争力。

（五）探索家庭转移支付补充渠道,开发老龄人力资本

长期以来,家庭扮演着赡养老年人的主要角色,子女的代际转移支付是老年人的主要收入来源。[①] 人均可支配收入水平的提高和家庭整体经济条件的改善是支撑经济供养功能发挥的物质基础。为了更好地发挥家庭作用,填补因家庭差异导致老人养老收入不足的缺陷,家庭应该认识到社会保险等政策对老年收入的补充作用,在青年时期主动为家庭成员投保,积累家庭储蓄基金为应对突发情况"托底"。此外,家庭内部应重视"家风"培养,强调尊老孝老赡老观念,弘扬家庭养老支持文化风尚,以物质和精神赡养相结合,"慈孝并重""老有所养""老有所医""老有所乐"等价值观念形塑新型孝文化,[②]发展家庭代际互动,维护和谐氛围。研究表明,社区邻里效应明显提升了家庭内部成年子女给予父母的代际经济支持水平,[③]因此,家庭应主动发展"外援",重视邻里关系,逐步加强同社区内部不同家庭之间的交流和互动,拓展社区邻里效应的传导作用机制,进而达到改善老年人养老条件、为家庭转移支付提供"喘息"的目的。

对于老人个人而言,则是应提高储蓄额和"潜在收入"以备不时之需,主动学习金融知识,增强自己防范金融欺诈的能力,扩大理财收益。中低龄健康老人应主动走出家门脱离"退休"概念的束缚,通过参与社会活动或加入老年照料服务队伍等方式提高劳动参与率,增加个体劳动收入在老年人生活保障中所占的份额。高龄老人应保持积极向上的老龄心态,安享晚年。

---

① 朱火云:《城乡居民养老保险对代际收入转移的影响:基于 CLHLS2005—2014 年的纵贯分析》,《社会保障评论》2019 年第 2 期。

② 黄健元、常亚轻:《家庭养老功能弱化了吗？——基于经济与服务的双重考察》,《社会保障评论》2020 年第 2 期。

③ 陈光燕、司伟:《家庭代际经济支持存在邻里效应吗?》,《农村经济》2020 年第 3 期。

第二节　养老服务内容体系
存在的问题和建议

一、养老服务内容体系存在的问题

(一)家庭功能弱化,养老存量不足

我国几千年来形成的"孝道文化"和强调"休戚与共"的传统,明确了家族及其成员有相互扶助的义务。对于老年人而言,家庭为其提供了包括经济支持、生活照料、精神慰藉等全方位的养老服务,是最根本的生存依靠。改革开放以来,我国的家庭内部逐渐产生一对突出矛盾:一方面,随着社会福利制度的改革,国家作为福利提供者的角色不断弱化,市场、家庭和社会等福利主体的角色进一步凸显,家庭需要承担起更大的福利责任(家庭责任强化);另一方面,社会的变迁又带来了家庭结构小型化、家庭离散化以及家庭稳定性下降等多重风险的冲击,家庭提供福利的能力逐渐下降。[①] 这一矛盾致使家庭责任重担但又难堪重负。原本应当由家庭承担的养老义务在物质层面逐渐转移,而在精神层面却黏固稳妥,"家国同构"的社会政策趋向使得家庭及其成员基于自身发展而作出"理性"但又偏离老人心理诉求的应对策略。截至目前,倾向于在自己家养老的老年人仍占总体的 73.01%,在子女家养老占 22.44%,二者合计达 95.45%。由"家庭化"到"去家庭化"再到"再家庭化",也凸显了家庭养老能力不足,"接力棒"传递"空拍"的窘境。

(二)社区养老重视程度不够,养老服务供给侧资源失衡

长期以来,中国养老服务"供给侧"存在重机构养老、轻居家养老的

---

① 岳经纶、方萍:《照顾研究的发展及其主题:一项文献综述》,《社会政策研究》2017 年第4 期。

误区,对社区的养老服务平台作用重视和利用不够。[①] 现行养老服务项目的使用情况不容乐观,除上门探访使用率为 4.26%外,其余项目的使用率都低于 2%。[②] 此外,民间资本参与居家和社区养老服务在土地使用、财政补贴、税收优惠、金融支持等方面无法同机构养老享受相同的优惠政策,积极性不够,市场进入程度有限。很多社区缺乏养老服务专业设施,一些大城市的中心小区,由于土地和房产昂贵,社区养老服务设施缺乏长期规划,没有足够的场地开展居家和社区养老服务工作,适老化改造并未落到实处。很多地区社区单位的养老服务设施不对外开放,造成社区服务资源的"条块分割",普遍存在重视部门利益和单位内部享用、社区资源难以共享的问题。目前全国各地运行的居家和社区养老服务,总体上以政府推动为主,经费主要由政府部门筹集,社会资金不足。政府部门经费紧张和基层社区的经济困难,成为大多数欠发达地区和贫困地区开展居家和社区养老服务工作的瓶颈。

从床位设置来看,社区养老床位数与养老服务机构床位数存在直接竞争、此消彼长的关系。[③] 从"9073"和"9064"的养老规划比例来看,我国目前社区—居家养老形式承担了较重的养老服务责任,然而养老服务设施却相对简陋,以日间照料为主,仅能提供日常生活中简单的家政服务,难以提供康复护理、医疗保健、精神慰藉、临终关怀等全方位、高质量的养老服务,致使现有养老机构床位紧缺与结构性闲置的状况并存。日间照料资源限制使得许多如脑梗、中风等突发性需要夜间照护的疾病无法第一时间送诊,而且社区活动中心开放时间短,许多床位设施和桌椅基础设施等成为摆设。目前我国社会养老服务的基本现状是:就城市居家养老服务而言,多数地区的居家养老服务基本上是由政府包办,即由街道或社区派护理员上门服务,服务内容仅限于生活照料和家政服务。而在广大

---

① 李志明:《中国养老服务"供给侧"改革思路——构建"立足社区、服务居家"的综合养老服务体系》,《学术研究》2016 年第 7 期。

② 冯文猛:《〈中国发展报告 2020:中国人口老龄化的发展趋势和政策〉报告发布会》,见 http://caoss.org.cn/1article.asp? id=5250,2020 年月 6 月 11 日。

③ 杨红燕等:《地方政府间"标尺竞争""参照学习"与机构养老床位供给的空间分布》,《中央财经大学学报》2020 年第 2 期。

农村,居家养老服务的供给水平更加低下。就社区养老而言,"十二五"期间每千名老人床位数(30.3 张)基本达到预期指标(30 张),社区日间照料中心正在加快建设,直到 2018 年底,全国提供住宿的养老床位合计727.1 万张,每千名老人拥有养老床位 29.1 张,与"十三五"规划中每千人 35 张的目标相比,这一数据仍有较大差距。养老床位需求进一步加剧,然而在不断提高床位数量的情况下,即使补齐了日间照料所需的床位紧缺短板,由于缺乏相应的照料人员、养老资金的持续投入,多数日间照料中心实际上并没为需要照料的社区老年人提供服务。社区养老服务的进一步发展,涉及多重制度的构建,然而目前社区居家养老政策仍是粗放型的,存在政策不完善、监督不到位、规划滞后的问题,极大地制约了该项工作的发展。

(三)养老机构享受群体有限,"服务供给利用差"较大

社会化养老服务还处在不成熟的发展阶段,尚未形成规模效应和领军品牌,老年人对养老机构的认可和接受程度较低。由于老年人的购买意愿和购买能力都处在一个较低层次,在资金和资源受限制的条件下,尽管部分老年人有入住需求,实际入住人群却有限,能享受服务的大多是享有政府各种补贴的"五保户"等"老年弱势群体",以及高收入老年人。服务对象从经济收入水平来看,总体呈现橄榄型结构两端分布的特点。至于专业的养老机构,就机构设置而言,主要提供专业化养老服务,重点实现生活照料、康复护理和紧急救援功能,其服务的对象应当主要是失能、半失能的老年人。但实际现状是,"我国有近一半的养老机构表示只接收自理老人或以接收自理老人为主,不收住失能老人。在北京市 300 多个养老机构中,很少有养老机构愿意接纳生活不能自理的老人"。在养老机构内部,专业的保健师、医疗康复人员普遍缺乏。不同养老服务机构提供的服务质量良莠不齐,服务质量的"天花板"与"地板"之间差距悬殊。此外,对于已享受到机构服务的老年人来说,服务内容单一,服务过程模式化,多数的机构服务仅停留在基本生活的照顾,忽视社交需求和文化娱乐需求,老年人的精神慰藉与私人空间得不到保障,机构服务人员对不同身体状况的老年人只提供定时定量的同质服务。由于老年人缺少强有力的个人意愿表达途径,供需不匹配不仅导致入住老人的满意度较低,也使得供给资源被大面积浪费。在这种背景下,新时代的老年人迫切期望得到的康复护理、医疗保健、精神慰藉、临终关怀等高质量的养老服务,而养老机构提供的此类服务不足。老年人不愿意选择进入养老院的养老方式,①由此,出现了一方面养老床位紧缺,另一方面现有养老床位资源的大量闲置的悖论局面。②

此外,综观我国各类养老机构,"服务供给利用差"(服务供给量和服务利用量之间的差值)均较大。而根据王莉莉、穆光宗等人对全国养老院的调研报告可知,当前民办养老机构的"服务利用差"较大,大多数养老服务资源处于闲置的状态,③如医疗设施仅能起到测体温、量血压等基础作用,娱乐设施中看电视占据了老人大半闲暇时间。老年人及其子女对从市场上购买服务的认可度较低,现有的养老机构养老、医疗、护理、送终四大功能不健全,老年人最大的康复护理需求得不到满足。虽然已经有部分机构对生病就医的老人在子女不在的条件下开启了临时陪护服务,但养老机构在接收老人之前往往要和家属协议声明,如果老人病危,家属必须要将其接走,若发生意外机构不承担赔偿责任。④ 机构护理缺乏亲情,老人对护理员只是被迫接纳,护理员对老人也较为冷漠。再加之老年人退休后整体收入不高,最终导致老年人对养老机构服务的消费水平较低。⑤ 种种原因之下,养老机构发展始终未曾具备规模化市场化的生产条件。

(四)各项服务体系独立零散分布缺乏整合

到 2020 年,全国 60 岁以上老年人口增加到 2.55 亿人左右,占总人口比重提升到 17.8%左右;高龄老年人增加到 2900 万人左右,独居和空

---

① 穆光宗:《我国机构养老发展的困境与对策》,《华中师范大学学报(人文社会科学版)》2012 年第 2 期。

② 宋全成:《人口高速老龄化:我国社会养老服务面临严峻挑战》,《理论学刊》2016 年第 3 期。

③ 穆光宗:《我国机构养老发展的困境与对策》,《华中师范大学学报(人文社会科学版)》2012 年第 2 期。

④ 徐建红、陈建梅:《我国民营养老机构发展存在的问题与对策研究综述》,《对外经贸》2017 年第 1 期。

⑤ 张永春、杜凝:《科学构建社区参与的养老机构长效良性机制——基于"服务链理论"的分析视角》,《福建论坛(人文社会科学版)》2018 年第 9 期。

巢老年人增加到 1.18 亿人左右,老年抚养比提高到 28% 左右,假设急需进养老院养老的失能半失能老人占全体老年人数量比例为 27.86%,[①]则会突破 6600 万人。家庭养老、社区养老、机构养老模式并行发展仍无法满足日益多样化的老年需求。

　　研究表明,社区卫生服务中心(以下简称"社区")与养老机构的联动模式能够有效降低养老服务成本,提高服务效益,提高老人的生命质量。[②] 但辖区人口不同的社区人力、物力等卫生资源水平不同,服务水平能力也不一样,并非所有社区能够与机构签约;机构养老与居家养老和社区养老相互间割裂,而社区养老服务专业化水平又过低,无法实现与老人居家养老和社区养老需求的精准对接;[③]社区签约机构医师为老年人这一具有风险性和脆弱性的群体提供执业地点以外的医疗服务,潜藏着医疗风险和安全隐患,[④]一旦发生医疗纠纷,没有明确的法律法规作为解决问题的依据,对医疗纠纷的回避影响双方签约的主动性;社区和养老机构签订合作协议,建立的是松散型协作服务关系,没有形成利益共同体,[⑤]社区与养老机构进行合作获得的经济效益较少影响了社区的服务供给和服务质量,无法形成激励效应。在社区与机构养老均存在各自短处的基础上形成的新型养老服务模式有其独特的成长背景,如老年心理热线、老年食堂、智能养老等新型养老服务,往往并不能作为一个养老单元独立运行,而应当依托社区或机构一类相对成熟的养老服务体系,使其服务效能最大化。然而在实际运行过程中,一方面,无论是呼声较大的社区居家服务模式还是传统的机构养老模式,在实际运行中由于所处的地区经济发展状况和社区、机构服务人员数量不同呈现出"异质化"特征。例如,居民数较多的社区一般资金较为充足,能够负担老年大学、老年食堂的场

---

① 根据 2015 年中国健康与养老追踪调查数据(CHARLS)计算所得。

② 孙欣然等:《黑龙江省社区卫生服务中心与养老机构签约现状分析》,《医学与社会》2020 年第 1 期。

③ 赵小兰、孟艳春:《社区"嵌入式"养老服务模式:优势、困境与出路》,《河北大学学报(哲学社会科学版)》2019 年第 4 期。

④ 吕鹏飞等:《上海市医养结合养老模式卫生监督困境及对策》,《医学与社会》2016 年第 2 期。

⑤ 王碧艳、徐明江、吴琪俊:《广西医养结合养老机构发展现状及对策》,《中国全科医学》2018 年第 30 期。

地和人员费用,而居民数较少的社区资金实力往往不足以独自承担高昂的土地租金和老师工资,要么选择与机构或其他社区合作,要么完全无法开展相关活动。另一方面,城市养老服务机构密度远远大于农村,农村往往一个村默认为一个社区,相关服务设施主要设置于村委会附近,覆盖人群密度小于城市,社区经济实力也较弱,往往好几个村范围内仅有一家养老服务机构,各组织间联系较少,各项服务衔接不畅,无法最大化服务效能。

(五)养老服务队伍总量缺口大,岗位分配失衡

如表9.1所示,2015年,我国老年照护服务业的岗位需求为1724万,包括管理人员172万,专业技术人员259万、服务人员1293万;而从业人员仅有200万左右。不仅出现总量不足问题,结构性缺口也形势严峻。同时,养老护理人员待遇普遍偏低、收入与付出严重不成比例已成为一种普遍的社会现象。无论是社区还是机构,养老护理人员的工资多参照当地社会平均工资,且没有社会保险。这样的待遇再加上工作辛苦,使得一些下岗失业人员宁可在家吃"低保",外来年龄偏大的女性求职者一般偏向做保姆或月嫂,有的甚至宁愿做钟点工,也不愿意从事养老护理工作。此外,当前30—45岁年龄段的劳动者是提供养老服务人员的主力军,而随着预期寿命的延长(2020年中国人均预期寿命约为77岁),本能够成为养老护理从业者的大龄健康老人却未得到市场重视。受中国传统文化影响,尤其是在非一线城市,养老护理人员的社会地位普遍较低,职业荣誉感不强。养老护理工作理应是平凡而伟大的,他们将别人的父母作为自己的亲人照料,减轻老年人家庭的负担,其奉献精神应得到全社会的尊重和认可,然而,社会对这一职业存在偏见,认为低人一等,是伺候人的职业,少数家属和老人对护理人员甚至缺乏最起码的尊重,对工作人员缺乏理解和配合,从业人员的个人价值和社会价值不能得到有效的承认。种种偏见造成的直接后果是护理人员流失严重,人才队伍缺乏稳定性,也进一步影响了护理人员的工作积极性和责任心,加重"护工荒"。因此,亟待调整劳动力市场结构,促进大龄人员实现转移就业,优化老年服务队伍就业。

表 9.1　中国养老服务业人员需求预测（2010—2030 年）

年份	完全自理老人服务人员（万人）	部分自理老人服务人员（万人）	完全不能自理老人服务人员（万人）	合计需要养老服务人员（万人）
2010	139	240	180	1393
2015	172	296	222	1724
2020	219	374	281	2193
2025	252	426	321	2520
2030	302	507	382	3015

资料来源：杨燕绥主编：《中国老龄社会与养老保障发展报告 2015》，清华大学出版社 2016 年版。

二、养老服务内容体系完善的政策选择

养老服务内容体系的完善目标是充分拓展对于养老服务问题的涵盖范围，提高对于养老服务风险的预防和保障能力。实现养老服务内容各体系之间的分工合作，系统完整，协调有序，良性互动。

（一）构建尊老、孝老和敬老三位一体的政策体系

我国传统"养老文明"孕育了破解养老问题的"中国路径"——以孝养老。[①] 家庭孝老依据血缘羁绊和亲属间长期的交流给予老人强烈的归属感。家庭是养老的第一居所，家庭养老服务是最重要的养老服务，特别是家庭的生活照料、精神慰藉、亲情关爱等是其他养老方式难以替代的。建立和完善家庭养老支持政策是有效应对人口老龄化的现实理性选择。老人不仅物质上需要帮助，而且精神上要得到慰藉，感情上要有所寄托，应当引导家庭养老实现物质赡养和精神赡养的统一。此外，在"男主外、女主内"的传统家庭分工模式下，现阶段诸如儿童、老年人、残疾人的照料责任主要由女性在承担，这不仅仅是群体照料问题，而是家庭乃至社会层面的性别分工问题和男女平等问题。因此社会政策须注入家庭视角以回应这一现实，重视家庭在社会政策体系中、在满足人民美好生活需要方面的重要角色。采取"构建独立的家庭政策"和"为社会政策注入家庭视

---

① 林闽钢、康镇：《构建中国养老、孝老、敬老社会政策体系》，《人口与社会》2018 年第 4 期。

角"两种途径,全面构筑支持家庭的社会政策体系。①

首先,应当构建独立的家庭政策。随着社会发展和养老服务供应主体的多元化,老人的物质、精神养老需求由传统"一家端"逐渐朝着多元化方向发展。然而核心家庭的养老抚幼功能仍然存在,家庭一直在吸收和消化社会转型成本,是应对各种风险的基本单位。因此应当重视家庭作用,权衡国家与家庭的责任分担比例,构建独立自由、代际互通的家庭政策,强调家庭内代际责任和代际公平的诉求。

其次,应当为社会政策注入家庭视角。传统由家庭内部完全承担养老责任的方式已无法适应当前社会结构变化,养老逐渐由单一的家庭问题转变为共同的社会问题。强化政府养老责任,发展社会化养老服务是社会发展必然趋势。如果说"家庭孝老"是家庭内部子女一代奉养父母一代以维系家庭的运转和延续,"社会敬老"则是年轻一代共同供养上一代以推动社会发展,是"子女奉养"的社会化,要充分肯定社会照护服务的社会价值,把社会照护服务作为养老服务体系发展的重点,支持社会志愿组织、志愿者的个人敬老行为。面向全民的"社会服务国家"是下一步建设目标,应以社会服务作为主线,改善社会保障的给付结构,不断增加社会服务项目,逐步提高社会服务质量,探索"社会服务+现金给付"的新型供给结构。② 以老年人需求为导向,建立城乡统一的社会服务制度,促进城乡基本社会服务的均等化。以有质量的养老服务为目标,提升养老服务供给能力和水平,形成中国特色的养老服务体系。

(二)建立整合社区照料体系,标记社区服务重点

社区综合照料服务体系是以"社区居家养老"和"社会化养老服务"为内核,依托社区服务平台整合区域内的各种养老资源,统合居家养老、社区服务与智慧养老等多种形式,立足社区,着眼供需匹配平衡点,在社区经济实力范围内为老人提供适宜、综合而全面的养老服务。具体来说,改革现有的养老服务内容供给格局,需要抓住要素、功能和医养结合三大

---

① 岳经纶、张孟见:《社会政策视阈下的国家与家庭关系:一个研究综述》,《广西社会科学》2019 年第 2 期。

② 林闽钢、梁誉:《社会服务国家:何以可能与何以可为》,《公共行政评论》2016 年第 5 期。

重点。

一是搭建社区居家养老服务平台。首先应当建立由政府统领的社区居家养老服务平台，搭建社会化养老服务体系。具体措施表现在对老旧小区进行改造，建设老年人适配设施；新小区建设前预留养老服务设施选址的位置；建立社区居家养老站，整合社区卫生服务站资源，以社区原有服务中心或星光老人之家为依托，寻求乡镇（街道）民政科的业务指导，由社区居委会参与管理，经费来源为政府财政支持。该服务站角色定位为多重平台，既要负责统筹卫计、民政、社保等政府部门配置在社区内的保障资源并整合政府、社会、市场等主体的服务资源，又在综合养老服务体系中扮演无偿公益养老服务的提供平台、低偿基本养老服务的协调平台以及较高收费养老服务的信息平台等多重角色。

二是科学调整社区养老服务功能定位。应当精准调整社区居家养老服务功能定位，实施分类改革，将社区养老服务中生活照料、娱乐、医疗康复三类功能细分，让社区综合型服务人才为老人提供衣食辅助、生理助洁、家政服务；医疗专业人才为老人提供疾病预防知识宣传、慢性病辅助、康复护理服务；社区志愿者和组织型人才为老人组织老年教育、文娱活动。鼓励老人组建社区治安维护小队，站在参与者角度协助处理问题；匹配老人床位需求，提供夜间照护床位；通过预约制或者专人陪护的方式保证社区各项服务设施都能得到精准使用。

三是改革创新基层智慧照料模式。"互联网+"发展日新月异，老年人疾病模式急剧变化，应当增强社区卫生服务的为老年人服务功能，根据不同老年人的特点和需求在社区开展全过程的基本医疗卫生服务。第一，要强化老年健康知识教育和自身健康管理。发挥"互联网+"的作用，由卫生部门牵头，建立老年健康信息和知识权威发布平台，定期发布老年人健康保护信息，并组织制定专门的老年人运动指南、营养指南以及急症自救指南等，社区居家养老服务平台负责协助开展老年病预防宣教工作、不定期发布老年健康行动倡议。第二，要提高社区对基础老年疾病的诊疗和判断能力。抓住夯实基层老年医疗服务人才队伍和建立健全分级诊疗机制这两个关键，通过多种激励和扶持政策，组建包含专科医生、老年全科医生、康复师以及护士等医护人员的社区老年医疗服务团队并加强上下级医疗养老机构之间有序的服务衔接,为需要到医院就诊的老年人提供便捷的转诊、导医等就医绿色通道。第三,要"送病床入社区",提供上门服务。依据社区人数多少,在社区卫生服务中心适当设立专门的康复病床,由专职康复保健人员提供康复护理服务,或为有需要的家庭配备家庭病床,由社区老年医疗服务团队对住在家庭病床上居家养护的老年人提供上门服务,并向其家庭照护者提供医疗和护理的技术指导,提高家庭护理能力,引导老年长期护理回归家庭。

(三)扩大机构辐射人群,提高服务供给利用率

为促使那些有意愿、有需要的老年人能够入住养老机构,应当科学调整养老服务机构的服务区间,精准定位,将养老机构与老人合理连线。应合理划分不同性质养老机构的养老功能。让公办养老机构主要为有需求的失能半失能老年人服务。一部分公办养老机构改造建设成医养结合型的专业化养老机构,重点接收政府承诺为其兜底的"三无"老人以及低收入老人、经济困难老人中的失能半失能老年人。这些公办专业化养老机构连同老年医院、护理院、康复医院一起,通过搭建地区养老服务平台,形成范围最大、辐射最广的老年人养老机构。一部分专门面向社会提供经营性服务的公办养老机构转制成为企业,其中政府投资兴办的一部分养老床位通过公建民营等方式管理运营。此外,应当采取适当政策扶持民办养老机构,并通过扩大社会宣传等方式,将其提供的专业化服务信息递送给有能力的老年人。积极鼓励社会资本通过委托管理等方式,运营公有产权的养老服务设施;还可以考虑通过政府购买服务的方式让政府承诺兜底的"三无"老人中能够自理的老年人入住民办养老机构。政府要加强引导,重点发展面向大众群体的中低端养老机构,在保证老年人迫切期望得到的康复护理、医疗保健、精神慰藉、临终关怀等高质量的养老服务能够得到普遍响应后,循序渐进发展更高水平的综合性养老机构,并严格禁止房地产企业假借建设养老机构之名行房地产开发之实。

为提高养老服务的供需匹配度和服务提供利用率,老年人的养老服务需求与机构提供的养老服务也需要定期进行评估,建立统一的老年照护需求评估体系。由于不同老年人在年龄、身体状况以及养老服务需求上存在很大差异,再加上目前中国各类养老服务机构数量不足、专业养老服务供给总量有限,因此,有必要通过统一的评估体系整合完善原本分散在卫计、民政和社保等部门的老年服务评估标准和政策,明确评估标准、分级方法以及对应的服务内容。相关主体在对老年人的身体状况进行评估分类的基础上,形成不同照护需求分级,并据以决定谁应当享受专业养老服务,以及应当享受什么类型的专业养老服务,实现服务资源与老年人需求精准匹配以及养老服务资源的公平分配和有效使用,从而缩小养老服务利用差,提高服务使用利用率。

（四）最大化各服务主体优势,统筹区域养老资源

基于社区与机构的主体特色,构建社区"嵌入"机构与机构"输送"社区的区域统筹体系能够最大化各服务主体优势,降低老人寻求服务和各服务供给主体增设设施的成本。其中选址在城市社区内的小规模养老机构是服务整合的主力军。床位数小于 50 的社区小型养老机构集机构养老、居家养老服务于一体,规模小、功能多,能够满足老年人就地养老的需求。[1]

一方面,促进养老机构跨社区连锁经营。社区"嵌入式"服务机构无论其规模大小,对专业性人员的要求统一,填补社区服务空白的效应明显。机构为社区输送医疗卫生和专业护理人才,能够降低社区用工成本,合理配置各主体间必需资源。社区与机构之间的合作多体现在医疗和养老资源的共享,满足各服务主体的利益诉求是促进医养结合持续、健康发展的动力。开展合作应确保各利益主体在合理差异和互惠互利的基础上实现共同利益并公平享有,[2]这不仅要满足养老机构及老人的需求,也要考虑到社区的服务能力、成本投入及获得的效益,寻求利益主体间的综合平衡。作为政府的派出机构,社区应建立方便老年人出行的无障碍设施、文体娱乐活动场所,提供个性化上门服务,吸引专业服务公司的加入,为老年人提供购物、餐饮等服务。

另一方面,社区与养老机构应最大化自身优势,社区担负起老年人的

---

① 袁妙彧、杨佳婧:《社区居家养老与机构养老整合模式探索——基于 11 家养老机构资料的质性分析》,《人口与社会》2020 年第 1 期。

② 杨丽莎:《当前我国利益共享理论及其实现路径研究》,宁夏大学硕士学位论文,2013 年。

安全监督工作,维护好本社区内的治安环境,做好陌生人来访的登记工作。作为补充发展的机构养老,应承担起确保技术达标、设施安全、环境符合制度规定,服务人员态度良好,保证与其价格匹配的养老服务质量,将部分养老服务向居家老人延伸,如日托(短寄)、配餐、上门康复居家护理、义诊等公益性服务。将区域内各类服务资源整合安排,统筹全区需求,按需供给。

(五)建立专业敬业的服务人才队伍

针对目前养老服务建设队伍中总量缺口较大,岗位分配不尽合理的问题,应当首先转变就业结构,培育构建专业化的服务人才队伍。专业化人才队伍是保证服务质量的前提,需要根据不同的服务内容和要求对工作人员进行专业知识和技能培训,并增设实践环节,使其在工作中不断更新知识技能,要建立持证上岗制度,要求从业人员必须通过职业资格证考试,并具体细分社会工作师和社会工作者两类不同职业,以职业资格考试与否筛选出符合不同级别需要的优秀人才,以如今信息更迭迅速、职业能力不断推进的"智慧化"社会,持续提高人才自我进取自我学习的能力,打造"互联网+社会工作者"的新型服务团队。[①]

为增强人员素质和稳定性,一方面,可以采取联合培养的模式,如知名高校和部分职业技术院校开设社会工作专业来培养高水平多层次定向服务人才。从业人员也可以与养老服务机构签订劳务合同,为服务人员办理社会保险,使养老服务行业逐渐正规化、规模化,增强社会认同感。另一方面,可建立基于工龄、岗位和职称相关联的工资增长机制,鼓励高等院校开设护理专业,提高从业人员待遇和社会地位,鼓励高学历人员加入养老服务事业。[②] 借鉴荆门市等城市长期护理保险制度中发展家庭护理员的经验,通过政府组织的护理培训将家庭成员从提供非正式照料者转为正式照料者,也是充实人才队伍的又一举措。此外,还应当开发老年

---

① 民政部:《关于印发〈"互联网+社会组织(社会工作、志愿服务)"行动方案(2018—2020年)〉的通知》,见 http://www.gov.cn/xinwen/2018-09/11/content_5321054.htm,2018 年 9 月 11 日。

② 杨宜勇、韩鑫彤:《提高我国养老服务质量的国际经验及政策建议》,《经济与管理评论》2020 年第 1 期。

人力资本,延长人口红利期,并提高服务人员的社会地位,在全社会颂扬敬老风气,也能够增强服务人员的职业认同感,降低人员流动率。

第三节　养老服务层次体系
存在的问题和建议

一、养老服务层次体系存在的问题

养老服务层次体系存在的问题可从政府、社会、家庭与个人三个层面以及各层次之间的关系来考虑。

(一)政府

1. 政府的缺位问题

在当前的社会治理结构下,政府不再是养老服务唯一的供给者。政府需要和其他社会主体合作来供给服务,在其中更多地承担起规划者、购买者和监督者的角色,然而现实中政府的转型还远没有适应多元主体共同参与供给和治理的要求,出现了职责缺位的问题。具体体现为以下几点:

(1)政府财政投入不足且资金使用效率偏低

公共财政支出是养老服务体系建设资金的主要来源,目前,《中国民政统计年鉴》中还没有单列出养老服务的支出额,仅公布了老年人福利支出和老龄事务支出,①两个项目的支出情况可大致反映当前中国社会养老服务体系建设财政支持状况。图9.1为2012—2017年老年人福利支出、老龄事务支出以及占比、增长率。老年人福利支出的绝对值以及占社会服务事业费的比重从总体上看呈现增长趋势,但是老年人福利支出和老龄事务支出的增长率均呈现波折下降趋势,养老服务财政支出的增速未能与经济发展和日益严峻的人口老龄化趋势同步。此外,虽然众多

---

① 老年人福利支出包括高龄津贴、养老服务补贴等;老龄事务支出主要用于老龄事务发展,包括养老服务评估、敬老院差额补贴等支出。

养老服务设施的相继建立推动了养老服务发展,完成了政府绩效考核的目标。但在实际生活中,这种产出是否能和老年人需求相匹配、如何确保居民支付得起服务价格等问题值得深入思考。现实中这些问题还没有给予统筹规划和安排,导致当前养老服务存在设施利用率较低、供需不匹配的尴尬困境。[①]

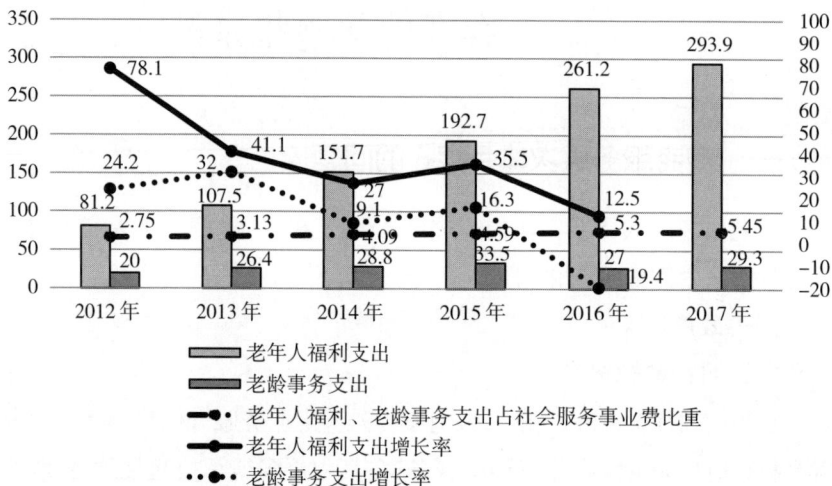

图9.1 2012—2017年老年人福利支出、老龄事务支出以及占比、增长率

资料来源:2013—2018年《中国民政统计年鉴》。

(2)养老服务规范化建设仍待完善

目前政府已出台《国家积极应对人口老龄化中长期规划》等宏观规划来指导养老服务的发展,但总的来说,规划中缺乏清晰明确的养老服务发展目标。在服务递送设计中,一是缺乏统筹兼顾,表现为区域间和城乡间的养老服务发展缺乏协同发展规划,造成养老服务发展的巨大差距;重视对照料、医疗服务的供给,忽视老年人的精神支持和心理状态改善。二是缺乏对养老服务项目的精准供给。目前的服务供给内容往往从上级下达的硬性指标和供给主体的能力出发,未能根据老年人的实际需求提供相应服务,单向度和标配式服务较为常见,出现了供需不匹配、老年人满

---

① 姜玉贞:《社区居家养老服务多元供给主体治理困境及其应对》,《东岳论丛》2017年第10期。

意度不高的问题。

（3）未形成有效可行的监督机制

政府管理体系中"条块分割"的管理体制导致权力较为分散，除民政部门外，工商部门、卫生部门等也承担着对养老机构的监督责任，在监督和评估的过程中容易出现职责交叉、互相推诿的情况；其次，养老服务的标准以及质量框架尚未完全建立，监督内容不全面；再次，养老服务需求方即老年人的反馈渠道尚待完善。老年人作为养老服务的直接受益对象，其反馈能较准确地反映养老服务供给的质量和精确度，对养老服务起到有效的监督作用。

2. 政府的越位问题

"越位"是指在养老服务建设和供给中，政府做了本身可以不用做的事情或者不应该做的事情。新中国成立后，我国的福利制度供给长期处于适应计划经济体制的政府垄断供给机制。直到20世纪80年代，随着政策的放宽和政府的引导，民办养老机构才逐渐缓慢发展。近年来，通过倡导社会福利社会化，社会主体慢慢参与到养老服务建设中来，但非营利性组织社会主体的发展仍不充分，企业参与的积极性不高。目前，政府倾向于沿用传统社会管理的思维，基于"父爱主义"和"自上而下"的方式，直接对养老服务提供的内容和方式进行干预。如在一些地方的社区养老服务实践中，街道办倾向于决定社区养老服务的项目设置和供应，政府代老年人进行养老服务内容选择的结果往往是设置一些膳食、日间照料、棋牌休闲娱乐等同质性较强的服务，并以此对养老服务供给主体进行筛选，服务的需求调查和质量评估也是政府全权推动的结果。

政府的越位行为一方面难以满足老年人多样化、多层次的需求，老年人参与度的不足进一步导致接受服务的积极性和满意度较低；另一方面也阻碍了社会多元主体能动性的发挥，被指定的养老服务供给方完全处于被领导地位，缺乏话语权，进而产生"等、靠、要"的负面思想，独立运营和可持续发展能力不足。

（二）社会

1. 居（村）委会的养老服务递送能力尚待加强

其一，居（村）委会递送养老服务的专业化水平较低。在日常工作中,居(村)委会不仅要完成事关居民日常生活的大小事务,还需要完成街道办分派的工作任务,各类行政事务繁杂影响到养老服务工作开展的及时性和专业性。负责养老事务的工作人员往往缺少养老服务的专业培训,导致在开展养老服务事务管理时由于专业化水平较低,在养老服务体系的建设中可能存在未能有效利用社区资源、未能基于老年人的实际需求实现精准递送、养老服务可及性较低等问题。

其二,养老服务信息传递的效果不佳。2018 年 CLHLS 问卷中询问了每位老年人"您所在社区是否提供了某某社会服务?"以及"您是否希望社区为老年人提供某某服务?"的问题,可以用来衡量各项社区养老服务的供给知晓状况和需求状况,表 9.2 为调查结果。结果显示,老年人对于各项养老服务的需求率均远大于老年人知晓的养老服务供给率。这不仅在一定程度上反映了社区养老服务实际供给率的不足,还体现了目前社区居(村)委会在服务宣传上的不到位。现有社区服务的消息传播往往是"运动式的"。[①] 居(村)委会工作人员一般通过在宣传栏张贴通知、发放宣传单等方式来进行宣传,此种方式的针对性较低,导致服务知晓度不高。

表 9.2　2018 年老年人对于社区养老服务的供给率认知和需求率

单位:%

	老年人知晓的养老服务供给率	养老服务需求率
起居照料	10.14	64.28
上门看病、送药	33.80	81.56
精神慰藉,聊天解闷	14.22	67.48
日常购物	11.12	60.66
组织社会和娱乐活动	21.34	66.74
提供法律援助	20.23	65.25

---

① 陈岩燕、陈虹霖:《需求与使用的悬殊:对社区居家养老服务递送的反思》,《浙江学刊》2017 年第 2 期。

续表

	老年人知晓的 养老服务供给率	养老服务需求率
提供保健知识	41.10	75.61
处理家庭邻里纠纷	30.87	68.14

注:CLHLS问卷中的养老服务供给情况是对老年人进行的提问,因此不能代表养老服务的实际
　供给率,而是老年人知晓的社区养老服务供给率。
资料来源:根据2018年中国老年健康影响因素跟踪调查(CLHLS)结果整理。

2. 企业在养老服务领域发挥作用有限、利润较低

本书第四章第六节养老服务的结构体系中展示了2017年分机构性质的养老机构的收支情况。与事业单位性质和民间非营利性组织性质养老机构相比,企业性质的养老机构收入、支出与利润数额较少,城市企业性质养老机构的利润仅占总利润的18.8%,农村企业性质的养老机构甚至出现了亏损。另有实证研究对北京市养老机构进行了调查,发现有82.3%的企业性质的养老机构未能实现盈利。[①]

企业在养老服务领域发挥作用有限、利润较低的原因主要有以下几点:其一是受到了老年人实际消费能力和传统消费观的限制,老年人家庭对于养老服务有效需求的不足制约了企业在养老服务行业的发展。企业运营的营利性质的养老机构往往收费较高,大多数老年人的收入状况无力承担。据调查,北京市养老机构针对自理老年人、半失能老年人、失能老年人的月平均收费分别为5260元、7020元和9884元,而北京市老年人的月平均收入仅为4395元。[②]2014年国家老龄委发布的10个城市调查结果显示,只有36.9%的受访者愿意通过市场购买获得养老服务。[③]其二是市场培育力度不足。近年来,虽然政府出台了《关于加快推进养老服务业放管服改革的通知》等扶持企业的政策文件,但有些规定可操作性不强。政府出台的各项水电、燃气、用地等优惠政策和补贴措施,由于缺少具体执行方案,导致开展效果不显著。其三是由于养老服务业发

---

① 乔晓春:《养老产业为何兴旺不起来?》,《社会政策研究》2019年第2期。
② 乔晓春:《养老产业为何兴旺不起来?》,《社会政策研究》2019年第2期。
③ 武玲娟:《新时代我国养老服务中的政府职责定位研究》,《东岳论丛》2018年第9期。

展的市场环境尚未成熟,完整的养老服务产业链尚未形成,高端养老服务企业在服务提供时往往脱离市场需求或以养老为名开发房地产,偏离了发展养老服务的初衷。

3. 非营利性组织力量弱小

一方面,我国绝大多数的非营利性组织都是在改革开放后借助于政府的力量而发展起来的,从成立之初就与政府有着较强的关联且带有较浓厚的官僚色彩,政府不仅全面指导着非营利性组织的运营,还在很大程度上控制着组织的人事任免权。[1] 这决定了非营利性组织发展的不充分以及与政府之间不对等的关系。另一方面,政府往往通过严格的准入机制和活动领域的限制来管控非营利性组织,以规避可能出现的政治风险,导致许多非营利性组织为了取得合法地位而不得不采取挂靠政府部门的方式。[2] 以上两方面原因导致部分非营利性组织过度依赖政府,先天发育不足,表现为非营利性组织的数量较少、规模较小、资金缺乏、民众认知度不高、服务对象受限和养老服务供给能力不足等问题。[3]

一项对浙江省 4 家非营利性组织的个案调查分析发现,有 2 家非营利性组织的运作资金主要来自政府,有 2 家的重要理事中有政府工作人员。[4] 有研究根据上海、浙江等五个城市的访谈资料发现,养老机构社会化在各地都取得了一定的进展,出现了一些由社会力量主办的养老机构,但社区居家养老服务的社会化发展水平存在明显的地域差异。[5]

4. 志愿服务的内生动力不足

首先,民众的志愿意识亟须培养。奉献友爱、互助进步的志愿精神是推动志愿服务活动持续开展的内在动力。虽然目前民众对志愿服务的认

---

① 王涵:《社区养老服务多元供给主体的角色定位研究》,首都经济贸易大学硕士学位论文,2014 年。

② 张宇、刘伟忠:《地方政府与社会组织的协同治理:功能阻滞及创新路径》,《南京社会科学》2013 年第 5 期。

③ 唐健、彭钢:《农村社会化养老善治的路径重构——基于利益相关者理论的分析》,《农村经济》2019 年第 8 期。

④ 王诗宗、宋程成、许鹿:《中国社会组织多重特征的机制性分析》,《中国社会科学》2014 年第 12 期。

⑤ 胡业飞、崔杨杨:《模糊政策的政策执行研究——以中国社会化养老政策为例》,《公共管理学报》2015 年第 2 期。

知水平和参与热情有所提高,但总体来看仍处于初始阶段,志愿精神仍然需要进一步推广。据 2010 年一项对志愿者的实证调查显示,因上级要求、单位强制安排和社区动员劝说而被动参与的占比约四成,自己主动寻找参与机会的仅占两成。[①]

其次,志愿者年人均服务时间与西方国家相比差距较大。2015 年美国的志愿服务统计数据显示,共有 6260 万名志愿者提供了 79 亿小时志愿服务,年人均志愿服务时间为 126 个小时。而 2018 年我国年人均志愿服务时间仅为 35.26 小时。年人均志愿服务时间较少一定程度上说明我国志愿服务的参与深度不够。

最后,志愿服务活动开展不均衡。据调查,目前我国只有约四成左右的养老机构有较稳定的志愿者队伍。其中,若按养老机构的性质划分,30.3% 的公办养老机构、41.4% 的公建民营养老机构、45.0% 的民办养老机构有比较稳定的志愿者队伍,民办养老机构有稳定志愿者提供服务的比率较大。[②] 图 9.2 为 2017 年分省份的志愿服务情况,大部分东部地区省市养老院有比较稳定的志愿者队伍,中部地区其次,西部地区志愿服务队伍建设情况不够理想。中部地区与西部地区志愿服务人次和服务时间总和较东部地区低。

(三)家庭与个人

1. 家庭养老功能弱化

家庭在情感寄托、悉心照料等养老服务中的作用是其他服务供给主体无法代替的。然而,随着人口老龄化和家庭规模核心化趋势的加剧,老年失能、空巢等特殊家庭增加,子女与老年人居住分离特征明显,加之西方文化冲击导致养儿防老观念淡化,子女赡养意愿降低,老年人的家庭地位和权威有所下降,家庭养老功能式微。老人难以获得充足的代际经济支持、照料支持和精神慰藉,成为家庭中风险抵抗能力最弱的群体。家庭养老功能弱化问题若未能审慎对待,极有可能转变为严重的社会问题,影

---

① 张网成:《中国公民志愿行为研究——现状、特点及政策启示》,知识产权出版社 2011 年版,第 24—27 页。

② 青连斌:《我国养老院的建设与运营——养老院院长问卷调查的初步分析》,《理论视野》2017 年第 4 期。

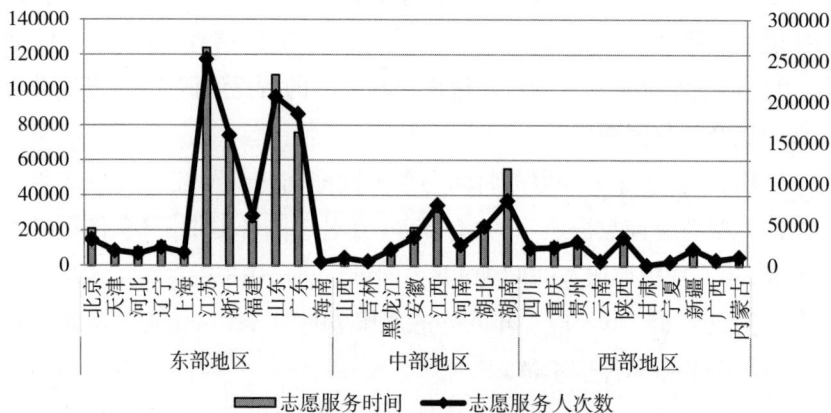

图 9.2　2017 年部分省份的志愿服务情况

资料来源:《中国民政统计年鉴 2018》。

响社会稳定与团结。

有研究分析了家庭养老功能弱化严重的老年人群体的基本特点。结果表明,农村、女性、高龄、中西部以及无子女都是家庭养老获得的消极因素。两个子女就能达到理想的养老状态,子女数进一步增长几乎对养老质量没有改善。① 这提示我们应对高龄、女性、无子女的老年人给予更多的关注和照顾。

2. 老年人对社会化养老服务的接受度偏低

受到传统观念的影响,加之养老服务宣传的不到位,政府关于养老服务的政策并没有渗透到老年人的点滴生活中,部分老人特别是农村老年人对机构养老和社区居家养老的意义和形式不了解,存在不同程度的抵触情绪,认为入住养老机构或在社区接受护理人员的照料是子女不孝的表现。目前,代际养老仍然是大多数老年人偏好的养老方式。有研究表明,高龄老年人、受教育程度较低的老年人以及社会活动参与度较低的老年人对社会化养老观念和智慧养老等新型养老方式的接受度较低。②

---

① 封婷、郑真真:《老年人养老负担和家庭承载力指数研究》,《人口研究》2015 年第 1 期。

② 张文娟、魏蒙:《城市老年人的机构养老意愿及影响因素研究——以北京市西城区为例》,《人口与经济》2014 年第 6 期。

（四）各养老服务参与主体未能形成有效协同机制

福利多元主义认为社会福利应由政府进行规划和主导，并由家庭、社会等多方主体共同参与供给，明确的责任分担机制是养老服务各主体良性互动的基础。但通过上文对各主体在服务供给中存在问题的分析，我们发现，目前，各供给主体之间在功能协调上还存在诸多矛盾，价值偏好也存在着差异。主要表现为：在功能分担上，政府同时存在缺位和越位问题，限制了社会主体的发展，导致非营利性组织发育不全、养老服务企业发挥作用有限等情况。在价值偏好上，主体间常常因为维护自身利益而相互博弈。政府以提高对老年人服务质量、提升政绩以及维持社会稳定为目标来推动养老服务建设。企业因其固有的营利属性，更关注如何实现长远发展并增加利润。非营利性组织由于公益属性，更注重参与的成就感和获得感。当各方主体因利益价值产生矛盾时，协同目标可能难以达成统一。[1]　其次，由于各社会参与主体的目标差异，需要政府出面进行协调，此时，政府干预度的把握则成为协同治理的难点。若放松监管可能导致市场秩序的混乱，若强化监管又会增加政府负担，降低服务供给效率。

其二，多元主体合作网络尚未建立。在养老服务实践中，虽然各地相继建立的养老服务平台为各方合作奠定了坚实基础，但是此类平台仅仅实现了集中服务资源的功能，各个参与主体间仍然缺乏联系与合作，多元主体合作网络尚未建立，并由此导致养老信息较为分散，无法在不同主体间顺畅地流动和共享，造成养老服务供需的不匹配。[2][3]

二、养老服务层次体系完善的政策选择

（一）明确政府职责，向"服务型政府"转型

总的来说，政府在养老服务中应发挥主导和兜底作用，但不能完全

---

①　陆渊：《协同治理视域下社区居家养老服务研究》，南京航空航天大学硕士学位论文，2019年。

②　宋全成、崔瑞宁：《人口高速老龄化的理论应对——从健康老龄化到积极老龄化》，《山东社会科学》2013年第4期。

③　李志明：《中国养老服务"供给侧"改革思路——构建"立足社区、服务居家"的综合养老服务体系》，《学术研究》2016年第7期。

包办。

1. 发挥政府的主导和兜底作用,承担规划者、购买者和监督者责任

强调政府的主导和兜底责任的原因有如下两点:其一,养老服务的准公共物品的属性决定了政府主导的必要性。养老服务具有有限的非竞争性和有限的非排他性的特点,属于准公共产品。若养老服务完全交由市场提供,市场主体基于"理性经济人"属性与逐利动机,往往忽视养老服务的公益性,将倾向于以较高的价格提供养老服务,进而导致我国大部分老年群体特别是农村和贫困老年人无力承担养老服务费用,出现有效需求不足的问题。为了促进社会公平正义,政府应重点保障贫困老年群体的养老服务供给。其二,人口老龄化、人口流动加速、家庭结构核心化的趋势使得我国养老面临较大的现实压力,政府对养老服务体系的支持具有紧迫性。

针对政府在养老服务管理中存在的缺位问题,可以提出如下建议:

其一,在资金支持方面,应认识到政府财政支持是养老服务发展的必要条件。首先,政府要建立与经济社会发展同步增长的财政投入机制,并设立养老服务专项资金,严格监督支出情况,不得挪用。其次,面对有限的资金投入,政府更应关注资金的使用效率,通过科学规划养老服务选址布局和设施设置,根据老年人口数量、服务半径和实际需求,建设与需求相匹配的养老服务场地和基础设施。再次,拓宽外部资金筹措渠道。可通过补贴、税收优惠、简化审批等措施,鼓励、引导各类主体参与养老服务供给,弥补政府投入的不足。

其二,在规范化建设方面,政府应进一步细化有关养老服务的发展规划以及目标,并研究制定全国性的养老服务法律法规,规范各方养老服务提供,避免出现职责不清的问题。[1] 例如,2020 年 4 月民政部等部门联合发布的《〈养老机构等级划分与评定〉国家标准实施指南》,促进了养老机构服务实现规范化的等级划分与质量提升。此外,针对服务内容单一以及供需不匹配问题,在养老服务供给侧改革中,应注重以需求为导向来研

---

[1] 阳旭东、王德文:《从缺位到归位——新中国成立以来农村养老保障与政府责任的再思考》,《学术界》2019 年第 1 期。

究设计养老服务供给项目。具体来看,在服务主体上,应在政府主导下建立政府、社区、社会组织、企业、家庭信息共享机制;在服务内容上,针对老年人需求制定从生理需求再到精神需求、从低价基本需求到高端需求的全面的养老服务供给清单;在服务环节上,积极引导养老服务供需匹配,实现资源的有效配置。[①]

其三,在政府监管方面,应加强政府对养老服务行业的监管力度。首先,在保证民政部门有充足资金和较强的监督权力的基础上,在民政部门内部建立专门的监督机构,形成权力适度集中、权责一致的养老服务监管机制。其次,各地应根据实际情况建立养老服务公开透明的监督评估制度和问责制度,细化监督内容,规范监督流程,并出台基本养老服务的标准和质量框架,这是监督得以规范开展的前提。再次,落实事前预估、事中监督以及事后评估,体现监管的全面性。事前预估是指地方政府因地制宜,投资符合本地老年人实际需求的养老服务,避免出现供需不匹配的问题。事中监督是指对养老服务供给过程中的服务方式、服务质量、各主体的配合程度等进行有效监督,并对发现的问题进行及时整改。事后评估是指在养老服务供给完成或进行一段时间后,通过定期走访、查阅服务记录的方式来对养老服务供给效率、服务满意度等进行评估,并提出改进策略,促进养老服务的可持续发展。政府可通过智慧平台搭建和完善老年使用者的评价建议机制和投诉渠道,[②]主要以需求为导向考量养老服务的供给质量。

2. 避免政府在养老服务供给中的垄断和越位

福利多元主义理论认为政府不应是社会福利的唯一供给者,社会福利可以由政府、社区、企业、非营利性组织、家庭共同提供。完全依靠政府来进行供给可能会导致政府失灵问题,具体表现为由于政府处于垄断地位,缺乏提高效率和降低成本的激励而造成资源的浪费和滥用以及低效率运行。此外,政府寻租行为、政策的时滞性以及信息不对称也会导致公

---

① 蒲新微:《养老服务的规范化建设要求及其实现路径》,《厦门大学学报(哲学社会科学版)》2019 年第 4 期。

② 李兵、张航空、陈谊:《基本养老服务制度建设的理论阐释和政策框架》,《人口研究》2015 年第 2 期。

共福利政策的失灵和福利损失。

为避免政府干预过多,在养老服务领域,政府不应将服务供给、监管、评估等职能完全包办,而应通过做好顶层设计、制定激励政策,充分培育与鼓励非营利性组织、企业、家庭、个人等社会各主体参与到养老服务中来,并且引入合作与竞争机制,为老年人提供多样化且优质的养老服务。政府可通过购买服务或公建民营等方式将养老服务直接供给职能让渡于非营利性组织或企业,并提倡多种形式的监管与评估。①

(二)培育养老服务社会力量

1. 提高居(村)委会的养老服务递送能力

其一,明确居(村)委会在社区居家养老服务供给中的监督管理和协调各方的责任,提高养老服务管理专业化水平。充分发挥社区自我管理以及自我服务的作用,政府应坚持政社分开的原则,简政放权,减少对社区事务的过度干预。在工作人员专业化方面,可以从专业的社会工作者中选拔优秀人才领导社区老年保障工作,优化和创新管理模式,体现社区在养老服务中的依托作用。居(村)委会养老服务工作人员应当成为政策的传播者、养老服务的监管者和协调者,一方面,落实各项养老服务政策,整合社区养老资源,如促进社区医疗卫生机构、嵌入式养老机构、社区日间照料中心等在养老服务供给上的相互协作,形成综合效应;另一方面,对社区居民情况进行不定期的调查,及时察觉服务供给与需求的不匹配,并将服务需求方与供给方对接,建设服务需求方—社区—服务供给方的信息互通机制,并对非营利性组织、企业等社区养老服务供给方进行及时监督。

其二,加强社区居家养老宣传力度,并优化宣传方式。一方面,通过社区宣传栏、社区知识讲座等途径宣传积极老龄化的老年生活观念,提高老年人对社区居家养老的接受度;另一方面,应做好老年人家属的养老教育和培训工作,并依据老年人家庭的经济和健康状况、对服务需求的迫切程度等进行政策阐释和服务介绍,达到这个标准需要社区养老服务工作

---

① 姜玉贞:《社区居家养老服务多元供给主体治理困境及其应对》,《东岳论丛》2017年第10期。

者对社区老年人的情况进行动态、细致的把握。①

2. 充分培育养老服务市场,促进养老服务企业的健康发展

首先,推动养老服务业的发展离不开充分有效的市场供给。因此,应推进供给侧改革,供给必须以老年人需求为导向,根据老人不同层次的养老需求,设计不同层次的服务需求套餐,进一步细分服务市场,并收取一定的费用,为老人提供可持续的养老服务。在服务供给之余,应培养企业的社会责任意识,通过社会责任信息公开、主动接受监督、提供免费健康咨询和基础体检等公益活动来提高公信力,树立企业的良好形象。

其次,激发老年人对养老服务的有效需求是培育养老服务市场的有效手段。其一,政府应加大对养老服务的购买力度,为贫困、高龄、失能老年人提供免费、兜底的养老服务。其二,通过落实补贴制度、发展养老普惠金融、提高老年人的社会保障水平来增强占大多数比例的中低收入老年人的支付能力,开发适老产品和服务,激发和做大老年人中端消费市场。其三,发展私人养老服务定制市场,为高收入老年人提供差异化、个性化的养老服务产品,政府要减少对养老服务市场的限制,为各类资本的进入提供公平竞争环境。通过激发需求市场推动企业在养老服务供给中的可持续发展。

最后,政府可通过以奖代补、项目补贴等方法吸引企业通过参资入股、收购、委托管理等方式参与到养老服务中来。同时,政府应逐步建立和发展养老服务行业的准入和退出机制,充分发挥政府的监管与服务功能,引导企业在养老服务领域实现健康发展。②

3. 增强非营利性组织发展的内生动力

解决非营利性组织独立性不够、供给能力不足问题需要创新非营利性组织孵化和培育模式,增强非营利性组织发展的内生动力。首先,政府应该与非营利性组织建立合作关系而非领导与被领导关系,给非营利性组织一定的自我发展空间以促进专业化成长,增强非营利性组织的可持

---

① 程荣波:《我国社区居家养老责任分担机制研究》,东南大学学位论文,2017年。
② 武玲娟:《新时代我国养老服务中的政府职责定位研究》,《东岳论丛》2018年第9期。

续发展能力。① 在加大政府对非营利性组织在税费优惠、资金补助等方面的扶持力度的同时,通过多种方式拓宽筹资渠道,防止出现过度依赖政府资金的现象。可通过公益创投项目来促进非营利性组织的能力建设,通过向非营利性组织购买相关服务,发挥项目的引擎作用。

其次,通过"三社联动"来促进非营利性组织的培育。"三社联动"是在政社分工机制下,通过政府购买服务等形式,激发社区、社会组织和社会工作专业人才参与社会建设的活力。② 图9.3展示了"三社"之间的协作关系,在"三社联动"中,居民处于中心地位,各项活动的开展应以居民需求为主要依据。社区居(村)委会参与整个项目的运行,主要负责人、财、物等资源的合理配置。社会组织是养老服务项目运作和供给的平台。社会工作者依托社区或社会组织,是"三社联动"的专业人才保障。③ 通过"三社联动"可以引导非营利性组织承担养老服务项目,鼓励专业社会工作组织与社区协助非营利性组织成长,形成"以社育社"的良性发展机制,培养非营利性组织骨干,发掘组织的内生力量。④

4. 加大对志愿服务的支持力度

首先,应增强政府和社会主体对志愿服务的支持力度,将志愿服务事业纳入到国家社会发展规划和具体政策中,从顶层设计上保障志愿服务事业发展。依据国际经验,政府可从两个方面加大对志愿服务的财政投入力度:一方面,尽快建立健全政府购买服务的工作机制,拟定重点支持的志愿服务项目名单并加大对重点项目的扶持力度。另一方面,通过建立志愿服务基金会,为志愿服务提供足够的资金保障,同时还要建立科学合理的基金财政投入定期增长机制,并研究制定基金规范使用与监督

---

① 胡雯、原珂、宣朝庆:《社区治理与服务创新:社区培力助力"三社联动"》,《理论探索》2019年第4期。
② 徐选国、徐永祥:《基层社会治理中的"三社联动":内涵、机制及其实践逻辑——基于深圳市H社区的探索》,《社会科学》2016年第7期。
③ 闫学芬、韩建民:《基层社会治理中的"三社联动":机制与流程分析——基于典型城市的实践探索》,《广西社会科学》2017年第9期。
④ 李培志:《引导与自觉:城市社区社会组织参与社区治理的路径分析》,《中州学刊》2019年第6期。

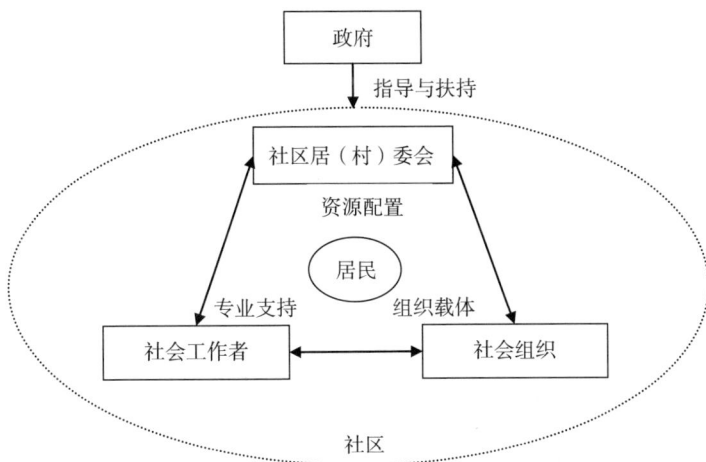

图 9.3　"三社"之间的协作关系

资料来源:笔者自制。

办法。①

其次,社会应弘扬志愿精神、培育公民美德。志愿服务作为公民道德教育的重要实践形式,有助于公民美德的塑造。志愿服务在培养民众的集体观念、社会责任意识和互帮互助等传统美德上具有政府和企业无法比拟的效果。

(三)充分发挥家庭和个人在养老服务中的基础作用

1. 重视家庭主义的养老服务供给策略

无论在哪个国家,家庭中的子女和配偶等成员都是老年人最重要也是最主要的照料和护理资源。以美国为例,需要依靠家庭照护的老年人比例超过三分之二,为美国医疗体系节约了至少 2000 亿美金。随着社会的发展,需要充分肯定家庭照护形式,并进行适度的经济补偿。比如德国在长期护理保险制度改革中一直致力于提高家属护理员的待遇。2008年德国护理改革为家属护理员提供长达半年的护理假期,长期护理保险机构为护理家属支付护理期间的养老保险、失业保险、医疗保险和长期护理保险的缴费。2015 年实施的《护理加强法案Ⅰ》规定长期护理保险基

---

① 魏娜:《我国志愿服务发展:成就、问题与展望》,《中国行政管理》2013 年第 7 期。

金为离岗照护亲属的护理者缴纳失业保险。①

考虑到我国传统以及降低社会照护成本的需要,政府部门需要制定相关的家庭主义养老支持政策来扶持家庭养老的发展。家庭主义养老支持政策的政策目标应注重改良家庭基本结构,平衡家庭内的照料供求关系,提升家庭内生发展动力,增强代际团结,全面提高家庭中每个人的健康水平和生活质量。一方面,通过鼓励有条件的单位设定弹性工作时间,给予家庭照护者现金补贴、照护假、喘息假等家庭主义政策大力发展非正式照护,从而给予照护者在就业与提供家庭照护服务方面更多的选择权,为其重返就业岗位提供技能培训和岗位安排,以缓解家庭亲属照料者工作和照料双重角色带来的时间冲突和精神压力。②另一方面,弘扬敬老孝亲传统美德,提高社会全体成员对家庭养老的正确认识。可通过宣传教育、树立典型、开展"老年宜居社区"创建等活动,对表现突出的赡养老人的公民给予激励,对家庭道德失范行为给予惩罚,实现家庭养老舆论倡导与现实激励的有机结合,形成爱老、养老和敬老的家庭氛围。③④

2. 协助老年人转变传统观念,提高对社会化养老的接受度

首先,老人应保持乐观开朗的心态,乐于学习新知识、积极接受新事物,摒弃"越老越不中用"的消极观念。老年人应正确认识社会化养老服务的重要价值,积极表达自身的养老服务需求并根据实际需求、家庭成员的能力和政府政策,支持社区居家养老的发展,缓解家庭成员的养老压力,提高自身的晚年生活质量。

(四)建立政府主导的养老服务多元协同供给与治理模式

利益相关者理论认为在社会环境中,组织的目标是在考量与权衡各方利益主体基础上,进行资源充分整合和优化配置从而实现利益最大化

---

① 苏健:《德国长期护理保险制度:演化历程、总体成效及其启示》,《南京社会科学》2019年第12期。

② 杨红燕:《去商品化与去家庭化:老年照护服务体制的国际比较——以欧洲14个典型国家为例》,《江淮论坛》2019年第2期。

③ 姚兆余:《农村社会养老服务的属性、责任主体及体系构建》,《求索》2018年第6期。

④ 李连友、李磊、邓依伊:《中国家庭养老公共政策的重构——基于家庭养老功能变迁与发展的视角》,《中国行政管理》2019年第10期。

的过程中实现的,在此过程中,共同治理显得尤为重要。① 共同治理是让所有为参与贡献者参与到治理中,体现了利益相关者为了提高整体效益而协作的思想。因此,唯有实现政府主导,企业、家庭、社区、非营利性组织、老年人个体等利益相关者的有效衔接和多元协同供给和治理,才能真正推动养老服务的良性发展。

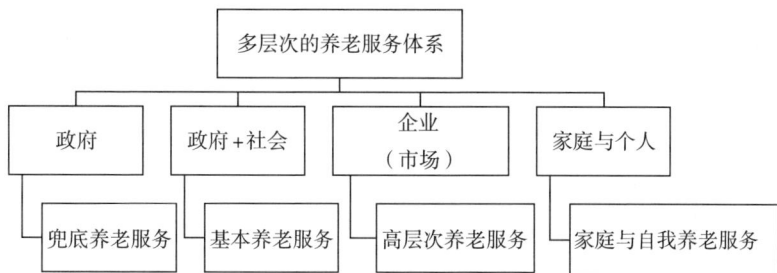

```
                  ┌──────────────────┐
                  │  多层次的养老服务体系  │
                  └──────────────────┘
       ┌───────────┬───────────┬───────────┐
   ┌───────┐  ┌──────────┐  ┌────────┐  ┌──────────┐
   │ 政府  │  │ 政府+社会 │  │  企业  │  │ 家庭与个人 │
   │       │  │          │  │ (市场) │  │          │
   └───────┘  └──────────┘  └────────┘  └──────────┘
   ┌──────────┐ ┌──────────┐ ┌──────────┐ ┌─────────────┐
   │ 兜底养老服务 │ │ 基本养老服务 │ │ 高层次养老服务 │ │ 家庭与自我养老服务 │
   └──────────┘ └──────────┘ └──────────┘ └─────────────┘
```

图 9.4　多层次养老服务体系

资料来源:笔者自制。

多元协同供给与治理的前提是合理界定供给主体的责任,理顺多元主体之间的相互关系。如图9.4所示,为界定各供给主体责任,应建立起针对老年人的不同需求,从兜底养老服务、基本养老服务再到高层次养老服务协同共建的多层次养老服务体系。其一,由于政府有着较强的集聚、协调资源的优势,因此,兜底服务必须由政府承担。兜底养老服务主要由政府向贫困、重度失能、高龄老年人免费提供,服务内容以照料护理为主,目标是保障老年人最基本的生活需要,具有福利性。其二,非营利性组织等社会主体往往比政府更具有专业性和亲民性,能够提供更加贴近广大老年人的迫切需求的服务。因此,基本养老服务应该在政府的主导下由社会力量提供,目标群体是中低收入的老年人,这部分老年人具有一定的消费能力,政府根据老年人实际的经济状况和健康状况予以适当补贴,兼具福利性和营利性。其三,养老服务企业往往在追求营利性的同时能为老年人提供私人定制化的高端养老服务,因此,高层次养老服务主要由养

---

① 王身余:《从"影响"、"参与"到"共同治理"——利益相关者理论发展的历史跨越及其启示》,《湘潭大学学报(哲学社会科学版)》2008年第6期。

老服务企业为高收入老年人提供个性化的养老服务,具有完全的营利性,政府仅在其中发挥监管作用。其四,家庭成员是与老年人最亲近的人,能够最精准、及时地回应老年人需求。因此,除以上社会化养老服务之外,家庭与老年人自身作为非正式供给主体还为老年人提供了家庭养老和自我养老服务,在多层次的养老服务体系中发挥了基础性作用。[①]

总的来说,在养老服务供给中,政府应发挥主导作用,重点做好养老政策的顶层设计、财政支持和监管工作,支持社会各主体在市场能够有效发挥作用的养老领域积极提供服务,着力促进社会主体供给能力的提升;政府则在市场失灵领域承担兜底性直接生产的责任。社会各主体、家庭和个人之间则是平等关系,在沟通与互动中不断进行互补性的协作分担,积极创新多元主体合作方式,构建社会化养老合作商事机制、养老信息共享机制、协作监督机制等协同治理机制,建构主体间平等的良性伙伴关系。

第四节　养老服务结构体系
存在的问题和建议

一、养老服务结构体系存在的问题

养老服务结构体系存在的问题将从城乡养老服务体系、区分老年人生活自理能力的养老服务体系、区分老年人经济状况的养老服务体系三个方面进行阐述。

(一)城乡养老服务体系存在的问题

城乡养老服务体系中的问题既有城市养老服务体系和农村养老服务体系各自的问题,也有同时涉及城乡的结构性问题。

---

① 彭青云:《多元主体视角下社区居家养老服务路径探索》,《浙江工商大学学报》2019 年第 3 期。

1. 城市养老服务体系存在的问题

（1）服务内容结构性失衡

虽然城市地区已经形成内容较为全面的养老服务体系，但就服务内容的构成而言，绝大多数为基本的日常生活类服务，一些专业性和个性化的服务供给不足。以机构养老服务为例，中国老龄科学研究中心"十二城市养老机构调查"的数据显示，有 99.6%、95.7% 和 79.2% 的养老机构提供生活照料、膳食服务和休闲娱乐服务，但仅有 55.7%、54.9% 和 32.2% 的养老机构提供咨询服务、医疗保健和老年教育等服务。[①②] 这种失衡的服务供给结构显示出我国城市养老服务仍然处于低水平发展阶段，无法充分满足老年人多样化的服务需求。

（2）日间照料中心功能定位和服务对象存在偏差

根据《社区老年人日间照料中心服务基本要求》，日间照料中心的服务内容应该包括生活照料、医疗保健、精神慰藉等诸多方面，但在实际发展过程中，由于照料中心护理和医疗设施以及专业人员的缺乏，社区日间照料中心出现了功能定位和服务对象偏差的问题，比如大部分社区日间照料中心成为了休闲娱乐场所，缺乏生活照料、医疗保健等服务供给，这导致参与到日间照料中心的群体多为健康状况较好的老年人，忽视了社区失能、半失能老年人的照护需求。例如有调研团队在与日间照料中心管理人员进行沟通的过程中发现，多数管理人员并不了解日间照料的概念，认为日间照料中心主要是娱乐场所，附带提供其他基础服务。[③] 还有研究通过对山东省日照市的日间照料中心的实地调研发现，有 62.92% 的老年人认为日间照料中心的功能是提供休闲娱乐服务。可见，目前社区日间照料中心没有发挥其应有的功能，日间照料中心照护和医疗方面

---

① 吴玉韶、王莉莉：《中国养老机构发展研究报告》，华龄出版社 2015 年版，第 136—139 页。

② 梁誉、李静、韩振燕：《我国城市养老服务发展 70 年回顾与前瞻——基于分配供给输送财务四维框架的分析》，《河海大学学报（哲学社会科学版）》2019 年第 5 期。

③ 齐妍斐：《社区老年人日间照料中心建设成效及对策研究》，西南科技大学硕士学位论文，2019 年。

的建设不足。①

（3）智慧养老仍处于起步阶段、覆盖人群较少

目前，我国智慧养老产业发展仍处于起步阶段。从供给角度来看，国内的智慧养老产品普遍存在成本偏高、标准不统一、资源利用率低的问题。有研究对上海市四个街道的调查研究显示，社区智慧养老的总体使用率为 46.2%，而且社区之间发展的差异较大，有的社区的使用率仅为 15.5%。②

从需求角度来看，目前智慧养老模式并没有被大众理解和接受。虽然电子血压计、心率手环等普通智慧养老产品得到了一定程度的普及，但各地在政策宣传上的力度不足，智慧养老对于很多老年人来说仍然是一个陌生词汇，很多老人不了解智慧养老的补贴政策与申请流程，或是对智慧养老产品所包含的信息收集的安全性有所担忧而产生抵触情绪。③

（4）医养结合各方的参与积极性不高

现阶段下医养结合机构的兴建多依靠养老机构的转型来实现，而转型所需的资金以及转型后的运营，则需要构建有效的资金筹集渠道以及调动社会各方力量的积极性并形成合力。但目前，医养结合的资金筹集渠道较为单一，除极个别社会资本投入外，主要依赖于政府的资助。但政府的资助毕竟有限，无法解决长期的资金来源问题。④ 这导致我国医疗卫生机构、社区卫生服务中心与养老机构的参与度以及协同度不足。

具体来看，首先，医疗机构参与养老服务的积极性不高。目前国内二级以上医院，特别是综合能力较强的三甲医院多处于满负荷运营状态，医院依靠一般医疗的供给已能获得长期稳定且水平较高的经济效益，加之养老服务业目前属于高风险、高成本、低利润的行业，医院开展养老服务的积极性不高。其次，大部分欠发达地区的社区医疗卫生服务中心存在

---

① 李敬芝：《日照市社区日间照料中心发展问题及对策研究》，长春工业大学硕士学位论文，2019 年。

② 张亚男、陈蔚蔚：《基于 PSR 模型的上海社区智慧养老发展路径研究》，《安徽行政学院学报》2017 年第 4 期。

③ 王晓慧、向运华：《智慧养老发展实践与反思》，《广西社会科学》2019 年第 7 期。

④ 罗莉、唐泽文、刘诗秋、钟玉霞、李银：《武汉市医养结合模式的现状及思考》，《卫生软科学》2017 年第 12 期。

着基础设施不健全、专业医护人员短缺的问题，往往只能提供量血压、常规体检等基础服务，无法为老年人提供个性化、高水平的服务。再次，民营养老机构的总体运营情况不理想，市场竞争力较弱。若在养老机构内引入医护设备和人员，必将带来运营成本的上升。[①]

2. 农村养老服务体系存在的问题

（1）空巢化趋势削弱了老年人家庭代际支持

子女外出务工使得家庭规模趋于核心化和空巢化，老年人可获得的代际支持较少，加之传统养老观念的变化，家庭养老功能被削弱。众多研究达成共识，独居将削弱老人获得的照料支持和精神支持。[②] 在照料支持方面，即使子女外出可能带来老年人经济状况的改善，但一方面子女经济支持的力度有限，另一方面农村尚未建立起完善的社会化养老服务体系，专业护理人员和设施缺乏，因此，子女的经济支持并不能明显提高空巢老年人的照料质量。在精神支持方面，子女外出使得老人与子女居住分离，代际交流的形式由直接变为间接，电话成为主要的联系方式，交流的频率和深度受到影响，无法充分满足老年人的精神需要。[③]

（2）农村社会化养老服务发展滞后

在农村家庭养老式微的同时，农村地区的养老服务体系发展滞后，政府支持和政策倾斜力度不够，农村老年人的生活困境更加凸显。城乡二元体制以及城市偏向性政策导致与城市相比，农村经济发展水平落后，养老服务设施建设和资金投入不足，专业护理人员短缺。虽然农村地区的养老机构和社区养老设施在数量上多于城市地区，但在社区养老服务内容多样性、利润收益等方面均不如城市。在服务供给上，农村地区的社区居家养老服务以互助模式为主，由专业护理人员提供照料、医疗、精神慰藉的服务供给不足。在运营方面，养老产业投资普遍呈现投资大、收益期长、利润低的特点。

---

①　陈坤、李士雪：《医养结合养老服务模式可行性、难点及对策研究》，《贵州社会科学》2018 年第 4 期。

②　殷俊、刘一伟：《子女数、居住方式与家庭代际支持——基于城乡差异的视角》，《武汉大学学报（哲学社会科学版）》2017 年第 5 期。

③　冯华超：《劳动力外流背景下的农村老年人代际支持研究》，《江汉学术》2017 年第 4 期。

（3）农村互助养老模式资金不足、供需不匹配

2017 年的《"十三五"国家老龄事业发展和养老体系建设规划》中虽然强调要大力发展农村互助养老服务,但政策仍多停留在文件层面,对互助养老的运营方式、经济支持、制度规范等缺少具体指导,不利于互助养老的进一步发展。另外,资金是互助养老规范化可持续发展的保障和动力,而目前互助养老的运营资金主要来源于地方政府的财政支持和社会捐赠,政府尚未设立互助养老专项资金,社会捐赠又具有不稳定性,这导致资金链易断裂、资金筹集渠道单一、后备资金不足等问题,严重阻碍了互助养老的可持续发展。各地由于经济发展水平的不同,互助养老机构建设程度存在着差异。[①]

此外,互助养老还存在供需不匹配的问题。一些互助养老管理方规定,参加互助养老的老年人需要具有一定的生活自理能力,这大大缩小了互助养老的可及群体,将最需要得到照料的失能、高龄老年人排斥在外;互助内容也多为休闲娱乐和精神支持,相互照料功能不足。此外,农村老年人互助照料中心目前尚处于建设初期,规模较小,医疗卫生等配套设施不完善,专业医疗和护理人员缺乏,规范化水平较低,难以满足老年人对医疗护理的需求。[②]

3. 城乡养老供需面临结构性矛盾

一般来说,在经济发达的城市地区,居民的经济水平较高,支付能力较强,对养老服务的有效需求也会更旺盛。然而,许多养老机构经营者考虑到成本和场地的限制,将养老机构建设在城市郊区或远郊区县等农村地区。与市区相比,这些养老机构交通不便、设施落后,缺乏对城市老年人的吸引力,再加上附近农村老年人倾向在家养老的传统观念和较低的生活水平,老年人入住意愿较低。相反,处在城市市区的养老机构凭借服务质量高、交通便利以及临近经济水平较好的城市老年人的优势,受到了老年人的青睐,特别是城市中心区的许多收费较低的公办养老机构出现

① 钟仁耀、王建云、张继元:《我国农村互助养老的制度化演进及完善》,《四川大学学报(哲学社会科学版)》2020 年第 1 期。
② 李俏、贾春帅:《代际项目的西方脉络与中国图景:名实之辩与实践检视》,《宁夏社会科学》2019 年第 1 期。

了排队入住的现象。总的来说,养老机构的地域分布不平衡、布局不合理是城乡和地区之间养老机构供需的结构性矛盾问题。

(二)区分老年人生活自理能力的养老服务体系存在的问题

1. 失能、半失能老年人

(1)社区居家养老存在"重设施、轻服务"的问题

大部分居家养老社区服务中心、床位等场地和设施是作为硬性指标和任务建设的,而专业护理人员和管理人员的缺乏导致一些场地和设施处于闲置状态,反映了我国社区居家养老服务领域"重设施、轻服务"的现状。

有研究对北京市、南京市和咸阳市的社区老年人进行调研后发现,社区网点的基础设施建设相对较好,但服务内容的多样化、上门服务、租赁服务等却存在严重的滞后性。一方面,居家养老社区服务在上门服务方面发展不充分,表现为由于社区上门服务建设落后,护理人员缺乏及管理松懈,社区服务人员回应老年人服务需求的速度较慢。[①] 发展不充分的上门服务将影响到卧床在家的失能老年人获得服务的及时性和质量。另一方面,社区网点主要致力于老年人提供休闲娱乐场所,生活照料、医疗保健等服务供给相对缺乏,忽视了社区内失能、半失能老年居民的照护需求。而且,部分老年人体弱多病,经常在健康生活能够自理与生病后生活无法自理状态之间转换。亟须改变社区在日间照护与休闲娱乐服务功能的脱节状况,实现二者的有机衔接与养老服务的全流程管理。

(2)护理型养老机构床位短缺、发展不充分

发达国家养老床位数已达到老年人数量 6% 左右的标准,且护理型床位已达床位总量约 60%—70% 的比例。然而,据 2014 年国家老龄办的数据,我国养老床位总量仅发展到老年人数量 2.44% 的规模,且护理型床位仅占约 30%,与发达国家仍有较大的差距。[②]

护理型床位的短缺不利于失能、半失能老年人及时接受护理服务。养老服务机构的重点服务对象应该主要是那些需要长期护理的失能老年

---

① 雍岚、王振振、张冬敏:《居家养老社区服务可及性——概念模型、指标体系与综合评价》,《人口与经济》2018 年第 4 期。

② 杨国霞、沈山、孙一飞:《持续照护社区养老设施构成体系与其配建研究》,《城市规划》2015 年第 12 期。

人,然而,养老机构为避免承担责任,倾向于收住能够完全自理的老年人,倾向于建设普通床位,导致健康老年人对于失能、半失能老年人的"挤出效应"。目前,提供康复护理、医疗保健等服务的养老机构相对较少,入住养老机构的老年人也以健康、能自理的老年人为主。"十二城养老机构调查"的结果显示,分别有 99.6%和 95.7%的养老机构可提供生活照料和膳食服务,但仅有 59.6%和 54.9%的养老机构提供了康复护理和医疗保健服务。[1] 全国民办养老服务机构基本状况调查的数据显示,民办养老机构的入住老年人中有七成左右为自理和半失能的老年人,完全失能和需要临终关怀的老年人只占大约三成。[2]

2. 自理老年人

(1)服务内容结构性失衡

就服务内容的结构而言,绝大多数为基本的日常生活类服务,一些专业性和个性化的服务供给不足。具体阐述可见本节的"城市养老服务体系存在的问题"部分。

(2)老年公寓发展的相关政策与规范不健全

老年公寓最先盛行于国外,在我国的起步较晚,直到 1995 年各地才开始兴建起一批基础设施良好、功能较全面的老年公寓。老年公寓是人口老龄化趋势下的必然产物,与之相关的政策也是随其发展而陆续制定出来的。如 2018 年修订的《老年人权益保障法》指出"国家鼓励、扶持社会组织或者个人兴办老年福利院、敬老院、老年公寓等设施",同时各地也制定了优惠政策,但总体来说还是远远不够的。此外,老年人之间在共同居住过程中以及老年人与工作人员之间在交往过程中的行为缺乏制度来进行规范约束,也容易导致双方矛盾的加深。

(三)区分老年人经济状况的养老服务体系存在的问题

1. 贫困老年人

(1)政府购买社区居家养老服务力度不足

在社区居家养老中,政府购买养老服务力度不足使得贫困老年人群

---

① 吴玉韶、王莉莉:《中国养老机构发展研究报告》,华龄出版社 2015 年版,第 136—139 页。

② 王莉莉:《中国城市地区机构养老服务业发展分析》,《人口学刊》2014 年第 4 期。

体难以享有充分的基本养老服务。在各地区的实践过程中,政府在购买居家养老服务方面覆盖范围和投入的资金规模有限。如 2018 年,石家庄市还未将空巢老人纳入到购买服务的对象中;截至 2012 年,宁波海曙区享受政府购买居家养老服务的对象只有 600 多名老年人,占该区老人总数不足 1%。[1] 此外,政府购买养老服务的款项从公共服务总体预算中列支,并没有设置单独的养老服务预算项目,无法保证养老服务资金支持的稳定性和持续增长。[2]

(2)公办养老机构定位不清、转制进展缓慢

首先,公办养老机构存在着定位不清的问题,具体表现为两个方面:其一是服务对象的错位。公办机构由政府投资建设,应具有较强的福利性,它的收住对象应该是最需要政府帮助的贫困老年群体,但目前公办机构的定位和职能不清,以较低的收费标准接收社会上的自费老人,导致公办养老机构床位紧张,出现排队入住的情况,也挤占了民办养老机构的发展空间。公办养老机构和民办养老机构在收住对象上没有明显区分的现实情况,造成公办机构无法充分满足真正需要政府兜底的贫困老年群体的服务需求,偏离了公办养老机构的福利性定位。其二是服务功能的错位。公办养老机构主要提供的是救助兜底和保障性的基础养老服务。但在现实中,一些地方政府将公办养老机构作为面子工程,为其提供不断增长的财政投入,硬件设施和服务水平远远超过了兜底的范围。接受兜底保障的对象得以享受超过社会平均水平的养老服务,可能造成福利依赖,同时也不利于社会公平正义的实现。

其次,公办养老机构存在着管理体制僵化、转制进展较慢的问题。长期以来,我国公办养老机构以事业单位形式存在,所有权归政府所有,所需的建设和运营资金主要依靠财政支付。随着市场经济的发展,公办养老机构固有的行政管理模式与较强规划性的运行机制在很大程度上对整个养老服务市场的良性发展产生消极影响。公办养老机构运行机制的改

①　王成、赵东霞、李冰杰:《财政支持视角下政府购买居家养老服务探析》,《地方财政研究》2016 年第 8 期。

②　曹立前、王君岚:《人口老龄化背景下政府购买居家养老服务的模式及完善路径》,《山东财经大学学报》2019 年第 2 期。

革已越来越迫切。

2013年底，政府颁布的《关于开展公办养老机构改革试点工作的通知》宣告了我国公办养老机构转制进程的开始。但目前，公办养老机构转制速度较慢。其原因在于，首先，我国公办养老机构浓厚的官僚色彩和福利性成为转制的阻碍因素。其次，我国的养老服务市场是在新世纪初期社会福利社会化的背景下发展壮大的，养老服务市场还不太成熟。①

2. 中低收入老年人

（1）低收入老年人养老服务补贴受到忽视

处于贫困边缘的低收入老年群体的养老服务供给往往受到政府的忽视，他们的经济状况较差而无力支付养老服务全额费用，由于收入未在贫困线下而无法享受面向贫困老年人的优惠政策，处于较为尴尬的境地。一些地方政府在制定购买养老服务制度时，并未将低收入群体考虑在购买服务的目标对象范围内，也未对入住公办养老机构的低收入老年人提供力度较大的补贴。

（2）民办养老机构服务能力不足、扶持政策较弱

从机构的自身建设来看，由于民办养老机构大多为社会主体投资，资金支持渠道单一，医疗、护理等专业设施经常存在数量短缺与老旧的问题，医疗护理人员的经验与技能水平也相对较低。虽然政府正在推进社会福利社会化，为激励民间资本进入养老服务市场颁布了一系列政策，但与公办养老机构相比，民办机构获得的支持力度较弱，限制了民办养老机构的发展。大部分公办机构也面向社会接收自费老年人，它们凭借力度较大的优惠补贴，可以以较低的价格吸引老年人入住，出现排队入住的现象。而自负盈亏的民办机构则需要以较高的定价来维持运营，导致床位闲置率较高。政府对公办和民办养老机构扶持力度的差异造成养老服务市场上的非良性竞争，民办机构的生存和发展环境受到了公办养老机构的挤压。② 2008年全国老龄办对民办养老机构的调查表明，有六成左右的民办养老机构负责人认为自身与公办养老

---

① 王莉莉：《公办养老机构转制发展现状及对策研究》，《兰州学刊》2019年第2期。

② 刘红、张妍蕊：《对我国民营养老机构存在的问题及发展前景的探讨》，《技术经济与管理研究》2008年第2期。

机构存在着竞争关系,并且大部分负责人认为这种竞争是不公平的,其原因在于政府的政策倾斜。[①]

3. 高收入老年人:高端养老服务尚未形成完整的产业链

针对高收入老年人的高端养老服务存在完整的产业链尚未形成的问题。高端养老产品的价值不仅取决于企业自身的生产和经营能力,同时还受到相关合作与竞争主体运营情况的限制,任何产业的形成与发展都离不开产业链的优化升级。日本学者鞠川阳子提出了养老产业三维产业链的概念,即将养老产业分为本位产业(养老机构、医疗护理服务业、老年食品等)、相关产业(专业家具和医疗护理设施、护理人员培训、旅游、心理咨询等)、衍生产业(老年储蓄投资理财产品、商业长期护理保险等)。[②]

目前,我国养老产业的发展仍处在起步阶段,养老产业的细分市场中仅老年房地产市场、养老护理服务业的发展较为活跃,产业链结构存在较为严重断层和发展不均衡现象。这意味着整个产业系统并未充分发挥其全部价值,我国高端养老机构的开发商只能"一肩挑"或者依赖进口,导致机构较高的运营成本和高收入老年人的个性化需求无法得到满足的问题。[③]

二、养老服务结构体系完善的政策选择

养老服务结构体系的完善目标在于充分满足不同类型老年群体的养老服务需求,具体来说,我们需要提供全面、有针对性的养老服务来满足不同户籍、不同生活自理能力和不同经济状况老年人的养老需求。

(一)城乡养老服务体系完善的政策选择

1. 城市养老服务体系

(1)实现养老服务供给内容和形式的多样化

马斯洛需求层次理论将人的需求分为生理需求、安全需求、情感需求、尊重需求和自我实现需求,与之相对应,养老服务供给内容和模式也

---

① 王莉莉:《中国城市地区机构养老服务业发展分析》,《人口学刊》2014 年第 4 期。

② 赵鹏程、汪玲:《养老服务产业空间布局的探索与规划——以南充市为例》,《广州大学学报(社会科学版)》2018 年第 8 期。

③ 王雅琴:《我国高端养老服务业发展问题研究》,暨南大学硕士学位论文,2018 年。

应多样化发展,以满足不同老年人不同层次的养老需求。当前我国城市养老服务需要在实现养老服务供给内容多样化的层面上进行完善,致力于提供内容均衡且优质的养老服务。首先,应重视老年人养老服务需求调查和老年人参与,细化老年人在养老服务标准、内容等方面的需求,并以需求为导向来确定服务项目,也可以针对收入水平以及消费意愿设计不同水平的服务组合方案。在保证日常照料和基本医疗服务供给充足的前提下,大力发展医疗照护、健康咨询、老年教育、精神支持、临终关怀等薄弱服务项目,促进各类服务项目的全面发展。① 其次,加强养老服务供给形式创新。服务内容的提供形式也可以设置多样化选择,例如医疗保健服务的提供可以有设置社区服务网点、举办周期性服务活动、提供上门服务等多种形式,以供老年人根据偏好自主选择。

(2)找准日间照料中心的功能定位

首先,应加强日间照料中心的医疗、康复器材、无障碍设施等基础设施建设,引进专业医疗和护理人员以完善照料护理和医疗功能。同时,积极引入非营利性组织、企业、志愿者队伍来为社区老年人提供多元化社会服务,以保障失能、高龄老年人在家庭成员暂时不在身边的时候能得到照料和护理,提高服务的便捷性和安全性。此外,还可以在社区层面对社区内老年人进行评估,建立老年健康档案,提供家庭医生签约服务,并根据老年居民的实际需求对服务重点以及服务供给内容做出相应调整。其次,注重对社区管理人员的培训,树立其对日间照料中心等社区场所功能的正确认识,提高监管水平,为社区养老服务的良性发展提供保证。社区可以通过上门宣传、组织讲座等形式,使社区居民加深对社区养老以及日间照料中心建设目的与意义的了解,为日间照料中心的建设发展奠定群众基础。

(3)扶持智慧养老产业发展

如何通过政府的有效引导吸引更多社会主体参与,开发出适老化的智能电子设备,快速推进智慧养老产业的发展是当前亟须解决的问题。

---

① 梁誉、李静、韩振燕:《我国城市养老服务发展 70 年回顾与前瞻——基于分配供给输送财务四维框架的分析》,《河海大学学报(哲学社会科学版)》2019 年第 5 期。

首先,完备的制度体系和客观统一的标准是智慧养老产业发展的基础。在各地开展试点工作时,不仅需要注重顶层设计,强化宣传与推动政策落实,还应从地方实际情况出发制定可行的具体实施和推广方案。其次,在收集养老数据信息的基础上,应用现代信息技术深入挖掘信息的有效性和价值,为社会主体进入养老服务行业提供精准的切入点,促进智慧养老服务供给多元化和精准化,加快适老化智能产品的开发、应用与推广。此外,从需求方的角度来看,应注重向老年人普及使用智能电子产品的意义和方法,只有提高老年人的接受度和认知度,并掌握智能设备的使用方法,才能扩大智慧养老的覆盖面,优化养老服务效果。①

(4)强化医养结合政策的执行力度

政府相关部门应按照《关于推进医疗卫生与养老服务相结合的指导意见》等文件的规定,进一步强化医养结合政策的执行力度。其一,建立健全医疗卫生机构与养老机构的合作机制,并遵循因地制宜的原则,各医养结合实施单位应积极探索医养结合的不同模式,如在有条件的二级以上综合医院开设老年病科、在养老机构内设置医疗室、鼓励医疗志愿团队到社区或养老机构开展义诊等。其二,鼓励社会力量兴办医养结合机构。遵循"非禁即入"的审批原则,提高审批效率,通过公建民营、民办公助等模式,支持社会力量兴办非营利性的医养结合机构。支持企业围绕老年人医疗照护、精神关怀等需求,开发安全且多样的食品药品、康复辅具、文化娱乐设备等老年人用品。其三,落实各项医养结合保障措施,主要包括:探索政府和社会资本合作(PPP)的投融资模式、加强规划布局和用地保障、加强医疗护理人才队伍建设、通过建立电子健康档案和电子病历等实现信息共享等。通过保障措施的实施来提高医疗机构、养老机构等各主体参与医养结合的积极性。

2. 农村养老服务体系

(1)规避农村家庭结构变化对代际支持产生的负面影响

家庭结构的核心化在一定程度上对家庭代际支持产生了消极影响,

---

① 张雷、韩永乐:《当前我国智慧养老的主要模式、存在问题与对策》,《社会保障研究》2017 年第 2 期。

尤其是在我国社会化养老保障体系建设还未完善的情况下,家庭结构变迁对"养儿防老"的传统观念提出了严峻挑战。因此,一方面,我国政府应不断完善养老保障制度,尤其是提高农村的保障水平,将社会支持与家庭代际支持相结合,实现两者的良性互动;[①]另一方面,应当继续开展孝老的优良美德教育,并通过鼓励有条件的单位设置弹性工作时间,给予家庭照护者现金补贴、照护假、喘息假等家庭主义政策大力鼓励非正式照护,缓解子女的养老压力。

(2)着力提高农村社会化养老服务质量

城乡经济发展差距以及农村空心化、农业边缘化的特点导致农村地区社会化养老服务体系较薄弱,城乡养老服务体系发展不均衡。长期来看,随着乡村振兴战略的推进,城乡经济发展差距会不断缩小,在发展经济的同时,要建立与农村生产生活方式相适应的城乡养老服务协调发展的长效机制。[②] 政府部门应加大对农村养老服务的财政投入,加快"服务下乡"进程,着力提升农村养老服务质量,对陈旧的农村福利院等机构以及设施进行升级改造,重点为农村重度失能、空巢、丧偶、贫困等弱势老年群体提供养老服务保障。同时还应引导发展多元化的养老服务体系建设,充分利用和支持传统家庭养老模式,鼓励社会化养老服务发展,不断开发和推广适老化、智能化的老年人用品,为农村老年人提供多样化、多层次和便捷可及的养老服务。[③]

(3)支持农村互助养老模式的发展

农村互助养老模式能够有效利用和整合养老资源,它作为符合农村"熟人社会"本土化特点的新型养老方式,与农村老年人就近养老的观念相契合,对于推进农村社区的养老服务建设具有重要作用。针对互助养老存在的问题,需要从资金、人才建设、互助内容上进行完善。

首先,应建立多元、稳定的农村互助养老筹资渠道。其一,明确政府

---

① 殷俊、刘一伟:《子女数、居住方式与家庭代际支持——基于城乡差异的视角》,《武汉大学学报(哲学社会科学版)》2017年第5期。

② 王立剑、代秀亮:《新中国70年中国农村社会保障制度的演进逻辑与未来展望》,《农业经济问题》2020年第2期。

③ 项继权、周长友:《"新三农"问题的演变与政策选择》,《中国农村经济》2017年第10期。

和家庭在资金分配上的权责。家庭主要负责老年人吃、穿、医等基本费用;政府对场地和设备的维护给予稳定、长期的财政补贴。其二,分类补贴,实现区域间互助养老的均衡发展。对经济状况较差的地区的互助养老模式加大财政补贴力度,鼓励社会捐赠;对经济发展较好的区域给予政策支持,鼓励地方自筹经费。[①]

其次,建设与完善相关基础设施,丰富互助养老服务内容。配置与老年人身体机能契合的健身器材,经济状况较好的地方还可以整合与利用村阅览室、医疗室等设施和资源,开展休闲娱乐活动和医疗保健服务,提高老年人的生活质量。同时,加强互助养老的质量监管,切实保障老年人的安全。此外,还应扩大互助养老的服务对象,重点关注农村重度失能老年人的护理和医疗的可及性。互助内容不仅应包含老年人之间的相互精神支持,还应该发挥日常照料的作用。在医疗供给上,可与村医疗卫生室和附近的医院展开合作,为老年人提供专业的医疗护理服务,保障养老服务质量。

3. 合理配置养老资源,减少城乡养老机构供需的结构性矛盾

为解决结构性矛盾问题,应对养老机构等养老资源进行合理的布局。在宏观层面,政府应根据各地城乡人口老龄化程度、老年人数量、老年人失能程度以及经济发展状况合理规划养老机构床位数量和类型,防止出现晋升激励下地方政府间的过度竞争以及重视城市、忽略农村的发展观念下城乡间养老服务场地、设施和专业人员配备质量的鸿沟。地方政府应将机构和社区养老服务的发展纳入当地发展规划,统筹城乡,根据实际需求合理布局,远近兼顾。在微观层面,养老机构的定位、规划布局以及社区养老设施和服务供给的设置应充分考虑所在区域的经济发展水平、服务范围内的老年人实际需求以及周边同类型养老机构的数量、类型和发展状况。严格落实 2014 年民政部等部门在《关于加强养老服务设施规划建设工作的通知》中提出的"新建城区和新建居民区必须配套建设养老服务设施,并与住宅同步规划、同步建设"的政策。

---

① 钟仁耀、王建云、张继元:《我国农村互助养老的制度化演进及完善》,《四川大学学报(哲学社会科学版)》2020 年第 1 期。

（二）区分老年人生活自理能力的养老服务体系完善的政策选择

1. 失能、半失能老年人

（1）着力提高社区居家养老上门服务和网点照护服务的质量

失能、半失能老年人的日常行动不便甚至是终年卧床在家，对于上门服务有着更强烈的需求。因此，在发展社区居家养老服务时，应注重完善上门服务机制，通过加强现代信息技术的应用、完善服务预约系统以及增强上门服务人员的专业化水平、丰富上门服务内容来提高上门服务的即时性和质量。此外，完善社区居家养老服务网点的照护服务，引进专业医疗护理人员，提高社区医疗护理服务的质量和层次，老年人在社区不仅能享受测血糖血压等基础医疗服务，还能在丧失活动能力后在社区接受高质量的照料护理。

此外，社区应积极推动社区整合照料体系的发展，以加强失能与非失能者养老服务的衔接，为失能老年人提供高效、及时、优质的照料服务。整合照料是以接受照料的老年人的需求为核心，以个案管理的方法协调资金、服务和服务供给者。[①] 宏观层面上主要指系统整合，如整合日常照料服务系统与医疗护理系统。中观层面上主要指组织整合和专业整合，前者是通过签订合同、合作来建立组织间的伙伴关系，后者则是建立专业人员间的伙伴关系。微观层面的整合主要指临床整合，即在个体层面上实现医疗、照料等服务递送过程的连续性。

（2）支持护理型养老机构和床位的建设

为失能和半失能老年人提供护理康复服务符合提高老年人生命质量、延长健康预期寿命的健康老龄化理念，同时护理康复服务也是对失能和半失能老年人来说最迫切需求的服务项目。首先，为支持专业护理型养老机构的发展，需要在政策引导、财政补贴、护理人员教育培训等方面出台更多的对于护理型机构和床位建设的扶持政策。其一，可加强政策引导，在原有千名老人拥有养老床位指标的基础上，增加护理型床位比例这一新指标，给予重度失能老年人的照护更多的关注。其二，将一些闲置

---

① 胡宏伟等：《老年整合照料理念与实践：西方经验与政策启示》，《西北大学学报（哲学社会科学版）》2017 年第 4 期。

率高和运行效率较低的医疗机构适时适量改建为老年护理院或老年医院,并引导更多的社会主体投资护理型养老机构建设。此外,细化护理型养老机构分类,护理型养老机构可进一步划分为轻度、中度和重度护理养老机构,政府应拟定这三类机构在设施和人员配置上的规章制度,并实现机构之间的资源共享和对接。

其次,应通过评估程序促进养老床位资源的合理配置,把护理资源优先给最需要的失能老年人。在老年人入住护理型机构前,应对其自理能力进行评估,只有符合条件才能入住。政府财政补助应向贫困和低收入的重度失能老年人倾斜,重点支持他们入住到护理型养老机构接受专业的照料。

2. 自理老年人

(1)丰富养老服务供给内容和形式

应在需求调查的基础上进一步丰富养老服务供给的内容和形式,具体阐述可见本节的"城市养老服务体系完善的政策选择"部分。

(2)强化制度建设,促进老年公寓规范化发展

作为还在初步发展阶段的一种养老模式,老年公寓的健康发展离不开政府的引导和监管。首先要在顶层设计上下功夫,完善法律法规和政策制定,既要严格落实《养老机构设立许可办法》等文件规定,从性质定位、筹资来源、管理模式以及政府等参与主体责任划分上对老年公寓的建设与发展进行协调与规范,还要结合老年公寓的自身特点制定相关制度和政策规定。与一般性的养老机构不同,养老公寓注重老年人之间的社交互动和互帮互助,因此在顶层设计上还需要规范人际交往行为,避免纠纷与矛盾。

其次,为了避免市场的恶性竞争,政府应该制定统一的地区统筹规划来管理和规范老年公寓市场。此外,注重老年公寓在服务供给质量、行业准入、收费水平、护理和管理人员素质等方面的运营监管,建立老年公寓服务评估机制,培育第三方评估机构,建设完善的评估监督管理制度和建议接收渠道。[①]

---

① 周鹏飞:《深度老龄化态势下重庆老年公寓市场发展现状及需求影响因素实证分析》,《西北人口》2019 年第 3 期。

（三）区分老年人经济状况的养老服务体系完善的政策选择

1. 贫困老年人

（1）加大财政资金购买社区居家养老的投入力度

政府财政的大力支持是政府购买得以落实的关键，也是促进社区居家养老服务发展的重要保障。第一，政府应加大对社区居家养老的购买和补贴力度，优化财政资金的使用。各地民政局作为养老服务购买的主管部门，应加强与财政局的沟通协作，以便在划拨养老服务财政资金上更加畅通。在增大补助数额的同时也要确保财政资金的使用质量以及财政支出的公开透明度，可以考虑在财政预算中增设"政府购买社区居家养老服务"的专项资金，确保专款专用，避免挪用资金情况的发生。[①] 第二，注重对于养老服务需求方的补贴，以养老服务券的形式加大财政支持政策对需方老年人的倾斜，这种方式可以让老年人自主选择想接受的养老服务，提高服务的供需匹配度。第三，对于养老服务供给方的补助，可以借鉴上海市对服务供给主体"以奖代补"的方法，用先评估后奖励的方式代替直接补贴，以提高财政资金的使用效率，避免资源浪费，并推动服务内容的优化升级，实现社会效益的最大化。

（2）坚持公办养老机构的福利性和基础性定位，加快公办养老机构改革

首先，针对公办养老机构定位不清的问题，应明确并坚持公办养老机构保基本、兜底的职能定位。其一，在收住对象上，应严格限定服务对象，优先收住城市"三无"、农村"五保"等生活困难的老年人群体、失能老年人等特殊群体，充分发挥兜底作用。理想的养老机构发展格局应是公办机构发挥基础保障和兜底作用，民办机构呈现多层次发展，公办与民办相辅相成来满足老年人多样化的养老需求。其二，在服务供给上，公办养老机构提供的应是救助性质的基础养老服务，其目的应是保障收住的贫困、失能等老年群体的基本生活，而非提供超过一般生活水平的服务。因此，公办养老机构的建设标准和服务层次应该立足于满足基础养老服务进行

① 方俊、李子森：《政府购买社区居家养老服务的探索——以广州Y区为例》，《中共中央党校学报》2018年第3期。

确定。

其次,针对公办养老机构转制缓慢的问题,应加快推进公建民营改革,鼓励公办养老机构由社会力量运营,进一步完善基础设施建设,提高护理和医疗人员的专业素质,以提高养老服务质量,增强机构发展的活力。在顶层设计层面,应注重以下几个要点:一是完善公建民营的准入机制。政府应确定养老机构公建民营的招标程序,设定包含资质水平、服务供给质量等内容的统一的评估标准,守住社会主体准入的关口。二是改善服务成本的定价机制。可摸索对公建民营养老机构设置以服务成本为基础的政府指导价,并给予社会服务供给方获得合理收益的机会。引导养老机构降低成本,在科学估算的基础上确定合适的成本区间并根据实际情况动态调整,规避偏离基础、兜底服务的定位。三是建立服务评价机制。各地应结合实际制定规范化的考评体系,委托第三方机构定期开展服务完成度、满意度的测评工作。对政府来说,测评结果是对养老机构给予奖励和决定是否继续合作的重要考量标准。对社会来说,测评结果通过向社会公开发布提高了运营透明度,并为老年人及其家庭自主选择入住的养老机构提供重要的参考。[①]

此外,必须明确的是,推进养老机构公建民营改革仍应坚持公办机构的公益性和提供基础服务的定位。改革实现了养老机构所有权和经营权的分离,由社会主体直接为老年人提供社会化养老服务。在此过程中,养老机构的所有权始终归国家所有,因此仍需要坚持公办机构原有的公益属性和兜底定位,优先收住贫困、失能等老年群体,为其提供基本养老服务。

2. 中低收入老年人

(1)重视对低收入老年人养老服务的补贴

养老服务的发展和养老平台的搭建需要着眼于全体老年人,对那些无力承担基本养老服务费用的老年人政府需要提供充足的财政支持。因此,在清晰界定低收入群体的基础上,政府应注重对低收入老年人接受社

---

① 陈芳芳、杨翠迎:《基于政府职责视角的养老机构公建民营模式研究——以上海市为例》,《社会保障研究》2019 年第 4 期。

区居家养老服务和机构养老服务进行适度的补贴。可根据老年人的经济状况和健康状况划分补贴层次,提高财政资金使用的效率。例如上海市出台的养老服务补贴政策根据老年人的不同收入水平和不同照护等级制定了不同的补贴标准,将低收入群体纳入补贴对象范围,具体可见本书第八章第五节的内容。

(2)加强对民办养老机构的扶持和监管,提高养老服务质量

应加强政府对民办养老机构的政策支持力度,具体可分为直接扶持政策和间接扶持政策。社会资本若要进入养老服务市场必然面临着土地政策的较大限制,因此在直接支持政策中,应重点给予民办机构土地政策扶持或租金扶持。[①] 此外,在民办养老机构的运营和服务供给上给予引导和协助,如定期为养老机构管理人员和护理人员举办培训活动,提高相关人员的专业水平。间接扶持政策主要是借助法律援助政策、宣传政策、养老金政策等,完善这些政策有利于间接为养老机构发展增强动力。其中,养老金政策是一项重要的扶持政策。乔晓春(2019)的研究表明,老年人的经济水平和养老机构的收费水平直接影响着机构入住率,一些有着入住需求的低收入老年人因无力承担高额的入住费用而被排斥在外。[②] 因此,政府需要建立与经济发展水平相适应的养老金水平增长机制,增强老年人的支付能力。

此外,民办养老机构的规范发展离不开政府和社会的监督管理。首先,严格落实养老服务准入资格、专业人员配备、建筑设施、安全保障、医疗卫生标准,建立质量评估体系对养老机构进行客观评定,对不达标或存在违法违规的民办养老机构强制整改,创造民办养老服务市场的良好氛围。[③] 其次,完善养老机构信息公开机制,同时调动公众和媒体监督的积极性。

3. 高收入老年人:促进高端养老服务形成完整的产业链

养老服务完整产业链的形成需要政府和供给企业的共同努力。首

---

① 王文娟、张世青:《强化抑或削弱:养老机构扶持政策向何处去》,《山东社会科学》2019年第12期。

② 乔晓春:《养老产业为何兴旺不起来?》,《社会政策研究》2019年第2期。

③ 李冰欣:《长春市民办养老机构入住率及其影响因素研究》,长春工业大学硕士学位论文,2019年。

先,养老产业链中涉及的医疗护理等领域具有一定的福利性特征,因此在产业链形成的过程中,需要政府的参与和支持。政府首先应制定养老产业链发展的长远规划,明确养老产业的发展目标和原则以及老年房地产业、医疗护理业等重点行业的发展任务,构建养老服务产业政策支持体系,对养老产业链的发展进行扶持。其次,要完善产业链上各环节的配套政策体系,包括融资政策、针对老年产业产品研发的补贴支持政策、税费优惠政策等,适时推动产业政策纵深化发展。[①] 同时,养老服务的供给企业应在借鉴西方发达国家养老产业发展经验的基础上,提高自主研发的创新能力,致力于为老年人提供高质量、精细化的服务。

---

① 王雅琴:《我国高端养老服务业发展问题研究》,暨南大学硕士学位论文,2018 年。

参考文献

一、中文参考文献

［1］［丹麦］艾斯平-安德森:《福利资本主义的三个世界》,郑秉文译,法律出版社 2003 年版。

［2］［美］Neil Gilbert,Paul Terrell:《社会福利政策导论》,黄晨熹等译,华东理工大学出版社 2003 年版。

［3］［美］戴维·伊斯顿:《政治生活的系统分析》,王浦劬主译,人民出版社 2012 年版。

［4］［英］安东尼·吉登斯:《社会的构成:结构化理论大纲》,李康、李猛译,生活·读书·新知三联书店 1998 年版。

［5］白晨、顾昕:《中国基本养老服务能力建设的横向不平等——多维福祉测量的视角》,《社会科学研究》2018 年第 2 期。

［6］白维军:《养老服务高质量发展:何以可能? 何以可为?》,《社会科学战线》2019 年第 7 期。

［7］毕天云:《推进我国城乡养老服务体系融合发展初探》,《学术探索》2019 年第 9 期。

［8］边恕、黎蔺娴:《积极老龄化视角下的我国多维养老服务体系研究》,《辽宁大学学报(哲学社会科学版)》2019 年第 2 期。

［9］曹立前、王君岚:《人口老龄化背景下政府购买居家养老服务的模式及完善路径》,《山东财经大学学报》2019 年第 2 期。

［10］曹煜玲:《我国老年人的照护需求与服务人员供给分析——基于对大连和南通的实证研究》,《人口学刊》2014 年第 3 期。

［11］曾友燕、王志红:《英国老年人家庭护理服务需求现状及其成本预算模式》,《中华护理杂志》2005 年第 12 期。

［12］常凯:《论企业社会责任的法律性质》,《上海师范大学学报（哲学社会科学版)》2006 年第 5 期。

［13］陈诚诚:《德日韩长期护理保险制度比较研究》,中国劳动出版社 2016 年版。

［14］陈华帅、刘亮:《老年人吸烟习惯对多维贫困的影响》,《湘潭大学学报(哲学社会科学版)》2020 年第 1 期。

［15］陈洁:《上海市养老机构资源综合评价研究》,华东师范大学硕士学位论文,2018 年。

［16］陈静:《福利多元主义视域下的城市养老服务供给模式研究》,山东人民出版社 2016 年版。

［17］陈璐、时晓爽:《中国长期护理保险基金需求规模预测》,《中国人口科学》2021 年第 6 期。

［18］陈社英、刘建义、马箭:《积极老龄化与中国:观点与问题透视》,《南方人口》2010 年第 4 期。

［19］戴卫东:《国外长期护理保险制度:分析、评价及启示》,《人口与发展》2011 年第 5 期。

［20］戴卫东:《老年长期护理需求及其影响因素分析——基于苏皖两省调查的比较研究》,《人口研究》2011 年第 4 期。

［21］戴卫东、余洋:《中国长期护理保险试点政策"碎片化"与整合路径》,《江西财经大学学报》2021 年第 2 期。

［22］党俊武:《中国城乡老年人生活状况调查报告 2018 年》,社会科学文献出版社 2018 年版。

［23］邓大松、李玉娇:《医养结合养老模式:制度理性、供需困境与模式创新》,《新疆师范大学学报(哲学社会科学版)》2018 年第 1 期。

［24］邓婷鹤、毕洁颖、聂凤英:《中国农村老年人多维贫困的测量与识别研究——基于收入贫困与多维贫困视角》,《统计与信息论坛》2019 年第 9 期。

［25］丁建定:《论中国养老保障制度与服务整合——基于"四力协调"的分析框架》,《西北大学学报(哲学社会科学版)》2019 年第 2 期。

［26］丁建定:《中国社会保障制度体系完善研究》,人民出版社 2013

年版。

　　[27]丁志宏、曲嘉瑶:《中国社区居家养老服务均等化研究——基于有照料需求老年人的分析》,《人口学刊》2019年第2期。

　　[28]丁志宏、王莉莉:《我国社区居家养老服务均等化研究》,《人口学刊》2011年第5期。

　　[29]丁志宏、夏咏荷、张莉:《城市独生子女低龄老年父母的家庭代际支持研究——基于与多子女家庭的比较》,《人口研究》2019年第2期。

　　[30]董红亚:《中国政府养老服务发展历程及经验启示》,《人口与发展》2010年第5期。

　　[31]董克用、郭珉江、赵斌:《"健康中国"目标下完善我国多层次医疗保障体系的探讨》,《中国卫生政策研究》2019年第1期。

　　[32]董克用、王振振、张栋:《中国人口老龄化与养老体系建设》,《经济社会体制比较》2020年第1期。

　　[33]杜鹏、王永梅:《中国老年临终关怀服务的实践与制度探索》,《中国特色社会主义研究》2015年第5期。

　　[34]杜妍冬、刘一伟:《中国省级政府间社会保障财政支出的空间竞争——基于2004—2013年省级面板数据》,《华东理工大学学报(社会科学版)》2016年第3期。

　　[35]凡雨婷:《精准治理理念下合肥市民营养老机构发展研究》,安徽大学硕士学位论文,2018年。

　　[36]方浩:《养老机构公建民营:现状、特征及问题》,《经济与管理研究》2016年第5期。

　　[37]费孝通:《家庭结构变动中的老年赡养问题——再论中国家庭结构的变动》,《北京大学学报(哲学社会科学版)》1983年第3期。

　　[38]风笑天:《从"依赖养老"到"独立养老"——独生子女家庭养老观念的重要转变》,《河北学刊》2006年第3期。

　　[39]冯文来:《怀旧疗法对老年人主观幸福感的影响研究》,苏州大学硕士学位论文,2017年。

　　[40]伏威:《政府与公益性社会组织合作供给城市养老服务研究》,吉林大学博士学位论文,2014年。

［41］傅勇、张晏:《中国式分权与财政支出结构偏向:为增长而竞争的代价》,《管理世界》2007 年第 3 期。

［42］高春兰:《老年长期护理保险制度》,社会科学文献出版社 2019年版。

［43］高和荣:《签而不约:家庭医生签约服务政策为何阻滞》,《西北大学学报(哲学社会科学版)》2018 年第 3 期。

［44］高鸿业:《西方经济学:微观部分》,中国人民大学出版社 2004年版。

［45］高雅楠:《石家庄市政府购买居家养老服务优化路径研究》,河北师范大学硕士学位论文,2019 年。

［46］高远东、花拥军:《人力资本空间效应与区域经济增长》,《地理研究》2012 年第 4 期。

［47］葛蔼灵、冯占联:《中国养老服务的政策选择:建设高效可持续的中国养老服务体系》,中国财政经济出版社 2019 年版。

［48］关博、朱小玉:《中国长期护理保险制度:试点评估与全面建制》,《宏观经济研究》2019 年第 10 期。

［49］郭爱妹、石盈:《“积极老龄化”:一种社会建构论观》,《江海学刊》2006 年第 5 期。

［50］郭丽娜、郝勇:《居家养老服务供需失衡:多维数据的验证》,《社会保障研究》2018 年第 5 期。

［51］郭林:《中国养老服务 70 年(1949—2019 年)演变脉络、政策评估、未来思路》,《社会保障评论》2019 年第 3 期。

［52］海龙、尹海燕、张晓囡:《中国长期护理保险政策评析与优化》,《宏观经济研究》2018 年第 12 期。

［53］海龙、尹海燕:《我国长期护理保险筹资机制研究》,《湖南社会科学》2020 年第 1 期。

［54］韩秉志:《首批中央财政支持的居家和社区养老服务改革试点正式启动》,《经济日报》2017 年 4 月 17 日。

［55］韩烨、沈彤:《中国特色养老服务体系建设的逻辑起点与规划远景——从“积极老龄化”到“积极应对人口老龄化”国家战略》,《学习与

探索》2021 年第 3 期。

[56]何南芙等:《吉林省养老机构床位配置及利用》,《中国老年学杂志》2018 年第 20 期。

[57]何寿奎:《社会组织参与养老服务供给困境成因与治理对策研究》,《现代经济探讨》2016 年第 8 期。

[58]何文炯:《改革开放 40 年:中国养老保险回顾与展望》,《教学与研究》2018 年第 11 期。

[59]贺雪峰:《如何应对农村老龄化——关于建立农村互助养老的设想》,《中国农业大学学报(社会科学版)》2019 年第 3 期。

[60]侯慧丽:《社会养老服务类型化特征与福利提供者的责任定位》,《中国人口科学》2018 年第 5 期。

[61]胡雪莲:《南京市老年公寓居住环境设计研究》,南京林业大学硕士学位论文,2013 年。

[62]胡祖铨:《养老服务业领域政府投资规模研究》,《宏观经济管理》2015 年第 3 期。

[63]华颖、郑功成:《中国养老保险制度:效果评估与政策建议》,《山东社会科学》2020 年第 4 期。

[64]黄纯纯、周业安:《地方政府竞争理论的起源、发展及其局限》,《中国人民大学学报》2011 年第 3 期。

[65]黄俊辉:《农村养老服务供给变迁:70 年回顾与展望》,《中国农业大学学报(社会科学版)》2019 年第 5 期。

[66][美]吉尔伯特、特瑞尔:《社会福利政策引论》,沈黎译,华东理工大学出版社 2013 年版。

[67]贾志科:《20 世纪 50 年代后我国居民生育意愿的变化》,《人口与经济》2009 年第 4 期。

[68]姜玉贞:《社区居家养老服务多元供给主体治理困境及其应对》,《东岳论丛》2017 年第 10 期。

[69]景鹏、陈明俊、胡秋明:《城乡居民基本养老保险的适度待遇与财政负担》,《财政研究》2018 年第 10 期。

[70]乐章、肖荣荣:《养儿防老、多子多福与乡村老人养老倾向》,《重

庆社会科学》2016 年第 3 期。

［71］李斌、王依明、李雪、李华:《基于多主体需求评估的老年人日间照料设施类型研究》,《城市规划学刊》2015 年第 5 期。

［72］李长远:《社区居家养老服务的国际经验借鉴》,《重庆社会科学》2014 年第 11 期。

［73］李放、樊禹彤、赵光:《农村老人居家养老服务需求影响因素的实证分析》,《河北大学学报(哲学社会科学版)》2013 年第 5 期。

［74］李海舰、李文杰、李然:《中国未来养老模式研究——基于时间银行的拓展路径》,《管理世界》2020 年第 3 期。

［75］李汉东、王然、任昱洁:《计划生育政策以来的独生子女数量及家庭结构分析》,《统计与决策》2018 年第 13 期。

［76］李建民:《中国的人口新常态与经济新常态》,《人口研究》2015 年第 1 期。

［77］李敏:《社区居家养老意愿的影响因素研究——以北京为例》,《人口与发展》2014 年第 2 期。

［78］李明、李士雪:《福利多元主义视角下老年长期照护服务体系的构建》,《东岳论丛》2013 年第 10 期。

［79］李强、岳书铭、毕红霞:《农村失能老年人长期照护意愿及其影响因素分析——基于山东省农村失能老年人的问卷调查》,《农业经济问题》2015 年第 5 期。

［80］李俏、贾春帅:《代际项目的西方脉络与中国图景:名实之辩与实践检视》,《宁夏社会科学》2019 年第 1 期。

［81］李俏、马修·卡普兰:《老龄化背景下的代际策略及其社会实践——兼论中国的可能与未来》,《国外社会科学》2017 年第 4 期。

［82］李俏、王建华:《转型中国的养老诉求与代际项目实践反思》,《学习与实践》2017 年第 10 期。

［83］李双全、张航空:《政府购买社会组织居家养老服务:典型模式、适用条件及潜在风险》,《江淮论坛》2019 年第 6 期。

［84］李元:《我国失能老人长期照护资金规模的测算分析》,《人口学刊》2018 年第 5 期。

［85］联合国国际人口学会：《人口学词典》，杨魁信、邵宁译，商务印书馆 1992 年版。

［86］廖楚晖：《智慧养老服务总体性问题破解与实现路径》，《经济与管理评论》2019 年第 6 期。

［87］廖少宏、王广州：《中国老年人口失能状况与变动趋势》，《中国人口科学》2021 年第 1 期。

［88］林卡、朱浩：《应对老龄化社会的挑战：中国养老服务政策目标定位的演化》，《山东社会科学》2014 年第 2 期。

［89］林琳、马飞：《广州市人口老龄化的空间分布及趋势》，《地理研究》2007 年第 5 期。

［90］林闽钢、梁誉：《准市场视角下社会养老服务多元化筹资研究》，《中国行政管理》2016 年第 7 期。

［91］林闽钢、康镇：《构建中国养老、孝老、敬老社会政策体系》，《人口与社会》2018 年第 4 期。

［92］林莞娟、王辉、邹振鹏：《中国老年护理的选择：非正式护理抑或正式护理——基于 CLHLS 和 CHARLS 数据的实证分析》，《上海财经大学学报》2014 年第 3 期。

［93］刘二鹏、张奇林：《代际关系、社会经济地位与老年人机构养老意愿——基于中国老年社会追踪调查（2012）的实证分析》，《人口与发展》2018 年第 3 期。

［94］刘锦丹、吕伟波、徐青、王志红：《社区卫生服务中心家庭护理项目的成本核算》，《解放军护理杂志》2010 年第 10 期。

［95］刘俊英：《项目制扶贫参与主体的行为逻辑与博弈关系——兼论政府的公共性与自利性》，《社会科学战线》2019 年第 11 期。

［96］刘妮娜：《互助与合作：中国农村互助型社会养老模式研究》，《人口研究》2017 年第 4 期。

［97］刘少杰：《当代国外社会学理论》，中国人民大学出版社 2009 年版。

［98］刘晓梅、孙苗苗：《多元化视域下社会组织在养老服务体系中的角色浅析》，《社会保障研究》2016 年第 6 期。

[99]刘晓梅、乌晓琳:《农村互助养老的实践经验与政策指向》,《江汉论坛》2018 年第 1 期。

[100]刘洋洋、孙鹃娟:《中国老年人贫困特征及其影响因素分析》,《统计与决策》2018 年第 14 期。

[101]刘有贵、蒋年云:《委托代理理论述评》,《学术界》2006 年第 1 期。

[102]刘祚燕、吴琳娜:《老年康复护理实践》,四川大学出版社 2017 年版。

[103]龙玉其:《民办非营利性养老机构护理人员供给困境与反思》,《社会保障研究》2017 年第 5 期。

[104]卢婷:《我国长期护理保险发展现状与思考——基于全国 15 个城市的实践》,《中国卫生事业管理》2019 年第 1 期。

[105]罗莉、唐泽文、刘诗秋、钟玉霞、李银:《武汉市医养结合模式的现状及思考》,《卫生软科学》2017 年第 12 期。

[106]马岚:《新中国 70 年来我国社会养老服务的本土化实践》,《兰州学刊》2019 年第 8 期。

[107]马伟:《机关事业单位养老保险替代率问题探讨》,《统计与决策》2017 年第 14 期。

[108]马玉娜、顾佳峰:《县际公共养老福利资源配置研究——兼论空间与制度结构的影响》,《社会学研究》2015 年第 3 期。

[109]毛捷、吕冰洋、陈佩霞:《分税的事实:度量中国县级财政分权的数据基础》,《经济学(季刊)》2018 年第 2 期。

[110]孟兆敏、李振:《养老机构分类标准及分类管理研究》,《江苏大学学报(社会科学版)》2018 年第 1 期。

[111]穆光宗、朱泓霏:《中国式养老:城市社区居家养老研究》,《浙江工商大学学报》2019 年第 3 期。

[112]穆光宗:《我国机构养老发展的困境与对策》,《华中师范大学学报(人文社会科学版)》2012 年第 2 期。

[113]穆光宗:《中国传统养老方式的变革和展望》,《中国人民大学学报》2000 年第 5 期。

[114]宁雯雯、慈勤英:《老年人精神慰藉过程中的子女作用》,《重庆社会科学》2015 年第 1 期。

[115]欧旭理、胡文根:《中国互助养老典型模式及创新探讨》,《求索》2017 年第 11 期。

[116]彭雅君、李文燕、陈瑞华、杨利红、钟秀霞、杨玲媛:《急诊病房分级护理服务项目成本研究》,《护理学杂志》2010 年第 2 期。

[117]青连斌:《社区养老服务的独特价值、主要方式及发展对策》,《中州学刊》2016 年第 5 期。

[118]任博、孙涛:《整体性治理视阈下我国城市政府公共服务职责划分问题研究》,《东岳论丛》2018 年第 3 期。

[119]桑瑜:《论政府与企业的社会责任边界》,《湖南师范大学社会科学学报》2014 年第 4 期。

[120]邵文娟:《供给侧改革视角下社会组织参与养老服务供给研究》,《宏观经济研究》2019 年第 7 期。

[121]盛亦男:《中国的家庭化迁居模式》,《人口研究》2014 年第 3 期。

[122]石园、纪伟、张智勇、赵俊:《基于差异化服务内容的社区养老服务需求与供给协调机制研究》,《人口与发展》2019 年第 3 期。

[123]宋全成、崔瑞宁:《人口高速老龄化的理论应对——从健康老龄化到积极老龄化》,《山东社会科学》2013 年第 4 期。

[124]宋全成:《人口高速老龄化:我国社会养老服务面临严峻挑战》,《理论学刊》2016 年第 3 期。

[125]宋雪飞、周军、李放:《非营利组织居家养老服务供给:模式、效用及策略——基于南京市的案例分析》,《南京大学学报(哲学·人文科学·社会科学)》2017 年第 2 期。

[126]苏群、彭斌霞、陈杰:《我国失能老人长期照料现状及影响因素——基于城乡差异的视角》,《人口与经济》2015 年第 4 期。

[127]苏屹、林周周:《区域创新活动的空间效应及影响因素研究》,《数量经济技术经济研究》2017 年第 11 期。

[128]睢党臣、曹献雨:《人工智能养老的内涵、现状与实现路径》,

《新疆师范大学学报(哲学社会科学版)》2019年第2期。

[129]特木钦:《长三角一体化下养老服务区域融合研究》,《宏观经济管理》2019年第8期。

[130]北海、王彩云:《城乡老年人社会养老服务需求特征及其影响因素——基于对家庭养老替代机制的分析》,《中国农村观察》2014年第4期。

[131]田勇:《中国长期护理保险财政负担能力研究——兼论依托医保的长期护理保险制度的合理性》,《社会保障研究》2020年第1期。

[132]汪斌、周骥腾:《中国老年人家庭代际经济支持模式研究》,《云南民族大学学报(哲学社会科学版)》2020年第2期。

[133]王成、赵东霞、李冰杰:《财政支持视角下政府购买居家养老服务探析》,《地方财政研究》2016年第8期。

[134]王广州:《新中国70年:人口年龄结构变化与老龄化发展趋势》,《中国人口科学》2019年第3期。

[135]王建平、郭亚新:《蒙台梭利环境教育思想与儿童发展关系的理论建构》,《比较教育研究》2016年第11期。

[136]王杰秀、安超:《我国大城市养老服务的特点和发展策略》,《社会政策研究》2019年第4期。

[137]王锦成:《居家养老:中国城镇老人的必然选择》,《人口学刊》2000年第2期。

[138]王莉莉:《中国城市地区机构养老服务业发展分析》,《人口学刊》2014年第4期。

[139]王录仓、武荣伟、刘海猛:《县域尺度下中国人口老龄化的空间格局与区域差异》,《地理科学进展》2016年第8期。

[140]王萍、李树茁:《代际支持对农村老人生活自理能力的纵向影响》,《人口与经济》2011年第2期。

[141]王琼:《城市社区居家养老服务需求及其影响因素——基于全国性的城市老年人口调查数据》,《人口研究》2016年第1期。

[142]王素英:《中国社会养老服务体系建设现状及发展思路》,《社会福利(理论版)》2012年第9期。

［143］王晓慧、向运华：《智慧养老发展实践与反思》，《广西社会科学》2019 年第 7 期。

［144］王雄：《完善社会救助统筹体系研究》，《云南社会科学》2018 年第 3 期。

［145］王延中：《中国社会保险年度发展报告 2015》，社会科学文献出版社 2015 年版。

［146］王延中、龙玉其、宁亚芳：《"十四五"时期中国社会保障建设的目标任务与政策建议》《社会保障评论》2020 年第 4 期。

［147］王阳亮：《政府购买养老服务：属性、问题与对策》，《哈尔滨工业大学学报（社会科学版）》2017 年第 4 期。

［148］王泽应、李永芬：《敬老伦理及其建设路径》，《郑州大学学报（哲学社会科学版）》2018 年第 5 期。

［149］王震：《居家社区养老服务供给的政策分析及治理模式重构》，《探索》2018 年第 6 期。

［150］韦宏耀、钟涨宝：《团结还是疏离：转型期的农村居民代际支持——基于全国农村地区微观数据的分析》，《中国农村经济》2016 年第 6 期。

［151］邬沧萍：《老年学概论》，中国人民大学出版社 2015 年版。

［152］吴建南：《公共管理研究方法导论》，科学出版社 2006 年版。

［153］吴玉韶、王莉莉：《中国养老机构发展研究报告》，华龄出版社 2015 年版。

［154］吴媛媛、宋玉祥：《中国人口老龄化空间格局演变及其驱动因素》，《地理科学》2020 年第 5 期。

［155］席晶、程杨：《北京市养老机构布局的时空演变及政策影响》，《地理科学进展》2015 年第 9 期。

［156］夏志强：《公共危机治理多元主体的功能耦合机制探析》，《中国行政管理》2009 年第 5 期。

［157］肖迪：《我国机构养老的财税政策研究》，天津财经大学硕士学位论文，2018 年。

［158］熊子鉴：《老年消费者高端养老消费意愿的影响因素研究》，浙

江工商大学硕士学位论文,2015 年。

[159]徐俊、朱宝生:《养老机构床位使用率及其影响因素研究——以北京市为例》,《人口与经济》2019 年第 3 期。

[160]徐恬恬:《从"两腿蹒跚前行"到"一体两翼腾飞"——我国养老服务供给方式研究》,《社会保障研究》2013 年第 4 期。

[161]徐孝娟等:《国外代际学习研究:理论基础、协作共享空间和3P 实践——兼及我国代际学习项目模式的构建》,《远程教育杂志》2018 年第 3 期。

[162]闫亭豫:《国外协同治理研究及对我国的启示》,《江西社会科学》2015 年第 7 期。

[163]杨翠迎:《国际社会保障动态:社会养老服务体系建设》,上海人民出版社 2014 年版。

[164]杨红燕、陈鑫、聂梦琦、罗萍、秦昆:《地方政府间"标尺竞争""参照学习"与机构养老床位供给的空间分布》,《中央财经大学学报》2020 年第 2 期。

[165]杨红燕、陈鑫、宛林、李凡婕:《老年人心理健康的潜在类别与影响因素》,《社会保障研究》2020 年第 2 期。

[166]杨红燕:《财政社会保障支出:结构、公平性与影响》,武汉大学出版社 2014 年版。

[167]杨红燕:《去商品化与去家庭化:老年照护服务体制的国际比较——以欧洲 14 个典型国家为例》,《江淮论坛》2019 年第 2 期。

[168]杨红燕:《中央与地方政府间社会救助支出责任划分——理论基础、国际经验与改革思路》,《中国软科学》2011 年第 1 期。

[169]杨菊华、王苏苏、刘轶锋:《新中国 70 年:人口老龄化发展趋势分析》,《中国人口科学》2019 年第 4 期。

[170]杨立雄:《老年福利制度研究》,人民出版社 2013 年版。

[171]杨燕绥主编:《中国老龄社会与养老保障发展报告 2015》,清华大学出版社 2016 年版。

[172]姚兆余、张莉:《欠发达地区农村家庭养老的基本状况和社会动因——以安徽省绩溪县宅坦村为例》,《中国农史》2006 年第 4 期。

[173]姚兆余:《农村社会养老服务的属性、责任主体及体系构建》,《求索》2018 年第 6 期。

[174]叶响裙:《基于城乡社会养老服务发展实践的思考》,《中国行政管理》2017 年第 9 期。

[175]叶兴庆、殷浩栋:《从消除绝对贫困到缓解相对贫困:中国减贫历程与 2020 年年后的减贫战略》,《改革》2019 年第 12 期。

[176]殷俊、刘一伟:《子女数、居住方式与家庭代际支持——基于城乡差异的视角》,《武汉大学学报(哲学社会科学版)》2017 年第 5 期。

[177]雍岚、王振振、张冬敏:《居家养老社区服务可及性——概念模型、指标体系与综合评价》,《人口与经济》2018 年第 4 期。

[178]尤吾兵:《中国老年人口精神慰藉的现实矛盾及支持系统构建》,《中国老年学杂志》2015 年第 12 期。

[179]于林:《我国经济增长与就业增长的非对称性分析与建议》,《山西财经大学学报》2010 年第 2 期。

[180]于书伟:《农村养老服务供给侧结构性改革的困境及对策研究》,《求实》2018 年第 4 期。

[181]余丹林、吕冰洋:《质疑区域生产率测算:空间视角下的分析》,《中国软科学》2009 年第 11 期。

[182]张晨峰、鲍曙明:《地方政府间财政支出竞争的研究——中国 1997—2011 年省级面板的实证》,《南京社会科学》2014 年第 6 期。

[183]张国平、柏雪:《居家养老服务产业化模式及其实现路径——基于公共产品的视角》,《现代经济探讨》2019 年第 7 期。

[184]张海鹏:《中国城乡关系演变 70 年:从分割到融合》,《中国农村经济》2019 年第 3 期。

[185]张厚粲:《心理学》,南开大学出版社 2002 年版。

[186]张晖、王萍:《"居家养老服务"是服务输送还是补贴发放?——杭州的经验审视》,《浙江学刊》2013 年第 5 期。

[187]张静、张丽霞:《将志愿者服务机制引入养老服务问题的研究》,《西北人口》2009 年第 1 期。

[188]张雷、韩永乐:《当前我国智慧养老的主要模式、存在问题与对

策》,《社会保障研究》2017 年第 2 期。

[189]张娜:《社会养老服务需求研究综述及与需要的辨析》,《经济论坛》2018 年第 3 期。

[190]张奇林、赵青:《我国社区居家养老模式发展探析》,《东北大学学报(社会科学版)》2011 年第 5 期。

[191]张瑞利、林闽钢:《中国失能老人非正式照顾和正式照顾关系研究——基于 CLHLS 数据的分析》,《社会保障研究》2018 年第 6 期。

[192]张文瑾:《地方政府间支出竞争的理论综述》,《兰州大学学报(社会科学版)》2007 年第 5 期。

[193]张心洁、周绿林、曾益:《生育政策调整对城乡居民医疗保险财政负担的影响研究》,《财政研究》2017 年第 10 期。

[194]张晏、夏纪军、张文瑾:《自上而下的标尺竞争与中国省级政府公共支出溢出效应差异》,《浙江社会科学》2010 年第 12 期。

[195]张毅:《中国县域经济差异变化分析》,《中国农村经济》2010 年第 11 期。

[196]张盈华:《老年长期照护:制度选择与国际比较》,经济管理出版社 2015 年版。

[197]张振波:《论协同治理的生成逻辑与建构路径》,《中国行政管理》2015 年第 1 期。

[198]赵如钦:《幼儿园参与老年教育的现状调查研究——以武汉市"童心苑"养老院为例》,宁波大学硕士学位论文,2018 年。

[199]赵向红:《社区照顾养老福利政策:逻辑、分析框架与构建思路》,《社会科学家》2017 年第 5 期。

[200]甄其东:《北京市民办公助养老机构运行研究》,首都经济贸易大学硕士学位论文,2017 年。

[201]郑秉文、吴孝芹:《中国养老金税式支出测算及其结果评估》,《中国人口科学》2020 年第 1 期。

[202]郑功成:《多层次社会保障体系建设:现状评估与政策思路》,《社会保障评论》2019 年第 1 期。

[203]郑震:《空间:一个社会学的概念》,《社会学研究》2010 年第

5 期。

　　[204]周红云、董叶:《"互联网+"推动养老服务精准化的机理及实现路径》,《中州学刊》2019 年第 3 期。

　　[205]周娟:《中国农村养老服务模式:创新、驱动因素与趋势研究》,《福建论坛(人文社会科学版)》2016 年第 9 期。

　　[206]周黎安:《中国地方官员的晋升锦标赛模式研究》,《经济研究》2007 年第 7 期。

　　[207]周鹏飞:《深度老龄化态势下重庆老年公寓市场发展现状及需求影响因素实证分析》,《西北人口》2019 年第 3 期。

　　[208]周鹏飞:《我国老年公寓发展问题研究》,财政部财政科学研究所博士学位论文,2014 年。

　　[209]朱浩:《城市社区养老服务的递送机制研究》,浙江大学博士学位论文,2015 年。

　　[210]朱仁显、李欣:《家庭医生签约服务制度的建构与完善对策——厦门市经验的研析》,《东南学术》2018 年第 6 期。

　　[211]朱云:《公建民营养老机构委托经营管理模式研究》,湖南师范大学硕士学位论文,2018 年。

二、英文文献

　　[1] Agness-Whittaker, C. and Macedo, L., "Aging, Culture, and Health Communication: Exploring Personal Cultural Health Beliefs and Strategies to Facilitate Cross-cultural Communication with Older Adults", *MedEdPORTAL*, (12), 2016, p.10374.

　　[2] Ansoff, H. Igor, Corporate Strategy: An Analytic Approach to Business Policy for Growth and Expansion, New York: McGraw-Hill Companies, 1965, pp.11-241.

　　[3] Anttonen, Anneli, and Jorma Sipilä, "European Social Care Services: Is It Possible to Identify Models?", *Journal of European Social Policy*, 6(2), 1996, pp.87-100.

　　[4] Baicker, K., "The Spillover Effects of State Spending", *Journal of*

Public Economics, 89(2), 2005, pp.529-544.

[5] Besley, T. and Case, A., "Incumbent Behavior: Vote-seeking Tax-setting and Yardstick Competition", *The American Economic Review*, (85), 1995, pp.25-45.

[6] Brabazon, K. and Disch, R., *Intergenerational Approaches in Aging: Implications for Education, Policy and Practice*, Haworth Press, 1997, pp. 230-280.

[7] Cohen, M., "The State of the Long-Term Care Insurance Market", In *the State of Long-Term Care Insurance: The Market, Its Challenges, and Future Innovations*, Washington, DC: The Center for Insurance Policy and Research, National Association of Insurance Commissioners, 2016.

[8] Colombo, F., et al., *Help Wanted? Providing and Paying for Long-Term Care*, OECD Health Policy Studies, OECD Publishing, 2011, pp. 213-242.

[9] Cooper, et al., "Public Administration Review", *Citizen-Centered Collaborative Public Management*, 66(s1), 2006, pp.76-88.

[10] Erikson, Erik H., *Childhood and Society*, New York: Norton, 1950, pp.12-150.

[11] Evers, A., *Shifts in the Welfare Mix: Introducing A New Approach for the Study of Transformations in Welfare and Social Policy*, Vienna: Eurosocial, 1988, pp.7-30.

[12] Fitzgerald, K. G. and Caro, F. G., "An Overview of Age-friendly Cities and communities around the world", *Journal of Aging & Social Policy*, (26), 2014, pp.1-18.

[13] Fotheringham, A.S., Charlton, M.E. and Brunsdon, C., "Geographically Weighted Regression: A Natural Evolution of the Expansion Method for Spatial Data Analysis", *Environment and Planning A*, 30(11), 1998, pp. 1905-1927.

[14] Freeman, R. E., *Strategic Management: The Stakeholder Approach*, Boston, MA: Pitman, 1984, pp.145-150.

[15] Freeman, R. Edward and David L. Reed, "Stockholders and Stakeholders: A New Perspective on Corporate Governance", *California Management Review*, 25(3), 1983, pp.88-106.

[16] George, D. R., "Generativity for the Cognitively Frail", *Journal of the American Geriatrics Society*, (63), 2015, pp.1243-1244.

[17] Getis, A., et al., "Introduction to Geography, 8th Edition", *Journal of the College of General Practitioners*, 7(5397), 2002, p.1254.

[18] Giles, J. and Mu, R., "Elderly Parent Health and the Migration Decisions of Adult Children: Evidence from Rural China", *Demography*, 44(2), 2007, pp.265-288.

[19] Hamilton, G., Brown, S. and Alonzo, T., "Building Community for the Long Term: An Intergenerational Commitment", *The Gerontologist*, 39(2), 1999, pp.235-238.

[20] Handler, S., *A Research & Evaluation Framework for Age-friendly cities*, Manchester, England: UK Urban Ageing Consortium, 2014.

[21] Havighurst, R. J., and R. E. Albrecht, *Older people*, Longmans, Green, 1953, pp.1-100.

[22] Jarrott, S., Kaplan, M. and Steinig, S., "Shared Sites: Avenues for Sharing Space, Place and Life Experience Across Generations", *Journal of Intergenerational Relationships*, 9(4), 2011, pp.343-348.

[23] Jun Ma, Hongyan Yang, Wenxiu Hu, hafiz Khan, "Spousal care intensity, socioeconomic status, and depression among the older caregivers in China: A study on 2011-2018 CHARLS panel data", *Healthcare*, 2022, 10 (2), p.239.

[24] Kraus, M., et al., "A Typology of Long-Term Care Systems in Europe", ENEPRI Research Report No.91, August 2010, p.45.

[25] Kuehne, V. S. and Melville, J., "The State of Our Art: A Review of Theories Used in Intergenerational Program Research (2003-2014) and Ways Forward", *Journal of Intergenerational Relationships*, 12 (4) 2014, pp. 317-346.

[26] Kuypers, J. A. and Bengtson, V. L. , "Social breakdown and competence: A model of normal aging", *Hum Dev*, 16(3), 1973, pp.181-201.

[27] Li, H. B. and Zhou, L. A. , "Political Turnover and Economic Performance: The Incentive Role of Personnel Control in China", *Journal of Public Economics*, (89), 2005, pp.1743-1762.

[28] Lu, B. , et al. , "The GWmodel R Package: Further Topics for Exploring Spatial Heterogeneity Using Geographically Weighted Models", *Geo-Spatial Information Science*, 17(2), 2014, pp.85-101.

[29] Mead, George Herbert, and Cornelius Schubert, *Mind, self and society*, Vol.111, Chicago: University of Chicago Press, 1934, pp.15-121.

[30] Newman, S. , et al. , *Intergenerational Programs: Past, Present and Future*, New York: Taylor & Francis, 1997, pp.2-50.

[31] Newman, S. , Lyons, C. W. and Onawola, R. S. T. , "The Development of an Intergenerational Service-Learning Program at a Nursing Home", *The Gerontologist*, 25(2), 1985, pp.130-133.

[32] Nylund, Asparouhov and Muthén, "Deciding on the Number of Classes in Latent Class Analysis and Growth Mixture Modeling: A Monte Carlo Simulation Study", *Structural Equation Modeling*, 14(4), 2007, pp.535-569.

[33] O'connor, Julia S. , "Gender, Class and Citizenship in the Comparative Analysis of Welfare State Regimes: Theoretical and Methodological Issues", *British journal of Sociology*, 1993, pp.501-518.

[34] Que, Wei, et al. , "The Spatial Effect of Fiscal Decentralization and Factor Market Segmentation on Environmental Pollution", *Journal of Cleaner Production*, (184), 2018, pp.402-413.

[35] Rodrik, D. , "Why do More Open Economies Have Bigger Governments?", *Cepr Discussion Papers*, 106(5), 1998, pp.997-1032.

[36] Rose, Richard, *Common Goals but Different Roles: The State's Contribution to the Welfare Mix*, New York: Oxford University Press, 1986, pp. 13-14.

[37] Ross, Stephen A. , "The Economic Theory of Agency: The

Principal's Problem", *The American economic review*, 63（2）, 1973, pp. 134-139.

[38] Santini, S., Tombolesi, V. and Baschiera, B., "Intergenerational Programs Involving Adolescents, Institutionalized Elderly, and Older Volunteers: Results from a Pilot Research-Action in Italy", *BioMed Research International*, (5), 2018, pp.1-14.

[39] Sinn, H.W. and Ochel, W., "Social Union, Convergence and Migration", *Journal of Common Market Studies*, 41(5), 2010, pp.869-896.

[40] Stevens, E.S., "Reciprocity in Social Support: An Advantage for the Aging Family", *Families in Society: The Journal of Contemporary Social Services*, 73(9), 1992, pp.533-541.

[41] Tanzi, V., "Globalization and the Future of Social Protection", *Scottish Journal of Political Economy*, 49(1), 2002, pp.116-27.

[42] Thomas, W. H., *The Eden Alternative: Nature, hope and nursing homes*, Sherburne, NY: Eden Alternative Foundation, 1994.

[43] Thompson, E. H. and Weaver, A. J., "Making Connections: The Legacy of an Intergenerational Program", *The Gerontologist*, 56(5), 2015, pp. 909-918.

[44] Ting, H. L. and Mitchell, D., "Model Selection Information Criteria for Non-Nested Latent Class Models", *Journal of Educational and Behavioral Statistics*, 22(3), 1997, pp.249-264.

[45] Tocqueville, Alexis de, *Democracy in America*, New York: G. Dearborn & Co, 1838.

[46] Tsui, K. Y., "Local Tax System, Intergovernmental Transfers and China's Local Fiscal Disparities", *Journal of Comparative Economics*, 33(1), 2005, pp.1-196.

[47] Tucnik, P., Valek, L. and Blecha, P., "Bures V. Use of Time banking as a Non-monetary Component in Agent-based Computational Economics Models", *WSEAS Transactions on Business and Economics*, (13), 2016, pp.229-237.

［48］Van, V., "Intergenerational Cities: A Framework for Policies and Programs", *Journal of Intergenerational Relationships*, 9（4）, 2011, pp. 348-365.

［49］Warner, M. E. and Homsy, G. C., "Multi-generational planning: Integrating the Needs of Elders and Children", In *International Perspectives on Age Friendly Cities*, F. Caro and K. Fitzgerald（Eds.）, New York, NY: Routledge, 2017, pp.227-240.

［50］WHO, *World Report on Ageing and Health*, Geneva, Switzerland: Publications of the World Health Organization, 2015, p.33.

［51］Yang H., et al., "Identification, Trend Analysis and Influencing Factors of Mental Health Status of the Chinese Older Adults", *International Journal of Environmental Research and Public Health*, 17（21）, 2020, p.8251.

［52］Zimmer, Z. and Kwong, J., "Family Size and Support of Older Adults in Urban and Rural China: Current Effects and Future Implications", *Demography*, 40（1）, 2003, pp.23-44.

［53］Zuo, Cai, "Promoting City Leaders: The Structure of Political Incentives in China", *The China Quarterly*,（224）2015, pp.955-984.

图表索引

第一章　人口老龄化与养老服务体系建设的基础理论

表 1.1　伊瓦思的福利三角:组织、价值与关系 ················· 26

表 1.2　吉尔伯特福利四分法对应的社会市场与经济市场 ········· 27

表 1.3　长期照护服务各主体功能定位 ····················· 28

表 1.4　不同养老服务的需求方与供给方 ··················· 45

图 1.1　为实现健康老龄化而采取公共卫生措施的行动时点 ······· 17

图 1.2　米切尔等的利益相关者分类 ······················ 36

图 1.3　利益相关者行动逻辑分析框架 ····················· 37

图 1.4　民间组织参与养老服务的间接委托代理模式 ··········· 41

图 1.5　养老服务需求与供给曲线 ························· 46

图 1.6　养老服务需求影响因素 ·························· 47

图 1.7　养老服务供给影响因素 ·························· 48

第二章　人口老龄化趋势下养老服务体系建设的国际经验与启示

表 2.1　福利国家社会照护体制的典型分类 ················· 55

图 2.1　LTC 去商品化程度与私人 LTC 支出占社会 LTC 支出
　　　　比重的关系 ······························· 58

图 2.2　2007 年按照公共资金量降序排列的典型国家 LTC 支出
　　　　筹资来源结构 ····························· 59

图 2.3　65 岁以上老人接受非正式照护的比重与非正式照护的
　　　　支持力度 ······························· 63

图 2.4　正式照护的从业者供给与需求满足的程度　·················· 64

图 2.5　老年正式照护接受者比重与女性劳动参与率　·············· 65

图 2.6　老年照护服务去商品化与去家庭化的关系　·············· 66

第三章　中国人口老龄化及其对养老服务体系的影响

表 3.1　第七次全国人口普查老年人口特征　················· 86

表 3.2　2000 年、2010 年县级行政单位与 2020 年省级行政单位
　　　　老龄化空间分布表　················· 92

表 3.3　2020—2100 年居家养老服务与机构养老服务护理
　　　　人员数　················· 100

图 3.1　历次人口普查分年龄分性别人口结构金字塔图　·········· 84

图 3.2　中国城乡老年抚养比发展趋势(1997—2019 年)　·········· 85

图 3.3　中国 65 岁及以上人口数量与其占总人口比重的变化趋势
　　　　(1950—2020 年)　················· 88

图 3.4　中国 65 岁及以上人口数量与其占总人口比重的变化趋势
　　　　(2020—2100 年)　················· 89

图 3.5　中国与其他国家 65 岁及以上人口占总人口比重的变化
　　　　趋势(1950—2100 年)　················· 90

图 3.6　2005—2019 年中国医疗救助情况　················· 97

图 3.7　2020—2100 年人口老龄化、居家养老服务和机构养老服务
　　　　护理人员增量图　················· 101

第四章　中国养老服务的需求现状与影响因素实证分析

表 4.1　2016—2060 年中国 65 岁及以上的城乡老年人口　·········· 105

表 4.2　日常活动能力测量项目及失能等级划分　··········· 106

表 4.3　各失能等级下老年人的比例　··········· 107

表 4.4　2013 年德国不同护理等级下的失能老人选择护理
　　　　方式的比例　················· 107

表 4.5　2016—2060 年长期护理保险老年人护理方式需求测算······· 108

表 4.6　2016—2060 年中国长期护理保险老年人护理时间需求······· 109

表4.7 社区家庭护理服务项目成本核算结果 ……………… 111

表4.8 不同护理等级下各成本模块占总成本的比例 ………… 112

表4.9 2016年长期护理保险月给付成本 …………………… 113

表4.10 2016—2060年中国城乡失能人口长期护理支出 ………… 114

表4.11 部分试点城市长期护理保险筹资来源 ………… 116

表4.12 2016—2060年中国财政支出规模预测 ………… 123

表4.13 城乡居民长期护理保险财政负担测算结果 ………… 124

表4.14 城镇职工医保个人账户改革后城镇职工长期护理保险
        财政负担测算 …………………………………… 125

表4.15 老年人社区养老服务需求显变量的描述性统计 ……… 131

表4.16 影响老年人社区养老服务需求变化变量的描述性统计
        (2011年) …………………………………… 133

表4.17 1—4类LCM模型拟合优度 ……………………… 136

表4.18 老年人三类别社区居家养老服务需求状况模型的潜在
        类别系数 …………………………………… 137

表4.19 LGMM模型拟合优度 ………………………… 138

表4.20 老年人社区居家养老服务需求状况的LGMM结果 … 139

表4.21 老年人社区养老服务需求变化趋势的多项Logistic
        回归模型 …………………………………… 140

表4.22 老年人的机构养老意愿及其分布 ………………… 145

表4.23 变量释义及描述统计 ………………………… 146

表4.24 影响老年人机构养老意愿因素的二元Logistic
        回归模型 …………………………………… 148

图4.1 社区养老服务需求变化趋势影响因素研究的分析框架 …… 132

图4.2 2011年老年人社区居家养老服务需求状况潜类别的
        条件概率折线图 …………………………… 138

图4.3 2014年老年人社区居家养老服务需求状况潜类别的
        条件概率折线图 …………………………… 138

图4.4 2018年老年人社区居家养老服务需求状况潜类别的
        条件概率折线图 …………………………… 139

第五章　中国养老服务的供给现状与影响因素实证分析

表 5.1　变量释义及描述性统计 ……………………………………… 158

表 5.2　独生子女居住距离对老年人代际支持的回归分析 ………… 160

表 5.3　独生子女居住距离对老年父母代际支持的影响：

　　　　工具变量估计 ………………………………………………… 164

表 5.4　县(区)级养老机构床位总数与相对数分布情况 …………… 169

表 5.5　县(区)养老机构床位相对数区间分布情况 ………………… 172

表 5.6　变量的描述性统计 …………………………………………… 181

表 5.7　OLS 与 GWR 模型诊断结果比较 ………………………… 182

表 5.8　OLS 与 GWR 模型回归结果及 F 检验 …………………… 183

表 5.9　"胡焕庸线"两侧各解释变量回归系数中位数 …………… 183

表 5.10　GWR 模型稳健性检验 …………………………………… 185

表 5.11　武汉童心苑"老年+幼儿"模式内容 ……………………… 193

表 5.12　杭州绿康阳光家园"老年+青年"模式内容 ……………… 195

图 5.1　独生子女居住距离对老年父母代际支持影响的分析

　　　　框架 ……………………………………………………… 156

图 5.2　2012—2019 年每千名老年人人均养老床位数 …………… 168

图 5.3　2012—2019 年养老服务机构年末床位数 ………………… 168

图 5.4　可视化变量选择图 …………………………………………… 180

图 5.5　可视化 AIC 变化图 …………………………………………… 181

图 5.6　机构养老与代际项目融合的理论框架 …………………… 192

第六章　中国养老服务体系的架构与建设现状

表 6.1　中国养老金体系构成框架及各自特征 …………………… 223

表 6.2　城乡居民、城镇职工基本养老保险运行情况 …………… 225

表 6.3　2012—2019 年全国企业年金基本情况表 ………………… 226

表 6.4　寿险型商业保险经营现状 ………………………………… 227

表 6.5　2018 年全域口径测算的税式支出构成 …………………… 228

表 6.6　我国基本医疗保险运行情况 ……………………………… 230

表 6.7　中国长期护理保险制度实施细则 ………………………… 232

表 6.8　中国长期护理保险保障模式 ······················· 233

表 6.9　试点地区失能评定标准概况 ······················· 234

表 6.10　各地长期护理保险服务形式与内容 ·············· 235

表 6.11　试点地区长期护理保险的筹资形式与筹资水平 ·········· 237

表 6.12　各地长期护理保险给付条件和给付标准 ·········· 239

表 6.13　农村"五保"供养情况 ·························· 242

表 6.14　2012—2018 年城乡居民最低生活保障情况 ········· 243

表 6.15　养老服务体系的财政性资金投入规模及缺口 ····· 246

表 6.16　2009 年养老服务机构的资金来源 ··············· 248

表 6.17　我国部分省份机构养老的财政补贴政策 ········· 248

表 6.18　养老服务业税费优惠政策 ····················· 251

表 6.19　典型老年人福利补贴惠及情况 ·················· 254

表 6.20　福州市服务券使用范围 ························ 255

表 6.21　社区生活类服务和医疗健康类服务的供给比例 ···· 264

表 6.22　2018 年社区服务机构、社会工作师情况 ·········· 266

表 6.23　2017 年社区护理人员构成 ····················· 267

表 6.24　2017 年社区服务老人情况 ····················· 269

表 6.25　2012—2017 年床位总数的趋势及构成 ··········· 273

表 6.26　2017 年分床位数和机构性质的养老机构现状 ······ 273

表 6.27　2017 年养老机构护理人员构成 ················· 274

表 6.28　2017 年养老机构服务老人情况 ················· 275

表 6.29　2013 年以来中央政府发布的养老服务政策文件
（不完全统计） ································· 279

表 6.30　2017 年城市与农村养老机构床位构成情况 ········ 292

表 6.31　2017 年城市与农村养老机构收支情况 ··········· 292

表 6.32　区分老年人生活自理能力的养老服务体系 ········ 300

表 6.33　区分老年人经济状况的养老服务体系 ·········· 310

表 6.34　南京市政府购买居家养老服务补贴对象及标准 ····· 312

表 6.35　2017 年社会福利院床位、职工与收住人构成情况 ···· 313

表 6.36　合肥童话名苑养老机构收费标准 ················ 317

表 6.37　不同类型老年人的养老服务供给 ……………………… 319

图 6.1　我国养老服务体系的基本框架 ……………………… 206

图 6.2　2009—2019 年 GDP 及其增长速度 ……………………… 208

图 6.3　养老服务的筹资体系 ……………………… 222

图 6.4　我国多层次医保制度结构 ……………………… 229

图 6.5　2008 年和 2013 年调查地区居民医保制度构成 …………… 231

图 6.6　按用项划分的社会服务事业费 ……………………… 241

图 6.7　中国社会养老服务筹资政策体系 ……………………… 247

图 6.8　养老服务的内容体系 ……………………… 260

图 6.9　养老服务的层次体系 ……………………… 277

图 6.10　养老服务的结构体系 ……………………… 291

图 6.11　2014—2017 年城市与农村养老机构、社区养老机构和
　　　　设施数量 ……………………… 291

图 6.12　农村互助型社会养老的发展模式 ……………………… 299

第七章　中等收入地区养老服务体系建设评估——以荆门市为例

表 7.1　2012—2016 年荆门市 60 岁及以上人口数量 …………… 322

表 7.2　荆门市长期护理保险护理内容 ……………………… 331

表 7.3　荆门市长期护理保险给付水平 ……………………… 332

表 7.4　2013—2017 年荆门市农村五保供养人数 …………… 333

表 7.5　2019 年荆门市特困人员救助标准 ……………………… 334

表 7.6　荆门市养老服务设施财政补贴 ……………………… 337

表 7.7　荆门市养老服务优惠项目 ……………………… 337

表 7.8　浏河社区养老院生活服务类服务内容 ……………… 341

表 7.9　2016 年荆门市社区护理人员队伍情况 ……………… 343

表 7.10　2016 年荆门市社区基础设施数量与服务老人情况 ……… 343

表 7.11　2016 年荆门市养老机构服务老年人情况 ……………… 346

表 7.12　2016 年荆门市养老机构运营情况 ……………………… 347

表 7.13　荆门市城市社区养老、农村互助照料养老服务发展
　　　　状况 ……………………… 357

图 7.1　2012—2016 年荆门市 60 岁及以上老年人口占户籍人口
　　　　比重 ………………………………………………………… 322

图 7.2　2016 年荆门市各县市区 80 岁及以上人口分布 ………… 323

图 7.3　2012—2016 年荆门市独居和空巢老年人数量 ………… 324

图 7.4　2012—2016 年荆门市城市和农村地区老年低保人数 …… 334

图 7.5　荆门市养老服务政府补贴项目 ………………………… 335

图 7.6　荆门市养老服务多元主体作用图 ……………………… 349

第八章　高收入地区养老服务体系建设评估——以上海市为例

表 8.1　上海市长期护理保险服务内容及待遇、支付标准 ………… 381

表 8.2　2019 年上海市贫困老人的医疗救助标准 ……………… 382

表 8.3　上海市养老服务建设补贴标准 ………………………… 384

表 8.4　2019 年上海市困难老人养老服务补贴标准 ……………… 386

表 8.5　2017 年上海市不同类型的养老机构数量 ……………… 393

表 8.6　2016 年上海市养老机构护理员情况 …………………… 393

表 8.7　2016 年上海市养老机构服务老人情况 ………………… 395

表 8.8　2016 年上海市养老机构运营情况 ……………………… 396

图 8.1　上海市社区居家养老服务内容 ………………………… 389

图 8.2　上海市养老服务多元主体作用图 ……………………… 398

第九章　人口老龄化趋势下中国养老服务体系完善的政策选择

表 9.1　中国养老服务业人员需求预测（2010—2030 年） ………… 447

表 9.2　2018 年老年人对于社区养老服务的供给率认知和
　　　　需求率 ………………………………………………… 456

图 9.1　2012—2017 年老年人福利支出、老龄事务支出以及
　　　　占比、增长率 ……………………………………… 454

图 9.2　2017 年部分省份的志愿服务情况 ……………………… 460

图 9.3　"三社"之间的协作关系 ………………………………… 467

图 9.4　多层次养老服务体系 …………………………………… 469

后　记

　　本书是杨红燕教授所主持的教育部人文社会科学重点研究基地重大项目"人口老龄化与养老服务体系建设研究"和教育部人文社会科学研究规划基金项目"基于反事实分析的长期护理保险试点政策的效应评估与优化路径研究"等课题的成果。全书由杨红燕教授提出研究框架、设计具体方案、规划篇章布局,撰写部分章节、修改全文并定稿。同时,书稿也凝结了众多课题组成员的集体智慧,他们参与资料搜集整理、翻译或部分书稿撰写等工作(具体分工见正文),做出了不少贡献,在此向他们致以衷心的感谢。此外,非常感谢武汉大学社会保障研究中心领导、同事及同学对于课题研究的鼎立支持和帮助。感谢在课题研究和调研过程中给予支持的学界同仁、实践专家和居民,感谢人民出版社陈登编辑及其同事为本书付出的辛勤劳动。

　　衷心希望本书的出版能为相关政府部门决策以及学界同仁推进人口老龄化与养老服务体系建设研究提供有益的参考和借鉴,同时希望读者对本书的缺点与不足之处批评指正!

杨红燕

2022 年 8 月

责任编辑:陈　登
封面设计:林芝玉

图书在版编目(CIP)数据

人口老龄化趋势下的养老服务体系建设研究/杨红燕 著. —北京:
　人民出版社,2022.10
(社会保障重大项目文库)
ISBN 978－7－01－024308－5

Ⅰ.①人…　Ⅱ.①杨…　Ⅲ.①养老-社会服务-研究-中国
　Ⅳ.①D669.6

中国版本图书馆 CIP 数据核字(2021)第 243219 号

人口老龄化趋势下的养老服务体系建设研究

RENKOU LAOLINGHUA QUSHI XIA DE YANGLAO FUWU TIXI JIANSHE YANJIU

杨红燕　著

人民出版社 出版发行

(100706　北京市东城区隆福寺街 99 号)

环球东方(北京)印务有限公司印刷　新华书店经销

2022 年 10 月第 1 版　2022 年 10 月北京第 1 次印刷
开本:710 毫米×1000 毫米 1/16　印张:33.25
字数:503 千字

ISBN 978－7－01－024308－5　定价:96.00 元

邮购地址 100706　北京市东城区隆福寺街 99 号
人民东方图书销售中心　电话 (010)65250042　65289539